AF608985

Manuel Neukirchner (Hg.)

IN MOTION

KUNST UND FUSSBALL

Deutscher
Kunstverlag

»Ich habe nie einen Unterschied zwischen dem Pass von Pelé zu Carlos Alberto im Finale der Fußball-WM 1970 und der Poesie des jungen Rimbaud gefunden und werde dies auch nie tun. In jeder dieser menschlichen Äußerungen gibt es einen Ausdruck von Schönheit, der uns berührt und uns ein Gefühl von Ewigkeit vermittelt.«

Éric Cantona (Schauspieler und ehemaliger Fußballspieler)

Dynamik eines Fußballspielers

Umberto Boccioni (1882–1916, ITA)
1913

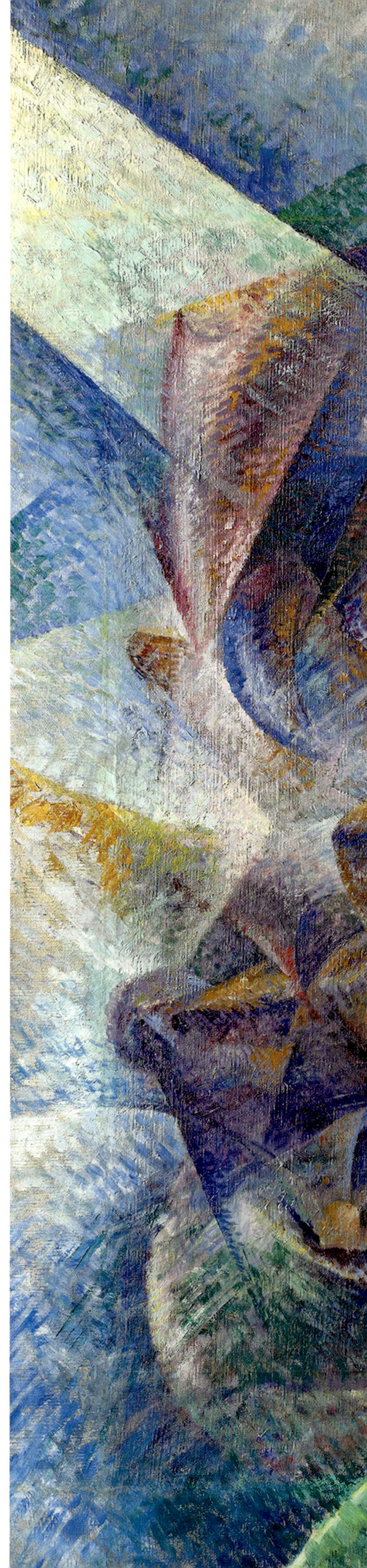

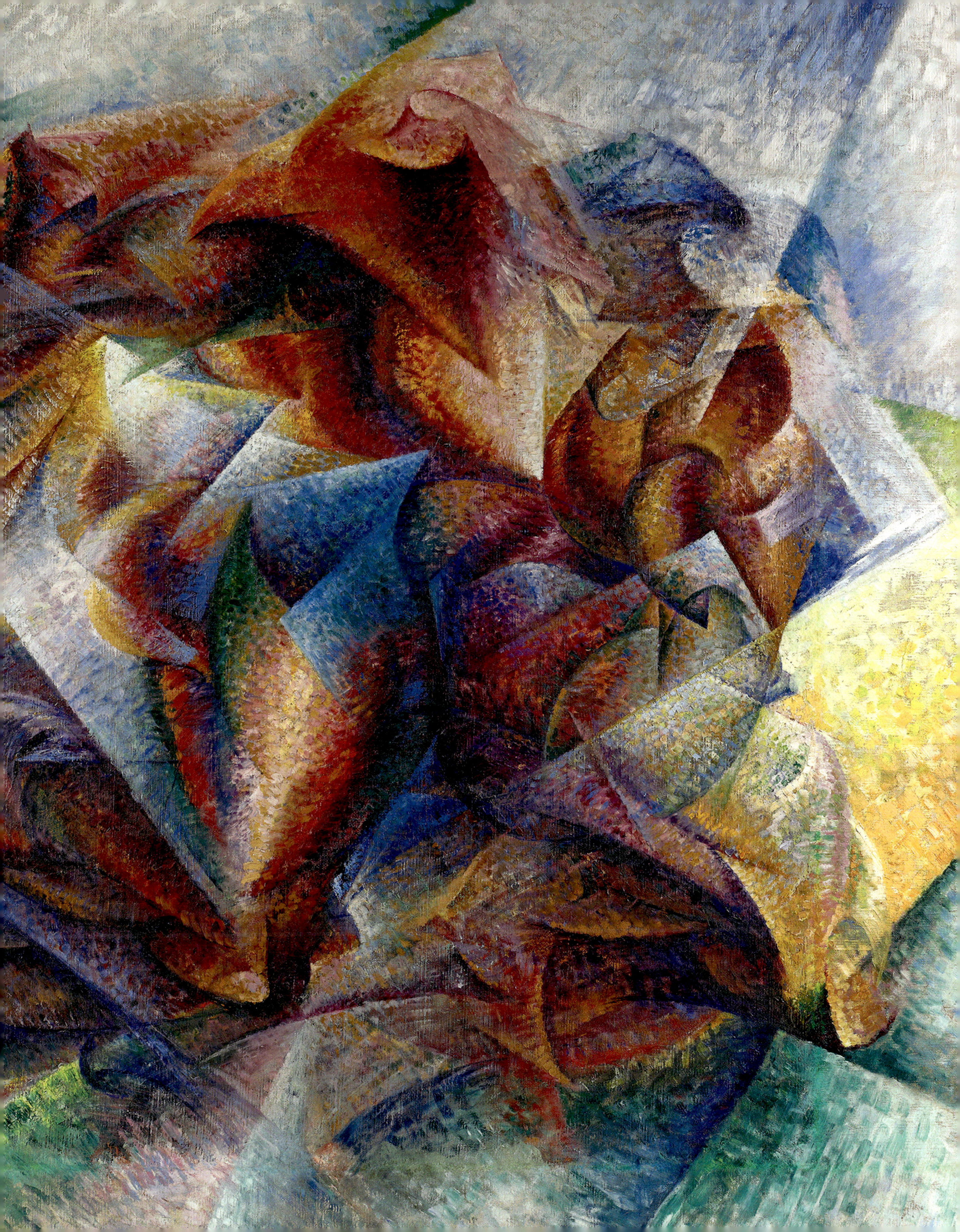

Inhaltsverzeichnis

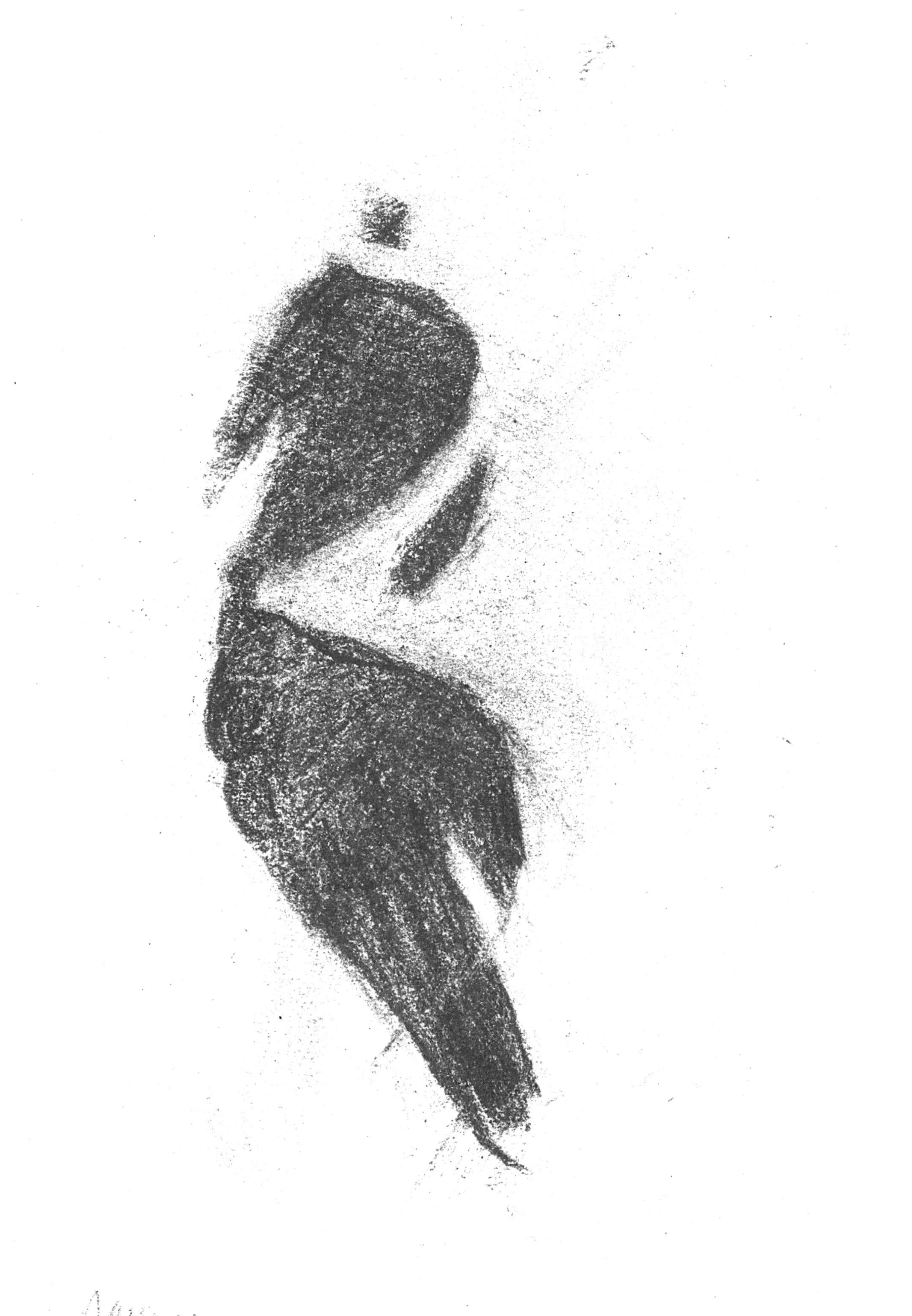

Grußworte

Fußballspieler (**Skizze zu *Fußballplatz***)
1934
Willi Baumeister (1889–1955, DEU)
Kohle, 29,9 × 19,5 cm

Die Ausstellung *In Motion – Art & Football* im Deutschen Fußballmuseum bringt im Rahmen der Fußball Europameisterschaft UEFA EURO 2024 in neuartiger und faszinierender Weise zwei Bereiche des gesellschaftlichen Lebens zueinander, deren schmale Berührungspunkte sich häufig allenfalls in gegenseitiger Abgrenzung offenbaren: auf der einen Seite die Kultur, die bisweilen als elitär und zu komplex wahrgenommen wird, auf der anderen Seite ein Sport, der seit über 100 Jahren ein Phänomen mit großer integrierender Kraft ist. Die Kultur kennt jedoch genau wie der Sport grundsätzlich keine Grenzen. Wenn es darum geht, unsere Gesellschaft zusammenzuhalten und Menschen miteinander zu verbinden, dann ist der Sport immens wichtig – genauso wie die Kultur. Sie braucht alternative Zugänge, um ein breites Publikum zu erreichen. Der Fußball ermöglicht es, auf niederschwelliger Basis das Interesse an kultureller Teilhabe zu wecken und die Auseinandersetzung mit Werken der Bildenden Kunst zu fördern.

Der Fußball repräsentiert in besonderer Weise eine »Gesellschaft der Vielen«. Er bringt Menschen unterschiedlichster Herkunft und verschiedenen Glaubens zusammen. Sein Potenzial als »Integrationsmotor« darf sich jedoch nicht nur in Teamarbeit und in gemeinsamen Stadionerlebnissen erschöpfen, sondern sollte in die gesamte Gesellschaft hineinwirken. Gerade der Spitzenfußball unterliegt wie die Hochkultur einer gewissen Gefahr, sich in einer Blase zu verselbstständigen. Auf lange Sicht überleben beide Bereiche aber nur dann, wenn sich nachfolgende Generationen von ihnen angesprochen fühlen.

Ähnlich wie Fußball spielende Kinder Messi, Ronaldo, Musiala oder Müller nacheifern wollen, ist auch der Erstkontakt mit der Kunst oftmals eine Begegnung mit den Stars der Szene. Und wenn Pablo Picasso, L. S. Lowry, Umberto Boccioni, Kasimir Sewerinowitsch Malewitsch, El Lissitzky oder auch Willi Baumeister und Salvador Dalí in der Ausstellung *In Motion – Art & Football* auf einem gemeinsamen Spielfeld der Kunst auflaufen, kann das Thema Fußball mit seinem starken Alltagsbezug dem scheinbar Entrückten Relevanz verleihen und so das Interesse und die Fantasie der Besucherinnen und Besucher anregen. Zudem unterstreicht die Präsentation ganz nach dem Motto der Europameisterschaft »United by Football« den Grundgedanken eines vielfältigen und geeinten Europas.

Die Ausstellung ist Teil der Förderung des Bundes im Rahmen der EURO 2024. Über sie hinaus fördern wir mit dem Kulturprogramm zum Turnier bundesweit rund 60 Projekte. Das Motto »Vom Fußball berührt« öffnet dabei einen Spiel- und Resonanzraum für die Vielfalt persönlicher und emotionaler Berührung mit dem Fußball und lenkt den Blick auf das Individuell-Verbindende eines Spiels, das für alle da ist. Drei thematische Leitplanken bestimmen die Schwerpunkte: Europa, der Zusammenhang von Fußball und Bildung sowie deutsche Fußball-Kultur im europäischen Kontext. Beteiligt sind Kultureinrichtungen aller Sparten, Bildungsprojekte, aber auch Vereine und Fan-Initiativen.

In Motion – Art & Football fügt sich sehr gut in diesen Rahmen ein. Das digitale Konzept trägt der Demokratisierung von Kultur und Teilhabe Rechnung und steht in der noch jungen Tradition immersiver Kunstausstellungen, die in den vergangenen Jahren auf großes Interesse beim Publikum gestoßen sind. Die virtuellen Welten bilden ein neuartiges und faszinierendes Kulturerlebnis heraus. Wenn sie darüber hinaus möglichst vielen Menschen den Weg zu den Originalen in einem klassischen Museum weisen und die vertiefende Auseinandersetzung mit den Kunstschaffenden fördern: umso besser!

Claudia Roth MdB
Staatsministerin für Kultur und Medien

Seit seiner Eröffnung im Oktober 2015 hat sich das Deutsche Fußballmuseum zu einem der besucherstärksten Museen in der Rhein-Ruhr-Region entwickelt. Es ist mehr als nur ein Museum über Fußball. Hier können Sie als Besucherinnen und Besucher den Fußball in all seinen Facetten erleben. Sie treffen Bastian Schweinsteiger und Philipp Lahm im 3D-Kino, bestaunen den WM-Pokal in der Schatzkammer und können selbst ein Fußballspiel kommentieren. Das Deutsche Fußballmuseum bietet all das und noch viel mehr. Es ist ein toller Ort des gemeinsamen Fußball-Feierns.

Das zeigt sich auch in der aktuellen Sonderschau *In Motion – Art & Football*. Die großen Werke der Kunst werden mit den Mitteln der Digitalisierung zum Leben erweckt und so für ein breites und junges Publikum zugänglich gemacht. So kommen Fußball und Kunst zusammen. Das Deutsche Fußballmuseum präsentiert eine Gesamtschau der Fußball-Kunst, wie es sie noch nie gegeben hat – von den Anfängen im 19. Jahrhundert bis in unsere Gegenwart.

Finden Sie Zeugnisse der Kunstfertigkeit des Fußballs, die sich in spielerischen Talenten, atemberaubenden Toren und den bewegenden Geschichten hinter den Spielern und ihren Karrieren ausdrücken. Die Verbindung von Fußball und Kunst zeigt uns, wie dieser Sport zur Inspiration für Künstlerinnen und Künstler wurde und weiterhin wird.

Ich wünsche Ihnen viel Spaß dabei, die Werke dieser Künstlerinnen und Künstler zu bewundern, die den Fußball in seiner ganzen Pracht und Leidenschaft festgehalten haben. Tauchen Sie ein in die Welt der sportlichen Kreativität und der Emotionen, die der Fußball hervorruft, und lassen Sie sich von den Geschichten und Bildern inspirieren, die in dieser Ausstellung zum Leben erwachen.

Fußball und Kultur verbindet neben der Kreativität noch mehr. Beide besitzen die einmalige Kraft zur Integration. Auf dem Bolzplatz oder auf der Bühne, auf den Rängen im Stadion oder gemeinsam im Konzert ist es unerheblich, wer man ist oder woher man kommt. Das gemeinsame Erleben steht im Vordergrund. Kultur und Sport bringen Menschen unterschiedlicher Nationalitäten, Kulturen und Religionen einander näher und helfen so mit, unsere vielfältige Gesellschaft zusammenzuhalten.

Ich danke allen Beteiligten dafür, dass sie Kultur und Fußball in dieser einmaligen Ausstellung zusammengebracht haben. Sie ist ein großartiger Beitrag dazu, die Fußball-Europameisterschaft 2024 zu einem friedlichen und vielfältigen Fest der Kulturen werden zu lassen. Mit *In Motion – Art & Football* werden Nordrhein-Westfalen und der Austragungsort Dortmund zu einem noch attraktiveren Reiseziel für Fans aus aller Welt.

Genießen Sie diese einzigartige Reise durch die Welt der europäischen Fußballkunst und die Welt des Sports, den wir alle gemeinsam so lieben.

Ina Brandes
Ministerin für Kultur und Wissenschaft des Landes Nordrhein-Westfalen

Die EURO 2024 stellt eine großartige Möglichkeit dar, Deutschland bestmöglich zu präsentieren und als Standort zu bewerben. Wir freuen uns auf die vielen Menschen, die uns anlässlich dieses global wirkenden Turniers besuchen. Sie schauen auf unser Land, nicht nur auf die Spiele in den Stadien, die gleichwohl ein europäisches Fest des Fußballs versprechen.

Es ist wichtig, den Blick über den Tellerrand des Wettbewerbs hinaus zu richten. Dieses Turnier soll nicht nur eine Sogwirkung auf unseren Sport ausüben und die Begeisterung in das Amateurlager tragen, in unsere 24 000 Vereine, die wir in Deutschland haben. Wir wollen im Rahmen dieses Fußballfestes auch den gesellschaftlichen Zusammenhalt stärken. Die Aspekte der sozialen und ökologischen Nachhaltigkeit werden immer wichtiger, nicht zuletzt, um die nötige Akzeptanz in der Bevölkerung für Sportgroßereignisse zu erzielen.

Zu den großen Stärken des Fußballs zählt seine grenz-, alters-, geschlechter-, herkunfts-, konfessions- und schichtenübergreifende Popularität und Zugänglichkeit. Das macht ihn in vielfältiger Weise zu einem idealen Ansatzpunkt für die Vermittlung von Bildung und eröffnet die Chance, Menschen außerhalb des als »klassisch« verstandenen Kulturpublikums anzusprechen.

Als ein herausragendes Kulturprojekt der EURO 2024 greift die Sonderausstellung *In Motion – Art & Football* die besondere Wechselwirkung zwischen Kunst und Fußball auf. Über den niederschwelligen Zugang erreicht sie ein breites und heterogenes Publikum. Neben den EM-Stadien der unmittelbaren Umgebung gestaltet das Deutsche Fußballmuseum in Dortmund somit einen weiteren Ort der Begegnung und des gemeinschaftlichen Erlebnisses.

Kunst und Fußball begeistern die Menschen und führen sie zusammen. Beide enthalten sie eine Faszination des Unberechenbaren, bei dem immer wieder Neues erlebbar wird. Schon Trainerlegende Sepp Herberger wusste: »Die Leute gehen zum Fußball, weil sie nicht wissen, wie es ausgeht.« Und von Pablo Picasso stammt das Zitat: »Kunst wäscht den Staub des Alltags von der Seele.« Bei *In Motion – Art & Football* ist der Fußball nicht nur ein zentrales Motiv, sondern bildet zugleich den inhaltlichen Ausgangspunkt, um für das Thema Kunst und Kultur zu begeistern. Aus dem kollektiven Erleben erwächst die individuelle Betrachtung. Jeder Einzelne kann zum Diskurs über das Kunstwerk beitragen, das Gefallen auslöst oder auch nicht, aber in jedem Fall eine Wirkung entfacht. Die Auseinandersetzung mit Kunst fördert den partizipativen Gedanken, wie er auf breiter Basis im Fußball seit Jahrzehnten funktioniert. Woche für Woche sorgt der Ligaspielbetrieb für Gesprächsstoff, Länderspiele stehen unter der Beobachtung von Zigmillionen Bundestrainern. Die Teilhabe, das Mitreden und die Urteilsfähigkeit sind wichtige demokratische Elemente des Sports wie auch der Kunst.

Die Sonderausstellung *In Motion – Art & Football* leistet überdies einen kraftvollen Beitrag zum europäischen Gedanken. Dieser beinhaltet Einheit und Gemeinschaft genauso wie Diversität und Vielfalt. Und er lebt vor allem durch persönliche Begegnungen. Immer wieder Anlässe dafür zu schaffen, hilft beim Abbau von Vorbehalten und Vorurteilen, stärkt gegenseitigen Respekt und Toleranz. Selbstverständlich erleben wir in den Stadien auch unangemessene Auswüchse von Rivalität und Gegnerschaft; umso wichtiger ist im Begleitprogramm eines solchen sportlichen Großereignisses wie der EURO 2024, Gemeinsamkeiten sichtbar zu machen, neue Perspektiven und Horizonte zu erschließen. So groß die Sehnsucht nach dem sportlichen Triumph auch sein mag, lernen wir doch auch aus den Biografien von *In Motion – Art & Football,* dass die Niederlage, das Scheitern zum eigenen Tun dazugehören. Wie sagte schon Vincent van Gogh: »Das Gelingen ist manchmal das Endresultat einer ganzen Reihe missglückter Versuche.«

Bernd Neuendorf
Präsident des Deutschen Fußball-Bundes

Der französische Maler Nicolas de Staël, so erfahren es die Besucherinnen und Besucher der Ausstellung *In Motion – Art & Football,* soll sich im März 1952 nach einem Besuch des Pariser Prinzenparkstadions sofort an die Arbeit gemacht haben – so sehr hatte ihn das Geschehen rund um das Länderspiel der französischen Nationalmannschaft gegen Schweden fasziniert. Inspiration erlangte er nicht nur durch die Athletik der Spieler, sondern insbesondere auch durch die imposante Kulisse und die besondere Lichtstimmung, war es doch eines der ersten Flutlichtspiele auf dem europäischen Kontinent.

Das Empfinden des Künstlers ist in der Fußballhauptstadt Dortmund bestens nachvollziehbar. Die »gelbe Wand« ist fast schon ein Markenzeichen unserer Stadt. Wie bei de Staël geht hier der Stadionbesuch für viele Menschen weit über die bloße Betrachtung eines Fußballspiels hinaus. Neben dem identitätsstiftenden Gemeinschaftserlebnis erzeugt er individuell unterschiedlichste Gefühle wie Bewunderung, Spannung, Freude oder aber auch Bedrückung und Traurigkeit – ähnlich der Dynamik und Wirkung eines Kunstwerks.

Auch vor diesem Hintergrund ist es für Dortmund eine große Freude, bei den Begegnungen im Rahmen der EURO 2024 die beeindruckenden und bunten Bilder eines friedlichen Fußballfestes in die Welt auszusenden, seien sie nun gelb, blau, orange oder schwarz-rot-gold getränkt. Und es ist außerordentlich reizvoll, an Ort und Stelle eine Ausstellung zu präsentieren, die mit der Kunst und dem Fußball zwei Welten miteinander verbindet, die beide derart emotional aufgeladen sind. Die beteiligten Kuratorinnen und Kuratoren haben für *In Motion – Art & Football* weit über 500 Werke recherchiert. Es überrascht, wie viele der namhaftesten Künstlerinnen und Künstler des 20. Jahrhunderts den Fußball als Inspirationsquelle für sich entdeckten und als Motiv für ihre Werke verwendeten.

Sie reagieren dabei auf Zustände genauso, wie sie Entwicklungen sichtbar machen. Ein Kunstwerk reflektiert somit immer auch Gesellschaftsgeschichte. Die Impressionen des Ruhrgebiets sind heute ganz andere als vor 100 Jahren. Die Denkmäler der Industrialisierung sind inzwischen in großer Anzahl der Kultur gewidmet. Das einstige Braun der Emscher schimmert nun beinahe bläulich. Geblieben ist der Fußball, als Konstante, als gesellschaftlicher Kitt, als immergrünes Pixel im Kaleidoskop des Reviers – ein Motiv wie gemalt für *In Motion – Art & Football* der Gegenwart, wenn man so will.

Zur Identität des Ruhrgebiets zählt die Vergangenheit als Kohle- und Stahlmetropole. Nach dem Niedergang dieser Industriezweige können die Menschen in dieser Region inzwischen stolz sein auf die vielen Errungenschaften des Strukturwandels. Er hat vor allem auch zur Entstehung einer vielfältigen Kulturlandschaft beigetragen. Von elementarer Bedeutung für das Gelingen des längst noch nicht abgeschlossenen Transformationsprozesses sind institutionelle Kooperationen und die zivilgesellschaftliche Beteiligung.

Das Deutsche Fußballmuseum kreiert seit Jahren in vorbildlicher Weise einen Austausch zwischen Kunst und Fußball. Kooperationen mit dem Theater der Jungen Welt in Leipzig, dem Günter Grass-Haus in Lübeck oder dem Bochumer Schauspielhaus, die Initiierung eines Kurzgeschichtenpreises sowie die gemeinsame Bildungsarbeit mit der Frankfurter Buchmesse etablieren eine interdisziplinäre Kommunikation, die neue Horizonte erschafft und bereichernde Perspektivwechsel ermöglicht.

Mit *In Motion – Art & Football* als einer einzigartigen Gesamtschau zur Fußball-Kunst der europäischen künstlerischen Moderne des 20. Jahrhunderts gelingt es nun, Werke der bekanntesten Malerinnen und Maler in einem fulminanten Querschnitt für ein breites Publikum zugänglich zu machen. Auf diese Weise nimmt das Museum aktiv am Bildungs- und Kulturgeschehen teil und wird Fußballfans ebenso gerecht wie Menschen, die sich für gesellschaftliche Themen, Politik, Kunst und Geschichte interessieren.

Thomas Westphal
Oberbürgermeister der Stadt Dortmund

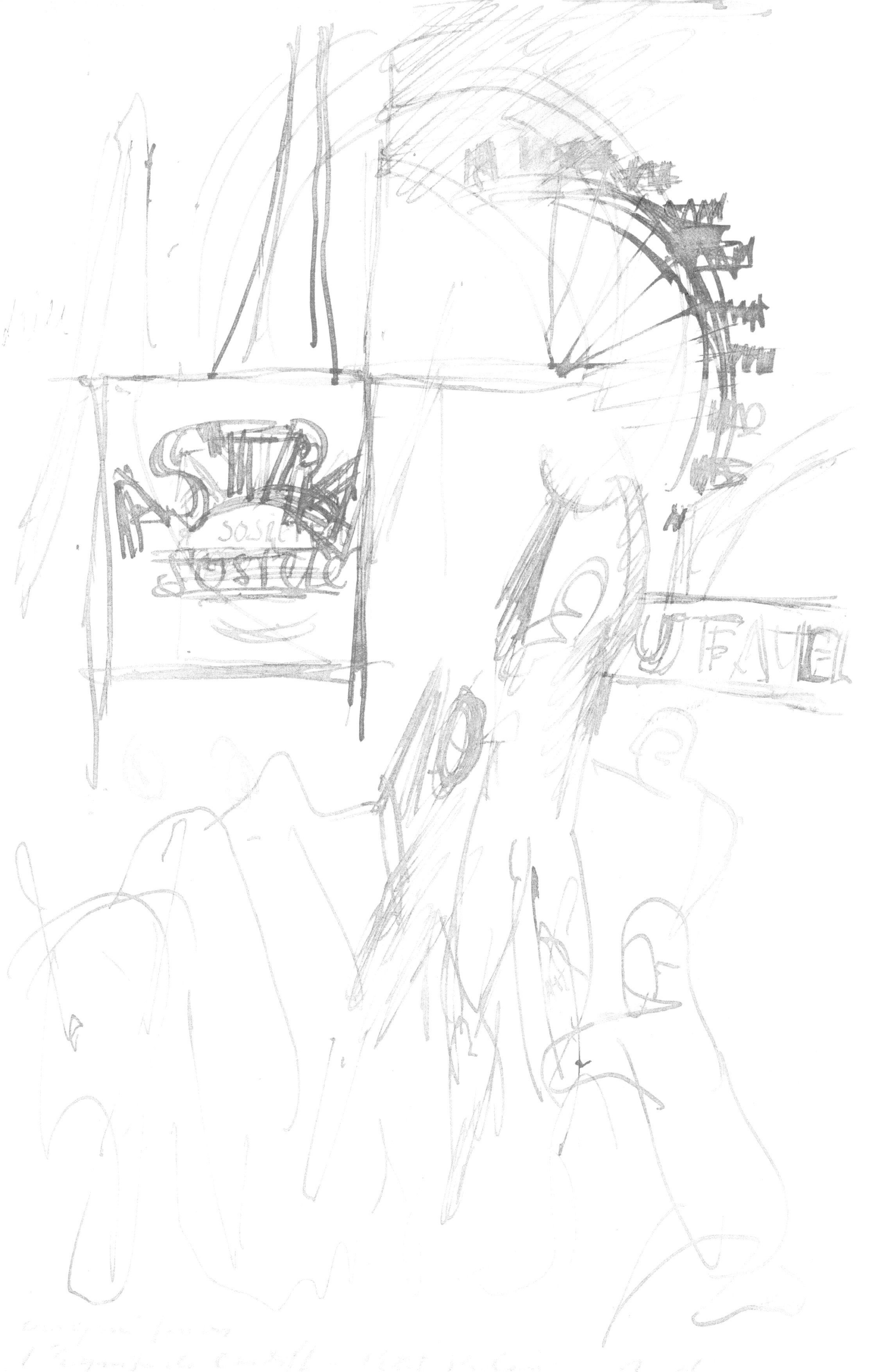

Vorwort

Skizze zu ***Die Mannschaft von Cardiff***
1912/13
Robert Delaunay (1885–1941, FRA)
Tinte, 31 × 22 cm

Auf den ersten Blick erscheint das Unterfangen, Fußball und Kunst zusammenzuführen, als ein Paradoxon. Fußball ist Fußball, Kunst ist Kunst. Doch ist das so? Dominiert wirklich das Trennende und nicht das Verbindende, wenn die schönen Künste als Hochkultur und der populäre Fußball als Ausdruck der Alltagskultur aufeinandertreffen? Die Ausstellung *In Motion – Art & Football* und der begleitende Katalog treten den Gegenbeweis an: Fußball und Kunst, in diesem Fall vor allem: Fußball und Malerei, sind von jeher entgrenzte Erscheinungen, frei von Konventionen, reich an freigesetzter kreativer Energie, überall auf dieser Welt zu Hause und für alle Menschen gemacht. Beide Phänomene entziehen sich der Norm. Die zum großen Teil erstmalig gezeigten Kunstwerke mit dem Sujet Fußball öffnen ein neues Fenster, die Betrachtenden entdecken beim genaueren Hinschauen: Die Malerei erzählt den Fußball, der Fußball erzählt die Malerei. Fußball und Kunst begegnen sich auf Augenhöhe und gehen eine Symbiose ein, die ihnen nur wenige zugetraut hätten.

Die europäischen Meisterinnen und Meister interpretieren den Fußball mit Farbe und Form und kommen dabei dem Geheimnis des Spiels auf die Spur. Aber eben auch umgekehrt: Der Fußball mit seiner Ästhetik und Dynamik, mit seinen Riten und Widersprüchen inspiriert die Kunstschaffenden, eröffnet neue, überraschende Perspektiven und künstlerische Möglichkeiten. Es entsteht ein beindruckendes Zusammenspiel zwischen den Welten. Paul Klee, Maria Lassnig, Willi Baumeister, Felix Nussbaum, Laurence Stephen Lowry, Robert Delaunay, Pablo Picasso, Salvador Dalí, Joan Miró, Umberto Boccioni, Kasimir Malewitsch, El Lissitzky, Warwara Stepanowa oder Alexander Deineka, um nur einige zu nennen, geben dem Fußball eine gestalterische Ausdrucksform; sie betreten ein gemeinsames Spielfeld, und dieses Spielfeld heißt *Fußball*.

Der Fußball befruchtet den Schaffensprozess und das Kunstwerk offenbart in der Wechselwirkung das Wesen des Fußballs. Die Betrachtenden erleben dabei aus ungewöhnlichem Blickwinkel, was Fußball ist, was Fußball bedeutet: die Schönheit des Spiels genauso wie seine disruptive Entwicklung im Wandel der Zeit. Die Rezipienten begegnen unterschiedlichen Stilrichtungen und Aggregatzuständen der Kunst im Zeitalter der Moderne. Expressionismus, Kubismus, Futurismus, Konstruktivismus, Surrealismus oder die Neue Sachlichkeit werden dialogisch mit und durch das Faszinosum Fußball erfahrbar gemacht. Der Zugang zur europäischen Kunst des 20. Jahrhunderts durch den Fußball und umgekehrt: die Dechiffrierung des faszinierenden wie widersprüchlichen Fußballs als europäisches Phänomen durch die Perspektive der Malerei der Moderne bieten in doppelter Hinsicht einen neuen Erkenntnisgewinn.

Künstlerische Themenausstellungen zum Fußball und zum Sport im Allgemeinen fanden in der Vergangenheit an den unterschiedlichsten Orten der Welt statt, nicht selten im Zuge großer nationaler und internationaler Sportwettbewerbe. Pierre de Coubertin, der Erfinder der modernen Olympischen Spiele, propagierte die Idee von olympischen Kunstwettbewerben, die von 1912 bis 1948 ausgetragen wurden und bei denen Medaillen verliehen wurden, für solche Werke der Bildenden Kunst, die einen Bezug zum Sport aufwiesen. Die englische Football Association veranstaltete 1953 anlässlich ihres 90-jährigen Bestehens erstmalig einen Kunstwettbewerb und eine vielbeachtete Ausstellung, die ausschließlich dem Fußball gewidmet war. Weitere Ausstellungen und Kunstprojekte folgten, wie zur Fußball-Weltmeisterschaft 2006 in Deutschland, wobei sich die Kuratorinnen und Kuratoren vorwiegend einzelnen Epochen und nationalen Kontexten widmeten und die unterschiedlichen Spielformen der Bildenden Kunst übergreifend in ihre Arbeiten miteinbezogen. Noch nie zuvor aber wurde der Fußball in der Kunst in einem transnationalen europäischen Zusammenhang unabhängig von einer bestimmten Zeit oder Kunstrichtung aus dem Blickwinkel der Malerei betrachtet. Das Deutsche Fußballmuseum legt erstmalig eine umfangreiche Zusammenstellung europäischer Kunstwerke zum Fußball vor. Dafür wurden weltweit Sammlungsbestände von Museen und Institutionen gesichtet und auch unbekannte Werke entdeckt. Durch diese umfassende Recherche zeigen sich neue Bezüge zwischen Künstlerinnen und Künstlern sowie zwischen den Kunstrichtungen innerhalb Europas. Den mannigfaltigen, gattungsübergreifenden Darstellungsweisen des Fußballs wird ein weiteres Kapitel als reizvoller Dialog zwischen dem Spiel der Spiele und seiner künstlerischen Verarbeitung hinzugefügt. Entstanden ist ein europäisches Archiv der Fußballkunst, eine kleine Kulturgeschichte der Moderne, exemplifiziert mittels des Fußballs.

In seiner Ausstellung zeigt das Deutsche Fußballmuseum die Kunstwerke in einem synergetischen Gestaltungskonzept aus digitaler Medienkunst und analogen Vermittlungsstationen. Das Herzstück bildet eine immersive Medieninszenierung. Eine tausend Quadratmeter große, in sich abgeschlossene, verdunkelte Ausstellungsfläche verwandelt sich dabei in einen wirkungsmächtigen Bildraum von Mehrfachprojektionen. Die Kunst verbindet sich großflächig mit Film und Fotografie. Geräusche, Klänge und Töne nehmen den »Sound des 20. Jahrhunderts« in sich auf. Die Ausstellung bewegt sich an der Schnittstelle zwischen digitaler und analoger Kunstvermittlung, zwischen Film und Performance. Es entsteht ein raumgreifendes Ganzes, das überraschende Verbindungslinien zwischen Kunst, Fußball, Kulturgeschichte und Gesellschaft aufzeigt. Es entsteht ein Assoziationsraum, eine Metaerzählung zwischen der Kunst und dem Spiel. Die Besucherinnen und Besucher sind Teil dieser Rauminstallation, sie stehen auf dem Spielfeld der Moderne – im Atelier des 20. Jahrhunderts.

Die Ausstellung *In Motion – Art & Football* und der begleitende Katalog sind ein kultureller Beitrag des Deutschen Fußballmuseums zur Fußball-Europameisterschaft 2024, die nach 1988 zum zweiten Mal in Deutschland stattfindet. Das Ausstellungs- und Kunstprojekt liefert einen fulminanten Querschnitt durch die sich dem Thema Fußball widmende künstlerische Moderne des 20. Jahrhunderts; es richtet sich an ein breites nationales wie internationales Publikum in Einstimmung auf das Turnier, während der Finalrunde sowie im Nachklang der 51 Begegnungen in den 10 Stadien. Die Konzeptidee ist wie die Europameisterschaft selbst angelegt und unterstreicht den Grundgedanken eines vielfältigen, aber geeinten Europas: Jede an der EURO 2024 teilnehmende Nation ist mindestens mit einer Künstlerin oder einem Künstler vertreten. Vielfalt ist ein kuratorischer Leitfaden: Vielfalt an Nationen; Vielfalt an Künstlerinnen und Künstlern, teils mit transnationalen Identitäten; Vielfalt an Zugängen zur Kunst und zum Fußball; Vielfalt an Stilrichtungen und Kunstepochen. Die Idee der Spiegelung von Kunst und Sport findet ihre Fortsetzung im Dialog unterschiedlicher Zielgruppen und von deren sich ergänzenden Erkenntnissen. Das Motto der deutschen Bewerbung um die EURO 2024 ist in doppelter Hinsicht zum Programm geworden: United by Football.

Mein besonderer Dank gilt der Beauftragten der Bundesregierung für Kultur und Medien, Claudia Roth, sowie der Ministerin für Kultur und Wissenschaft des Landes Nordrhein-Westfalen, Ina Brandes, für die großzügige Förderung dieses Projektes. Claudia Roth und Ina Brandes sind auch Schirmherrinnen der Ausstellung. Dafür bedanke ich mich ebenfalls sehr herzlich. Ich danke weiter der Generaldirektorin der Staatlichen Kunstsammlung Dresden, Professorin Dr. Marion Ackermann, sowie ihrem Kaufmännischen Direktor Dirk Burghardt und des weiteren Professor Dr. Horst Bredekamp, Professor an der Humboldt-Universität zu Berlin und Mitglied der Gründungsintendanz des Humboldt Forums, und Professor Adolf Winkelmann, Filmregisseur, Filmproduzent und Professor für Film-Design in Dortmund, für die wertvolle Beratung. Abschließend danke ich allen im Impressum aufgeführten Mitwirkenden, die an der Konzeption und an der Realisierung der Ausstellung und des Katalogs beteiligt waren, insbesondere dem Künstlerischen Leiter Professor Lutz Engelke von der FH Potsdam und den Kuratorinnen und Kuratoren Carina Bammesberger, Janine Horstmann und Malte von Pidoll vom Deutschen Fußballmuseum sowie den Kunsthistorikern Professor Dr. Jürgen Müller und Dr. Frank Schmidt von der TU Dresden. Sie alle tragen dazu bei, dass sich Fußball und Kunst in einem außergewöhnlichen Zusammenspiel begegnen können.

Manuel Neukirchner
Direktor des Deutschen Fußballmuseums

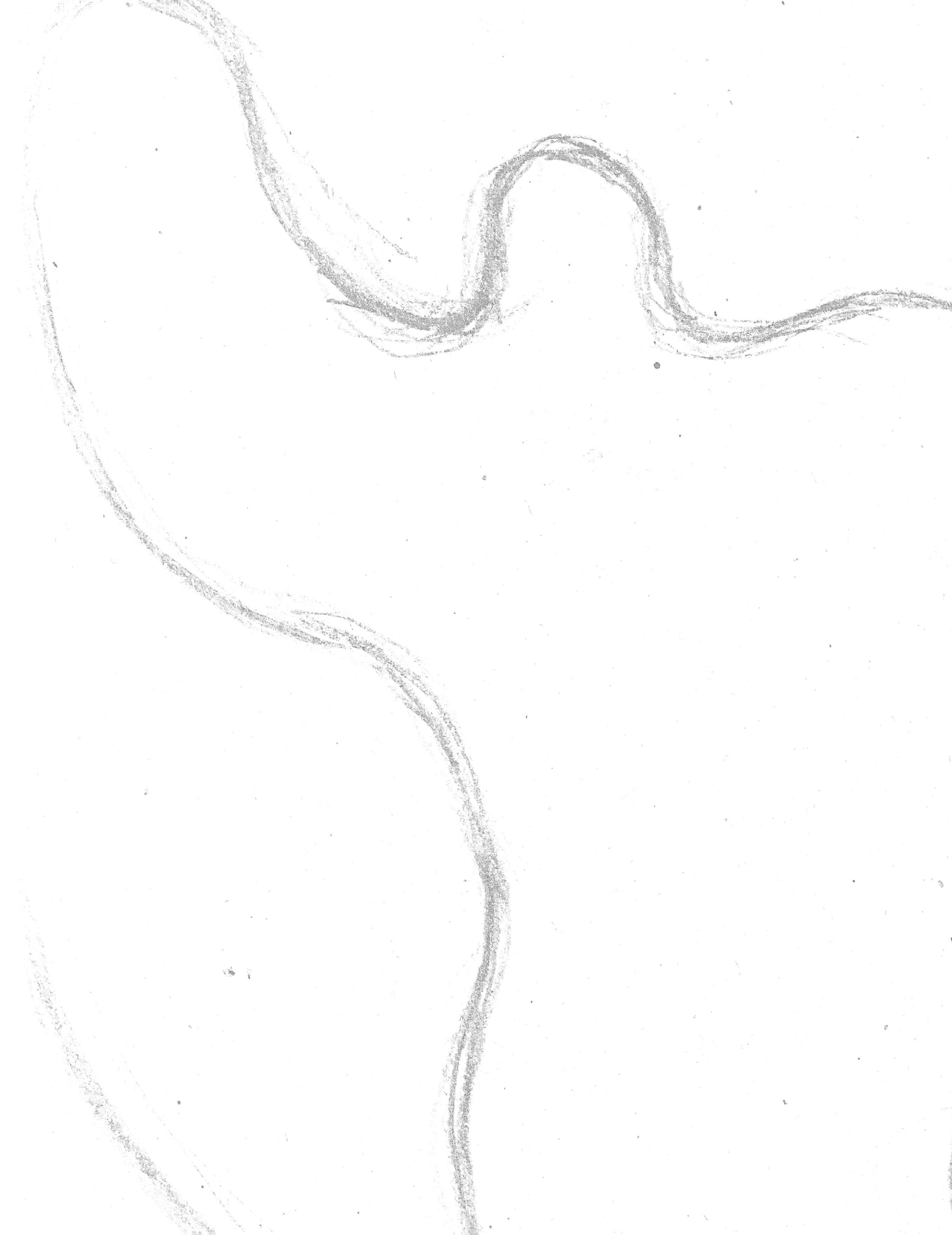

Einleitung

Skizze *Fußballspieler*
1963
Pablo Picasso (1881–1973, ESP)
Graphitstift, 19,8 × 26,6 cm

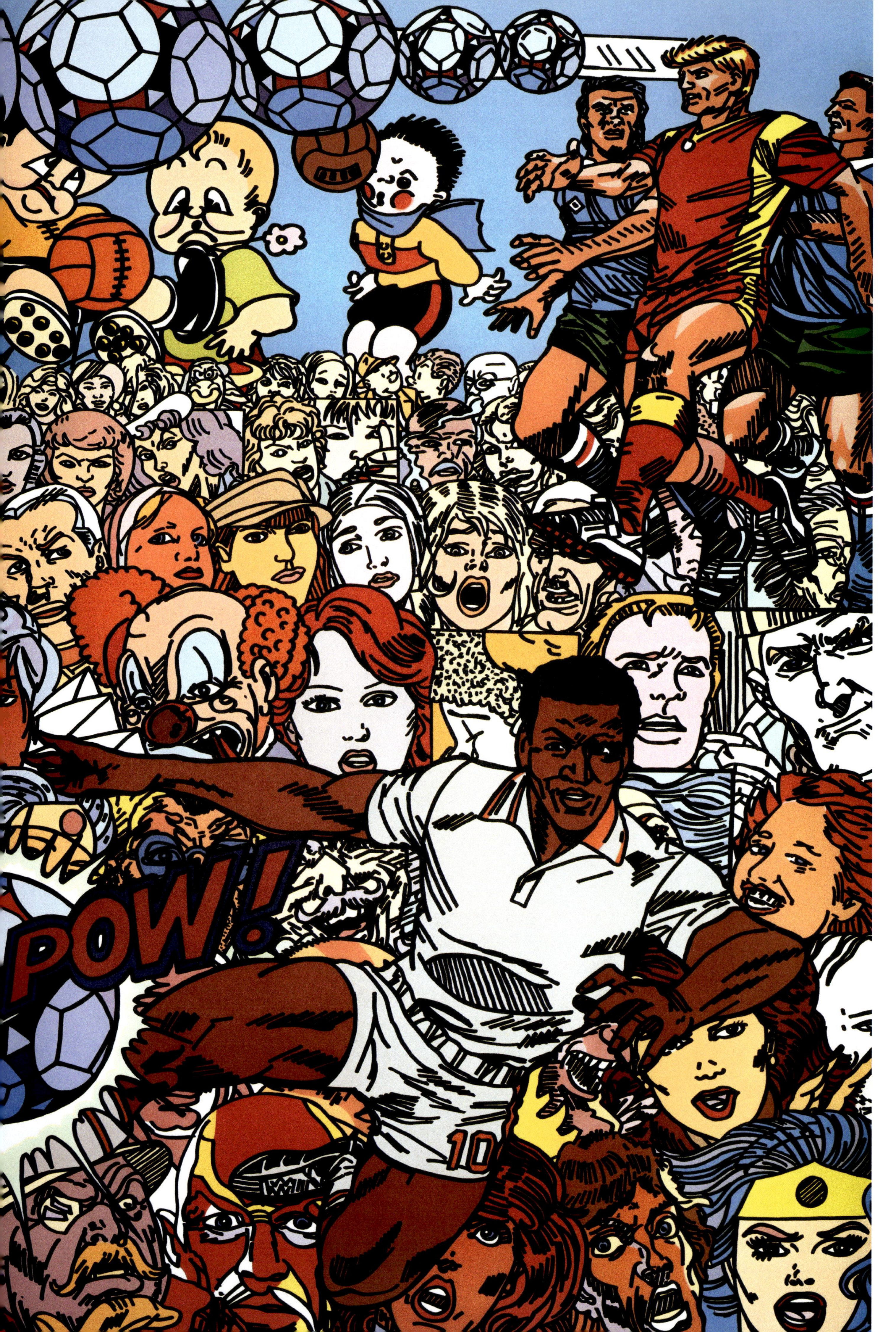
POW!!
10

Das Spiel mit der Kunst

Manuel Neukirchner

Am 12. Juli 1998 versammelten sich auf den Champs-Élysées mehr als eine Million Menschen. Frankreich war im eigenen Land Fußball-Weltmeister geworden. Der US-amerikanische Schriftsteller Paul Auster beobachtete auf der Paradestraße in Paris staunend die Szenerie. Auster wähnte sich als Zeuge der größten Demonstration öffentlichen Glücksgefühls, das Paris seit der Befreiung von der deutschen Gewaltherrschaft im Zweiten Weltkrieg erlebt habe. Dieselbe Freude und derselbe Ausbruch des Nationalstolzes, der Charles de Gaulle als Anführer der Armée française de la Libération auf der Siegerstraße über die Avenue des Champs-Élysées am 26. August 1944 nach der Operation Overlord entgegengeschlagen sei, habe 54 Jahre später der Équipe Tricolore gegolten. Glücklicherweise habe es seit dem Zweiten Weltkrieg Frieden zwischen den großen europäischen Mächten gegeben. Die Länder trügen ihre Schlachten mit Stellvertreterarmeen jetzt in kurzen Hosen auf dem Spielfeld aus. Dabei schwebe eine unheimliche Erinnerung an vergangene Feindschaften über jedem Spiel mit, und bei jedem Tor höre man das Echo alter Siege und alter Niederlagen. Holland gegen Spanien. England gegen Frankreich. Polen gegen Deutschland. Als Paul Auster in jenem Sommer 1998 die Fans der verschiedenen Nationalmannschaften die Fahnen ihrer Länder schwenken sah und patriotische Lieder singen hörte, war ihm klar geworden: Die Europäer haben einen Ersatz für ihre Kriege gefunden. Dieses Wunder trägt den Namen Fußball.

Für die Verbreitung von Frieden, Versöhnung, Demokratie und Menschenrechte hat die Europäische Union 2012 den Friedensnobelpreis erhalten. 70 Jahre europäische Integration, 70 Jahre Frieden in Europa – das norwegische Nobelkomitee würdigte die Umwandlung Europas von einem Kontinent der Kriege zu einem Kontinent des Friedens. Der Angriff Russlands auf die Ukraine markiert eine Zeitenwende und eine Zäsur für diese Friedensordnung. Paul Austers These vom Fußball als Kriegsersatz taugt da nicht mal mehr als Bonmot. Europa sieht sich großen Herausforderungen gegenüber. Die EU-Osterweiterung von 2004 symbolisierte fast 15 Jahre nach dem Fall des Eisernen Vorhangs die Überwindung eines geteilten Europas, warf aber ebenso die Frage nach einem gemeinsamen kulturellen Fundament auf. Die Eurokrise von 2010, der 2014 ausgebrochene Ukraine-Konflikt, die Flüchtlingskrise 2015, der Brexit 2020 und schließlich der russische Angriffskrieg im Februar 2022 verstärken das Auseinanderdriften auf dem Kontinent im Kontext nationalstaatlicher Interessen. Hinzu kommt eine unüberwindbare Sinnkrise: Für die Menschen in Europa bleibt die jeweilige Nation Fixpunkt ihres Daseins und Handelns, transeuropäische Grundwerte

Die Weltmeisterschaft
1998
Erró (*1932, ISL)

und Gemeinsamkeiten sind zwar vorhanden, bleiben aber untergeordnet. Ein europäisches Gemeinschaftsgefühl, eine Identitätsbildung, entwickelt sich angesichts der Unterschiede nur schleppend.

Fußball und Kunst haben gemeinsam, dass sie das kulturelle Selbstverständnis einer Nation zum Ausdruck bringen und gleichsam dazu beitragen, nationale Identitäten für eine vielfältige europäische Solidargemeinschaft zu öffnen. Ein Beispiel dafür liefert Zinédine Zidane, jener geniale Spielmacher mit der Nummer 10 auf dem Rücken, der Frankreich 1998 das überwältigende Glücksgefühl bescherte, das Paul Auster so sehr beindruckt hatte. Der Ekstase auf den Champs-Élysées vorausgegangen waren seine beiden Treffer beim 3:0-Sieg im WM-Endspiel gegen Brasilien im Stade de France von Saint-Denis. Zidane wurde Frankreichs Sportler des Jahres und gleichsam Europas Fußballer des Jahres. »Zizou, die weiße Katze«, wie er in Deutschland genannt wurde, hatte es geschafft. Als eines von fünf Kindern algerischer Einwanderer wuchs er in einer Sozialsiedlung im Norden Marseilles auf. Seine Herkunft aus der Banlieue hat er nie vergessen. Gerade in den ärmeren Bevölkerungsschichten war Zidane ein Idol, auch dann noch, als er Frankreich verließ und sich in Italien bei Juventus Turin und in Spanien bei Real Madrid in die Herzen der Fans spielte. In Frankreich wie in Italien oder Spanien: Zinédine Zidane, *die* Identifikationsfigur, Zinédine Zidane, eine europäische Symbolfigur. Entsprechungen gibt es im Schauspiel, in der Musik und natürlich auch in der Kunst. Die Gemälde, Plastiken, Zeichnungen und Keramiken von Pablo Picasso sind Ikonen in seinem Geburtsland Spanien und seiner Wahlheimat Frankreich und werden überall auf der Welt gezeigt. Picasso-Museen gibt es nicht nur in Paris und Barcelona, sondern auch

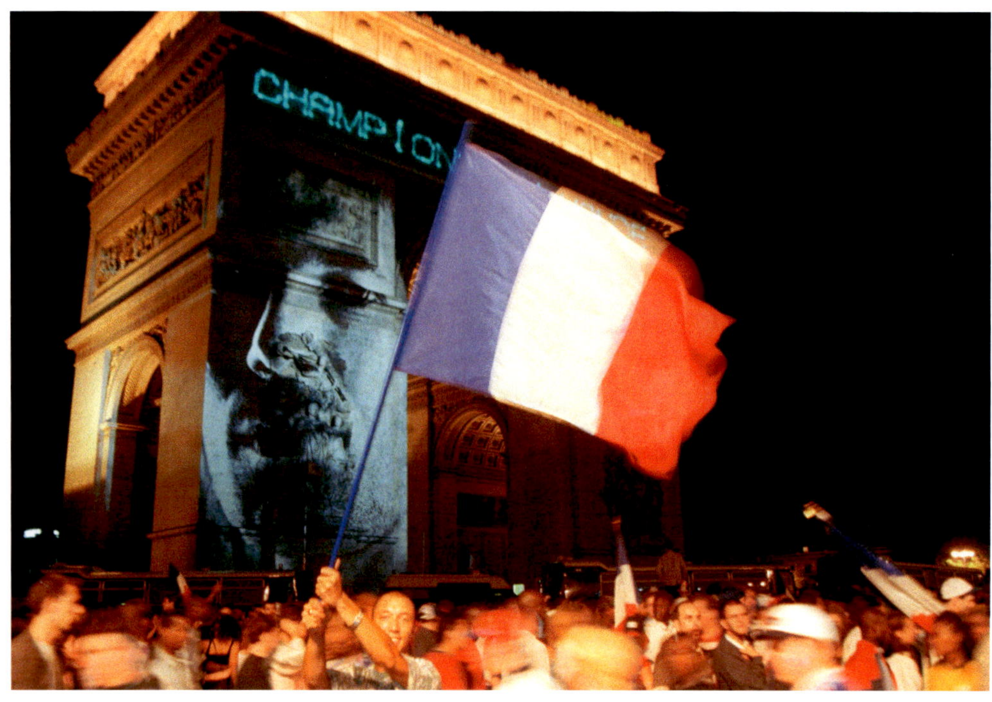

Anlässlich der Siegesfeier zur FIFA Fußball-Weltmeisterschaft 1998 wird ein Porträt Zinédine Zidanes auf den Arc de Triomphe projiziert.

in Málaga, Vallauris, Antibes oder Münster. Zinédine Zidane und Pablo Picasso, Robert Delaunay und Kylian Mbappé, Joan Miró oder Cristiano Ronaldo: Sie stehen für eine nationale und transnationale Identitätsbildung. Fußballer und Künstler schaffen, was Politik nicht oktroyieren kann.

Die moderne Kunst und der Fußball bringen aus doppelter Perspektive ein gemeinsames europäisches Kulturerbe zum Ausdruck. Beide Phänomene haben ihren Ursprung im Europa des ausgehenden 19. Jahrhunderts und stellten in den vergangenen 120 Jahren vielfältige Bezüge zueinander her. Der moderne Fußball ist seit Jahrzehnten der wohl bedeutendste Sport der Welt. Fußball breitete sich mit dem Ende des 19. Jahrhunderts von den britischen Inseln auf das Festland aus und wurde spätestens in den 1920er-Jahren in fast allen europäischen Ländern zum Massenphänomen. Fußball wurde zu einem Symbol der Freiheit. Der Fußballspieler war anarchisch in seinen Bewegungen und verkörperte das Offene und Moderne. Auf diesem Wege hat sich der Fußball tief in den verschiedenen Kulturen des Kontinents verankert; er eroberte die Herzen der Menschen, durch seine Einfachheit, durch seine Unmittelbarkeit und durch den faszinierenden Kampf zweier Mannschaften mit 22 Spielern.

In Europa brachte die moderne Kunst in ihren Anfängen im ausgehenden 19. Jahrhundert innerhalb weniger Jahrzehnte mit dem Expressionismus, Futurismus, Konstruktivismus, Kubismus oder Surrealismus eine Vielzahl neuer Stilrichtungen hervor. Damit ging ein konsequenter Bruch mit dem bisherigen Verständnis und den Sehgewohnheiten von Kunst einher. Kunst wurde zum Kritikmuster einer sich verändernden Gesellschaft, Formate, Formen und grundsätzliche Überzeugungen wurden infrage gestellt.

Mit der Abkehr vom Kult der Vergangenheit fand der gesellschaftliche und kulturelle Erneuerungswille in dem »Futuristischen Manifest« des umstrittenen italienischen Schriftstellers Filippo Tommaso Marinetti einen programmatischen Ausdruck. Es erschien am 5. Februar 1909 auf der Titelseite der Bologneser *Gazzetta dell'Emilia*. Zwei Wochen später, am 20. Februar 1909, fand sich der Text in französischer Übersetzung als Leitartikel in der Pariser Tageszeitung *Le Figaro*. Marinettis leidenschaftlicher Agitationsvortrag im Mailänder Teatro Lirico zog Umberto Boccioni in den Bann. Mit seinen Künstlerfreunden Carlo Carrà und Luigi Russolo verfasste er im Februar 1910 das »Manifest der futuristischen Maler«. Im »Technischen Manifest der futuristischen Malerei«, das zwei Monate später folgte, formulierte das Künstlerkollektiv eine konkrete futuristische Bildsprache, die den Ballast der abendländischen Kunst über Bord warf und mit neuen gestalterischen Möglichkeiten in Europa Maßstäbe setzte. Für Boccioni wurde die dynamische Form in der Malerei und in der Bildhauerei zu einer Art vierter Dimension. Die Wahrheit der modernen, sich ständig verändernden Welt muss durch omnipräsente Bewegung zum Ausdruck gebracht werden. Sein Werk *Dynamik eines Fußballspielers* von 1913 (Abb. S. 123), in dem er Linien, Kurven und Formfragmente zu einer in sich rotierenden Einheit verschmilzt, wird stilprägend. Boccioni entmaterialisiert in seinem Bild den Fußballspieler; Bewegung und Licht zerlegen die Materialität des Körpers. Das wachsende Bedürfnis nach Wahrheit sollte nicht mehr durch Form und Farbe befriedigt werden. Die Geste, die auf der Leinwand vielmehr wiedergeben werden sollte, durfte nicht länger ein fixierter Moment der universellen Dynamik sein – der Gegenstand sollte die dynamische Empfindung selbst sein. Alles bewegt sich, alles läuft, alles verändert sich in großer Geschwindigkeit. Ein Profil steht für Boccioni niemals unbeweglich vor den Augen des Betrachters, es erscheint und verschwindet. Bewegte Objekte vervielfältigen sich für die Betrachtenden, Formen ändern sich wie schnelle Schwingungen in ihrem irren Lauf. So muss für Boccioni ein laufendes Pferd nicht mit vier, sondern mit zwanzig Beinen auf die Leinwand gebannt werden.

Kasimir Malewitsch ging in seiner Radikalität noch einen Schritt weiter. Sein Bild *Malerischer Realismus eines Fußballspielers – Farbmassen in der vierten Dimension* (Abb. S. 231) schuf er zwei Jahre nach Boccionis Fußballbild, es wurde ebenso stilbildend. Malewitsch brach mit der beobachteten Realität und reduzierte seinen Blick auf die Beziehung zwischen farbigen geometrischen Formen auf einem strukturierten weißen Hintergrund. Er forderte die Betrachter auf, sich eine neue Art von Realismus in der Malerei vorzustellen. Zur Metapher seines Stils wurde die räumliche vierte Dimension, auf die sich der Titel seines Bildes bezieht; er zeigte sein Werk ohne Rahmen und weigerte sich anzugeben, wo oben und unten ist. Malewitsch gilt als Begründer des Suprematismus, der eine Weiterentwicklung des Futurismus und Konstruktivismus darstellt und zum ersten Mal vollkommen abstrakte Werke hervorbrachte. *Malerischer Realismus eines Fußballspielers – Farbmasse in der vierten Dimension* entstammt wie sein ikonografisches Gemälde *Das Schwarze Quadrat* seiner Werkreihe für die legendäre letzte futuristische Ausstellung *0,10* in der Galerie Dobytschina in Petrograd (Sankt Petersburg). Die Schau vom 19. Dezember 1915 bis 19. Januar 1916 darf als eine der wichtigsten Kunstausstellungen der Moderne bezeichnet werden. Umberto Boccioni und Kasimir Malewitsch initiierten so etwas wie den Anpfiff für ein

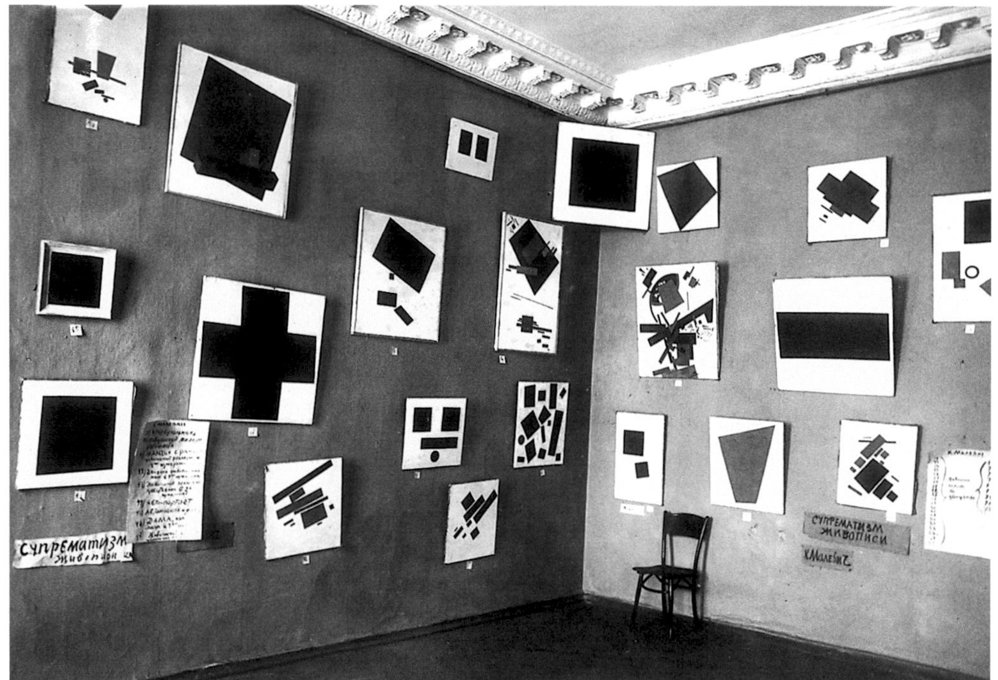

Die letzte futuristische Ausstellung der Malerei *0,10* wurde vom 19. Dezember 1915 bis 17. Januar 1916 in Petrograd gezeigt.

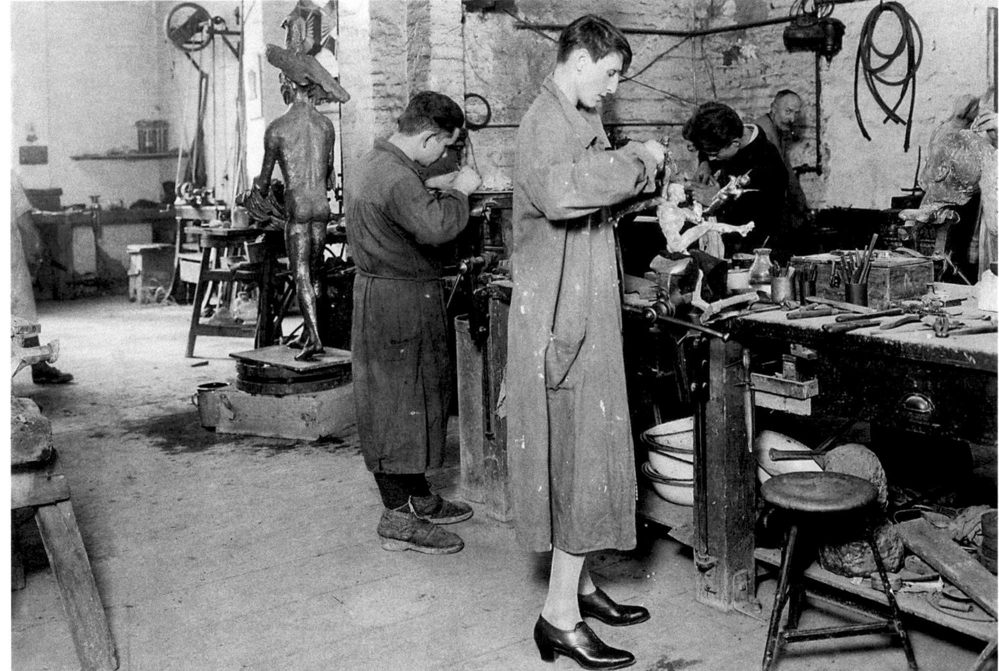

Renée Sintenis in ihrem Berliner Atelier bei der Arbeit an ihrer Kleinbronze *Fußballspieler*.

neues Spiel mit der Kunst. Fußball wurde zu einer Inspiration für die Kunstschaffenden, aus formalistischen wie emotionalen Beweggründen. Künstlerinnen und Künstler fanden im Fußball einen Ausdruck für ihre Zeit, der ihnen half, Altes hinter sich zu lassen und neue Kompositionsmöglichkeiten auszuprobieren. Der Fußball als ein neu aufgekommenes gesellschaftliches und ästhetisches Phänomen diente als exemplarischer Ausdruck der Moderne. Er wurde zum Kult einer neuen Ära, und die Fußballspieler waren Helden eines besseren Zeitalters, da sie, wie der Avantgardist El Lissitzky meinte, keine Umwege und Umschweife kennen.

Renée Sintenis war die erste Künstlerin in Deutschland, die mit ihrer Kleinbronze *Fußballspieler* (Abb. S. 48) die neu entfachte Freiheit zum Gegenstand der bildenden Kunst machte. Die 1920 entstandene Plastik ist der ästhetische und politische Gegenentwurf zur wilhelminischen Weltsicht eines Karl Planck, der mit seiner polemischen Schrift *Fußlümmelei. Über Stauchball und englische Krankheit* zur Jahrhundertwende in nationalistischer Verblendung in der Tradition von Turnvater Jahn dem neu entdeckten Fußball den Kampf ansagte. Das künstlerische Schaffen von Sintenis steht für die Blütezeit der Weimarer Republik, für die erste liberale Demokratie in Deutschland, die mit der Ausrufung der Republik am 9. November 1918 das Kaiserreich abgelöst hatte. Sintenis brach aus tradierten Rollenzuweisungen aus und zählte zur modernen Frauenbewegung, die durch künstlerisches Schaffen ein neues emanzipiertes Selbstbewusstsein schuf. Die Kunst sollte eine Brücke zum Aufbruch und zu den Grundfesten der Demokratie bauen. Als Bildhauerin wollte Sintenis für Veränderung stehen, für Erneuerung, für eine Gesellschaft, die in Artikel 142 der Weimarer Reichsverfassung erstmalig garantierte, dass Kunst, Wissenschaft und ihre Lehre frei sind. Sie wollte alle Gesellschaftsschichten ansprechen. Dafür kamen ihr der Fußball und der Sport gerade recht, strömte doch in den 1920er-Jahren gerade zur »undeutschen Fußlümmelei« ein Massenpublikum in die Stadien. Auch Rad- und Autorennen wurden populär, und die Boxkämpfe von Max Schmeling verfolgten Millionen an den Radiogeräten. In diese Domäne der Männer brach Sintenis ein, schuf bronzene Sportfiguren wie den *Polospieler*, den *Boxer* oder eben den *Fußballspieler*, der zu den bekanntesten Arbeiten der Künstlerin zählt. Sie zeigt den Augenblick unmittelbar nach einem formvollendeten Spannstoß; Sintenis fängt in ihrer naturalistischen Darstellungsweise nicht allein den exakt beobachteten Ablauf eines entscheidenden Fußballmoments ein; ihr gelingt es darüber hinaus, die Leichtigkeit und Anmut der fußballerischen Bewegung anschaulich werden zu lassen. Der Körper des Spielers steht außerhalb seines gesellschaftlichen Korsetts und präsentiert sich in seiner Erscheinung als ästhetisch, aufgeklärt und unabhängig. 1925 befand sich die Bildhauerin Renée Sintenis auf dem Höhepunkt ihres Schaffens. Der Galerist Alfred Flechtheim vermittelte ihre plastischen Arbeiten, vor allem ihre in Bronze und Silber gegossenen Tierdarstellungen, nach Rotterdam, Wien, London und New York. 1931 wurde Sintenis Mitglied der Preußischen Akademie der Künste. Dann aber folgte auf den kulturellen Aufbruch in der Weimarer Republik der dramatische Niedergang. Ab 1933 durfte Sintenis ihre Arbeiten nicht mehr zeigen, für die Nationalsozialisten galt sie als »mindestens Halbjüdin«. Mit der Machtübernahme der Nationalsozialisten war die Vision, durch Kunst eine vernunftorientierte, aufgeklärte Gesellschaft mit demokratischen Werten zu realisieren, mit einem Mal zerschlagen.

Das 20. Jahrhundert steht für europäische Krisen, Zäsuren, Katastrophen, Revolutionen und radikale nationale und ideologische Umwälzungen. Europa kam in der ersten Hälfte des 20. Jahrhunderts kaum zur Ruhe. Die Verknüpfung von politischen Zusammenhängen mit der Kunst der Zeit lässt einen Raum für die unterschiedlichsten Betrachtungen entstehen. Dabei kommentiert die Kunst die Geschichte, und die Geschichte gibt der Kunst Anlass und Grund, ihre Richtung zu ändern. Die Kunst wird zum radikalen Kritiker der Geschichte, indem sie still beobachtet, bildnerisch dokumentiert und immer bereit ist, ihr Format zu brechen. Als Kommentator der Geschichte reagiert die Kunst dabei auch auf den Fußball.

Im August 1939, kurz vor Ausbruch des Zweiten Weltkriegs, stellte Joan Miró ein Bild mit einem fulminanten Titel fertig: *Junges Mädchen mit halb braunen, halb roten Haaren, das auf dem Blut gefrorener Hyazinthen eines brennenden Fußballfeldes ausrutscht.* Miró verarbeitet die sich ankündigende Katastrophe des ausbrechenden Krieges in einer Komposition, die auf den ersten Blick den Fußball selbst gar nicht erkennen lässt. Beim genauen Betrachten sind kreis- und ellipsenförmige Körper zu entdecken, es könnten Spielerfiguren sein, die sich gehetzt umherbewegen, entgegengesetzt zu einem nach links weisenden Richtungspfeil. Auch bei Miró dominieren Bewegung und Geschwindigkeit, in diesem Fall als dynamische Kraft für die Konfrontation auf dem Spielfeld. Auf der rechten Seite des Spielfeldes, das sich durch leeren Raum, durch Freifläche definiert, ist ein mit drei Strichen abstrahiertes Tor zu erkennen. Viel präsenter erscheint ein Speer, der auf seiner Flugbahn eine Figur, vielleicht das im Titel erwähnte Mädchen, durchbohrt; der Speer bleibt in einer Scheibe stecken. Ist die Scheibe der Spielball, der alles ins Chaos stürzt? Das Werk lädt zur Interpretation ein, erst der assoziative Titel verweist auf die Zusammenhänge und auf die aufziehende konkrete Bedrohung: Das brennende Fußballfeld als Schlachtfeld, mit einem Hinweis auf die griechische Mythologie: Blutstropfen verwandeln sich in Hyazinthen. Mirós Künstlerherz schlug für Freiheit, Selbstbestimmung und Demokratie. Um dem Spanischen Bürgerkrieg zu entkommen, floh er 1936 nach Paris und unterstützte von dort aus mit seinen künstlerischen Mitteln die republikanischen Kämpfer. Für die Pariser Weltausstellung ein Jahr später malte er das heute verschollene Wandgemälde *Le faucheur* für den Pavillon des republikanischen Spanien. Damit setzte er wie Pablo Picasso mit seinem weltberühmt gewordenen Gemälde *Guernica* und Alexander Calder mit dem *Quecksilberbrunnen* ein unüberhörbares Statement gegen das Franco-Regime. Mirós zunehmende Angst vor der konkreten Bedrohung lässt sich in seinen Gemälden

Junges Mädchen mit halb braunen, halb roten Haaren, das auf dem Blut gefrorener Hyazinthen eines brennenden Fußballfeldes ausrutscht
1939
Joan Miró (1893–1983, ESP)
Öl auf Leinwand, 130 × 195 cm

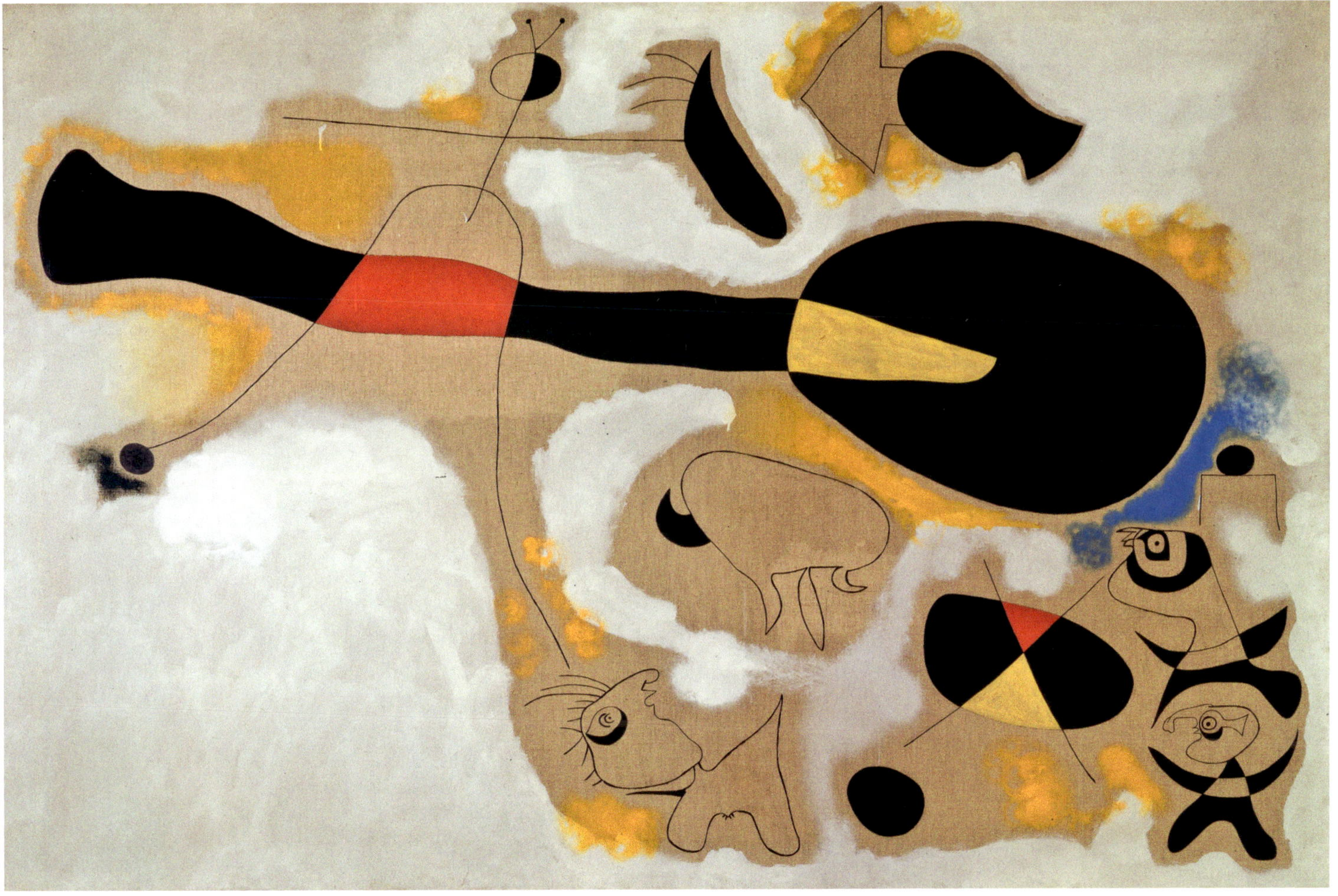

aus dieser Zeit nachempfinden, seine tiefe Resignation rückt in seinem künstlerischen Schaffen in den Vordergrund. Bilder, Motive und Symbole, die die Tragödie heraufbeschwören, verbreiten sich wie ein Flächenbrand über seine Leinwände – wie das brennende Fußballfeld mit blutigen Hyazinthen. Kurz bevor die Truppen von Hitler und Franco triumphierend in Polen und Madrid einmarschierten, vollendete Miro sein *Brennendes Fußballfeld* und ließ Paris, die Stadt der Lichter, die ihn so sehr inspiriert hatte, hinter sich. Er floh mit seiner Familie in die Provinz, in das Dorf Varengeville-sur-Mer in der Normandie. Dort wollte er zur Ruhe kommen, sich vor der Welt verstecken. Er meditierte, wandte sich von der Realität ab und fand zu einer ganz neuen Schaffensperiode. Er entdeckte für sich die Natur, die verneinenden Allegorien verschwanden; stattdessen entstanden unschuldige Kompositionen mit Farbmustern, Tier- und Menschengestalten; Kreise, Sterne und Punkte verteilten sich über die Bildfläche. Eine neue Serie entstand, seine berühmten *Konstellationen*, die er für sich in der Abkehr von der düsteren Wirklichkeit als Gegenentwurf konzipierte und später auf Mallorca vollendete. Seine neue Schaffensphase war, wie Miró es einmal selbst poetisch ausdrückte, ein Schrei der Freude, mit dem er sich von den Qualen der modernen Welt in innerer Einkehr befreit hatte. Vor diesem Hintergrund kommt seinem *Jungen Mädchen* von 1939 eine Schlüsselrolle zu, markiert es doch unmittelbar vor Kriegsausbruch das Ende seiner restriktiven Schaffensphase in Paris. Erstaunlicherweise spielt das für die Ausstellung *In Motion – Art & Football* wiederentdeckte Werk in der Rezeption von Joan Mirós Schaffen kaum eine Rolle.

Die innere Flucht vor Terror und Krieg war für Felix Nussbaum keine Option. Die unmittelbare Todesbedrohung war für ihn, den jüdischen Emigranten, existenziell, hielt ihn aber nicht davon ab, seine düstere Lebenswirklichkeit auf die Leinwand zu bannen. In seinen Bildern verarbeitete er schmerzlich erfahrene Isolation, Hoffnungslosigkeit, Flucht und Heimatlosigkeit. Nussbaum schuf ein Werk von zeitloser Bedeutung. Mit der beginnenden Judenverfolgung floh er 1933 aus Deutschland zunächst nach Italien, dann nach Frankreich und schließlich nach Belgien. Nach dem Einmarsch der deutschen Truppen am 10. Mai 1940 überstellten ihn die Behörden in das südfranzösische Internierungslager Saint-Cyprien. Während seiner Rückführung nach Deutschland gelang ihm in Bordeaux die Flucht. Er tauchte erneut in Belgien unter, fand mit seiner Frau Unterschlupf bei einem befreundeten Kunsthändler. Im Verborgenen entstanden seine Werke, aus denen Todesangst und Ohnmacht sprechen. Ein zentrales Werk dieser Phase ist sein *Stillleben mit Maske, Handschuh und Fußball* (Abb. S. 249), das er in seinem belgischen Versteck fertigstellte. Das Bild zeigt Symbole der Vergänglichkeit. Ein Wecker steht für das allmähliche Ablaufen seiner Lebenszeit. Das allgegenwärtige Schreckgespenst des Todes versteckt sich hinter einer afrikanischen Totenmaske. Ein weißer Handschuh als Sinnbild des reinen Fühlens und ein gelb-violettes Stiefmütterchen drücken aber auch einen letzten Funken Hoffnung aus. Ein Gegenstand sticht aus der Anordnung heraus: ein brauner lederner Fußball. Der Ball ist für Nussbaum ein Relikt seiner behüteten und glücklichen Kindheit in seiner Heimatstadt Osnabrück. In dieser längst vergangenen Zeit hatte ihm das ungezwungene Spiel auf dem Fußballplatz Glück und Leichtigkeit beschert. Schon in seiner frühen Schaffensphase hatte Nussbaum den Fußball in seinen Bildern *Fußballmannschaft* und *Fußballkampf* zum Gegenstand erhoben; beide Werke, um 1929 entstanden, wurden wie vier andere Bilder zum Sport bei einem Dachstuhlbrand in seinem Berliner Atelier 1932 vollständig vernichtet. Der Sehnsuchtsort Fußball wurde für Felix Nussbaum zur malerischen Vergewisserung seiner

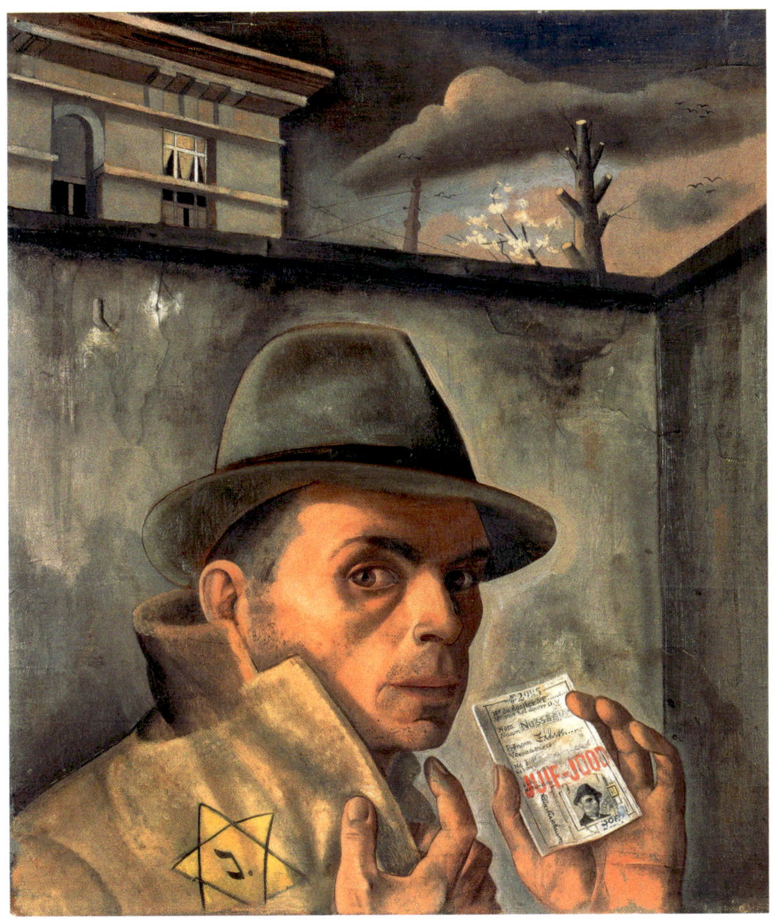

Selbstbildnis mit Judenpass
1943
Felix Nussbaum (1904–1944, DEU)
Öl auf Leinwand, 56 × 49 cm

selbst. In den Werken, die er auf der Flucht malte, suchte er die Orte seiner Jugend, reflektierte die eigene Identität, oft auch im Kontext der jüdischen Tradition. Das *Stillleben mit Maske, Handschuh und Fußball* zählt zu den eindringlichsten Werken von Felix Nussbaum und befindet sich heute im Besitz der israelischen Holocaust-Gedenkstätte Yad Vashem. Die Todesvision aus seinem Fußball-Stillleben sollte sich für den Verfolgten, der bis zum letzten Tag mit seinem künstlerischen Werk Zeugnis für die Nachwelt ablegte, ja, seinem künstlerischen Selbstverständnis gemäß ablegen musste, bald bewahrheiten. Nach einer Denunziation im Juni 1944 wurden Felix Nussbaum und seine Frau mit dem letzten Deportationszug vom Sammellager Mechelen in das Vernichtungslager Auschwitz-Birkenau deportiert und dort ermordet.

Im Fußball spiegelt sich das ganze Leben, und so vielfältig die Emotionen und persönlichen Erfahrungen der Künstlerinnen und Künstler sind, so unterschiedlich ist auch deren künstlerische Verarbeitung. Fußball erscheint wie ein roter Faden, an dem sich Ereignisse, Biografien, politische Umbrüche entlang von großen Spielen und persönlichen Erlebnissen aufreihen. Laurence Stephen Lowry, besser bekannt als L. S. Lowry, hat in den 1950er-Jahren in seinen zahlreichen Fußballbildern das Spiel als Flucht aus dem monotonen Alltag dargestellt und dabei gleichermaßen über sich selbst erzählt. Als Einzelkind einer Familie der unteren Mittelschicht führte er seit frühester Kindheit ein trostloses Leben. Als Mietkassierer hielt er sich über Wasser, sein Vater hinterließ ihm einen Schuldenberg, seine bettlägerige Mutter pflegte er fast zehn Jahre lang. Nur in der Nacht entkam er der Tristesse und malte auf dem Dachboden, was er tagsüber in seiner düsteren Wirklichkeit als städtischer Flaneur, der die Miete der Arbeiter eintrieb, beobachtet hatte: rastlose Menschen, die als anonyme Menge umhereilen, ein monotones Kommen und Gehen, rein in die Fabriken, raus aus den Fabriken, und am Sonntag dann das Pilgern ins Stadion, der letzte Sehnsuchtsort der Gehetzten auf ihrer Flucht aus dem Alltag. Wie in seinem Bild *Auf dem Weg zum Spiel* (Abb. S. 221) begibt sich Lowry an den Rand des Geschehens und beobachtet malend das Leben der britischen Arbeiterklasse, die der Armut nicht entkommen kann. Mit dem auch von ihm so geliebten Fußball lässt Lowry die proletarische Lebenswirklichkeit mit seiner fast schon naiv anmutenden naturalistischen Malerei einfühlsam sichtbar werden: Die Menschen pilgern in den Burnden Park der Bolton Wanderers. Das Geschehen auf dem Platz wird wie bei den meistern Fußballbildern bei Lowry ausgeblendet. Die Vorfreude auf das Spiel und die Atmosphäre wird zum Bildmotiv verarbeitet, immer mit den unverkennbaren Stilmerkmalen – die Industrielandschaft mit akzentuierten Vertikalen und die sich wiederholenden Schornsteine. 1999 kaufte die Gewerkschaft der professionellen Fußballer in England das Gemälde für die damalige Rekordsumme von 2,8 Millionen Euro. Damit war *Auf dem Weg zum Spiel* das am teuersten verkaufte Fußball-Gemälde der modernen britischen Malerei. Zwölf Jahre später wurde der Rekord eingestellt: Lowrys *Das Fußballspiel* brachte bei einer Auktion 4,6 Millionen Euro ein. In Deutschland hatte sich vor allem Friedrich Einhoff mit Industriemalerei beschäftigt. In Gelsenkirchen aufgewachsen und mit dem FC Schalke sozialisiert, malte er zwischen 1920 und 1933 mehrere hundert expressive Bilder über seine Heimatstadt. Der Fußball war ein Spiegel für den Zustand der soziokulturellen Verhältnisse an Rhein und Ruhr. Zechen und Spielfelder lagen oft in unmittelbarer Nachbarschaft und wo sich die Seilscheiben der Fördertürme drehten, kreiselte der Ball. Und

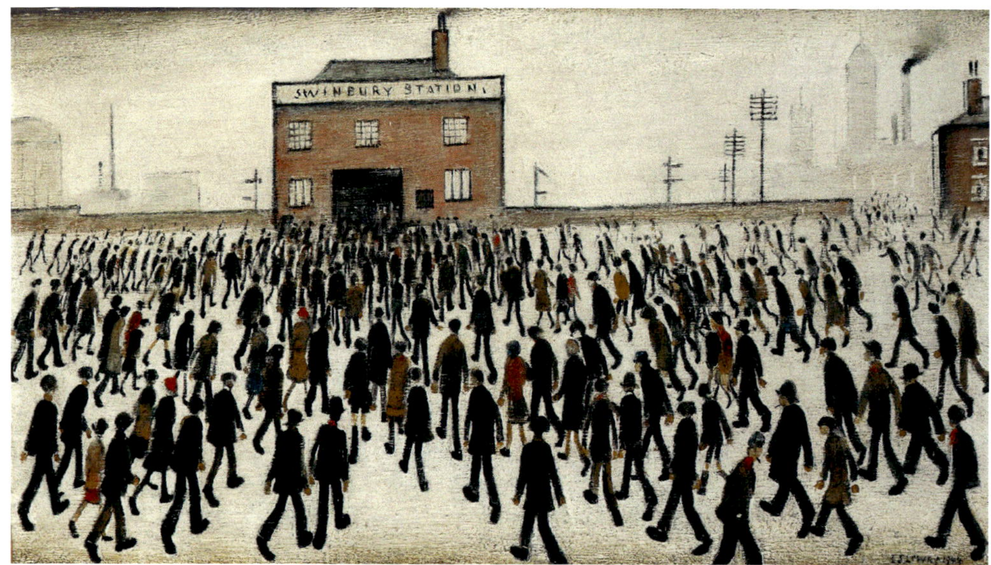

Nach dem Spiel
1944
L. S. Lowry (1887–1976, ENG)
Öl auf Leinwand, 35,5 × 60 cm

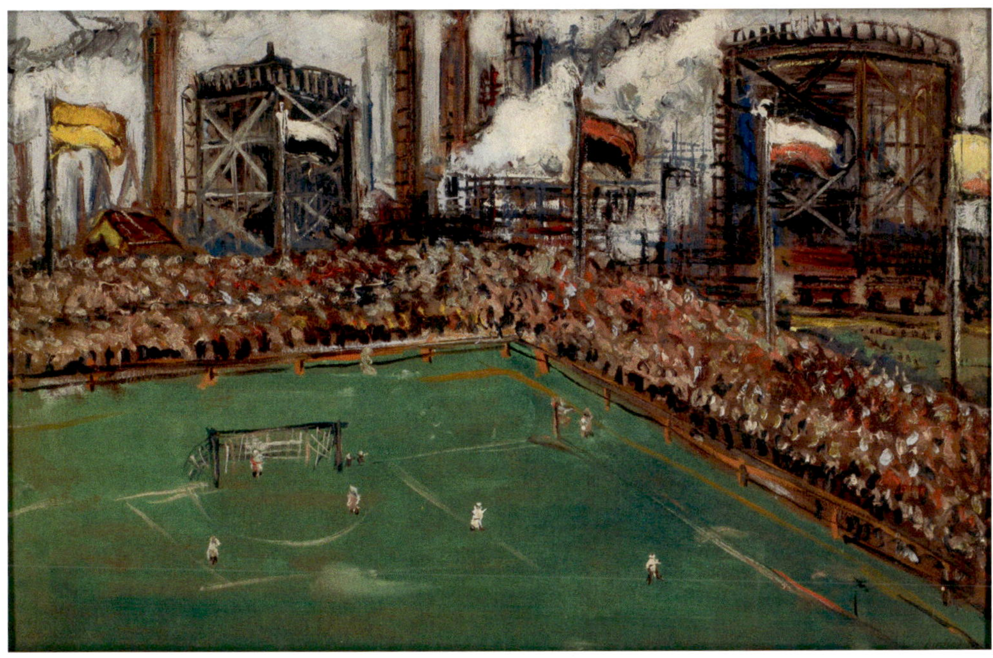

Fußballplatz Schalke 04
1932
Friedrich Einhoff (1901–1988, DEU)
Öl auf Sperrholz, 47,5 × 68,5 cm

die Zechenbetriebe waren die großen Unterstützer, die Plätze, Trikots und Bälle zur Verfügung stellten, damit sich die Bergmänner auch über Tage solidarisierten. Nach der Maloche begann die zweite Schicht – auf den Rasen- oder Ascheplätzen und auf den Rängen, wo sich die große Familie der kickenden Kumpel einfand. Im Schlagschatten der Schlote entstanden die Klubs, der Pütt wurde zur Heimat. Einhoffs Gemälde *Fußballplatz Schalke 04* zeigt die Szenerie eindrucksvoll: die Glückaufkampfbahn des Revierklubs als das Theater des Proletariats, das eine Verschnaufpause von der Arbeit unter Tage oder an den Hochöfen bot. Im Hintergrund des Stadions und als Gegensatz zum satten Grün des Rasens ragt mächtig die düstere Kulisse des Steinkohlenbergwerks Consolidation heraus. Lowry und Einhoff – zwei Porträtisten ihrer industriell geprägten Lebensräume, für die Fußball bei weitem mehr bedeutete als das Ergebnis auf dem Platz. Einhoffs Gemälde entstand 1932, ein Jahr später durften seine Bilder nicht mehr gezeigt werden, sie galten den Nationalsozialisten als entartet. Der Verblendung der Nazis zum Trotz überdauerten seine Werke die Diktatur.

Die Kunstschaffenden der Moderne haben sich auf das Spiel mit dem Fußball eingelassen. Sie haben entweder einzigartige Spielmomente aus nächster Nähe selbst erlebt, haben selbst auf dem Platz gestanden oder haben sich aus der Distanz vom großen Kampf, vom Zufall der Augenblicke, von den Heldengeschichten, vom ewigen Emporsteigen der Körper zum Himmel, zum Ball, vom Rausch des Publikums, von den Farben der Mannschaften inspirieren lassen – vom Pulsschlag des Spiels.

Als der Dichter Pierre Lecuire im April 1952 Nicolas de Staël besuchte, traute er seinen Augen kaum: Das Atelier des Malers glich einer Fußballwerkstatt, überall lagen Fußball-Skizzen

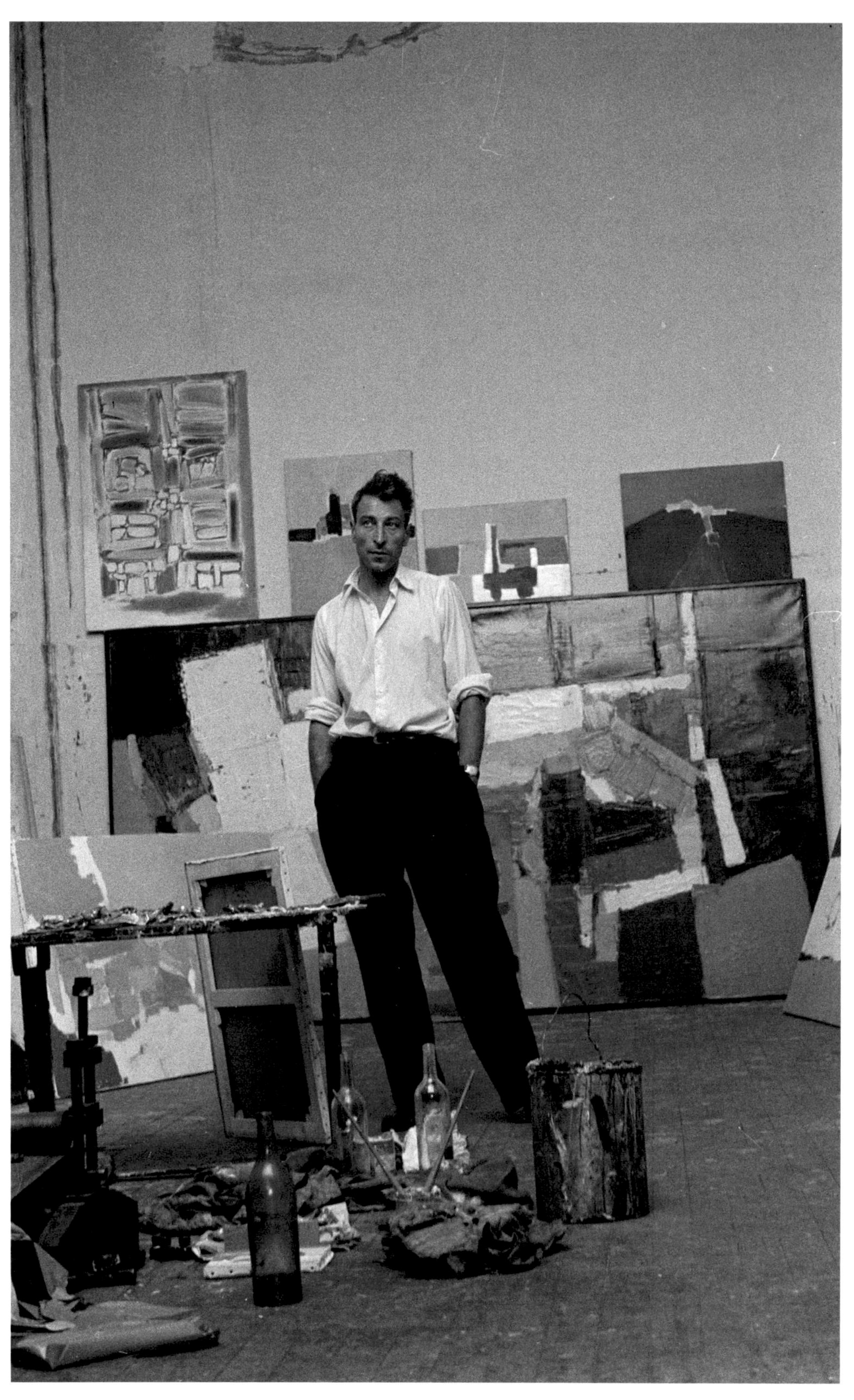

Nicolas de Staël in seinem Atelier
1954

herum, ein Fußballspieler in Fallrückzieherpose hier, zum Kopfball emporsteigende Körper da, Studien über einzelne Spieler, Schemata von Mannschaftsaufstellungen oder verschiedene Zeitungsartikel aus den Sportgazetten. De Staëls Atelier habe eine Metamorphose zu einem Mini-Fußballstadion vollzogen, berichtete Lecuire später erstaunt. Wenige Tage zuvor, am 26. März 1952, hatte de Staël einem Schauspiel beigewohnt, das ihn als Künstler tief beindruckte. Die französische Nationalmannschaft hatte im Parc des Princes in Paris gegen Schweden gespielt und mit 0:1 verloren. Das Ergebnis war für ihn nebensächlich; was ihn faszinierte, war die besondere Atmosphäre eines Spiels bei Flutlicht. Diese neu eingeführte technische Errungenschaft konfrontierte ihn mit einer bisher nicht gekannten Wahrnehmung von Helligkeit, Dunkelheit und Schattenwürfen im Zusammenspiel mit der Bewegung der Spieler und der Flugbahn des Balls. Mit seiner Frau saß er auf der Tribüne und war außer sich. Direkt nach dem Spiel eilte er in sein Atelier und bannte die Nacht hindurch seine Eindrücke auf Skizzenpapier und Leinwand. Wie im Wahn probierte er sich malerisch in den folgenden Tagen und Nächten aus, destillierte in beispielloser Form die Essenz seiner Beobachtungen vom ersten Flutlichtspiel in Frankreich. An den Dichter und Dramatiker René Char schrieb er wie beseelt über seine neuen Entdeckungen. Er sei wie ins Herz getroffen und geradezu überwältigt, wie zwischen Himmel und Erde, über den roten und blauen Rasen, eine akrobatische Tonne Muskeln in vollkommener Selbstvergessenheit und großartiger Präsenz wirbelte. Er habe sofort begonnen, beide Teams ins Bild zu setzen. Die ganze französische und schwedische Mannschaft habe er auf die Leinwand gebracht, und schon sei Bewegung in die Sache gekommen. Er könne problemlos 200 Bilder des Spiels malen. Tatsächlich wurden es 24 Bilder; sie waren die wichtigsten seiner Laufbahn. Das Blau und das Rot der Trikots sowie das Grün des Rasens, vom Flutlicht

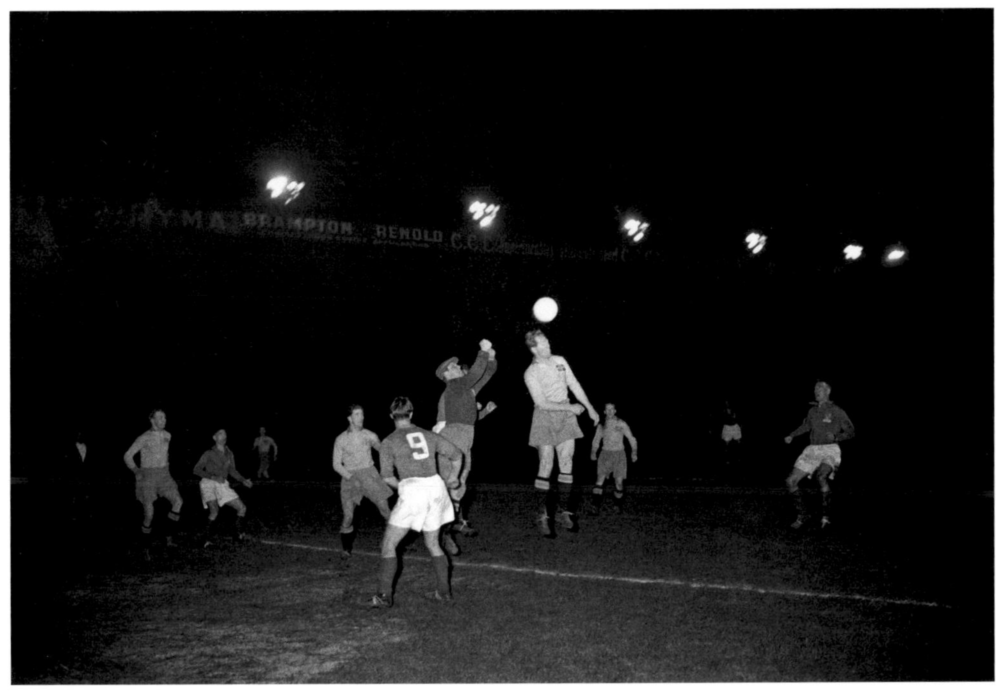

Fotoaufnahme des ersten Flutlichtspiels in Europa 1952. Ort: Parc des Princes, Paris Frankreich - Schweden

hell erleuchtet, kontrastiert mit dem Nachthimmel. Die Spieler sind in Bewegung dargestellt, in dynamischen, in sich verwobenen Vierecken. Das Spielfeld und der Himmel erscheinen demgegenüber flächenhaft als grüne und schwarze Farbmasse. In seiner Fußballserie schafft Nicolas de Staël die Symbiose von figurativer und abstrakter Kunst. Das markiert in der Kunst des 20. Jahrhunderts einen Wendepunkt. De Staël geht stilistisch über das bloße Abstrakte der Nachkriegsepoche hinaus, lässt die Grenzlinie zwischen gegenstandsloser und figürlicher Malerei verschwinden. Im März 1953 präsentiert de Staël das Hauptwerk seiner Fußballserie, *Parc des Princes* (Abb. S. 279) in New York in der Knoedler Gallery, wird gefeiert und fortan vom Galeristen Paul Rosenberg neben Pablo Picasso oder Henri Matisse in den USA exklusiv vertreten. Sein Prinzenparkstadion, dreieinhalb Meter breit und zwei Meter hoch, wurde im Oktober 2019 bei Christie's in Paris für 20 Millionen Euro versteigert. Damit ist das monumentale Bild das bis heute weltweit teuerste Fußball-Kunstwerk.

Die Künstlerinnen und Künstler der Moderne haben ihre Wahrnehmungen, ihre Formate, ihre Abstraktionen, ihre Farbspiele im Umgang mit Spiel, Spielern, Raum und Zeit, Linien, Rhythmen und Bewegungen immer wieder variiert und neu justiert. Der Fußball fand in der Kunst einen Mitspieler, der sehr genau hinschaute, jedes Detail betrachtete. Fußball bedeutete für die Künstlerinnen und Künstler der Moderne Freiheit im Spiel, starke, wendige, trickreiche Körper, Zufall, Spannung, Unterhaltung für Massen, aber auch Aggressivität, Zerstörung oder Maßlosigkeit. Die Malerei hat den dynamischen, emotionalen und bisweilen rauen Wettkampf um den Ball für die schönen Künste entdeckt. Die Malerinnen und Maler haben auf den Fußball reagiert, ihre Bilder vom Fußball entstanden in der Vorstellungskraft. Das ebenso simple wie vielschichtige Spiel der 22 Akteure auf dem Platz wurde für sie im Sinne von Leonardo da Vinci zu einer *cosa mentale*, zu einer Auseinandersetzung mit dem Geist. Während das Phänomen Fußball als Medium der Betrachtung über 100 Jahre eine Konstante geblieben ist, hat es als Sekundärgegenstand der Kunst durch neue Perspektiven, Stile und Formatideen permanente Wandlungen erfahren. Das Spiel mit der Kunst oder umgekehrt: die Kunst mit dem Spiel ermöglicht eine ganz neue Betrachtungsweise des Fußballs, die über die bloße Illustration eines Kultur- und Gesellschaftsphänomens des 20. Jahrhunderts weit hinausgeht. Der Fußball erklärt sich aus der Kraft der Werke als Teil der Kunst. Das Ergebnis ist überraschend, faszinierend und erhellend zugleich.

Literatur

Auster, Paul: »The Best Substitute for War«, in: *Conjunctions*, Ausgabe 37, 2001, S. 355–358.

Baumstark, Kathrin, Andreas Hoffman und Ulrich Pohlmann: *Moderne Zeiten und Industrie im Blick von Malerei und Fotografie,* Hamburg 2021.

Becker, Sabine: *Experiment Weimar: Eine Kulturgeschichte Deutschlands 1918–1933,* Darmstadt 2018.

Boersma, Linda S. u. a.: *Kasimir Malewitsch und die russische Avantgarde. Mit einer Auswahl aus den Sammlungen Chardschijew und Costakis,* Bielefeld/Berlin 2014.

Dupin, Jacques: *Miró,* Paris, 2012.

Friedemann, Malsch (Hg.): *Malewitsch und sein Einfluss.* Ausst.-Kat., Kunstmuseum Liechtenstein, Vaduz, Berlin 2008.

Grütter, Heinrich Theodor und Manuel Neukirchner (Hg.): *Mythos und Moderne. Fußball im Ruhrgebiet,* Essen 2023.

Kunstforum Ostdeutsche Galerie Regensburg (Hg.): *Zwischen Freiheit und Moderne: Die Bildhauerin Renée Sintenis,* Berlin 2019.

Lagemann, Anne Sibylle: »Fußballmannschaft in Malerei und Foto. Die Sportbilder von 1928/1929«, in: *FN – Nachrichten der Felix Nussbaum-Gesellschaft*, Osnabrück 2003.

Marinetti, Filippo Tommaso: *Manifeste des Futurismus,* Berlin 2018.

Musée Art Moderne de Paris (Hg.): *Nicolas de Staël,* Paris 2023.

Museum Folkwang, Essen (Hg.): *Chagall, Matisse, Miró. Made in Paris,* Göttingen 2023.

Neukirchner, Manuel: »Die Ästhetisierung des Fußballs«, in: Neukirchner, Manuel: *Deutschland, dein Fußball! Eine Kulturgeschichte in 44 Objekten,* Hamburg 2022.

Rosenthal, T. G.: *L. S. Lowry. The Art and the Artist,* Lewes 2019.

Stadt Gelsenkirchen, Kommunale Galerie/Landschaftsverband Rheinland, Rheinisches Industriemuseum Oberhausen (Hg.): *Verschollen und Wiederentdeckt. Friedrich G. Einhoff (1901–1988) – Industrielandschaften von 1920–1935,* Unkel 2001.

Viatte, Germain und Thomas Augais: *Nicolas de Staël: Lettres 1926–1955,* Varese 2016.

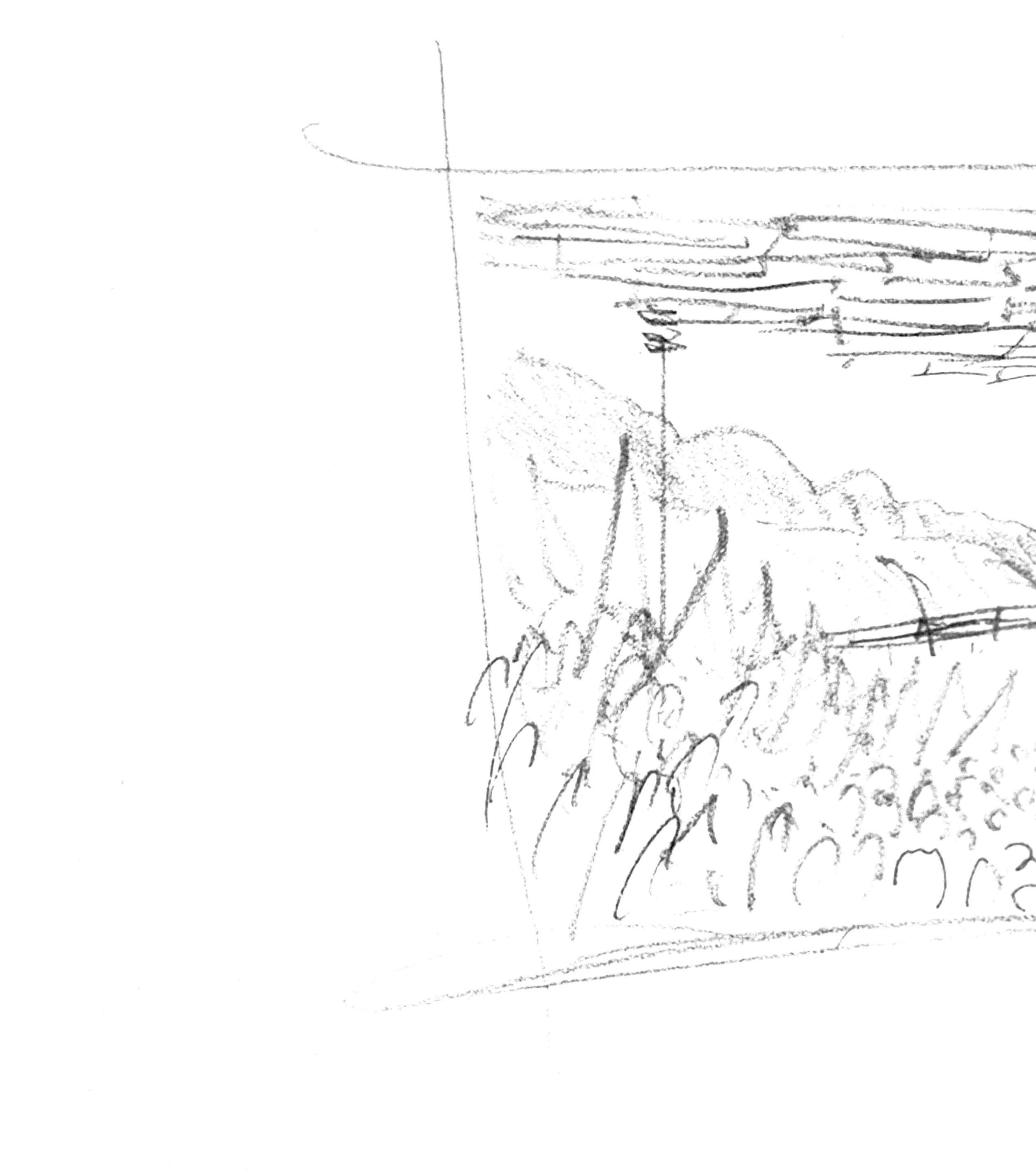

Essays

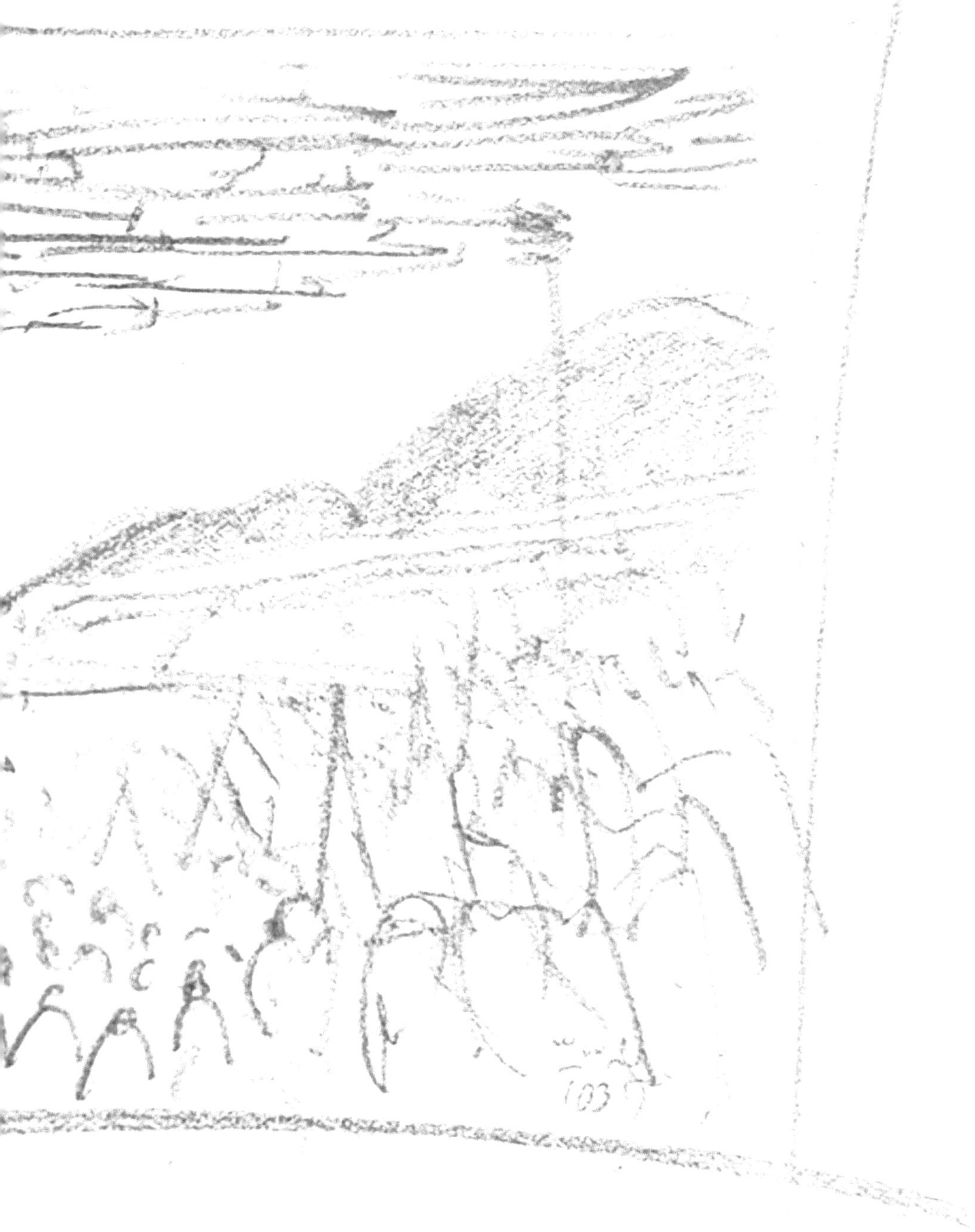

Stadionskizze X
2003
Torsten Schlüter (*1959, DEU)
Bleistift, 17 × 25 cm

Der platonische Fußball

Manuel Neukirchner

Das Objekt der Begierde ist der Ball. Er ist runder Fetisch und formvollendete Weltkugel. Da liegt er im umgrenzten Feld und will doch entgrenzt werden. Der Ball wird raffiniert geschlenzt oder furchtlos gehämmert, magisch beschworen oder hingebungsvoll geküsst. Schon Leonardo da Vinci hat sich mit seiner Urform beschäftigt. Sein gezeichneter Polyeder macht im Kantenmodell erstmalig die 32 Seitenflächen, 60 Ecken und 90 Kanten des geometrischen Körpers gleichzeitig sichtbar. *Ikosaederstumpf* nennt man dieses dreidimensionale Gebilde. Mathematisch betrachtet ist der Fußball also ein abgestumpftes Ikosaeder. Damit gehört er zu den 13 archimedischen Körpern. Rund wird das noch leblose Objekt, wenn es mit Luft gefüllt wird. Ist ihm erst einmal Leben eingehaucht, setzen ihn die Menschen in Bewegung. Dann rollt der Ball, fliegt kurz oder lang, flach oder hoch, angeschnitten mit Effet oder gerade wie ein Strich. Seine Rotation ist perfekt. Er hebt vom Boden ab, scheint die Schwerkraft im tollkühnen Flug zu überwinden. Wir beobachten den Ball und staunen.

Dass der Ball rund ist, wissen wir von der Trainerlegende Sepp Herberger. Was rund ist, ist in sich geschlossen. Und was in sich geschlossen ist, ruht in sich. Und was in sich ruht, rückt an die Vorstellung des Vollkommenen heran. Beim Ball sind alle Punkte der Oberfläche gleich weit vom Mittelpunkt entfernt. Der Ball, der ins Dreidimensionale übertragene Kreis, ist Symbol für Vollständigkeit und Ganzheit, er steht für die Aufhebung der geometrischen Gegensätze, für die Überwindung von Zeit und Raum, für die Ewigkeit.

Am Anfang war der Ball, und am Anfang ist Platon. In seinem dialogischen Spätwerk *Timaios* beschreibt er in märchenhafter Bildhaftigkeit den Kosmos als einen vom Schöpfer geformten Körper in Kugelform. Das runde Gebilde hat von Gott eine Seele und die Vernunft eingehaucht bekommen. Darum kann sich eine irdische Ordnung und Schönheit herausbilden. Das All ist für Platon ein vollkommenes, kugelförmiges

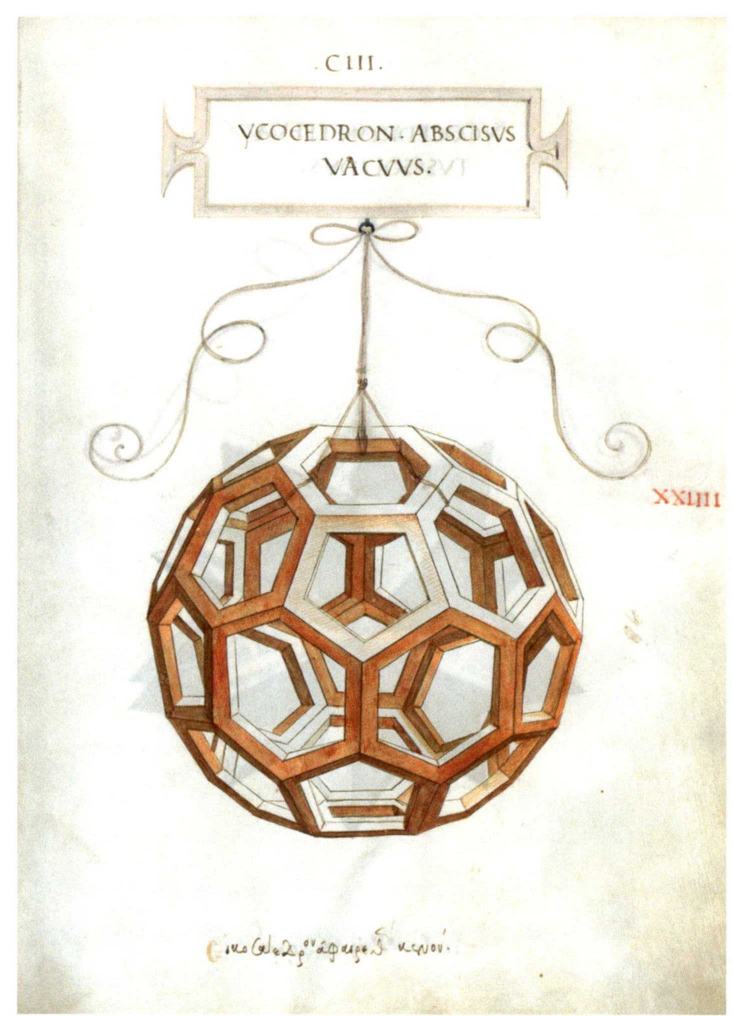

Ein Ikosaeder
(Seite aus dem Manuskript *De divinia proportione*)
1502
Leonardo da Vinci (1452–1519, ITA)
Farbillustration, 28,5 × 20 cm

Lebewesen, und der Mensch ist ein Abbild davon. Er bildet die runde Gestalt des Weltganzen nach, was seinen sichtbaren Ausdruck darin findet, dass er aufrecht seinen Kopf trägt. »Vier ausgestreckte und biegsame Glieder«, die Arme und Beine mit Händen und Füßen setzen den Körper in Bewegung und tragen zu seiner Beherrschung bei. Die *Anima mundi*, die Weltseele, wurde für Platon zum religiösen und naturphilosophischen Konzept. Das Universum soll als Makrokosmos analog zum Menschen, dem Mikrokosmos, strukturiert sein.

In allen Epochen und auf allen Kontinenten suchten die Menschen in der Geometrie von Kreis und Kugel nach den Gesetzen der Welt. Übertragen auf das Leben wurde das Runde zum Sinnbild für das Perfekte, für die Schönheit, aber auch für das Unvorhersehbare, denn rund zu sein bedeutet ebenso, die aus der Bewegung hervorgehende Eigendynamik im Zaume zu halten. Das Runde, die Kugel, der Ball, wurde zu einer Projektionsfläche von zeitloser Bedeutung, zum Abbild Gottes in der Antike, versinnbildlicht durch die Himmelskugel mit Kreuz oder den Globus, den Jesus Christus in seinen Händen hält. Der Kreis und die Kugel als Symbol für die allumfassende Ordnung, verbunden mit der Frage, die sich die Menschen seit jeher stellen: Welche Mächte beherrschen den Kosmos, den Raum und die Zeit? Kasimir Malewitsch, der Hauptvertreter der russischen Avantgarde, fand für sich eine Antwort. In Wirklichkeit, meinte er, habe der Globus keinen Boden, keine Oberseite, keine Perspektive, kein Gewicht. Er hat nicht das Wichtigste, auf dem unser Wissen über die Welt basiert: die Relativität.

Wie profan liest sich in Folge dieses Gedankengangs das Regelwerk des Fußballs. Regel Nummer zwei, der Ball: Er muss kugelförmig sein, einen Umfang von mindestens 68 cm und höchstens 70 cm aufweisen, zu Spielbeginn mindestens 410 g und höchstens 450 g wiegen und einen Druck von 0,6 bis 1,1 Atmosphären (600–1100 g/cm^2) besitzen. Die Vollendung des Kugelleibes hat im Fußball seine platonische Entsprechung gefunden.

Den Fußball und alles, was mit diesem Faszinosum zusammenhängt, erfahrbar zu machen, seine Gesetzmäßigkeiten, seine Geheimnisse, seine Widersprüche, seine Bedeutung für die Menschen, seine Ästhetik, seine Rauheit und seine disruptiven Veränderungen, leistet die Malerei. Die Kunst erzählt den Fußball. Sie dechiffriert ihn, sie findet den besonderen Moment, der Vergangenheit und Zukunft enthält, der einen entscheidenden Umschlagmoment vergegenwärtigt, über den schon Lessing in seinem *Laokoon oder Über die Grenzen der Malerei und Poesie* nachdachte. Die Künstlerinnen und Künstler der Moderne fügen dem monumentalen Kosmos an Reflexionen über den Fußball ein bedeutsames Kapitel hinzu. Sie führen einen einzigartigen Dialog, sie schaffen ein reizvolles Spannungsfeld zwischen dem Sport und seiner künstlerischen Mimesis. Die Malerei der Moderne begibt sich auf Spurensuche, sie berührt die großen Fragen nach der Entstehung von Spielfeld und Regeln, nach der Unberechenbarkeit von Fuß und Ball, nach der Kontingenz des Spiels, nach den Schauplätzen der entgrenzten Emotionen, nach der Überfrachtung der totalen medialen Ausleuchtung. Warum sind es Milliarden, die weltweit überall auf den kleinsten Sandplätzen, auf den Bolzplätzen, auf Hinterhöfen oder in den großen Arenen dem Spektakel verfallen? Die Kunst liefert Antworten. Die Kunstwerke entstammen den Echokammern des Fußballs und des Lebens.

In der Malerei der Moderne entsteht vor den Augen der Betrachtenden die Genesis des Fußballs. Im Anfang ist alles in Bewegung. Alles schwebt. Alles ist Teilchen und Unordnung. Dann prägen sich Linien aus. Im Raum entstehen zeichenhafte und geheimnisvolle Begrenzungen.

Umrisse eines Spielfeldes bilden sich und zeichnen die Konturen des Dramas. Jenseits und Diesseits, unser Feld, euer Feld. Verbotene Zonen. Elemente einer neuen Ordnung sind sichtbar – die Elemente des neuen Spiels. Aber das Spiel braucht den Körper, erst dann kann der Tanz zwischen Erde und Himmel beginnen. Körperschatten beseelen die neue Welt. Die Körper der Spieler werden zur Gestalt wie die künstlerische Abstraktion zur Figur wird. Sind die Spieler freigelassen, zeigen sie in wilden Sprüngen, Luftduellen und Flugparaden ihr Können. Der Fußball ist in seinen besten Momenten der Erde enthoben. In der Luft entscheidet sich das Schicksal. Alle Augen richten sich auf das Geschehen. Die Zeit scheint stillzustehen.

Im 14. Jahrhundert trieben junge Männer im Fußball-Mutterland England den Ball noch wie auf einem Schlachtfeld vor sich her. Trotz der Verbote der Krone, die um die Militärtauglichkeit ihrer Rekruten fürchtete, verabredeten sich die Dörfer zum anarchischen Kampf um den Ball. Sie traten gegeneinander ohne feste Spielzeiten und ohne verbindliche Mannschaftsgrößen an. Die Stärkeren versenkten den Ball hinter die gegnerische Tormarkierung. Die Vorformen des organisierten Spiels waren blutig, alles war erlaubt. Der anarchische Fußball folgte dem Trieb und wurde zur dörflichen Identitätsbildung und Konfliktbewältigung. Erst mit den Regeln zivilisierte sich das Spiel. Nur wer sich an die verabredeten Gebote hielt, konnte den Kampf gewinnen. Das regelgeleitete Spiel wurde zu einem System unter Gleichen, die Voraussetzung für die Chancengleichheit war gelegt. Das Spiel entfaltete sich in der reglementierten und legitimierten Form des Kampfes, das Kräftemessen im zivilisierten Gewand bekam eine kathartische Wirkung.

Der Ort des Spiels ist eine überschaubare Welt mit eigenen Regeln, Ritualen und klaren Grenzen für jedes Milieu. Der Fußballplatz ist ein Asyl der Gefühle, von Wut bis zu Glückseligkeit. Emotionen verbreiten und potenzieren sich durch das Erleben in der Masse. Der Fußball öffnet sich seiner Außenwelt. Immer größere Scharen treten ein in die Innenwelt dieses faszinierenden geschlossenen Systems. Sehnsüchte und Hoffnungen beschleunigen den Schritt. Das immer wiederkehrende Fest der entrückten Gefühle stemmt sich gegen die Monotonie des Alltags. Fußball ist das wahre Glück! Auf dem Platz wird das Leben als Ganzes spürbar, Sieg und Niederlage, Aufbruch und Niedergang, Verbrüderung, Kampf und Pathos tragen das gewaltige Erleben.

Im Stadion werden die Menschen eins mit sich und der Mannschaft. Verbunden im Hoffen und Bangen schreien sie die Namen ihrer Idole, denn die sind ihre Stellvertreter auf dem Platz. Die Masse wird Teil eines großen Narrativs. Lebensträume werden wahr oder zerplatzen mit dem letzten verschossenen Elfmeter. Mannschaft, Fan und Verein – das ist die neue Art der heiligen Dreifaltigkeit. Fans pilgern zum Heimspiel oder ziehen als Kreuzritter ihres Fußball-Gottes in fremde Stadien. Die Fußballreligion ist getragen von der immerwährenden Hoffnung auf Erlösung. In diesem Sinne zelebrieren Fans wie Spieler ihre Rituale. Die Identifikation erscheint als oberstes Gebot.

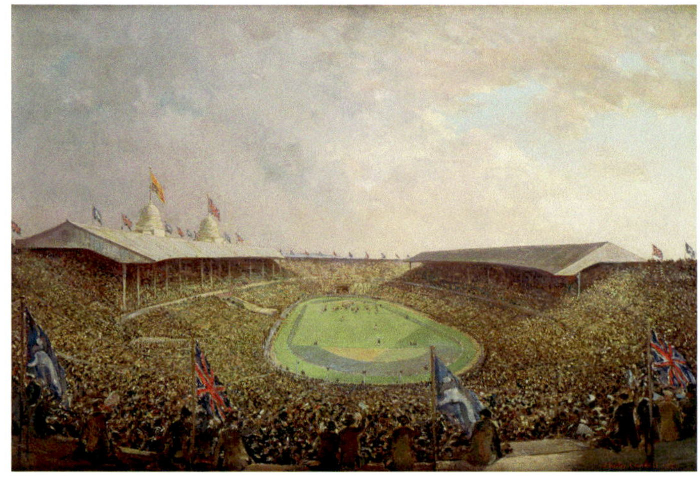

Arsenal vs. Sheffield, FA-Cup-Finale, Wembley
1936
Charles Cundall (1890–1971, ENG)
Öl auf Leinwand, 63,5 × 91,4 cm

Im Zentrum der Verehrung stehen die Stars, die Spielführer, die Kapitäne, die Spielmacher, die Vollstrecker. Spieler werden schon zu Lebzeiten zu Legenden. Die Helden des Spiels verkörpern die Sehnsüchte ihrer Bewunderer. Für sie werden Kerzen angezündet und gar Altäre gebaut wie für den legendären Diego Maradona in Neapel. Der trickreiche Außenspieler, der inspirierende Künstler, der vielseitige Helfer vor und der unbändige Krieger in der Abwehr – die unterschiedlichen Spielertypen wirken, als habe man Carl Gustav Jungs Archetypentheorie auf den Platz übertragen. Der Rebell, der Zauberer, der Held, der Liebende, der Narr, der Jedermann, der Betreuer, der Herrscher, der Schöpfer, der Unschuldige, der Weise, der Entdecker – sie alle werden mit den immergleichen Eigenschaften assoziiert, im Leben wie auf dem Platz. Generationsübergreifend wird über die Helden und ihre Wundertaten ehrfürchtig berichtet. Die historische Weitererzählung manifestiert sie im kollektiven Gedächtnis, in ihm werden Lebensgefühle ganzer Epochen gebündelt. Die epochalen Triumphe werden vom Fußballgedächtnis ebenso unauslöschlich bewahrt, wie es die nationalen Tragödien niemals vergisst. Diese Gedächtniskultur des Fußballs gibt den Ereignissen eine historische Dimension. Der Fußball lebt so niemals nur für den Moment, sondern immer auch für die Erinnerung, die Augenblicke konserviert und für die Ewigkeit unsterblich macht.

Das Fußballstadion ist wie ein großer Konzertsaal: Die Geiger eines Sinfonieorchesters müssen ebenso koordiniert miteinander agieren wie die Viererkette als Mannschaftsteil beim Pressing. Das ist die Pflicht. Die Kür ist das Zusammenspiel der Geigen mit den Flöten, Oboen, Klarinetten, Fagotten und Blechbläsern, mit den Trompeten, Posaunen, Pauken oder Xylophonen. Greift nicht ein Teilchen in das andere, wird die Klangordnung gestört, nur wenn alle Mannschaftsteile beim Ballbesitz des Gegners in Richtung Ball verschieben, können die Räume bestmöglich geschlossen werden. Was passiert aber, wenn der linke Außenspieler einer Viererkette einen zu großen Abstand hält? Was passiert, wenn die zweite Geige aus dem Takt gerät? Das komplexe Gebilde gerät aus den Fugen, wenn ein Einzelteil aus dem gemeinsamen Ganzen herausbricht. Das Fußballspiel ist ein geschlossenes System. Ordnung und Unordnung generieren die Akteure auf dem Platz (Abb. S. 155), auch wenn der Trainer von außen noch so sehr den Takt des Spiels beeinflussen will. Keine Aktion verläuft wie die andere, das Unvorhergesehene spielt genauso mit wie das situative Unvermögen oder der sekundenschnelle Geniestreich. Das Spiel entsteht aus dem Augenblick, aber der Augenblick ist tückisch. Da nützt es nichts, wenn Spielabläufe als Stereotype immer und immer wieder im Training einstudiert werden – ein falscher Moment, eine Unaufmerksamkeit, eine Fehlentscheidung bringen den Ablauf ins Wanken wie ein falscher Ton eines Einzelnen ein ganzes Symphonieorchester verzweifeln lassen kann.

Mathematisch entpuppt sich der vollkommen erscheinende platonische Ball als trügerischer Schein, denn sein geometrischer Körper lässt sich nicht absolut berechnen, weder mit ganzen Zahlen noch mit Wurzeln oder Brüchen. Mit Hilfe der transzendenten Kreiszahl Pi, die das Verhältnis des Umfangs zum Durchmesser bestimmt, gelingt nur eine unvollkommene Annäherung. Einmal in Bewegung gesetzt, dominiert beim Laufweg der Kugel das Gesetz des Chaos. Fußball ist ein Spiel, und spielen, das wissen wir schon von Novalis, heißt experimentieren mit dem Zufall. Hierin liegt das Geheimnis und die Kraft des Fußballs, oder, um einen weiteren Herbergerismus zu bemühen: Die Menschen gehen ins Stadion, weil sie nicht wissen, wie das Spiel ausgeht.

Fußball besitzt die Dramaturgie eines großen Volkstheaters und ist ihm doch überlegen. Im Theater steht der Ausgang des Kampfs fest. Die Rollen sind verteilt. In Friedrich Schillers sprach- und bildkräftigem Trauerspiel *Maria Stuart* schaltet die englische Königin Elisabeth I. ihre Rivalin aus, in einem Fußballspiel kann ein überraschendes Dribbling das Geschehen in letzter Sekunde auf den Kopf stellen. Keine Tragödie lässt das Publikum in so ehrliche Trauer verfallen wie ein Gegentor in der Nachspielzeit. Im zehnten Auftritt des fünften Aufzugs leidet das Publikum mit der Königin von Schottland, es sieht das Unheil auf sich zukommen, Marias Todesurteil ist unausweichlich und wird vollstreckt. Wie unvermittelt wirken dagegen die Trauer und die Tränen der Franzosen, als Kingsley Coman und Aurélien Tchouaméni im WM-Finale 2022 gegen Argentinien die Nerven versagten und die stolze Équipe Tricolore und ein ganzes Land im Elfmeterschießen scheitern lassen. Fußball lehrt die Menschen, in der Möglichkeitsform zu denken. Fußball lehrt die Menschen, dass sich in Sekunden etwas verändern kann. Fußball lehrt die Menschen, dass der Weg ins Spiel immer über den Kampf führt – daher war Fußball für Bertolt Brecht auch Anschauungsunterricht für Revolutionäre, Fußball war für ihn, den augenzwinkernden Provokateur, die fruchtbarste Kunstform des 20. Jahrhunderts.

Im Blick der Kameras, denen kein Winkel des Stadions entgeht, ist der Fußball aber längst ein Stück weit entzaubert. Viel hat sich im Vergleich zu Brechts Fußball aus den 1930er-Jahren verändert, als der experimentierfreudige wie nonkonformistische Dramatiker den 6 : 2-Sieg des FC Schalke 04 gegen den SV Arminia Hannover in der *Literarischen Welt* zum Kunstereignis des Jahres 1929 ausrief, mit Kuzorras Ballannahmen, Sobottkas Paraden oder Tibulskys Fallrückziehern, die er im Detail genussvoll studierte. Für Brecht war Fußball ein Stadionerlebnis mit einem herrlich parteiischen Publikum, das pfeift, raucht, singt, aber nicht jede Darbietung zu ertragen gewillt ist wie der Smokingträger im Konzert- oder Theatersaal. Heutzutage lässt das Fernsehbild das Fußballstadion zur Parallelwelt werden. Vielleicht hätte Brecht, der Begründer des Epischen Theaters, seine helle Freude daran gehabt, dass der Fußball in seiner veränderten Wahrnehmbarkeit zum Totaltheater geworden ist. Die Perspektive des Schauens hat sich verändert. Die Kameras filetieren den Sport als Produkt, Übertragungen entzerren in Slow Motion die Zeitlichkeit, sie bewahren im Replay die Einzigartigkeit des Augenblicks für die Ewigkeit. Die Spiele in den oberen Ligen werden in Gänze als Bewegtbild in die ganze Welt versendet, und selbst die untersten Kreisliga- und Jugendspiele in Deutschland werden im Internet durch spezialisierte Anbieter mit Full-HD-Kamerasystemen automatisch aufgezeichnet und live ins Netz gestreamt. Die Überwachung des Spiels ist zur Gewohnheit geworden. Statistiken werden zur Obsession, sogenannte *Heatmaps* der Analysten sagen uns alles zu Laufwegen, Distanzen, Gegnern und *Expected Goals*. Wir fühlen uns wie Experten, die den Trainern in nichts nachstehen, weil wir genauestens Bescheid wissen über das Gegenpressing, über das Verteidigen im Raum oder über die Rückeroberung der zweiten Bälle. Wenn Kameras und Fotografen das Spiel aus

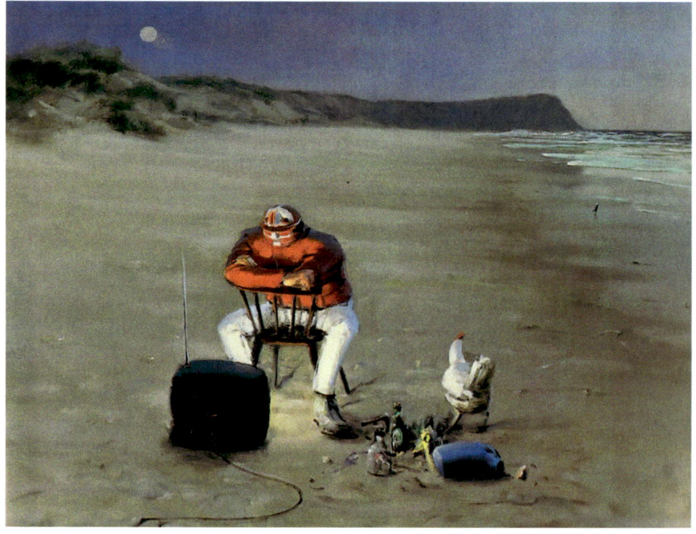

Fußballeremit
Poul Anker Bech (1942–2009, DNK)
Öl auf Leinwand

allen Blickwinkeln abbilden und ausleuchten, wenn Live-Statistiken das Treiben der gläsern gewordenen Spieler sezieren, wenn sie Passquoten, Torwahrscheinlichkeiten und Bewegungsradien messen, um damit der Perfektion oder Imperfektion des Spiels auf die Schliche zu kommen, werden Trainer, Spieler, Fans und alle Beobachter erkennen: Das letzte Unberechenbare ist der Ball.

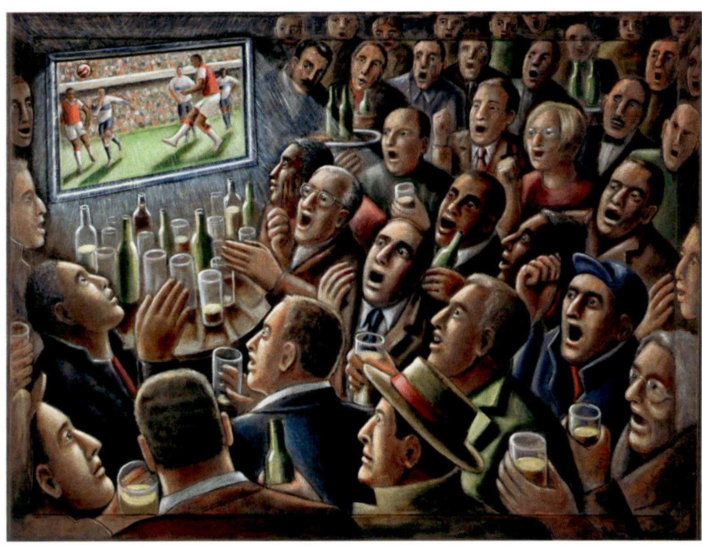

Die Verehrung
2006
P J Crook (*1935, ENG)
Acryl auf Leinwand, 101,6 × 132 cm

Der Fußballsport ist durch eine lange Geschichte intensiver Identifikation geprägt. Kaum ein anderes kulturelles Phänomen vermag die Polaritäten menschlichen Lebens so eng miteinander zu verflechten. Kein anderer Sport erzeugt eine solche Verbundenheit, unabhängig von Herkunft und sozialem Umfeld. Im Fußball treffen die Ordnung und Struktur des Spiels auf die Gefühlsstürme und Euphorie der Fans. Selbst der Informationsgehalt von Daten und Fakten ist beim Fußball mit starken Emotionen verbunden. Ergebnisse lösen Begeisterung oder Verzweiflung aus – und oft auch Exzesse und Gewalt.

Was macht das mit dem Fußball, wenn Gewalttäter die große Bühne des öffentlichen Stadionraums als Schauplatz für ihren Hass missbrauchen? Wenn aus Fans Fanatiker werden, wenn sich ihr Unmut, ihr sozialer Stress, ihre Probleme am Arbeitsplatz und die Leere ihres Lebens an den Wochenenden in Gewaltextreme flüchten? Ihre Ängste und Sehnsüchte verstecken sie in der Anonymität der Masse. Der Wettkampf auf dem Rasen verlagert sich auf die Ränge und wird zur rituellen Jagd, zum stilisierten Kampf und symbolträchtigen Geschehen. Die Begeisterung und Verehrung für das Spiel, für Mannschaften und Spieler trägt ein Stigma, wenn gewaltbereite Fans wie 1985 im Brüsseler Heysel-Stadion eine Massenpanik herbeiführen (Abb. S. 76) und es zu 39 Todesopfern kommt. Am Samstag ist Krieg, sagen die Fans, Fußball ist immer Krieg, sagte der einstige niederländische Nationaltrainer Rinus Michels. Ist der Ball immer noch rund?

Was macht das mit dem Fußball, wenn die Augenhöhe zwischen den Akteuren und Anhängern des Spiels nur noch ein fernes Zerrbild darstellt? Die Kommerzialisierung dominiert das Geschehen. Die Fußball spielenden Millionäre des neuen Jahrtausends bewegen sich in gänzlich anderen Sphären als die ihnen zujubelnden Fans, die ihre Trikots kaufen, die in ihrer Bettwäsche schlafen, die ihnen zu weit entfernten Auswärtsspielen nachreisen, die Abonnements für TV-Anbieter abschließen, damit sie auch im Kleinformat ihren Klubs und Stars ganz nahe sind. Wer ist für wen da? Die Fratzen des Fußballs zeugen von der Entfremdung, von den Rissen im System. Grundsätzliches steht infrage. Die Einheit von Verein, Mannschaft und Fans ist in Gefahr, wenn die Symbolik des geküssten Vereinswappens beim Torjubel zur leeren Geste wird, wenn Symbolfiguren dem nächstbesseren Salär nacheilen. Die alte Liebe braucht ein neues Fundament. Der Ball verliert an Luft.

Wir erleben in den Stadien und auf den Sportplätzen Homophobie, Frauenfeindlichkeit, Rassismus und andere Formen von Intoleranz und Ausgrenzung. Der *Homo fanaticus* hat die Bühne seit langem betreten. Den fußballbegeisterten Menschen wird es nicht leicht gemacht, Woche für Woche ihre Treue und Leidenschaft unter Beweis zu stellen, horrende Transferzahlungen und exorbitante Spielergehälter tun ihr Übriges, die Kluft zwischen dem Balltreter-Profibusiness und der Basis zu vergrößern. Und doch: die Massen strömen in die Stadien, Millionen von Menschen unterschiedlichen Alters und jeden Geschlechts leben Woche für Woche überall auf der Welt ihren Traum vom Fußball, auf dem Platz, auf den Rängen, in Gedanken, in der Erinnerung. Die Emotionen halten sie gefangen, ihre Leidenschaft ist stärker als das irritierende Gegenbild des hässlichen Fußballs, das ausgeblendet ist, sobald der eigene Klub oder die eigene Nationalmannschaft das nicht Vorhersehbare wahr werden lässt, wenn der überraschende Moment alles auf den Kopf stellt, wenn die tragische Niederlage die Unterlegenen im Schmerz vereint, wenn die Kleinen die Großen ärgern, wenn die überschwängliche Freude rings um einen alles vergessen lässt, wenn das Gemeinschaftserlebnis zum puren Glücksgefühl wird, wenn unsere Vorstellungskraft zum letzten Paradies wird, aus dem wir uns nicht vertreiben lassen wollen, wenn sich der Fan dem Radioreporter vor dem Mikrofon schonungslos offenbart: Schalke ist wie meine Familie, die ich nie hatte. Die Emotionen des Fußballs sind echt. Sie lassen den Fußball mit den Menschen eins werden. Die Menschen werden nicht aufhören wollen, Teil dieses utopischen wie dystopischen Fußballs zu sein. Sie akzeptieren ihn in seiner ganzen Unvollkommenheit. Denn der platonische Fußball ist so unvollkommen wie sie selbst.

Chelsea spielt gegen Arsenal
1953
Christopher Chamberlain (1918–1984, ENG)
Öl auf Leinwand, 120,6 × 243 cm

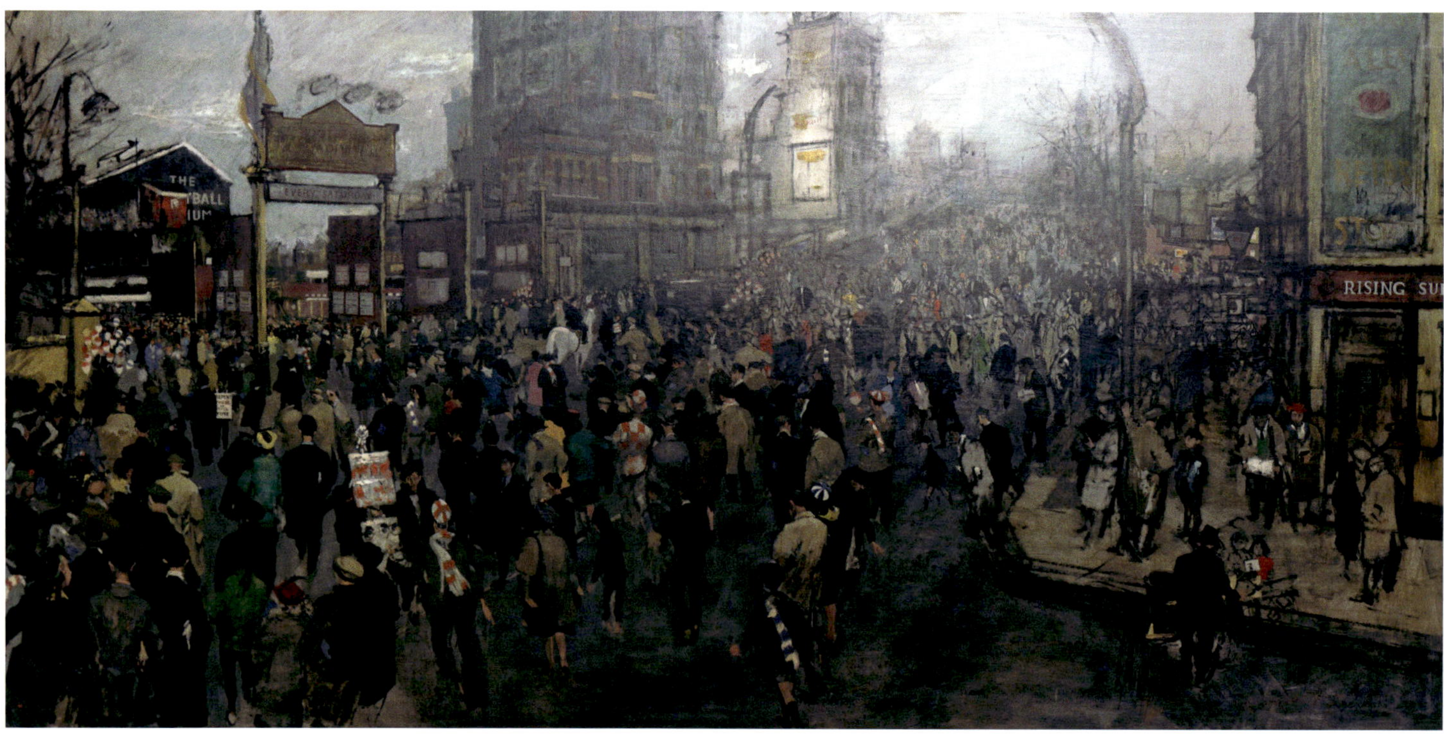

Literatur

Kunst- und Ausstellungshalle der Bundesrepublik Deutschland (Hg.): *Kasimir Malewitsch und die russische Avantgarde,* Ausst.-Kat., Köln 2014.

Brecht, Bertolt: *Das größte Kunstereignis 1929,* zit. n. *NZZ Folio,* Zeitschrift der *Neuen Züricher Zeitung,* Nr. 9, September 1997.

Bredekamp, Horst: *Florentiner Fußball. Renaissance der Spiele,* Berlin 2001.

Elias, Norbert und Eric Dunning: *Sport und Spannung im Prozeß der Zivilisation,* Gesammelte Schriften, Bd. 7, Frankfurt a. M. 2003.

Jung, Carl Gustav: *Traum und Traumdeutung,* München 2001.

Platon: *Timaios,* in der Übersetzung von Thomas Paulsen und Rudolf Rehn, Stuttgart 2003.

Platon, *Nomoi,* in der Übersetzung von Klaus Schöpsdau, Göttingen 2011.

Lessing, Gotthold Ephraim: *Laokoon oder über die Grenzen der Malerei und Poesie,* hg. v. Friedrich Vollhardt, Stuttgart 2012.

Schiller, Friedrich: *Maria Stuart. Trauerspiel in fünf Aufzügen.* Mit einem Kommentar von Wilhelm Große, Frankfurt a. M. 2004.

Wullen, Moritz und Bernd Ebert: *Der Ball ist rund. Kreis, Kugel, Kosmos,* Publikation zur Ausstellung der Staatlichen Museen zu Berlin und der Humboldt-Universität zu Berlin, Berlin 2006.

Fußball als Medien- und Gesellschaftsbild

Jürgen Müller

Der Fußball gehört zum 20. und 21. Jahrhundert wie der Film. Und wie der Film verdankt sich sein Erfolg einer Ästhetik der Spannung. Plötzlich verkehrt sich alles ins Gegenteil und der Außenseiter schlägt den Favoriten. Bei Freistößen, Eckbällen oder Elfmetern verändert sich die Zeit für den Zuschauer. Je nach Perspektive läuft sie davon oder will nicht vergehen. Das dem Ballspiel grundsätzlich inhärente Moment des Unwägbaren ist die eigentliche Ursache für das Faszinosum. Dieses Ding macht, was es will. Wenn die Ergebnisse von Fußballspielen immer gerecht ausfielen, bräuchte es sie nicht zu geben. Die schönsten Spiele enden 4:3. Das Unmögliche erscheint möglich, das Unwahrscheinliche tritt ein. Fußball ist Teil unserer Alltagskultur und Sinnbild des Lebens. Man kann ihn als Drama oder Tragödie beschreiben, Spiele mit Schlachten oder Belagerungen vergleichen, die Spieler gar als Fußballgötter bezeichnen. Fußball gehört zu unserer Identität und ist Teil der kollektiven Erinnerung. Man denkt an große Spiele wie an eine erste Liebe oder ein Konzert der Rolling Stones.

Aber was macht den Fußball modern? Modernität ist ein schillernder Begriff, trägt er doch dem Umstand des Wandels Rechnung. Modernität vergegenwärtigt Geschichte als Übergang und Aufgeschlossenheit gegenüber dem Neuen – in einem emphatischen Sinne sogar als Schritt in eine noch unvordenkliche Zukunft. In der Hauptsache denkt man an den mit der Industrialisierung einhergehenden technischen Fortschritt. Für die Bildende Kunst kommt einem des Weiteren der mit Foto und Film einhergehende mediale Wandel und die abstrakte Malerei in den Sinn. Für die Künstler selbst schließlich bedeutet Modernität im Sinne der Zeitgenossenschaft die Entsprechung zwischen einem Werk und der damit einhergehenden Gegenwart. Eine andere Moderne fordert Friedrich Nietzsche in seiner 1872 erschienenen Schrift »Die Geburt der Tragödie aus dem Geist der Musik«.[1] Er unterscheidet eine apollinische und dionysische Kultur und stellt der Fähigkeit des Menschen zu Reflexion und Distanznahme jene der Erfahrung eines körperlichen Rausches und des orgiastischen Erlebens gegenüber. Der Philosoph nimmt mit Bezug auf die griechische Tragödie eine leibliche Kultur in den Blick, deren dionysische Macht die Menschen verbinden und im Gesamtkunstwerk ihren Ausdruck finden soll. Nietzsches Ideen sind verführerisch, glaubt man doch, im Fußball eine solche, alle Grenzen und Unterschiede niederreißende dionysische Kraft erkennen zu dürfen. Für den Philosophen ist es der die Handlung begleitende Chor, der die Tragödie zu einem dionysischen Erlebnis macht. Ähnlich verhält es sich mit den im Stadion befindlichen Zuschauermassen, die das ästhetische Erlebnis eines Spiels konstituieren. Es bedarf der leiblichen Anwesenheit der Zuschauer, damit das Spiel zu einem besonderen und in keiner anderen Form zu substituierendem Erlebnis wird.[2]

Schon der Eintritt ins Stadion und der darauffolgende Gang auf die Tribüne verändert unser Körpergefühl. Die an- und abschwellenden Fangesänge und der Blick auf die Menschenmasse erheben den Besuch eines Fußballspiels zu einem sinnlichen Ereignis. Autoren wie Siegfried Kracauer und Elias Canetti haben die Transformationsmacht der Stadien beschworen und beschrieben, wie man sich als Teil der Masse wahrnimmt und in ihr aufgehoben erscheint. Es kommt zur Auflösung von Individualität und einer Erfahrung von Kollektivität und Gleichheit. Das Fußballerlebnis hebt die Zersplitterung des modernen Lebens für einen Moment auf und bietet eine Antwort auf Verstädterung, Anonymität und Massengesellschaft. Er macht das Ich zum Wir und kompensiert die instabile Identität des Großstadtmenschen. Augenblickshaft werden wir mit der Welt versöhnt. Unabhängig von dessen historischer Entwicklung und seinen nationalen Besonderheiten ist es diese Macht des Gefühls, die den nun schon mehr als einhundert Jahre bestehenden Erfolg des Fußballsports ausmacht. Nicht obwohl, sondern weil dieser Sport Teil der Massenkultur ist, ist ihm ein so andauerndes Interesse beschieden.

I.

Parallel zur Entstehung des Fußballs vollzieht sich die Entwicklung fotografischer Technik. Mag deren Erfindung auch bereits in die erste Hälfte des 19. Jahrhunderts fallen, begleitet sie den Fußball doch von Anfang an. Die frühe Fußballdarstellung ist auf der Suche. Es gilt, eine visuelle Sprache für einen neuen Sport zu finden. Die frühen Fotografen orientieren sich noch an den Konventionen der Malerei. Die meisten Aufnahmen zeigen Mannschaftsfotos oder Porträts einzelner Spieler. Man geht ins Studio, nutzt Requisiten und bedient sich klassischer Posen wie sie auch sonst in der Porträtfotografie genutzt werden. Mit verschränkten Armen sitzt und steht der Spieler da oder lehnt an einer Säule. Um Spielszenen oder Bewegungsbilder darzustellen, bedienen sich die Künstler in der Anfangszeit zumeist des Mediums der Druckgrafik.

Eine Revolution fotografischer Bewegungsrepräsentation findet indes auf der anderen Seite des Atlantiks statt. Bereits 1858, also noch fünf Jahre vor der Gründung der englischen Football Association (FA), hielt Eadweard Muybridge in einer aufsehenerregenden Bildsequenz die Bewegungen eines galoppierenden Pferdes fest. Die Frage danach, ob sich beim Galopp alle vier Beine des Tieres in der Luft befinden, veranlasste Muybridge zu fotografischen Experimenten mit einem Rennpferd. Um die chronofotografischen Reihenbilder zu erzeugen, entwickelte Muybridge eine spezielle Apparatur, das Zoopraxiskop. Damit gelang es ihm, über einen besonderen Auslösemechanismus eine Bewegungsfolge in eine in zeitlicher Hinsicht gleichmäßige Serie zahlreicher Einzelaufnahmen aufzulösen. Zum ersten Mal war es möglich, dem Auge eine bewegte Aktion in allen ihren Auswirkungen auf den Körper zugänglich zu machen. Dies gilt ebenso für die Bilderfolge eines Fußballers aus dem Jahr 1885. Sie zeigt einen nackten Athleten, der einen Schuss durchführt. Dabei steht zu vermuten, dass es nicht um das Erzielen größtmöglicher Weite, sondern größtmöglicher Höhe ging, galt dies im 19. Jahrhundert doch als Beweis der Könnerschaft. Wir sehen die Aktion in drei Sequenzen, die aus elf oder zwölf Einzelbildern zusammengesetzt sind. Der Künstler zeigt den Schuss von vorn, von hinten und

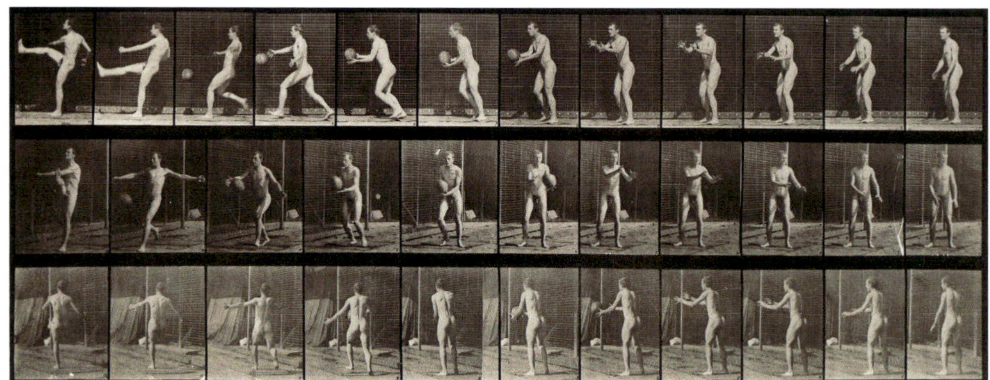

Plate 301. Football
1885
Eadweard Muybridge
Lichtdruck, 17,5 × 45,2 cm

von der Seite. Zunächst wartet der Athlet auf den Ball, der ihm zugeworfen wird, um dann vorwärts zu laufen und den Schuss zu tätigen. Unmittelbar vor dem Fußtritt breitet er die Arme aus, um das nötige Gleichgewicht zu finden und den Ball optimal zu treffen.

Mediengeschichtlich ist die Chronofotografie immer als ein Vorläufer des Films betrachtet worden. Dies zeigt sich bei der Darstellung des unbekannten Fußball-Athleten an einem besonderen Detail. Kurioserweise hat es sich so ergeben, dass genau je sechs Bilder der Sequenz den Athleten mit und sechs ohne den Ball vorführen. Dies erinnert uns daran, dass man in einem Bild entweder den Bewegungsablauf aus der Nähe zeigt, was bedeutet, dass man die Bewegung als solche studieren kann; oder man nimmt sie aus größerer Entfernung auf, um Flugbahn und Geschwindigkeit des Balls beurteilen zu können. Die Konsequenz daraus ist ebenso einfach wie fundamental: Fußball lässt sich im Medium des unbewegten Bildes nur unvollkommen darstellen. Erst im Wechselspiel von Nahaufnahmen und Totalen vermittelt sich ein angemessenes Bild des Spiels. Zudem besitzen die Aufnahmen Muybridges eine besondere Eigenschaft, die sie mit dem Film verbindet, vermitteln sie doch die Vorstellung einer sich beschleunigenden Aktion. Im Schuss erfährt die Dynamik des Bewegungsablaufs ihren Höhepunkt und dieser zugleich die maximale Geschwindigkeit. Beschleunigung und Verlangsamung sind für die Darstellung sportlicher Ereignisse von zentraler Bedeutung, da erst sie deren Spannung vermitteln können. Erst filmische Verfahren können durch den Wechsel der Einstellungsgrößen wirklich den Eindruck eines Fußballspieles vermitteln. Die Bildende Kunst muss andere Wege bestreiten.

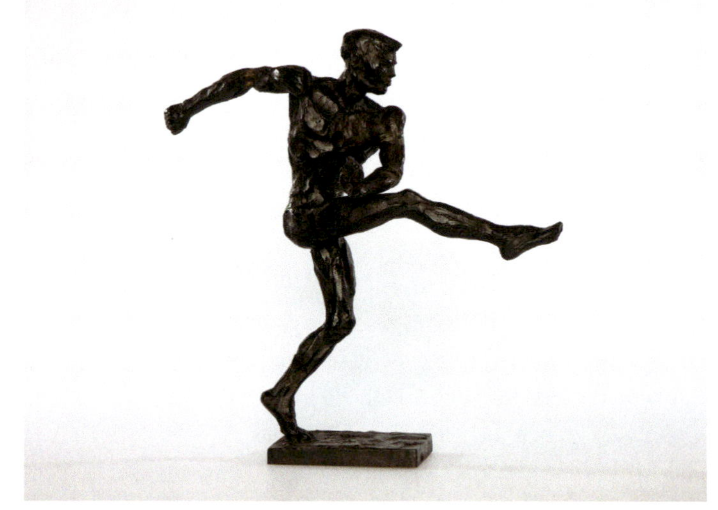

Fußballspieler
1920
Renée Sintenis
Bronze, 41,5 × 40,5 × 8,5 cm

Dies führt uns eine Arbeit der Bildhauerin Renée Sintenis vor Augen. Die kleinformatige Bronzeskulptur eines Fußballspielers gehört zu den Klassikern der Sportdarstellung. Die Figur aus dem Jahr 1927 zeigt einen jungen Athleten, wiederum beim Volleyschuss. Er hat den Oberkörper leicht vorgebeugt, das rechte Bein ist durchgestreckt, als hätte er soeben den Ball weggeschossen. Die für diesen anspruchsvollen Bewegungsablauf nötige Körperbeherrschung wird in der Skulptur anschaulich zum Ausdruck gebracht. Mit der Gattung der Kleinbronze greift die Künstlerin auf eine seit der Renaissance beliebte Tradition zurück. Dem Betrachter ist es möglich, die gerade einmal vierzig Zentimeter hohe Figur in die Hände zu nehmen, um sie genau zu studieren. Aber auch durch die Nacktheit des Spielers wird die Tradition klassischer Kunst beschworen. Die Haltung des Volleyschützen ist aus gegensätzlichen Bewegungen komponiert. Um die durch den Schuss entstandene extreme Vorwärtsbewegung aufzufangen, dreht der Spieler den Oberkörper in die entgegengesetzte Richtung. Dabei steht er nur noch auf dem linken Fußballen und hält seinen Körper allein durch die gegenläufige Torsion in der Balance. Sein Blick ist auf den davonfliegenden, für uns nicht sichtbaren Ball gerichtet.

Mit ihrer Skulptur ist der Bildhauerin nicht nur eine elegante, formvollendete Bewegungsdarstellung gelungen, sondern der Körper selbst wird als ein zu solcher Dynamik fähiges Kunstwerk in Szene gesetzt. Durch die Nacktheit des jungen Spielers ist jede Regung und Anspannung der Muskulatur nachvollziehbar. Die Schönheit des Schützen besteht geradezu in der unerwarteten Verbindung von Anmut und Dynamik. Entscheidend ist das Transitorische des Werks. So wie der Ball als immer weiterfliegend zu denken ist, so wird die Figur im nächsten Moment den Bodenkontakt verlieren und durch einen leichten Vorwärtssprung das Gleichgewicht wiederherstellen. Es ist, als könnte der menschliche Körper die Schwerkraft besiegen und das Wunder vollbringen, in der Luft zu stehen. Schon in der manieristischen Kunst des 18. Jahrhunderts war es eine besondere Herausforderung, bewegte und dynamische Motive darzustellen. Zieht man beispielsweise den 1585 entstandenen fliegenden Merkur von Giovanni da Bologna zum Vergleich hinzu, wird evident, dass es bereits damals weniger darum ging, die Stabilität als vielmehr das Transitorische der Bewegung zu veranschaulichen. Sintenis stellt sich bewusst in diese Tradition. Ihr Kunstwerk ist eine Ode an den Fußball und an den menschlichen Körper, der in seiner größten Kraftentfaltung für einen Moment zu schweben scheint. Die Schönheit des Menschen und dessen Fähigkeit zur Bewegung werden eins. Sintenis' Fußballer ist dynamisch und kraftvoll, aber in seiner unerwarteten Stillstellung auch anmutig.

Andererseits zeigt die Skulptur die Schwierigkeit, die mit der Darstellung des Volleyschusses verbunden ist, denn es versteht sich von selbst, dass der Bildhauerin kein Modell, sondern notwendigerweise Fotos als Vorbild für ihr Werk zur Verfügung standen. Der Fußball führt die klassischen Medien der Skulptur und Malerei an ihre Grenzen, denn das menschliche Auge verfügt nicht über die Fähigkeit, schnelle Bewegungen in allen Einzelheiten wahrzunehmen. So stellt Sintenis jenen schwerelosen Moment einer Mikrosekunde dar, der sich mit bloßem Auge kaum wahrnehmen lässt. Indes hebt erst das Verfahren der Chronofotografie dieses Unvermögen auf und zeigt das »Unbewusste« des Bewegungsablaufs, wie es Walter Benjamin einmal formuliert hat.[3] Es ist davon auszugehen, dass nicht nur Sintenis, sondern Maler und Bildhauer allgemein für ihre Werke auf fotografische Vorlagen zurückgegriffen haben.

II.

Der Fußball hat im frühen 20. Jahrhundert zahlreiche Künstler zu Darstellungen inspiriert. Dabei ist ausschlaggebend, dass der Sport spätestens ab den 1920er-Jahren eine große Breitenwirkung ausübte. Sein hohes Tempo inspirierte Maler zu neuen Formen der Bewegungsdarstellung und führte zu zahlreichen formalen Experimenten. Dafür standen signifikante Motive zur Verfügung, etwa Strafraumszenen, Zweikämpfe, Kopfbälle oder der Hechtsprung eines Torwarts. In der Wahrnehmung der Künstler war das Phänomen Fußball selbst ein Teil der Moderne. Ob im italienischen Futurismus, im französischen Kubismus, am deutschen Bauhaus oder in der Sowjetunion – der Fußball verkörperte eine neue Zeit. Wenn Robert Delaunay (Abb. S. 149) ein abstraktes Aquarell, das als Teil der Bühnendekoration für ein Ballett gedacht war, *Fußball* nennt, so ist es, als würde die runde Form seines Bildes den Ball als Ursprungssymbol für Kraft und Dynamik inszenieren. Die konzentrischen Kreise im Innern sind wie Umlaufbahnen von Planeten, die sich um ein Zentrum bewegen, ohne es je erreichen zu können. Fußball wird kosmische Energie.

Der um 1927 entstandenen Fotografie des Bauhausschülers Theodore Lux Feininger kommt in diesem Zusammenhang eine geradezu exemplarische Funktion zu.[4] Zwei junge Männer prallen in diesem Ballett in den Lüften mit aller Kraft zusammen. Der Torwart mit Schlägerkappe steht dem hereinfliegenden Angreifer entgegen. Die Beine beider Spieler entfalten sich zu einer zusammengehörigen Bewegung. Feininger arbeitete mit einer Plattenkamera und so haben wir es mit einer gestellten Aufnahme zu tun. Dem Fotografen ging es darum, das dynamische Spiel auf das Bauhaus zu übertragen und dessen Ästhetik als jung und aufgeschlossen zu charakterisieren. Von einer ähnlichen Wucht ist auch El Lissitzkys konstruktivistisches Bild einer Fußballszene aus dem Jahr 1926. Er nutzt eine fotografische Vorlage, die er durch Rasterung und quer verlaufende Streifen zu dynamisieren weiß. Ein Spieler ist zum Kopfball aufgestiegen. Aber es ist nicht nur ein, sondern es sind mehrere weiße Bälle, die in der Luft fliegen und die Bewegtheit des Bildes steigern. Dies gilt auch für die quer verlaufenden Streifen, die nach oben breiter werden und die Aufstiegsbewegung unterstützen. Bei den genannten Werken kann Modernität wahlweise als technisch-mediales Ereignis, als Abstraktion und Befreiung zur reinen Form, aber auch als Kollektivstil und Versuch einer umfassenden Erneuerung des Lebens verstanden werden.

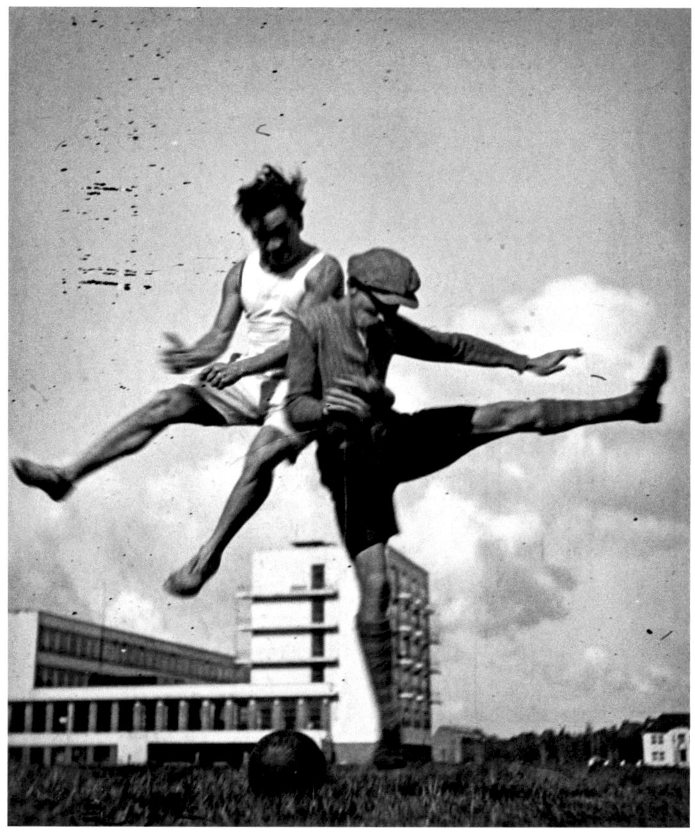

Der Sprung über das Bauhaus
um 1928 (Abzug um 1980)
Theodore Lux Feininger
Fotografie, 12 × 9 cm

III.

Mit den Darstellungen des Fußballs gehen nicht allein formale Experimente einher. Zahlreiche Werke der Bildenden Kunst erzählen den Fußball durchaus konventionell, aber keineswegs weniger enthusiastisch. Das berühmte frühe Genrebild (Abb. S. 291) junger Fußballer von Thomas Webster steht in der Tradition holländischer Genremalerei und zeigt eine wilde Rauferei. Der Künstler nutzt sein Bild, um die Ambitionen der jungen Spieler zum Ausdruck zu bringen, Spieler, die alle auf ihren eigenen Vorteil bedacht sind und rücksichtslos vorgehen. Das Spiel kann gleichsam zum Sinnbild von Kindheit und Jugend werden. In Valentin Sidorovs Gemälde *Bei den alten Scheunen* von 1975 (The State Russian Museum, St. Petersburg) dient es einer Allegorie des Coming of Age. Die Jungen gehen ohne jedes Gefühl für die Zeit ihrem Spiel nach. Der bevorstehende Elfmeterschuss bietet die Möglichkeit, eine stimmungsvolle und sentimentale Szene wiederzugeben. Das zwischen den beiden Scheunen imaginierte Tor, auf das der Schütze zielt, bedeutet zugleich das Ende der Kindheit und den Weg in die Welt hinaus. Das Werk mag in der Sowjetunion entstanden sein, aber es erzählt eine Geschichte jenseits aller politischen Systeme.

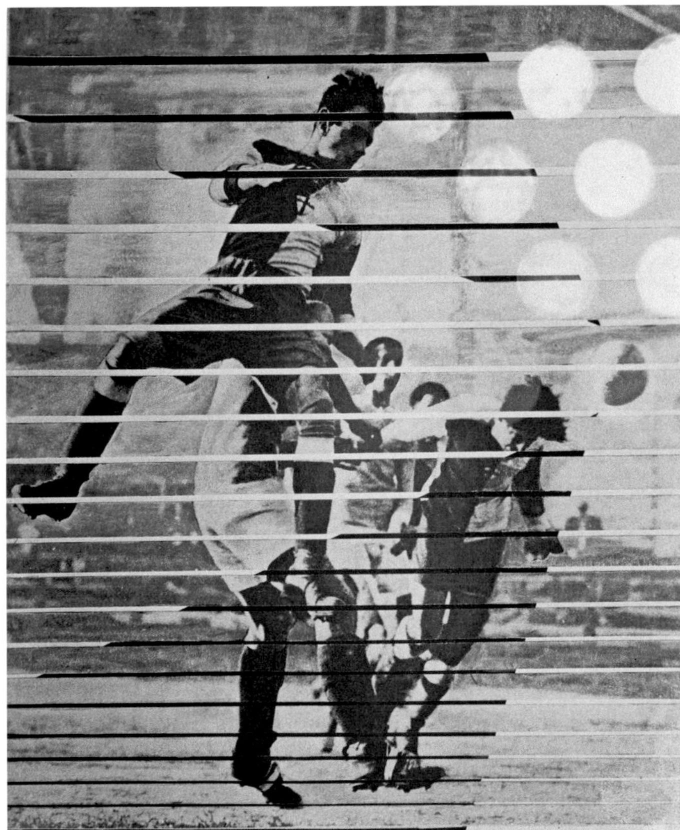

Fußballspieler
1926
Eliezer »El« Lissitzky (1890–1941, RUS)
Silbergelatine-Abzug, 38,5 × 31,2 cm

Schließlich sei an die politische Instrumentalisierung des Spiels und die soziale Dimension des Fußballs im Sinne des Arbeitersports erinnert. Bereits zur Zeit des Ersten Weltkriegs sind zahlreiche Karikaturen entstanden, die den Konflikt der Nationen durch Fußballmannschaften zum Ausdruck bringen. Immer wieder musste der Fußball bereits in der Weimarer Zeit als Sinnbild des Spießbürgertums herhalten, was besonders in den Werken des Dadaismus zum Ausdruck kommt, wenn man an John Heartfields Cover (Abb. S. 173) für die Zeitschrift *Jedermann sein eigener Fußball* denkt. Diese politische Instrumentalisierung des Sports findet sich ab den 1920er-Jahren ebenfalls in zahlreichen Fotografien, mit denen eine soziale Frage einhergeht, wenn man an die Aufnahmen von Spielen und Stadien in den Industrieregionen Europas denkt. Robert Doisneaus Fotografie von 1944 mag dafür als Beispiel dienen und stellt ein wichtiges Kapitel aus der Sozialgeschichte des Fußballs dar. Der für seine Pariser Straßenszenen berühmte Künstler zeigt ein Fußballspiel in einer von Industrie dominierten Landschaft. Die Aufnahme wirkt spontan und zufällig, wie ein achtloser Blick zur Seite über die Straße hinweg, doch Doisneau hat sein Motiv genau gewählt. Hinter einer gepflasterten Straße und einer schmalen, ungepflegten Rasenfläche sieht man die Fußballspieler. Sie sind weit vom Betrachter entfernt, der Ball in der Mitte des Spielfeldes ist gerade noch zu erkennen. Das Stahlwerk ist der eigentliche Hauptdarsteller des Bildes. Die Häuser, die Straßen, die Arbeit der Menschen und ihr Freizeitvergnügen stehen im Dienst einer Welt rauchender Schlote. Im Mittelgrund rechts entdeckt man eine Mauer, die das riesige Werksgelände von der Umgebung trennt.

Man kann Doisneaus Fotografie als Sozialreportage lesen. Nichts wird beschönigt, kein Motiv ist zu gering, als dass es nicht wert wäre, dargestellt zu werden. Aber zugleich ist diese Industrielandschaft auch ein Bild der modernen, von der Ökonomie dominierten Gesellschaft. Alles wird in dieser Welt der Arbeit untergeordnet. Um diesen Eindruck zu erzielen, hat der Fotograf seine Komposition in horizontalen Schichten aufgebaut, die uns distanzieren, aber zugleich einen objektiven Eindruck des Geschehens ermöglichen. Auf die gepflasterte Straße folgt das Trottoir, der Grünstreifen, das Spielfeld, die Häuser, dann die Mauer, am Horizont tauchen mächtige Industriebauten auf. Die Menschen erscheinen klein und austauschbar. Selbst die Natur hat ihre Macht verloren. Der Baum links, dessen Silhouette in den Himmel ragt, wirkt mit seiner blattlosen Krone schmächtig und unscheinbar wie ein vergessenes Überbleibsel. Der weite Himmel, der mehr als die Hälfte des Bildraums einnimmt, scheint auf dieser Welt zu lasten. Er drückt sie zu einem schmalen Streifen zusammen. Man erhält eine Vorstellung vom Leben dieser Menschen, ihrer Arbeit und dem kurzen Vergnügen des Spiels.

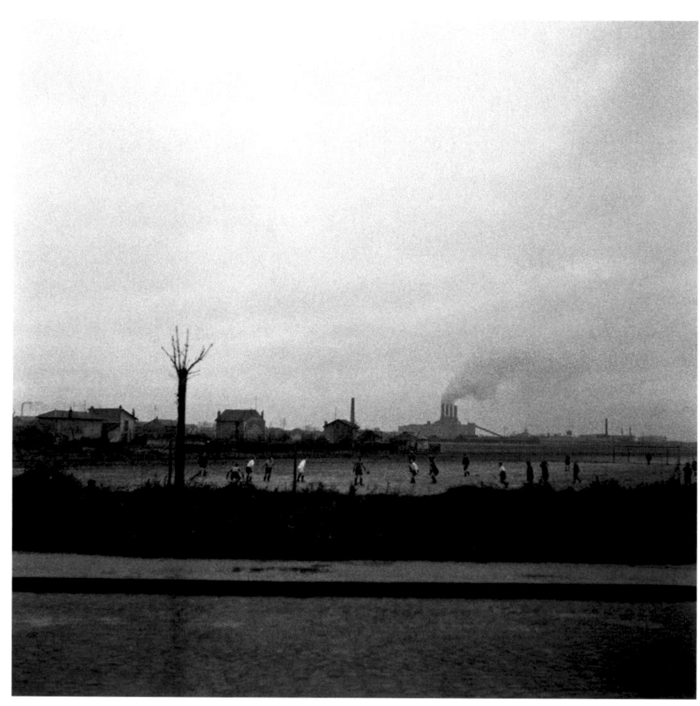

Fußball in Choisy-le-roi
1944
Robert Doisneau
Fotografie, 30 × 38,3 cm

Politisch können die Metaphern und Bilder des Fußballs auch in der Gegenwartskunst ausfallen. Die französisch-schweizerische Künstlerin Niki de Saint Phalle ist vor allem durch ihre großformatigen Skulpturen, die sogenannten »Nanas«, berühmt geworden. Sie begann als Malerin, entwickelte sich allerdings immer stärker zur Aktionskünstlerin. Ihr Siebdruck eines Fußballspiels von 1992 (Sprengel Museum Hannover) lässt zunächst offen, wer hier mit- oder gegeneinander spielt. Dass es sich aber um einen Asiaten, einen Afrikaner und einen Europäer handelt, ist offensichtlich. Wie aufgeblasene Ballons schweben zwei Spieler in der Luft. Ein dritter läuft mit erhobenen Armen in Richtung Ball. Die deutlich erkennbaren Stollen an seinen schwarzen Schuhen vermitteln den Eindruck einer sicheren Bodenhaftung auf dem leuchtenden Grün, das die Rasenfläche markiert. Die drei Figuren sind so angeordnet, dass sie zusammen eine Kreisform bilden, die sich gegen den Uhrzeigersinn dreht. Es scheint, als wäre damit der Wettbewerb der Kontinente und ihrer Nationen gemeint, die in der Konsequenz mal oben und mal unten zu stehen kommen. Dafür sprächen die Trikots, die in sich zahlreiche unterschiedliche Farben enthalten und auf die Vielfalt der Völker verweisen. Die buntgemusterte Kleidung der Spieler vor dem intensiven Blau des Hintergrunds erlaubt keine Zuordnung zu zwei gegnerischen Mannschaften. Allerdings zeigt das Shirt des schwarzen Spielers als Emblem den abgetrennten Kopf einer grünen Schlange auf gelbem Grund. Der asiatisch anmutende Spieler trägt ein Shirt mit bewegtem geometrischem Muster in Grün, Orange, Weiß und Rot. Das Oberteil des dritten Spielers zeigt schließlich rötliche bewegte Linien und grüne, rote, gelbe und orangefarbene Kreise. Es ist schwer zu beurteilen, ob auch die Kleidung der in der Luft befindlichen Spieler Hinweise auf ihre Mannschaft enthält. In der Gestaltung der Spieler bedient sich das

Bild in provozierender Weise bekannter Klischees, die keinesfalls unproblematisch sind, sondern vielmehr die Grenze des politisch Sagbaren überschreiten. Das Trikot des Asiaten lässt entfernt an Reisfelder denken. Jenes des Europäers gemahnt an eine Landkarte mit kleinen und größeren Städten, die durch Straßen verbunden sind wie auch seine Hose an Häuserblocks einer Großstadt erinnert. Hier treten offenbar drei Kontinente gegeneinander an: Afrika, Asien und Europa. Der orange-rote Ball schwebt über den Köpfen der beiden springenden Fußballer und erinnert mit seinem weißen Fleck in der Mitte an eine Blüte. Der gelbe Spieler scheint ihn mit einem Fallrückzieher erreichen zu wollen, während er vom weißen Gegner behindert wird. Dieser nimmt seinen Gegner in den Blick und versucht, den Ball mit dem Kopf anzunehmen. Er drückt den Asiaten mit seinem linken Arm zur Seite. Alle bemühen sich, den Ball zu erreichen. Der Afrikaner ist am weitesten entfernt, während der asiatische Spieler ihn vielleicht durch seine spektakuläre Aktion erreichen kann oder durch das unfaire Spiel des Europäers daran gehindert wird.

Die bunten, vermeintlich freundlichen Farben der Niki de Saint Phalle können täuschen. Vor allem der abgeschlagene Kopf der Schlange mit gespaltener Zunge ist ein verräterisches Detail und könnte auf den Kolonialismus der Europäer und dessen gewaltsames Ende verweisen. Hinter der heiter erscheinenden Oberfläche stellt sie unverhüllt eurozentristische Denkweisen in den Fokus, die nicht nur im Sport, sondern im gesellschaftlichen Handeln allgemein ein brisantes Thema darstellen.

Heute sind es Arbeiten von Banksy, der die Bildlichkeit des Fußballs nutzt, um eine Überwindung klassischer Kunstkonzepte zu fordern. Banksys in Öl auf Leinwand ausgeführte Arbeit aus dem Jahr 2005 (MUCA – Museum of Urban and Contemporary Art, München) zeigt zunächst einmal, wie souverän der vor allem durch seine Graffitis bekannte Street Artist im Medium der Ölmalerei zu überzeugen weiß. Dabei adaptiert er ein ikonisches Bild der amerikanischen Moderne, um eine kritische Aussage zu formulieren. Edward Hoppers berühmtes Werk *Nighthawks* aus dem Jahr 1942 stellt einen Diner mit nur wenigen Gästen in nächtlicher Stadtkulisse vor Augen. Es erzählt von der Einsamkeit, ja der Verlorenheit des modernen Menschen.

Banksy nutzt das Bild für eine provokante »Überschreibung«. Es ist ein Akt politischer Aneignung, wenn er das Werk zur Bühne eines Übergriffs werden lässt. In die nobel zurückhaltende Szene wird ein Fußball-Hooligan integriert und damit auf die Ausschreitungen vor und nach Fußballspielen angespielt. Der Mann ist halbnackt. Sein stattlicher Bauch wölbt sich dem Betrachter entgegen, seine Shorts zitieren in ihrer Farbigkeit den Union Jack. Er steht breitbeinig da, sein Schädel ist kahl rasiert und er hat den linken Arm drohend erhoben. In seiner Rechten hält er eine Bierdose. Um ihn herum liegen zwei umgefallene Plastikstühle, von denen er einen soeben in das große Glasfenster des Diners geworfen hat, das nun ein Loch und zahlreiche Sprünge aufweist. Erschrocken blicken die Personen im Inneren in Richtung des Übeltäters. Der Titel des Bildes verweist uns schließlich auf die provozierende, aber gleichwohl höfliche Frage des Rowdies, »Are You Using that Chair?«, und steht in offensichtlichem Gegensatz zu seiner aggressiven Handlung, wie auch die weißen Plastikstühle nicht in die Zeit der 1940er-Jahre passen.

Banksys Gemälde ist der Appropriation Art zuzurechnen. Eine Ikone der modernen Kunst dient ihm als Vorlage. Aber es handelt sich keinesfalls um eine Hommage, vielmehr wird hier eine bestimmte Konzeption von Malerei als unpolitisch entlarvt. In seinem Werk wird die Melancholie der *Nighthawks* als eine selbstgewählte Isolation offenbar. Der Fußballfan ist ein betrunkener Randalierer, dessen Hässlichkeit im Kontrast zu den korrekt gekleideten Personen ins Auge sticht. Die Rollen erscheinen klar verteilt und die Aggression setzt den Fan ins Unrecht. Die nächtliche Ruhe wird empfindlich gestört.

Lediglich der Wurf eines Plastikstuhls ist nötig, die im Vorbild nahezu durchsichtige und unerkennbare Fensterscheibe sichtbar zu machen. Die Oberfläche des Glases wird zur Metapher der Malerei, die bei Banksy nicht nur sichtbar gemacht, sondern auch als durchlässig gekennzeichnet wird. Es hilft nicht, sich in seinem Schmerz über die Welt zurückzuziehen und diesen in Coolness zu verwandeln. Kunst ist dazu da, Aufmerksamkeit herzustellen und die Welt herbeizurufen. Will sie diesen Namen verdienen, findet Kunst draußen statt, ist Provokation, Anteilnahme, Aktivismus. Gleichwohl haben wir es mit einer ironischen Aussage zu tun. Man beachte, wie klug und

Nighthawks
1942
Edward Hopper (1882–1967, USA)
Öl auf Leinwand, 84,1 × 152,4 cm

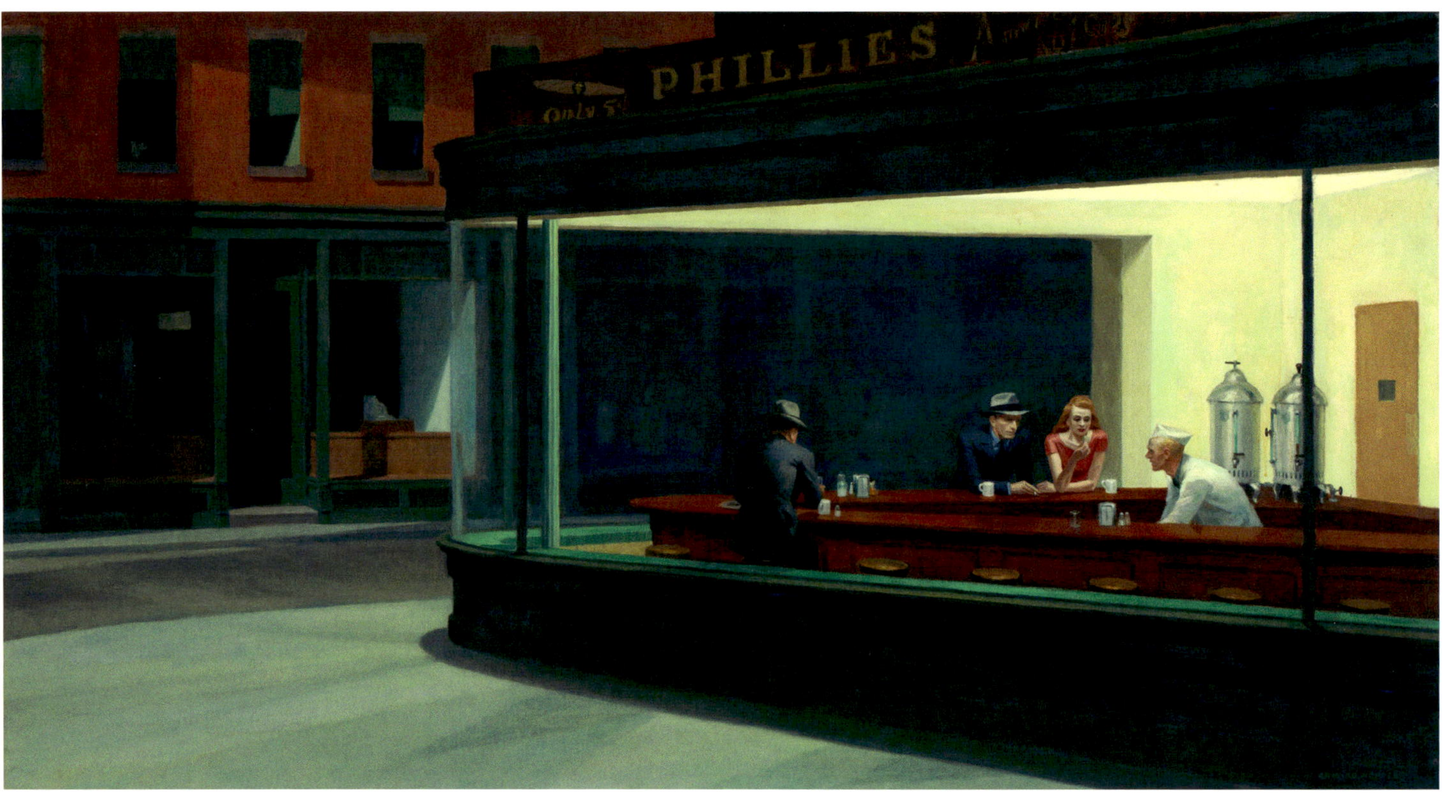

gleichzeitig unbemerkt der englische Künstler an der Häuserwand die Lichtsituation verändert hat, wie sehr er damit der Logik des Bildes zu folgen weiß, aber den Inhalt dennoch zurückweist. Kunst darf kein unsichtbares Glasfenster sein. Banksys Werke zielen nicht nur auf die Kritik der Gesellschaft, sondern thematisieren oft auch den Kunstbetrieb selbst.

Der Fußball hat in der Bildenden Kunst unterschiedliche Interpretationen erfahren. Im Laufe des 20. und 21. Jahrhunderts hat es seine Darstellung erlaubt, sowohl formale Experimente durchzuführen als auch Bilder der Gesellschaft und ihrer Ideale zu diskutieren. Die Möglichkeiten und Metaphorik des Spiels haben und werden den Künstlern auch in Zukunft immer neue Anknüpfungspunkte für ihre Versuche bieten. Dabei ist der Fußball längst zu einer grenzüberschreitenden Sprache geworden, die zwar in Europa ihren Ausgangspunkt genommen hat, aber von der ganzen Welt verstanden wird.

1 Nietzsche, Friedrich: *Die Geburt der Tragödie aus dem Geist der Musik*, Leipzig 1872.

2 Bredekamp, Horst und Gunter Gebauer: *Die Wirklichkeit findet statt! Über notwendige Präsenz in Kunst und Sport,* Köln 2021.

3 Benjamin, Walter: »Kleine Geschichte der Photographie«, 1931, S. 371, in: Tiedemann, Rolf und Hermann Schweppenhäuser (Hg.): Walter Benjamin, Gesammelte Schriften, Bd. II, 1, Frankfurt a. M. 1991, S. 368–385.

4 Vgl. Fiedler, Jeannine: »T. Lux Feininger: Ich bin Maler und nicht Fotograf!«, in: Dies. (Hg.): *Fotografie am Bauhaus.* Ausst.-Kat., Kunsthalle Tübingen und Museum für Kunst und Gewerbe Hamburg, Berlin 1990, S. 44–53.

Fußball und Kunst. Wie der Fußball seine ästhetische Form bekam

Malte von Pidoll

Die Sonne steht zur Mittagszeit hoch am Himmel und verleiht dem kleinen mittelalterlichen Dorf einen goldenen Schimmer. Die Straßen sind gesäumt von Hunderten Menschen, die ungeduldig den bevorstehenden Höhepunkt des alljährlichen Karnevals erwarten. Die Atmosphäre ist aufgeladen, voll von Anspannung und Vorfreude auf das traditionelle Fußballspiel. Der Marktplatz, der die Gemeinde in zwei Hälften teilt und so zugleich die beiden Mannschaften definiert, bietet den Schauplatz für den Anstoß. Die Menge hält den Atem an, während das Spielgerät erstmalig in die Luft katapultiert wird. Ein wilder Kampf entbrennt, als sich die unzähligen Spieler auf den Ball stürzen und versuchen, seiner um jeden Preis habhaft zu werden. Die schiere Masse an Körpern verschwimmt zu einem Meer aus Köpfen, Ellbogen und Fäusten. Ein Geruch von Schweiß und Staub erfüllt die Luft. Nur wenige Regeln, die das Handeln der Teilnehmer begrenzen, sind überliefert, darunter nur allzu verständliche Restriktionen wie das Verbot, im Zuge der Partie Friedhöfe zu überqueren. Kein Spielfeld begrenzt das Geschehen, das ausschließlich vom Ziel geleitet wird, den Ball entlang von Straßen, über Hecken oder durch Flüsse zum Markstein der jeweils anderen Dorfhälfte zu transportieren, um so ein »Tor« zu erzielen. Die Intensität des Spektakels ist überwältigend, Knochen brechen, Blut fließt, doch nichts hält die Mannschaften davon ab, das Spiel fortzusetzen.

Die hier beschriebene fiktive Szene des sogenannten *village football*, wie er sich in Großbritannien seit dem ausgehenden Mittelalter in zahllosen lokalen Varianten nachweisen lässt, wirkt aus heutiger Perspektive brutal, unzivilisiert und doch faszinierend zugleich. Nichts lässt erahnen, dass diese volkstümliche Tradition die Grundlage für den gegenwärtig populärsten Sport der Welt bilden sollte. Nichts deutet darauf hin, dass dieses vermeintliche Chaos zu einer reglementierten, strukturierten und organisierten Sportart werden konnte, deren Protagonisten als »Künstler« oder »Zauberer am Ball« heute nicht selten gottgleich verehrt werden. Wie war es möglich, dass der Fußball ein Maß an Virtuosität und Ästhetik erreichen konnte, das ihn selbst – wenn auch nicht ohne Widerspruch – für viele zur Kunstform emporsteigen ließ? Die Antwort auf diese Frage liegt im spezifischen Wandel seiner äußeren und inneren Form bzw. in der Entstehung seiner sportlichen Regeln und Normen.

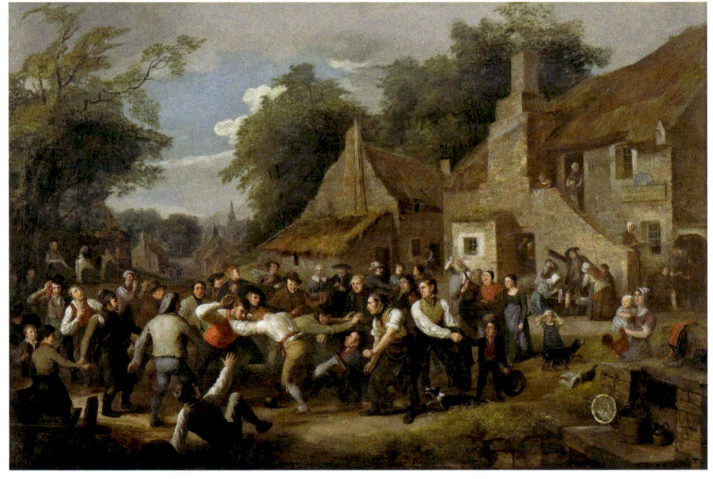

Das Dorf-Ball-Spiel
1818
Alexander Carse (1770–1843, SCT)
Öl auf Leinwand, 89 × 133 cm

Der Fußball durchlief seit Mitte des 19. Jahrhunderts einen umfangreichen Transformationsprozess, der ihn von einer traditionellen Bewegungskultur zu einem modernen Sport werden ließ. Nach diesem Verständnis war der englische *village football* kein sportliches Handeln im eigentlichen Sinne, sondern als Teil von meist ländlichen, volkstümlichen oder christlichen Traditionen häufig ein beliebter Karnevalsbrauch, der nach dem Prinzip der Narrenfreiheit auch als bewusste Grenzüberschreitung gegenüber der Obrigkeit verstanden werden kann. Dies lässt sich indirekt auch über die zahlreichen Verbote nachvollziehen, die von den lokalen und regionalen Würdenträgern und teils auch vom König selbst gegenüber dem Spiel ausgesprochen wurden. Obwohl der Fußball bis heute die Grundzüge eines Rituals beibehalten hat, ist in der Loslösung von genau diesen Traditionen hin zu einem größeren Eigenweltcharakter der Wandel des Fußballs zu verstehen, der im Laufe des 19. Jahrhunderts immer weniger als feiertägliche oder populäre Sitte und mehr und mehr um seiner selbst willen betrieben wurde.

Ausgangspunkt dieses Wandels bildeten dabei die englischen Public Schools, die in besonderem Maße zur Institutionalisierung des Fußballs beitrugen. Dort hatten sich seit dem späten 18. und frühen 19. Jahrhundert Varianten des Spiels etabliert, ähnlich dem volkstümlichen *village football*. Diese Privatschulen, die ursprünglich gegründet worden waren, um den männlichen Zöglingen der unteren Klassen die Möglichkeit zu einer kostenlosen Erziehung zu bieten, waren nach und nach von Adel und Gentry (Landadel) übernommen worden, aus denen sich die Schülerschaft in der überwiegenden Mehrheit rekrutierte. Ein Ergebnis dieser Entwicklung war die Tatsache, dass sich die Position der Lehrer innerhalb des sozialen Gefüges der Schulen verschlechterte, da ihr gesellschaftlicher Status zum Teil deutlich unterhalb dem ihrer Schüler lag. Dies hatte zur Folge, dass sich die Schüler aufgrund der mangelnden Autorität ihrer Erzieher zunehmend emanzipierten und ein Selbstverwaltungssystem etablierten, in dem die älteren Schüler die Herrschaft über die jüngeren ausübten und auf diese Weise weite Teile der Tagesgestaltung beeinflussten, vom Unterricht selbst einmal abgesehen. So ist die Einführung des Fußballspiels an vielen Schulen auch nicht auf die Initiative von Lehrern zurückzuführen, sondern resultierte eher aus eigener Motivation der Schüler, ihre Freizeit – z. T. als bewusste Provokation gegenüber den Lehrern – selbst zu gestalten.[1] Wie auch der volkstümliche Fußball entwickelte sich der Fußball in den Public Schools zunächst regional sehr unterschiedlich. Dies hing in vieler Hinsicht mit den lokalen Gegebenheiten zusammen, da die Schüler meist die Örtlichkeiten nutzten, die Ihnen konkret zur Verfügung standen. So diente beispielsweise in Charterhouse ein Kreuzgang als Spielfeld, der 70 Yards lang, aber nur 4 Yards breit war und als Tore zwei hervorstehende Pfeiler und eine Tür vorsah. In anderen Orten wurde häufig auch auf Brachflächen außerhalb des Schulgeländes gespielt, ohne dass ein Spielfeld eindeutig fixiert wurde. Die wenigen Regeln wurden mündlich weitergegeben, dabei war gegenseitiges Schieben, Stoßen, Treten oder Beinstellen genauso erlaubt wie den Ball mit den Händen zu spielen.[2] Vergleichbar mit anderen gesellschaftlichen Bereichen kam es im Laufe des 19. Jahrhunderts auch in den Public Schools zu einer Verschiebung der Verhältnisse, von einer adeligen hin zu einer bürgerlichen Dominanz. Getragen durch die im Prozess der Industrialisierung neu geordneten Besitzverhältnisse ging das Bürgertum verstärkt dazu über, die bestehenden Machtverhältnisse anzugreifen. So entwickelte sich im Laufe der Zeit ein Kampf um die Kontrolle der wichtigsten gesellschaftlichen Institutionen, darunter auch die Public Schools. Die weitgehend bürgerlichen Lehrkörper begannen nun gezielt, das Schulsystem zu reformieren und sahen als wichtigste Veränderung die Abschaffung oder Modifikation des Selbstverwaltungssystems ihrer Schüler an. Als erstes wurde dies durch den Direktor der Public School in Rugby, Thomas Arnold (1795–1842), vollzogen. Er ließ den Schülern zwar das grundsätzliche Prinzip der Selbstverwaltung mit einem gewissen Maß an Freiheit, organisierte das Verhältnis zwischen jüngeren und älteren Schülern aber mit Hilfe von festgelegten Regeln und Pflichten neu. So erreichte er eine formale Kontrolle der Lehrer bzw. des Lehrkörpers über die Schüler. Damit gelang es Arnold – gegen massive anfängliche Widerstände von Seiten der Schüler und Eltern – eine »Demokratisierung« des sozialen Miteinanders einzuführen, welche sich auch deutlich auf die Entwicklung des Fußballs auswirkte. Die traditionellen morgendlichen Versammlungen, bei denen die älteren Schüler ursprünglich den jüngeren ihre Entscheidungen und Befehle mitteilten, entwickelten sich unter Arnold zu vielschichtigen Zusammenkünften, bei denen seine Schützlinge die soziale Ordnung in Rugby selbstständig entwarfen und weiterentwickelten. In diesem Zusammenhang ist auch die erste schriftliche Darlegung von Fußballregeln als »The Laws of Football as Played in Rugby School« aus dem Jahr 1845 zu verstehen.[3] Man darf die Fußballregeln allerdings noch nicht als Regeln im heutigen Sinne verstehen, denn die Schüler gingen davon aus, dass jeder Spieler die eigentlichen Regeln ohnehin auswendig konnte. Vielmehr sah man in ihnen die Notwendigkeit, strittige Punkte ein für alle Mal zu klären und zwischen legitimer und illegitimer Gewalt zu unterscheiden.[4] In diesem Zuge erkannten immer mehr Schulleitungen in Ballspielen wie Fußball (und Cricket) die Möglichkeit, die Jungen zu disziplinieren, aber auch die Beziehungen zwischen Schülern und Lehrern zu verbessern. Darüber hinaus sollten Loyalität und Selbstaufopferung gegenüber der Institution gefördert werden. So waren es mehr und mehr die Lehrer selbst, die die Entwicklung des Fußballs in den Schulen vorantrieben und im letzten Viertel des 19. Jahrhunderts dafür sorgten, dass Fußball in den Lehrplan aufgenommen wurde. Das Spiel galt schließlich als besonders förderlich für die Persönlichkeitsentwicklung und die Herausbildung von Führungsqualitäten unter den Schülern.[5] Auch die organisatorische Weiterentwicklung des Fußballspiels steht in engem Zusammenhang mit den Public Schools. So blieb die Rugby School nicht die einzige Schule, die begann, dem Fußballspiel fixierte Regeln zugrunde zu legen. In anderen Public Schools, wie beispielsweise in Eton, begannen die Schüler ebenfalls, ihr Spiel zu reglementieren und formulierten im Jahr 1849 ihr eigenes Regelwerk. Insgesamt lässt sich die Entstehung des modernen Fußballs an den Public Schools als ein Prozess beschreiben, in dem sich das Spiel von einer anfänglich »wilden« jugendlichen Subkultur, die von den Lehrern in besonderem Maße als negativ und provokativ empfunden wurde, hin zu einer reglementierten und organisierten Sportart und in einem weiteren Schritt zu einem anerkannten Schulfach entwickelte. Dabei kopierten die Jugendlichen zunächst die bereits beschriebenen

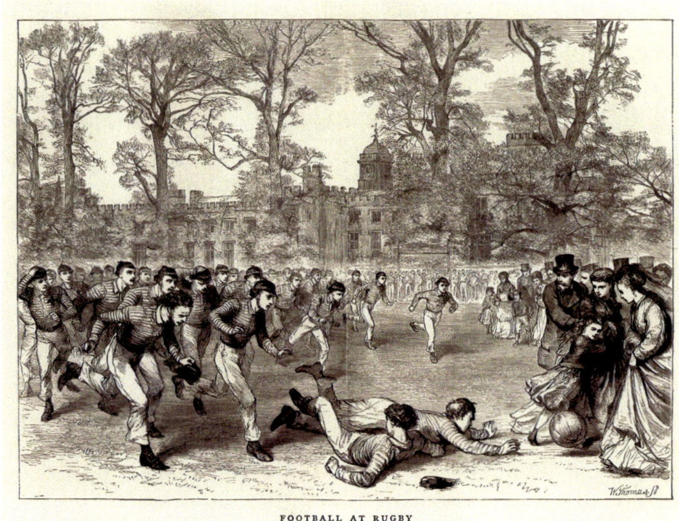

Fußball beim Rugby
1870
English School
Gravur

volkstümlichen Fußballspiele, die, ohne ein besonderes Regelwerk, von sehr harten körperlichen, auch gewalttätigen Auseinandersetzungen geprägt waren. Während diese traditionelle Variante des Spiels in den Dörfern und Kleinstädten durch Urbanisierung, intensivere Landnutzung und Verbote zunehmend verschwand, begann sich das Fußballspiel an den Public Schools zu »zivilisieren«. Ein neuer Sportsgeist entstand, der verstärkt auf Eigenschaften wie Selbstdisziplin, Durchsetzungsvermögen, Mannschaftsgeist, Härte gegen sich selbst und vor allem Fair Play setzte.[6] Parallel zu dieser Entwicklung kam es vorwiegend im Großraum London auf Initiative von jungen Bürgern und Absolventen der Public Schools zu zahlreichen Vereinsgründungen. Wie auch die Schulen standen diese Vereine vor dem Problem, dass ein regionaler oder auch überregionaler Wettkampfbetrieb nur möglich war, wenn man sich auf ein einheitliches Regelwerk verständigte. So kam es am 26. Oktober 1863 in der Londoner Freemasons' Tavern zu einem Treffen von elf Schulen bzw. Fußballvereinen, an dessen Ende die Gründung der Football Association (FA) stand. Innerhalb weniger Wochen entstand nun das erste allgemeingültige Regelwerk im Fußball, das unter dem Namen »The Laws of the Game« bekannt wurde. Bei einem weiteren Treffen am 24. November 1863 stimmten die Mitglieder der FA mehrheitlich gegen die bis dahin noch erlaubte Nutzung der Hände, genauer gesagt, das Tragen oder Werfen des Balles. Daraufhin lösten sich mehrere Vereine wieder aus der Football Association und gründeten schließlich am 26. Januar 1871 mit 20 weiteren Clubs die Rugby Union.[7]

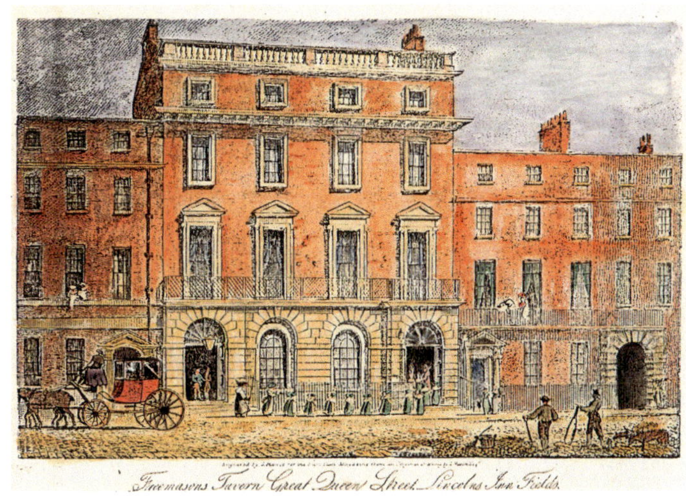

Die Freemasons' Tavern
1863
English School
Farbdruck

Dieser kurze Exkurs zur Entstehung von ersten Regularien und Organisationsstrukturen im Fußball mag aus heutiger Sicht trivial wirken, da wir Regeln im Sport im Allgemeinen als gegeben ansehen. Er zeigt aber auf eindrückliche Weise, dass universelle Regeln im Fußball keineswegs einfach zu einem bestimmten Zeitpunkt gesetzt wurden, sondern diese vielmehr das Resultat eines vielschichtigen gesellschaftlichen Prozesses waren, in dem verschiedene soziale Gruppen die Bedingungen des Spiels miteinander aushandelten.

Diese ersten Regeln des Fußballs, die im Jahr 1877 in stärker formalisierter Form niedergeschrieben wurden, waren keine bloße Ansammlung von Handlungsvorschriften. Sie revolutionierten den Fußball auf eine Weise, die ihn in besonderem Maße attraktiv und somit zukunftsfähig machten. Man darf sich nicht dem Irrglauben hingeben, dass Regeln ein Spiel in erster Linie beschränken und damit als reine Verbote fungieren. Regeln konstituieren ein Spiel und geben ihm eine innere und äußere Form. Inventar- und Raumregeln bestimmen im Fußball exakt Größe, Gewicht und Gestalt des Spielballes, die genauen Maße der Tore sowie die Abmessungen des Spielfeldes bzw. einzelner Spielfeldbereiche. So entstehen verschiedenste geometrischen Formen aus Kreisen und Rechtecken und in der Gesamtheit ein

Quader, in dem der Ball gespielt wird. Daneben legen Personal- und Zeitregeln die genaue Anzahl an Spielern sowie den geordneten Ablauf einer Begegnung fest. Nicht zuletzt ermöglichen oder sanktionieren Handlungsregeln bestimmte Verhaltensweisen der Akteure. Erst auf diese Weise entsteht Chancengleichheit, Gerechtigkeit oder die Aussicht auf weitestgehende körperliche Unversehrtheit.

Wo aber liegt nun der Zusammenhang zwischen Regeln und Ästhetik im Fußball? In vieler Hinsicht ergibt sich die besondere Faszination des Spiels und damit auch sein möglicher Bezug zur Kunst aus seinem spezifischen Verhältnis zwischen dem Grad an Einschränkung und dem Grad an individueller Freiheit. Ein Fußballer wird zwar durch zeitliche und räumliche Vorgaben in seiner Bewegungs- und Handlungsfreiheit begrenzt und konkrete Ausführungsbestimmungen verbieten ihm beispielsweise die Nutzung der Hand oder bestimmte Formen körperlicher Gewalt, und doch bieten sich ihm auf dem Spielfeld mannigfaltige Möglichkeiten, eigene oder – im Zusammenspiel mit seiner Mannschaft – kollektive Lösungswege zu finden. Genau darin liegt das Potenzial, kreativ zu sein und etwas Neues und Unerwartetes zu schaffen. Adorno hat diesen Umstand – wenn auch gänzlich ohne Bezug zum Fußball – in einem kurzen Aphorismus zum Ausdruck gebracht: »Künstlerische Produktivität ist das Vermögen der Willkür im Unwillkürlichen«.[8] Diese »Willkür« kann sich im Fußball in vielen Formen manifestieren und dabei in einem unerwarteten Dribbling ebenso zum Ausdruck kommen wie in einem genialen Pass oder einem spektakulären Tor.

Abseits der konstituierenden Regeln entwickelten sich im Fußball jedoch eine Fülle weiterer Regeln, die keiner allgemeingültigen Niederschrift bedurften. Neben den ideellen oder moralisch-ethischen Regeln wie dem Konkurrenz-Prinzip oder dem Fair-Play-Gedanken sind es vor allem die strategischen Regeln, die dem modernen Fußball seine ästhetische Form verleihen. Sie verweisen auf konkrete Handlungsalternativen, die sich innerhalb der konstitutiven Regeln ergeben, und kommen meist in Form von taktischen Verhaltensweisen, Aufstellungen oder Spielsystem zum Vorschein. Norbert Elias sieht im sich ständig ändernden taktischen Spiel zweier Mannschaften »fließende Figurationen«, die den Stadionbesucher oder den Zuschauer am Bildschirm in einen erregten Zustand der Spannung versetzen und ihn – wie in der griechischen Tragödie – einem Höhepunkt zuführen, der sich mit dem entscheidenden Tor in dem kathartischen Gefühl der Freude entlädt. So wird der Fußball für ihn zu einem »kollektiven Kunstwerk«.[9] Auch für Hans-Ulrich Gumbrecht sind es gelungene taktischen Spielzüge, die die »ästhetische Hauptattraktion« des Fußballs ausmachen, da sie ständig Gefahr laufen, durch das defensive taktische Verhalten der gegnerischen Mannschaft unterbunden zu werden. Ein solch »schöner Spielzug« vollzieht sich deshalb immer überraschend und ist nur von kurzer Dauer. Er löst sich nach der Realisierung gleichsam in Luft auf und wird so zu einem kurzlebigen und zugleich einmaligen Kunstwerk, da er nie wieder auf die exakt gleiche Weise gespielt werden kann. Dieses Phänomen beschreibt Gumbrecht als »Epiphanie«, als Erscheinen einer unbekannten Form, in der er das ästhetische Vergnügen des Fußballs ausmacht.[10] Christoph Bausenwein bezeichnet gelungene Spielzüge im selben Kontext auch als »Kunstwerke des Augenblicks«.[11]

Wenn man den Gedanken der angeführten Autoren Glauben schenken mag, ist Fußball also Kunst und seine flüchtigen Momente von Genialität sind eigene Kunstwerke. In Rückbesinnung auf den zu Anfang dieses Textes beschriebenen volkstümlichen *village football* wird nun deutlicher, dass es gerade dessen Übermaß an Willkür und räumlicher Unbegrenztheit war, das ihn aus heutiger Sicht primitiv und unästhetisch wirken lässt. Erst in einem längeren Zivilisierungsprozess, der in den Public Schools seinen Anfang nahm und aus dem »wilden Treiben« ein mehr und mehr werte- und normengeleitetes Spiel werden ließ, konnte der Fußball die Form entfalten, die ihm seinen ästhetischen Charakter verlieh. Dabei waren es paradoxerweise gerade die Regeln, die dem Fußballer klar definierte räumliche und zeitliche Handlungsspielräume vorgaben und ihn so zwangen, Dynamik, Kreativität und die Fähigkeit zu kollektivem und taktischem Handeln zu entwickeln. Genau darin liegt bis heute seine enorme Attraktivität.

1 Dunning, Eric: »Die Entstehung des Fußballsports«, in: Wilhelm Hopf (Hg.), *Fußball. Soziologie und Sozialgeschichte einer populären Sportart*, Münster/Hamburg 1994, S. 42–44, im Folgenden zitiert als: Dunning 1994.

2 Mason, Tony: »Großbritannien«, in: Christiane Eisenberg (Hg.), *Fußball, soccer, calcio. Ein englischer Sport auf seinem Weg um die Welt*, München 1997, S. 24, im Folgenden zitiert als: Mason 1997.

3 Dunning 1994, S. 47–51.

4 Lindner, Rolf: »Von sportsmen und einfachen Leuten«, in: Ders. (Hg.), *Der Satz »Der Ball ist rund« hat eine gewisse philosophische Tiefe*, Berlin 1983, S. 24, im Folgenden zitiert als: Lindner 1983.

5 Mason, 1997, S. 24–25.

6 Thomas, Michael: »Von der adeligen Prestigekonkurrenz zur bürgerlichen Nützlichkeit. Über die Entstehung des modernen Sports in England im 18. und 19. Jahrhundert«, in: *Hard Times* 72 (2000), S. 10–16, hier S. 14.

7 Mason, 1997, S. 26.

8 Adorno, Theodor W.: *Minima Moralia. Reflexionen aus dem beschäftigen Leben*, Frankfurt a. M. 1951, S. 428.

9 Elias, Norbert: »Der Fußballsport im Prozess der Zivilisation«, in: Lindner 1983, S. 13, 20–21.

10 Gumbrecht, Hans Ulrich: »Die Form der Gewalt: Lob der Schönheit des Sports«, in: Hammelmann, André: *Gesamtkunstwerk Fußball: Auf der Spur einer Metapher*, Berlin 2010, S. 37.

11 Bausenwein, Christoph: *Geheimnis Fussball. Auf den Spuren eines Phänomens*, Göttingen 1995, S. 64; siehe auch: Herzog, Markwart: »Von der ›Fußlümmelei‹ zur Kunst am Ball«, in: Ders., *Fußball als Kulturphänomen. Kunst – Kult – Kommerz*, Stuttgart 2002, S. 33; Hammelmann 2010, S. 37.

Raum – Kunst – Daten. Über neue Kunsträume und Wahrnehmung

Lutz Engelke

Drei Szenen

Aufwachen

Nichts scheint so selbstverständlich wie das Sehen. Wir machen jeden Morgen die Augen auf und die Welt liegt vor uns, in all ihren Facetten. Doch was sehen wir dabei tatsächlich? Wie hat sich unser Auge als Vorbote unseres Bewusstseins auf die Wirklichkeit scharf gestellt? Sehen wir das, was als Oberfläche unserer Umgebung sichtbar wird, also die Dinge des Alltags, Körper oder Gesichter in ihren Umrissen, ihren Farben und Bewegungen, eingebettet in den vielfältigsten Umgebungen, oder setzt das eigentliche Sehen erst im Erkennen von Bedeutung und Sinnhaftigkeit ein, als komplexer Prozess von Assoziationen, Wünschen oder Ängsten?

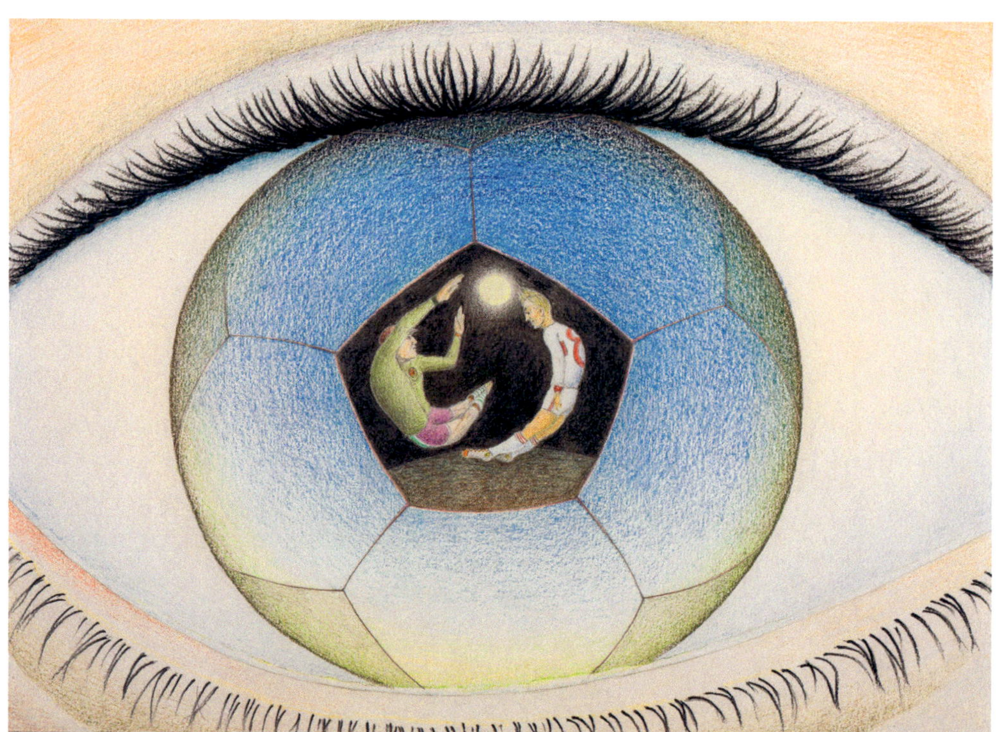

Ins Auge gefasst
1979
Fritz Genkinger (1934–2017, DEU)
Buntstiftzeichnung
25,9 × 35,4 cm

Das Stadion

Im Tunnel stehen die Mannschaften – das Publikum tobt in Erwartung eines spektakulären Abends. Geblendet vom Flutlicht treten die Spieler aus den Katakomben ins Zentrum des vollständig von Tribünen umgebenen Schauplatzes – 80 000 Menschen erzeugen einen gewaltigen immersiven Raum, der unmittelbar interaktiv reagiert auf die Aktionen eines jeden Spielers. Das Stadion jubelt, pfeift, singt Lieder – schreit sich die Seele aus dem Leib, stöhnt, tobt; es entsteht Energie, die die Spieler zum Fliegen, Stürzen und zu unglaublichen Zauberstücken antreibt. Die Intensität des Spiels generiert sich durch Raum, Sound und die Unmittelbarkeit aller Szenen – es ist die Intensität einer totalen Präsenz.[1]

Gott

Ein tiefgläubiger Mensch betritt im Mittelalter durch ein zehn Meter hohes Portal eine Kathedrale. Er ist Analphabet und hatte gerade ein Gotteserlebnis. Die überdimensionalen Räume der Kirchen überwältigen ihn jedes Mal aufs Neue. Er kann dort mit seinem Gott allein sein und ihm huldigen. Er ist umgeben von farbenprächtigen Fenstern, deren biblische Bildergeschichten vom Sonnenlicht in Szene gesetzt werden. Er sieht darin seine Gefühle und Vorstellungen gespiegelt, er kann darin seinen Gott erkennen.

Räume der Wahrnehmung

Diese drei Szenen öffnen den Horizont für das Zusammenspiel von Raum und Wahrnehmung. Dabei fällt auf, dass das Stadion als Welt- und Körpertheater der eigentliche Ursprungsort einer monumentalen, szenischen Immersivität ist. Die christlichen Kirchen als Orte metaphysischer Erzählung sind erst später entstanden. An beiden Orten sind Erzählungen verankert, die den Menschen ganzheitlich ergreifen und bis ins Mark erschüttern können.

Neben den Überwältigungsorten Stadion, Kirche, Kino und Theater hat unsere Kultur gerade Museen als ganz besondere Wahrnehmungsorte etabliert. Insbesondere die Kunst hat dort ihren Platz bekommen. Museen können das Totaltheater eines Stadions oder die sakralen Schwingungen einer Kirche nur in Ausnahmen übertreffen. In der Regel ist die Kunst in einem Rahmen stillgestellt und wartet auf Betrachtung. In Kirchen wird die erzählende Bildsprache durch Rituale und Gesang emotional erweitert. Doch ist in den letzten Dekaden durch neue Formate viel Bewegung in den Museen entstanden. Die Räume der Wahrnehmung haben sich durch den digitalen Lebensalltag grundlegend verändert und die von der Kunst und ihren Betrachtern gebildete Zentralachse genauso grundlegend erweitert.

Kaum ein Museum kommt heute ohne den Einsatz interaktiver Medien aus. Medienkunst ist längst Teil der Avantgarde und hat im komplexen Zusammenspiel von medialen Technologien und der Kunst neue Erzählpraxen etabliert. ›Datenräume‹ sind heute weltweit Bestandteil von Kunsträumen.

Das Kunststück mit dem Ball

Alle führenden Künstler des 20. Jahrhundert haben sich vom Spiel mit dem Ball und den fliegenden Körpern verführen lassen. Von Picasso, Boccioni, Miró und Malewitsch über de Saint Phalle und Ihlebæk bis Lüpertz oder Banksy – alle waren sie auf dem Platz. Die Faszination für den Fußball war der Ausgangspunkt ihrer entsprechenden künstlerischen Auseinandersetzung. Dabei ist das künstlerische Bildgedächtnis des Spiels aller Spiele zugleich eine Bewegung durch alle Stile und Formate der Kunst des 20. Jahrhunderts hindurch. Vor diesem Hintergrund entstand das Projekt »Kunst und Fußball« als ein digitales Kunstexperiment.

Aber wie nähert man sich diesem Bildarchiv, mit welcher Sprache und welchem Format konfrontiert man ein sehr heterogenes Publikum? Was zeigt man wie und wo bleibt die Dynamik des Spiels? Wie wird man der Kunst gerecht und welche Dramaturgie ist geeignet, die vielen tausend Fäden zu einem hoch emotionalen Spiel zwischen Kunst und Fußball werden zu lassen?

Das Spiel wirkt unmittelbar, geht sofort unter die Haut, kümmert sich nicht um filigrane Vermittlungsformate. Es will gespielt werden – es muss gespielt werden. Die Kunst braucht Distanz, Stille, mehr Zeit als 90 Minuten, bis sie überhaupt entsteht; sie sucht permanent den Ausbruch, zerstört alte Formate und Stile, verletzt Regeln und verlangt vom Besucher, immer wieder neu gelesen zu werden.

Bei der Kunstbetrachtung bringt jeder Besucher seine eigenen subjektiven Wahrnehmungen, sein Vorwissen und seine Lebenskontexte mit, die das künstlerische Bild in seiner Mehrfachschichtung und Vielstimmigkeit immer wieder neu lesbar macht. Das Bild ist also nicht fertig, wenn es gemalt ist, sondern entfaltet Sinn und Aura im Spiel mit dem Betrachter.

Das Fußballspiel ist nach dem Abpfiff vorbei und löst sich dann in alle möglichen Erinnerungsbilder der Millionen Zuschauer in aller Welt auf. Es ist für die Wahrnehmung eine Aneinanderreihung von Fragmenten – stillgelegt im Endergebnis.

Beim Kunstwerk ist es umgekehrt. Es ist der stillgestellte Moment selbst, der erst allmählich wieder die Mehrschichtigkeit seiner Erzählung freigibt und erneut in Bewegung überführt wird – durch das Auge des Betrachters.[2] Das Bild ist insofern dem Spiel überlegen, als es bleibt; das Spiel ist für immer vorbei und kann höchstens zu einem Mythos werden. Das Spiel auf dem Platz wiederum ist flüchtig, aber dem Bild insofern überlegen, als es den Zuschauer mit allen Höhen und Tiefen der Emotionen körperlich unmittelbar mitnimmt und ihm keine Möglichkeit lässt, zu entweichen. Dabei fällt auf, dass der Fußball zwar die Kunst beeinflusst hat, die Kunst jedoch nicht den Fußball.

Der immersive Raum

Hier setzt das immersive Raumerlebnis von *In Motion – Art & Football* an. Diese grundlegenden Formatentscheidungen – digital zu arbeiten, ein fraktales Raumerlebnis zu schaffen – dienen dazu, der Kunst einen neuen Spielraum zu geben, in dem das Publikum wie im Stadion zum zwölften Mann wird, also nicht mehr bloßer Bildbetrachter, sondern Mitspieler der Kunst.

Daran wird deutlich, wie der Raum mit seinen architektonischen und technologischen Optionen tatsächlich die Wahrnehmung verändert und zugleich eine neue Sicht auf die Kunst erzeugt wird. So entsteht eine Intensität, die weit über das einzelne Bild hinausweist, mit dem Ziel, eine emotionale Vermittlungsintensität herzustellen, die kein Bild allein leisten kann.

Ferne Nähe als Wahrnehmungsschule

Das alles hat eine Vorgeschichte. Platons Höhlengleichnis, das halbkreisförmige griechische Theater sowie frühe ägyptische Panoramen und Wandmalereien gehören zu dieser Vorgeschichte der Immersion.

Grundlegender ist das oben skizzierte ikonografische Format der Kirche, das über die Jahrhunderte zu einem hoch emotionalen immersiven Erzählraum geworden ist. Im eigentlichen Kirchenraum wurde der spätere Gedanke der immersiven Raumprojektion – durch das Spiel des Lichts mit den Kirchenfenstern und die Fülle an Ritualen, Gesängen und Gerüchen – vorweggenommen.

Schaut man sich die unterschiedlichen Wahrnehmungsschulen der letzten 200 Jahre an, so sind sie gekennzeichnet von einer ungeheuren Bildbeschleunigung. Anfang des 19. Jahrhunderts kamen die sogenannten Groß-Panoramen auf, die ein breites Publikum in den Bann zogen. In Berlin gab es zwischen 1884 und 1914 sechs gigantische Erzählmaschinen dieser Art, die zumeist patriotische Kriegsszenen in den Mythenstatus hoben.

Das größte dieser Panoramen war ein 15 × 115 m großes Gemälde von Anton von Werner mit dem Titel *Die Schlacht bei Sedan am 1. September 1870*; es wurde 1883 in einer Rotunde nahe des Alexanderplatzes gezeigt und war ein überwältigender Publikumserfolg.[3]

Allerdings war das Format bereits bei der Weltausstellung in Paris 1900 keine Innovation mehr. Die Seh-Landschaften der Panoramen wurden durch die Sensation des bewegten Bildes abgelöst. Der Film revolutionierte alles. Das Publikum strömte in die Filmpaläste, wo im ersten Drittel des 20. Jahrhunderts Stars und Geschichten aller Art plötzlich lebendig wurden.

»Sedan-Panorama« am Berliner Alexanderplatz um 1884
Holzstich nach einer Zeichnung von Wilhelm Geißler

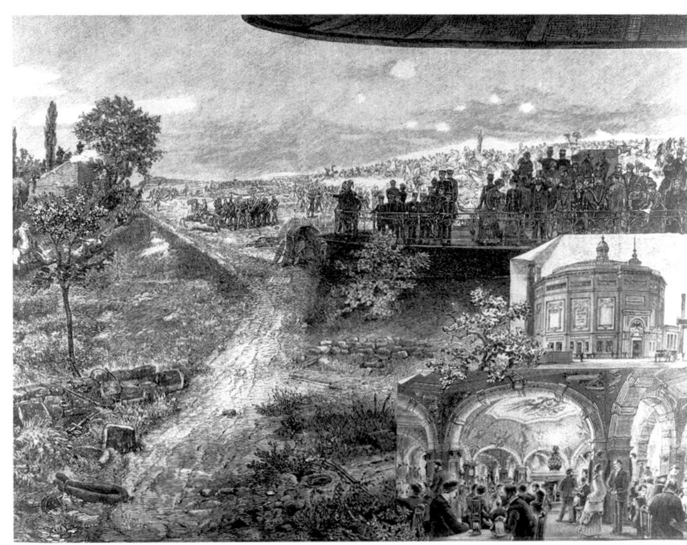

Hätte man einem Menschen in der Mitte des 19. Jahrhunderts davon berichtet, dass Stimmen und Musik aus Apparaten kommen, Menschen auf Leinwänden laufen und Bilder live aus anderen Kontinenten zu sehen sind, wäre man als Traumtänzer ausgelacht worden. Ton- und Bildmaschinen haben unseren Blick auf die Welt dramatisch verändert. Es entstanden ferne Nähen.

Das KI-Bewusstsein im 21. Jahrhundert

Die Megabeschleunigung des Digitalen revolutionierte die alten Wahrnehmungsschulen erneut und wurde fester Bestandteil unseres globalen Lebensalltags. Mit der Mixed Reality sind wir mittlerweile im KI-Zeitalter angekommen. Computer produzieren Bilder und Texte, von denen sich kaum sagen lässt, wer eigentlich ihr Autor war.

Die Avantgarde der Kunst arbeitet bereits mit dieser Gegenwart und begreift mittels KI die Kunst selbst als ein reines Datenuniversum – zu beobachten im Museum of Modern Art in New York 2023: Refik Anadol hat den Bildbestand des MoMA digitalisiert, mit Algorithmen verknüpft und daraus eine KI-gesteuerte »dreaming machine« gemacht. Es handelt sich um monströs anmutende Farbstrukturen, die sich ohne jeden historischen Kontext drei Stockwerke hoch auf einem Screen verströmen und sekündlich verändern.

Doch anders als bei Anadols ästhetischer Schwebewolke, diesem ahistorischen Datenuniversum, ist das Ziel bei *In Motion – Art & Football*, Fußball, Kunst und historische Fragmente mit einer Dramaturgie unter Spannung zu setzen, die die oben erwähnte Mehrschichtigkeit der Kunst mit der Dynamik und Emotion des Spiels verknüpft. Der Raum wird so zu einem filmisch-medialen Gesamtkunstwerk aufgeladen und erzählt entlang von 15 Themenclustern das Spiel der Kunst mit dem Fußball.

Die Themencluster lassen Brüche, Sprünge und Dynamiken sichtbar werden, die in der Summe zu einem nicht linearen Erzählen führen.[4] Die Künstler haben ihre Wahrnehmung, ihre Formate, ihre Abstraktionen, ihre Farbspiele im Umgang mit Spiel, Spielern, Raum und Zeit, Linien, Rhythmen und Bewegungen immer wieder variiert und neu justiert. Sie sind so zu Kommentatoren eines Spiels und letztendlich auch der Geschichte Europas geworden: Kunst macht Geschichte lesbar. Grundlage der Dramaturgie war der Gedanke, dass sich die Erinnerung von der Emotion nährt.

Die Bildproduktion des Unbewussten

Für den kanadischen Philosophen und Medientheoretiker Marshall McLuhan sind im Raum oder am Körper eingesetzte Medien letztlich als Verlängerung unserer Nervensysteme im Raum zu verstehen.[5] Hierin liegt der Schlüssel zur Wirkungsgeschichte von immersiven Räumen. Denn die Immersivität spielt mit dem Unbewussten und löst die rein kognitive Kunstvermittlung in ein multidimensionales Spiel mit allen Sinnen auf. Der Raum wird im besten Fall zu einem Body-Net.

Träumen als bildgewordener Ausdruck unseres Unbewussten ist das Immersivste, was wir als Menschen erfahren können. Im Traum sind wir im selben Augenblick sowohl Bildproduzent als auch Bildkonsument. Im Traum generieren wir das absolute und vollkommenste Immersivitätserlebnis, das vorstellbar ist. Der Traum knüpft Emotionen unmittelbar an Bilder, über die wir Identität produzieren. Es entstehen mithin Fragmente unserer Identität, von denen wir Geschichten ableiten, die von uns erzählen und uns neu erklären.

Wir müssen träumen, um die Bildlast des Alltags zu bewältigen, unsere emotionalen Balancen sind darin gespeichert und es ist Teil unserer Lebensenergie. Lässt man uns durch Schlafentzug nicht mehr träumen, sterben wir.

Freud hat mit seiner *Traumdeutung* eine Strecke zum Unbewussten freigelegt, die in jeder Hinsicht revolutionär war. Er hat inmitten von Ingenieuren, Militärs und rational geprägten Wissenschaftsmilieus des ausgehenden 19. Jahrhunderts der individuellen Traumproduktion eine Sprache gegeben, die zu einem Welterfolg wurde.

Die Macht des Unbewussten wurde sehr schnell in der Kunst (Surrealismus) und später im Film zu einer dramaturgischen Kraft, die ganze Erzählungen aus dem Takt bringen konnte und die Schichtungen der ›Schein-Realität‹ neu ordnete. Von Buñuel, Hitchcock, Truffaut, Chabrol, Lynch bis Nolan – alles Meister, die das Unbewusste in den Handlungen permanent aufscheinen lassen. Die Macht und Verführungskraft von filmischen Bildwelten oder in Werbung aller Art hat hier ihren Ursprung. Der Film *Inception* von Christopher Nolan treibt es auf die Spitze. In das Unterbewusstsein eines anderen eingepflanzte Träume sollen dessen Lebensentscheidungen beeinflussen. Es sind letztlich alles Versuche, unsere eigene Traumarbeit dramaturgisch zu bearbeiten und technologisch zu kopieren, denn da liegt der Schlüssel zu unserem Unbewussten. Freuds These, dass das Ich nicht Herr im eigenen Hause ist,[6] fasst auf prägnante Weise zusammen, dass die unbewusste Wunschproduktion unser eigentliches Navigationssystem ist und wir von der Unordnung und Zeitlosigkeit unseres Unbewussten im Alltag immer wieder überrascht werden.

Doch ist das Immersive des Traums wie das Immersive im Raum ein flüchtiger Stoff, der sich im Moment des Erahnens und Verstehens sogleich wieder dem Betrachter entzieht. Diese These berührt die Wahrnehmung von Kunst allerdings grundlegend, denn, frei nach Adorno in seiner *Ästhetischen Theorie*, heißt es: »die Kunst auf den Begriff gebracht, zerstört sie.«[7]

Neue Schnittstellen im Raum: Von der Gruppe E.A.T. bis Pink Floyd

Aber wie ist der digitale Raum, das Immersive als Performance Space, neu entstanden und wie hat sich dadurch die Wahrnehmung gegenüber der Kunst verändert und wie ist die Kunst mit neuen Formaten und Technologien in die Museen zurückgekehrt?

Mitte der 1960er-Jahre entstand eine Gruppe mit dem Namen E.A.T. – Experience in Art and Technology. E.A.T. bestand aus internationalen Kollaborationen von Künstlern und Ingenieuren aus den USA, Europa und Japan. Sie umfasste in loser Kooperation Anfang der 1970er-Jahre international mehrere tausend Mitglieder und legte die ersten Grundsteine für die Entwicklung der Medienkunst. Im Kern ging es darum, neue Technologien mit künstlerischen Projekten so zu verknüpfen, dass dadurch neue performative Räume entstanden.[8]

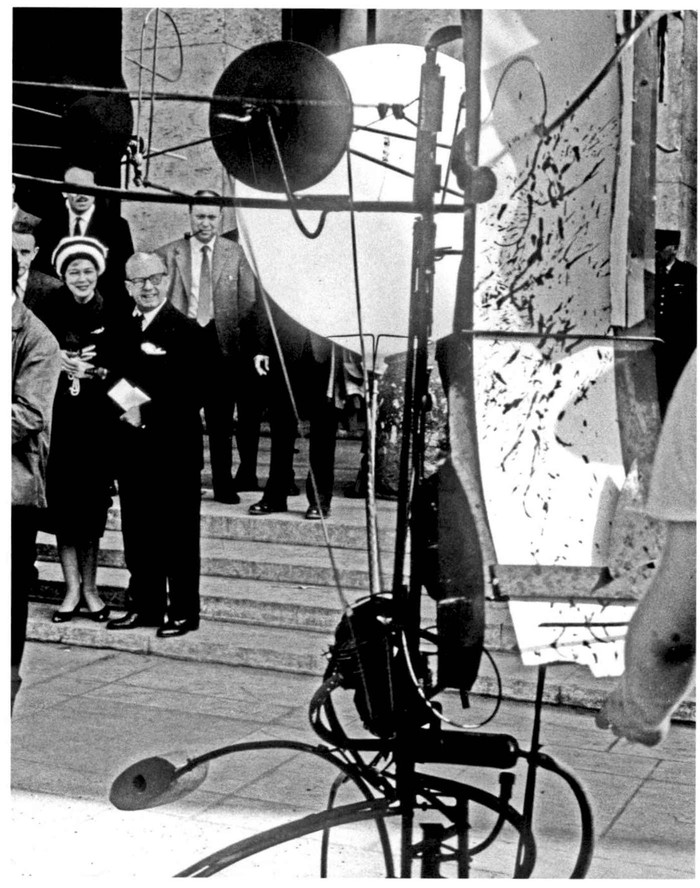

Malmaschine »Métamatic« von Jean Tinguely
Biennale Paris 1959

Voraussetzung für die Mitgliedschaft in der Gruppe war interdisziplinäres Denken und Arbeiten im Zeitgeist der 1960er-Jahre. Es waren utopische Jahre, mit grenzenlosem Optimismus im Westen und dem konkreten Ziel, einen Menschen auf den Mond zu bringen. Die Technikbegeisterung führte zu völlig neuen Formen der Kollaboration und in der Kunst zu neuen Formaten. Dem autonomen und einzigartigen Künstler wurde eine multidisziplinäre Praxis von Kunst gegenübergestellt. Die ersten Bausteine der Medienkunst wurden hier gesetzt. E.A.T. lieferte z.B. die Inszenierung für den ersten interaktiven Pavillon zur Weltausstellung in Osaka 1970.

Begriffe wie interaktiv und multifunktional, immersive experimentelle Räume entstanden in dieser Zeit – erste Virtualitäten wurden gedacht. Gegründet wurde E.A.T. von Künstlern wie Robert Rauschenberg, Robert Whitman, Billy Klüver, ein Ingenieur bei den Bell Labs in New Jersey, und Fred Waldhauer.

Pontus Hultén, der Gründungsdirektor des Moderna Museet in Stockholm, des Centre Pompidou in Paris und der Bundeskunsthallein Bonn, entwickelte als Kurator in New York 1966 den Kunstevent »9 Evenings«. Edward A. Shanken nannte diese Zeit einen »Wendepunkt in der elektronischen Kunst«. Riesige Hallen wurden zu Performanceflächen mit mehr als 2000 Zuschauern. Auch wenn vieles davon chaotisch und unverständlich blieb, wurden bei den »9 Evenings« in New York Kunsträume in ihrer Wirkungsgeschichte neu definiert. Beispiele für diese Performances sind Steve Paxtons *Physical Things* und Alex Hays *Grass Field*; auch Andy Warhols *Silver Clouds* waren 1966 erstmals zu sehen. Jasper Jones, Cynthia Childs, Robert Whitman und Robert Rauschenberg spielten ein Tennismatch, bei dem bei jeder Ballberührung das Licht in der Halle etwas mehr ausging, bis am Ende alles in völliger Dunkelheit versank.

Jean Tinguely konstruierte die Métamatics – Maschienen, die Kunstwerke produzieren. Die Métamatic Nr. 17 entstand 1959 speziell für die Pariser Biennale. Sie diente als Prototyp für seine spätere großformatige, sich selbst zerstörende Skulptur mit dem Namen *Homage to New York* (1960).

Per Biorn, ein wichtiger Mitarbeiter bei den Bell Labs, beschrieb die Atmosphäre damals bei neuen Projekten als »innovativ, vergnüglich und spielerisch, als würde man jeden Tag zur Schule gehen« und Billy Klüver führte aus: »Mir wurde bewusst, dass ich Farben auf meiner Palette hatte, die sonst niemand in New York besaß. Mir standen die Bell Laboratories zur Verfügung.«[9]

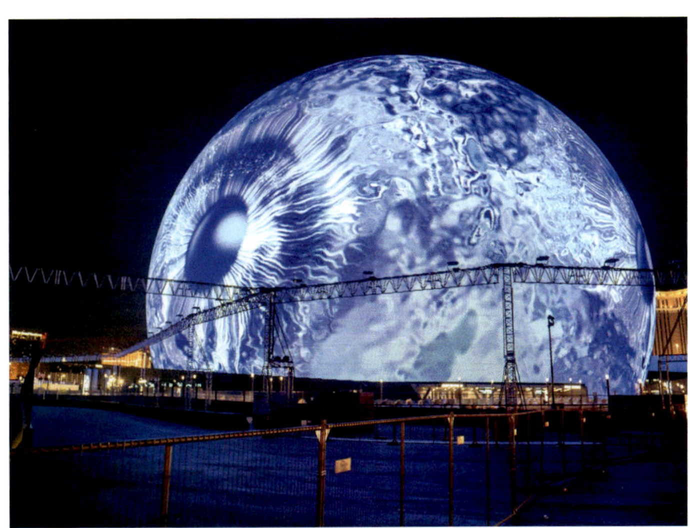

The Sphere
Las Vegas, Nevada

E.A.T. hatte die Grenzen der bis dahin bekannten Kunstformen erweitert und in der Ausstellungspraxis verblüffend neue Erfahrungsräume von Kunst und Technologie geschaffen. Sie hat die Entwicklung der Medienkunst, der interaktiven Kunst und der Kunst- und Technologieprojekte bis hin zur Rockmusik maßgeblich beeinflusst.

Die 1960er-Jahre waren auch die Zeit, als die Musik sich noch einmal völlig neu erfand und Konzerte erstmals von Lightshows begleitet wurden. Eine Band namens Pink Floyd begann, mittels Projektionen und einfach gehaltenen Lightshows neue Wege zu gehen. Bei ihren ab Oktober 1966 regelmäßig stattfindenden Konzerten in der London Free School kombinierte die Band ihre Musik mit farbigen Lichteffekten und Filmen sowie Dia- und Overhead-Projektionen, die beispielsweise kochende Flüssigkeiten zeigten. Mittels quadrofonischer Soundsysteme und Filmen entstanden erste dreidimensionale Gesamtkunstwerke. All das waren dynamische Treiber für neue visuelle Technologien bis zur aktuellen Gegenwart der weltweiten immersiven Spaces. Das jüngste Konzert von U2 in der neuen, überwältigend großen Sphere in Las Vegas ist das letzte Beispiel für eine digitale Entwicklung, die damals in den 1960ern begonnen hatte. Das digitale Auge der Sphere ist himmelweit entfernt von den ersten Experimenten von Pink Floyd. Das Bauwerk wirkt selbst in Las Vegas wie ein dem Urbanen entrückter X-Space, ein Raum, der nur für sich selbst steht. Das gigantische Auge scheint die ganze Welt mit ins Innere des Gebäudes reißen zu können, um die Welt im Inneren neu zu konstruieren

Die Netzhaut der digitalen Generation

Wer jemals bewusst vor einem Bild von Caspar David Friedrich gestanden hat oder auch vor abstrakten Malereien von Cy Tombly, wird wissen, was ein Bild an Gefühlen auslösen kann, ohne dass sich auch nur ein Farbpartikel bewegt. *Der Wanderer über dem Nebelmeer* aus dem Jahre 1818 – mitten in der Romantik – ist ein Beispiel für die Wahrnehmungsintensität und Bildkraft von Kunst, wenn ein bestimmter Nerv in uns getroffen wird. Es ist ein Bild, das in seiner Deutung offenbleibt und keine Frage wirklich beantwortet, aber alle existenziellen Fragen durchschimmern lässt – es hat etwas Transzendentes.

Es ist eine weite Reise von Caspar David Friedrich über Picasso und Nam June Paik bis hin zum Mori Building Digital Art Museum in Tokio, wo aktuell die spannendsten Versuche, neue Kunsträume des Digitalen zu schaffen, bestaunt werden können. Wir befinden uns tatsächlich historisch an einem Scheideweg. Doch man muss verstehen, wo wir herkommen, um zu ahnen, wohin wir uns bewegen in den Kunsträumen der nahen und fernen Zukunft.[10]

Aktuell ist alles möglich – weil sich alle Wahrnehmungsformate in der Kunst zueinander und miteinander in Bewegung befinden, weil die Medienkunst ihren gleichberechtigten Platz neben Rembrandt oder Miró gefunden hat; ganze Museen haben sich längst allen medialen Interaktionsformen geöffnet. Das Museum 2.0 ist Programm geworden. Der klassischen Seh-Erfahrung der stillgestellten Bilder werden zunehmend andere Wirkungsräume des Digitalen gegenübergestellt. Die Ausstellung *In Motion – Art & Football* ist Teil dieses internationalen Diskurses.

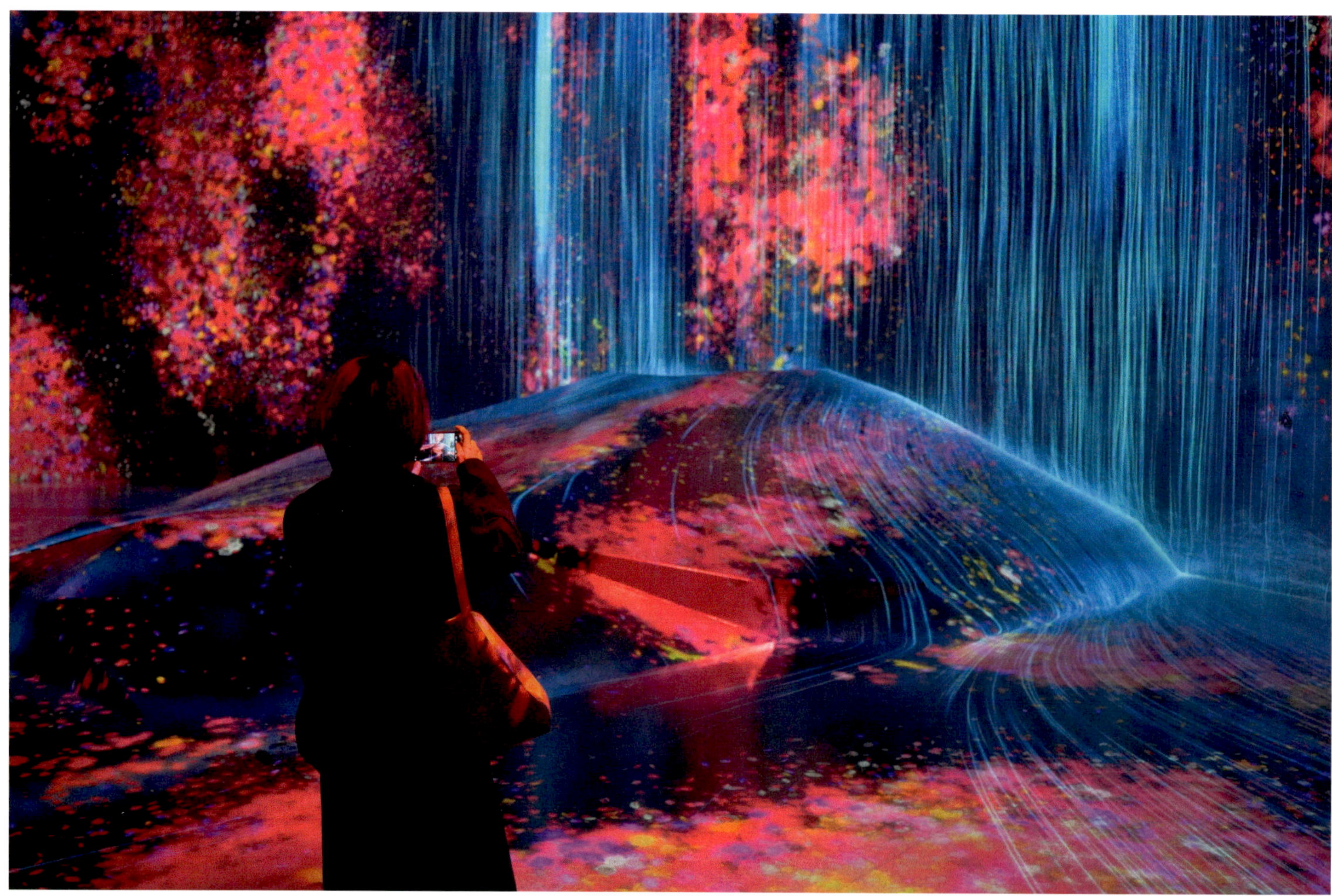

TeamLab Borderless – Eine Welt aus Kunst ohne Grenzen
Mori Building Digital Art Museum Tokyo, 2024

1 Siehe zum Präsenzbegriff Bredekamp, Horst und Gunter Gebauer: *Die Wirklichkeit findet statt! Über die notwendige Präsenz in Kunst und Sport,* Köln 2021.

2 Siehe Bredekamp, Horst: *Sigmund Freuds figürliche Psychoanalyse. Der Moses Michelangelos und die Sammlung von Idolen,* Basel 2023.

3 Siehe Katalog *SEHSUCHT – Das Panorama als Massenunterhaltung des 19. Jahrhunderts*, hg. von Marie-Louise von Plessen, Ausst.-Kat. Bundeskunsthalle Bonn 1993, Frankfurt a. M., 1993, S. 17–19.

4 »wer glaubt, dass er das Leben linear nach Anlass und Zweckbestimmung organisieren kann, der irrt. Die Kugel operiert im Kugelspiel mit versetztem inneren Schwerpunkt – die Kugel rollt, wie sie will«, in: Bredekamp/ Gebauer 2021, S. 41.

5 Siehe dazu McLuhan, Marshall: *Die Magischen Kanäle. Understanding Media,* Köln 1983.

6 Siehe weiterführend dazu Freud, Sigmund: *Die Traumdeutung*, Frankfurt a. M. 1981.

7 Adorno, Theodor W.: *Ästhetische Theorie*, Frankfurt a. M. 1973, S. 11 und 155.

8 Siehe Breitwieser, Sabine (Hg.): *E.A.T. – Experiments in Arts and Technology,* Ausst.-Kat. Museum der Moderne, Salzburg, Köln 2015, siehe darin die Arbeiten von Steve Paxton, *Physical Things* (1966) und Yvonne Rainer, *At My Body's House* (1963); der Spirit der Gruppe hat später auch die Gründung des von Nicholas Negroponte und Jeromy B. Wiesner inspirierten und mitbegründeten Media Lab in Boston beeinflusst.

9 Siehe Per Biorn und Billy Klüver, zit. n. Battista, Kathy: »E. A. T. The Spirit of Collaboration«, in: Breitwieser, 2015, S. 19–21.

10 Dorléac, Laurence Bertrand und Jérôme Neutres (Hg.): *Artists & Robots,* Ausst.-Kat., Galeries Nationales d'Exposition du Grand Palais, Paris, Paris 2017.

Kluge Frauen lassen ihre Männer toben – eine alternative Kunstgeschichte

Marion Ackermann

mit Unterstützung von Mona Bouguerba, Christian Klose und Holger Liebs

Frauenfußball hatte lange Zeit keinen guten Ruf. Die männliche Boomer-Generation, die sich noch an die Anfänge der Bundesliga erinnert, kann bis heute wenig damit anfangen. Diese Haltung ist nicht nur Stammtisch-Konsens, sondern wurde über Jahrzehnte auch in gehobenen Kreisen geteilt – und öffentlich verbreitet. In dem im *Magazin* der *Süddeutschen Zeitung* erschienenen Fußball-Glossar »Fußball Unser«, das nicht zufällig gestaltet ist wie eine Bibel mit schwarzem Ledereinband und Goldschnitt, findet sich noch im Jahr 2006 in der sechsten Auflage unter »Frauen« lediglich der Eintrag »Frauen, die George Best verlassen haben« – genau, jene legendäre ManUnited-Ikone George Best, der über sich selbst sagte: »Ich habe viel Geld für Alkohol, Frauen und schnelle Autos ausgegeben, den Rest habe ich einfach verprasst.« Und in dem vergleichbar religiös angehauchten Suhrkamp-Band »Gott ist rund« des ehrenwerten *FAZ*-Autors Dirk Schümer heißt es schlicht: »Fußball ist ein Männersport«. Warum? Schümer: »Fußball, das macht ihn so erfolgreich, ist die permanente Selbstbestätigung und Selbstbefriedigung der Männer.«

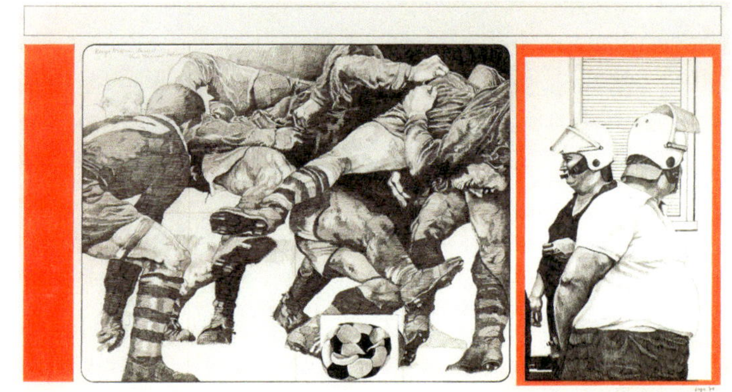

Kluge Frauen lassen ihre Männer toben
1970
Peter Sorge (1937–2000, DEU)
Bleistift auf Karton, 61 × 67 cm

Diese Zeiten sind vorbei – Gott sei Dank, möchte man anfügen. Nicht erst, seit die deutsche Nationalelf der Männer schwächelt, ist das in den vergangenen Jahren deutlich erfolgreichere Frauen-Team im Fokus. Nein, es vollzieht sich auch ein umfassenderer Kulturwandel. Frauenfußball wird mehr wertgeschätzt, was sich in den gewachsenen Zuschauerzahlen in den Stadien, im Zulauf in Sportvereinen überall in Deutschland, aber auch in medialer Aufmerksamkeit widerspiegelt. Der sogenannte Männersport wird erschüttert, was nicht zuletzt der Fall Rubiales und seine Folgen beweist. Nach dem Gewinn der Weltmeisterschaft 2023 durch das spanische Nationalteam zwang der spanische Verbandspräsident Luis Rubiales der Spielerin Jennifer Hermoso vor den Augen der Weltöffentlichkeit einen Kuss auf – und wollte darin später nichts Verwerfliches sehen. Erst nach Wochen beispielloser Proteste und einer breiten gesellschaftlichen Debatte erklärte er seinen Rücktritt und wird inzwischen juristisch belangt. Die FIFA und der spanische Sportgerichtshof sperrten ihn schließlich im Herbst 2023 für drei Jahre für Tätigkeiten auf nationaler wie internationaler Ebene. Der Schaden, den dieser Me-too-Fall ausgelöst hat, ist erheblich, vor allem aber für den Machismo, der auch den spanischen Fußball immer noch durchzieht. Doch nun ist eine Entwicklung im Gang, die sich kaum noch umkehren lässt. Inzwischen gibt es auch im deutschen Fernsehen Frauenfußball zur Primetime.

Da waren die Künstlerinnen schneller. In der Kunstgeschichte gibt es schon seit etwa einem Jahrhundert eine weibliche Perspektive auf den Fußball. Spätestens seit die verschiedenen Bewegungen der künstlerischen Avantgarde sich auch der Dynamik der Bewegung des menschlichen Körpers widmeten, wird auch der damals noch recht junge Fußballsport kunstreif.

I Avantgarden

Doch als die künstlerischen Avantgarden des 20. Jahrhunderts beginnen, sich dem Fußball zu nähern, hat sich das Lauffeuer der Begeisterung um den »Volkssport« längst über Europa verbreitet. Den Fortschrittsgedanken der Avantgarden trägt der Fußball bereits in Teilen in sich, war er doch vom Sport der hohen Herren zum »Arbeitersport« avanciert, was überhaupt erst durch die in Arbeitskämpfen erreichten Verbesserungen der Arbeitsbedingungen – höhere Löhne und verkürzte Arbeitszeiten – möglich wurde. So entstand eine Erfindung der Industriemoderne, die bis heute unser Leben prägt – die Freizeit; sie konnte mit dem Fußballspielen oder alternativ dem Fußballschauen verbracht werden, was als solches auch die Avantgarden – selbst eine Erscheinung der Industriemoderne – (zumindest) künstlerisch interessierte. So collagierte beispielsweise die 1903 in Hannover geborene Künstlerin Irene Hoffmann 1930 unter dem Titel *contrastierende fotomontage* Alltagsfotografien: ein athletisches Bein mit Stulpe tritt am linken Bildrand auf den Kollegen, der im Begriff ist zu schießen (Abb. S. 181).

Dem Rasen in der Bildmitte macht in der rechten Hälfte jedoch eine lächelnde junge Frau Konkurrenz, deren Augenbraue sich in eine schwielige überdimensionierte Hand metamorphosiert, die zwischen Zeige- und Mittelfinger eine Zigarette hält. Das lächelnde Gesicht könnte aus einem Magazin stammen und in der Verschmelzung mit der Zigarette mag man bereits eine Kritik am Konsumverhalten in der Freizeit lesen. Mit Sicherheit war auch die für ihre Collagen bekannte Hannah Höch ein kritischer Geist. Ihr *Schnitt mit dem Küchenmesser. Dada durch die letzte Weimarer Bierbauchkulturepoche Deutschlands* machte sie 1912 zu den Mit-Erfinderinnen der zeitkritischen Fotomontage. Auch in ihr Schaffen

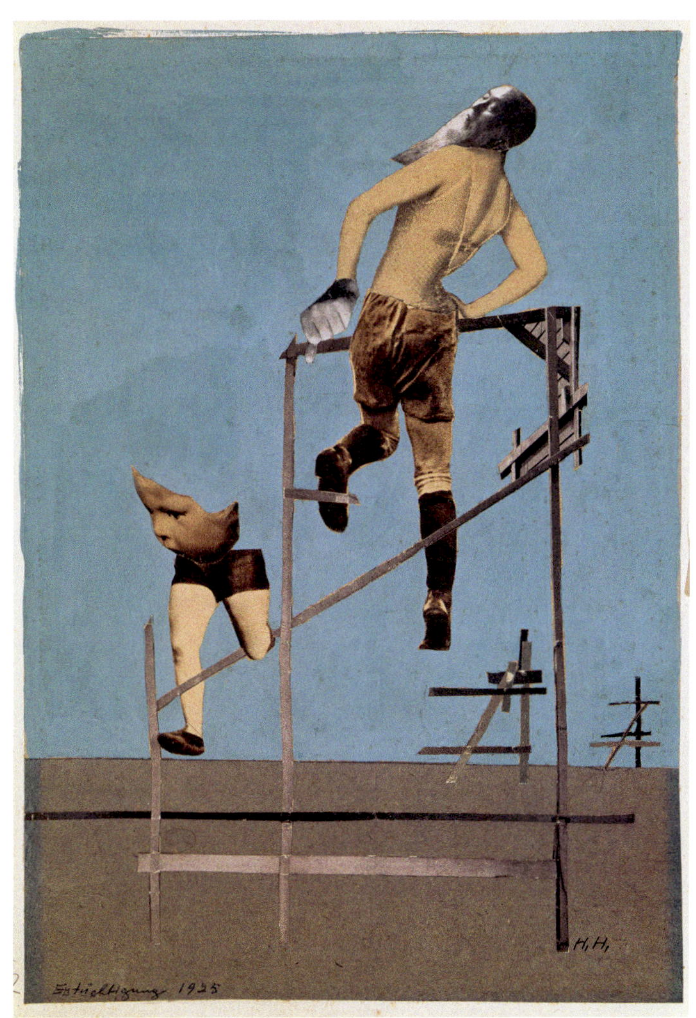

Training (Ertüchtigung)
1925
Hannah Höch (1889–1978, DEU)
Kollage

findet der Fußball mit der Arbeit *Training* oder *Ertüchtigung* fünf Jahre vor Hoffmans *contrastierender fotomontage* Eingang und weist interessante Parallelen zu deren Werk auf.

Höch zeigt in der eher kleinformatigen Arbeit eine Szene im Freien, die sie mit der einfachen Methode zweier kontrastierender Farbblöcke in Himmel und Boden teilt. In drei Entfernungsebenen befinden sich provisorisch aus Latten zusammengezimmerte Turngestelle, die hauptsächlich durch die Person im Vordergrund erst als solche zu identifizieren sind. Diese Person setzt Höch mit dem Rücken zu den Betrachtenden aus vier verschiedenen Darstellungen zusammen: Die untere Hälfte des Körpers ist wie bei Hoffmann ein Stulpenträger in kurzer Sporthose. Den Oberkörper bildet ein von hinten gesehener weiblicher Akt im Netzkorsett; er dreht sich lasziv um, sodass die Figur – den Kopf bildet die Schwarz-Weiß-Fotografie eines langbärtigen Mannes – die Gelegenheit hat, aus dem Bild hinauszublicken. Ebenfalls grau hebt sich eine für den Körper mehrfach zu große, die Stange umklammernde Hand vor dem leuchtend blauen Himmel ab, ohne das Turngerät tatsächlich zu umfassen. Eine weitere Figur, nur aus einem Babykopf und strammen Beinen bestehend, trabt mit den Dimensionen spielend auf der Kante zwischen Himmel und Erde gen Betrachter*in. Während uns das in Shorts steckende »bestulpte« Bein im Fußballschuh als Marker zur Erkennung des Themas Fußball im Werk beider Künstlerinnen dient, nutzt es Hannah Höch als Vehikel ihrer eigentlichen Interessen; viele ihrer Arbeiten zeigen, dass es ihr vor allem um die Auseinandersetzung mit der Fragmentierung des menschlichen Körpers geht, wie sie mit dem Weltenwandel der Moderne einhergeht. Das vorliegende Werk bildet da keine Ausnahme; auch hier liegt der Fokus auf der binären Geschlechtertrennung oder deren Ignoranz innerhalb einer figuralen Darstellung, die Höch immer wieder in Montagen miteinander vermischt und so auch aus heutiger Sicht viel Aktualität besitzt.

II 1950er- bis 1980er-Jahre – die Machismo-Ära

In den 1950er-Jahren war der Fußball längst ein Massenphänomen in Europa geworden und hatte als eine der beliebtesten Sportarten seinen weltweiten Siegeszug begonnen. 1960 erschien eine bedeutende philosophische Auseinandersetzung, die sich in den Tiefen der sozialen Dynamik und des kollektiven Verhaltens der Analyse von Massen widmet: Elias Canettis *Masse und Macht*. Zu den sozialen Phänomenen, mit denen sich Canetti auseinandersetzt, gehört auch die »Arena«, in der die »Masse als Ring« funktioniert. Diese Vorstellung mag auf den ersten Blick abstrakt erscheinen, eröffnet aber eine tiefe Einsicht über das Stadion hinaus. Die zentrale Idee besteht in der Geschlossenheit des Ringes, in dem sich die Mitglieder einer Masse nach außen hin abschotten und nach innen eine Einheit bilden. So ist »diese Masse nach außen und in sich, also auf zwiefache Weise geschlossen.«[1] Individuelle Identität kann in diesem Ring vorübergehend verschwimmen, während sein starker gemeinschaftsschöpfender Effekt eine ausgeprägte Gruppen-Identitätsbildung hervorruft.

1954, Deutschland ist Weltmeister! – das Großereignis erfasst die gesamte Nation. So wurde der Fußball in der Nachkriegszeit zum Identitätsstifter eines erschütterten nationalen Selbstbewusstseins, die Magie des Ringes tat ihre Wirkung, und das nicht nur im Stadion. Er zog sich um die Grenzen der BRD – wir sind Weltmeister!

Selbstverständlich ging diese Euphorie auch an den Künstlern nicht vorbei. Auch in die Werke der großen Repräsentanten des »Kapitalistischen Realismus« wie Gerhard Richter, Sigmar Polke oder Konrad Lueg fanden Fußballmotive Eingang. Luegs *Fußballspieler* aus dem Jahr 1963 (Abb. S. 223) zeigt vier Spieler beim ausgelassenen Torjubel, während die Nummer 1 mit geballter Faust schon wieder davon trabt, um den Kampf um das runde Leder fortzuführen. Mit dem schematisch nachempfundenen Zeitungsfoto kehrt Lueg betont seine Motivwahl aus der alltäglichen Sphäre hervor. Er zeigt die fünf Spieler vor weißem Grund, ihre Körper durch die sich grell abhebenden Trikots, Hosen und Stulpen blockhaft strukturiert. Die dunkle Linie, welche die Umrisse der Spieler deutlich markiert, ist an ihren Berührungsstellen ausgesetzt. Dort verschmelzen die Spieler und bejubeln einander im Ring.

Polkes *Fernsehbild (Kicker) I* von 1971 (Abb. S. 261) gibt wieder, was der Titel schon sagt und spiegelt, Zeichen seiner Zeit, die Bilder der Medien, des Entertainments und der Werbung, wenn er die Detailaufnahme eines Kicker-Tisches zum Kunstwerk erhebt. Gerade weil nicht so schrill wie beispielsweise sein Kollege Andy Warhol mit seinen Porträts Franz Beckenbauers oder Toni Schumachers, hinterlässt Polkes ironisch anmutender Griff in die Pop-Art-Kiste eine Ahnung von der Kritik am Trubel um den Jubel.

Der Ring, wie Canetti ihn beschrieben hat, schließt nicht nur ein, sondern auch aus: Weibliche (künstlerische) Positionen zum Fußball scheinen in dieser Zeit wenig vertreten – ist die körperliche und seelische Katharsis der »Arena« doch bekanntermaßen eine Männerdomäne – Frauen gehören nicht zur Masse im Ring. Sinnbildlich dafür steht Peter Sorges Diptychon unter dem womöglich ironischen Titel *Kluge Frauen lassen ihre Männer toben* (Abb. S. 277). Ein Gewirr aus muskulösen Männerbeinen ringt um einem am Boden liegenden plattgetretenen Fußball; es ist nicht eindeutig auszumachen, wie viele Spieler beteiligt sind. Während zwei Spieler am linken Bildrand das Geschehen beobachten und ihre Chance auf den Ballgewinn wittern, sind auf der rechten, zweiten Zeichnung zwei auffallend korpulente Polizisten mit Schutzhelm dargestellt, die eine ähnliche Beobachterrolle einnehmen. Die überbordend zur Schau gestellte Maskulinität lässt im wahrsten Sinne keinen Raum für Weiblichkeit und mag den Künstler, dessen Werk dem Kritischen Realismus zugeordnet werden kann, zu diesem Titel bewogen haben.

Frauen gehören nicht zur Masse im Ring, auch nicht zu dem der Massenmedien, aber sie kommen dennoch vor und ihre Arbeiten bewegen sich in einer reizvollen inhaltlichen wie gestalterischen Differenz zu ihren Kollegen. Dies wird beispielsweise im Gemälde *Das Spiel des Jahres (The Game of the Year)* der britischen Surrealistin Ithell Colquhoun aus dem Jahr 1953 deutlich, das vermutlich auf das FA-Cup-Finale jenes Jahres Bezug nimmt (Abb. S. 131). Ihre Arbeit zeigt ein Fußballfeld in unwirklicher Perspektive, in der die beiden Tore nicht einander gegenüber, sondern nebeneinander aufgestellt sind. Eine überdimensional große Figur, deren Körper aus verschiedenfarbigen rechteckigen Flächen sowie einem orangenen kreisrunden Kopf zusammengesetzt ist, erinnert an eine Tischkickerfigur und kann als Stereotyp eines Spielers interpretiert werden. Sie steht zentral im Bildfeld, die beiden Tore weit überragend. Die vertikale Ausrichtung des Bildes wird zugleich durch die unterschiedlich farbigen Hintergründe – hellblau auf der linken Seite, braun auf der rechten – betont. Diese Zweiteilung kann als Verweis auf die zwei gegeneinander spielenden Mannschaften verstanden werden. Allein, sie fehlen ebenso wie der Ball. Colquhouns Blick ist also nicht interessiert an der Dynamik des Spiels und seiner Protagonisten, sondern an der Einteilung der Szenerie in geometrische Flächen.

Eine radikal-kritische Position nimmt die aus Trier stammende Künstlerin Carmen Stahlschmidt mit Ihrem Werk *Fans am 29. Mai in Brüssel* ein, in dem sie die Gewalt von Fußballfans thematisiert. An jenem Tag im Jahr 1985 kam es zur sogenannten Katastrophe von Heysel, als beim Endspiel des Fußball-Europapokals der Landesmeister 1984/85 zwischen dem FC Liverpool und Juventus Turin Liverpooler Hooligans einen eigentlich neutralen, aber mit Turiner Fans gefüllten Zuschauerbereich stürmten und eine Massenpanik verursachten, bei der 39 Menschen getötet und über 450 verletzt wurden. Im Zentrum des Bildes ist eine Gruppe aufgebrachter Hooligans zu erkennen, die in Richtung der Betrachtenden stürmt. Mit erhobenen Armen und mit Messern bzw. Stöcken bewaffnet, hat sich die Gruppe in Bewegung gesetzt. Ihre Blicke sprechen von Wut sowie von Entschlossenheit und erinnern an Kriegsdarstellungen. Die vorderste Person ist größer und detailreicher dargestellt und soll vermutlich den Anführer der Gruppe verkörpern. Die noch zu erkennenden Buchstaben »LIV« auf seinem Pullover lassen vermuten, dass es sich um Liverpooler Fans handelt. Die Dramatik der Szenerie verstärkt Stahlschmidt durch eine irritierend unruhige Linienführung. Das eigentliche Spiel, das tatsächlich noch am selben Abend mit anderthalbstündiger Verspätung angepfiffen wurde, ist nicht Gegenstand der Darstellung.

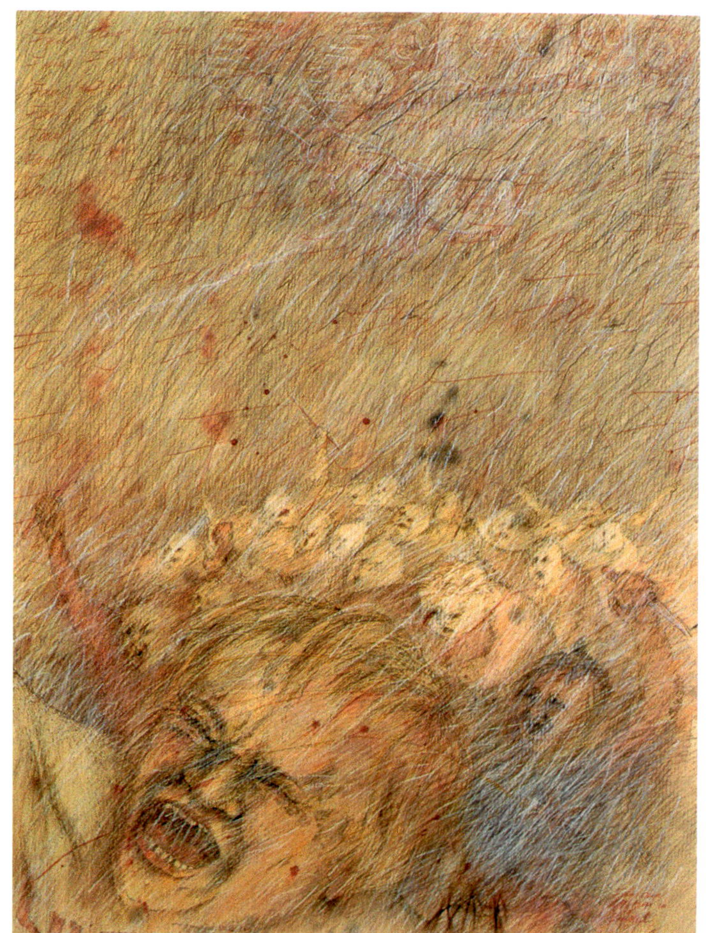

Fans am 29. Mai in Brüssel
1985
Carmen Stahlschmidt (*1956, DEU)
Federzeichnung und Buntstift
100 × 70 cm

III 1990er-Jahre bis heute

Die weibliche Sicht auf den Fußball änderte sich grundlegend in den 1990er-Jahren. Ein entscheidendes Ereignis stellt dabei die erste Fußballweltmeisterschaft der Frauen im Jahr 1991 in China dar. Ihr waren mehrere inoffizielle internationale Turniere vorausgegangen. Auch wenn die mediale Aufmerksamkeit der ersten Weltmeisterschaft noch weit unter der des jüngsten Turniers in Australien und Neuseeland lag, war sie wegweisend für die Zukunft des Frauenfußballs.

Auch die Präsenz von Frauen, die sich mit dem Fußball künstlerisch auseinandersetzen, nahm ab den 1990er-Jahren zu. Weibliche Positionen in der Kunst charakterisieren sich dabei insbesondere durch die Beschäftigung mit Körper(selbst)bildern. Die Kritik an (vermeintlich) idealen Frauenkörpern, deren Bild aus männlicher Perspektive gezeichnet wurde, und deren Hyperkommerzialisierung in der Popkultur wird auch in Sportdarstellungen deutlich – wobei sich hier auch Kritik an Idealvorstellungen männlicher Körper beobachten lässt. Zu den prägendsten Künstlerinnen, die sich diesem Thema widmeten, gehört die französisch-schweizerische Pop-Art-Künstlerin Niki de Saint Phalle. Ihre seit den 1960er-Jahren geschaffenen Nanas – voluminöse Frauendarstellungen, die de Saint Phalles Vorstellung von Weiblichkeit und Lebenskraft ausstrahlen – können als Vorbilder für eine Reihe von Siebdrucken aus dem Jahr 1992 verstanden werden, in denen sich die Künstlerin mit dem Fußball und anderen Sportarten auseinandersetzt. Ihre Siebdruckarbeit *Fußball* zeigt drei Männer, die versuchen, einen heranfliegenden Fußball in ihren Besitz zu bringen. Zentrales Thema ist hier aber nicht das Duell zweier Mannschaften, sondern die Pluralität der Gesellschaft, die durch drei sehr unterschiedlich gestaltete Figuren unterschiedlicher Hautfarben illustriert wird. Auch ihre individuell gestalteten Trikots unterscheiden sich voneinander und der Ball hat große Ähnlichkeit mit einer Blüte. Die Körper der Dargestellten sind überproportional kräftig gezeichnet und widersprechen dem athletischen Körperideal vollkommen.

Fernab eines ästhetischen Körperideals bewegt sich auch Maria Lassnigs *Wettbewerb III* (2000) (Abb. S. 213). Drei bewegte Körper – zwei in einem Kopfballduell und ein einzelner, einen Fallrückzieher ausführend – füllen das gesamte Bild aus. In Neongrün, Karmesinrot, Gelb und Türkisblau wetteifern sie miteinander. Ihre stark vereinfachten Körperformen lassen keinen Raum für Ideale. Was für die Betrachtenden nicht erkennbar ist: die drei Sportlerdarstellungen sind eigentlich Selbstporträts Maria Lassnigs, die zum Zeitpunkt, als sie das Werk schuf, 81 Jahre alt war.

Von Gegensätzen zu den üblichen Sehgewohnheiten geprägt ist Alena Anderlovás Arbeit *Eklipse* (2010) (Abb. S. 101). Das Gemälde der aus Tschechien stammenden Künstlerin, die sich in ihren Werken dem oft von Spannungen geprägten Verhältnis von Mensch und Natur widmet, wirft einen Blick in die entgegengesetzte Richtung – nämlich weg vom Spielfeld, hin zu den Zuschauertribünen – und zeigt den Strafraum mitsamt dem Tor und der sich dahinter erhebenden Stadionarchitektur, die sich durch eine rotbraune Tribüne und ein blaugraues Stadiondach kontrastreich vom Spielfeld abhebt. Ob überhaupt ein Spiel stattfindet, ist nicht zu erkennen. Denn Anderlová verzichtet in ihrem Gemälde auf die Darstellung von Menschen, auf den Tribünen ebenso wie auf dem Spielfeld. Allein der Fußball, der vor dem am tiefschwarzen Nachthimmel stehenden Mond vorbeizufliegen scheint und ihn für einen Augenblick fast zu verdecken vermag, verweist auf ein gerade stattfindendes Spiel. Ohne erkennbare Fans spielt *Eklipse* zugleich mit Canettis Auffassung der »Masse im Ring«. Es ist den Betrachtenden überlassen, ob die monochrome Farbfläche der Tribüne als Publikum gesehen werden kann.

Die Grenzen zwischen Sport und Kunst, zwischen Athletin und Künstlerin und zwischen innerer und äußerer Sicht auf den Fußball lässt kaum jemand so eng miteinander verschmelzen wie Josephine Henning. 1989 in Mainz geboren, avancierte sie in den 2010er-Jahren zu einer der erfolgreichsten Vertreterinnen des deutschen Frauenfußballs. Sie gewann unter anderem jeweils vier Mal die deutsche Meisterschaft und die UEFA Woman's Champions League; 2013 wurde sie mit der Nationalmannschaft Europameisterin und 2016 Olympiasiegerin. Bereits während ihrer aktiven Fußballkarriere war sie künstlerisch aktiv und studierte Grafikdesign. Nach ihrem sportlichen Karriereende 2018 begann Henning, sich vollends der Kunst zu widmen. Ihre aus über 50 Paar Fußballschuhen und einem Fußball bestehende Skulptur *Meant to Bond* (2018),– ein Symbol für Pluralität, Emotionen und verschiedene Geschichten, die der Sport schreibt – wurde schon auf verschiedenen Ausstellungen gezeigt (Abb. S. 83).

Nicht minder aussagestark ist eines ihrer jüngsten Werke, *Mädchen mit Taube* (Abb. S. 179), das 2022 als Plakatmotiv des 18. Internationalen Fußballfilmfestivals »11mm« in Berlin, das Publikum in seinen Bann zog. Das Acrylgemälde zeigt ein kleines auf einem Fußballfeld sitzendes Mädchen. In seinen verschränkten Armen hält es eine weiße Taube, der Fußball liegt rechts

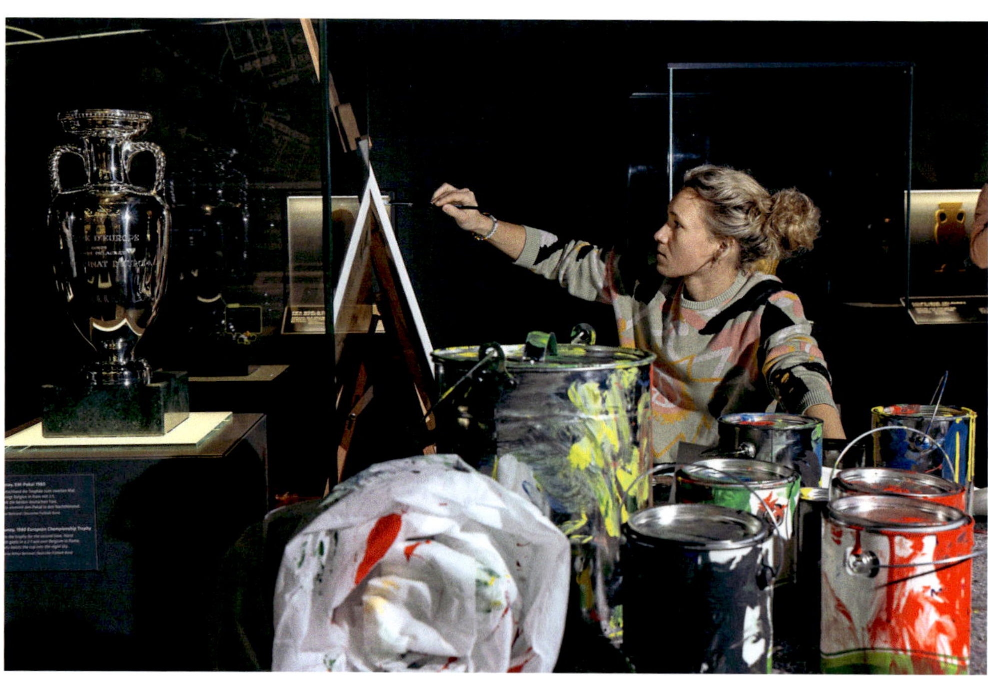

Artists in Residence – Josephine Henning im Deutschen Fußballmuseum, 2024

daneben. Sein Blick schweift in Richtung der Betrachtenden, scheint jedoch einen weit entfernten Punkt in der Ferne zu fixieren. Warum Henning ein einsam sitzendes Mädchen in blau-gelbem Trikot und mit einer Taube in den Armen porträtierte, bedarf in unserer Zeit keiner weiteren Erläuterung. Fußball ist nicht nur Sport, er ist in vielerlei Hinsicht zugleich Träger von Botschaften, Emotionen und Hoffnungen.

Resümee

Fußball durch eine künstlerische weibliche Sicht zu entdecken bedeutet, ihn in seiner Vielfalt wahrzunehmen und zugleich die Vielfalt seiner Geschichten zu entdecken. Während der professionelle Frauenfußball erst in den letzten drei Jahrzehnten international spürbar an Anerkennung und Beachtung gewinnen konnte, haben Künstlerinnen schon viel früher die Auseinandersetzung mit dem »Männersport« gesucht. In ihren Werken spiegelt sich ein wachsendes weibliches Selbstbewusstsein wider. Der weibliche Blick auf den Fußball charakterisiert sich durch eine weite Perspektive und fokussiert die verschiedensten Facetten der Sportart, die vom eigentlichen Spiel über das Phänomen der (gewaltbereiten) Zuschauermengen bis hin zur politischen Funktion als Friedensbotschafter reicht.

1 Canetti, Elias: *Masse und Macht*, Hamburg 1960, S. 16.

Innenansicht: Artist & Athlete – von der Sucht nach dem falschen Drama

Josephine Henning

»Geisteskrank gut« und nach dem letzten Spiel doch wieder »unterirdisch schlecht« – ein Fußballprofi scheint nichts dazwischen sein zu können, eine Beobachtung, die ich vor allem im Fußball schon seit längerem mache. Extremzustände verschieben Grenzen zum Guten wie zum Schlechten, ohne Grenzerfahrungen gibt es nur den Stillstand. Doch was, wenn die Grenzerfahrung nur vorgegaukelt wäre, durch Rufe der Fans, durch Medienschlagzeilen, durch »Stille-Post-Effekte«, durch die Sehnsucht nach rauschenden Erlebnissen, die uns endlich wieder fühlen lassen? Was, wenn der Fußball zum Großteil tatsächlich in der Normalität des »Dazwischen« stattfindet? Lassen Sie uns irgendein Spiel, das 90 Minuten und zusätzlich vielleicht noch 10 Minuten Nachspielzeit hat, innerlich aufrufen. Selbst bei einem 3:3-Endergebnis – wie viele Minuten, glauben Sie, geht es um das Verschieben der Mannschaftsteile, die Koordination der Abwehrkette, um Angebote der Offensive, obwohl der Pass doch nicht kommt, aber dadurch Raum geschaffen wird usw.? Und in wie vielen Minuten geht es um rotwürdige Fouls, technisch höchstanspruchsvoll verwandelte Torschüsse oder individuelle Jahrhundert-Fehler? Sie verstehen, worauf ich hinaus möchte? Sollte tatsächlich eine ganze von insgesamt 100 Spielminuten in dieser Partie mit sechs Toren für solch spektakuläre Ereignisse herausspringen, wäre ich immer noch überrascht. Nach über 15 Jahren als Profifußballerin sowie fünf Jahren als Fußball-Expertin deutet meine gefühlte Wahrheit auf eine gegensätzliche Realität: Das »Dazwischen« scheint kaum auszuhalten, die Sprache tut ihr Übriges und verwandelt Spielszenen in Sekunden zu Helden- oder Sündenbocktaten.

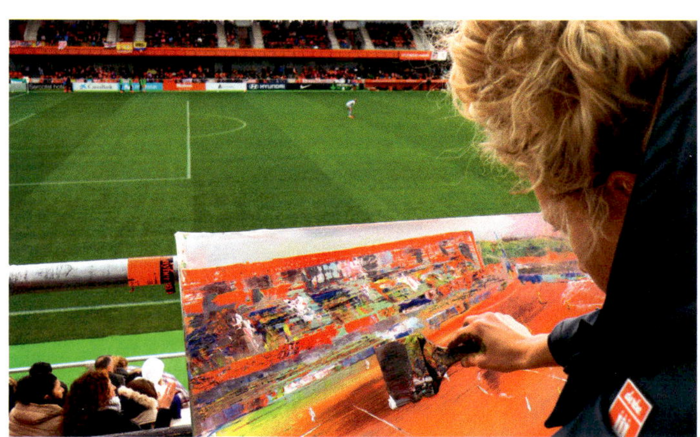

Josephine Henning beim Live Painting im Stadion von Atletico Madrid, 2018

Kurze Zeit nach meinem Karriereende baue ich mir einen Koffer, in dem ein klappbarer Rahmen, Farben, Spachtel und eine Staffelei Platz haben. Ich reise nach Madrid zum neuen Stadion von Atletico Madrids Frauenteam, um dort während des Spiels 90 Minuten live zu malen. Ich positioniere mich auf einer kleinen Empore. Die zweite Halbzeit male ich schützend vor dem einsetzenden Regen auf einem kleinen überdachten Fernsehkameraturm. Das unfertige Bild wird ebenso wie die Farben über mehrere Zuschauende dort hinauf gereicht, während ich die Stufen erklimme. Sie dürfen raten: Wie fallen die Kommentare und Reaktionen der Passanten und Passantinnen aus, die während des Malens hinter mir vorbeilaufen?

Geisteskrank gut? Unterirdisch schlecht? Weder noch; sie sind abwartend, vorsichtig, geduldig, suchend. Dazwischen eben. In Braga, Leipzig und Köln ergeht es mir ähnlich.

Unter anderem deswegen fühle ich mich so hingezogen zur Malerei des Fußballs. Verstehen Sie mich nicht falsch: Auch die Medien sind ein wichtiger Teil unserer Gesellschaft. Doch im Tagesgeschäft wird kein Geld verteilt für leisere Schlagzeilen mit differenzierten Blickwinkeln.

Was wäre also, wenn die Grenzerfahrung durch unser Schwarz-Weiß-Denken nur vorgegaukelt wäre? Dann glauben wir trotzdem daran! Wir sprechen von Spielen oder Saisons mit Berg- und Talfahrten, von Spielerinnen und Spielern, die tief gefallen sind oder sich über alle erhoben haben. Eine erlebte wilde Odyssee, die weitererzählt und dadurch wahr wird. Es ist kaum möglich, ein einmal gezeichnetes Bild der Menschen durch ein Neues zu ersetzen, weshalb Spielerinnen und Spieler diese Identität unbewusst annehmen. An diesem Punkt kann ein Vereinswechsel, womöglich ins Ausland, ein Ausweg sein, durch den man der Schublade, in die man gesteckt wurde, wieder entkommen kann. Das wäre ein ganzes neues Buch, das ich an dieser Stelle aber nicht aufschlage; was bleibt, ist das Gefühl, dass wir uns hochdramatische Geschichten wünschen und erzählen.

Warum wünschen wir uns dramatische Klarheit?

Warum fallen die Bewertungen und Einordnungen so dramatisch aus? Glauben wir kulturellen Vorurteilen, sollte das Temperament dafür weiter im Süden zu finden sein. Ist ein nur zu drei Vierteln gefülltes Stadion ein Desaster? Ist ein 0 : 0 eine Katastrophe? Ist ein entlassener Trainer oder eine entlassene Trainerin ein Segen oder eine Schande? Sie würden womöglich mit einem »Kommt darauf an« antworten. Der Kontext ist das Entscheidende, doch diesen Kontext kann ein Fan, ein Fußballprofi, jemand aus dem Funktionärswesen oder Journalismus gar nicht vollumfassend einsehen. Es fehlen jeweils die anderen Perspektiven. Warum also dieses Schwarz-Weiß-Denken? Das Leben, der Job, die Familie, die Freunde, die eigenen Gedanken, das alles kann einfach ineinanderfließen oder aber erfordert Planung, Auseinandersetzung, Mut und Durchhaltevermögen, Aktivismus oder Geduld. Der Wunsch nach Einfachheit in Momenten der Überladung oder Überforderung ist nachvollziehbar. Aber ist das nicht ein bisschen geschummelt, ist das nicht eher ein Flüchten? Brauchen wir nicht beides? Die Einfachheit des Sports und die Perspektivenwechsel sowie auch die Gabe, Pauschalurteilen zu widerstehen?

Zum ersten Mal in der UEFA-Geschichte gab es 2023 einen Runden Tisch, das sogenannte Football Board zu den Frauenwettbewerben in der Champions League oder der neuen Nations League. Der Matchkalender ist ein heiß diskutiertes Thema. Dort kommen alle Forderungen und Wünsche auf den Tisch, selten ist für alle Parteien, also die Clubs, Player, Institutionen usw. eine einzige wunderbare Lösung möglich. Dieser Kalender wird zusammen mit der FIFA mit Turnieren und Qualifikationsrunden gefüllt. Der Matchkalender ist – ähnlich wie die Handregel – der Inbegriff eines Schlachtfeldes.

Zusammen mit ehemaligen und noch aktiven Nationalmannschaftsspielerinnen sitze ich dort und höre der politischen, der fußballerischen und der administrativen Seite zu. Ich höre die Forderung nach »Player Welfare«. Der Gesundheitsaspekt spielt eine enorme Rolle, vor allem in Bezug auf die fehlenden Daten zu Frauen im Spitzensport. Sei es im Zusammenhang mit dem Menstruationszyklus, Kreuzbandrissen oder dem Schutz von Spielerinnen in einem Fall wie dem von Jennifer Hermoso, die nach dem Finale der WM 2023 einer übergriffigen Handlung von Spaniens Verbandschef Luis Rubiales ausgesetzt war. In diesem Moment wünsche ich mir nichts mehr als Einfachheit, doch alles ist miteinander verwoben. Also widerstehe ich dem Drang, die bekannten Parolen zu wiederholen und frage nach. Bei der UEFA und bei Spielerinnen. Mehrere Puzzleteile ergeben ein erstes Bild und ein bisschen Nebel verschwindet. Dieses Privileg haben nicht viele, ich habe keine Loyalitätspflicht außer mir selbst gegenüber. Als Künstlerin, die dem Fußball immer noch u.a. als Expertin vor der Kamera verbunden ist, bin ich in keiner der Rollen der hier Anwesenden, stehe etwas an der Seite, ohne eine journalistische Aufgabe. Kann ich es mir also leisten, Perspektiven einzusehen, weil ich eine gewisse Unabhängigkeit habe? Sind die Gespräche auf diese Weise ein reiner Austausch oder doch der Versuch, mir eine andere Meinung aufzuzwängen? Mein Gefühl der Komplexität bleibt und es ist wahnsinnig anstrengend. Ich gehe erst einmal einfach eine Runde laufen, anschließend entstehen die ersten Zeichnungen und Ideen zu später kreierten Medaillen. Mittig in Form von Lebenslinien und umrahmt von Bergen platziere ich den folgenden Satz:

»May the owner be in high spirit to make visible what is only transparent.«
(Möge der Besitzer in bester Stimmung sein, sichtbar zu machen, was nur durchsichtig ist.)

Warum also fallen Bewertungen und Einordnungen so dramatisch aus? Weil es unglaublich anstrengend sein kann und weil es gelernt sein will, sich frei zu machen von eigenen Motiven oder Abhängigkeiten, um andere Blickwinkel einzunehmen und andere Wahrheiten zu fühlen.

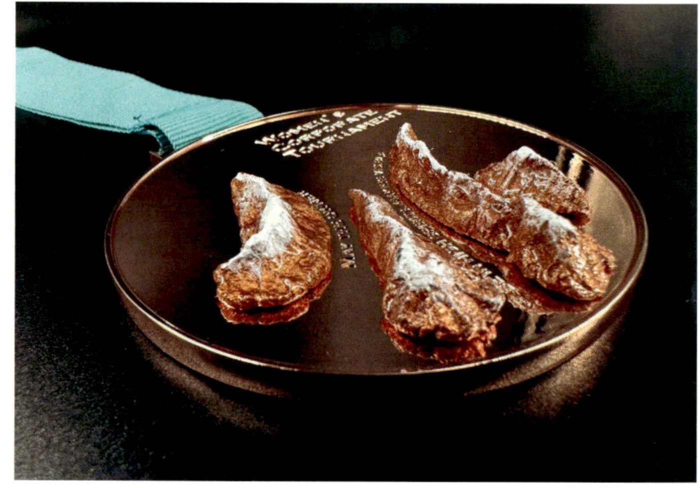

Bronzemedaille
2023
Josephine Henning (*1989, DEU)

Inneres Drama – ein Fußballprofi als Roboter

Auch das Funktionieren will gelernt sein, und zwar früh, sehr früh. Mit 15 Jahren habe ich an einem Olympiastützpunkt in einem Sportinternat gewohnt. Bis dahin wusste ich allerdings schon, dass zwei Dinge zum Erfolg führen können. Zum einen ein Gemisch aus Fleiß und Talent und zum anderen eine anständige Diszipliniertheit. Mit der Disziplin ist das so eine Sache, die Gefahr des Verstummens und der Hörigkeit, die ab einer gewissen Zeit droht, ist relativ groß. Anschließend wird es sehr schwierig, seine Ecken und Kanten wiederzubekommen. Die werden nun aber für ein gesundes Selbstbewusstsein gebraucht; es ist ein Balanceakt, der ein stetiges Reflektieren benötigt.

Ich komme von den Livepainting-Reisen nach Hause, im Gepäck intensive Gespräche mit etlichen Nationalmannschafts- und Teamkolleginnen anderer Clubs. Wir haben Diskussionen rund um die ersten Unions (Gewerkschaften) geführt, die es außer in Deutschland auch in einigen anderen Ländern gibt. Sie helfen, die Interessen der Spielerinnen zu vertreten. Mit FIFPro gibt es sogar eine globale Plattform. An den Tagen nach der Rückkehr entstehen die ersten Zeichnungen zu einer Skulptur, die später den Titel *Meant to Bond* erhält. Hergestellt aus 50 Paaren Fußballschuhen und einem Paar Torhüterinnen-Handschuhe. Lichtimpulse strömen durch die an manchen Stellen freigelegten Muskeln, während durch eine Magnetfeldplatte der Ball vor der schussbereiten Skulptur schwebt. Zerteilt und doch ganz, kaputt und doch stark.

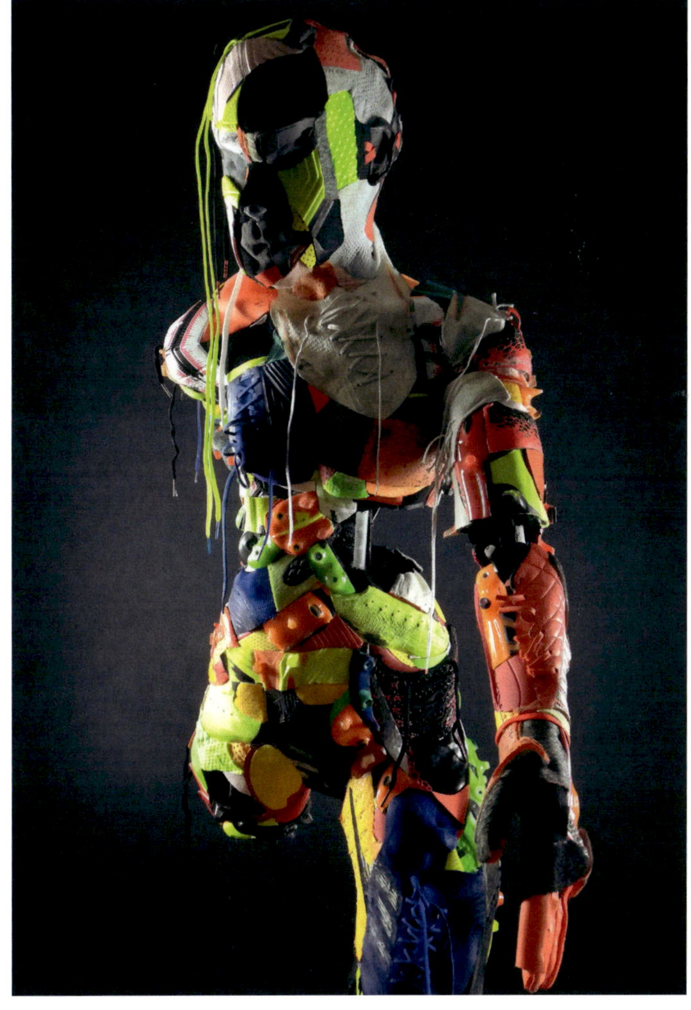

Meant to Bond
2018
Josephine Henning (*1989, DEU)
Fußballhandschuhe und Fußball, 170 cm

Heute arbeite ich für verschiedene Kunstprojekte mit Sportinternaten und Teams zusammen, mit dem Ziel, das empathische Blickfeld der Spitzensportlerinnen und Spitzensportler früh zu erweitern, die Perspektive zu wechseln und trotzdem oder gerade deswegen die eigene Meinung zu formen und zu vertreten. Glauben Sie mir, die eigentliche Definition und Verwendung des Wortes »geisteskrank« steht auch ganz oben auf der Agenda.

Wenn die weltbewegenden Sachen kommen, wird's leise im Fußball.

Februar 2022. Der Angriffskrieg von Russland auf die Ukraine lässt mich in einer Nacht ein Demoplakat malen, das am Folgetag, einem Rosenmontag, seinen Weg unter 250 000 demonstrierenden Menschen durch Köln findet. Wenig später ziehe ich *Das Mädchen* auf Leinwand und ersetze den Hintergrund durch einen Fußballrasen. Es wird später als Hauptmotiv für das Internationale Fußballfilmfestival »11mm« in Berlin dienen, das in 2022 einen Ukraine-Schwerpunkt hat.

Was für eine Diskussion, seit Jahren! Ist der Sport politisch, sollte er politisch sein, darf der Sport sich frei machen, muss der Sport sich frei machen? Sei es die One-Love-Spielführerbinde oder sei es die Frage, ob 16-jährige russische Spitzensportler nicht doch an Turnieren teilnehmen dürfen. Wenn die echten dramatischen Geschichten uns berühren, wenn Spielerinnen und Spieler, Menschen ihre Heimat verlieren, dann wird es ruhig in der Fußballwelt, denn dann verschwindet die Einfachheit und die Klarheit. Dann gibt es eine Schweigeminute und weiter geht's. Paradoxerweise brauchen wir Leichtigkeit auch genau in solchen Situationen, aber was wir noch viel mehr brauchen, ist Solidarität und Support. Echten! Ich glaube nicht, dass sich hier eine Lösung finden lässt, die länger als einen Monat gültig ist. Das würde bedeuten, der Umgang müsste stetig hinterfragt und erneuert werden, ähnlich wie beim Matchkalender; doch in der Praxis sitzen keine Sportlerinnen und Sportler an Runden Tischen, die mitgestalten, wie sie mit welterschütternden Geschehnissen umgehen möchten. In der Realität bekomme ich als Spitzensportlerin gesagt, wie ich mich wozu am besten äußere – und am besten so wenig wie möglich. Ich hätte mir nie vorstellen können, als kleines Mädchen mit meinem Fußball auf der Wiese nur für den Spaß zu kicken. Es ging immer um mehr, um das nächste Tor, die nächste Grätsche, den nächsten Spielzug, das nächste Match, es ging immer um Alles.

Mädchen mit Taube
2022
Josephine Henning (*1989, DEU)
Acryl auf Leinwand, 80 × 80 cm

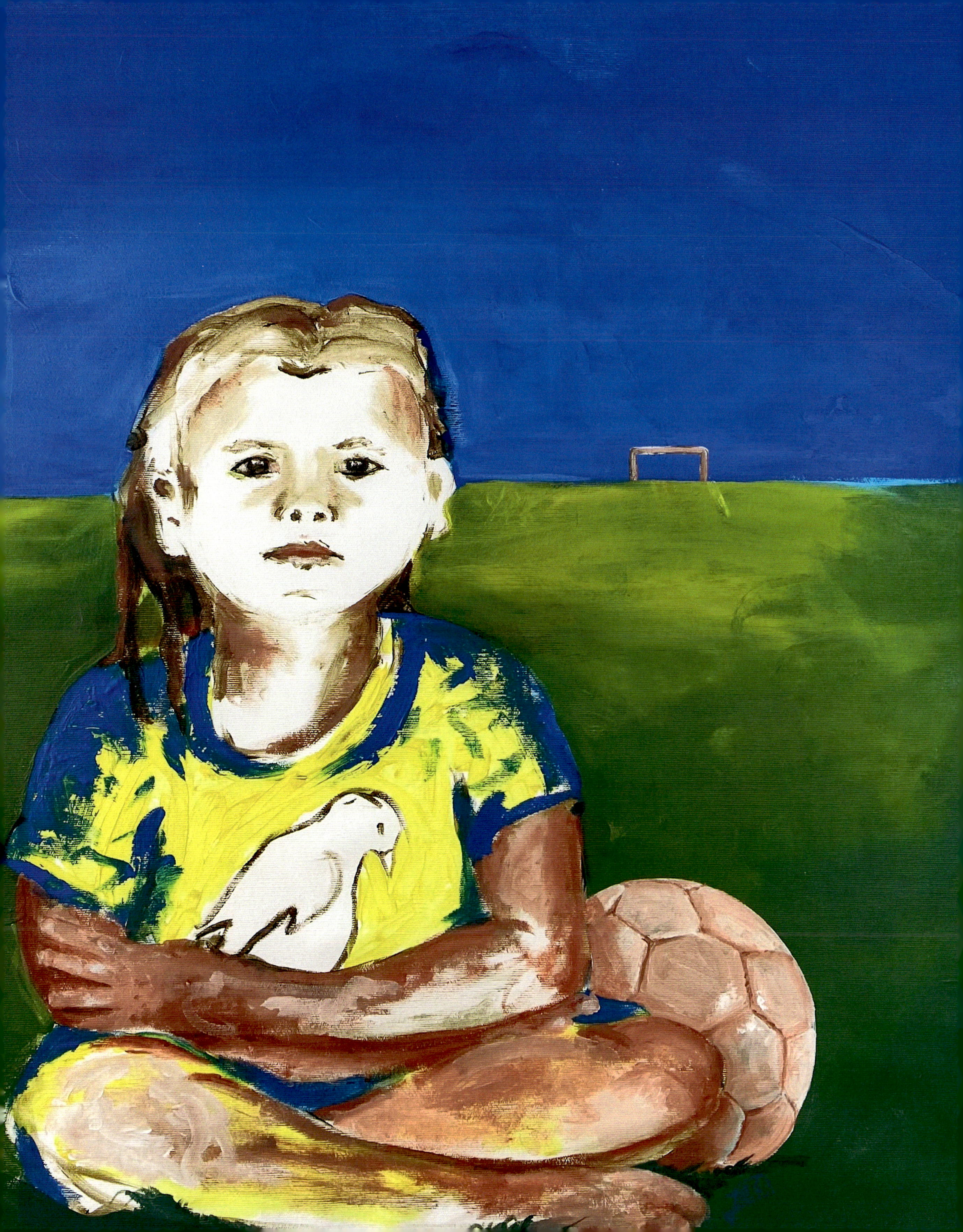

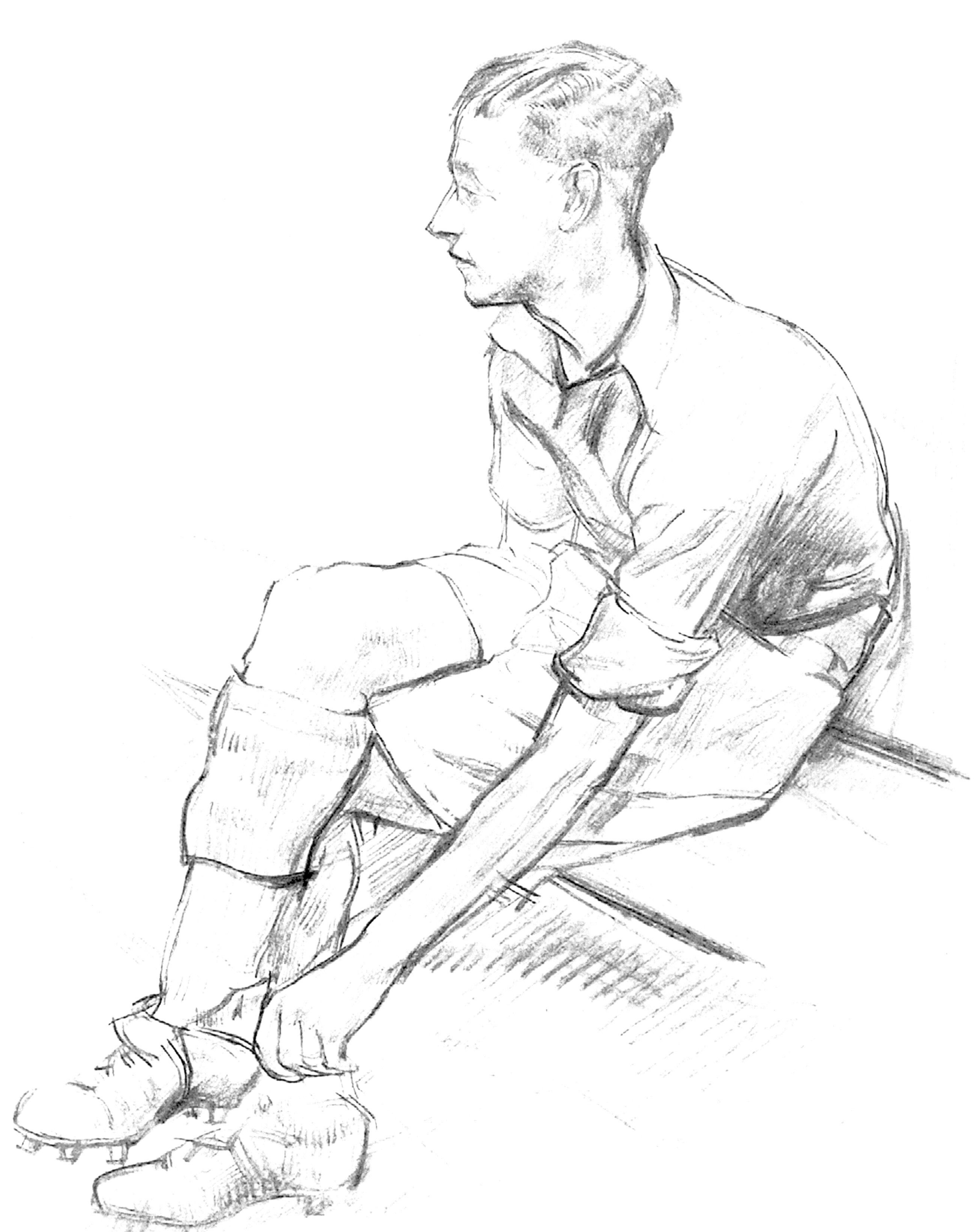

Gespräch

Tony Collins: Studie zu *Umkleidekabine des F. C. Watford*
1953
Hubert Andrew Freeth (1912–1986, ENG)
Bleistift und Gouache, 51 × 35,6 cm

Der Ball ist das Symbol der Welt
Lutz Engelke im Gespräch mit Horst Bredekamp

Lutz Engelke Die Ausstellung *In Motion – Art & Football* verbindet zwei Welten miteinander: die Kunst und ein hochdynamisches Spiel. Hier die Künstler, die alle – von Dalí und Picasso bis de Staël und Malewitsch – fasziniert sind vom Fußballspiel selbst, jeder auf seine Weise, und dort die der Kunst innewohnende Distanz zum Spiel. Es gibt im Fußball so etwas wie einen systemimmanenten Magnetismus des leeren Raums, den Moment, in dem das Spiel kippt, der die Besucher unbewusst immer wieder den Bewegungstanz des Spiels neu lesen und interpretieren lässt. Auch nach 1000 Spielen ist es immer wieder ein kleines Wunder – das Spiel ist neu, unschuldig wie jeder Anfang. All das ist eine sehr inspirierende Arbeitsgrundlage: Hier die Flut der Bilder, dort die eine entscheidende Szene – das ist die Poetik des Spiels. Aber wie wird aus Fußball Kunst und erzählte Poetik?

Horst Bredekamp Zur Frage, ob der Fußball seine Unschuld behält, würde ich zunächst anmerken, dass im Anpfiff jeder Fußballspieler gleichsam nackt ist. Auch der größten Begabung kann der erste Ballkontakt misslingen und eine Situation entstehen, die von ihm nicht zu kontrollieren ist. Daher kann der Fußball seine Unschuld niemals ganz verlieren; Geld schießt nicht immer und zwangsläufig Tore. Für mich ist das wie beim mittelalterlichen Totentanz: Vor dem Tod und vor dem Ball sind alle gleich. Andererseits kann auch dem Kreisliga-Spieler ein Fallrückzieher gelingen, der für ihn eigentlich utopisch ist. Und es gibt Momente etwa des vollendeten Abschlusses nach einem geometrisch vorgetragenen Konter, die den Charakter von Kunst haben. Glücksmomente wie auch Abstürze von großer Tragik sind in einer Dimension möglich, wie sie vielleicht nur noch in Literatur und Kunst formuliert werden können.

LE Die Ausstellung *In Motion – Art & Football* versucht einen Dialog zwischen der Poesie des Fußballs und dem Momentum des ewigen Neubeginnens in Szene zu setzen. Fußball generiert sich immer wieder aus sich selbst, wenn Spielszenen entstehen, die keiner vorausahnen kann, wo alles neu erscheint und das Spiel immer wieder zu einem weißen Blatt Papier wird.

HB Ja, es ist jedes Mal die weiße Leinwand…

LE … aber so entsteht die Poesie, die der Fußball liefern kann, weil das Spiel immer wieder historische Momente herstellt, an die ich meine Glücksgefühle, meinen Ärger oder meine Lebenserinnerungen heften kann. Jeder kennt das, der je mit Fußball verbunden war. Unser

Anliegen ist es, diese Poesie und Kraft in einem digitalen Kunstraum wirken zu lassen. Das Ziel ist eine andere Intensität der Vermittlung, denn nur so hat Immersion eine Berechtigung.

HB Ich möchte noch eine Ebene ansprechen, die ich 2006 im Katalog zur Ausstellung *Der Ball ist rund – Kreis Kugel Kosmos* im Pergamonmuseum zu bestimmen versucht habe.[1] Sie liegt in der Frage, warum Fußball weltweit populärer als Handball, Basketball oder Rugby ist. Der Grund liegt meines Erachtens darin, dass es eben nicht um die omnipotente Hand geht, sondern um den spezialisierten Fuß, der in der Regel nichts kann außer gehen und laufen. Die Sensation, die der Fußball bieten kann, besteht darin, dass ein defizitäres Körperteil zum Ausgangspunkt von Akrobatik und Schönheit werden kann. Der Fuß ist gerade das, was den Menschen als ein Handicapwesen auszeichnet. Dass mit diesem Körperteil, als Metonymie für den defizitären Menschen, Glücksmomente etwa eines gelungenen Außenrist-Tores entstehen können, ist für mich die tiefste Ebene des Verständnisses.

LE Manuel Neukirchner bezieht sich in seinem Essay in diesem Band auf Platon. Platon habe angenommen, dass am Anfang der Kosmos als kugelförmiger Körper – und der Mensch als dessen Abbild – von Gott eine Seele und die Vernunft eingehaucht bekommen habe und sich deshalb eine irdische Ordnung und Schönheit herausbilden konnte. Der Ball ist also mehr als ein Spielgerät, er steht für den Kosmos, für Perfektion.[2]

HB Für Platon bleibt der Mensch aber ebenso ewig defizitär, weil er einst als Kugelmensch nicht nur vollendet schön und mit Vernunft ausgestattet, sondern in der Geschwindigkeit seiner Bewegung so schnell und so mächtig war, dass er den Göttern Konkurrenz machte. Und aufgrund dessen hat der Göttervater ein riesiges Schwert genommen und diese Kugel in zwei Hälften durchtrennt, sodass der Mensch an sich seither nur die Hälfte seiner einstigen Existenz darstellt. Er sehnt sich danach, die Kugel wieder zum Ganzen werden zu lassen. Das ist der Geschlechtsakt, den Shakespeare mit Bezug auf Platon ›Das Tier mit den zwei Rücken‹ nennt. Der Geschlechtsakt ist der Versuch, in die Ureinheit der Schönheit und der Macht zurückzukommen. Der Mensch war eine Kugel und lebt in dem Defizit, keine mehr sein zu dürfen. Und nun trifft er in diesem Zustand auf eine Kugel und beginnt mit dem an sich am wenigsten geeignetsten Teil seines Körpers, also dem Fuß, mit ihr zu spielen, ja, sogar Kunststücke zu machen, die ein Symbol der ursprünglichen Schönheit sind.

LE Und gleichzeitig liegt darin ein unendliches Begehren, wieder zur perfekten Form der Kugel zu werden. Fußball ist also nichts weiter als das unendliche Spiel, um zu unserem harmonischen Ursprung zu kommen.

HB Das ist genau der Punkt. Es ist die Sehnsucht nach der Form, die man einmal besessen hat; deswegen das Ur-Verlangen nach der Kugel, in der sich die beiden Rücken verbunden haben. Das erklärt, warum die Sexualität und der Spieltrieb zu den mächtigsten Bewegungs- oder Lustformen des Menschen überhaupt gehören.

LE So ist innerhalb von hundert Jahren ein gigantisches Spielfeld für Millionen von Menschen entstanden, in dem bestimmte unbewusste Strukturen eingelagert sind. Und diese Einlagerung führt zu einer Sprache, die einen archaischen Ursprung hat – und international lesbar ist. Ob ich Chinesisch, Finnisch oder Deutsch spreche, ist völlig unerheblich, weil diese Spielregeln global wie eine DNA des Urspiels in uns vorhanden sind, auf jedem Platz der Welt, bei jedem Wetter. Hauptsache, die Kugel ist da – dieses kosmische Objekt, das sich uns tief eingeschrieben hat.

HB Das ist das kosmische Element, dass man an jedem Ort der Erde spielen kann, sei es im Schnee auf den Hochebenen von Grönland, sei es als Vorform des Fußballs, als florentinischer Calcio, auf dem zugefrorenen Arno. Und was den Calcio betrifft, in einer immer wieder neu beeindruckenden Gleichung: Der Ball ist das Symbol der Welt. Da die Herrscher über Florenz, die Medici, sechs Kugeln in ihrem Wappen haben, machten sie Fußball zu ihrem Hofspiel, obwohl das Spiel in Florenz längst bekannt war, als die Medici an die Macht kamen.

LE Wenden wir uns noch einmal dem Spannungsverhältnis von Fußball und Kunst zu. Wir haben in diesem Gespräch eine weite Reise angetreten, die im ureigentlichen Sinn im Weltall begann – Kreis, Ball, Kosmos sind hier die Bezugssysteme gewesen. Ich würde den Blick gern auf einen weiteren Punkt lenken, nämlich auf die Frage, wo eigentlich die Grenzen der Darstellung und Vermittlung in der Kunst im Verhältnis zu der Unmittelbarkeit, Offenheit und der Dynamik des Spiels liegen. Was kann Kunst leisten, jenseits der Kraft und Unmittelbarkeit der Körper, des Aufeinanderprallens von Kraftfeldern, der Macht und Gewalt des Begehrens und wie kann digitale Kunst das Spiel weitererzählen, das Intrinsische des Spiels sichtbarer machen? An welche Grenzen kommt die Kunst in der Darstellbarkeit dieses Spiels? Manuel Neukirchner schreibt in seinem Essay, die Kunst fände diesen besonderen Moment, der Vergangenheit und Zukunft in sich trage.[3]

HB Er nimmt damit Bezug auf Lessings *Laokoon oder über die Grenzen der Malerei und Poesie.* Das Defizit des Spiels liegt darin, dass es in jeder Sekunde bereits ein vergangenes ist. Die Kunst ist im Idealfall das Gegenteil; sie versucht, die permanente Bewegung der Materie in einer gestalteten Form zu verewigen. Damit

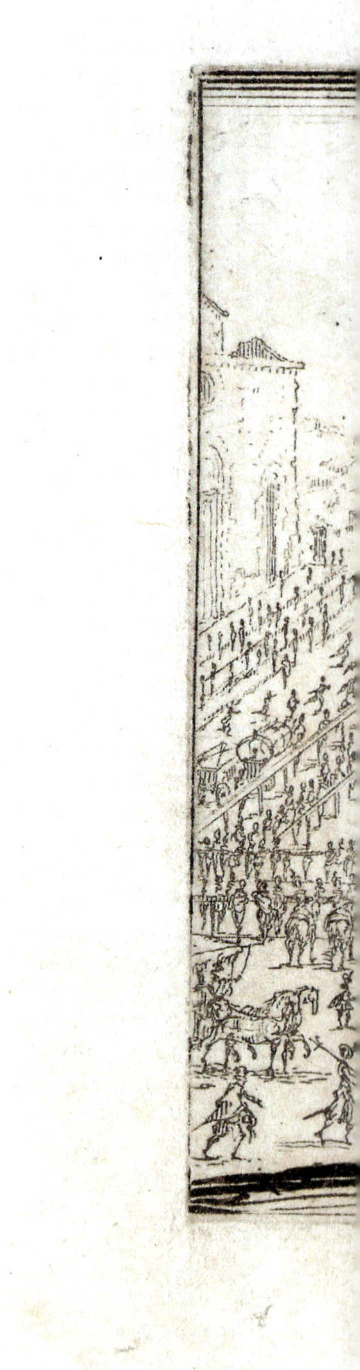

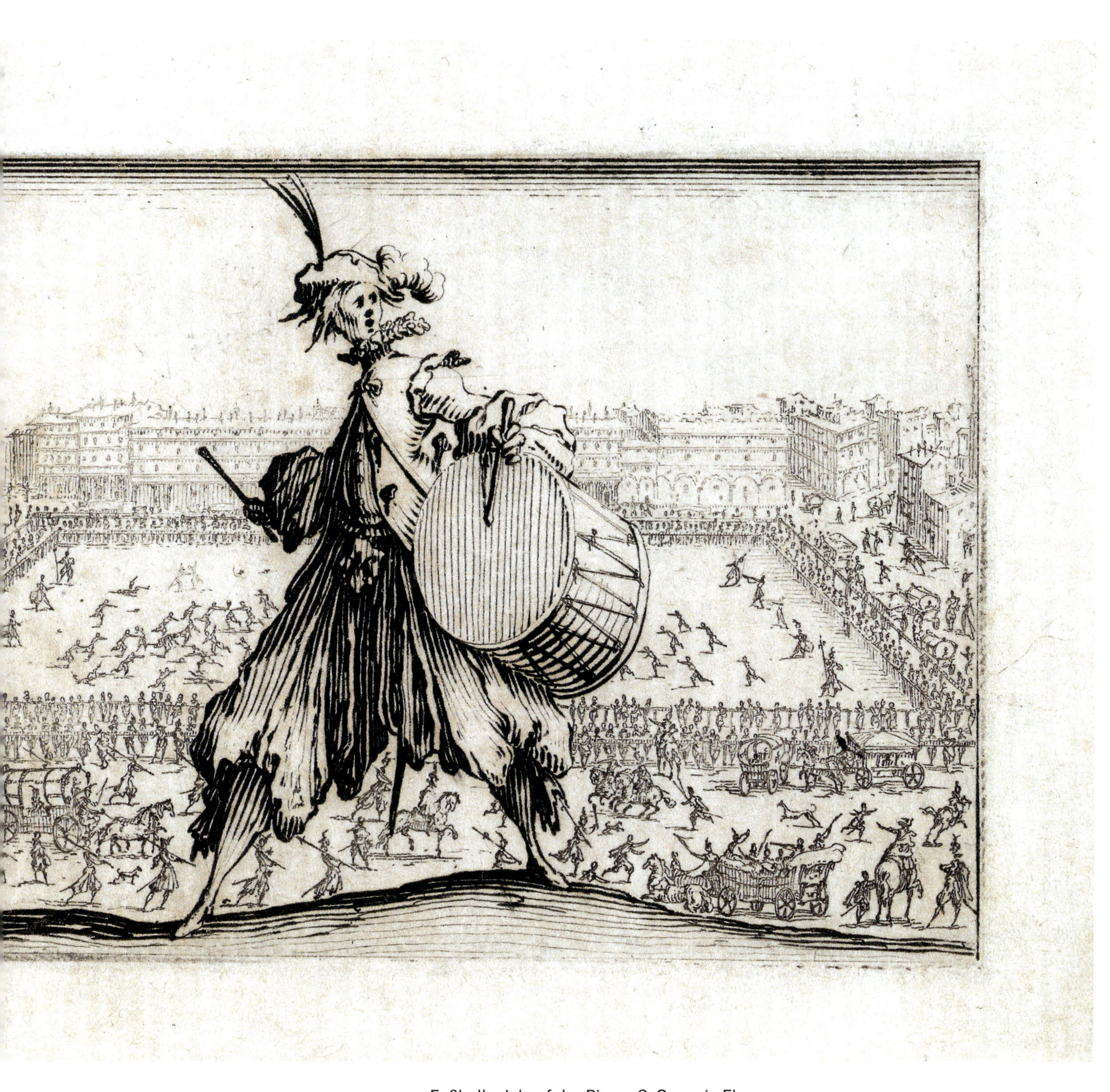

Fußballspiel auf der Piazza S. Croce in Florenz
Jacques Callot (1592–1635, FRA),
Radierung, 5,5 × 8 cm

kompensiert die Kunst die Vergänglichkeit des Spiels, muss aber ihrerseits das, was ihr das Spiel voraushat, nämlich die Bewegung, in die innere Kinetik der Figur hineinnehmen. Genau darauf basiert die Idee von Sigmund Freud, der zum Film sagt, man könne die Psychoanalyse nicht abfilmen, weil sie sich zur selben Zeit in sich verschichten würde. Das heißt, er operiert hier mit der auf den Kunsthistoriker Wilhelm Pinder zurückgehende Formel von der »Gleichzeitigkeit des Ungleichzeitigen«. Die Kunst kann zugleich verschiedene Zeiten und innere Bewegungen latent zur Verfügung stellen. So kompensieren Kunst und Fußball oder das Spiel an sich ihre wechselseitigen Defizite, nehmen aber die Vorteile des Gegenübers auf. Das wäre für mich die Definition, die beide Pole in ihrer Wertigkeit und Eigenbestimmtheit hält, aber doch zeigt, was sie in einer produktiven Spannung belässt.

LE Eine wunderbare Beschreibung, wie Kunst Zeit und Bewegung speichert. Die Lesbarkeit dieser Vielschichtigkeit und auch die Reflexion zum Kunstwerk setzt eine grundsätzlich andere Haltung voraus als die reine Spielbetrachtung. Am Ende eines Spiels hat es sich aufgelöst in unzählige Gedächtnisfragmente, aber es gibt ein konkretes Ergebnis, wohingegen ich das Kunstwerk immer wieder anschauen muss, um zu einem im Ergebnis immer wieder offenen Fazit zu gelangen. Dem Kunstbetrachter wird zugemutet, die Vielschichtigkeit intuitiv zu spüren, die stillgestellte Erzählung im Bild wahrzunehmen – allerdings will ich hier ausdrücklich nicht von Verstehen sprechen, denn es bleibt zumeist zu jedem Bild lediglich ein multikomplexes Gefühl und keine abschließende Erkenntnis – ähnlich einer Begegnung mit Menschen.

HB Und das Kunstwerk ist ein ewig offenes Spiel. Das Fußballspiel ist zwar auch prinzipiell in jeder Sekunde offen, aber es kommt zu einem Ende. Es besitzt diese Offenheit nur im Ablauf. Es gibt die eine Bewegung, der *Fluxus*, in der bildenden Kunst, die genau dieses Prinzip mitzunehmen versucht hat. Auch die frühe Digitalkunst ist hiervon geprägt.

LE Das ist genau einer der Ansätze, mit dem wir in unserer Ausstellung *In Motion – Art & Football* mit der Kunst des 20. Jahrhunderts einen digitalen Aufschlag wagen. Fußball bedeutet Bewegung. Wir versuchen, die gleichzeitigen Ebenen, Kräfte und Poesien des Spiels, die in den Bildern enthalten sind, wieder zum Fließen zu bringen, das Nonlineare darin sichtbar zu machen, bis hin zu den Fließbewegungen der Bewegungsdaten. Damit entsteht eine grundlegende Entgrenzung der gemalten Kunst, eine Entgrenzung, die wieder zu einem anderen Phänomen führt: dem grundlegenden Zusammenspiel von Kunst und Raum. Damit ergibt sich ein emotional völlig anderes Betrachtungsformat, als wenn ich in einem Museum vor einem Bild stehe. Weil wie beim Spiel der ganze Körper in Bewegung ist und ich mich um 360 Grad mitbewegen muss, um alles sehen zu können. Ich flaniere, habe dazu noch Musik und Sound, sodass ein Spannungsverhältnis zwischen filmischer und szenografischer Kontemplation entsteht. Wir arbeiten also mit vielen zusätzlichen Parametern. Man kennt einiges durch den Film und das Theater, vieles bleibt beim Ausloten der Grenze aber Experiment.

HB Ich trage nach dem Besuch des Museums berührende Bilder immer in mir, und so bleiben Szenen eines Spiels ja ewig präsent. Der Impuls zum Aufrufen der Erinnerung steht allerdings nicht immer zur Verfügung, sondern zeigt sich oder auch nicht. Das ist auch etwas Erstaunliches, ein Rätsel und bis heute unerklärbar.

LE Das Stichwort ist der Wunderblock von Freud, die im Wachs enthaltenen Spuren der Erinnerung, die sich immer wieder überschreiben und gegenseitig verdrängen. Es ist eine geniale Übersetzung für das Archiv unseres Gedächtnisses, nichts scheint gelöscht, es gibt unzählige Spuren und Pfade zum eingelagerten Ort der Erinnerung, wo sich diese verschiedenen rhizomatischen Strukturen der Assoziationen immer noch präsent halten, obwohl sie bis zum Augenblick der Erinnerung keine Präsenz zeigen.

HB Bis heute kann niemand erklären, wie das Bildgedächtnis wirklich funktioniert und wie es möglich ist, diese Myriaden von Bildern zu speichern. Es gibt Ausnahmeintelligenzen, die bestimmte Situationen in einer, wenn man es digital beschreiben würde, nicht mehr auflösbaren Pixel-Genauigkeit festhalten können.

LE Persönliche Erinnerungsfetzen sind oftmals zugleich auch eine kollektive Erinnerung. Fußball bewegt die ganze Gesellschaft. Am Tod von Diego Maradona hat die ganze Welt Anteil genommen, weil er ein Mensch mit tragischen und dramatischen Widersprüchen war. Er hat sich selbst zugrunde gerichtet, nachdem er als Star zum Messias aufgestiegen war. Dennoch ist er nie wirklich gefallen, sondern mit der »Hand Gottes« als ein Fixstern zum Fußballkosmos emporgeflogen. Die Seele ist jetzt heilig.

HB Das hatte in der Tat messianische Himmelfahrts-Züge. Da ist nichts zu ironisieren, man kann es verurteilen, aber in der Beschreibung ist daran nichts zu deuteln. Es gibt einen weiteren Aspekt – es kommt mir kaum über die Lippen –, der mit der von begnadeten Spielern ausgehenden »Strahlkraft« zu tun hat – auch das ist wieder eine höchst problematische Begrifflichkeit. Dass Maradona und Zidane diese besaßen, ist eine nicht besonders originelle Feststellung, aber ich möchte umso mehr auch Bernd Schuster nennen, den Umstrittenen.

LE Als Spieler steht Zidane für die systemische Verknüpfung im Raum, mittels der man quasi alles sehen kann: Räume, die noch nicht da sind, Leerstellen im Spiel, in die man den Ball hineinspielen muss, die Berechnung der Bewegung von 22 Spielern im Verhältnis zueinander, der Blick von oben auf das Ganze. Das nenne ich die fünfte Dimension, die nur sehr wenige Ausnahmespieler in ihrem Bewusstsein haben, Zidane gehört dazu. Diese Fähigkeit kann niemand erlernen. Solche Spieler sind Genies des vorausschauenden Blicks, weil sie den Impuls setzen; alles kann sich aus diesem Momentum heraus entwickeln. Das letztlich Faszinierende ist die Überraschung und das Unberechenbare, das der Fußball für uns immer wieder bereithält, im Gegensatz zu einer durchfunktionalisierten und digitalisierten Welt.

HB Ich möchte auf diese Dimension, den Blick von oben, der alle Bezüge des Spiels in sich vereint, eingehen. Das habe ich mit dem Begriff des *coup d'œil* zu beschreiben versucht.[4] Der Begriff, der sich direkt mit ›Augenschuss‹ übersetzen lässt, stammt aus der Kunsttheorie, die von Leonardo da Vinci ausgeht. Das Auge ist in der Lage, in einer Zehntelsekunde ein äußerst komplexes Gemälde vollständig zu erfassen. Das ist dann in der Philosophie wie im Militärwesen bejaht oder auch negiert worden. Verneint dadurch, dass das Kunstwerk in der Zeit wirkt und in ihr reflexiv aufgeschlüsselt werden muss. Dagegen erfassen die Genies des Blickes die gestaltete Form, so komplex sie auch sein mag, mit einem Flash. Diese Theorie ist dann bei Leibniz zum göttlichen Auge geworden – dem *coup de Dieu*.

LE Fußball wird ja nicht von 22 Genies gespielt, sondern in einer Gruppe von 22 Spielern. Fußball ist auch ein Beispiel für kollektive Intelligenz oder Schwarmintelligenz. Dazu kommt der Ball, das perfekte unberechenbare Objekt. All das setzt eine Systematik voraus, die alle Spieler verinnerlicht haben müssen, sonst entsteht kein Spiel. Ich vergleiche das gern mit Jazz und der Möglichkeit, innerhalb bestimmter musikalischer Systeme plötzlich eine Entgrenzung zu entwickeln, die dem Spiel einen neuen Rhythmus gibt, der wiederum von allen neu interpretiert werden kann. Alle sind angeschlossen an ein Spielsystem und nahezu ohne Sprache miteinander verbunden. Das ist ein wunderbarer Beweis für Intuition, für gekoppelte Systeme, für das Phänomen von blindem Verstehen. Aus einem Grundton entsteht durch die Veränderung der Tonart ein anderes Spiel. Fußballspieler haben so gesehen eine Nähe zum Phänomen des musikalischen Empfindens. Und nur so kann man erklären, dass es geniale Spieler gibt, die einfach in kein gemeinsames »Bewusstsein« passen, weil sie in einer anderen Tonart spielen. Der geniale Spieler erzeugt Spielszenen für die Ewigkeit, die man sich dank der medialen Aufzeichnungen immer wieder anschauen kann – wie Kunstwerke.

HB Bei diesen genialen Spielern wie Maradona oder Zidane verdichten sich die alles entscheidenden, gleichsam transzendenten Spielmomente, die dann diesen universellen Magnetismus erzeugen. Zu den genannten Spielern, die überhaupt in der Lage waren diese Glücksmomente zu vermitteln, können aus unserer Fußballkultur natürlich Beckenbauer, Netzer, Overath und Fritz Walter dazugezählt werden.
Aber ich möchte hier nochmal, wie zuvor angesprochen, zum Unterschied zwischen medialer Präsenz und der Präsenz eines Kunstwerks etwas sagen: Im Kunstwerk und seiner prinzipiellen Latenz und Offenheit bleibt immer ein Überschuss, den ich »Bildakt« nenne und der überhaupt nur den Menschen dazu bringt, sich Kunstwerke anzusehen und sich ihnen zu überlassen.[5] Wenn das, was ein Kunstwerk alles sein kann, bereits in der ersten Betrachtung sichtbar wäre, bräuchten wir keine Museen, weil ja unmittelbar alles klar wäre. Aber der »Bildakt« ist mehr als die Summe der Teile. Der Überschuss über die Summe der Elemente hinaus ist das, was ich den übergeordneten »Akt« nenne, und dieser ist immer beweglich.

LE Das Interessante ist, dass darin etwas Grundsätzliches steckt. Um Adorno zu paraphrasieren, der in seiner *Ästhetischen Theorie* diese wunderbare Idee hat: »Die Kunst auf den Begriff gebracht, zerstört sie«.[6] Das heißt also, diese grundlegende Offenheit in der Betrachtung und vor allen Dingen das Delta, der Rest, das nicht Verständliche, das immer Unverstandene, ist das eigentliche Begehren. Das Fremde…

HB ... das Fremde, das entgegenkommt, das unberechenbar entgegenkommt....

LE ... das Unberechenbare, dass ich nicht mit der Ingenieurskunst in eine Formel pressen kann, sondern das sich grundsätzlich einer Formel entzieht. Also ganz ähnlich wie das Verhältnis von Sprache und Bedeutung funktioniert, wie Wittgenstein es mit seiner wunderbaren Himmelsleitermetapher skizziert hat – das wir nämlich mit einer Himmelsleiter aus Sprache und Grammatik niemals den Himmel unseres eigenen Bedeutungsgrundes erreichen werden.[7] Es ist unmöglich, die Himmelsleiter muss zwangsläufig zerbrechen. Ich habe nicht die Möglichkeit, diesen Kosmos zu erreichen, weil Verstehen anders funktioniert.

HB Dieses Delta erfüllt diese nicht stillbare Sehnsucht, die wir in Bezug auf die geteilte Kugel besprochen haben. Das Kunstwerk ist in der Lage, diesen Bereich des Verlangens immer neu und auf unberechenbare Weise zu füllen. Seine innere Dynamik, seine nicht zu besänftigende Verrücktheit, seine Empathie, all das, was man positiv oder negativ wenden oder beschreiben kann, das liegt für mich im »Bildakt«. Es definiert einen Begriff von Vernunft, der weiß, dass er mit der Vernunft die Welt nicht vollständig erfassen und gestalten kann. Und das hängt alles zusammen mit der Unberechenbarkeit, die zu jeder Zeit einen Glücksmoment bereitstellen kann.

LE Ich möchte einen zweiten Begriff im Kontext der Unberechenbarkeit einführen, und zwar den Begriff der Disruption. Ein Fußballspiel ist eine permanente Disruption, weil niemand voraussehen kann, was passiert. Die jeweilige Gegenwart wird sofort vom nächsten Spiel-Augenblick überschrieben. Erinnern gelingt erst wieder, wenn das Spiel vorbei ist. Überträgt man das Phänomen auf die Kunst, dann ist jede Bildüberraschung, die mir durch die Kunst vermittelt wird, eine Disruption meines normalen Alltagsgeschehens. So hebt sich beim Betrachten oft etwas Größeres vom Alltag ab, etwas Transzendentes entsteht, das auf mein ganzes Menschsein verweist, auf das Spiel als Ganzes. In der Disruption liegt die größte Erregung und unbewusst die größte Erkenntnis.

HB Man kann dieses Phänomen der Überraschung auch auf die Bewegung der Avantgarde beziehen, die qua definitionem mit dem Zeitriss rechnet und jede neue Bewegung an einem neuen Nullpunkt ansetzt. Malewitschs *Schwarzes Quadrat* steht für diesen stetigen Neubeginn.

LE Abschließend noch ein kleiner persönlicher Exkurs: Sie sind nicht nur ein international bekannter Kunsthistoriker, sondern auch ein leidenschaftlicher Fußballspieler.

HB Ich empfinde es immer als ein Doppelspiel von Glück und Scheitern, wenn ich auf dem Platz stehe. Letzten Mittwoch zum Beispiel: Eine weite Flanke, die ein junger Kerl aus 18 Metern volley versenkt. Und die nächste Flanke, zehn Minuten später, kam genauso. Obwohl er diese versemmelt hat: Das sind Glücksmomente, die das defizitäre Grundbefinden theatralisch überwinden können. Dreimal die Woche noch zu spielen, ist ein unverdientes Glück. Und solange man das kann, haben andere, böse Dinge keinen Zugriff.

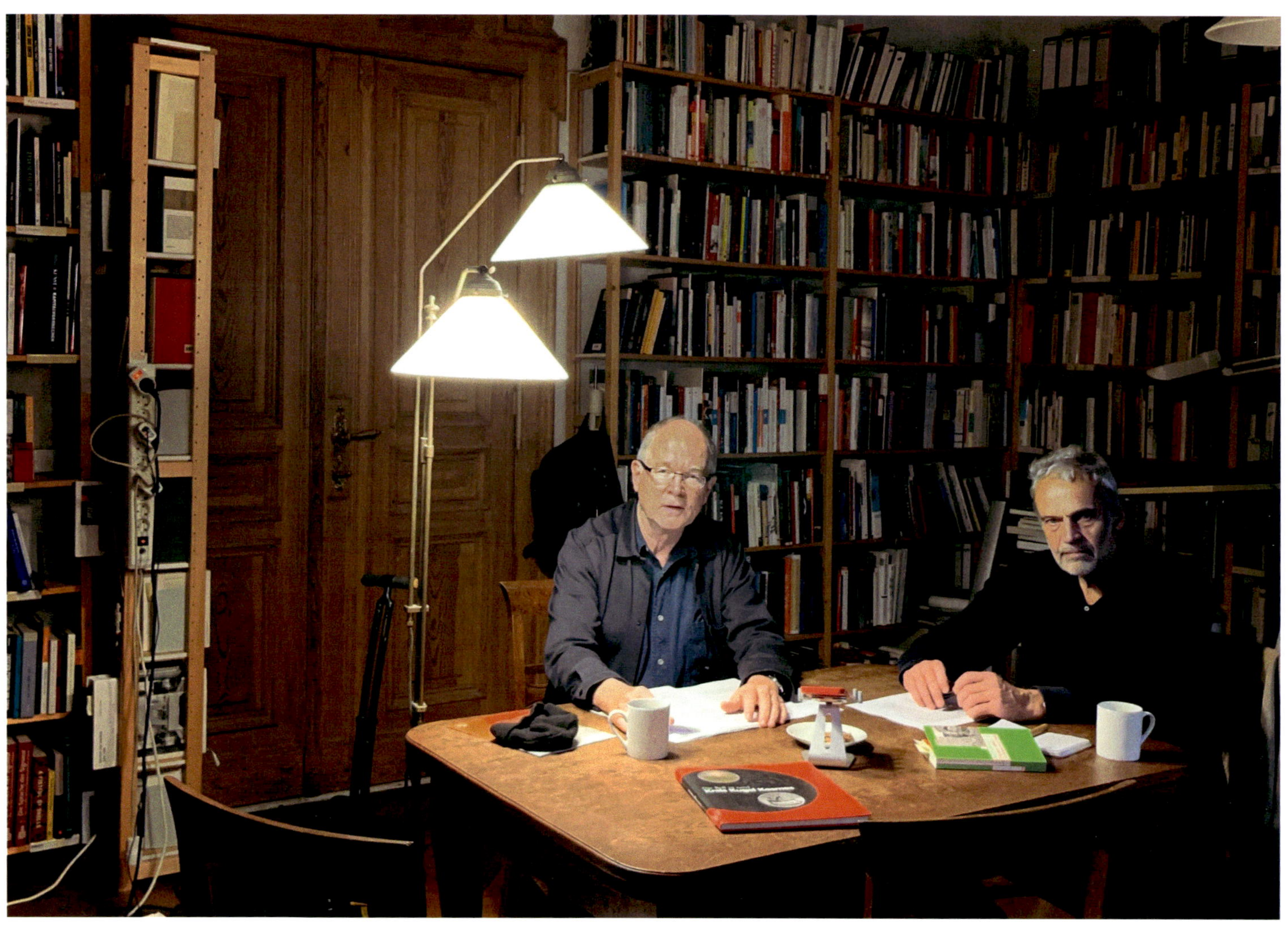

Der vorliegende Text ist ein Ausschnitt aus einem längerem Gespräch. Es fand am 26. und 27. Oktober 2023 zwischen Lutz Engelke (l.) und Horst Bredekamp (r.) in Berlin statt.

1 Bredekamp, Horst: »Fuß, Fortuna, Ball oder: Platons Prinzip des Handicaps«, S. 12–17, in: Wullen, Moritz und Bernd Ebert: *Der Ball ist rund. Kreis, Kugel, Kosmos*, Publikation zur Ausstellung der Staatlichen Museen zu Berlin und der Humboldt-Universität zu Berlin, Berlin 2006.

2 Siehe den Beitrag »Der platonische Fußball« von Manuel Neukirchner in diesem Band, S. 38–45.

3 Ebd., S. 39.

4 Horst Bredekamp, »Die Erkenntniskraft der Plötzlichkeit. Hogrebes Szenenblick und die Tradition des Coup d'Oeil«, in: *Was sich nicht sagen lässt. Das Nicht-Begriffliche in Wissenschaft, Kunst und Religion*, hg. von Joachim Bromand und Guido Kreis, Berlin 2010, S. 455–468.

5 Horst Bredekamp, *Der Bildakt. Frankfurter Adorno-Vorlesungen 2007*, Berlin 2015, 2. Aufl. 2018.

6 Adorno, Theodor W.: *Ästhetische Theorie*, Frankfurt a. M. 1970, S. 11 und 155.

7 Wittgenstein, Ludwig: *Logisch-philosophische Abhandlung, Tractatus logico-philosophicus.* Kritische Edition, Frankfurt a. M. 1998, Abschnitt 6.54.

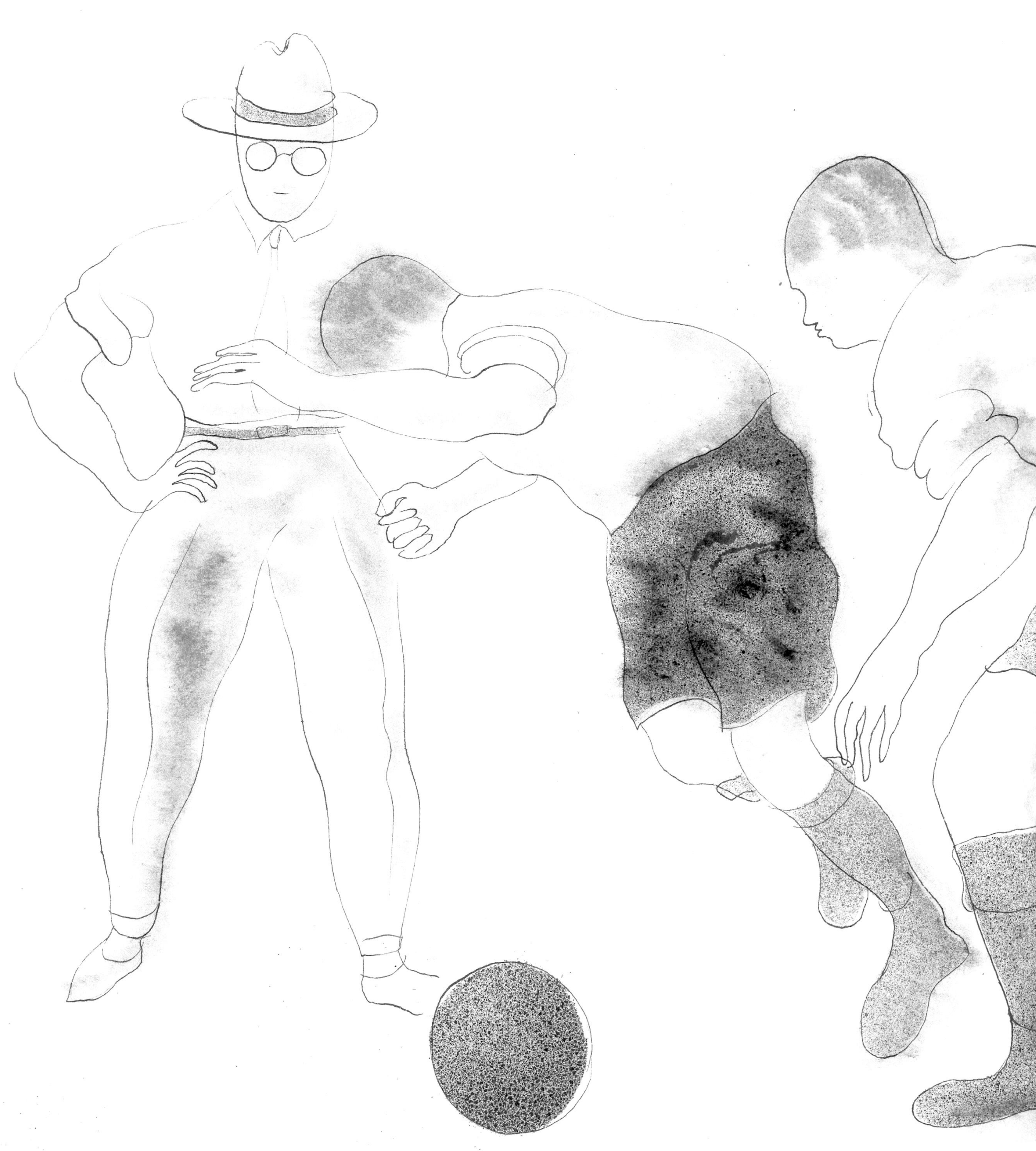

Einzelbetrachtungen

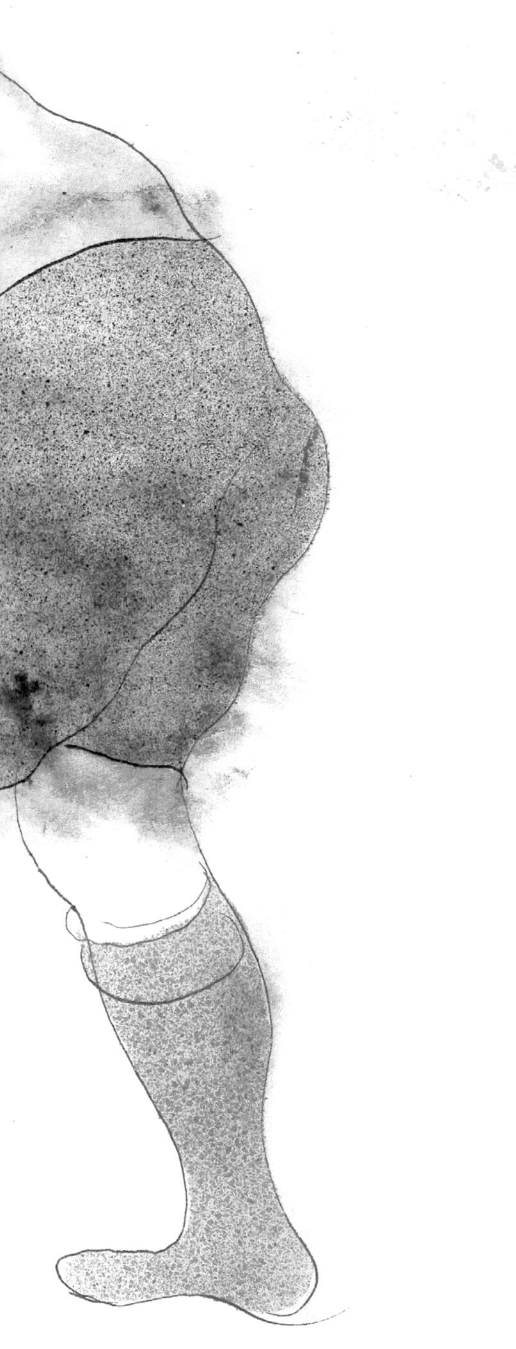

Fußballspieler
1926–1927
Eduard Ole (1889–1995, EST)
Tusche auf Papier, 20,4 × 26,7 cm

Eklipse
Alena Anderlová (*1977, CZE)

2010

Öl auf Leinwand

70 × 100 cm

Im Besitz der Künstlerin

Fußballstadien sind Zweckbauten, die erst durch das Geschehen auf dem Rasen und auf den Rängen zum Leben erweckt werden. Beraubt man sie ihrer sozialen Funktion, verlieren sie nicht einfach an Bedeutung, sondern entfalten schnell auch eine unheimliche Wirkung. Dies gilt für Spielstätten, die man dem Verfall preisgegeben hat, ebenso wie für die menschenleeren Kulissen bei Geisterspielen – deren Bezeichnung also in gewisser Weise programmatisch ist. Mit *Eklipse* hat Alena Anderlová eine fantastische Nachtszene geschaffen, die sich genau dieses Effekts bedient. Hierzu blendet die tschechische Künstlerin menschliche Präsenz aus oder macht sie zumindest unkenntlich, wenn man von dem einsamen Fußball am Firmament absieht.

Die Grundlage der Komposition bilden horizontal übereinander angeordnete Farbstreifen, die teilweise ineinander verlaufen. Sie formen ein abstraktes Muster, hinter dem sich nur langsam ein erkennbares Gerüst zu erkennen gibt. Wie in Torsten Schlüters *Pointilistischer Waldseite* (Abb. S. 273) sind es auch hier Details wie das Stadiondach, die eine Orientierung ermöglichen. In Verbindung mit dem gelb strahlenden Torgestänge schält sich so eine Hintertortribüne aus der Dunkelheit heraus, deren kräftiges Rot irritiert, umso mehr, da die Farbe mutmaßlich an einigen Stellen die Leinwand heruntergeflossen ist. Im Vordergrund der Traversen wird das Spielfeld durch neonfarbene Linien begrenzt, die, wie die hellblauen Werbebanden, aus sich selbst heraus zu leuchten scheinen. Auffällig ist, dass jene Markierungen einer eigenen Ordnung folgen, die sich nicht mit dem Fußball übereinbringen lassen.

Seinen Titel verdankt das Werk indes einem ungewöhnlichen Ereignis. So ist der fliegende Fußball im Begriff, einen Himmelskörper zu verdecken, der zwar sonnengleich strahlt, aber die Nacht nicht zu erhellen vermag. Dabei lässt das Bild offen, ob es sich nur um einen kurzen Moment handelt oder die Verdunklung von Dauer sein wird. Nicht zuletzt resultiert auch diese Unsicherheit aus der Abwesenheit jeglichen Personals oder Kontextes.

Das Werk stellt längst nicht die einzige Auseinandersetzung der Künstlerin mit dem Sport dar. So zeigt ihr 2009 entstandenes Gemälde *Komet* einen leuchtenden Ball, der mit einem langen Schweif vom Himmel herabschießt, um im nächsten Moment in einem Stadion einzuschlagen. Auch das im gleichen Jahr entstandene *Affe* nimmt Bezug auf den Sport: Dort ist es statt eines Fußballfans ein Affe, der mit einem Bengalo in der Hand feiert.

Die in Klatovy arbeitende Anderlová ist Absolventin der Prager Akademie der Bildenden Künste, wo sie von Antonín Střížek und Michael Rittstein unterrichtet wurde. Die Nacht ist ein wiederkehrendes Thema in ihrem Œuvre; das Gleiche gilt für die Überformung der Natur durch zivilisatorische Eingriffe. Typisch für die Künstlerin sind darüber hinaus Arrangements, in denen eigentlich alltägliche Motive mit einer unheilvollen Atmosphäre aufgeladen werden. *Eklipse* verdeutlicht gleich mehrere dieser Aspekte. So erscheint ihr Fußballstadion als durch und durch künstliche Sphäre, woran die diffuse Lichtsituation einen großen Anteil hat. Durch die Abwesenheit jeglichen Lebens entsteht zusätzlich der Eindruck einer postapokalyptischen Welt, in der der Fußball eines der letzten menschlichen Artefakte darstellt. *FS*

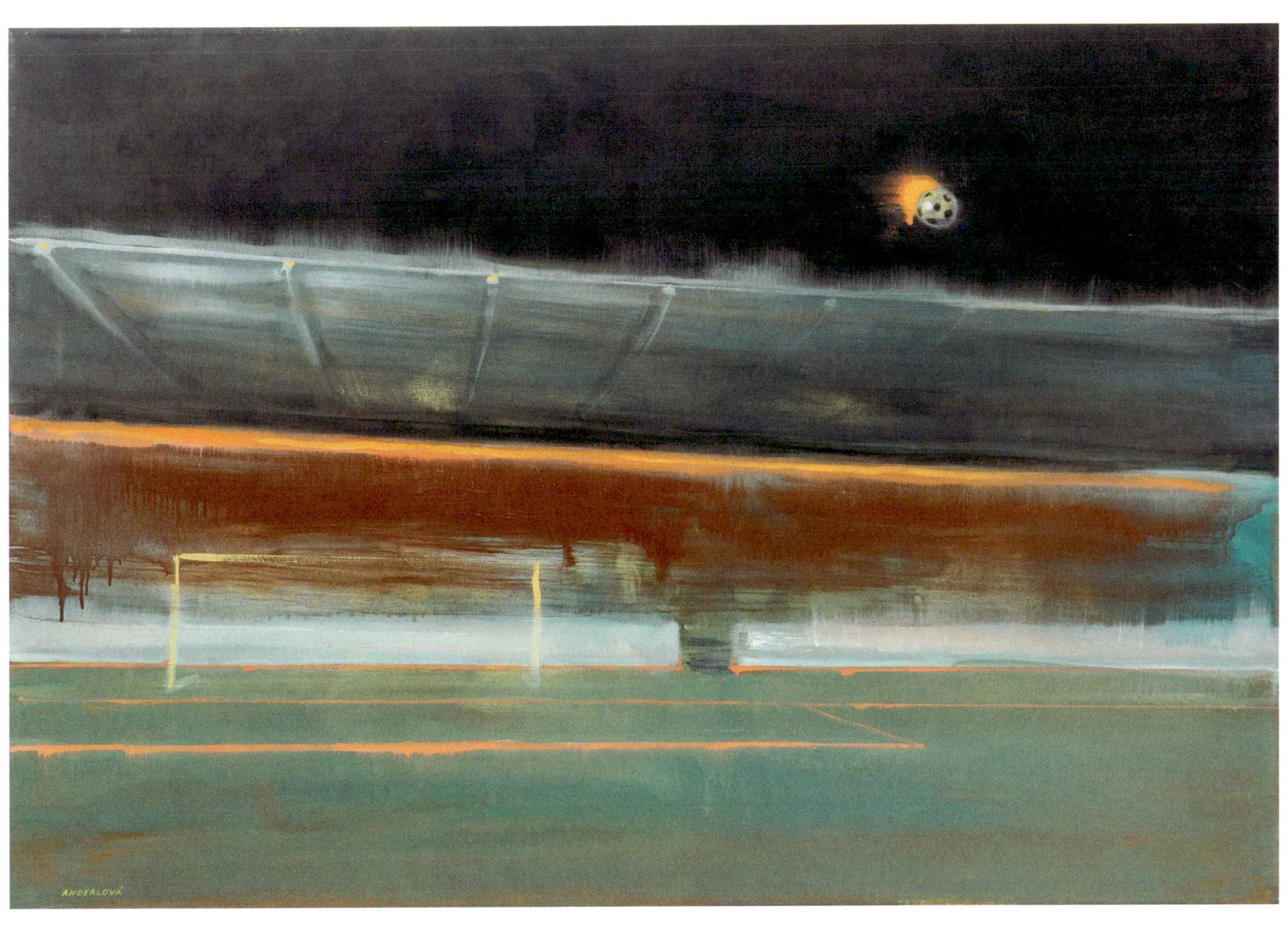
ANDERLOVÁ

Fußball
Sybil Andrews (1898–1992, ENG–CAN)

1937

Farblinolschnitt

63,5 × 80 cm

The Ingram Collection of Modern British Art, London

Zwei Kontrahenten, die sich mit der ganzen Kraft ihrer Körper gegeneinander stemmen, voller Überzeugung, das Duell um den Ball in ihrer Mitte für sich zu entscheiden – Sybil Andrews' 1937 entstandener Linolschnitt *Fußball* schildert den Sport als Zuspitzung hin auf einen einzigen dynamischen Zweikampf.

Dabei versteht es die Künstlerin, die limitierten Mittel des Linolschnitts im Sinne der Intensitätssteigerung einzusetzen. Unter Ausblendung eines Hintergrundes und weiteren Personals betont sie vor allem den Einsatz der Spieler, deren kantig wiedergegebene Körper sie innerhalb der streng gegliederten Dreieckskomposition ausgesprochen athletisch in Szene setzt. Dies gilt insbesondere für die Beine der Männer, die durch die angedeutete Perspektive und die gezielt eingesetzten Konturen außerordentlich kräftig erscheinen.

Auch die farbliche Gestaltung des in vier Farben gedruckten Linolschnitts orientiert sich an den technischen Voraussetzungen und fokussiert im Wesentlichen auf die Darstellung der kontrastierenden Trikotfarben als Ausdruck der sportlichen Rivalität. Dagegen hebt sich der in Rotbraun gehaltene Ball, der zu gleichen Teilen auf den Spannen der beiden Konkurrenten liegt, kaum von deren Stutzen und Schuhen ab. Das Detail gerät mithin nicht unmittelbar in den Blick und liefert doch den entscheidenden Hinweis für die Offenheit der Auseinandersetzung, über deren Ausgang sich kein sicheres Urteil fällen lässt.

Geradezu typisch für Andrews' Arbeiten ist eine geometrische, technikaffine Formensprache, die den Einfluss des italienischen Futurismus ebenso wie des englischen Vortizismus erkennen lässt. Erste kreative Erfahrungen hatte die aus Bury St. Edmunds in Suffolk stammende Künstlerin in der Zeit des Ersten Weltkriegs während eines Fernkurses bei dem englischen Werbegrafiker John Hassall gesammelt, bevor sie Anfang der 1920er-Jahre ein Studium an der Londoner Heatherley School of Fine Art aufnahm. Daran schloss sich ab 1925 eine Tätigkeit an der Grosvenor School of Modern Art an, wo sie unter Claude Flight in der Technik des Linolschnitts unterrichtet wurde.

Bereits 1918 hatte Andrews den Architekten und Künstler Cyril Power kennengelernt. Unter dem Pseudonym »Andrew Power« entwarfen beide zwischen 1929 und 1937 eine Serie von Plakaten für das »London Passenger Transport Board«. Die Motive zeigen Reiter, Tennis- und Kricketspieler und sollten für die Anreise zu Sportveranstaltungen mit dem Nahverkehr werben. Ein zur Kampagne gehörendes Fußball-Poster (Abb. S. 302) ist noch einfacher gehalten als Andrews' Zweikampfszene und stellt den im Profil wiedergegebenen Sportler auf seine Umrisslinien reduziert dar. Während das emporgereckte rechte Bein des Spielers einerseits einen soeben vollendeten Schuss assoziieren lässt, evoziert die Haltung zusätzlich eine Aufbruchstimmung, die in Verbindung mit Werbeslogans auf potenzielle Fans abzielte. Die Arbeitsbeziehung zwischen Andrews und Power endete 1938, ein Jahrzehnt später wanderte die Künstlerin nach Kanada aus, wo sie sich auf Vancouver Island niederließ. *FS*

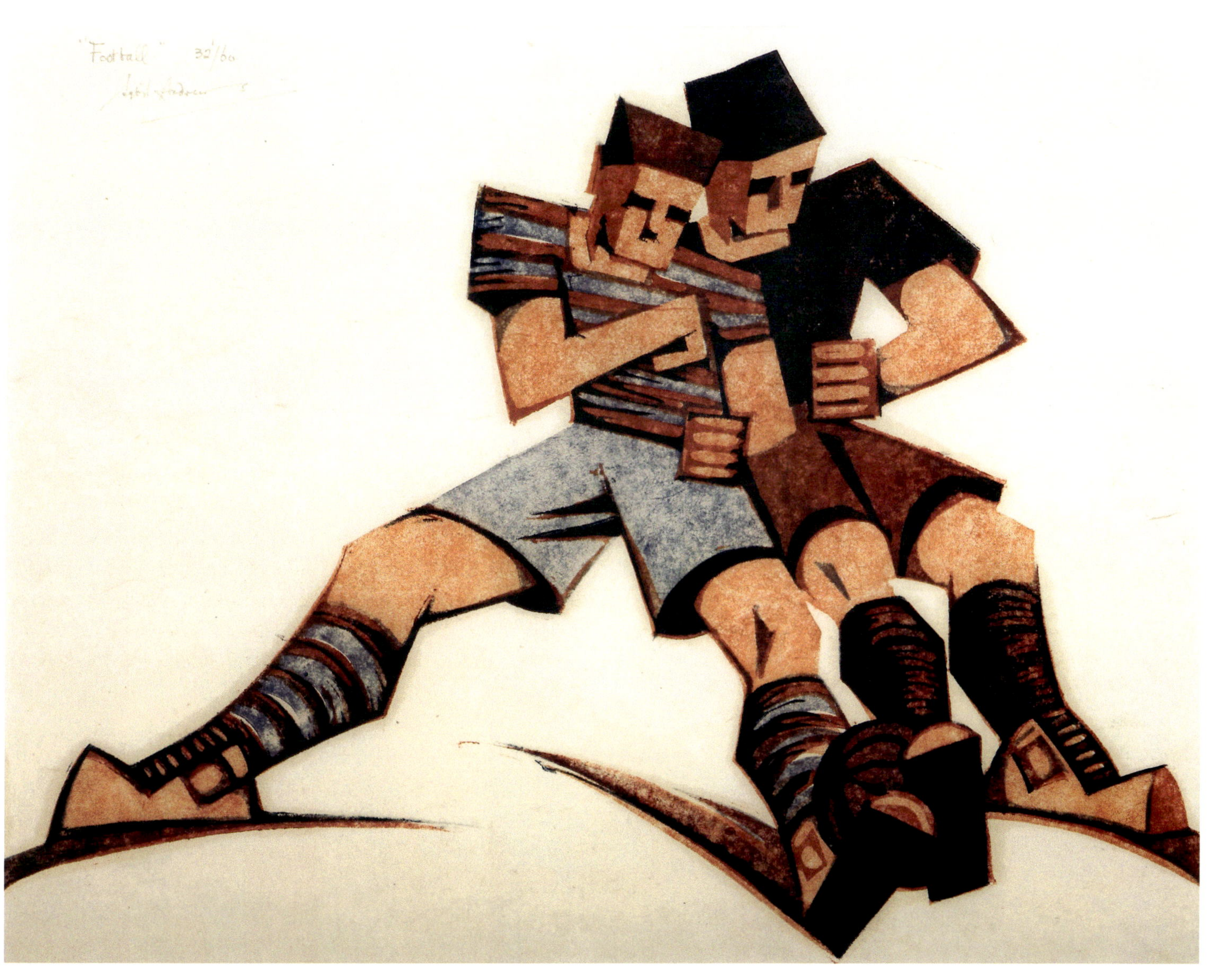
"Football" 32/60

Nach dem Spiel

Poul Anker Bech (1942–2009, DNK)

1996

Öl auf Leinwand

132 × 118 cm

Nyborg Strand Hotel

Am 26. Juni 1992 feierte die dänische Fußballnationalmannschaft in Göteborg ihren größten Erfolg. Mit dem Finalsieg über Deutschland wurde das Team zum ersten und bisher einzigen Mal Europameister – eine Sensation für die Außenseiter, deren Einladung zum Turnier buchstäblich im letzten Moment erfolgt war. Nachdem sich Dänemark sportlich nicht qualifiziert hatte, profitierte der Verband vom kriegsbedingten Ausschluss Jugoslawiens. Der seit 1990 amtierende Nationaltrainer Richard Møller Nielsen war gezwungen, innerhalb weniger Tage eine Elf zusammenzustellen, der nach zwei sieglosen Partien in der Vorrunde ein frühes Ausscheiden drohte. Doch zwei Siege gegen Frankreich und die Niederlande brachten die Wende, bevor die Dänen im Finale völlig überraschend den amtierenden Weltmeister bezwangen.

Als Møller Nielsen vier Jahre später seinen Rücktritt erklärte, machten ihm seine Spieler ein außergewöhnliches Geschenk: *Nach dem Spiel* des dänischen Malers Poul Anker Bech ist ein unkonventionelles Porträt. Es zeigt Møller Nielsen aus einiger Entfernung und im Profil. Ganz allein und in sich gekehrt sitzt er auf einer Trainerbank. Einzig die Kleidung und ein seitlich liegender Fußball liefern Hinweise auf die Profession des Dargestellten, in dessen Rücken unbeirrt Hühner im Gras picken. Noch rätselhafter ist die exponierte Anordnung der Szene, weit oberhalb des Erdbodens. Im Zusammenspiel mit dem aufgehenden Mond am Firmament und einem Wolkenmeer, das jegliche Landschaft verschluckt, entsteht so das Bild einer surrealen, weltentrückten Idylle.

Eine Erweiterung erfährt das fantastische Arrangement durch einen Kunstgriff, mit dem es Anker Bech gelingt, den Bildinhalt mit der äußeren Struktur des Gemäldes zu verschmelzen. Hierzu hat der Maler die umlaufende Holzleiste am linken Bildrand unterbrochen, von wo aus ein Teil des Rahmens in die Komposition hineinragt und dem Porträtierten scheinbar als Basis dient, von der aus er das Nicht-Geschehen betrachtet. Während das mehrdeutige Motiv vordergründig an ein Sprungbrett erinnert, suggeriert es zugleich, dass die angedachte Position der Hauptfigur außerhalb der Komposition – und ergo der Fußballhistorie – gelegen habe. Erst die unverhoffte Chance ermöglichte es dem Trainer und seiner Mannschaft, in den Fokus der Öffentlichkeit zu geraten und Geschichte zu schreiben. In einer eigenen Beschreibung des Bildes verwies Møller Nielsen denn auch darauf, dass man die Grenzen dessen, was eigentlich möglich gewesen sei, einfach durchbrochen habe.

Poul Anker Bech, der 1966 an der Jütländischen Kunstakademie in Aarhus aufgenommen wurde, verließ die Hochschule bereits nach einem Jahr, um Geschichte und Kunstgeschichte zu studieren. Seit 1995 war der Maler Mitglied der Künstlervereinigung »Corner«. Seine vom Surrealismus beeinflussten Werke formulieren häufig gesellschaftskritische Positionen. Dies gilt vor allem für seine späten, dystopisch anmutenden Landschaftsdarstellungen, in denen idyllische Szenerien auf Abfallprodukte der Massenkultur treffen. Dagegen entwirft *Nach dem Spiel* eine versöhnlichere Vision. Anders als das Bild vermuten lässt, setzte Møller Nielsen seine Trainerkarriere fort und betreute nach seiner Zeit in Dänemark noch die Nationalmannschaften Finnlands und Israels. *FS*

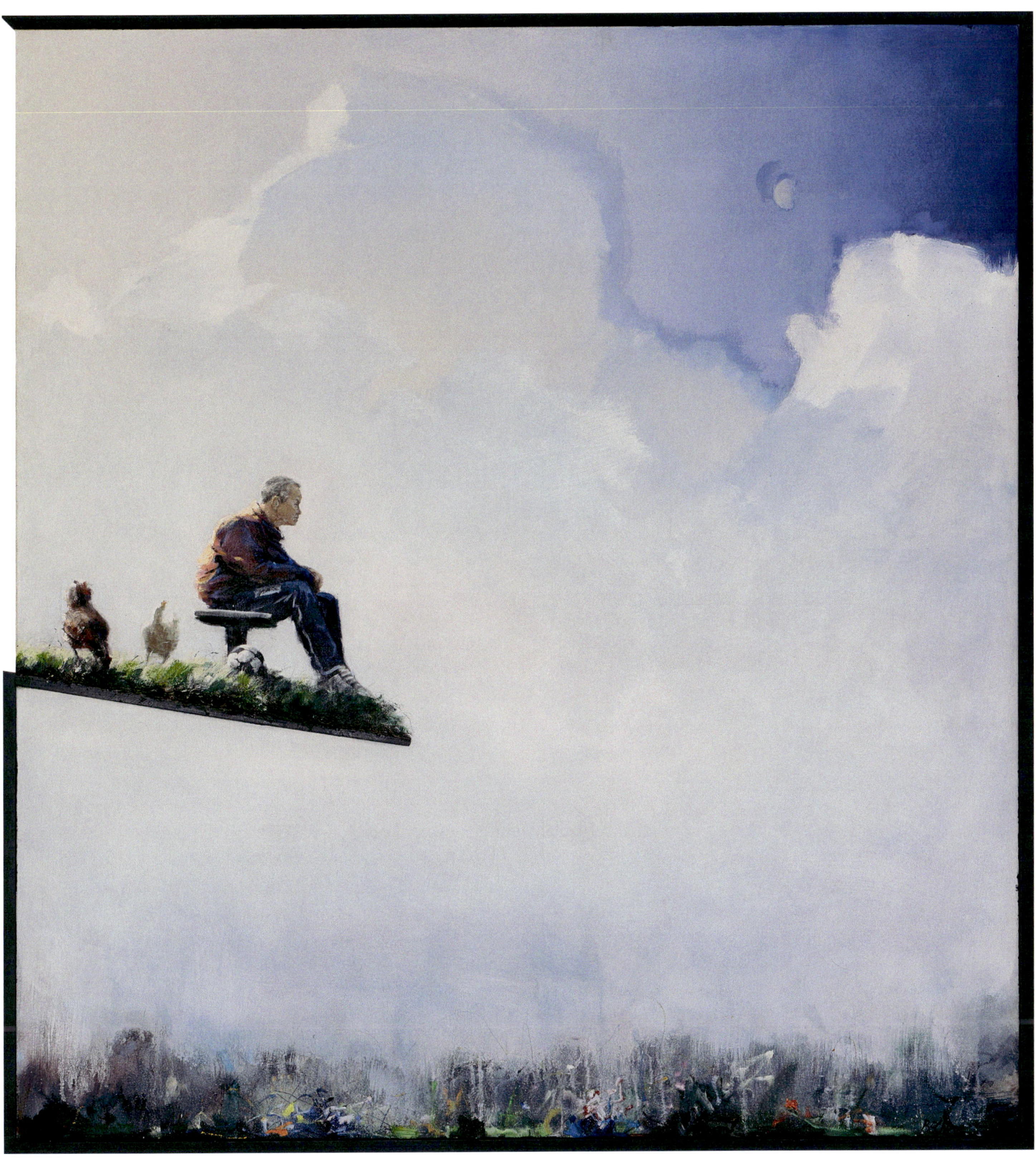

Lieblingsmannschaft
Maria Anto (1936–2007, POL)

1972

Öl auf Leinwand

90 × 135 cm

Museum of Sports and Tourism, Warschau

Maria Antos 1972 entstandenes Gemälde *Lieblingsmannschaft* zeigt eine Fußballmannschaft, die zum Gruppenporträt aufgestellt ist. Das Stadion ist leer. Ganz hinten auf dem öden Spielfeld befindet sich das Fußballtor. Dahinter erhebt sich eine Anzeigentafel, vor der eine Stange steht, an der die rot-weiße Flagge Polens und eine Uhr angebracht sind. Dunkle schmale Bäume ragen spitz in den Himmel. Im Vordergrund stehen sieben Fußballer dem Betrachter frontal gegenüber, sie werden beidseitig von zwei Spielern flankiert, die in die Hocke gegangen sind. Davor lagern zwei weitere Männer, die sich auf ihren Oberarmen abgestützt haben. Der Kapitän hält den Ball und der Torwart daneben hat die Arme in die Seiten gestemmt. Die Spieler stehen stramm mit den Händen an der Hosennaht. Wir schauen in ernste, ausdruckslose Gesichter, kein Lachen, nicht einmal ein Lächeln ist zu sehen. Neben dem Team stehen zwei ebenso ernst blickende Männer in dunklen Mänteln. Jener mit der Kappe könnte der Trainer, der Hutträger ein Vereinsfunktionär sein. Das Lieblingsteam dieser Herren zu sein, ist jedenfalls keine vergnügliche Vorstellung.

In einer weiten Flucht erstreckt sich das Oval des Stadions vor unseren Augen. Darüber ziehen bedrohlich geballte Wolken der Blickrichtung des Betrachters entgegen. Die dadurch entstehende Dynamik von Bewegung und Gegenbewegung wirkt irritierend, weil unser Blick nicht zur Ruhe kommt. Immer wieder wird er in das weite Oval des Stadions hineingezogen, um dann von den Wolkenmassen wieder nach vorne getrieben zu werden.

Antos Gemälde ist in naiver Manier gemalt und wirkt doch gespenstisch surreal. Nichts in diesem gänzlich statischen Bildaufbau lässt an die Bewegtheit eines Fußballspiels denken. Die kalte Farbigkeit des Bildes, der graue Himmel, das dunkle Braun der Tribünen, das auf der linken Seite in ein fahles Rot übergeht, und schließlich die schwarz-gelben Trikots der Spieler mit den geringelten Stutzen – nichts lässt sich mit dem emotional aufgeladenen Titel des Bildes in Verbindung bringen. Auch wenn mit der Aufstellung eine gewisse Abwechslung verbunden werden soll, wirkt die Gruppe wie eine militärische Formation. Die symmetrische Anordnung tut ein Übriges, das zugrundeliegende Schema zu offenbaren. Es ist, als wären Soldaten als Fußballspieler verkleidet worden. Die vollkommene Abwesenheit der Sonne und leuchtender Farben bestätigen diesen Eindruck. Selbst das Gelb der Hosen hat jede Strahlkraft verloren. In der Zeit des Kriegsrechts in Polen hat sich die Künstlerin in den 1980er-Jahren für die Gewerkschaft Solidarność engagiert und an kritischen Ausstellungen teilgenommen, die in Kirchen und Privaträumen stattfanden. Das Stadion wird zum Bild eines totalitären Staates, die Spieler sind zu Befehlsempfängern degradiert.

Die 1936 in Warschau geborene Künstlerin ist im letzten Moment dem sicheren Tod im Vernichtungslager entgangen. 1962 schloss sie ihr Studium an der Akademie der Bildenden Künste in ihrer Geburtsstadt ab. Ängste, Träume und surreale Erlebnisse bestimmen ihre naive Malerei. Ihre Werke verweigern sich dem kommunistischen Regime und formulieren subversive Botschaften. *JM*

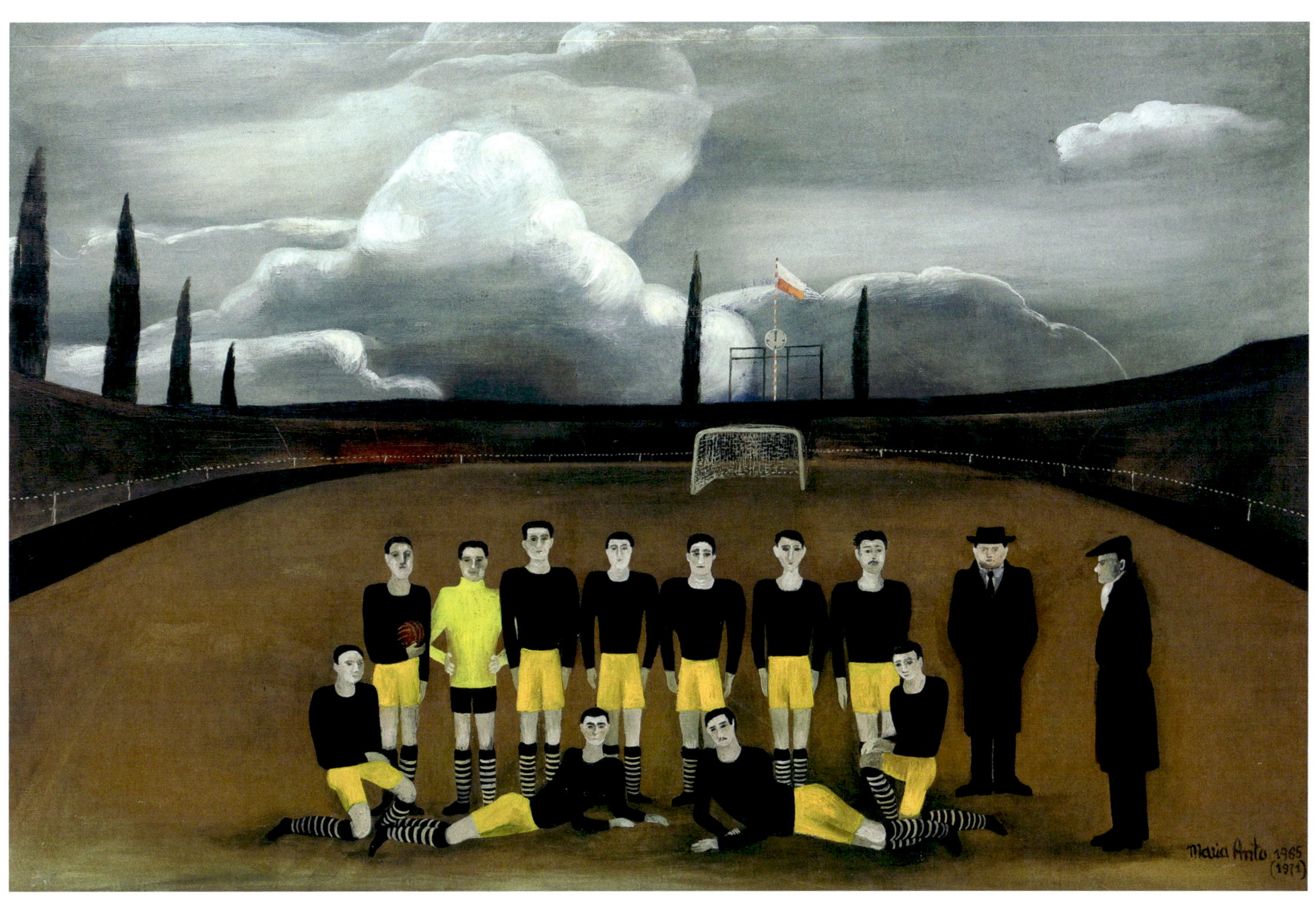
Maria Anto 1965
(1971)

Torwart
Dieter Asmus (*1939, DEU)

1970/71

Öl auf Leinwand

187 × 222 cm

Sammlung Hamburger Sparkasse

Vor gleichmäßig blauem Grund sieht man einen roten Lederball aus großer Nähe, der in der Luft zu schweben scheint. Das Licht spiegelt sich auf dem blanken Leder seiner Oberfläche, seine Nähte sind gut sichtbar. Der Fußball erscheint makellos, als sei er noch nie im Einsatz gewesen. Unterhalb des Balles liegt der im Vergleich viel zu kleine Torwart hilflos wie ein Insekt auf dem Rücken. Seine beiden Hände haben sich vergeblich nach dem Ball gereckt. Um ihn zu erreichen, hat er sich auf den Boden geworfen, aber er musste ihn passieren lassen. Der übergroße Lederball ist an ihm vorbeigeflogen. Die Szene ereignet sich auf einer grünen Rasenfläche, die zum unteren Bildrand hin dunkler wird. In seinem gleichmäßigen Blau wirkt der Himmel darüber geradezu unwirklich. Markant heben sich die Farben Rot, Blau und Grün voneinander ab. Die Figur des Torwarts in Schwarz-, Weiß- und Grautönen erscheint dagegen unscheinbar und geradezu kümmerlich. Demgegenüber hat der Künstler den Ball besonders hervorgehoben. Er fliegt auf uns zu und berührt von innen die ästhetische Grenze des Bildraums. Dieser Ball erscheint unbezwingbar, eine mächtige, unbeherrschbare Kugel, die alles niederwalzt.

Asmus hat eine Fortuna-Allegorie geschaffen. Offensichtlich hat der Torwart alles versucht. Die verkrampften Hände mit den ausgestreckten Fingern, seine faltenreiche Stirn und der schmerzvoll geöffnete Mund erzählen von seiner vergeblichen Mühe – umsonst! Der Künstler nutzt das verzerrte Größenverhältnis von Ball und Mensch, um die Aussichtslosigkeit dieses Kampfes zu veranschaulichen. Zudem dient die Farbgebung dazu, den Ball überwirklich erscheinen zu lassen. Ihm allein kommt eine gewisse Räumlichkeit zu. Das gleichmäßige Blau des Himmels und das zum Horizont sich aufhellende Rasengrün führen unseren Blick in den Bildraum hinein, während der rote Ball eine Bewegung nach vorn vollzieht. Lediglich die ausgestreckte Hand des Torwarts hat dies in einer hilflosen Geste zu verhindern versucht. Kraftlos erscheint sein vergebliches Bemühen.

In der Kunst der Renaissance balanciert die Glücksgöttin Fortuna auf einer Kugel. Das von ihr geschenkte Glück wird auch als ein sich drehendes Rad dargestellt, auf dem sich das Schicksal der Menschen aufwärts und dann auch wieder abwärts bewegt. Der Mensch ist der Macht der Fortuna unterworfen. Der Künstler hat für seine Allegorie das Bild des Torwarts gewählt, seine Funktion im Spiel wird zum Sinnbild von Entscheidung und Finalität. Allein steht er vor dem Gegenspieler. Während der Ball auf ihn zufliegt, lastet alle Verantwortung für den Ausgang des Spiels allein auf ihm.

Dieter Asmus absolvierte ein Studium an der Hochschule für bildende Künste in Hamburg. Gemeinsam mit Peter Nagel, Dietmar Ullrich und Nikolaus Störtenbecker gründete er im Jahr 1964 die Gruppe ZEBRA. Alle genannten Künstler hielten an einem Realismus fest, der sich an fotografischen Stilmitteln orientierte und den sie in einem Manifest niederschrieben. Die Gegenstände erscheinen ausgeschnitten vor einem farbig gleichmäßigen Hintergrund. Dabei arbeitet Asmus in den klassischen Gattungen wie Porträt, Landschaft und Tierdarstellungen. *JM*

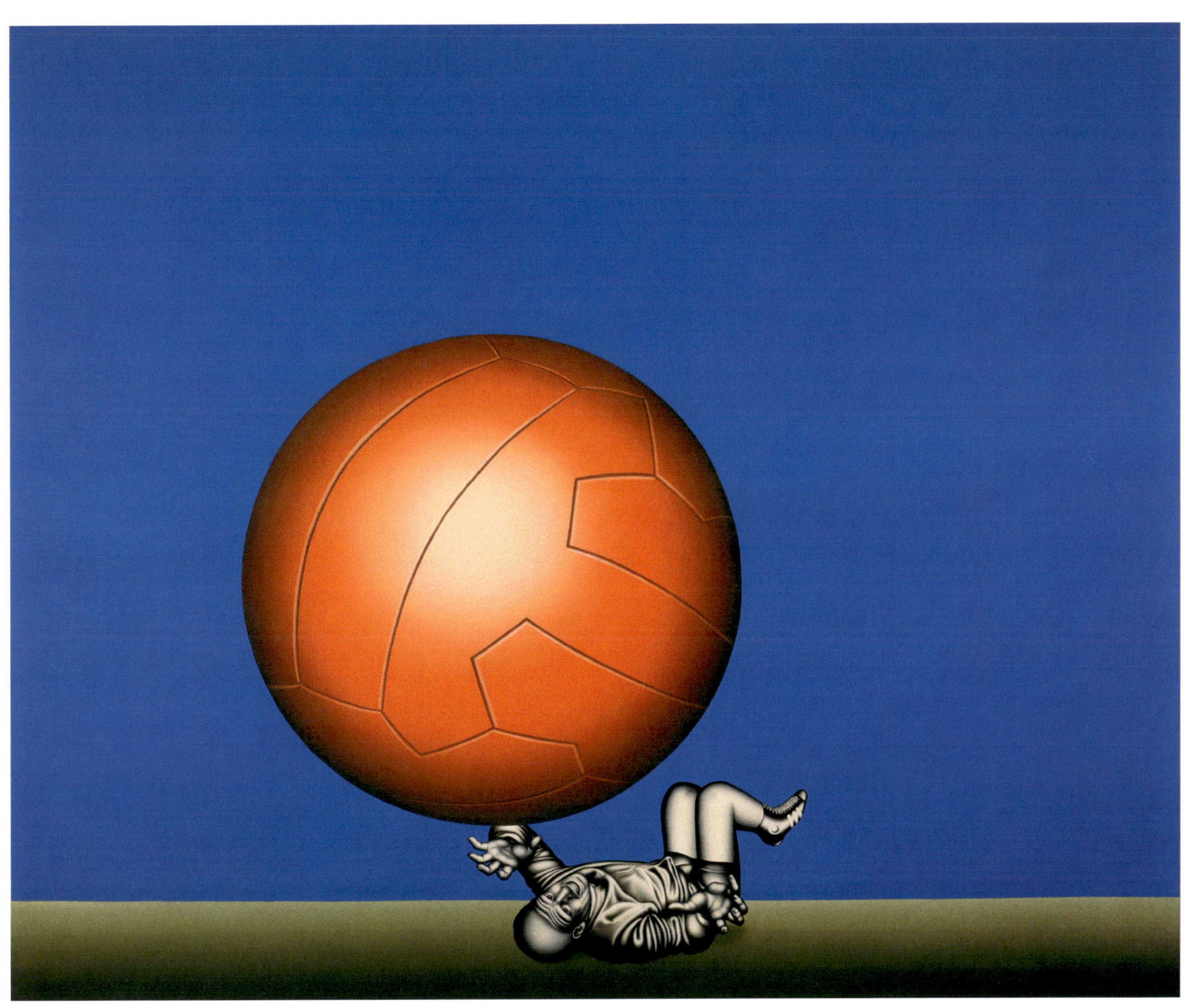

Fußballspiel

(Građanski – Hajduk auf dem Concordia Fußballplatz)

Ljubo Babić (1890–1974, HRV)

1924

Öl auf Leinwand

57 × 74,5 cm

Museum of Fine Arts, Split

Ein Gewitter zieht auf und verdunkelt den Himmel über dem Zagreber Concordije-Stadion. In seinem 1924 entstandenen, schlicht als *Utakmica* (Spiel) bezeichneten Gemälde hat Ljubo Babić ein apokalyptisches Szenario entworfen und damit zugleich die erste Darstellung des Fußballs in der kroatischen Kunst geschaffen. Im Bild festgehalten ist eine Begegnung zwischen HŠK Građanski und HNK Hajduk Split, die am 7. September 1924 in Zagreb ausgetragen wurde. Innerhalb der seit 1923 bestehenden 1. Jugoslawischen Liga waren die beiden Klubs regelmäßige Konkurrenten um die Meisterschaft.

Verbürgt ist, dass an jenem Sonntag ein Unwetter einen Spielabbruch in der 95. Minute erzwang. Die Partie wurde am nächsten Tag beim Stand von 3:3 fortgesetzt und endete 4:4. Das daraufhin angesetzte Wiederholungsspiel gewann Hajduk mit 5:0. So spektakulär die torreichen Austragungen für die Besucher gewesen sein müssen: Babićs Fokus gilt weniger dem sportlichen Geschehen als vielmehr der expressiven Schilderung der Gewitterstimmung, die mit breiten Pinselstrichen vermittelt wird.

Gemeinsam mit dem Maler schauen wir von einem Punkt etwas oberhalb der linken Eckfahne auf den Platz, der sich unendlich weit zu erstrecken scheint. Ausschlaggebend hierfür ist eine leicht verzerrte Perspektive, die an eine Weitwinkelaufnahme erinnert. Während die Position des gegenüberliegenden Tores schon nicht mehr zu bestimmen ist, nehmen wir selbst die am nächsten stehenden Feldspieler nur noch stark miniaturisiert wahr. Das Aufeinandertreffen von Seiten- und Grundlinie unmittelbar an der unteren Bildkante sorgt für eine zusätzliche Dynamisierung, unterstreicht es doch unsere diagonale Sicht auf den Platz, an dessen Längsseite die bereits von schwarzen Wolken eingehüllte Haupttribüne thront.

Aufschlussreich ist die Inszenierung des Torwarts am rechten Bildrand, der das Spektakel neben seinem Kasten verfolgt und sich durch sein weißes Trikot deutlich vom dunkel gefärbten Grün abhebt. Obwohl er unweit der Eckfahne steht, wirkt er deutlich kleiner, noch dazu überragt er keinen der anderen, weit vor ihm postierten Spieler. Der Umstand, dass er dem Wetterschauspiel machtlos gegenübersteht, illustriert die Verlorenheit des Menschen in Gegenwart der übermächtigen Natur, ein seit der Kunst der Romantik geläufiges, angesichts des städtischen Kontextes aber durchaus ungewöhnliches Bildmotiv.

Babić studierte ab 1907 an der Akademie der schönen Künste (ALU) in Zagreb und ab 1910 in München, wo er von Franz von Stuck unterrichtet wurde. Nach einem Paris-Aufenthalt kehrte er 1915 nach Zagreb zurück, wo er von 1916 bis 1961 selbst an der ALU lehrte. Er war Mitglied der Gruppe »Medulić« und ab 1921 in der »Gruppe unabhängiger Künstler« aktiv. Im Interesse einer genuin kroatischen Kunst verwehrten sich die Vereinigungen gegen internationale Einflüsse. Ab 1929 gehörte Babić der »Gruppe der Drei« an, die sich als Gegengewicht zur linksorientierten Künstlervereinigung »Zemlja« verstand. Sowohl in Bezug auf die mystische Beleuchtung als auch in thematischer Hinsicht fügt sich die Fußballszene in sein Schaffen der 1920er-Jahre. Zur großen Beliebtheit des 1945 aufgelösten HŠK Građanski trug bei, dass sich der Klub bereits bei seiner Gründung 1911 als dezidiert kroatisch verstand, zu einer Zeit also, in der Zagreb noch zum Österreichisch-Ungarischen Reich gehörte. *FS*

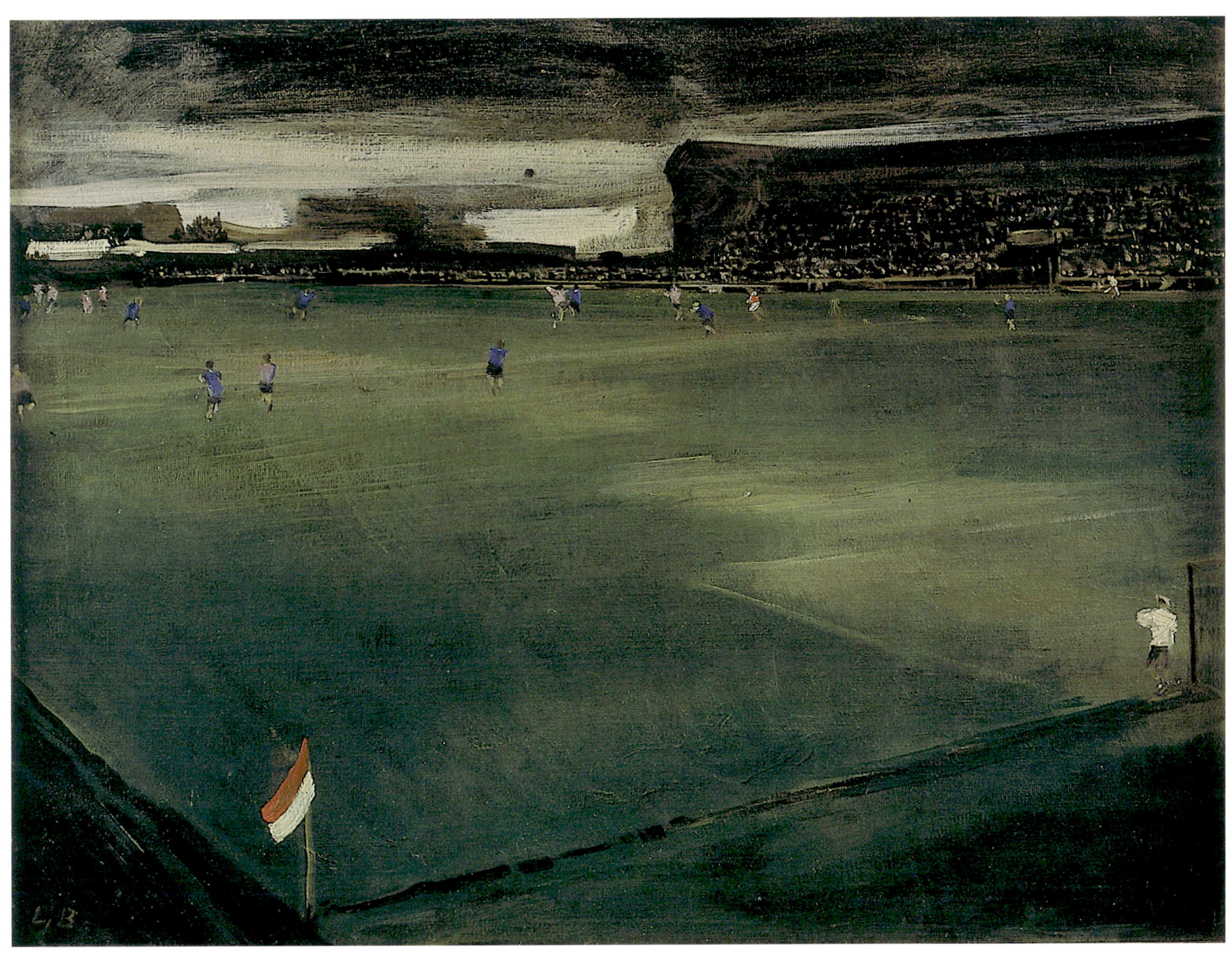

Fußball-Terrorist

Banksy (*1974, ENG)

2001

Sprühlack auf Holz

55 × 74 cm

Andipa Gallery, London

Banksys Bild des sogenannten »Fußball-Terroristen« aus dem Jahr 2001 bedient sich einer Ästhetik der Provokation. Der Künstler nutzt die Bildwelt des Fußballs, um eine terroristische Handlung darzustellen. Die Grundlage der Arbeit besteht in einer Analogie. Auf unvorhergesehene Weise wird der Einsatz einer Handgranate mit einem Fallrückzieher in Verbindung gebracht. Diese ist soeben geworfen worden und so können wir von ihr nicht mehr als den in der Luft schwebenden Stift der Zündvorrichtung erkennen, während sich das explosive Geschoss bereits außerhalb des Bildraums bei einem unsichtbaren Gegner befindet. Der Spieler-Terrorist schwebt nun in der Luft, was auch durch die fliegende Kalaschnikow auf seinem Rücken zum Ausdruck kommt. Er ist mit Fußballschuhen, schwarzer Trainingshose, Patronengürtel und Kalaschnikow ausgestattet. Zudem trägt er eine Strumpfmaske, um nicht erkannt zu werden.

Die Arbeit ist mit der für die Street-Art üblichen Schablonentechnik auf Holz gesprüht. Mit dieser Technik ist es möglich, ebenso schnell wie wirksam den Stadtraum mit Bildern zu markieren, um eine kritische politische Aussage zu formulieren. Solche Aktionen sind einer Guerillataktik zu vergleichen, die im Werk selbst zum Ausdruck kommt. Wie Guerillaangriffe sind auch Fallrückzieher vom Gegenspieler schwer vorherzusehen, geschweige denn zu blocken. Sie überraschen, weil der Ball nicht am Boden, sondern in der Luft und mit dem Rücken zum Gegner genommen wird. Gleichzeitig kann bei einem Fallrückzieher dem Ball eine ungleich höhere Geschwindigkeit verliehen werden als bei einem Kopfball.

Die wörtliche Bedeutung des lateinischen Infinitivs »provocare« umfasst gleichermaßen das Hervorrufen wie das Herausfordern. Der Provokateur missachtet Normen, um gleichermaßen Empörung wie Verwunderung hervorzurufen. Die Macht einer solchen Ästhetik besteht darin, dass es unmöglich ist, zu dem mitgeteilten Inhalt eine deutliche Distanz zu wahren. Banksys Bild will auf einen Blick zu verstehen sein, weshalb seine Komposition extrem effizient ausfällt. So wird die Aktion des Terroristen von einem fünfzackigen roten Stern hinterfangen, der an das Logo der Roten-Armee-Fraktion erinnert. Diesem ikonischen Zeichen entstammt auch die Maschinenpistole, die der Spieler auf dem Rücken trägt. Der Stern neigt sich leicht nach rechts und unterstützt die Richtung des dynamischen Bewegungsablaufs. Zugleich führt die nach unten weisende Bewegung den Eindruck starker Instabilität, wenn nicht gar eines Umsturzes hervor, mit dem die Notwendigkeit gesellschaftlicher Veränderung einhergeht. Der Künstler beschwört die Idee des Partisanen, der sich durch verborgene Einzelaktionen der Übermacht der Gegner zu stellen vermag. Dies gilt auch für den Künstler selbst, der bis heute anonym geblieben ist und sich dem etablierten Kunstbetrieb entzieht. Banksys Bild ist nichts weniger als ein Aufruf zum politischen Aktivismus. Er verdichtet sein Bild zu einer Ikone und Sympathiebekundung für den aktiven politischen Widerstand. *JM*

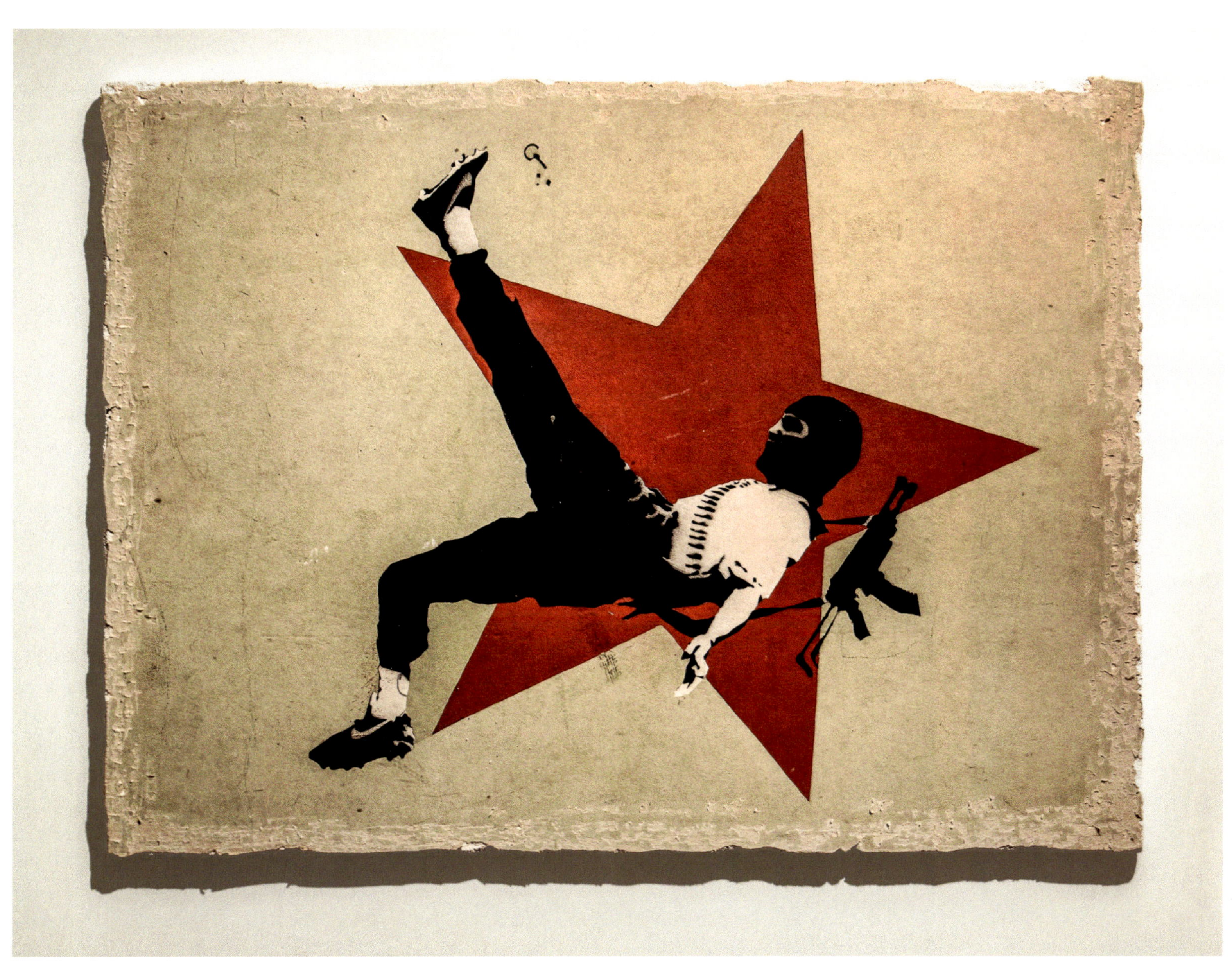

Fußballspieler

Willi Baumeister (1889–1955, DEU)

1926

Bleistift, Kohle, gewischt, auf chamoisfarbigem Zeichenkarton

39,7 × 30,7 cm

Archiv Baumeister im Kunstmuseum Stuttgart

Vermutlich gehört Willi Baumeister zu den Künstlern, die sich im 20. Jahrhundert am häufigsten mit dem Fußball künstlerisch auseinandergesetzt haben. In seiner konstruktivistischen Phase in den 1920er-Jahren orientiert er sich an Fernand Léger. Wie schon bei dem französischen Künstler sind seine Figuren keine Individuen, sondern lösen die menschliche Gestalt in dynamische, an geometrischen Formen orientierten Figuren auf. So repräsentiert auch Baumeisters *Fußballspieler* aus dem Jahr 1926 einen Spieler als Typus, dessen Körper mit voluminösen Rund- und Ovalformen und stark gezeichneten Schattenkanten gestaltet ist. Arme, Beine, Rumpf und Kopf wirken wie Teile einer Gliederpuppe, der bestimmte Möglichkeiten der Bewegung zukommen. Die Gelenke und das Trikot werden in rautenartigen Formen dargestellt. Seine Hände sind zu Fäusten geballt, die Baumeister kreisförmig wiedergibt.

So schematisch der Künstler hier auch den menschlichen Körper auffasst, so sehr wird gleichzeitig die schiere Kraft hervorgehoben, die von diesem ausgeht. Der Spieler ist im Begriff zu schießen, sein linkes Bein ist angewinkelt, gleich wird der Fuß den Ball berühren. Auch der rechte Fuß hat sich im Sprung vom Boden gelöst. Die kräftige Vorwärtsbewegung des Spielers in Richtung des Balles bringt seinen Körper in eine extreme Schräglage, die nur durch den abgewinkelten rechten Unterarm für einen kurzen Augenblick ausgeglichen werden kann. Dies betont die Momenthaftigkeit der dargestellten Szene und die mit dem Fußballspiel verbundene Schnelligkeit. Das Volumen und die belebt gezeichneten Konturen versetzen die abstrakten Formen in Bewegung und lassen sie gleichsam zum Leben erwachen.

Hinter der geschilderten Szene befindet sich ein weiterer Spieler, der stillzustehen scheint und durch die rahmende Konstruktion eines angedeuteten Tores als Torwart identifiziert werden könnte. Körper und Bein dieser Figur sind durch statisch wirkende rechteckige Formen gestaltet, während Arm und Kopf als Kreis und Oval in Bewegung sind. Für den Mittel- und Hintergrund des Bildes bedient sich Baumeister eines interessanten Erzählschemas. Man erhält den Eindruck, zugleich den Platz, das Vereinsheim, den Sechzehnmeterraum, den Blick auf einen Baum und in den Himmel präsentiert zu bekommen. Während sich der den Ball führende Spieler durch seine dynamische Bewegung auszeichnet, ist der Bildraum durch die Verschachtelung zahlreicher Motive und Blickwechsel bestimmt, die zu einem nicht einfach zu definierenden Seheindruck führen. Es ist, als würden wie bei einer filmischen Überblendung zahlreiche Szenen in einer Einstellung übereinandergelegt.

Diese konstruktivistische Ästhetik ist Ausdruck eines modernen Lebensgefühls, das sich vor allem durch Beschleunigung auszeichnet. Auch das Tempo der menschlichen Wahrnehmung hat sich erhöht. Durch die verschiedenen Blickrichtungen auf die einzelnen Motive verweigert der Künstler uns aber einen einheitlichen Bildraum. Vielmehr ist dieser in einzelne Perspektiven zersplittert, die sich der Betrachter sukzessive erschließen muss. *JM*

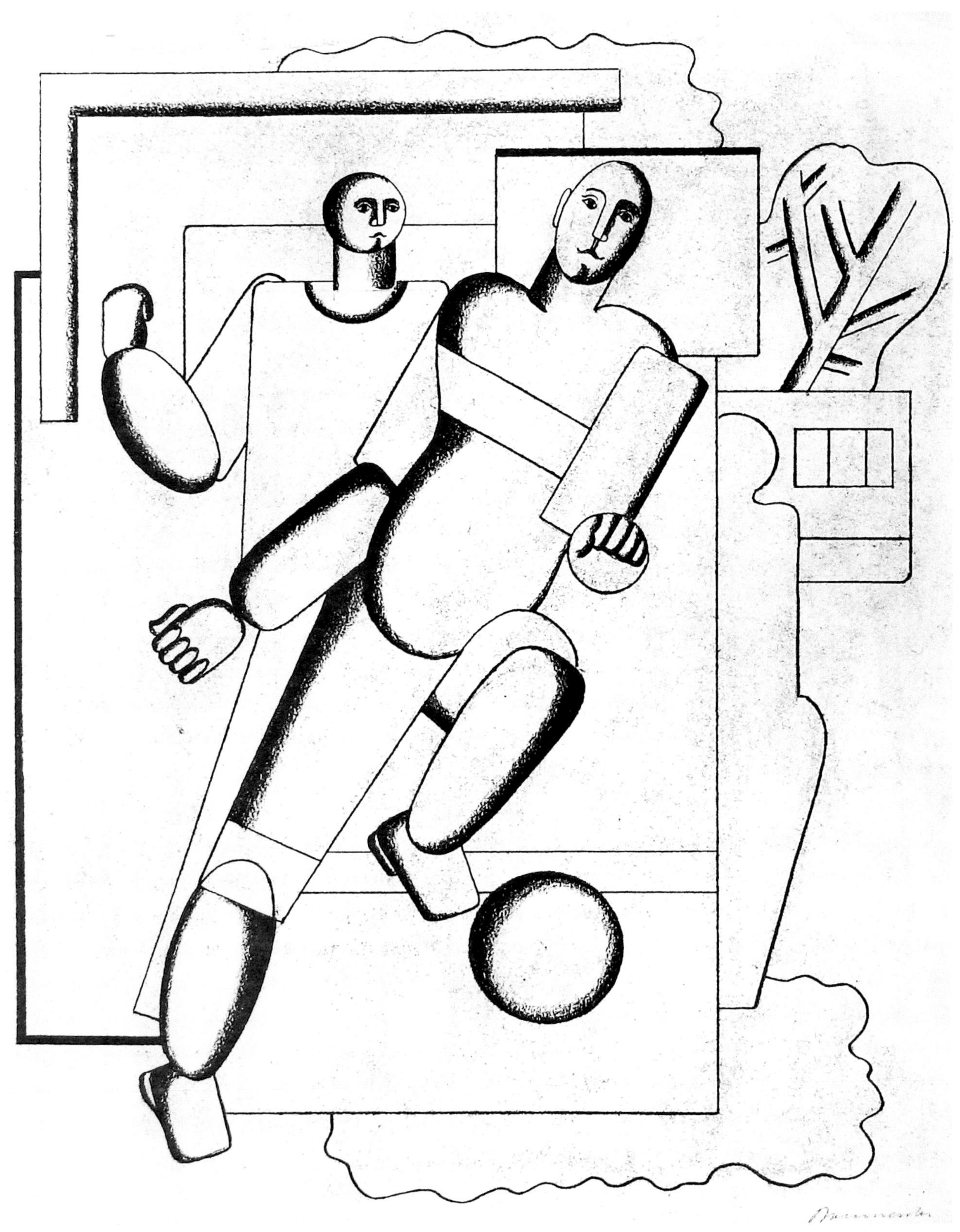

Fußballspieler

Willi Baumeister (1889–1955, DEU)

1934

Farbstift, Goldbronze, über schwacher Vorzeichnung in Kohle, auf hellblauem, am Rand links perforiertem Maschinen-Bütten

31,8 × 22,6 cm

Archiv Baumeister im Kunstmuseum Stuttgart

Willi Baumeisters Werk *Fußballspieler* aus dem Jahr 1934 zeigt den Umriss eines menschlichen Körpers in einer fast durchgehend gezeichneten Linie. Es handelt sich um eine Studie für ein Gemälde, hat der Künstler doch am unteren Rand des Blatts die Identität der Figur als Fußballer und Farbangaben für die spätere Ausführung angebracht. Kopf, Rumpf und Bein sind ausgefüllt mit runden Formen, die in ihrer unterschiedlichen Größe und Gestalt Muskelbewegungen assoziieren lassen. Diese erscheinen wie bei einem im Lauf begriffenen Spieler ebenso kraftvoll wie dynamisch. Die Kreise und Ovale wirken in ihrer Beweglichkeit so, als könnten sie sich jeden Augenblick verändern und innerhalb des Körpers neu formieren. Demgegenüber macht der kleine Kreis im Kopf des Spielers einen eher statischen und ruhigen Eindruck. Er kann im Sinne eines Auges aufgefasst werden, das die Situation überblickt und die Bewegungen des Körpers entsprechend dirigiert.

Nur das rechte Bein und der linke Arm des Spielers sind ausgeführt. Die angewinkelte Haltung des linken Beins könnte zum Ausdruck bringen, dass der Fußballer zum Schuss ansetzt, während die rechte Schulter einen zur Balance ausgestreckten Arm nahelegt, der, um die Dynamik der Bewegung zu illustrieren, nicht vollendet werden muss. Entscheidend ist der Umstand, dass man in der Zeichnung zugleich die Außen- und Innenansicht des Körpers präsentiert bekommt. Gleichwohl gewinnen die Binnenformen gegenüber der Umrisslinie des in einer Vorwärtsbewegung begriffenen Fußballers ein Eigenleben insofern, als in ihrem Zusammenspiel eine Auf- und Abwärtsbewegung entsteht. Baumeister hat den Schwerpunkt seiner Darstellung auf die aus der Körpermitte kommende geballte Kraft des Spielers gelegt, wo sich die organisch-runden Formen dicht an dicht zu bewegen scheinen. In der unablässigen Veränderung dieser als Muskelspiel deutbaren Formen kommt die Schnelligkeit der Bewegung zum Ausdruck.

War die Malerei des 1889 in Stuttgart geborenen Künstlers zunächst von Fernand Léger und dem Konstruktivismus inspiriert, belegt die Zeichnung eine sich ab den 1930er-Jahren neu entwickelnde Formensprache. Dabei steigert er in seinen Sportbildern den Abstraktionsgrad seiner Darstellungen. Durch den Wechsel von konstruktivistischen Gestaltungselementen zugunsten organisch-beweglicher Systeme wird für den Maler das Motiv der Bewegung auf neue Weise interessant. Ausgehend von geometrischen Grundformen zeichnen sich seine Ideogramme oder, wie er sie selbst nennt, »Eidosbilder« durch einen spielerischen Umgang mit weichen, organischen Gebilden aus, die ihre Form je nach äußerem Einfluss verändern. Tatsächlich ließ sich Baumeister durch den mikroskopischen Blick auf Amöben inspirieren. In seinen späteren theoretischen Ausführungen zur abstrakten Malerei äußert er sich dahingehend, dass er in seinen »Eidosbildern« allen Stoffen ihre charakteristische Erscheinung zuweist, die – so wie ein Kiesel im Bachbett abgeschliffen wird – durch ihre Schicksale ihre Eigenform erhalten. Willi Baumeister hatte sich zuvor den Pariser Künstlergruppen »Cercle et Carré« und »Abstraction-Création« angeschlossen. Den Nationalsozialisten galten seine Werke als »entartet«. *JM*

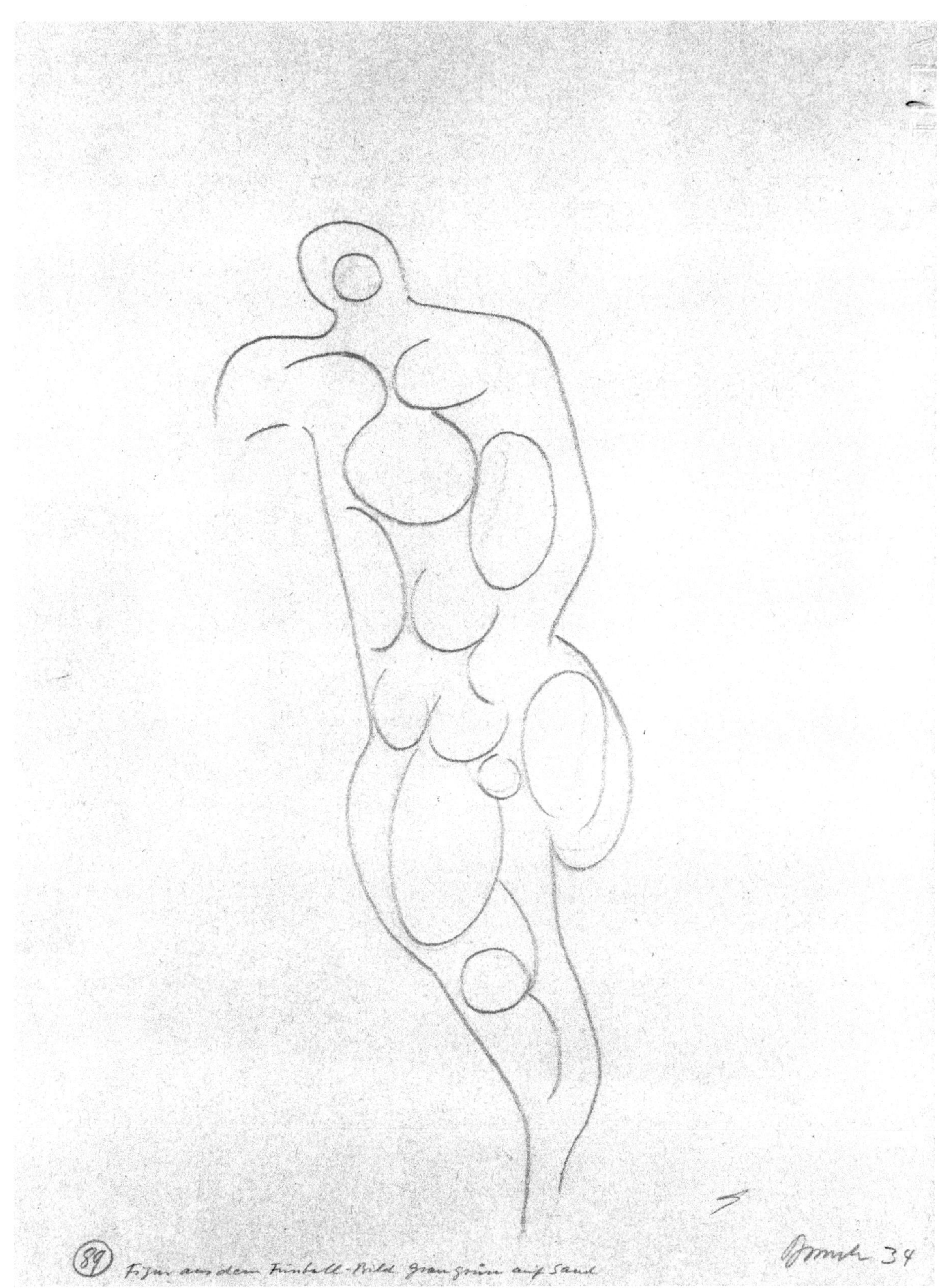
89
Figur aus dem Fünfball-Bild grau grün auf Sand

Fußballer

Cecil Beaton (1904–1980, ENG)

um 1955

Öl auf Leinwand

82 × 97,5 cm

The Priory Collection, London

Der von der ›Hintertorkamera‹ aufgenommene Torschuss gehört auch für Maler zu einem der beliebtesten Fußballmotive. Zum einen sieht man den dramatischen Hechtsprung des Keepers, zum anderen auch den Schützen vor dem Tor, der darum bangt, ob der Ball ins Netz geht oder noch vom Torwart erreicht wird. Cecil Beaton hat sich dieses Motiv zunutze gemacht, um ein dramatisches Gemälde zu schaffen. Der Keeper fliegt durch die Luft, ist wohl aus dem Tor herausgelaufen, denn es ist allerhöchste Zeit, vollführt doch der Schütze im orangefarbenen Trikot bereits Ausgleichbewegungen nach dem vollzogenen Schuss. Sein Mitspieler hat schon die Arme zum Jubel emporgerissen. Aber der Ball hat noch nicht sein endgültiges Ziel erreicht und befindet sich noch auf seiner Flugbahn. Die fünf Finger des Torwarts zeichnen sich markant vor dem braunen Leder ab, was dafür spricht, dass er den Ball wird halten können.

Der Künstler hat für die Fußballszene eine kluge Komposition gewählt. Der lang ausgestreckte Körper des Torwarts bildet eine Diagonale, die von rechts unten nach links oben führt und beide Bildhälften miteinander verspannt. Auf diese Weise erhält die fliegende Figur eine gewisse optische Stabilität und lässt den Flug andauern. Der Keeper steht in der Luft. Zudem arbeitet Beaton mit einem extremen Hell-Dunkel-Kontrast, wenn er die dunkle Kleidung des Torwarts vor lauter Pastelltönen in rot, grün und blau zeigt. Es ist, als seien Torwart und Spieler in unterschiedlichen Lichtverhältnissen dargestellt. Dadurch erhält die Figur eine gewisse Schwere und wirkt ungemein athletisch.

Humorvoll und für den englischen Fußball nicht untypisch sind die Transparente, mit denen die Fans die gegnerische Mannschaft provozieren. Das Transparent links verspricht eine Reise in die Hölle und rechts wird die Gastmannschaft als Hundefutter bezeichnet. Die dichtbesetzte Tribüne deutet der Maler durch schemenhaft dargestellte Köpfe und Körper in hellsten Pastelltönen an.

Beatons Bild ist stark durch die Sportfotografie beeinflusst. Kurze Belichtungszeiten ermöglichen Bilder, die Bewegungen im Sinne eines Schnappschusses anhalten können. Zugleich aber steigert der Künstler die Dramaturgie dieser Momentaufnahme durch Farbgestaltung und Komposition. Der Körper des Torwarts wird geradezu in einen Scherenschnitt überführt. Er fliegt und fliegt dem Ball entgegen.

Der 1904 in London geborene Cecil Beaton arbeitete in den 1930er-Jahren für *Vanity Fair* und die *Vogue* und war ab 1937 Fotograf der britischen Königsfamilie. Während des Zweiten Weltkriegs arbeitete er für das Britische Informationsministerium in Afrika und dem Fernen Osten. Danach war er erfolgreich in verschiedenen künstlerischen Bereichen als Maler und Illustrator, als Bühnenbildner und Kostümdesigner für Theater, Oper und Film tätig. *JM*

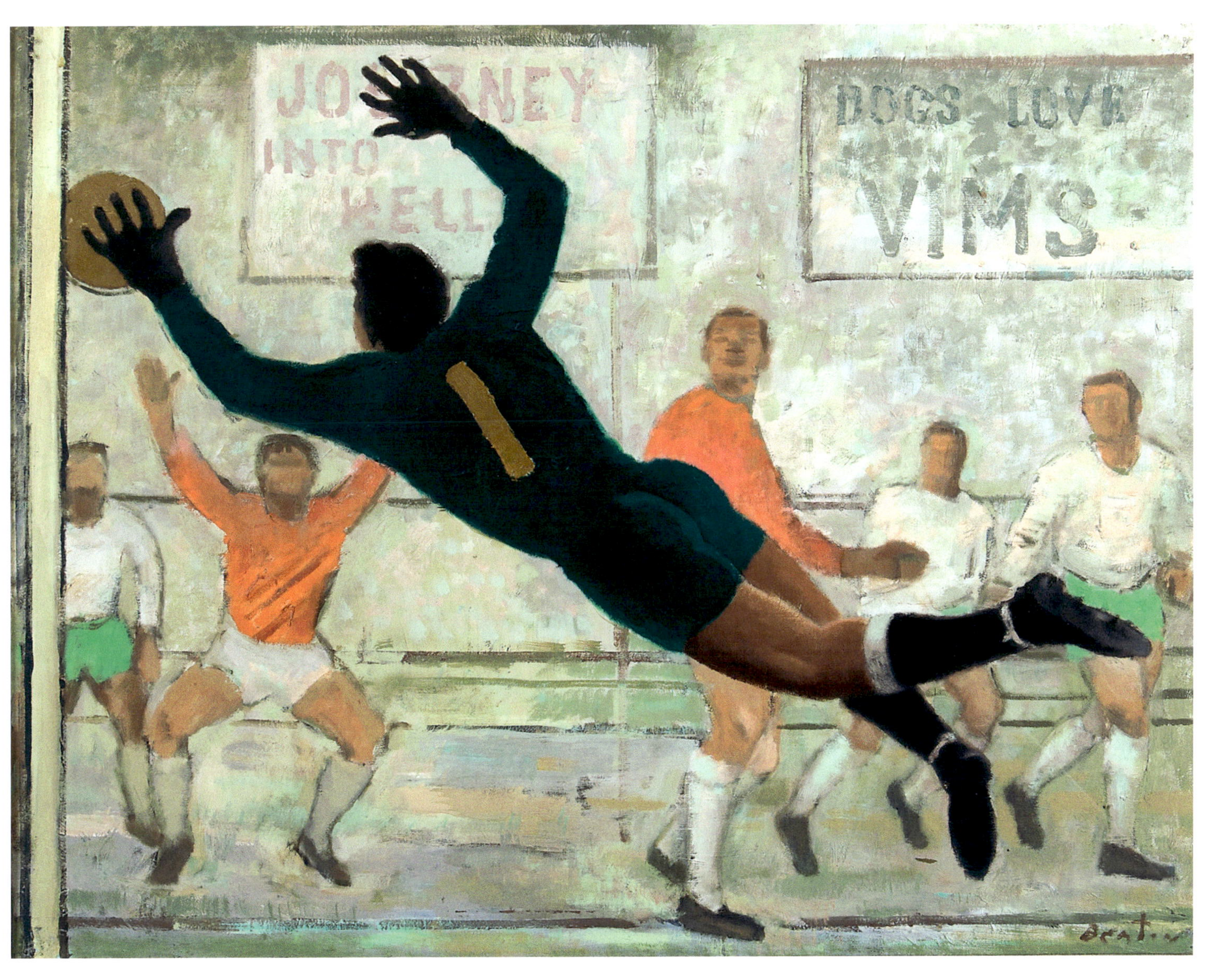
INTO
HELL
DOGS LOVE
VIMS

F steht für Fußball
Sir Peter Blake (*1932, ENG)

1991

Farbsiebdruck

103 × 77 cm

Government Art Collection, London

Peter Blakes *F steht für Fußball* spielt mit unserer Wahrnehmung, erinnern Titel und schematischer Aufbau des Werks doch vordergründig an die Gestaltung einer Schautafel oder Lexikonillustration. Über fünf Zeilen und Spalten verteilt zeigt die Arbeit insgesamt 25 Fußball- und Rugbyspieler in Schuss- und Laufbewegungen sowie beim Annehmen und Fangen von Bällen. Sieht man von den abweichenden Posen und Spielgeräten ab, unterscheiden sich die standardisiert wiedergegebenen Akteure primär durch ihre Trikotfarben, die über Bildunterschriften englischen Fußball- und Rugbyclubs zugeordnet werden. Ein grüner Rahmen fasst die Komposition ein und versammelt 29 erkennbar anachronistische Wappen; hierzu gehören neben Darstellungen weiterer Vereine und historischer Spielerpersönlichkeiten auch Schilde der Nationalmannschaften von Schottland, Irland, England und Wales.

Blake, der seine Ausbildung ab 1951 am Londoner Royal College of Art absolviert hatte, zählte Ende der 1950er-Jahre zu den Mitbegründern der britischen Pop-Art; bis heute ist das Cover des Beatles-Albums *Sgt. Pepper's Lonely Hearts Club Band* sein bekanntester Entwurf. Wie Derek Boshier (Abb. S. 125) verarbeitet er häufig Artefakte aus der Populärkultur, die er als Teil bunter Collagen in neue Kontexte überführt.

Gleich in mehreren Serien hat sich der Künstler zudem der bildhaften Inszenierung von Schrifttypen gewidmet. Auch *F steht für Fußball* ist Teil einer größeren, 26 Blätter umfassenden Bildfolge. Diese vereint mehrere Schwerpunkte von Blakes Schaffen und illustriert im Sinne eines *Spelling alphabets* Buchstaben anhand charakteristischer Motive, wobei die gebräuchlichen Bezeichnungen der Buchstabieralphabete durch Protagonisten und Objekte der Alltagskultur ersetzt werden: So treffen darin Bühnen- und Leinwandstars wie Elvis Presley *(K is for King)* und Marilyn Monroe *(M is for Marilyn)* auf den Boxer Joe Louis *(B is for Boxer)* und eine Ansammlung japanischer Sumo-Ringer.

Erst in der Gegenüberstellung mit den übrigen Motiven fällt auf, dass auch *F steht für Fußball* nur vordergründig einer objektiven Ordnung folgt. Tatsächlich nämlich handelt es sich um eine beliebige, ausdrücklich nicht systematische Zusammenstellung historischer Zigarettenbilder, deren vergilbte Ränder der Künstler ebenso wenig kaschiert wie den Namen des Herstellers »BDV Cigarettes«. Bei den rahmenden Motiven wiederum handelt es sich um noch ältere Sammelkarten, die aus der Gründungszeit der English Football League stammen. Dass Blake verschiedene Zeitebenen und Sportarten überblendet und eines der Wappen sogar doppelt abbildet, belegt, dass sein Interesse kaum der Darstellung historischer Aspekte gilt. Stattdessen stehen die gesammelten Artefakte exemplarisch für die frühe Massenkultur und eine unmittelbar einsetzende Kommerzialisierung des Sports. Zusätzlich spielt der Künstler mit der seriellen Ästhetik der Objekte und thematisiert das Vergessen, dem einstmals erfolgreiche Spielerpersönlichkeiten und Vereine ausgesetzt sind. *FS*

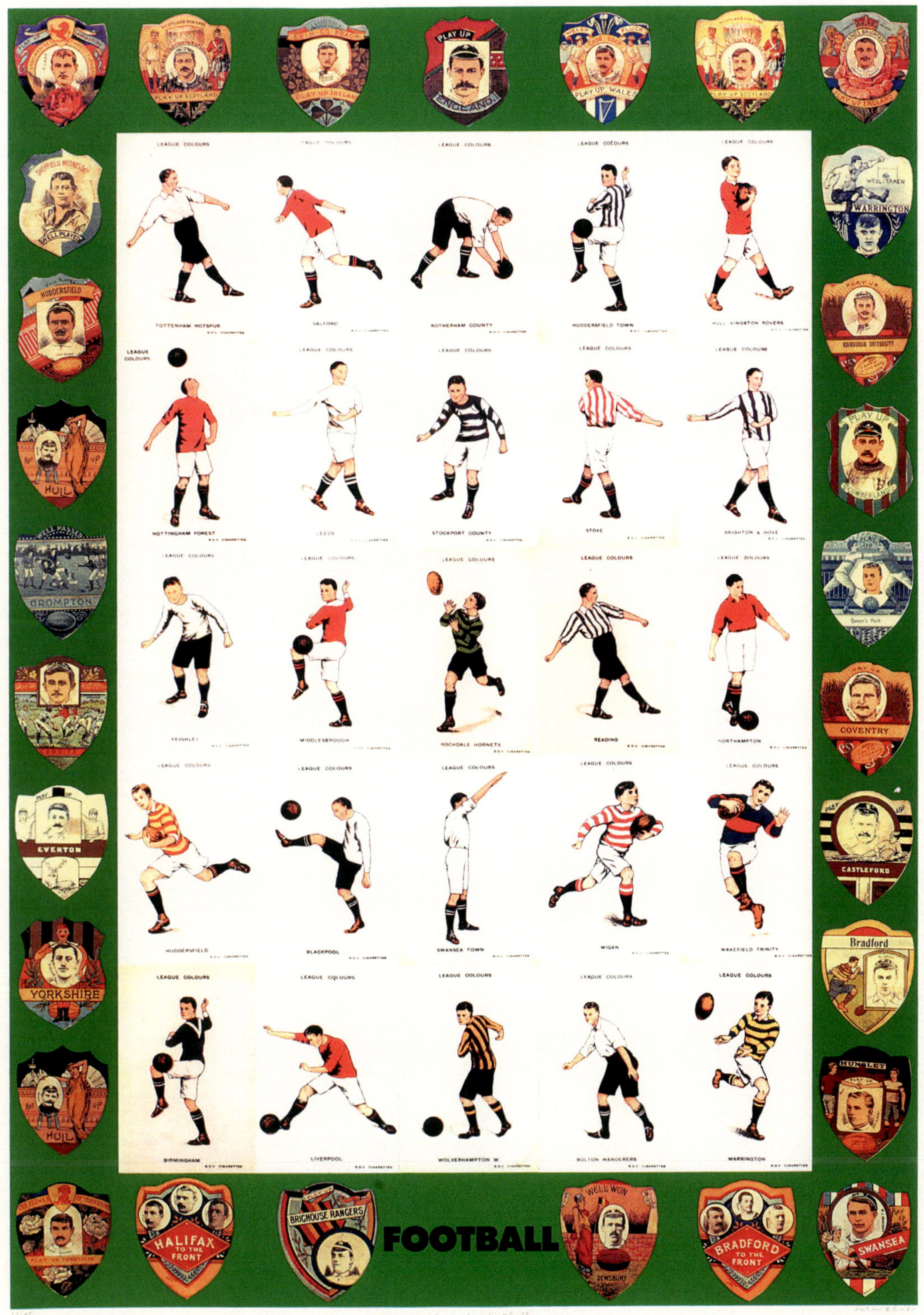
FOOTBALL
PLAY UP
ENGLAND
PLAY UP WALES
PLAY UP SCOTLAND
WARRINGTON
HUDDERSFIELD
HULL
CROMPTON
COVENTRY
EVERTON
CASTLEFORD
YORKSHIRE
Bradford
HUNSLET
HALIFAX TO THE FRONT
BRIGHOUSE RANGERS
WELL WON
DEWSBURY
BRADFORD TO THE FRONT
SWANSEA
LEAGUE COLOURS
TOTTENHAM HOTSPUR
SALFORD
ROTHERHAM COUNTY
HUDDERSFIELD TOWN
HULL KINGSTON ROVERS
NOTTINGHAM FOREST
LEEDS
STOCKPORT COUNTY
STOKE
BRIGHTON & HOVE
KEIGHLEY
MIDDLESBROUGH
ROCHDALE HORNETS
READING
NORTHAMPTON
HUDDERSFIELD
BLACKPOOL
SWANSEA TOWN
WIGAN
WAKEFIELD TRINITY
BIRMINGHAM
LIVERPOOL
WOLVERHAMPTON W.
BOLTON WANDERERS
WARRINGTON

Dynamik eines Fußballspielers

Umberto Boccioni (1882–1916, ITA)

1913

Öl auf Leinwand

193,2 × 201 cm

The Museum of Modern Art, New York

Das Interesse der europäischen Avantgarden am Fußball lässt sich durch dessen antibürgerlichen Charakter erklären. Er gilt als modern und als Mannschaftssport geht mit ihm eine Betonung des Kollektivs einher. Es bedarf keiner aufwendigen Ausstattung, jeder kann Fußball spielen und für den Fan bietet sich die Möglichkeit zur Identifikation. Zudem konnte die Dramaturgie von Angriff und Verteidigung durchaus militärisch verstanden werden. Was zahlreiche italienische Futuristen an dem Sport aber vor allem geschätzt haben, ist seine Geschwindigkeit und der Wechsel von Beschleunigung und Verlangsamung, die seine besondere Schönheit ausmachen. Umberto Boccionis Gemälde eines Fußballspielers bekennt sich bereits im Titel zur Verherrlichung von Geschwindigkeit und Modernität, wenn vom *Dinamismo di un footballer* die Rede ist und statt dem italienischen »giocatore di calcio« das englische Lehnwort benutzt wird. Entstanden ist das Werk in der zweiten Hälfte des Jahres 1913.

Dem Künstler geht es nicht nur um ein formales Experiment, sondern um den Rausch der Geschwindigkeit, der alle Gegenständlichkeit auflöst und die Welt zu einer Bewegung aus Farbe und Form werden lässt. So besteht das großformatige Gemälde aus lauter Farbprismen. In ihrer Farbigkeit ineinander übergehende rote und blaue Farbflächen werden von gelben Strahlen durchdrungen und erzeugen bewegte Farbskalen. Scheinwerfern gleich sind sie auf den in einem Farbwirbel aufgehenden Spieler gerichtet. Bereits mit der Größe des Werks ist eine Aussage formuliert, die auf Beeindruckung und Bedeutsamkeit zielt. In Nahsicht macht uns das Bild schwindelig und zieht uns in seinen dynamischen Strudel. Erst nach längerer Betrachtung glaubt man, im unteren Teil einen Fuß in Bewegung und oben rechts den Oberkörper einer Person auszumachen.

Die Prismen lassen in ihrer Bündelung entfernt an die Form eines Balls denken, der sich im Uhrzeigersinn voran bewegt. Dieser Eindruck wird durch die nahezu quadratische Bildform verstärkt, welche die Bewegung wie bei einer Explosion in alle Richtungen zugleich ausgreifen lässt. Die entscheidende ästhetische Qualität des Bildes besteht in der Untrennbarkeit des Spielers mit dem ihn umgebenden Raum. Umgrenzende Linien werden vermieden. Das gemalte Objekt greift in die Dreidimensionalität aus und die in der Bewegung voranschreitende Zeit wird zum Raum.

Das Gemälde gehört zu den frühesten Darstellungen des Fußballs in der italienischen Kunst. Immer wieder griff der Maler auf bewegte Formen zurück und wusste seine Ästhetik kämpferisch zu kommentieren. Gemeinsam mit seinen futuristischen Mitstreitern verfasste er Manifeste, die einer Kampfansage an die Welt von gestern gleichkommen. Bereits im Jahr 1910 schreibt er in seinem »Manifest der futuristischen Malerei«, er wolle den Kult der Vergangenheit, die Obsession für die antike Schönheit und den pedantischen Formalismus der akademischen Kunst zerstören. Boccioni widmete sich in seinem Schaffen auch anderen Sportarten, etwa dem Radrennen. Auch hier zeigt sich sein obsessiver Umgang mit dem Thema der Beschleunigung als einem charakteristischen Merkmal der modernen Welt. *JM*

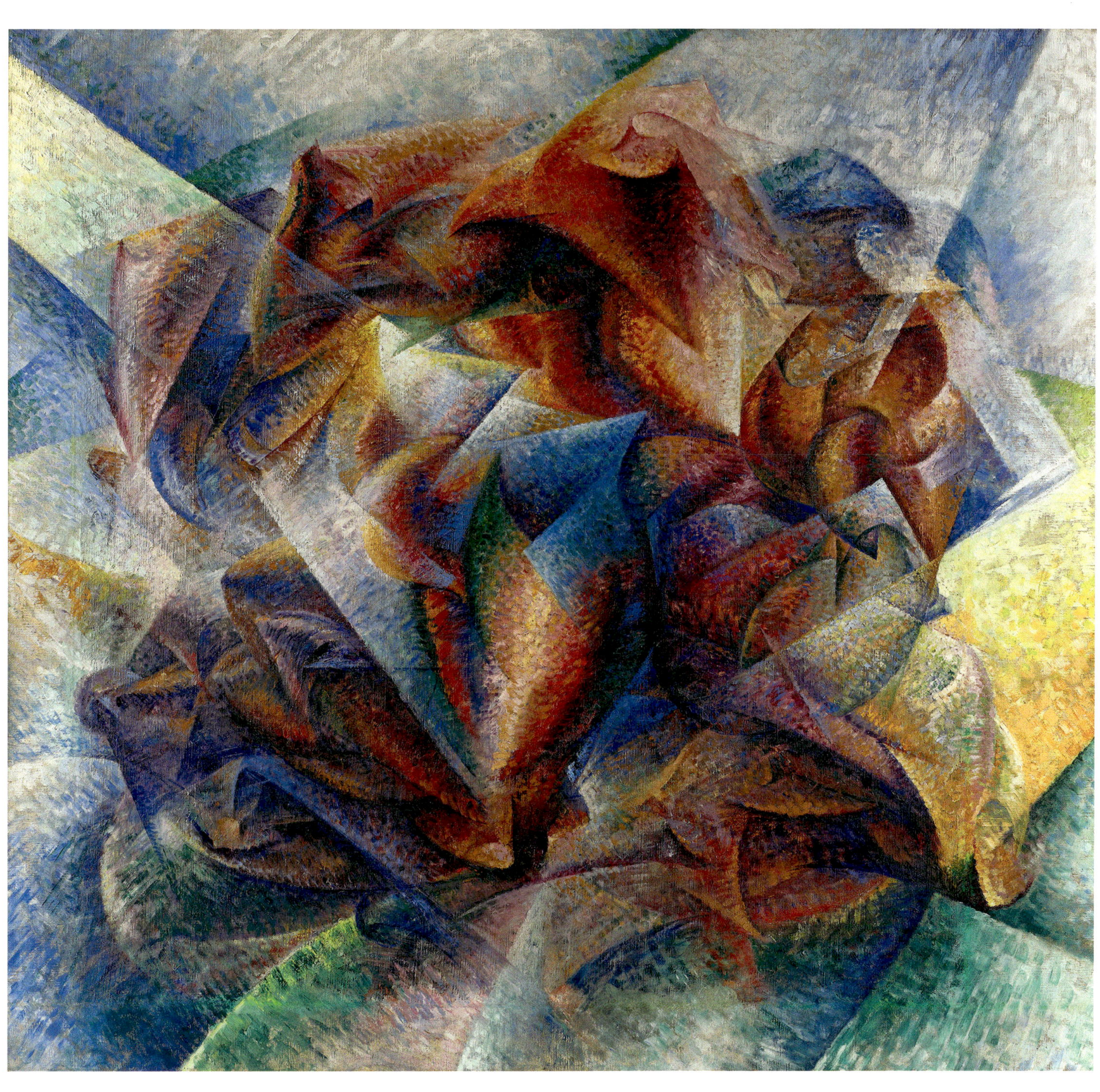

Die Politikerin und das Fußballpublikum

Derek Boshier (*1937, ENG)

1979

Öl auf Leinwand

167 × 145 cm

Flowers Gallery, London

Im Zentrum von Derek Boshiers *Die Politikerin und das Fußballpublikum* steht eine Fußballszene: Es handelt sich erkennbar um eine Pressefotografie und fast wirkt es, als liege diese zufällig auf der Leinwand, deren Gestaltung wiederum an eine Landkarte erinnert. Die Aufnahme zeigt einen Torhüter, der erwartungsvoll in die Knie gegangen ist. Ihm gegenüber schauen zwei Spieler dem Ball nach, der allerdings nicht zu sehen ist. Statt seiner durchziehen rote Linien die Komposition. Als potenzielle Flugbahnen lenken sie die Aufmerksamkeit auf weitere Details.

Gleichzeitig verrät der Titel des Bildes, dass statt der Fußballer eigentlich die Fans im Fokus stehen, die sich zahlreich auf der Tribüne versammelt haben. In dem großformatigen Gemälde werden sie durch unzählige Punkte repräsentiert und ins Verhältnis zu einer Politikerin gesetzt, die das Großbritannien der 1980er-Jahre wie keine andere Person prägte. Dies verdeutlicht eine Ausgabe der *Daily Mail* vom 5. Mai 1979, die von zwei englischen Löwen gehalten wird. »NOW THERE'S WORK TO BE DONE!«, verkündet das Boulevardblatt auf der von Boshier originalgetreu nachgestalteten Titelseite. Das Foto daneben zeigt Margaret Thatcher am 4. Mai vor 10 Downing Street. Mit erhobener Hand winkt die soeben ernannte Premierministerin in die Menge, streng bewacht von einem Polizisten an ihrer Seite. Die in großen Lettern gedruckte Schlagzeile markierte das Ende ihrer kurzen Ansprache; es handelte sich um ein Zitat ihres bei einem Bombenanschlag getöteten Vertrauten Airey Neave, der als Schattenminister für Nordirland vorgesehen war. Welche Arbeit aus Sicht des Künstlers gemeint war, deuten die Blutspritzer unterhalb der Wappentiere an. Im Nordirland-Konflikt etwa stand Thatcher unnachgiebig auf der Seite der protestantischen Unionisten; auch weigerte sie sich, Sanktionen gegen das Apartheidregime in Südafrika zu unterstützen. Mit Simbabwe ist am oberen Bildrand zudem eine britische Kolonie Teil der Karte – zur Verdeutlichung wird das Land, das 1979 an der Schwelle zur langersehnten Unabhängigkeit stand, weiß hervorgehoben. Hände und schematisierte Köpfe deuten weitere Zusammenhänge an, ohne einfache Auflösungen zu bieten. Im Kontext von Boshiers übrigem Œuvre aber, das von einer fortwährenden Überblendung von politischen und popkulturellen Inhalten geprägt ist, ergibt sich durchaus ein Gesamtbild. Darin fungiert der Fußball vor allem als Ersatzreligion der Arbeiterklasse, der die Massen begeistern und von der konservativen Politik ihrer Regierung ablenken soll. Nicht umsonst wird der Sport derart raumgreifend in Szene gesetzt, wobei er Teile der Karte verdeckt.

Der aus Portsmouth stammende Künstler besuchte zuerst die Yeovil School of Art in Somerset. Ab 1959 studierte er am Royal College of Art, wo David Hockney zu seinen Kommilitonen zählte. Neben Peter Blake (Abb. S. 121) gehörte auch Boshier zu einer Gruppe von Vertretern der Pop-Art, die 1962 durch die BBC-Reportage *Pop Goes the Easel* größere Bekanntheit erlangten. Von 1963 bis 1979 lehrte er an verschiedenen Kunsthochschulen. In den 1970er-Jahren wandte er sich vorübergehend anderen Techniken wie Film, Fotografie und Assemblage zu, kehrte jedoch zum Ende des Jahrzehnts wieder zur Malerei zurück. Von 1980 bis 1982 führte ihn eine Lehrtätigkeit nach Houston, seit 1997 lebt er in Los Angeles. *FS*

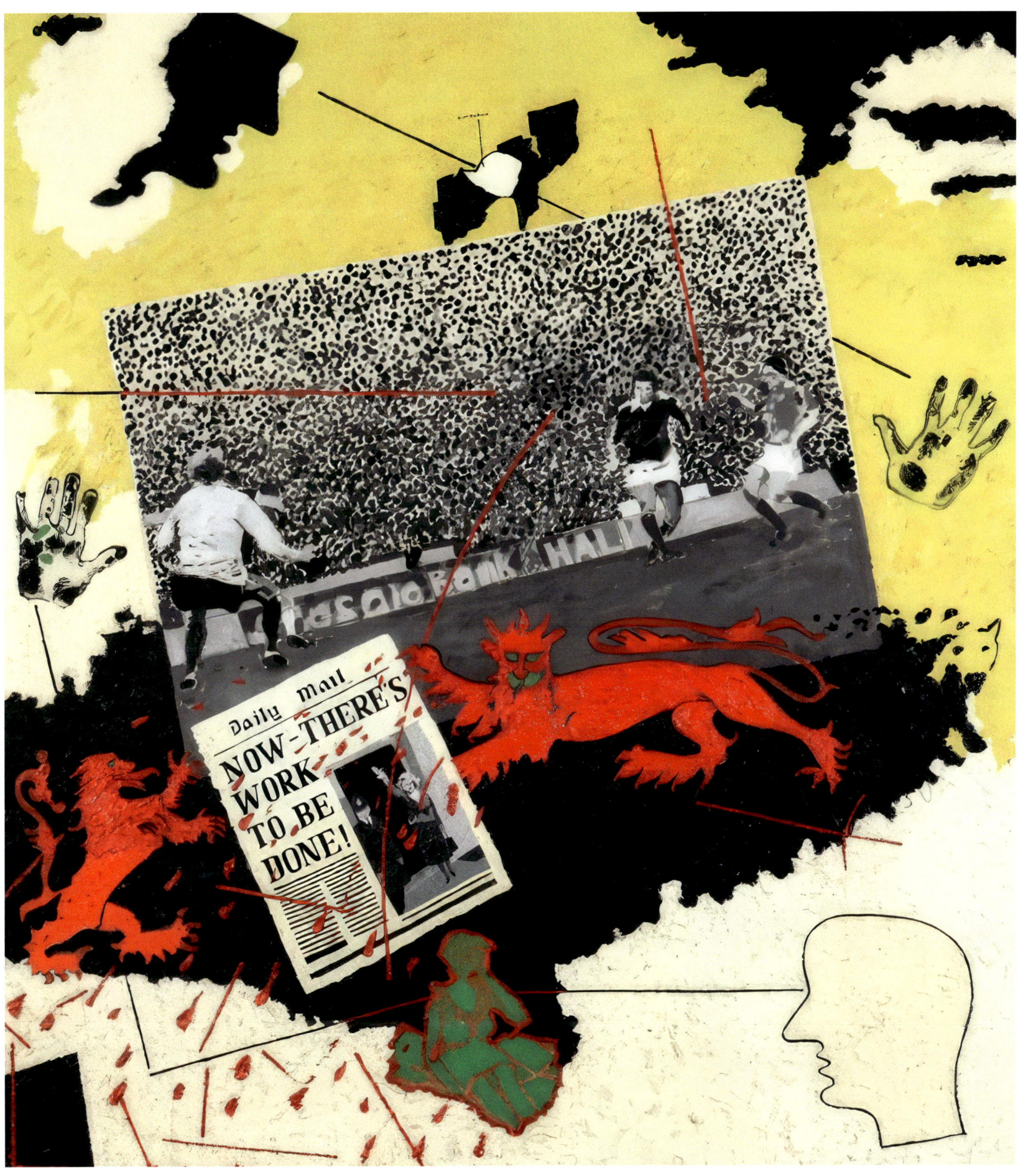
Daily Mail
NOW-THERE'S WORK TO BE DONE!

Die Kunst des Spiels

Michael J. Browne (*1963, ENG)

1997

Öl auf Leinwand

305,5 × 254 cm

National Football Museum, Manchester (Leihgabe von Éric Cantona)

Christusgleich entsteigt Éric Cantona dem Sarkophag, vor dem sich mehrere Mitspieler versammelt haben. Sieht man von seinem stoischen Blick und der Tätowierung auf seiner Brust ab, stört kaum ein Detail die historische Anmutung der Szene, nicht zuletzt da sich im Hintergrund ein Triumphzug den Weg bahnt. Insofern ist der Titel von Michael J. Brownes monumentalem Gemälde trügerisch. Immerhin lässt die Darstellung jeglichen Verweis auf den Fußballsport vermissen. Stattdessen thematisiert *Die Kunst des Spiels* Manchester Uniteds Rückkehr auf die große Fußballbühne rein allegorisch unter Rückgriff auf zwei Meisterwerke der italienischen Renaissance.

So hat der britische Künstler neben der Pose auch die Attribute des Protagonisten aus Piero della Francescas um 1463 entstandenem Fresko *Die Auferstehung* entlehnt – ja selbst scheinbare Anspielungen wie der prominent aufgesetzte Fuß und das vermeintlich englische Banner geben sich als bloße Übernahmen zu erkennen. Dagegen weichen die modernen Gesichter der vor dem Grab lagernden Männer erkennbar vom Original ab: Anstelle schlafender Soldaten bewachen nunmehr Nicky Butt, David Beckham sowie Phil und Gary Neville den auferstandenen Cantona. Über dessen Kopf ist der Nimbus der Christusfigur einem Lorbeerkranz gewichen, der zu einer zweiten Erzählung im Hintergrund überleitet.

Bis hin zum abschließenden Triumphbogen hat sich der Maler hierfür von einem 1488 entstandenen Werk Andrea Mantegnas inspirieren lassen, das den siegreichen Julius Cäsar in seinem Streitwagen zeigt. Bei Browne wiederum ist es kein geringerer als Alex Ferguson, der als Spiritus rector des Erfolgs noch über Cantona thront; auch er wird mit einem Lorbeerkranz geehrt. In seiner 26 Jahre währenden Amtszeit als Manager von Manchester United war es dem Schotten gelungen, insgesamt 13 nationale Meistertitel zu gewinnen – vier davon gemeinsam mit dem französischen Enfant terrible, dessen Verpflichtung er 1992 verantwortet hatte.

Das Bild erzählt aber noch eine weitere Geschichte, saß Cantona während der Entstehung doch gerade eine achtmonatige Sperre ab, nachdem er einem Fan als Reaktion auf eine rassistische Beleidigung einen Fußtritt verpasst hatte. Insofern bezieht sich *Die Kunst des Spiels* nicht nur auf die ›Wiederauferstehung‹ des Clubs, sondern auch auf die ersehnte Rückkehr des Schlüsselspielers, der dem Künstler während der Zwangspause Porträt stand. Unmittelbar nach der Fertigstellung erwarb Cantona das Gemälde; im selben Jahr beendete er seine Karriere überraschend mit nur 30 Jahren.

Bevor Michael J. Browne sein Studium an der Chelsea School of Art und der Manchester Metropolitan University absolvierte und mit allegorischen Darstellungen von Sportlegenden Bekanntheit erlangte, wuchs er in Moss Side, im Süden Manchesters auf, weniger als zwei Kilometer von Old Trafford entfernt. Umso nachvollziehbarer ist es, dass er die Frage nach der Kunst des Spiels mit einer Darstellung Cantonas beantwortet, jenem Akteur, der wie kein anderer für Manchesters Triumphe der 1990er-Jahre steht. Im Unterschied zu seinen Teammitgliedern ist er in der Komposition denn auch längst nicht mehr Teil der irdischen Sphäre. Nur einem weiteren United-Spieler ließ der Maler in der Folge eine ähnliche Ehre zuteilwerden: Für seine Darstellung George Bests griff er 2009 auf Raffaels *Transfiguration* zurück. *FS*

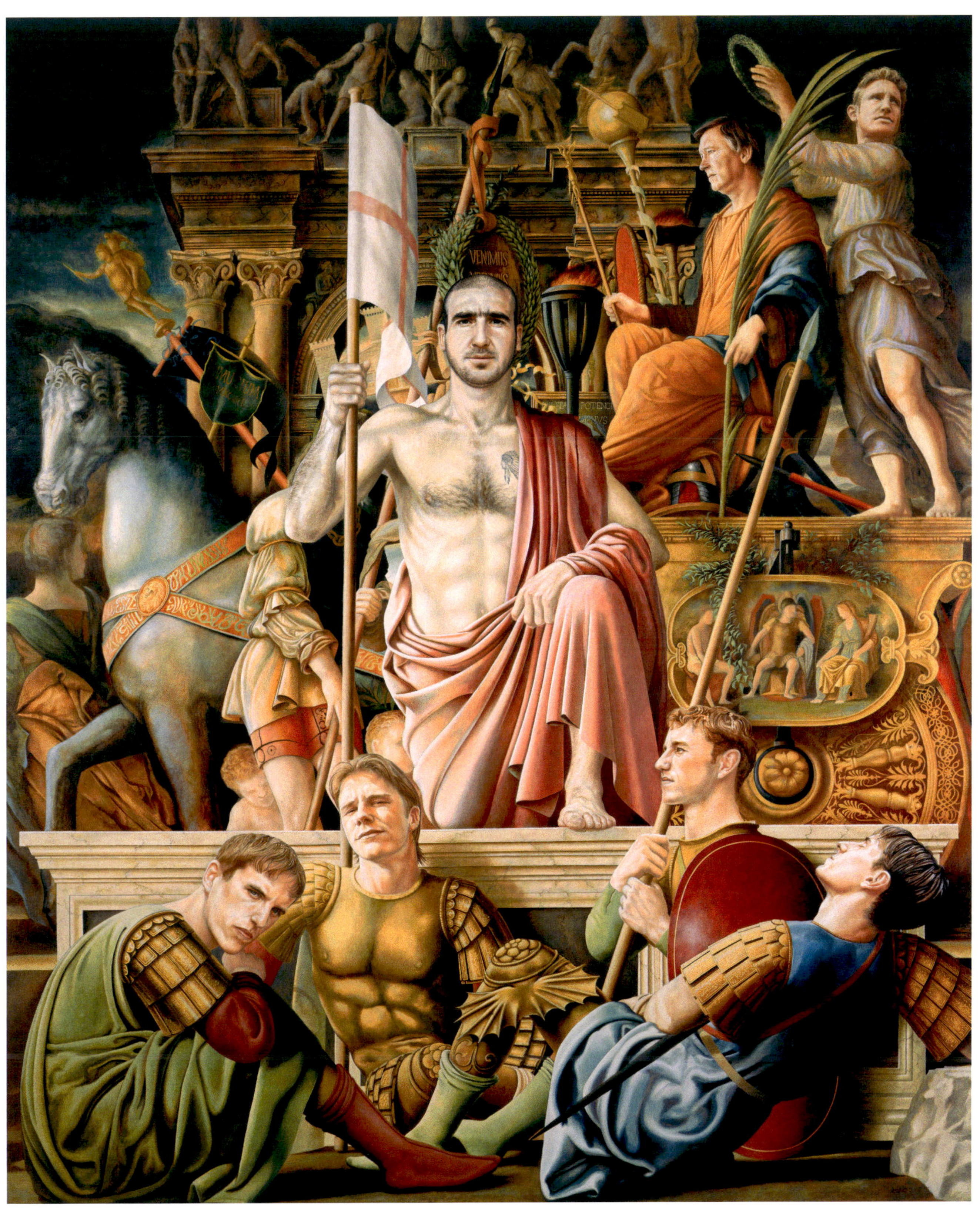

Fußballspiel

Carlo Carrà (1881–1966, ITA)

1934

Öl auf Leinwand

100 × 69 cm

Galleria Comunale d'Arte Moderna, Rom

Carlo Carràs Darstellung eines Fußballspiels aus dem Jahr 1934 zeigt fünf Spieler in einer Torraumszene. Dabei wird der Keeper durch sein rotes Trikot besonders hervorgehoben. Er ist herausgelaufen und versucht, den hereinfliegenden Ball abzuwehren. Drei Spieler im azurblauen Trikot sind zum Kopfball hochgesprungen und bemühen sich, an den Ball zu gelangen oder die Aktion zumindest zu behindern. Der Künstler hat darauf verzichtet, den Umraum näher zu charakterisieren. Lediglich eine Linie, die den Sechzehnmeterraum markiert und die Pfosten des Tores sind angedeutet. Der Hintergrund wird aus weiß-blauen und grünroten Farbtupfern gebildet, wobei der Übergang vom Boden in den Himmel kaum markiert ist. Auf diese Weise erscheinen die schematisierten und gelängten Körper der Spieler in der Luft zu schweben. Es ist, als würden sie immer weiterfliegen, ohne je auf die Erde zurückkommen zu müssen. Durch die farbliche Angleichung der azurblauen Sportbekleidung mit dem Hintergrund wird noch einmal deren Leichtigkeit inszeniert. Zugleich nimmt das Bild aber auch auf die Trikots der italienischen Nationalmannschaft Bezug.

Schwerelosigkeit und Überwindung der Erdenschwere waren zentrale Themen des italienischen Futurismus, zu dessen Protagonisten Carrà ursprünglich gehörte. Dann aber wandte er sich einer an der italienischen Trecento-Kunst orientierten Figurenmalerei zu. Die dynamischen Flug- und Aufwärtsbewegungen erinnern zwar an seine künstlerischen Anfänge, nutzen aber keine abstrakt-futuristische Bildästhetik. Vielmehr schafft der Künstler eine ausgeklügelte Geometrie, die in der Verwendung zahlreicher Diagonalen mit einer aufwärtsstrebenden Tendenz besteht. So werden die Gliedmaßen der Fußballer im Bild festgehalten und zwischen dessen Grenzen verspannt. Besonders dem Torwart mit seinen weit ausholenden Bewegungen kommt in dieser Hinsicht eine zentrale Funktion zu. Der roten Farbe seines Trikots eignet dabei eine gewisse Ambivalenz. Sie lässt den Keeper plastischer, aber auch schwerer als seine Gegenspieler erscheinen. Gleichwohl ist es sein Aufwärtsstreben, das im Unterschied zu dem der anderen Spieler noch nicht beendet ist. Er springt höher hinaus als seine Gegenspieler. Der dargestellte Spielmoment bleibt allerdings offen. Wir wissen nicht, ob es zu einem Tor kommen wird. Nichts ist entschieden. Der Ball schwebt in der Luft. Das Bild besitzt eine wohldurchdachte formale Komposition. Die Schwerkraft scheint überwunden. Der Mensch ist Spieler und Flieger zugleich.

Dieser formalen Deutung lässt sich eine historische Erklärung hinzufügen, gewann die italienische Nationalmannschaft doch im Jahr 1934 die Fußballweltmeisterschaft. Der 1881 geborene Carrà hat unterschiedliche Stilphasen durchlaufen. Er gehörte zu den Begründern des Futurismus, hat sich aber bereits 1915 von dem Kreis distanziert. 1917 gründete er mit Giorgio de Chirico die »Scuola metafisica« (Pittura metafisica) und blieb der gegenständlichen Malerei verpflichtet. Er starb 1966 in Mailand. *JM*

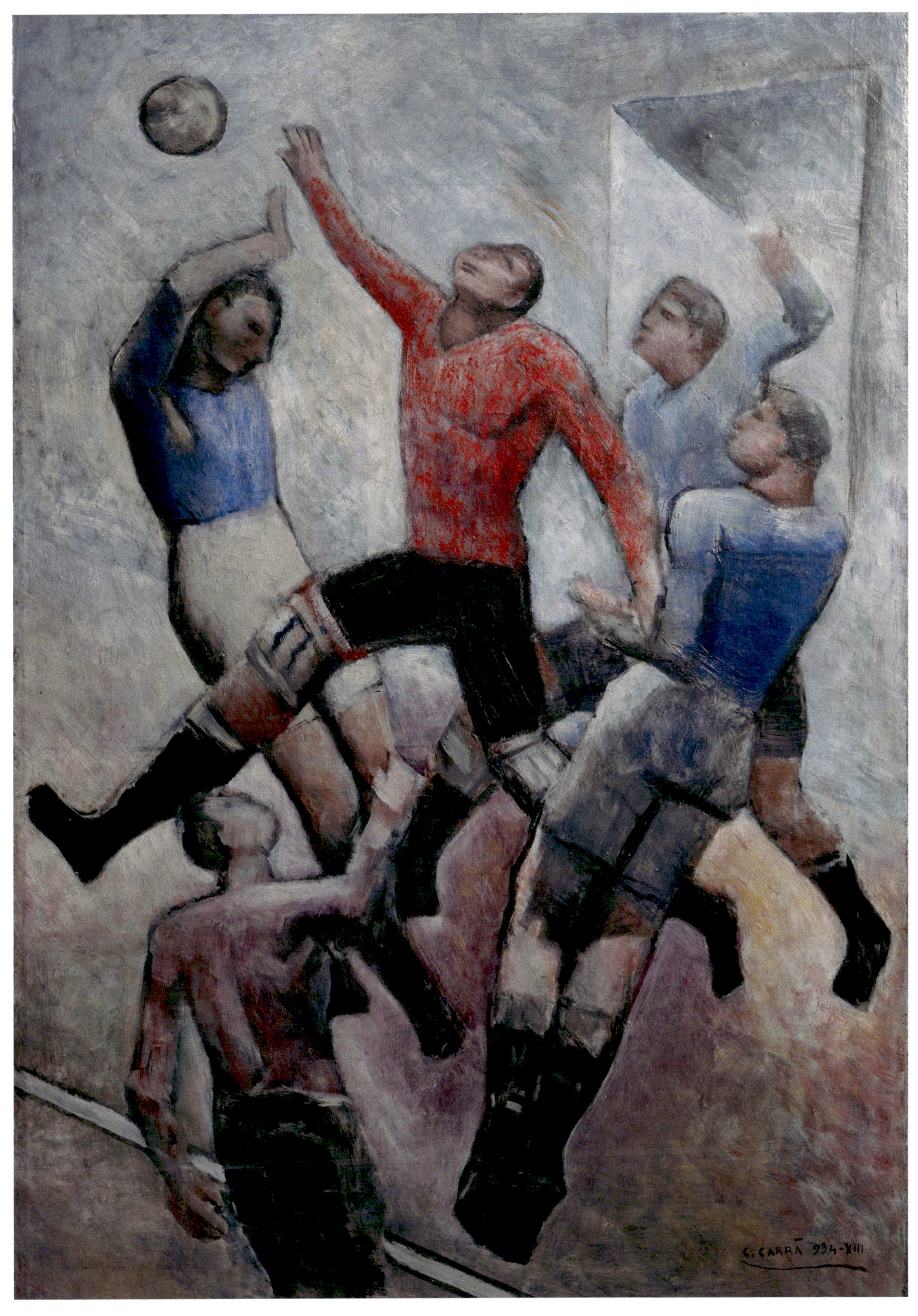
C. CARRÀ 934-XIII

Das Spiel des Jahres

Ithell Colquhoun (1906–1988, ENG)

1953

Öl auf Leinwand

122 × 86 cm

National Football Museum, Manchester

Das abstrakte Gemälde *Das Spiel des Jahres* von Ithell Colquhoun aus dem Jahr 1953 stellt im Werk der britischen Künstlerin eine Ausnahme dar. Die surrealistische Malerin nutzt für ihr Bild den Effekt der Klappsymmetrie. Ein- und dieselbe Figur ist aus zwei identischen Hälften gebildet, die sich lediglich durch eine veränderte Farbgebung unterscheiden. Auf diese Weise entsteht eine paradoxe Konstruktion von mit- und gegeneinander lesbaren geometrischen Formen. Zum einen kann man die aus lauter Rechtecken, Quadraten und einem Kreis zusammengesetzte Figur frontal als eine Art Fußballroboter lesen, auf dessen Kopf sich ein Ball befindet und vor dessen Beinen die beiden Tore stehen. Zum anderen wird die Figur zugleich aus zwei Spielern gebildet, die sich sozusagen Nase an Nase gegenüberstehen und sich im Wettstreit befinden. Durch dieses Paradox entsteht eine Kippfigur, die unsere Wahrnehmung bestimmt. Mutet die Figur der Fußballer in ihrer Konstruiertheit zunächst auch absolut rational an, so liegt ihrer Identität doch ein innerer Widerspruch zugrunde. Dies machen auch die jeweils gegenüberliegenden Farbfelder deutlich, die entweder eine hellere oder dunklere Farbnuance aufweisen oder sich farblich komplementär zueinander verhalten. Ein wichtiges Detail bildet der Ball am oberen Bildrand, der sich nur deshalb in einer Ruheposition befinden kann, weil beide Spieler untrennbar zu einer Figur zusammengeschweißt sind und diesen gemeinsam auf ihren Köpfen balancieren. Im Verhältnis zu Figur und Ball erscheinen die Tore zu klein und stellen eine Metapher für die unterschiedlichen Ziele beider Spieler dar. Würde man deren äußere Form am unteren Rand um den braunen Streifen ergänzen, ergäbe sich eine fast quadratische Form.

Der Titel des Werks stellt eine bewusste Irreführung dar und ist ironisch zu verstehen. Man glaubt es mit einer Anspielung auf ein Meisterschaftsspiel zu tun zu haben, aber in Wirklichkeit ist von der dualen Natur des Menschen die Rede – seiner hellen und dunklen Seite, die ihn gleichermaßen ausmachen. Dem Ball kommt die Funktion zu, eine höhere, transzendente Realität zu verkörpern, die gerade im Zusammenspiel beider Möglichkeiten des Lebens besteht. Man könnte das Bild im Sinne der Opposition von Verstand und Gefühl auffassen, auch andere Gegensätze, die das Menschsein bestimmen, sind denkbar.

Colquhoun wurde 1906 in Shillong in Britisch-Indien geboren und studierte Kunst an der Slade School of Fine Art in London. Sie setzte sich mit dem Werk von Salvador Dalí auseinander und hatte zahlreiche Ausstellungen in England und Deutschland. Die Künstlerin war zunächst den Surrealisten verbunden, bis sie wegen ihrer alchemistischen und anderen hermetischen Studien ausgeschlossen wurde. Sie war nicht nur als Malerin, sondern auch als Schriftstellerin tätig, veröffentlichte Texte zur Magie und beschäftigte sich mit dem Tarotspiel. Parallel zu ihrer künstlerischen Tätigkeit wirkte sie in verschiedenen Geheimgesellschaften wie den Rosenkreuzern. Ithell Colquhoun starb 1988 in Cornwall.

JM

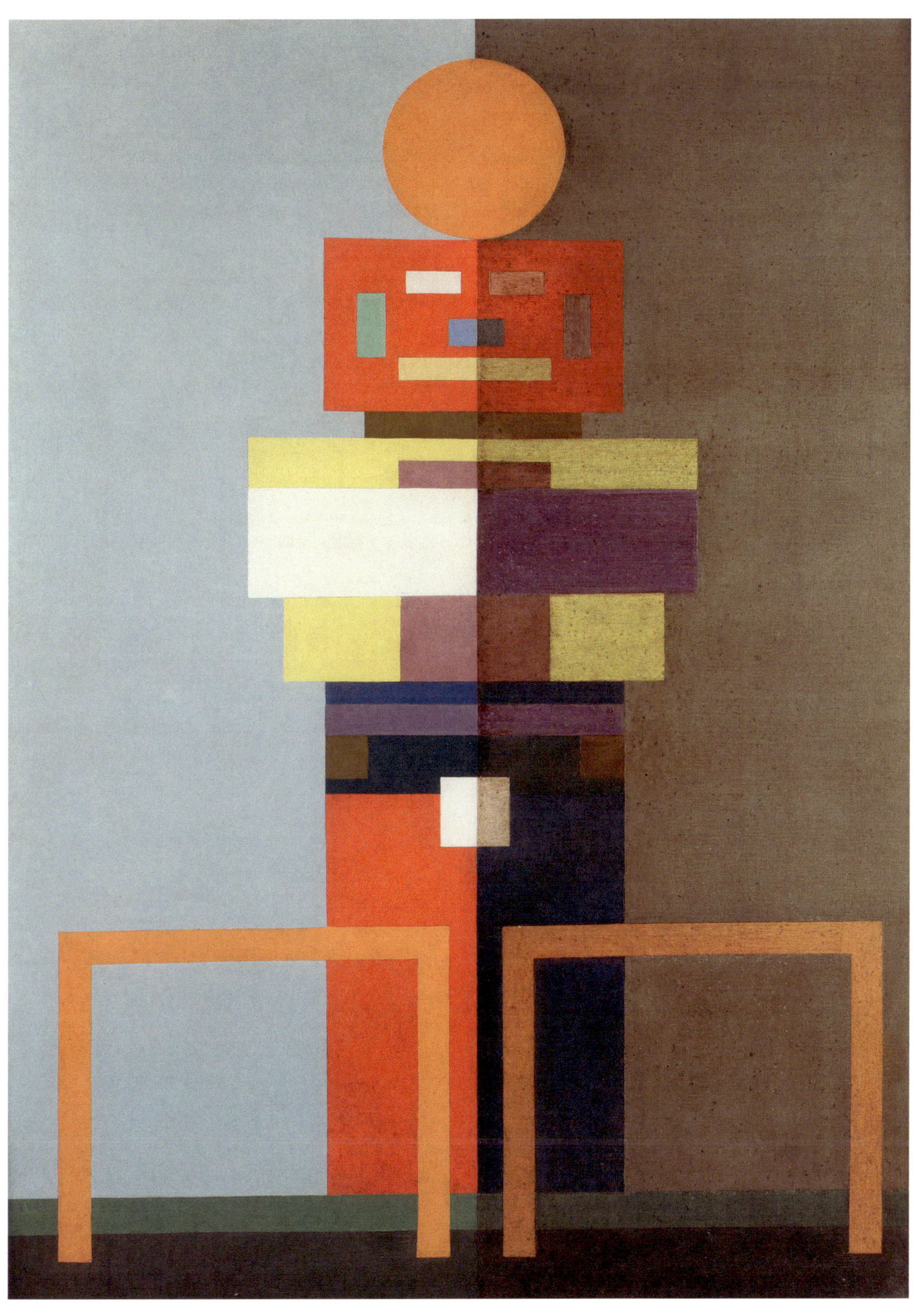

Armchair Supporters

P J Crook (eigtl. Pamela June Crook, *1935, ENG)

2004

Acryl auf Karton

71 × 71 cm

Privatbesitz

Eng gedrängt sitzen die *Armchair Supporters* vor dem Fernsehgerät, um gemeinsam eine Fußballübertragung anzusehen. Gebannt und mit offenen Mündern starren die Männer auf die Mattscheibe. In ihrer Anspannung entgeht ihnen, welche Komik in diesem Moment von ihnen ausgeht. Verantwortlich hierfür ist nicht nur der Hund, der die Partie scheinbar ebenso verfolgt, sondern auch die Simultaneität, mit der die drei ihre Bierdosen erhoben und im gleichen Moment innegehalten haben, weil eine Spielszene ihre Aufmerksamkeit einfordert.

In P J Crooks Œuvre finden sich zahlreiche Werke, die Menschen bei der Betrachtung von Sportereignissen zeigen. Wie ironisch der Umgang der britischen Künstlerin mit dem Sujet ausfällt, offenbart das 2006 entstandene Gemälde *Die Anbetung (The Adoration)*, bei dem es sich, entgegen der durch den Titel geschaffenen Erwartung, um eine Pubszene handelt, innerhalb derer die quasi-religiöse Verehrung der Gäste lediglich einer ausgestrahlten Fußballpartie gilt. Das zwei Jahre früher entstandene *Armchair Supporters* widmet sich im kleineren Umfang einer ähnlichen Situation und bringt zugleich pointiert auf den Punkt, wie sich der ›Fußballkonsum‹ im Laufe der Zeit verändert hat. Denn während sich englische Vereine in den 1930er-Jahren noch gegen die vermeintliche Konkurrenz durch Radioübertragungen zur Wehr setzten, profitieren sie heute von stetig wachsenden Fernsehgeldern. Entsprechend schauen viele Anhänger die Spiele heute statt im Stadion bequem vom heimischen Wohnzimmer aus. In diesem Sinne lässt sich Crooks Bild auch als kritische Auseinandersetzung mit der zunehmenden Kommerzialisierung des Profifußballs in Großbritannien lesen. Schließlich stellten höhere Fernsehgelder 1992 das wichtigste Argument für die Gründung der Premier League dar, mit der eine Abspaltung von der Football League einherging. In der Folge fand eine weitgehende Verlagerung von Live-Spielen ins Bezahlfernsehen statt, eine Entwicklung, die seitdem auch in anderen Ländern zu beobachten ist. Der gemeinsame Fernsehnachmittag in Crooks Komposition erscheint als direkte Konsequenz daraus. Aus Stadionbesuchern sind Abonnenten geworden, die sich nur zusammenschließen, um Geld zu sparen.

Mit der Enge des Ausschnitts und dem quadratischen Format des Werks fängt die Malerin diesen Wandel auch formal ein, wobei der bemalte Rahmen, der typisch für Crooks Arbeiten ist, zum Äquivalent einer seitlich abgerundeten Bildröhre wird. Zusätzlich lassen sich auf dem Rand, in der linken oberen Ecke, drei noch verschlossene Bierdosen ausmachen, die die Passivität der Protagonisten untermauern.

Durch seine komische Dimension fügt sich das Werk perfekt in Crooks Schaffen ein. Die aus Cheltenham stammende Malerin und Bildhauerin absolvierte ihr Studium ab 1960 am Gloucestershire College of Art. Bis heute lebt und arbeitet sie in der Grafschaft im englischen Südwesten. Typisch für die Künstlerin sind humoristische Alltagsszenen, die sich durch eine naive Anmutung und subtile Anspielungen auf die Kunstgeschichte, insbesondere auf den Surrealismus, auszeichnen. *FS*

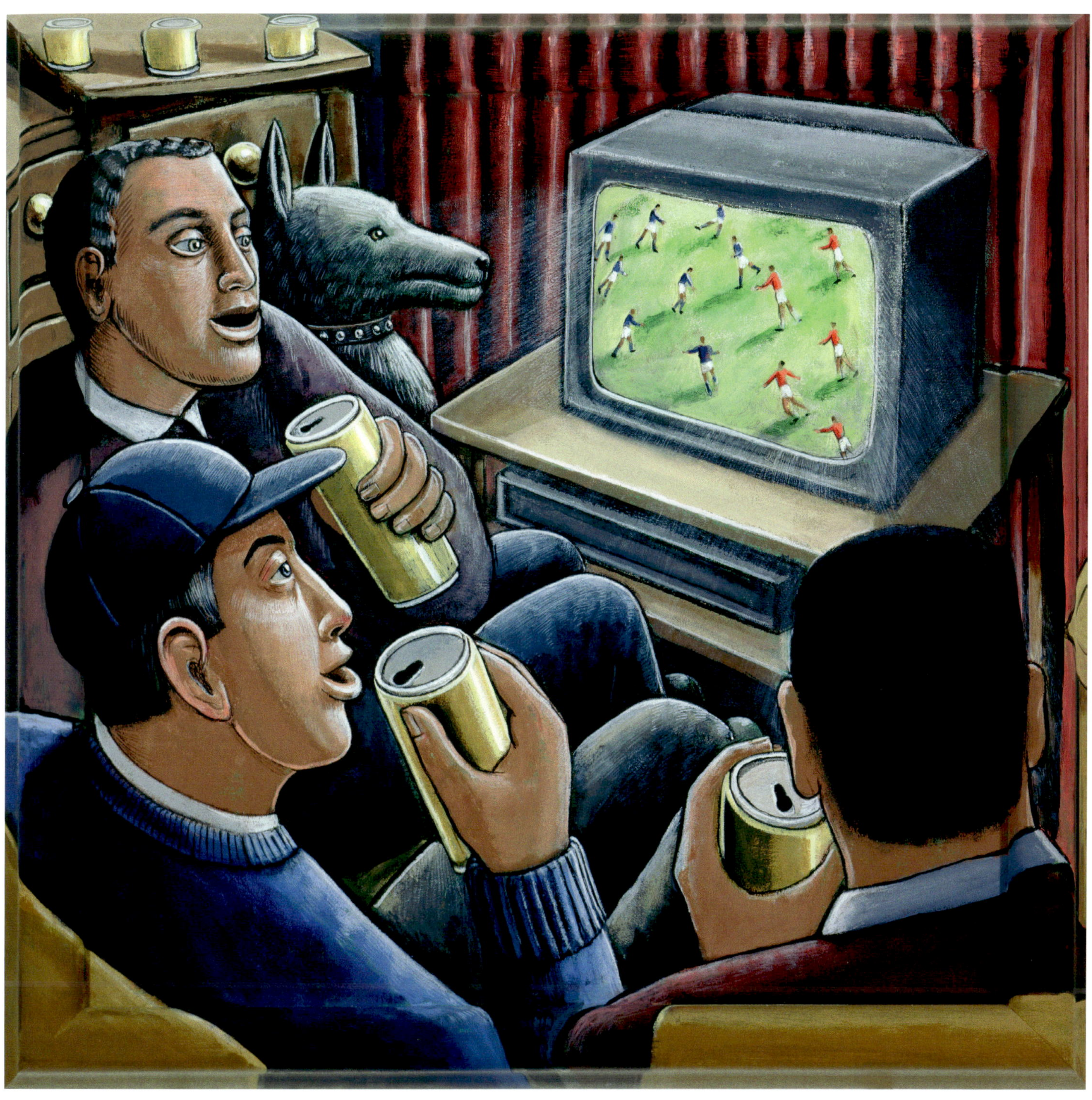

Ein Chelsea-Pokalspiel, Stamford Bridge

Charles Cundall (1890–1971, ENG)

1923

Öl auf Sperrholz

37,7 × 46,1 cm

Manchester Art Gallery

Charles Ernest Cundalls 1923 entstandenes Stadionpanorama *Ein Chelsea-Pokalspiel, Stamford Bridge* gehört zu den frühesten Werken seiner Art und kann als Paradebeispiel für die Fähigkeit des englischen Künstlers gelten, Massenzusammenkünfte mit großer Intensität und außerordentlicher Realitätsnähe wiederzugeben. Aus der Supertotalen verfolgen wir eine Partie an der Stamford Bridge, seit 1905 Heimat des Chelsea FC. Aufgrund unseres Standpunktes ober- und außerhalb der Südtribüne überblicken wir nahezu das ganze Rund.

Vordergründig zeichnet sich das Gemälde durch eine große Realitätstreue aus, die, neben der Stadtkulisse am Horizont, auch die umlaufenden Werbetafeln berücksichtigt. Den vorderen Abschluss der Komposition bildet der aufgeschüttete Hang der Traverse, die, wie die stehende Männergruppe rechts, weitgehend im Dunkel bleibt. Hierdurch wird der Fokus auf die besondere Lichtstimmung und das Geschehen im Inneren des Stadions gelenkt, das sogar mit einer konkreten Begegnung in Verbindung gebracht werden kann. Entstehungsjahr und Titel des Werks verweisen auf ein Pokalspiel; am 3. Februar 1923 trafen die »Blues« im heimischen Stadion auf den FC Southampton, dessen rot-schwarze Trikots deutlich zu erkennen sind. Das vor 67 000 Zuschauern ausgetragene Duell endete torlos. Darüber hinaus handelt es sich bei Stamford Bridge aber auch um eine für den Wettbewerb wichtige Spielstätte. So wurden die FA Cup Finals nach dem Ende des Ersten Weltkriegs zunächst an der Fulham Road ausgetragen, erfolgte die Fertigstellung des Wembley Stadiums doch erst 1923.

Letztlich spielen sportliche Details bei Cundall jedoch eine untergeordnete Rolle. Das zeigt schon der gewählte Ausschnitt, der den an der damaligen Haupttribüne präsenten Klubnamen bewusst ausblendet. Stattdessen konzentriert sich der Künstler in *Ein Chelsea-Pokalspiel*, wie in all seinen Stadionszenen, auf eine wirkmächtige Zurschaustellung des Ereignisses. Augenfällig ist, wie Architektur und Personal dabei miteinander verschmelzen. Noch dazu stellt das Bild eine deutliche Distanz zum Geschehen her, wodurch es, trotz seines vergleichsweise kleinen Formats, einen monumentalen Eindruck hinterlässt. Um diesen noch zu steigern, hat Cundall die Ränge deutlich steiler inszeniert als sie zum damaligen Zeitpunkt waren. Dies gilt vor allem für die Gegentribüne am linken Rand, deren Schattenwurf, im Sinne einer optischen Vergrößerung, das halbe Spielfeld verdunkelt.

Der aus Lancashire stammende Künstler betätigte sich als Designer für Keramik und Glasmalerei, bevor er an der Manchester School of Art und dem Londoner Royal College of Art Malerei studierte. Durch eine Verwundung im Ersten Weltkrieg war der Rechtshänder gezwungen, fortan mit links zu malen. Auf den Besuch der Slade School of Art folgte ein Aufenthalt in Paris. Größere Bekanntheit erlangte Cundall schließlich mit Panoramadarstellungen, in denen er Jahrmärkte und Stadtkulissen mit der gleichen Präzision und Dynamik einzufangen vermochte wie Kriegsschauplätze. Folgerichtig war Cundall während des Zweiten Weltkriegs als offizieller britischer Kriegsmaler tätig. Mit seinen Sportbildern, zu denen auch Darstellungen von Regatten und Pferderennen gehören, vertrat er Großbritannien zudem mehrfach bei olympischen Kunstwettbewerben. *FS*

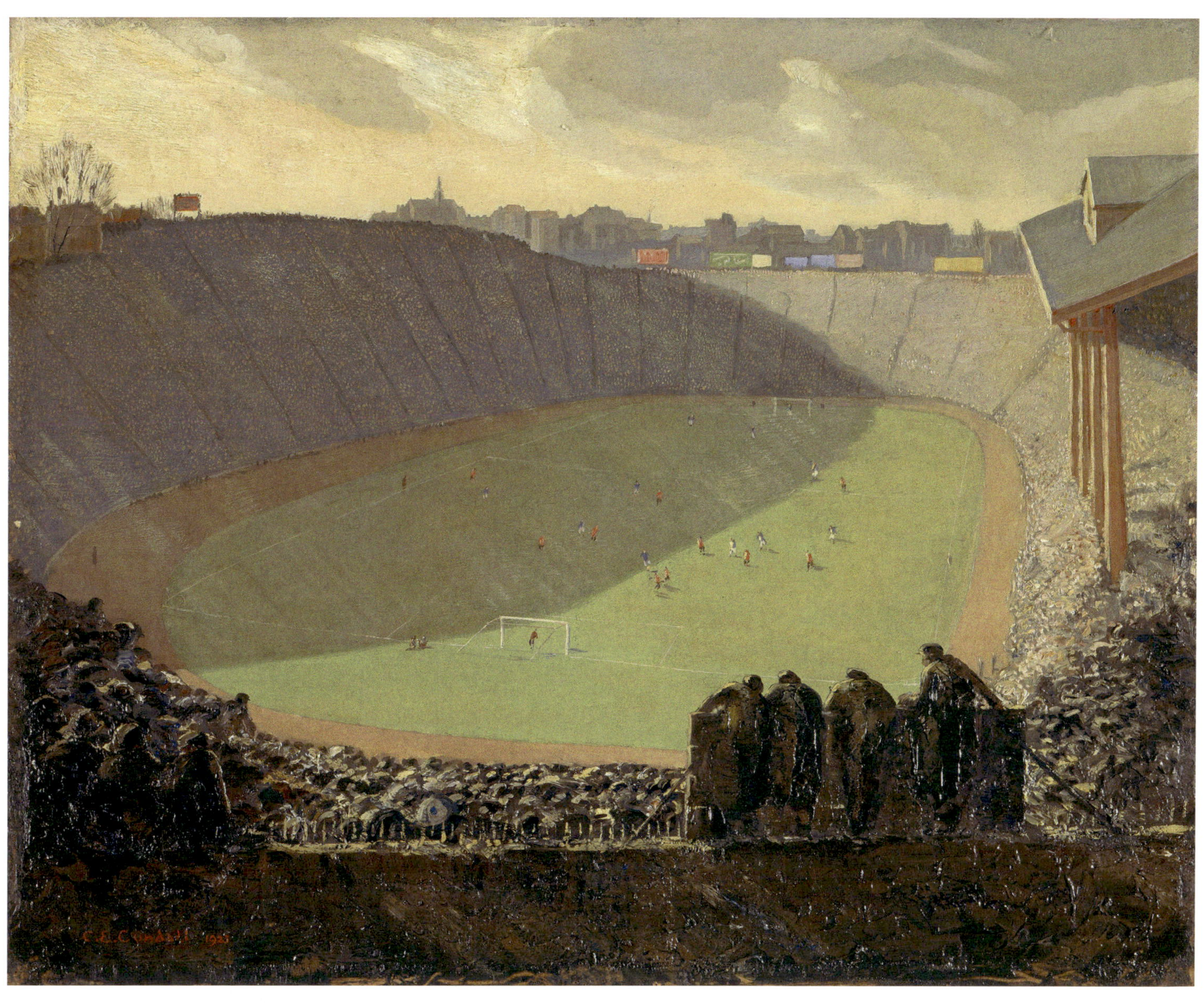

Fußballspieler

Giulio D'Anna (1908–1978, ITA)

1933

Bleistift auf Papier

24,5 × 18 cm

Galleria Carta Bianca fine arts, Catania

Im Jahr 1909 war mit Filippo Tommaso Marinettis »Futuristischem Manifest« ein Programm entstanden, mit dem die Forderung nach einem neuen Idealbild des Künstlers einherging. Der zuerst am 5. Februar in der *Gazetta dell'Emilia* in Bologna erschienene Text formuliert radikale Thesen über die Schönheit des 20. Jahrhunderts. Der Künstler wird auf eine moderne Weltanschauung verpflichtet, die durch Geschwindigkeit und Dynamik bestimmt sein soll. Rennwagen und Boxkämpfe erscheinen als attraktive Themen, Künstler werden zu kämpferischen Helden idealisiert und Museen zu Friedhöfen erklärt. Mit Marinettis Manifest wird zugleich die Forderung einer nationalen Kunst formuliert. Er propagiert eine patriotische, kampfbereite Avantgarde, die Kunstwerke im Licht militärischer Eroberungen erscheinen lässt.

Dieser aggressive Enthusiasmus bestimmt auch die großformatige Zeichnung von Giulio D'Anna. Der süditalienische Künstler gehört zu jener Gruppe von Malern, die man als zweite Generation des italienischen Futurismus bezeichnen könnte. Er entwickelt mit der L'areopittura (Flugmalerei) einen neuen Aspekt futuristischer Ästhetik. Dabei handelt es sich um den Versuch, die Schönheit der Flugzeuge und die durch sie mögliche Sicht auf die Welt zu verherrlichen.

Seine 1933 entstandene Zeichnung eines Fußballspielers zeigt den Akteur mit Muskeln bepackt. Er scheint nicht nur nach vorn, sondern auch nach oben zu streben. »Schönheit«, so schreibt Marinetti, »gibt es nur im Kampf«, und so darf man durchaus feststellen, dass dem dynamischen Athleten etwas Martialisches eignet. Er ist alles zugleich: Fußballer, Kämpfer, Gipfelstürmer. In formaler Hinsicht wird das Bild durch eine von links unten nach rechts oben führende Diagonale bestimmt. Entlang dieser dynamischen Aufwärtsbewegung ereignet sich die Aktion des Fußballers, der den Ball führt und seinen linken Arm weit nach hinten und den rechten Unterarm nach vorn ausstreckt. Die Hand ist zur Faust geballt. Der Körper des Athleten setzt sich aus zahlreichen bewegten kubischen und halbrunden Formen zusammen, deren helle und dunkle Flächen zu einer rhythmischen Bewegung verdichtet werden. Dadurch wird die menschliche Gestalt vom Eindruck des Mechanischen überformt. Die Bewegtheit des Balls wird durch Halbkreise betont, die sich um das Leder schmiegen und die Vorwärtsbewegung verdeutlichen. Am rechten Fuß des Spielers beginnt ein leicht gebogener Streifen, der durch eine angedeutete Linie unterbrochen wird.

Auf diese Weise kann D'Anna zugleich eine Vorstellung von der Weite des Platzes vermitteln, dessen Oberfläche konkav erscheint. Für die Darstellung des Raums ist die Form des Balls bestimmend. Wie dessen Nähte erscheinen die Linien, welche die Spielfläche dynamisch durchziehen. Mit der konkaven Rundform spielt der Künstler nicht nur auf den Fußball, sondern auch auf die Kugelgestalt der Erde an, die erobert sein will. Der Zeichnung eignet eine monumentale Wirkung. Sie erscheint wie eine Verherrlichung physischer Stärke und des Willens zum Sieg. Zugleich haben wir es mit jener Variante moderner Kunst zu tun, die das Spiel in politischer Hinsicht instrumentalisiert und zu einer Legitimation kriegerischer Handlungen werden lässt. *JM*

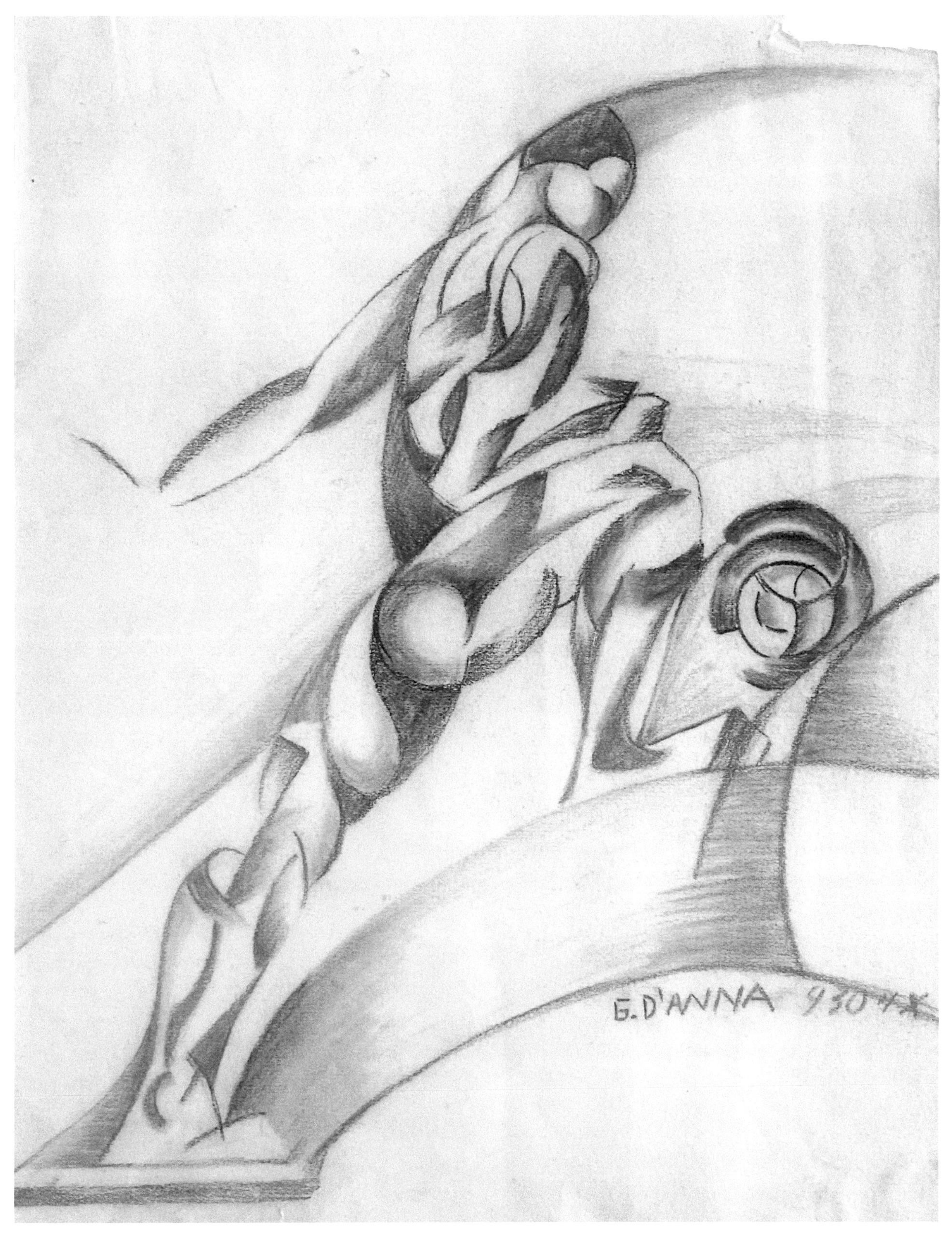
G. D'ANNA 930

Kampf um den Ball
Paweł Dadlez (1904–1940, POL)

1936

Öl auf Karton

72 × 102 cm

Museum of Sports and Tourism, Warschau

Obwohl Paweł Dadlez' 1936 entstandenes Werk *Kampf um den Ball* eine Strafraumsituation zeigt, handelt es sich nicht um eine typische Fußballdarstellung. Großen Anteil daran hat die ungewöhnliche Inszenierung des Sujets, die Anklänge an die klassische Historienmalerei erkennen lässt. Diese betreffen zuallererst die Spieler, deren alleiniger Fokus dem Ball gilt, der hoch über ihren Köpfen schwebt. Fasziniert fixieren sie die Kugel, ja einige der Akteure weichen sogar vor ihr zurück, wobei ihre theatralisch anmutenden Gesten an stürzende Figuren auf einem Schlachtengemälde erinnern. Auch der zentral am Boden liegende Mann fügt sich kaum in das moderne Bildthema ein. Indem er andächtig und mit geöffnetem Mund zu dem Ball aufschaut, deutet er an, dass es sich bei dem Spielgerät eigentlich um einen Himmelskörper und die Quelle jenes Lichtscheins handelt, der sich auf seinem Körper abzeichnet.

Die Ambivalenz spiegelt sich zusätzlich in der Aktion des Torwarts, der sich durch seine Kopfbedeckung vom übrigen Personal unterscheidet. So verraten seine nach oben gerissenen Arme nicht, ob er schlicht den Ball abwehrt oder sich vor der Strahlkraft der Kugel zu schützen versucht. Vergleichbare inhaltliche Konnotationen finden sich zwar auch in weiteren Fußballbildern, etwa bei Alexander Deinekas *Fußballspieler* (Abb. S. 147) aus dem Jahr 1932. Im Unterschied zum Werk des russischen Malers aber bleibt die Überhöhung des Motivs bei Dadlez unhinterfragt bestehen.

Darüber hinaus trägt auch der äußere Rahmen zur Wirkung des Bildes bei, lässt doch der Schauplatz, abgesehen vom Tor am linken Bildrand, jegliche Charakteristika eines Fußballfeldes vermissen. Stattdessen vermittelt die diffuse Lichtsetzung den Eindruck, die Partie finde auf einem Plateau statt, in dessen Hintergrund eine weitläufige Landschaft fließend in ein Wolkenmeer übergeht.

Eine Erklärung sowohl für die repräsentative Malweise als auch für die inhaltliche Aufladung könnte der Entstehungskontext des Werks liefern. Immerhin gehörte *Kampf um den Ball* zu den polnischen Einreichungen für den Kunstwettbewerb der Olympischen Spiele 1936 in Berlin, wo es unter dem vereinfachenden Titel *Fußball* ausgestellt wurde. Während der polnische Bildhauer Józef Klukowski für sein Relief einer umkämpften Fußballpartie mit der Silbermedaille geehrt wurde, ging Dadlez in der Kategorie Malerei leer aus.

Dessen künstlerische Laufbahn hatte ihren Anfang 1922 an der Akademie der Schönen Künste in Krakau genommen, wo Dadlez bis 1927 studierte, bevor er seine Ausbildung bis 1929 an der Pariser Niederlassung der Hochschule fortsetzte. Dort gehörte er zum Kreis um Józef Pankiewicz, der als Begründer des Polnischen Kolorismus gilt und in seiner Funktion als Leiter der französischen Dependance eine ganze Generation junger polnischer Maler, die sogenannten Kapisten, beeinflusste. Dadlez kehrte im Anschluss an einen Italienaufenthalt 1931 nach Krakau zurück, wo er an der Kunstakademie unterrichtete und 1938 zum Professur berufen wurde. Kurz nach dem deutschen Überfall auf Polen geriet er 1939 in deutsche Kriegsgefangenschaft; im darauffolgenden Jahr wurde Dadlez aus gesundheitlichen Gründen in die Freiheit entlassen, verstarb jedoch auf der Rückfahrt nach Krakau. *FS*

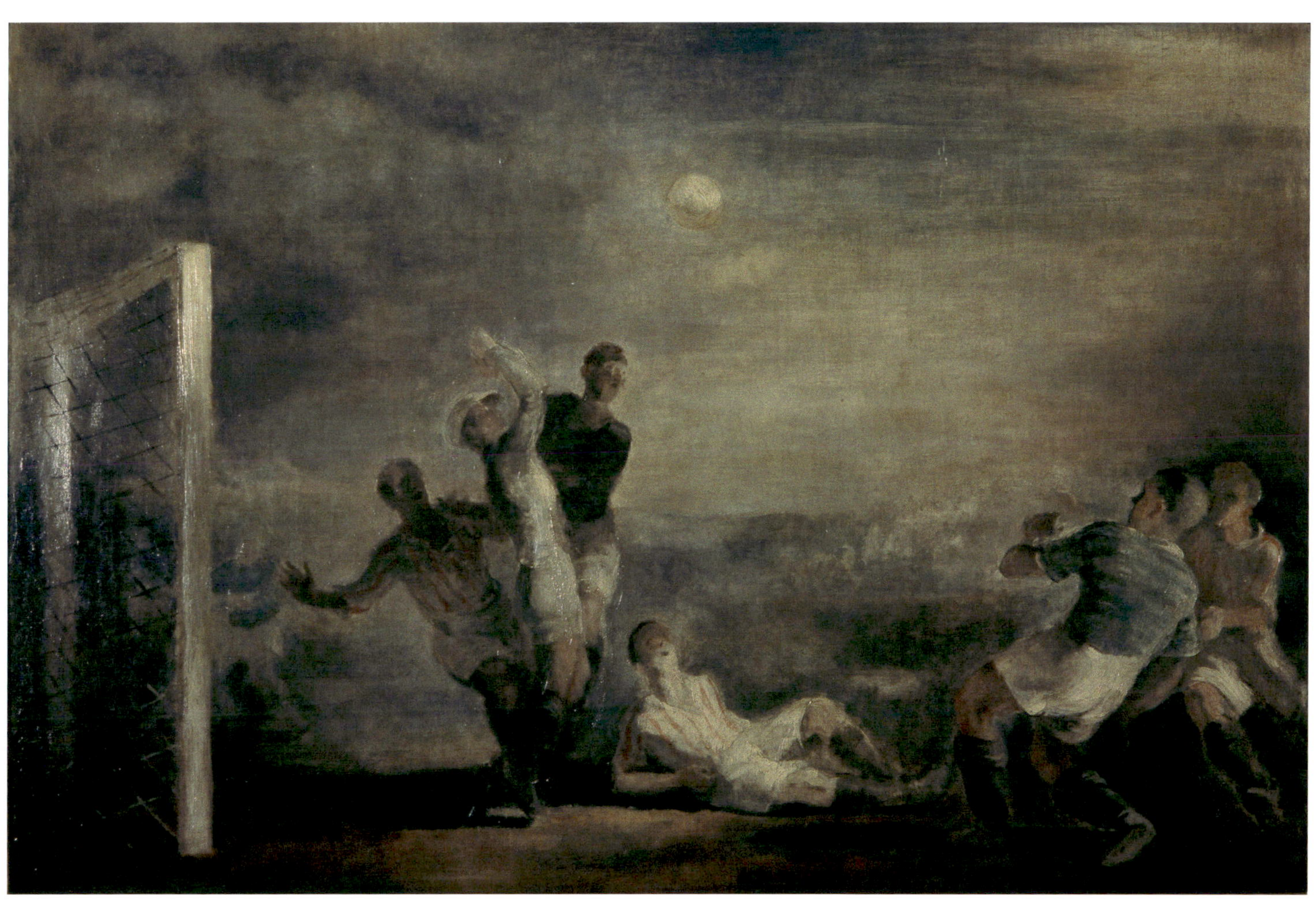

Porträt von Jaume Miravitlles
Salvador Dalí (1904–1989, ESP)

um 1921

Öl auf Karton auf Holzplatte

104,5 × 39,5 cm

The Gala-Salvador Dalí Foundation, Figueres

Salvador Dalís Porträt des befreundeten Schriftstellers Jaume Miravitlles aus dem Jahr 1921 zeigt den jungen Mann als Ganzfigur *en face*. Mit den Maßen von 104,5 × 39,5 cm wählt der Künstler ein extremes Hochformat, wodurch der athletische Körper in seiner Länge betont wird. Dies erfährt sogar noch eine Steigerung, indem sich die obere Bildgrenze eng an Miravitlles' Kopf legt und seinem Körper eine vertikale Symmetrie eingeschrieben ist. Seine Füße befinden sich in einer leicht geöffneten Position, die ihm einen sicheren Stand verleiht. Er trägt dunkle Schnürschuhe, blau-weiß gestreifte Stutzen sowie einen kurzen blauen Hosenrock. Der tiefe V-Ausschnitt des weißen Hemdes, das farblich durch das Blau von Kragen und Saum kontrastiert wird, lässt einen muskulösen Oberkörper erkennen, den Dalí auffallend dunkel koloriert. Das Bild bestimmen Blau-, Braun-, Schwarz- und Weißtöne. Das Gesicht umspielen orangene Farbpartien – die einzigen warmen Farben in Dalís Bild. Der Hintergrund wird von drei monochromen Flächen bestimmt, die sich horizontal voneinander abheben. Über einem bräunlichen Untergrund und einem ebenso schmalen dunkelblauen Streifen, der an das Meer denken lässt, verläuft eine tief liegende Horizontlinie, die den Betrachter in Untersicht auf Miravitlles blicken lässt. Der abstrahierte und entleerte Bildraum richtet die Aufmerksamkeit ganz auf den Sportler.

Der heute nur wenig bekannte Schriftsteller war ein politischer Aktivist und trat für die Autonomie Kataloniens ein. Jaume Miravitlles wurde im Jahr 1906 in Figueres geboren und starb 1988 in Barcelona. Er begann in der katalanischen Hauptstadt ein Ingenieurstudium, auch sein Kampf für ein unabhängiges Katalonien nahm hier seinen Anfang. Nachdem er 1925 verhaftet wurde, emigrierte er nach Paris, wo er sein Studium beendete. In der französischen Hauptstadt entstanden zu dieser Zeit Luis Buñuels berühmte surrealistische Filme *Ein andalusischer Hund* und *Das goldene Zeitalter*, in denen der Schriftsteller als Schauspieler mitwirkte. 1929 schloss er sich der Kommunistischen Partei an und kehrte nach der Ausrufung der Spanischen Republik in seine Heimat zurück. Die Herrschaft Francos zwang ihn ein weiteres Mal ins Exil. Miravitlles ging nach Frankreich, später in die USA. Unbeirrt setzte er sich auch weiterhin für die Freiheit seiner Heimat ein, in die er 1962 zurückkehrte.

Nicht zuletzt durch die ernste und in sich verharrende Position des Sportlers gewinnt das Bild seine Eindringlichkeit. Ob für ein bevorstehendes Fußballspiel oder für politische Ziele, sein Blick verdeutlicht eine angestrengte Beharrlichkeit und eine konzentrierte Bereitschaft. Wie ein Spieler des FC Barcelona für seine Mannschaft kämpft der Schriftsteller für seine Stadt und Region. Das Gemälde lässt sich als Programmbild im Sinne der politischen Gesinnung Miravittles' verstehen.

Salvador Dalí begann im Oktober 1922 ein Studium an der Königlichen Akademie von San Fernando in Madrid, von der er 1926 endgültig verwiesen wurde. Er wohnte in der »Residencia de Estudiantes«, einem Kulturzentrum, wo er u. a. Luis Buñuel und Federico García Lorca kennenlernte. *JM*

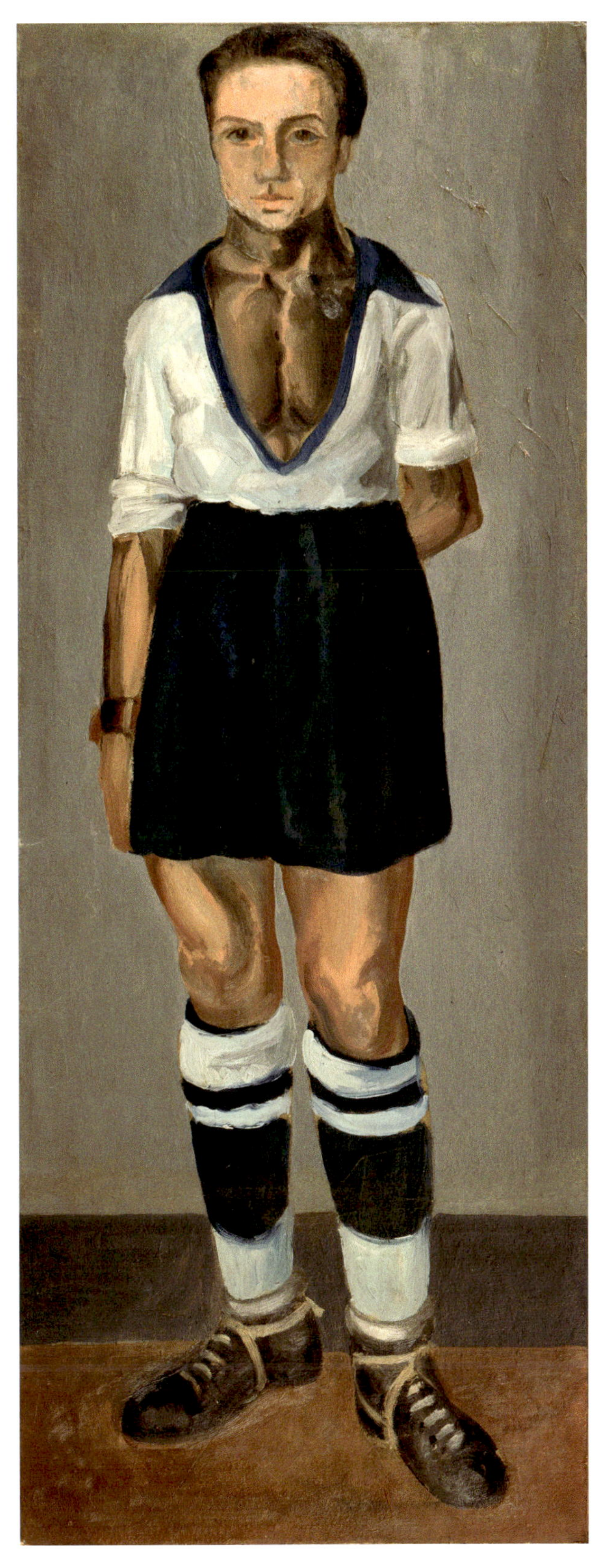

Fußballsocke

Raoul De Keyser (1930–2012, BEL)

1970

Bleistift, Filzstift, Aquarell- und Acrylfarben auf Papier

29,7 × 21,1 cm

Museum voor Schone Kunsten, Gent

Das Nichts angenehm gefüllt mit wenig lautet der Titel einer Variante von Raoul De Keysers Gemälde *Fußballsocke*, die sich lediglich durch ihr Format und die in ihr nicht vorhandenen horizontalen Linien von dem hier gezeigten Werk unterscheidet. Bezieht man diesen Titel auf das Dargestellte, dann könnte es sich bei dem »Nichts« um die mit weißer Acrylfarbe bemalte Leinwand handeln. Die Kleinigkeit und »angenehme Füllung« dieses Nichts wäre die Socke in der Bildmitte. Sie leuchtet in kräftigem Blau, ihr oberer Rand ist gelb abgesetzt. Nun hängt sie im weißen Raum über einer Wäscheleine. Die Socke wird zum absoluten Bildzentrum, aufgewertet zum auratischen Gegenstand, zur minimalen Metapher mit maximaler Wirkung. Der Teil steht für das Ganze.

Zahlreiche Geschichten scheinen rund um dieses vermeintlich banale Objekt auf. Der Stutzen trocknet frisch gewaschen nach dem Spiel. Der Schmutz aus dem letzten Einsatz ist abgewaschen, eine kurze Pause auf der Wäscheleine, dann ist er wieder bereit für das kommende Derby. Vergangenheit, Gegenwart und Zukunft scheinen auf und das Objekt verweist auf eine unendliche Wiederholung, auf das immer gleiche und immer neue Spiel. Auf ebenso witzige wie lakonische Weise wird die ganze Welt des Fußballs auf eine Socke reduziert und zugleich von dieser repräsentiert. Der Fußball als die ›schönste Nebensache der Welt‹ bedeutet nichts oder zumindest wenig im Weltgeschehen und steht doch für den Spieler wie für den Fan im Zentrum seines Universums.

Aber warum hängt auf der Leine nur eine einsame Socke? Ist die andere verloren gegangen? Zeigt das Bild den Blick des kummervollen Spielers oder gar den von Vater oder Mutter, die schon wieder das Trikot um neue Stutzen ergänzen müssen? Vielleicht handelt es sich aber auch um das letzte Erinnerungsstück an eine fußballbegeisterte Kindheit oder Jugend.

Witzig und anrührend zugleich steht die ›kleine‹ Socke hier als energiegeladenes Detail für einen weiten, bedeutungsvollen Zusammenhang. Sowohl die *Fußballsocke* als auch *Das Nichts angenehm gefüllt mit wenig (Het niets aangenaam gevuld met weinig)* gehören zu einer Serie von Fußballbildern, die De Keyser in den 1970er-Jahren geschaffen hat. Zahlreiche dieser Gemälde zeigen den gleichen Fußballstutzen einzeln oder auch als Paar auf einer Leine hängend. Der Künstler liefert in seinen Werken keinen Bedeutungszusammenhang, sie wirken wie Ausschnitte aus einem Lebensumfeld, das erschlossen oder zur eigenen Existenz in Beziehung gesetzt werden soll. Die Perspektive des Künstlers wird dabei durch Humor bestimmt. Die geradezu existenzialistisch anmutende Bezeichnung »Nichts« für den weißen Umraum der Socke könnte ein ironischer Verweis auf unser Leben sein, das ein »Nichts« ist, wenn der Mensch es nicht mit Engagement ausfüllt.

Der Belgier Raoul De Keyser war zunächst als Sportreporter tätig, bevor er im Alter von 33 Jahren autodidaktisch zur Malerei fand. Er erhielt wichtige Impulse von Roger Raveel und arbeitete seit 1966 mit Etienne Elias und Reinier Lucassen zusammen. De Keysers flächige und abstrakte Farbkompositionen greifen immer wieder auf alltäglich-banale Gegenstände zurück. *JM*

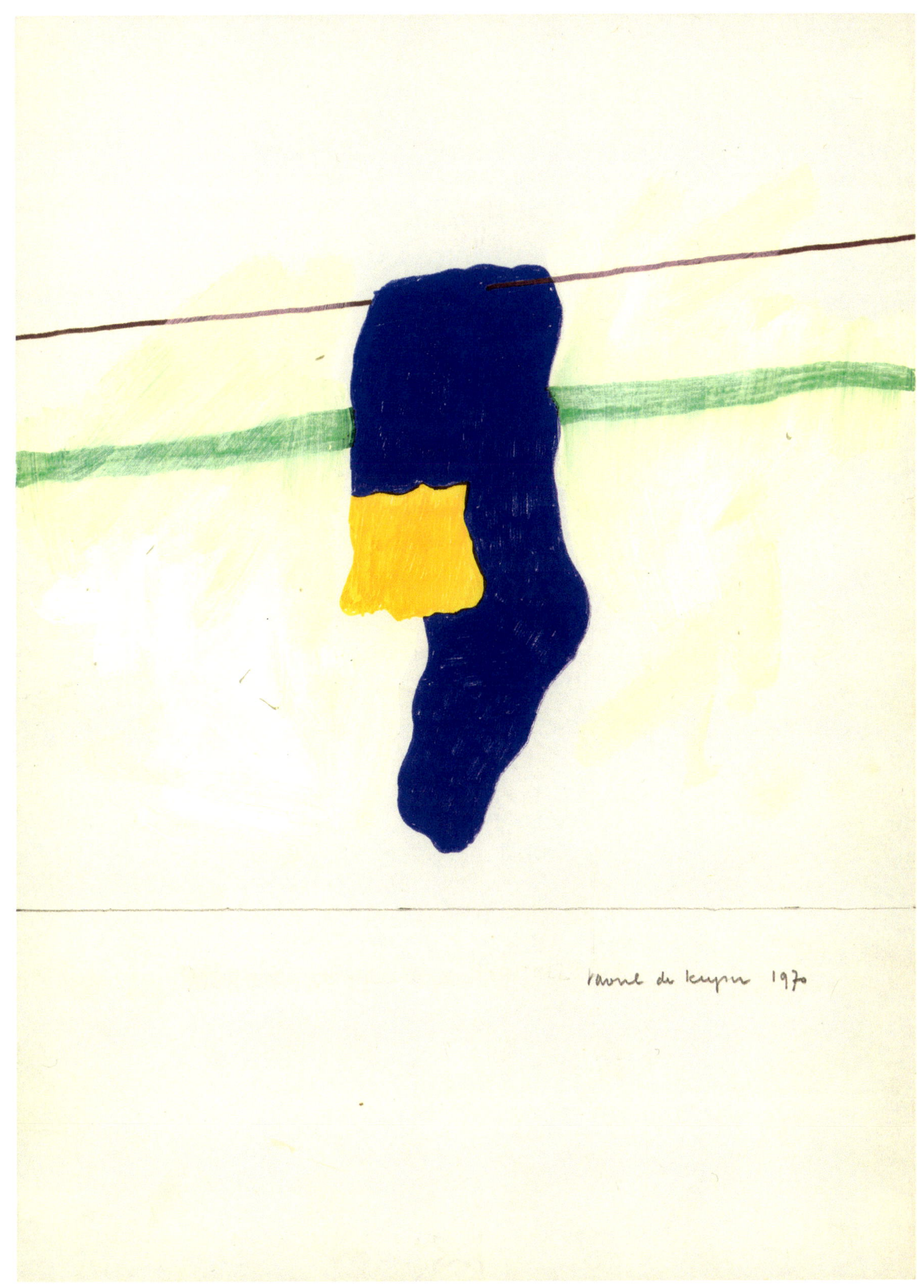
raoul de keyser 1970

Fußball
Alexander Deineka (1899–1969, RUS)

1928

Aquarell auf Papier

32,8 × 29,9 cm

Regional Art Museum, Iwanowo

Scheinbar schwerelos im Raum schwebend, kämpfen vier Männer um den Ball: Die Handlung von Alexander Deinekas 1928 entstandenem Aquarell *Fußball* lässt sich mit wenigen Worten umreißen. Neben der Freistellung der Figuren fußt die besondere Dynamik der Komposition auf einer prägnant in Szene gesetzten Diagonalen, die das Werk, ausgehend vom Kopfballschützen im schwarzen Trikot, regelrecht durchtrennt. Gleich einem Pfeil ist er mit ausgetreckten Armen in die Höhe gesprungen und hat sich so einen Vorteil gegenüber seinen Konkurrenten verschafft, deren Haltungen sich mehr oder weniger an ihm ausrichten. Der getroffene Ball ist gerade noch zu sehen und der aufsteigende Spieler scheint ihm folgen zu wollen. Währenddessen bleibt den übrigen Akteuren nichts anderes übrig, als der Lederkugel andächtig, spannungsvoll oder verzweifelt nachzuschauen.

Von Deineka, einem trainierten Boxer, ist bekannt, dass er selbst Fußballanhänger war. In seinen Schriften findet sich überdies die Aussage, dass er erst durch die Auseinandersetzung mit dem Sport zu einer eigenen künstlerischen Sprache gefunden habe. So sei ihm bei Spielen und in seinen darauf basierenden Skizzen aufgefallen, dass sich die beobachteten Motive nicht mit den erlernten akademischen Kompositionsnormen übereinbringen ließen.

Schon in seiner ersten Ausstellung präsentierte der Maler mit *Der Fußball* (1924, Öl auf Leinwand, Sammlung Tsarenkov, London) ein entsprechendes Sujet. Bereits in diesem Gemälde sind die Figuren entlang zweier sich kreuzender Diagonalen angeordnet. Im Unterschied zu jener frühen Arbeit sind die Oberkörper der Protagonisten im Aquarell jedoch nicht mehr entblößt; stattdessen werden die Männer durch Fußballschuhe, Kniestrümpfe und Trikots eindeutig als reguläre Mitglieder eines Vereins charakterisiert.

Nicht zuletzt durch den hellen Grund wirken die Spieler dabei wie ausgeschnitten. Auch die genau beobachteten Posen weisen darauf hin, dass Deineka für die Konzeption seines Motivs auf zeitgenössische Sportfotografien zurückgegriffen hat. Das Gleiche gilt für die präzise wiedergegebenen Verkürzungen der Gliedmaßen sowie für die Farbverläufe, die sich an der Ästhetik von Schwarzweißaufnahmen orientieren. Das Ergebnis erinnert an eine Fotomontage, für die die Körper der Fußballer möglichst wirkungsvoll übereinandergelegt wurden. In dieser Hinsicht wirkt die Darstellung wirklichkeitsnäher als der 1932 geschaffene *Fußballspieler* in Kursk (Abb. S. 147) und ähnelt eher dem im selben Jahr entstandenen ikonischen Gemälde *Die Verteidigung von Petrograd*.

Anlässlich der Fußballweltmeisterschaft 2018 in Russland wurde Deinekas Aquarell erneut reproduziert und auf einer Sonderbriefmarke verewigt. 1929 hatte es zuerst als Vorlage einer Illustration in der Arbeiterzeitschrift *Dajosch!* (Vorwärts!) gedient. In dem kurzlebigen, nur wenige Monate existierenden Journal erschienen auch zahlreiche Fotografien Alexander Rodtschenkos. Dessen berühmt gewordene Fotocollage *Politischer Fußball* (1930) (Abb. S. 269) wiederum bedient sich einer ganz ähnlichen, himmelwärts strebenden Figurenkonstellation. *FS*

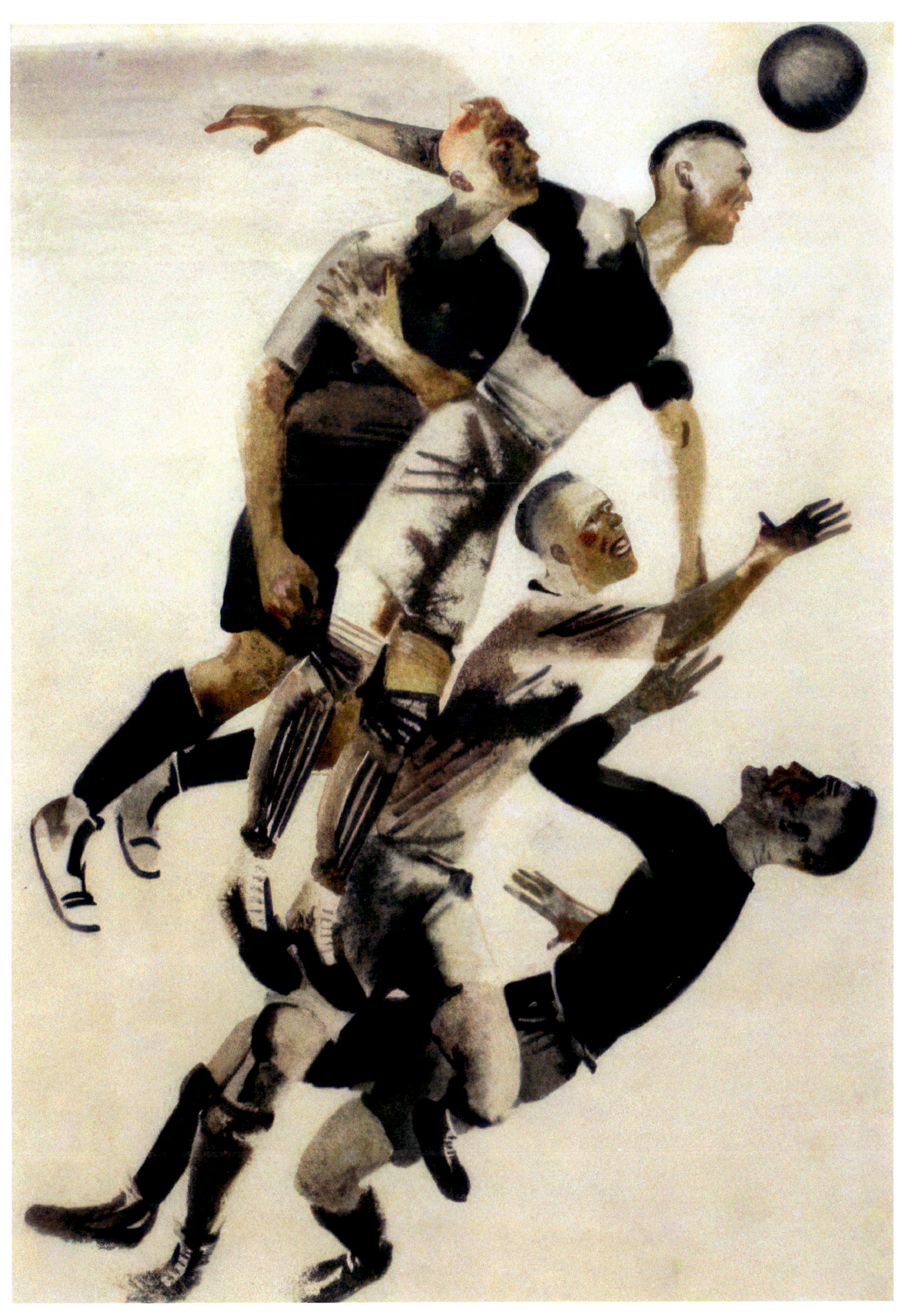

Fußballspieler

Alexander Deineka (1899–1969, RUS)

1932

Öl auf Leinwand

116,5 × 91,5 cm

The A.A. Deineka Picture Gallery of Kursk

In Deinekas *Fußballspieler* prallen Aspekte wie Tradition und Moderne, Dynamik und formale Strenge, Standfestigkeit und Schwerelosigkeit aufeinander. Der Protagonist des 1932 geschaffenen Gemäldes ist mit beiden Beinen vom Boden abgehoben, um einen Ball zu spielen, dem er erkennbar nachschaut. Bei aller Athletik wirkt die Figur merkwürdig statisch, wozu neben dem senkrecht ins Bild gesetzten Körper auch die waagerechte Armhaltung und das nahezu rechtwinklig ausgestreckte Bein beitragen.

Indem der Maler auf die Andeutung eines Spielfeldes verzichtet, lässt er uns über die Höhe des Sprungs im Unklaren. Auch der im Hintergrund aufragende Glockenturm liefert keine Orientierung, stattdessen sorgt das Motiv für eine zusätzliche Monumentalisierung des Fußballers, der nahezu an die Spitze der Architektur heranreicht. Diese Leistung wirkt umso erstaunlicher, als sein linkes Knie bandagiert ist. Eine Steigerung erfahren die unklaren räumlichen Bedingungen durch den Umstand, dass sich Deineka für das Bild einer ausgesprochen flächigen Malweise bedient hat, ja beinahe entsteht der Eindruck, als ob der linke Fuß des Spielers das Bauwerk berühren und es dadurch ins Schwanken geraten würde. In diesem Zusammenhang fällt auf, dass der Turm im Verhältnis zum Spieler leicht schräg wiedergegeben ist. Als Vorlage des sakralen Ensembles diente dem Maler der Glockenturm der Johannes-der-Täufer-Kirche im russischen Jaroslawl. In Hinblick auf die politische Instrumentalisierung des Sports in der Sowjetunion der 1930er-Jahre verkörpert der Fußballer zugleich ein neues Menschenbild, das ins Verhältnis zu dem Bauwerk als Monument einer alten, überkommenen Ordnung gesetzt wird. Im Zuge dessen erfährt der Fußball eine sakrale Aufladung und erscheint als säkularer Ersatz der verfemten Religion. Nicht umsonst steht das Spielgerät gleich einem Himmelskörper am Firmament.

Ein Vorbild für eine solche Inszenierung findet sich in einer früher geschaffenen Illustration des Künstlers, bei der ein Fußballspiel im Vordergrund alle Aufmerksamkeit auf sich zieht, während im Hintergrund Geistliche unbeachtet vor den verschlossenen Türen ihrer Kirchen stehen. Auch der Aspekt der Schwerelosigkeit entspricht diesem Verständnis. Darüber hinaus handelt es sich um ein Charakteristikum von Deinekas Fußballszenen, lässt sich doch bereits in seiner frühesten malerischen Auseinandersetzung mit dem Thema (*Der Fußball*, 1924, Öl auf Leinwand, 105 × 113,5 cm, Sammlung Tsarenkov, London) eine Umgebung nur noch erahnen, wodurch die im Vordergrund agierenden Sportler in eine Art von Schwebezustand versetzt werden.

Während seines Kunststudiums in Charkiw kam der aus Kursk stammende Deineka mit aktuellen künstlerischen Strömungen in Kontakt. Im Anschluss an den Kriegsdienst setzte er seine Ausbildung ab 1921 an der polygrafischen Abteilung der Moskauer WChUTEMAS (Höhere Künstlerisch-Technische Werkstätten) fort. Seit Mitte der 1920er-Jahre war er Mitglied in mehreren Künstlervereinigungen, darunter in der von 1928 bis 1932 existierenden Gruppe Oktober, der auch Alexander Rodtschenko (Abb. S. 269) angehörte. Als einer der wichtigsten Protagonisten des Sozialistischen Realismus zählten Sport- und Kriegsschilderungen ebenso zu seinem Repertoire wie heroisierende Darstellungen der arbeitenden Bevölkerung. *FS*

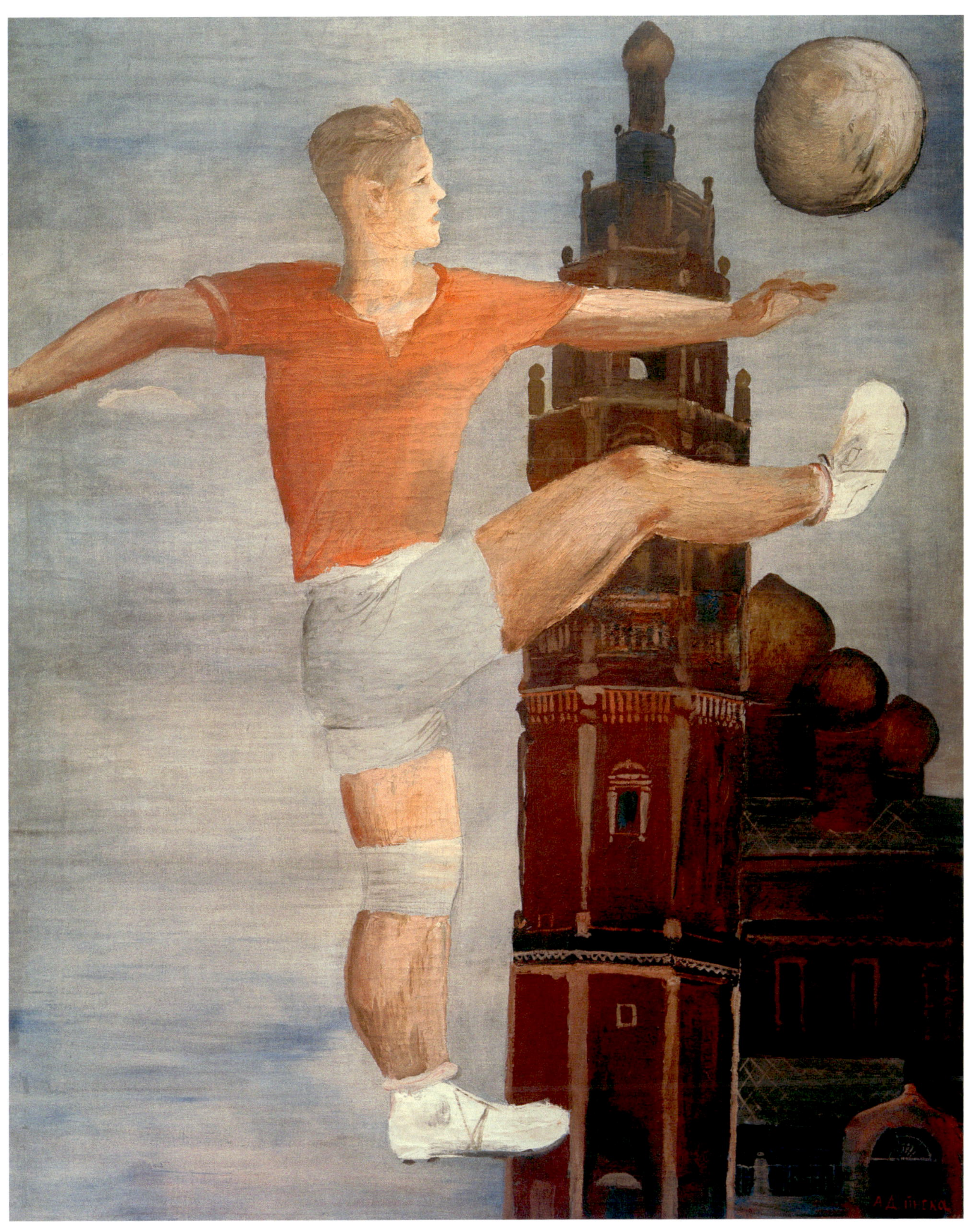

Fußball
Robert Delaunay (1885–1941, FRA)

1918

Aquarell auf zwei übereinandergelegten Papierbögen auf grauem Karton

46 × 47 cm

Centre Pompidou, Paris

Robert Delaunays Aquarell erweist sich schon durch das Bildformat als ein Spiel mit der Welt des Fußballs. Auf grauem Karton sind zwei farbige Bögen montiert, von denen der äußere eine Kreisform aufweist. Zahlreiche Kreise legen sich um ein gelbes Zentrum, das an die Sonne denken lässt. Durch diese radiale Anordnung, aber auch durch die stetig wechselnden Farben setzt sich das System in Bewegung. Auf den ersten Blick glaubt man, es mit einem Planetensystem zu tun zu haben. Dabei wird die Farbigkeit der Ringe und Kreise durch die Primärfarben Rot, Gelb und Blau bestimmt, deren jeweilige Komplementärfarben gleichfalls zum Einsatz kommen. Die inneren Kreise beherrschen Rot, Gelb und Orange, wodurch der Eindruck von Wärme entsteht, während zu den Rändern hin kühle Blautöne dominieren.

Im Jahr 1915 trafen Robert und seine Frau Sonia Delaunay den russischen Kurator und Ballettimpresario Sergei Djaghilew in Madrid. Aus ihrer Zusammenarbeit entstanden 1918 Ausstattung und Kostüme für das Ballett »Kleopatra« in London. Das Fußball-Aquarell schuf der Künstler für ein Projekt, das er gemeinsam mit dem Tänzer Léonide Massine und dem spanischen Komponisten Manuel de Falla entwickeln wollte. Ein Brief Delaunays an Massine zeugt vom Enthusiasmus für das erhoffte Projekt und enthält einige Details, wie er sich das Bühnenbild für die Ballettaufführung vorstellte. So möchte er den Ball ins Universum schießen und ein verrücktes Werk voller Lebensfreude schaffen. Voller Hoffnung schreibt der Künstler über den großen Erfolg, den er sich durch die Verbindung der avantgardistischen Bühnengestaltung mit der modernen Musik erhofft. Delaunay inspirierte die Vorstellung, farbig kostümierte Tänzer auf sich drehenden Farbscheiben zu zeigen. Das Bühnenbild hätte in einer durch Synkopen bestimmten Jazzmusik seine Entsprechung finden sollen. Das ambitionierte Projekt scheiterte. Geblieben ist ein Aquarell, das die Welt der Bühne in Bewegung versetzen sollte, indem es den Fußball zu einem kosmischen Symbol werden und in seinen Farben alle Emotionen aufleuchten ließ.

Delaunay war im Wesentlichen ein Autodidakt, der einer wohlhabenden Familie entstammte. In Frankreich schuf er in den 1910er-Jahren sein erstes abstraktes Gemälde. Schon hier griff er auf die Kreisform zurück. Gleichzeitig war der synästhetische Bezug von Malerei und Musik für sein künstlerisches Schaffen wichtig, spricht er doch von Dissonanzen und Konsonanzen der Farbe, die durch Simultankontraste zum Klingen gebracht werden. Seine Offenheit für die neuen Wege der Musik bezeugt auch der Umstand, dass im selben Jahr wie das Fußballbild ein Porträt von Igor Strawinsky entstand. Schon die Themen des Künstlers weisen ihn als ausgesprochenen Avantgardisten aus. Seine Aufgeschlossenheit gegenüber der Luftfahrt, dem Jazz und ein Faible für den immer wieder dargestellten Eiffelturm zeugen von seiner modernen Weltanschauung.

In der deutschen Kunstszene war Robert Delaunay vor allem durch seine Teilnahme an der Ausstellung des »Blauen Reiters« in der Münchener Galerie Thannhauser um die Jahreswende 1911/12 bekannt geworden. Während des Ersten Weltkriegs hielt sich das Ehepaar auf der Iberischen Halbinsel auf, erst 1920 kehrten sie nach Paris zurück. *JM*

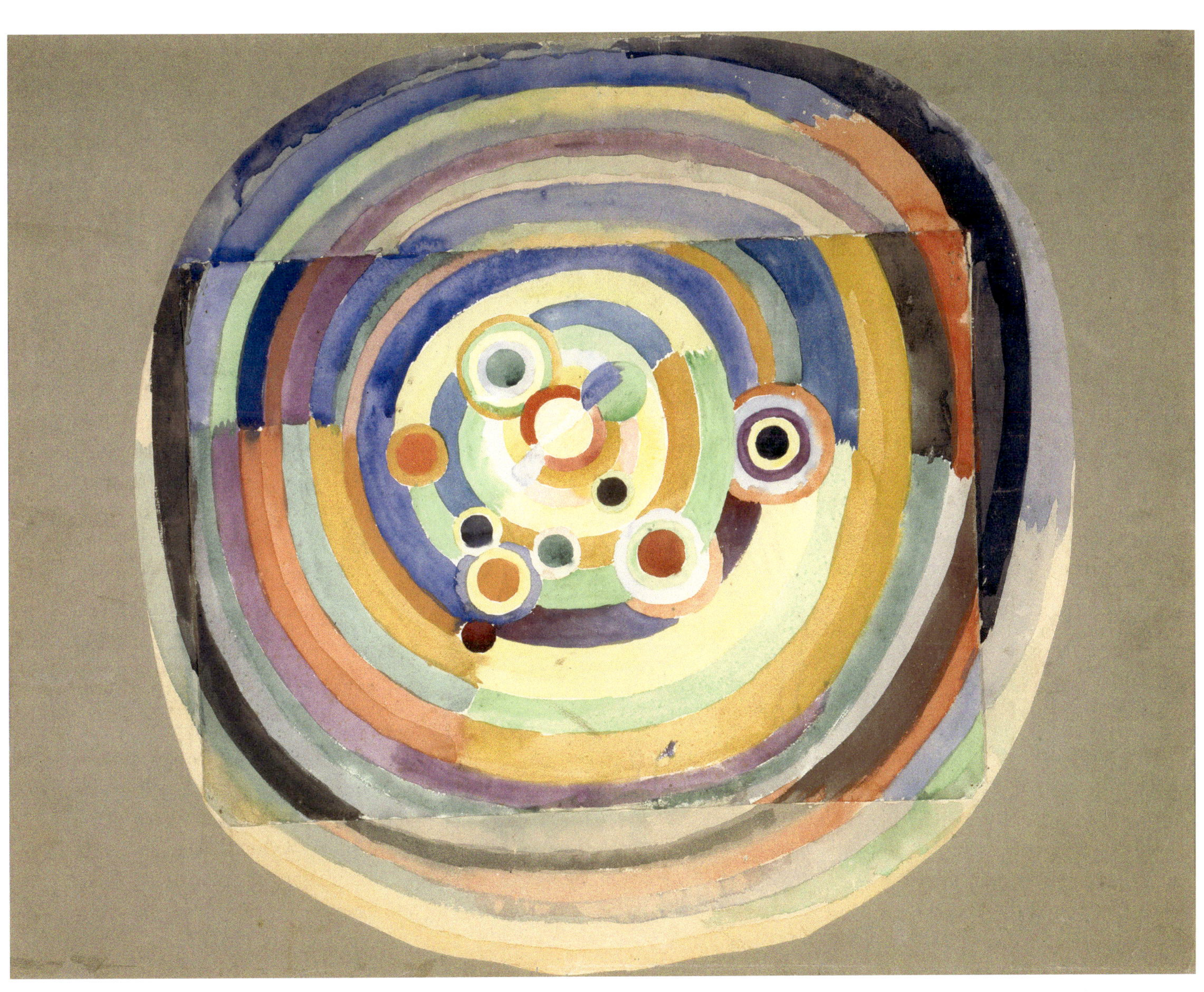

Fußballspiel

Gerardo Dottori (1884–1977, ITA)

1928

Öl auf Leinwand

70 × 92,5 cm

Privatbesitz

Die Strafraumszene von Gerardo Dottori zeigt mehrere Feldspieler und einen hochsteigenden Torwart. Der Ball befindet sich in der Mitte an der oberen Bildgrenze. Auf ihn bewegt sich alles zu. Auf diese Weise ist dem Bild ein Dreieck eingeschrieben, das im Ball seinen Scheitelpunkt findet und eine starke Dynamik entwickelt, die nach oben über die Bildgrenze hinausführt. Diese Dynamik wird durch ein Schema von Prismen und Halbkreisen unterstützt. Sie streben nach oben und legen sich konzentrisch über die Spielszene. So sind es weniger die Spieler als vielmehr die dem Bild eingeschriebene Komposition, die den Eindruck großer Energie entstehen lässt. Die Spieler werden von dieser Kraft ergriffen. Sie erscheinen nicht als Individuen, sondern als Teil der dynamischen Welt des Sports.

Zugleich entsteht durch die Halbkreise auf der rechten und linken Bildhälfte der Eindruck einer konvexen Oberfläche. Die Form des Fußballs selbst bestimmt die Komposition des Bildes. Die Kraftentfaltung wirkt zugleich nach oben und durch die Kreisformen nach links und rechts über das Bild hinaus. Dottori weiß zahlreiche Perspektiven in seinem Bild zu vereinen. Er spielt geschickt mit der unterschiedlichen Größe seiner Figuren. So entsteht in Bezug auf das Spielgeschehen der Eindruck von gleichzeitiger Nähe und Ferne, als würden sich weiter entfernte Spieler in den Strafraum hineinbegeben. Auch die Anordnung der Köpfe in der linken Bildhälfte dient der Dynamisierung. Es ist, als würde sich eine Person phasenverschoben nach vorn bewegen.

Sind die grünen Flächen als Hinweis auf den Rasen zu verstehen, so stehen die blauen für den Blick der beteiligten Spieler in den Himmel, aber – je nach farblicher Abstufung – auch für die Trikots der italienischen Mannschaft. An den oberen Rändern der Kreisformen sind am Horizont Bäume und darüber der blaue Himmel zu erkennen. Hier wird der Blick des Betrachters auf die Spielszene thematisiert. Typisch für Dottoris Malerei ist die Darstellung konvexer Oberflächen, die bis an den Horizont hinaufführen. Wie beim Blick aus dem Flugzeug zeigt sich hier die Kugelgestalt der Erde. So gesehen sind Ball und Planet vergleichbar. Das Gemälde lässt sich durchaus als Teil einer nationalen Leistungsschau begreifen. Das Trikot des Spielers vorne links zeigt die Farben der italienischen Nationalmannschaft. Der Gegenspieler trägt ein rotes Trikot mit blauen Stutzen. Dottoris 1933 entstandenes heroisches Porträt des »Duce« fügt sich leider recht gut in seine nationalistischen Gesinnungen.

Mehrere futuristische Künstler haben sich dem Thema des Fußballs gewidmet und den Sport als Ausdruck eines modernen Lebensgefühls begriffen, das durch Bewegung und Schnelligkeit bestimmt ist. Der in Perugia geborene Maler besuchte die dortige Kunstakademie. Bereits 1912 wandte er sich dem Futurismus zu und gründete verschiedene Zeitschriften. 1929 gehörte er zu den Unterzeichnern des »Manifeste de l'aeropittura«. Dabei handelt es sich um eine Verherrlichung des Fliegens, der Schwerelosigkeit und Geschwindigkeit. Nach dem Krieg blieb er seinen futuristischen Überzeugungen treu. *JM*

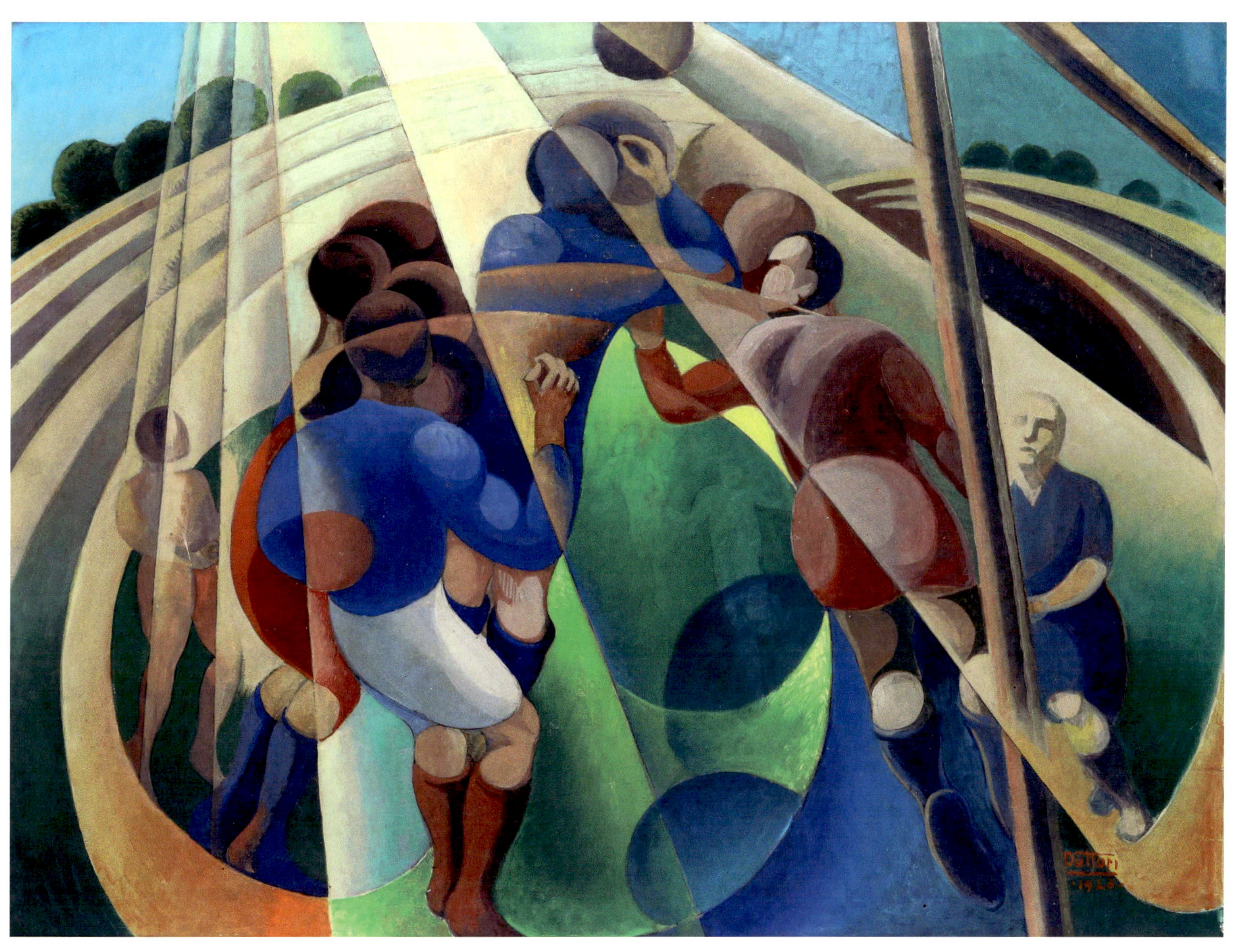

Hillsborough
Georg Eisler (1928–1998, AUT)

1989

Öl auf Leinwand

132,3 × 152,5 cm

National Museums Liverpool, Walker Art Gallery

Auch wenn sich Georg Eislers *Hillsborough* auf den ersten Blick als unübersichtliches Gewimmel präsentiert, bedarf das Gemälde keiner weiteren Erläuterung. Zu stark hat sich der Name des Stadions im englischen Sheffield ins Gedächtnis eingebrannt, als Synonym einer Tragödie, die unzählige Menschenleben forderte und den europäischen Fußball nachhaltig veränderte.

Als der FC Liverpool und Nottingham Forest am 15. April 1989 aufeinandertrafen, um das Halbfinale des FA Cups auszutragen, war der Publikumsandrang groß und der für die Liverpool-Anhänger vorgesehene Stehplatzbereich im unteren Rang der Westtribüne schon weit vor Spielbeginn ausgelastet. Trotzdem riegelte die Polizei den Zugang nicht ab. Als die Entscheidung fiel, ein zweites Stadiontor zu öffnen, um auf diese Weise den Ansturm am Einlass unter Kontrolle zu bringen, strömten binnen weniger Minuten zahlreiche weitere Besucher in die überfüllten Blöcke. Hierdurch wuchs der Druck auf die Stehenden noch mehr an. Kurz nach dem Anpfiff eskalierte die Situation vollends. Fans stürzten in Panik übereinander oder wurden in Richtung des Innenraums gedrückt, wo die hohen Metallzäune für viele zur tödlichen Falle wurden. In der sechsten Spielminute wurde die Partie unterbrochen, um Rettungsmaßnahmen einzuleiten: zu spät für die 96 Todesopfer und 766 Verletzten.

Der aus Österreich stammende Maler, Sohn des Komponisten Hanns Eisler, war 1939 mit seiner Mutter nach England emigriert, wo er in Stockport und Manchester Kunst studierte und 1944 auf Oskar Kokoschka traf, der ihn unterrichtete. In seinem Schaffen bezog Eisler immer wieder politisch Stellung, indem er etwa demonstrierende Studenten oder streikende Minenarbeiter malte. Auch *Hillsborough* entstand als unmittelbare Reaktion noch im Jahr der Katastrophe. Statt jedoch reißerisch die Aufnahmen verzweifelter Fans zu wiederholen, die an den Zäunen des Stadions zu Tode gepresst wurden, wählt der Künstler einen kleineren, gleichfalls fotografisch dokumentierten Ausschnitt und zeigt, wie sich Menschen an jenem Nachmittag aus dem überfüllten Stehplatzbereich in den Oberrang zu retten versuchten. Indem er keine äußere Bildgrenze definiert, lässt er die Enge und damit verbundene Angst der Betroffenen spürbar werden. Einzig die zentral angeordnete, horizontal verlaufende Brüstung markiert eine Schwelle, die allerdings über Leben und Tod entscheidet. Neben Hilfesuchenden, die sich am Rang nach oben ziehen, verewigte der Maler auch Anhänger, die selbstlos andere nach oben hieven oder ihre Arme nach unten ausstrecken, um möglichst viele der Eingeschlossenen vor dem Tod zu bewahren.

Besonders bedrückend sind jene Gesichter inmitten der Masse, deren Münder vor Fassungslosigkeit weit geöffnet sind. Unmittelbar am vorderen Bildrand stechen zudem zwei Männer heraus. Während einer in Rückenansicht starr in Richtung der Fans schaut und damit möglicherweise das Versagen der Polizei an jenem Tag versinnbildlicht, richtet der zweite seinen ernsten Blick frontal auf uns Betrachter. Dieser Blick lässt sich durchaus als Anklage verstehen, gegen die vorschnell geäußerten Verurteilungen durch die Boulevardpresse, die die Schuld für das Unglück bei den Liverpool-Anhängern suchte. Erst 2016 entschied ein Gericht, dass die Katastrophe aus Fehlentscheidungen der Behörden resultierte. *FS*

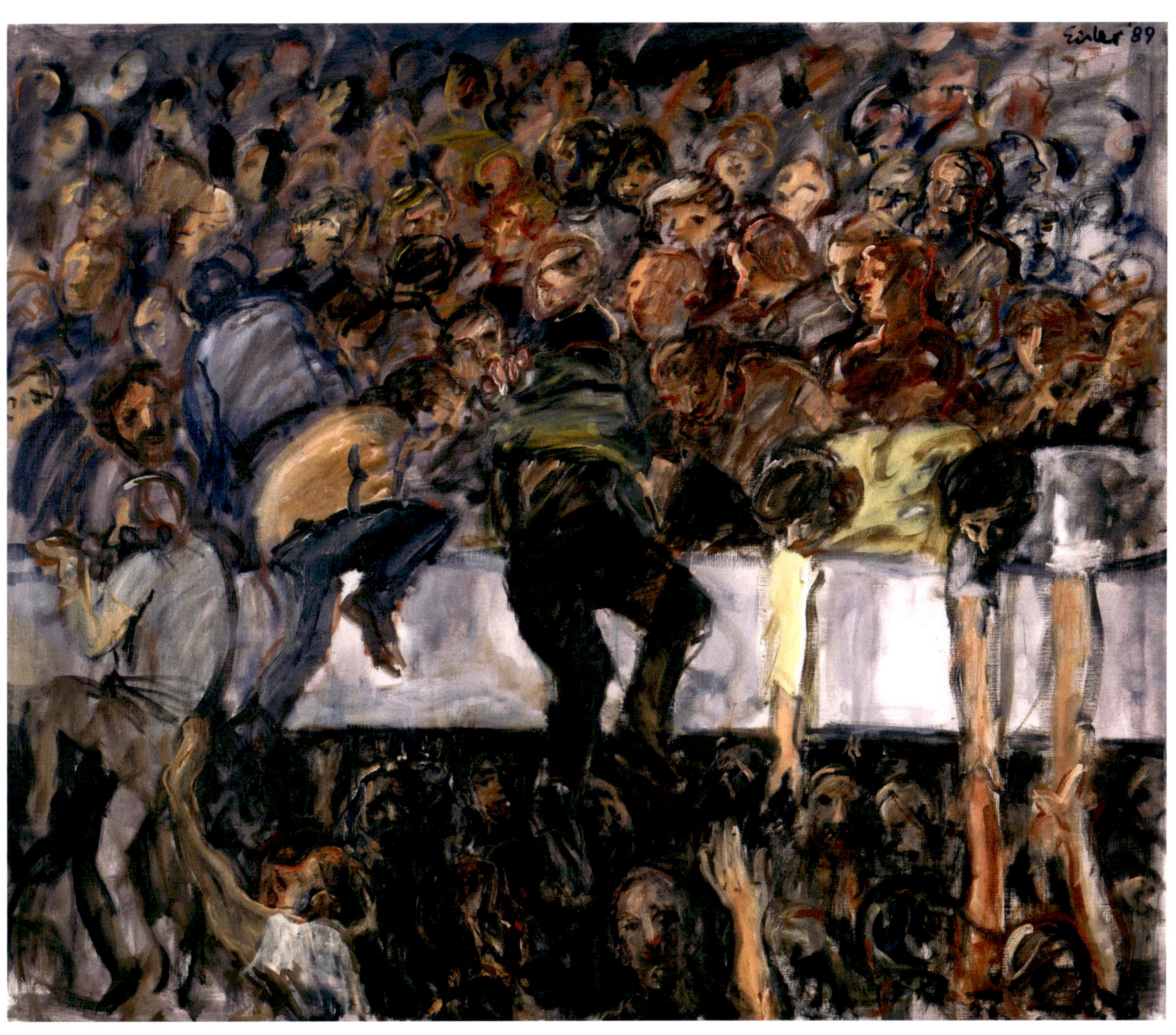
Eisler '89

5050 Ball
Brendan Ellis (*1951, NIR)

1980

Öl auf Leinwand

113 × 84 cm

National Museums Northern Ireland, Holywood

Ein trister Nachmittag in Belfast: Aus dunklen Wolken ergießt sich dichter Regen über die weitläufige Anlage, die von roten Backsteinbauten flankiert wird. Kein Zuschauer hat sich am Rand der Sportplätze eingefunden, auf denen – parallel zueinander – zwei Fußballpartien ausgetragen werden. Doch während im Mittelgrund immerhin acht Spieler auf dem verschlammten Geläuf um den Ball streiten, wird das Geschehen im Vordergrund auf drei Akteure zugespitzt. Der Titel des Werks umschreibt jene Situation, in der noch offen ist, welche Seite siegreich aus dem Kampf hervorgehen wird. Bei den zwei Männern, die am ehesten von der Chance profitieren können, handelt es sich um einen mit großen Schritten heranstürmenden Angreifer und einen Torhüter, der auf die Knie gegangen ist, um nach dem Ball zu greifen. In ihrer Mitte ist die Lederkugel platschend in eine Pfütze gefallen. Links davon hat der Künstler die Torlinie prominent in Szene gesetzt, die auch hier über Erfolg und Misserfolg entscheidet.

Ausgehend vom sportlichen Geschehen handelt es sich bei *5050 Ball* also zunächst um eine typische Strafraumszene. Dass der von Brendan Ellis skizzierte Konflikt indes auf mehr als den Fußball selbst abzielen könnte, deutet das übrige Schaffen des nordirischen Künstlers an. So gehörte der bis heute in Belfast tätige Maler, dessen Studienbeginn mit dem Ausbruch der »Troubles« zusammenfiel, zu den ersten, die die Ereignisse künstlerisch reflektierten. Bereits in seinen frühesten Bildern finden sich Anspielungen auf die gewalttätigen Auseinandersetzungen zwischen Katholiken und Protestanten, die als Folge Jahrhunderte währender Konflikte Ende der 1960er-Jahre wieder aufgeflammt waren. Kennzeichnend für Ellis' Arbeiten ist dabei eine Beobachterperspektive, aus der er auf die alltäglichen Folgen für die Bewohner Belfasts blickt, während die konkreten Ereignisse häufig nur über spezifische Farben oder beiläufig arrangierte Motive thematisiert werden.

Vor diesem Hintergrund fällt auf, dass sich die Züge der drei Männer in frappanter Weise gleichen – sie alle orientieren sich an der Haarmode des legendären nordirischen Fußballers George Best. Dagegen markieren die Farben ihrer Trikots einen deutlichen Unterschied. So referiert das Dress des Angreifers auf den britischen Union Jack. Die schwarze Kleidung des Torhüters wiederum weist grüne und weiße Akzente auf; noch dazu sind seine Handschuhe orange. Es fällt schwer, diese Gegenüberstellung – und mithin den Titel – nicht auf die Konfliktparteien zu beziehen. Dazu passt, dass der dritte Spieler im grünen Dress augenscheinlich zum Zuschauen verdammt ist, womöglich eine Anspielung auf die damalige Rolle der Republik Irland.

Im Anschluss an sein 1974 abgeschlossenes Studium am Ulster College of Art erwarb Ellis 1977 einen Mastertitel am Londoner Royal College of Art. Im gleichen Jahr wurde er mit dem John Minton Drawing Prize geehrt. Bis zu seiner Pensionierung im Jahr 2011 war der Maler unter anderem als Lehrer, Büroangestellter und *medical artist* tätig; zudem fertigte er im Auftrag des Belfaster Stadtrates Wandmalereien an. *FS*

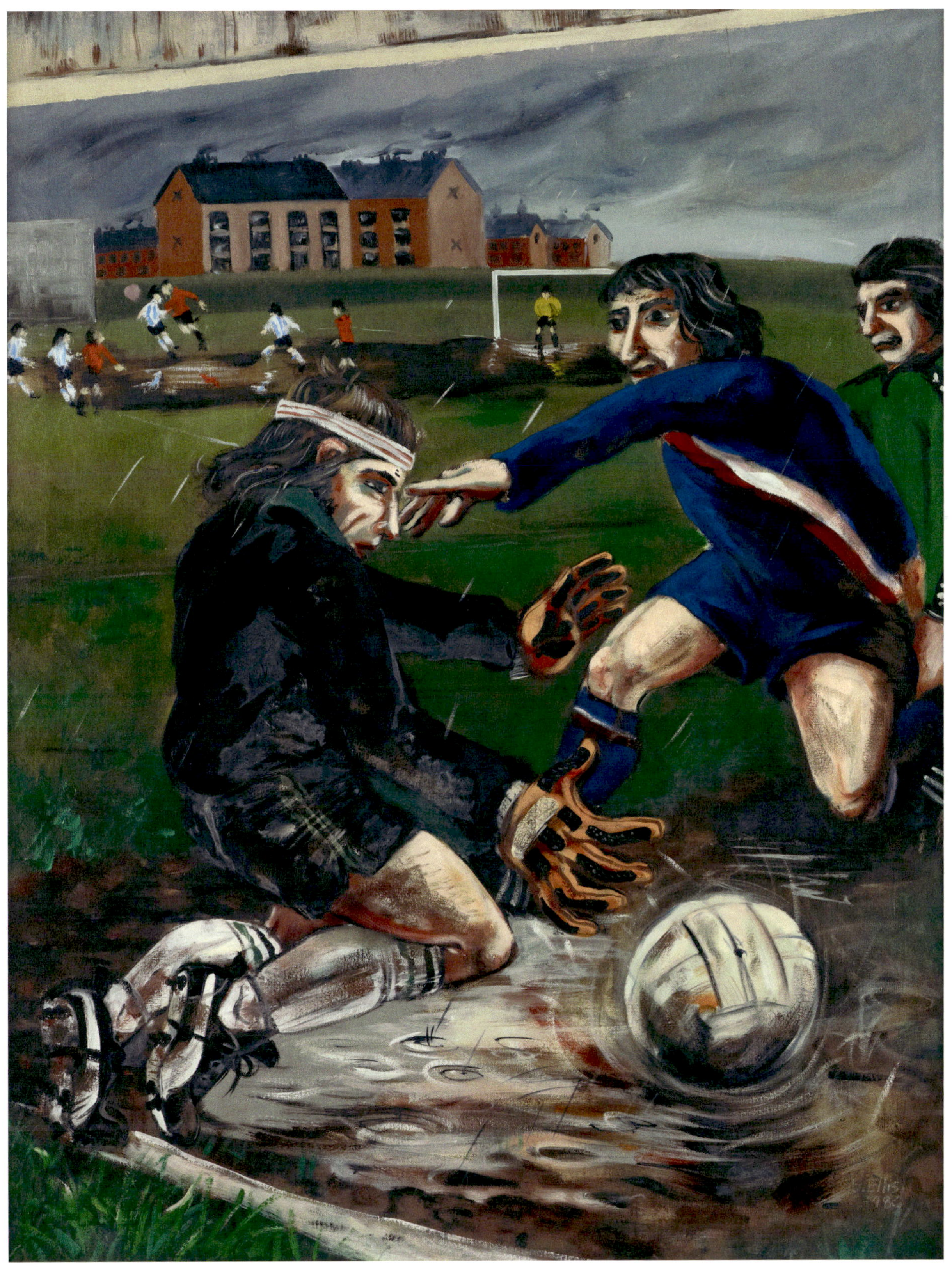

Golden Boy: Bobby Moore

Matthew Ensor (*1954, ENG)

1998

Acryl, Gouache, Blattgold, Silber und Platin auf Holzplatte

104 × 41,5 cm

Im Besitz des Künstlers

Robert Frederick Chelsea »Bobby« Moore wurde 1941 in London geboren, wo er zugleich den größten Teil seiner aktiven Karriere verbrachte. Allein 18 Jahre war er für seinen Jugendverein West Ham United aktiv, bevor er zum Lokalrivalen Fulham FC wechselte. Mit seinem Spielverständnis und seinen fußballerischen Qualitäten verkörperte er einen neuen Typus von Innenverteidiger und unterschied sich deutlich von den robusten Abräumern jener Zeit. Nicht umsonst charakterisierte Pelé ihn einst als besten Abwehrspieler, gegen den er je gespielt habe. In die Fußballgeschichte eingegangen ist Bobby Moore aber vor allem in seiner Rolle als Kapitän der englischen Nationalmannschaft. Bis heute ist sein Name eng mit dem Erfolg bei der Heim-WM im Jahr 1966 verknüpft, als er die »Three Lions« aufs Feld und zum Titel führte.

Folgt man Matthew Ensors bildlicher Inszenierung Moores ist es dieser Triumph, mit dem sich der 1993 verstorbene Fußballer seinen Aufstieg in den Himmel verdient hat. Mit ausgebreiteten Armen und im roten Gewand steht der geflügelte *Golden Boy* auf einer Wolke, deren Auftrieb der Künstler durch vertikale Striche markiert. Moore lächelt und sein Kopf wird von einem Nimbus gerahmt. Die englische Fahne in seiner linken Hand zeigt das rote Georgskreuz auf weißem Grund. Während der Sportler im Firmament thront, deutet sich am unteren Bildrand eine irdische Sphäre an. Sie wird primär durch das erste, 1923 eröffnete Wembley-Stadion definiert, in dem die Engländer 1966 all ihre WM-Spiele ausgetragen hatten – auch das legendär gewordene Finale gegen Deutschland.

Mit dem extremen Hochformat und der Rahmung des Motivs spielt der Künstler auf die Gestaltung byzantinischer Ikonen an. Hierzu trägt auch die Holzplatte bei, die als Malgrund dient und aufgrund der ungleichmäßig bearbeiteten Oberfläche die Maserung des Materials an mehreren Stellen durchscheinen lässt. Es handelt sich längst nicht um das einzige Werk Ensors, in dem Fußballspieler als Engel oder Heiligenfiguren stilisiert werden. In einigen Fällen bediente er sich hierfür sogar eines Goldgrundes. Den durchaus ironischen Impetus der Arbeiten enthüllen Motive wie die Teufelshörner auf einer Darstellung George Bests oder das Pint Guinness in der Hand einer Jackie-Charlton-Ikone. Ihrem ursprünglichen Verständnis nach sollten Ikonen an den Glauben erinnern und die Betrachtenden der Gegenwart Gottes versichern, wozu es aber einer Beziehung bedarf, ohne die die Darstellungen an Bedeutung verlieren. Im Falle Moores spielt die Verehrung dabei möglicherweise auf den Fußballgott an, nicht zuletzt vor dem Hintergrund des Wembley-Tores.

Ensor hat in seiner Heimatstadt Birmingham sowie in Leeds und an der Londoner Slade School of Fine Art studiert. Im Laufe seines Lebens war der aus einer fußballaffinen Familie stammende Künstler unter anderem als Drucker, Illustrator und Werbetexter tätig. Seine Werke sind Teil mehrerer öffentlicher Sammlungen und des National Football Museums in Manchester. Indem er Alltagsgegenstände und Fundobjekte verarbeitet und daraus häufig hintersinnige Collagen anfertigt, knüpft Ensor an die Tradition englischer Pop-Art an, wie sie unter anderem von Peter Blake (Abb. S. 121) etabliert wurde. *FS*

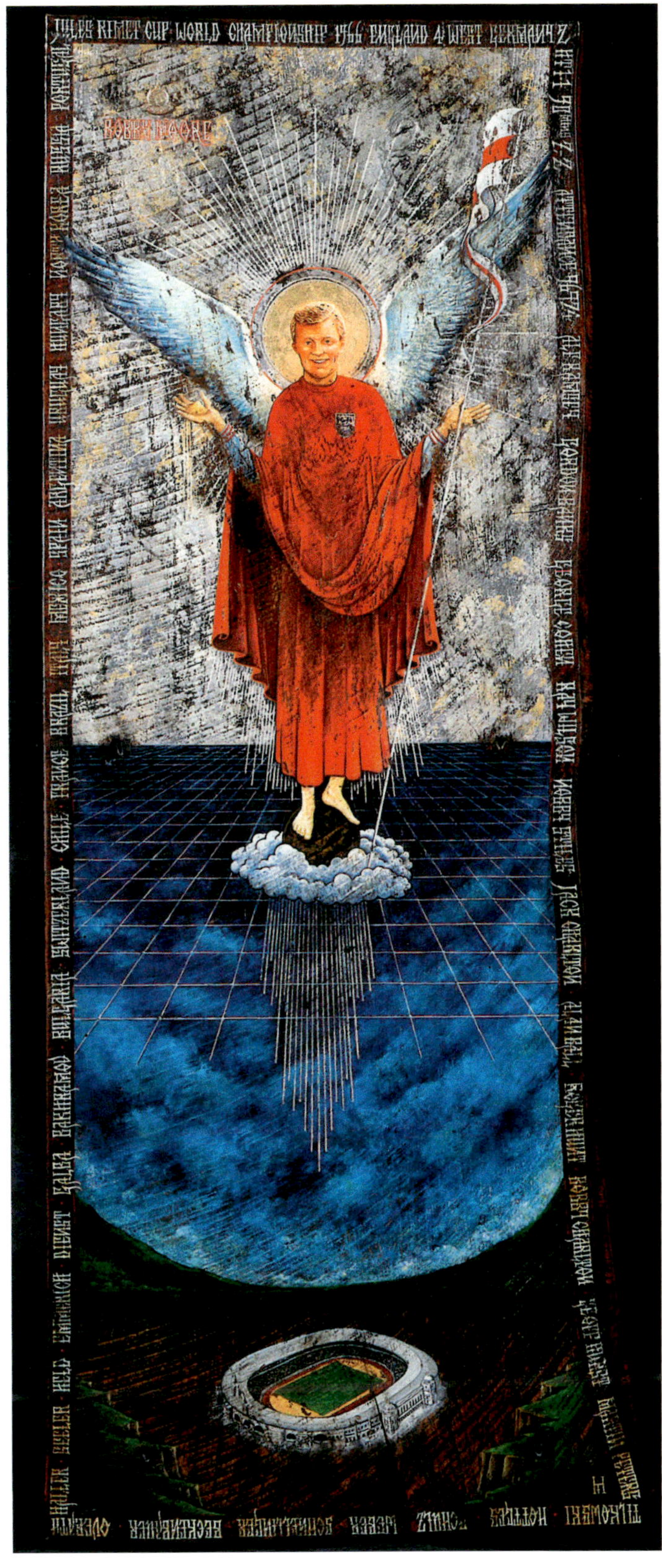
JULES RIMET CUP WORLD CHAMPIONSHIP 1966 ENGLAND 4 WEST GERMANY 2

Die Weltmeisterschaft

Erró (eigtl. Guðmundur Guðmundsson, *1932, ISL)

1998

Siebdruck

98 × 51 cm

Galerie Enrico Navarra, Paris

Auf den ersten Blick präsentiert sich Errós *Die Weltmeisterschaft* als buntes Panoptikum, das den Fußball als spannungsgeladenes und emotionales Spektakel inszeniert. Entstanden ist die Komposition im Kontext der Fußballweltmeisterschaft 1998 in Frankreich. Im Auftrag des Départements Val-de-Marne sollte sie zu gegenseitigem Respekt und der Befolgung von Regeln aufrufen. Parallel dazu war die Arbeit auch Teil der Ausstellung »80 artistes autour du Mondial« in der Pariser Galerie Enrico Navarra.

Das auf der Kompilation unterschiedlichster Motive basierende Werk steht insofern exemplarisch für Errós Arbeitsweise, als es nicht unmittelbar auf das Ereignis Bezug nimmt, sondern vielmehr die popkulturelle Dimension des Sports in den Fokus rückt. Dies zeigt schon die Figur in der rechten oberen Bildecke, die ihren Verfolgern mühelos enteilt. Der athletische Spieler im rot-gelben Trikot ist Roy Race, Angreifer der fiktiven Melchester Rovers und Protagonist der englischen Comicserie *Roy of the Rovers*. Die Montage der erkennbar ausgeschnittenen Motive suggeriert, dass seine Kontrahenten fassungslos einem soeben geköpften Ball hinterherschauen, dessen Flugbahn durch verschieden große, hintereinander angeordnete Bälle verdeutlicht wird. Am linken Bildrand wiederum scheinen sich mehrere Kinderfiguren in den Ball zu werfen, darunter zwei Jungen, die der Künstler einer historischen Postkarte entnommen hat.

Beherrschender Akteur der Collage ist aber der Stürmer in der unteren Bildhälfte, der mit beiden Beinen vom Boden abgehoben ist. Wie die Nummer 10 auf seiner Hose verrät, handelt es sich um keinen geringeren als Pelé. Gerade hat er einen eindrucksvollen Seitfallzieher vollendet. Eine gebannte Zuschauerschar verfolgt den Schuss, der mit einem lautmalerischen »Pow!« die Bildgrenze durchbricht, wobei die Charaktere Errós Faszination für die Welt der Comics illustrieren. Ausgerechnet die Darstellung des berühmten Brasilianers entstammt indes keiner Bildgeschichte, sondern der Anzeige eines Getränkepulverherstellers, der in den 1980er-Jahren mit dem Konterfei des mehrfachen Weltfußballers warb. Indem der Künstler das Herstellerlogo nur grob entfernt hat, scheint der ursprüngliche Verwendungskontext des Motivs noch durch. Die assoziierbare Reklame ließe sich folglich als indirekte Kritik an der Vermarktung des Sports verstehen, die seit den Anfängen des Profifußballs stetig zugenommen hat.

Seit vielen Jahrzehnten setzt sich der Isländer Erró in seinem Schaffen mit der Omnipräsenz der Bilder in unserer heutigen Welt auseinander. Seine Aufgabe hat der Künstler, der von 1952 bis 1954 an den Kunstakademien in Reykjavík und Oslo studiert hat und seit 1958 in Paris lebt, dabei wiederholt mit der eines Chronisten verglichen, der das gesamte Bildwissen unserer Welt sammelt und neu ordnet. In seinen kritischen Collagen überblendet er Comics mit politischem Propagandamaterial und Werbeanzeigen mit Werken der Hochkunst, woraus Begegnungen von Panzern und altniederländischen Kreuzabnahmen ebenso wie von Disney-Charakteren und Picasso-Figuren resultieren. *FS*

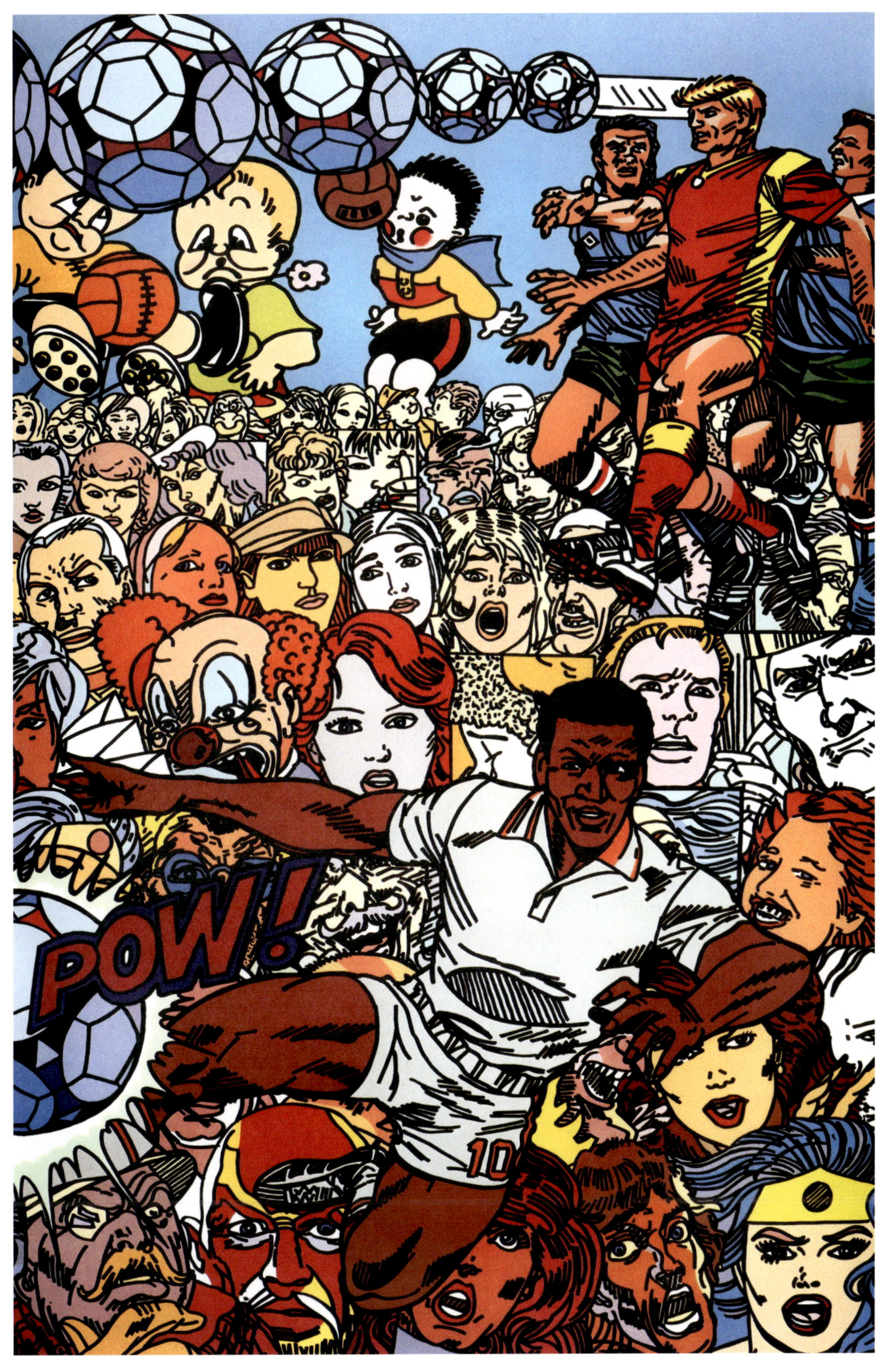
POW!

Mousehole v. Paul

Paul Feiler (1918–2013, DEU)

1953

Öl auf Holz

84,4 × 113 cm

Privatbesitz

Seinem Titel nach zeigt Paul Feilers 1953 entstandenes Gemälde *Mousehole v. Paul* eine Fußballbegegnung im ländlichen Cornwall. Nur wenige hundert Meter liegen zwischen den idyllischen Ortschaften an der Südwestküste Englands, ja, das Stadion des Mousehole A.F.C. liegt sogar im benachbarten Paul. Anstelle eines nachvollziehbaren Spielgeschehens konfrontiert uns der Künstler mit einem abstrakt erscheinenden System verschiedenfarbiger, unterschiedlich dimensionierter Bildfelder: Während im rechten Bilddrittel vertikal ausgerichtete Kompartimente dominieren, überwiegen links horizontal verlaufende Rechtecke.

Im Unterschied zu traditionellen Landschaftsdarstellungen zeichnen sich Feilers Szenerien dadurch aus, dass sie sich von einer eindimensionalen Perspektive lösen und – in Anknüpfung an Cézanne – mehrere Blickwinkel erfassen. Die beobachteten Phänomene bleiben dabei stets Bestandteil der Komposition: Folgerichtig erinnern die grünen Bereiche ebenso sehr an die Farben eines Fußballfeldes wie an die kornische Natur. Die steinige, von Klippen geprägte Küste der Region wiederum findet möglicherweise eine Entsprechung in den schwarz und braun gehaltenen Passagen des Bildes. Der graublaue Streifen am oberen Bildrand wiederum lässt einen wolkenverhangenen Himmel assoziieren.

Statt einzelne Spielszenen wiederzugeben, macht Feiler mit der Schilderung unterschiedlicher Wahrnehmungen einmal mehr das Sehen selbst zum Thema seines Werks. Entsprechend kontextlos steht das Torgestänge am oberen rechten Rand. Darunter sorgen einzelne Fußballer in gelb-weißer Kleidung und die Luftaufnahme eines Spielfeldes für eine Konkretisierung des Bezugs. In der Verbindung mit den übrigen Elementen erinnern uns die Details daran, dass Fußballstadien keine autonomen Gebilde, sondern immer auch Teil einer Umgebung sind, zu der sie sich räumlich ins Verhältnis zu setzen haben.

Der in Frankfurt a. M. geborene Feiler entstammte einer jüdischen Familie. Nach der Machtübernahme der Nationalsozialisten wurde er von seinen Eltern auf eine Privatschule im niederländischen Zwolle und schließlich auf die Canford School in Dorset geschickt. Ab 1937 studierte er an der Slade School of Art, wo Patrick Heron, Kenneth Armitage und Bryan Wynter zu seinen Kommilitonen gehörten. 1940 wurde Feiler aufgrund seiner deutschen Herkunft auf der Isle of Man und später in Kanada interniert. Ein Jahr später kehrte der angehende Künstler nach England zurück. An eine Lehrtätigkeit am Radley und Eastbourne College schloss sich ab 1946 eine Dozentur am West England College of Art in Bristol an, wo er 1960 zum Head of Painting ernannt wurde. 1949 hielt er sich erstmals in Cornwall auf, schon 1953 folgte der Umzug nach Kerris. Ab diesem Zeitpunkt unterrichtete Feiler bei der von Peter Lanyon initiierten St Ives Summer School. 1975, im Jahr seiner Pensionierung, übernahm er Bryan Wynters Studio in der Nähe von Paul. Seine zunächst vom abstrakten Expressionismus beeinflusste Malerei wurde in späteren Jahrzehnten von streng geometrischen Kompositionen abgelöst. Feilers Frühwerk *Mousehole v. Paul* wurde 1953 im Rahmen der von der Football Association organisierten Ausstellung »Football and the Fine Arts« gezeigt, wo es von der Jury eine lobende Erwähnung erhielt. *FS*

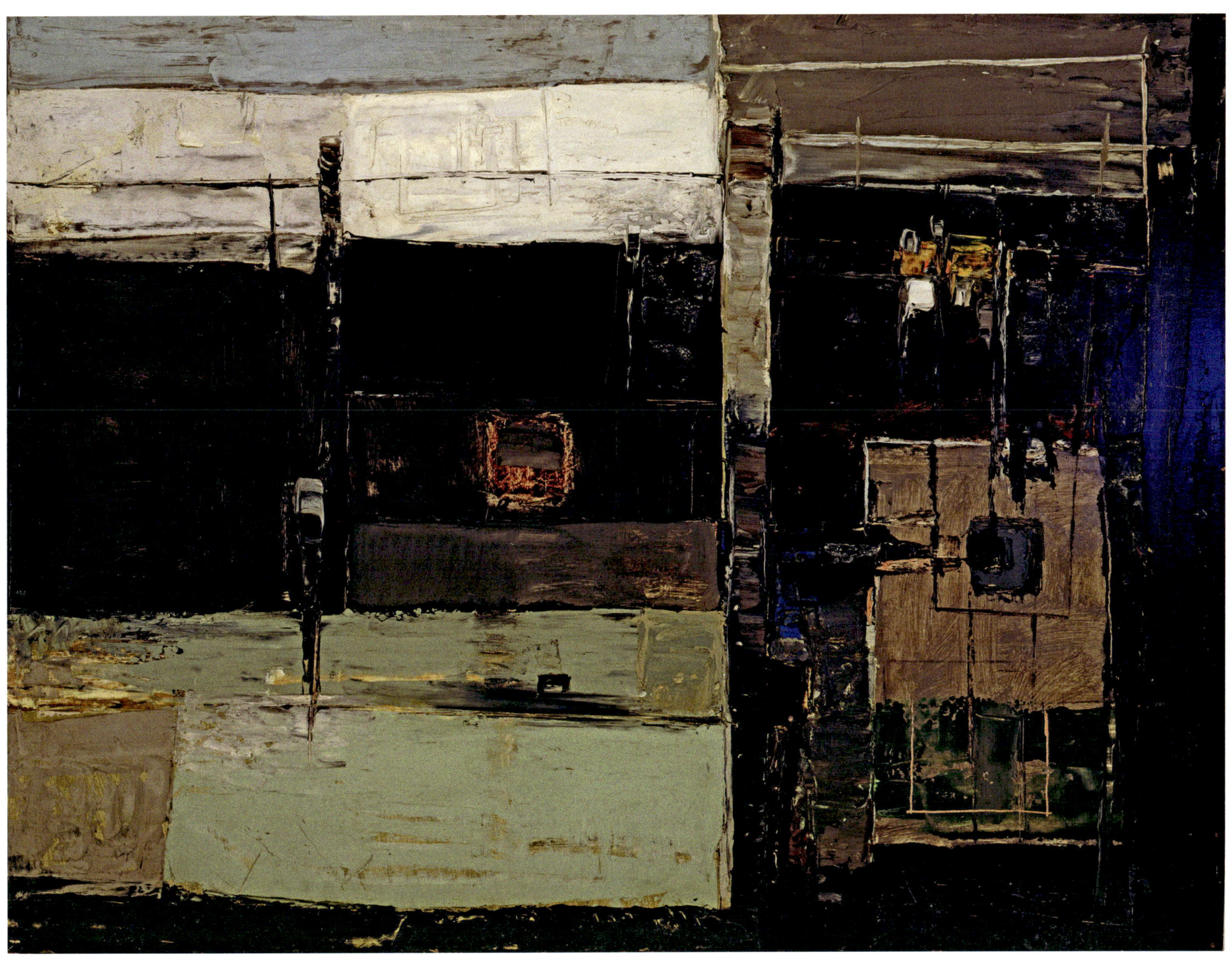

Das Fußballspiel

Ludvig Frederik Find (1869–1945, DNK)

1912

Öl auf Leinwand

52 × 68,5 cm

Privatbesitz

Der dänische Maler Ludvig Frederik Find ist vor allem durch seine stimmungsvollen Genrebilder hervorgetreten, bei denen er nicht selten seine eigenen Kinder als Modelle und seine häusliche Umwelt als Motivquelle zu nutzen wusste. Das Gemälde *Das Fußballspiel* kann dafür als beredtes Beispiel gelten. Wir sehen im Bildvordergrund eine Frau mit einem Kinderwagen und zwei Kindern, die vor einen niedrigen Holzzaun getreten sind, um die spielenden Jungen auf dem Fußballfeld zu beobachten. Drei Spieler und ein Torwart sind zu erkennen. Sie scheinen zu trainieren. Es ist ein klarer Sommertag und die Wolken ziehen friedlich am Himmel dahin. Im Hintergrund liegen Wiesen, Laubbäume und wenige Häuser, deren rote Dächer in der Sonne leuchten. Die Szene wirkt gleichermaßen alltäglich wie idyllisch. Das impressionistische Bild ist mit breiten, offenen Pinselstrichen gemalt und besticht durch seine harmonische Farbigkeit. Der blauweiße Himmel findet in der Farbe der Kleidung der Frau und der Kinder eine Entsprechung. Das kleine Mädchen, das uns am nächsten steht, läuft auf noch unsicheren Beinen in Richtung des Zauns, um durch die Latten hindurch auf das Spielfeld dahinter zu spähen. Vor ihr sitzt ein Geschwister, das selbstvergessen im Sand spielt und dem Fußballspiel keine Beachtung schenkt. Im Unterschied dazu ist ein Junge auf den Zaun geklettert und hat beide Arme um den Querbalken eines Holzgerüsts gelegt, um sich festzuhalten und das Spiel genau beobachten zu können. Es scheint, als würde der mit einem blauen Trikot bekleidete Spieler am linken Bildrand auf einen Pass seines Mitspielers warten, um aufs Tor zu schießen.

Finds Gemälde ist durch den Zaun in horizontale Bildebenen unterteilt: Vorne die Kinder mit der Frau, im Mittelgrund das Spielfeld mit den Jungen, im Hintergrund die idyllisch-dörfliche Sommerlandschaft. Das Bild erhält durch den unscheinbaren Lattenzaun eine erzählerische Pointe, markiert dieser doch das Ende der Kindheit. Der Junge, der hinaufgeklettert ist, steht sozusagen auf der Schwelle. Er gehört bereits in die Welt der größeren Jungen, was seine Position deutlich hervorhebt. Während die Welt diesseits des Zauns durch die Mutter beherrscht wird, ist sie jenseits des Zauns ihrem Einfluss entzogen. Das Fußballspiel wird zum Sinnbild des Lebens. In ihm verbinden sich Freude und Ernst. Es gehorcht Regeln, die nicht von den Spielern gemacht sind. Vor allem kennt es Gewinner und Verlierer. Auch dem Betrachter wird eine Rolle zugewiesen. Der frei gelassene Platz im Vordergrund bietet uns die Möglichkeit, hinzuzutreten und ebenfalls zuzuschauen. Wir werden zu Beobachtern, denen der Zutritt aufs Spielfeld verweigert ist. Die Botschaft des Bildes im Ganzen ist sentimental. Es erzählt vom Ende der Kindheit und der unaufhaltsamen Abfolge der Generationen. Jenseits des Zauns findet das unbeherrschbare Leben statt.

Ludvig Frederik Find erhielt seine Ausbildung an der Königlich Dänischen Akademie der schönen Künste in Kopenhagen. Reisen führten ihn nach Frankreich und Italien. In seinen letzten Lebensjahren widmete sich der Künstler zunehmend der Darstellung von Kindern und hat sogar ein Kinderbuch mit Lithografien illustriert. *JM*

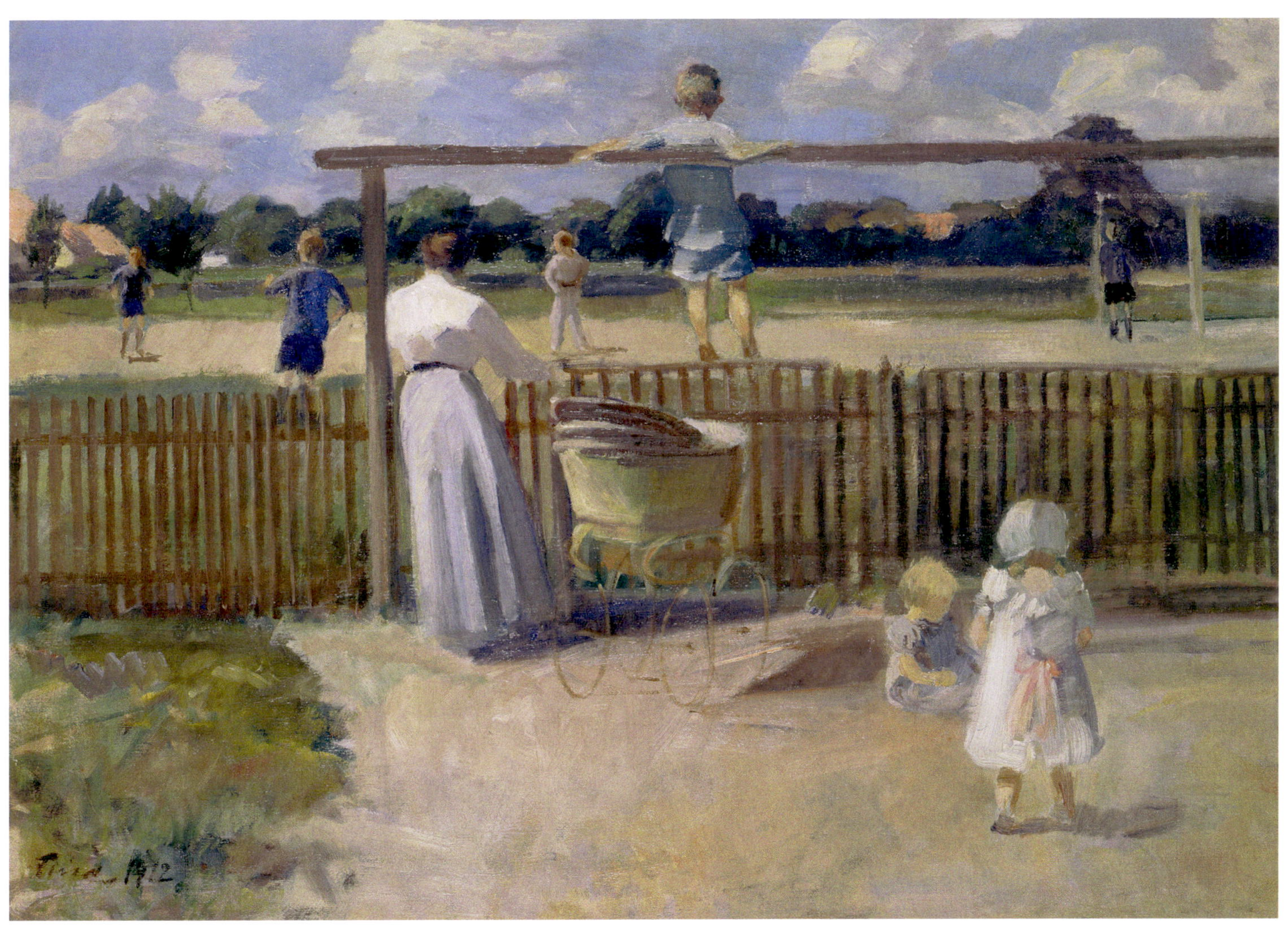

Umkleidekabine des FC Watford

Hubert Andrew Freeth (1912–1986, ENG)

1953

Öl auf Leinwand

70 × 90 cm

National Football Museum, Manchester

Das Match ist vorüber. Die Spieler der Mannschaft des Fußballclubs FC Watford stehen und sitzen in der Umkleidekabine. Einige sprechen miteinander, andere scheinen ihren Gedanken nachzuhängen oder ziehen sich ihre Straßenkleidung an. Wie ist das Spiel ausgegangen? In Freeth' Gemälde erscheint die Farbe Blau in immer anderen Varianten, wodurch eine harmonische Stimmung entsteht. Nur die herabhängenden grünen Handtücher und Teile der braunen Bank fügen einen weiteren Farbakzent hinzu. Die jungen Männer sitzen im Halbkreis und verkörpern die Idee einer Mannschaft. Wir erfahren nicht, ob sie gewonnen oder verloren haben. Auch ein Wortführer ist nicht zu erkennen. Alles scheint auf eine unaufgeregte Art selbstverständlich zu sein. Es ist die Ruhe nach dem Spiel, die hier beschworen wird.

Was es bedeutet, dass Fußball ein Mannschaftssport ist und am Ende das Team gemeinsam gesiegt oder verloren hat, ist nicht einfach darzustellen. Aber hat Freeth mit seinem Genregemälde nicht genau dies zu leisten versucht? Dafür nutzt er das schon erwähnte Spiel mit der Farbe Blau, die als Farbe des Clubs alle Figuren zusammenschweißt. Selbst die weißen Handtücher und das Inkarnat der Spieler wird durch den blauen Farbakzent bestimmt. Nur das durch das Fenster der Stirnwand eintretende Licht ist davon ausgenommen. Was alle Akteure zudem verbindet, ist der in der Mitte zwischen ihnen ruhende Ball, um den sich das Geschehen im Raum organisiert. Er weist gleichermaßen auf das vollbrachte Spiel zurück wie auch auf das bevorstehende voraus. Unscheinbar liegt er da und ist doch der Hauptdarsteller des Bildes. Der Künstler hat einige Fußballschuhe im Vordergrund auf eine solche Weise platziert, dass sie auf den Ball weisen, auch die Füße der Spieler sind mehr oder weniger auf den Ball ausgerichtet. Auffällig ist zudem der junge Spieler an der rechten Bildgrenze, der ein wenig melancholisch und vereinzelt erscheint.

Man könnte sich ein ähnliches Bild vorstellen, dass in der Kaue eines Bergwerks Männer nach getaner Arbeit zeigt. Fußball ist Teamwork und Kameradschaft, scheint der Künstler sagen zu wollen. Das mag wenig spektakulär erscheinen, gilt aber wohl für die meisten Menschen, die diesen Sport je selbst betrieben haben, als unumstößliche Wahrheit. In unserer Gegenwart mit ihren nationalen und internationalen Ligen, in denen immense Summen verdient werden, scheint das Bild aus der Zeit gefallen, erinnert aber an den erzieherischen Wert des Fußballs. Gewinnen kann nur, wer dem besser positionierten Spieler den Ball zupasst, wer seine Ambitionen jenen der Mannschaft unterordnet. Und auch der Umgang mit der gemeinsamen Niederlage will gelernt sein.

Aller Wahrscheinlichkeit nach hat der Maler für sein Bild auf ein Foto zurückgegriffen, um einen solch spontanen und ungestellten Eindruck zu erreichen, aber als Fan des Clubs hat er zugleich eine Liebeserklärung und ein Lob auf die Farbe Blau angestimmt, der unter allen Farben die größte Tiefe zukommt. Freeth trat im Laufe seiner Karriere vor allem als Porträtmaler hervor. Er wurde in Birmingham geboren und besuchte von 1936 bis 1939 die Birmingham School of Art, um sodann an der British School in Rom zu studieren. Der Künstler wurde durch mehrere Ausstellungen an der Royal Academy of Arts und der Royal Watercolour Society geehrt. Seine Arbeiten befinden sich in zahlreichen britischen Museen. Als einer der ersten Künstler hat er Bilder des englischen Black Country, einer der wichtigen englischen Bergbauregionen, gemalt. *JM*

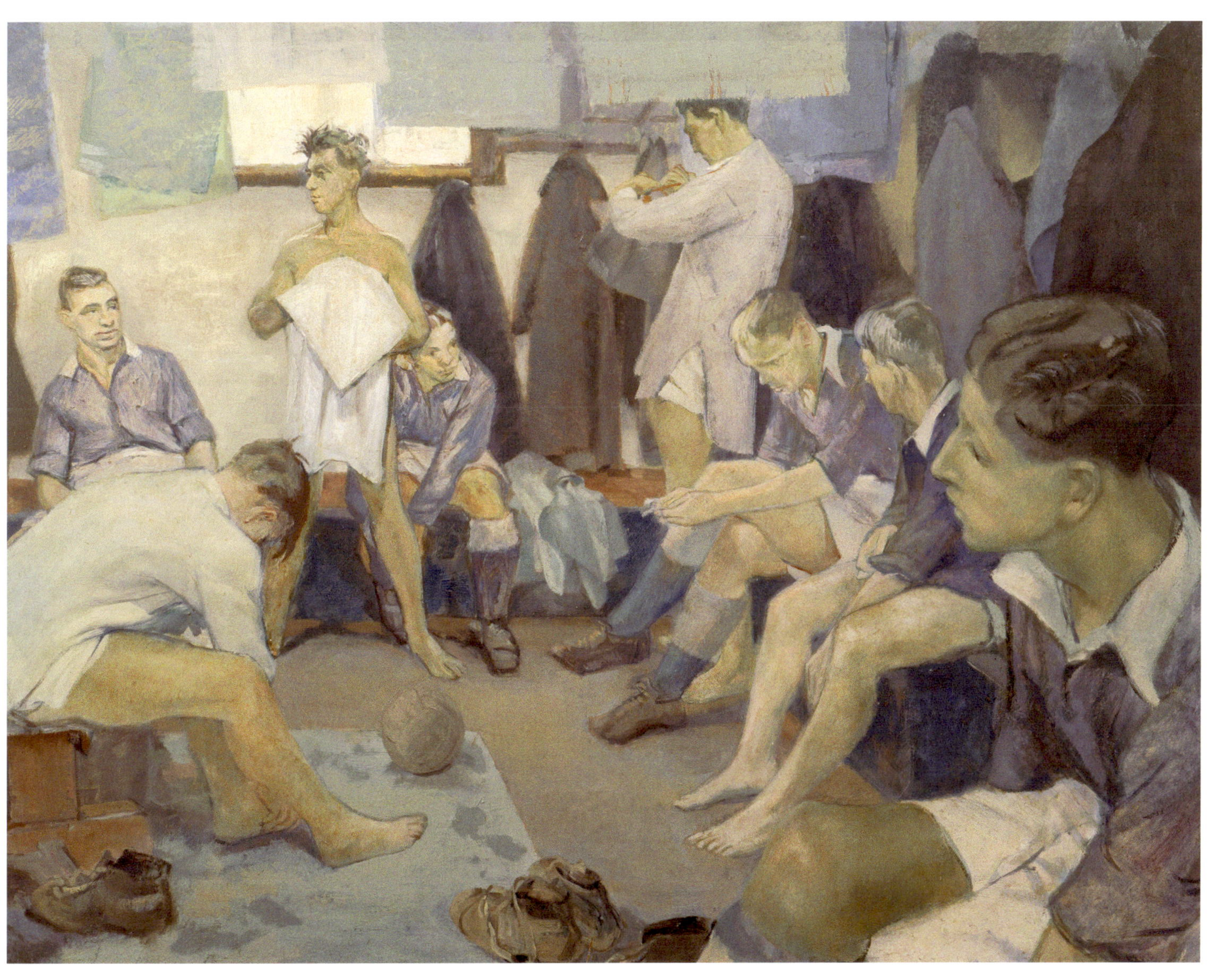

Die Angst des Schützen beim Elfmeter

Fritz Genkinger (1934–2017, DEU)

1979/80

Serigrafie auf Zerkall-Bütten

59 × 44 cm

Fritz Genkinger Kunsthaus, Marbach

Genkingers cartoon-artige Serigrafie zeigt eine Standardsituation des Fußballs: Ein Torwart erwartet in sprungbereiter Haltung den Elfmeter-Schuss. Doch nicht der Keeper, sondern der angetretene Schütze und dessen Ängste werden dabei zum Thema. Der Künstler zeigt die Unmöglichkeit, den Elfmeter zu verwandeln. Zahlreiche Bälle schweben in der Luft und erscheinen zu leicht für einen strammen Schuss. Das Tor ist zu klein und wie ein Zyklop fixiert der Torwart mit seinem einen, starr blickenden Auge den Gegner, als wolle er ihn hypnotisieren. Selbst der Himmel ist ein anderer, ausgetauscht durch eine mit einem Netz bespannte Fläche. Die Ratlosigkeit des Schützen wird zudem durch das Fragezeichen verdeutlicht, das dieser anstelle einer Nummer auf seinem Trikot trägt. Entscheidend ist jedoch der Umstand, dass es nicht nur einen, sondern zahlreiche Bälle gibt. Sie sind bunt gemustert, einige haben Gesichter, zeigen eine lachende Sonne oder erinnern an beißwütige Vampire und bringen die Konfusion des Spielers zum Ausdruck. Alles in Genkingers Bild ist entweder zu klein oder zu groß. Bloß nicht zu viel nachdenken, heißt folglich die Divise.

Dem Schützen ist es nicht möglich, sich für einen der ungezählten Bälle zu entscheiden; auch kann er keine Ecke auswählen, denn der Torwart füllt mit seinem Körper das Tor vollständig aus. Die Mutlosigkeit des Spielers drückt sich auch durch seine Körperhaltung aus. Wir sehen ihn in Rückenansicht, wie er die Schultern hängen lässt. Zu keiner Entscheidung fähig, hat er die Arme eng an den Körper gelegt. Er wirkt kraftlos angesichts der unmöglichen Aufgabe, den Elfmeter zu verwandeln. Je länger man das Bild betrachtet, desto stärker erhält man den Eindruck, dass sich sogar die Bälle über den Spieler lustig machen. Ihre durch die fröhlichen Farben zum Ausdruck gebrachte Heiterkeit, ihre Muster und Gesichter kontrastieren geradezu schmerzlich mit der Rückenfigur des Schützen. Es scheint, als habe er die Kontrolle über seine Wahrnehmung verloren und befinde sich in einem Albtraum. Nah und fern, groß und klein, hinauf und hinab haben jede Bedeutung verloren. Der Versuch, auf das Tor zu schießen erscheint sinnlos, da sich hinter dem Keeper gar kein Netz, sondern der Himmel aufspannt, als gäbe es gar keine andere Möglichkeit, als über das Tor hinwegzuschießen. Genkingers Arbeit zeugt von der Popularität des Fußballs und davon, dass wir im alltäglichen Sprachgebrauch häufig auf Ausdrücke zurückgreifen, die der Bildwelt des Sports entstammen. Unsere Sprache ist voller Metaphern, die das Vorbeischießen oder Treffen zum Thema machen, wir reden vom Foulspiel oder vom Abseits. So thematisiert das Bild nicht allein den Fußball und seine psychologische Dimension, sondern erzählt auch davon, wie schwierig es manchmal ist, sich für das Richtige zu entscheiden, wenn alles aussichtslos erscheint und man glaubt, nur noch Vorbeischießen zu können.

Fritz Genkinger studierte in den Klassen von HAP Grieshaber und Herbert Kitzel an der Kunstakademie in Karlsruhe. Nicht nur der Fußball, sondern der Sport allgemein hat den Künstler zu zahlreichen Arbeiten inspiriert. 1974 schuf er die Großplakate für die Fußballweltmeisterschaft in Deutschland. In den Jahren 1979/1980 gestaltete er für den VfB Stuttgart eine Mappe mit zwölf Originalserigrafien zum Thema Fußball, zu der auch die besprochene Arbeit gehört. *JM*

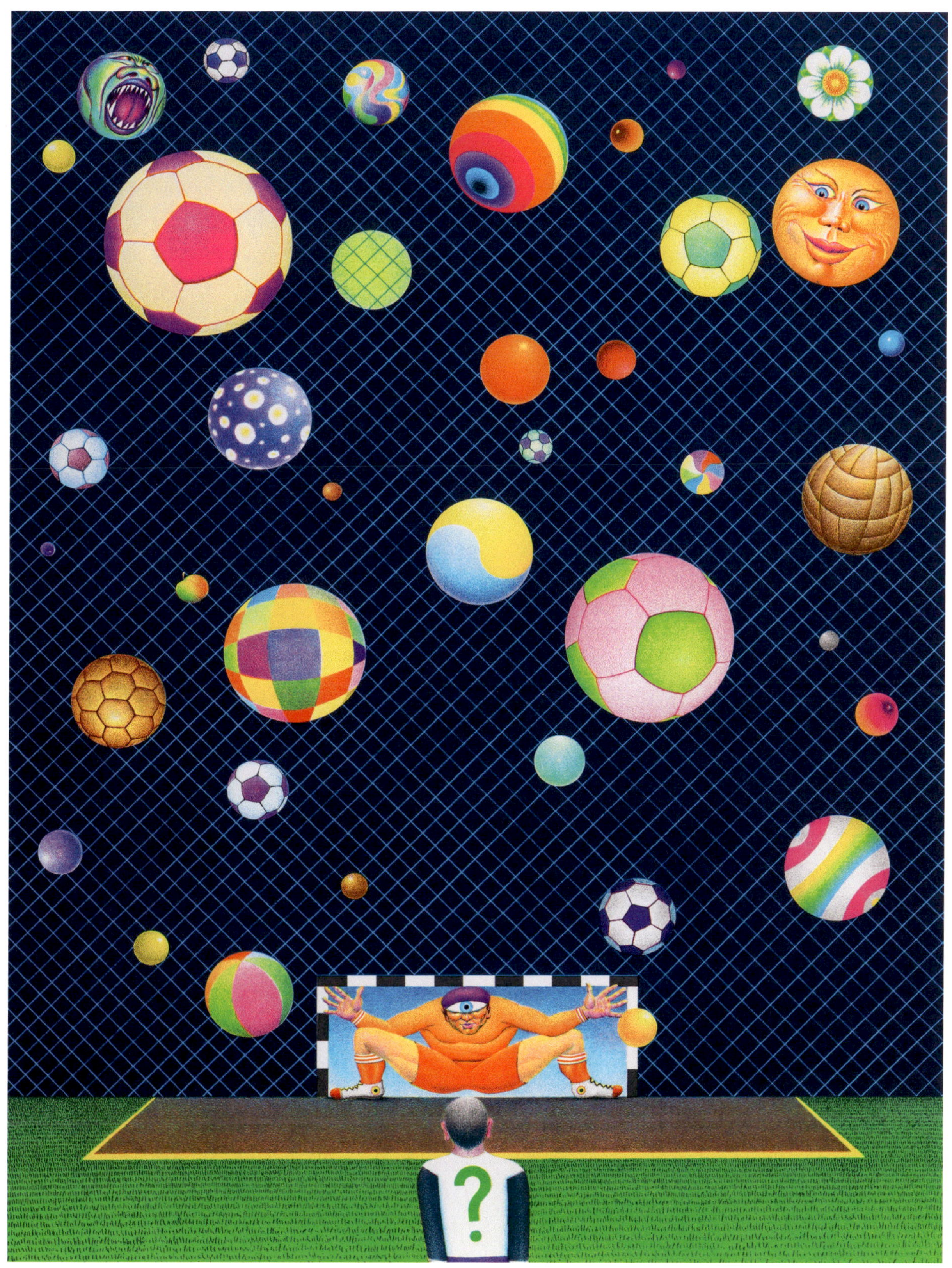

Fußballspieler. Sofus beim Kopfball
Harald Giersing (1881–1927, DNK)

1917

Öl auf Holzplatte

149 × 122 cm

ARoS, Aarhus Kunstmuseum

Manche Gemälde sind Liebeserklärungen. Sie halten einen Moment fest, der immer in Erinnerung bleiben wird. Das Bild wird zum Platzhalter eines solchen unvergesslichen Augenblicks. Der dänische Künstler Harald Giersing nutzt dafür ein Pressefoto aus dem Jahr 1917, das den entscheidenden Kopfball des legendären Fußballspielers Sofus »Krølben« Nielsen in einem Spiel gegen Schweden aus demselben Jahr festhält. Der Maler selbst war Zeuge des durch Nielsens Aktion herbeigeführten Sieges. Seine Fähigkeit zum Toreschießen hatte dieser auch in einem legendären Spiel gegen die französische Nationalmannschaft unter Beweis gestellt. Dieses endete mit einem Kantersieg von 17:1 Toren, von denen Nielsen allein zehn Tore schoss und damit zum Idol der Frühzeit des dänischen Fußballs wurde.

Für sein Gemälde nutzt Giersing ein Hochformat, wodurch es ihm gelingt, die Aufwärtsbewegung der drei abgebildeten Spieler in Szene zu setzen. Als Betrachter blicken wir von einer extrem niedrig angesetzten Perspektive auf das Geschehen. Hierdurch steigert der Maler die Dramatik des Augenblicks, in dem noch offen ist, ob die Abwehr gelingt. Der angreifende Nielsen ist zum Kopfball hochgesprungen, der Torwart läuft ihm mit erhobenen Armen entgegen. Die beiden Spieler mit den gelben Trikots bilden eine aufwärtsstrebende, blitzartig gezackte Linie, welcher der Torwart in einer fließend geschwungenen Bewegung begegnet. Der dynamische Eindruck wird noch durch den Umstand gesteigert, dass die Füße der Figuren nicht dargestellt sind. Der Maler verzichtet auch auf die Darstellung des Publikums und des Stadions. Stattdessen unterstreichen von den Figuren ausgehende schwarze Pinselstriche vor dem Rasengrün die kraftvollen Aktionen der Spieler. Die schwarzen Linien scheinen auch die Umgebung der Spieler in Bewegung zu versetzen. Die blauen und weißen Farbflächen des Himmels wirken in diese gleichermaßen vertikal wie horizontal sich ausbreitende Dynamik einbezogen. Es ist, als seien auch der Platz und der Himmel in Bewegung.

Kurioserweise hat der Künstler die roten Trikots der dänischen Nationalmannschaft durch gelbe ersetzt und stattdessen den Torwart der schwedischen Mannschaft mit einem roten Shirt ausgestattet. Der Kopf des unterhalb von Sofus Nielsen befindlichen Spielers ist durch rote und weiße Farbstriche markiert, die auf die dänische Flagge verweisen könnten.

Die Arbeit von Giersing führt exemplarisch die Möglichkeiten eines Gemäldes im Verhältnis zur Fotografie vor Augen. Das Foto bildet zwar den Ausgangspunkt, die malerische Umsetzung verfolgt jedoch ein eigenes Ziel. Der Künstler nimmt sich zahlreiche Freiheiten heraus, um die Dramatik des Augenblicks in Szene zu setzen. Nicht nur die bewegte Linienführung, sondern auch der dynamische Farbauftrag sind dabei hervorzuheben.

Giersing orientierte sich zu jener Zeit an der Kunst der französischen Fauves. Er gehört zu den bedeutenden Modernisten Dänemarks und studierte an der Kopenhagener Kunstakademie. Zu Beginn seiner Ausbildung unternahm er zahlreiche Reisen, die ihn auch nach Paris führten. Inspiriert wurde seine Malerei zunächst durch Begegnungen mit der Kunst Paul Gauguins, später dann Paul Cézannes und der Fauves. *JM*

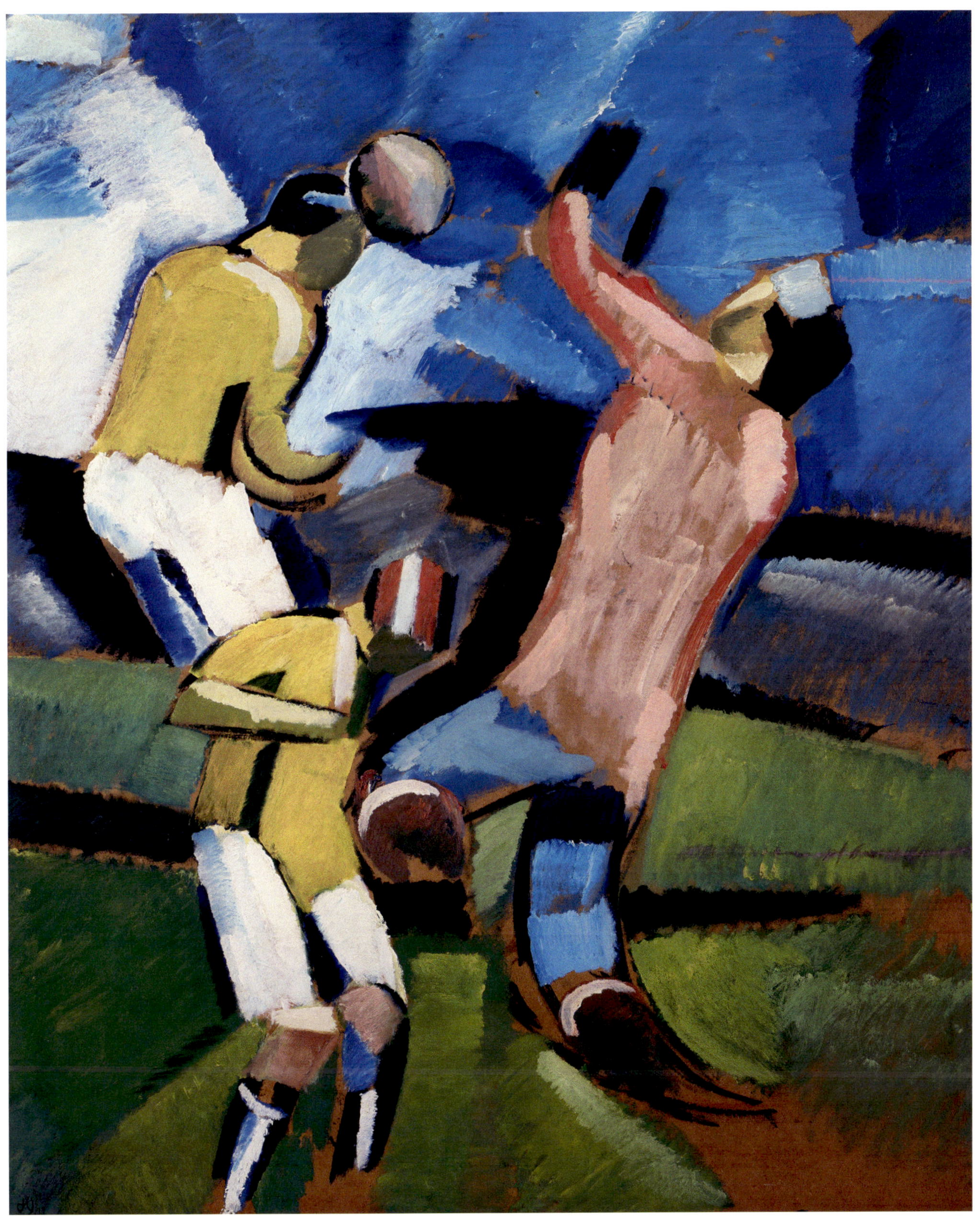

Fußballspieler
Isaac Grünewald (1889–1946, SWE)

1916

Öl auf Leinwand

152,5 × 184 cm

Privatbesitz

Ein prall gefülltes Stadion, wehende Nationalflaggen und zwei Teams, die sich auf dem Rasen gegenüberstehen: Isaac Grünewalds großformatiges, 1916 entstandenes Gemälde *Fußballspieler* versammelt wesentliche Motive einer typischen Sportdarstellung und verweigert sich doch allen damit verbundenen Konventionen. Offenbar hat der schwedische Maler ein Länderspiel zwischen England und seinem Heimatland festgehalten. Hierauf weisen neben den Farben der Trikots auch die von mehreren Seiten in den Bildraum hineinragenden Fahnen hin. Im Zusammenspiel mit der diagonal verlaufenden Spielfeldkante und den angeschnittenen Körpern im Vordergrund sorgen sie für eine außergewöhnliche Verdichtung und Dynamisierung der Komposition, die hierdurch völlig unübersichtlich erscheint.

Das Durcheinander löst sich auch bei näherer Betrachtung nicht auf. Zu anarchisch ist das Treiben der Fußballer. Dies gilt schon für die drei rot-weiß gekleideten Akteure links, die in einer synchronen Formation Richtung Spielfeldmitte stürmen. Dort sind im gleichen Moment zwei konkurrierende Spieler zum Luftduell aufgestiegen. Während ihre Beine proportional zu kurz geraten sind, schweben ihre verdrehten, auffällig gelängten Oberkörper über den Köpfen des übrigen Personals. Nur der Ball ist an keiner Stelle zu entdecken. Dafür finden die merkwürdigen Aktionen eine Fortsetzung in der rechten Hälfte. Vom eigenen Torwart beäugt schreiten die Spieler hier mit weit ausladenden Arm- und Beinbewegungen über den Platz, wobei ihre Posen weniger an Fußball denn an gymnastische Übungen denken lassen. Am obskursten agiert jedoch jener Charakter, der im Mittelkreis auf dem Boden liegt. Lächelnd und mit übergeschlagenem Bein beobachtet er das Chaos von unten.

Neben der Fußballszene schuf Grünewald in der zweiten Hälfte der 1910er-Jahre noch weitere expressive Darstellungen von Sport- oder Zirkusdarbietungen, die sich jeweils eines ähnlichen Schemas bedienen. In all diesen Werken überführen großformatige Repoussoirfiguren die Betrachtenden ins Bildzentrum, wo sich die Haupthandlung vor einer großen Zuschauerschar entfaltet. Grünewald selbst charakterisierte seine Werke als Erinnerungsbilder, in denen er das eigene Erleben assoziativ verarbeitete. In *Fußballspieler* wirkt es, als habe er die eigene Beobachterrolle sogar im Bild verewigt. So wendet sich der Spieler im roten Trikot nicht nur zu uns um, sondern ahmt mit seinen erhobenen Händen auch die Haltung eines Malers oder Dirigenten nach.

Der auch als Grafiker, Bühnenbildner und Schriftsteller tätige Grünewald studierte zwischen 1905 und 1908 an der Stockholmer Konstnärsförbundets skola, bevor er an die von Henri Matisse gegründete Académie Matisse in Paris wechselte. 1911 gehörte er zu den Mitbegründern der Künstlergruppe »De Åtta«, deren Mitglieder sich als Expressionisten bezeichneten und wesentliche Impulse für die Entwicklung der schwedischen Moderne lieferten. Durch den Kontakt mit Herwarth Walden stellte der Maler ab 1915 in der Berliner Galerie »Der Sturm« aus. Zwischen 1932 und 1942 war er als Professor an der Kungliga Konsthögskolan in Stockholm tätig. In der Folge betrieb er eine private Kunstschule. Mit nur 56 Jahren kam er 1946 bei einem Flugzeugabsturz ums Leben. *FS*

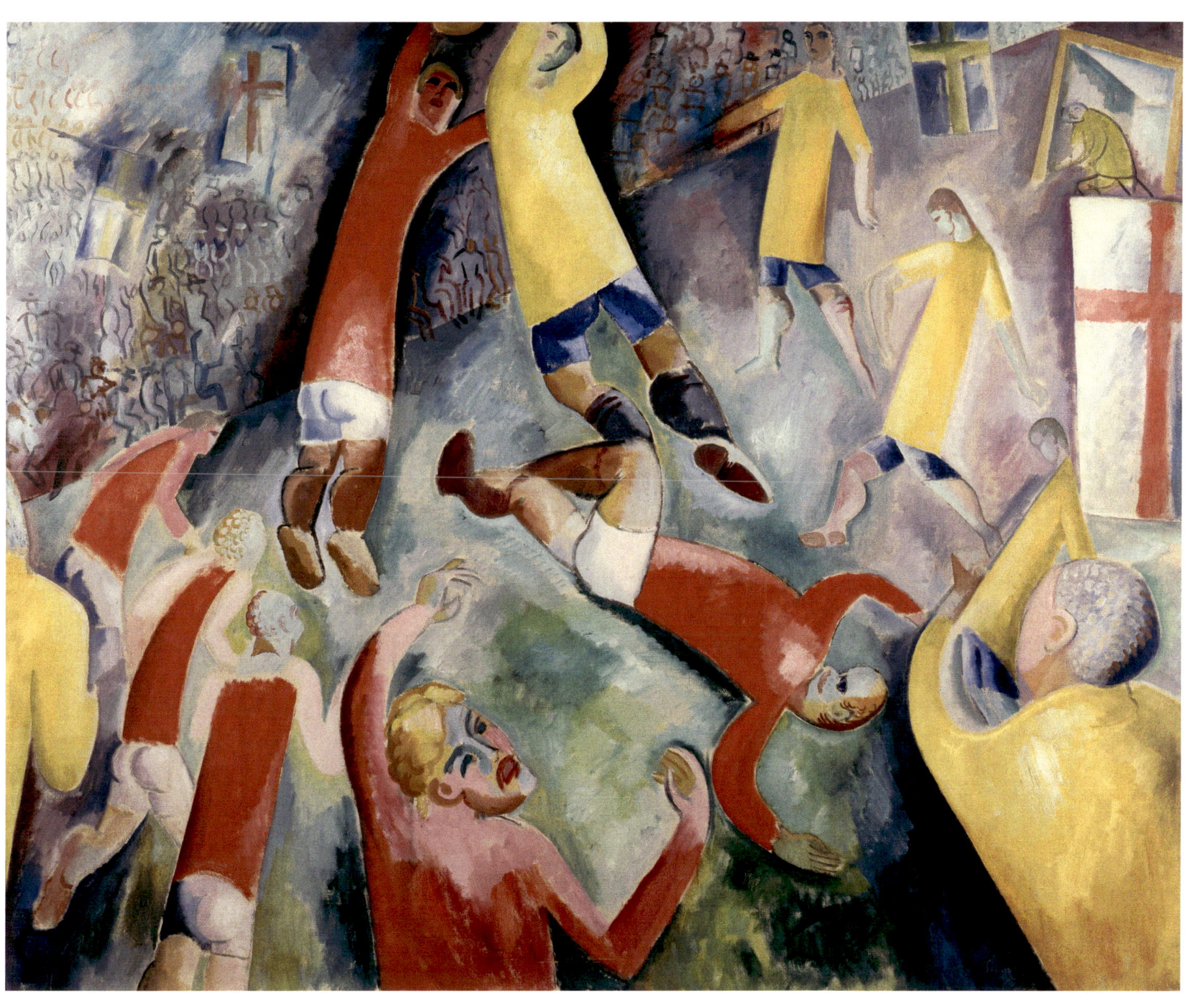

Deutscher Sport
John Heartfield (1891–1968, DEU)

1929

Fotomontage

33 × 20,4 cm

Kunstsammlung der Akademie der Künste, Berlin

Die Collage zweier Fußballspieler entpuppt sich schon auf den ersten Blick als ein kritisches Unternehmen. Die Arbeit ist für Kurt Tucholskys Buch »Deutschland, Deutschland über alles« aus dem Jahr 1929 entstanden, das collagiert aus Bildern und Texten einen Querschnitt der Weimarer Gesellschaft liefern will. Das im kommunistischen Neuen Deutschen Verlag erschienene Buch besteht aus 100 Text-Bild-Montagen, mit denen der Schriftsteller einen kritischen Kommentar zum politischen und gesellschaftlichen Geschehen liefert. In seinen Texten kritisiert er Kriegstreiberei und Nationalismus, eine gewissenlos sich bereichernde Wirtschaft und die Verarmung der Arbeiterklasse ebenso wie eine autoritätsgläubige Rechtsprechung. Die teils komponierten, teils reportagehaft illustrierenden Bilder zeigen in Verbindung mit den Texten die Gesellschaft aus unterschiedlichen Perspektiven. John Heartfields Collage geht im Buch ein Text zu den deutschen Sportverbänden voraus, der deren autoritären Charakter beschreibt.

In Heartfields Fotomontage steht ein Fußballer breitbeinig da und hat die Arme hinter dem Rücken verschränkt. Auf seinem Trikot ist der Reichsadler zu erkennen. Sein Kopf wird aber durch einen im Verhältnis zum Körper monströsen Fußball ersetzt. Dass dieser Kopf mit Luft gefüllt ist, steht zu vermuten. Ein zweiter Spieler im dunklen Trikot nähert sich von hinten. Auch dessen Kopf ist durch einen Fußball ersetzt. Dabei wirkt seine Körperhaltung so, als würde er auf ein Zuspiel warten und sich dafür in die richtige Position begeben. Der groteske Eindruck des Bildes entsteht nicht nur durch die durch Bälle ersetzten Köpfe, sondern auch durch die Freistellung, die den Personen ihren natürlichen Umraum raubt. Kein Spielfeld ist zu sehen. Es gibt keine Mitspieler, auf die sich die Aktion beziehen könnte. Statutarisch steht der eine da, ungelenk wirkt der andere, dessen ohne Ziel stattfindende Bewegung merkwürdig folgenlos erscheint.

Mit der Entwicklung des Fußballs zum erfolgreichen Mannschaftssport und seiner zunehmenden Professionalisierung in der Weimarer Zeit wächst auch die Kritik an diesem Sport, der Teil der allgemeinen Freizeitkultur geworden ist und zugleich immer stärker kommerzialisiert wird. Idole und ihre Fans sind dem marxistischen Künstler suspekt, nationaler Eifer im Sport unangebracht. Heartfields Absicht ist es, die Instrumentalisierung des Fußballs für eine nationalistische Politik zu kritisieren. Die Spieler erscheinen als kopflose Marionetten, die einen Stellvertreterkrieg zu führen haben. Heartfield hat eine Satire entworfen, die sich moderner Bildverfahren bedient, um eine überzeugende Warnung zu formulieren. Die Collage stellt ein Mittel dar, spontan und pointiert auf die Wirklichkeit zu reagieren, indem sie vorgefundene Bilder und Motive in unerwarteter Weise kombiniert und dadurch neue Perspektiven eröffnet.

John Heartfield ist vor allem durch seine politischen Satiren und Karikaturen in der Weimarer Zeit hervorgetreten. Nach dem Ersten Weltkrieg gründete er gemeinsam mit seinem Bruder Wieland den Malik-Verlag. Er wurde Mitglied der KPD und der Berliner DADA-Bewegung. Nach dem Exil kehrte er 1950 in die DDR zurück. *JM*

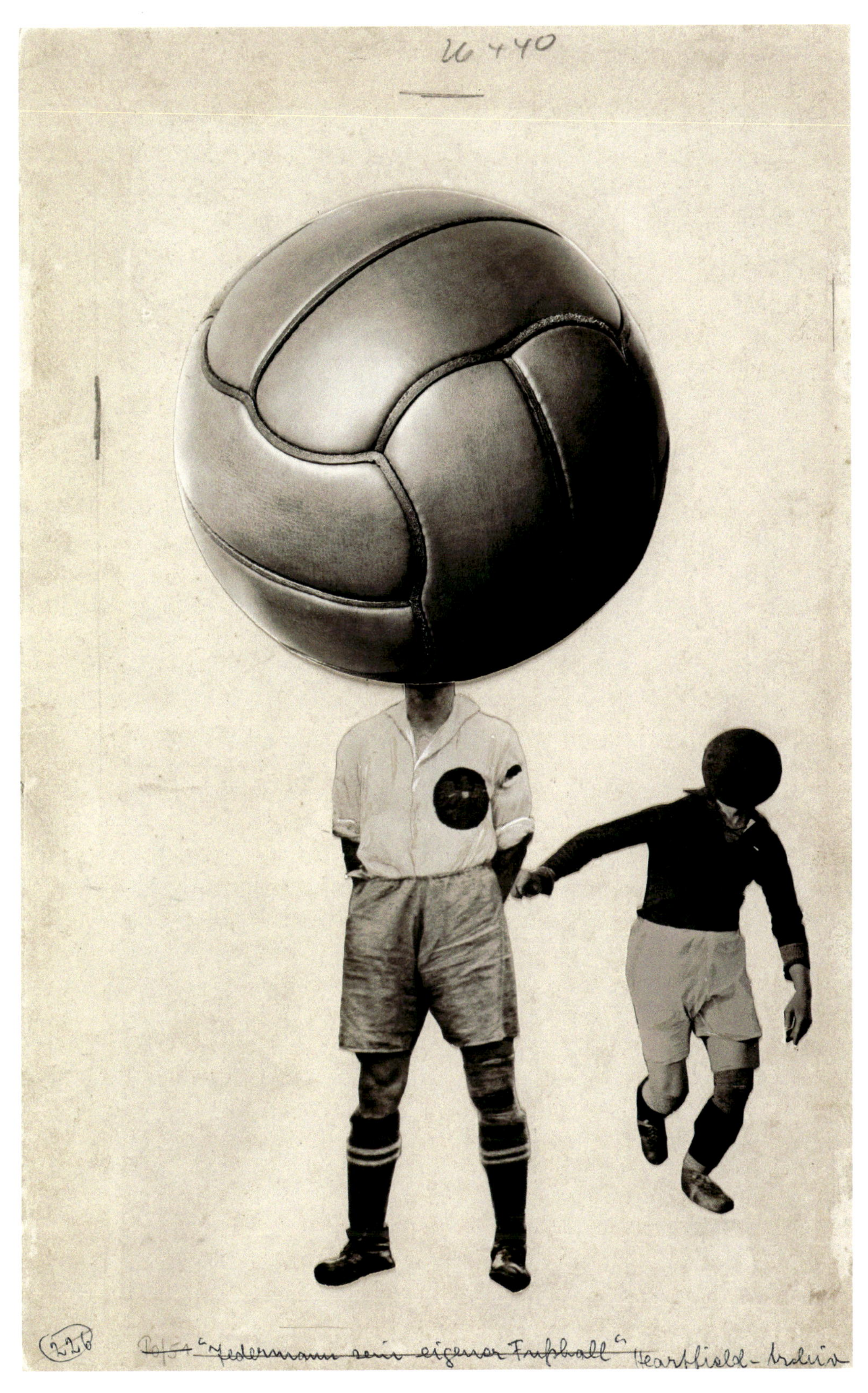
16 + 40
226
"Jedermann sein eigener Fußball" Heartfield-Archiv

Neues vom Turmbau
Bernhard Heisig (1925–2011, DEU)

1977

Öl auf Hartfaserplatte

148 × 118 cm

Kunstmuseum Moritzburg, Halle a. d. Saale

Bernhard Heisigs Gemälde *Neues vom Turmbau* aus dem Jahr 1977 stellt einen Dialog mit der Geschichte der Malerei dar: Ist es zunächst der Titel, der die alttestamentlichen Ereignisse der Sprachverwirrung in Erinnerung ruft, ist es sodann die Darstellung des Turmbaus zu Babel selbst, die sich der berühmten Vorlage Pieter Bruegels d. Ä. aus dem Kunsthistorischen Museum in Wien bedient. Dabei ergänzt der Künstler den Turmbau als Sinnbild der Hybris um weitere Motive aus dem Werk des berühmten Flamen. So übernimmt er dessen Thema des »Ikarus-Sturzes«. Jedoch wird bei Heisig aus dem unvorsichtigen Ikarus ein Doppeldecker, auf dessen Tragfläche das Balkenkreuz zu entdecken ist, das auf den Ersten Weltkrieg verweist. Der Pilot stürzt mit aufgerissenem Mund und ausgestreckten Armen der Erde entgegen. An Bruegel erinnert zudem ein monströser Fisch am oberen Rand, der sein Maul weit geöffnet hat. All diese Motive sind Unheil verkündend und warnen vor einer sich ankündigenden Apokalypse. Dunkle Wolken ziehen auf und weisen auf ein bevorstehendes Unwetter hin. Auf ähnliche Motive hat der Künstler bereits 1975 für sein großformatiges Ikarus-Bild für den Palast der Republik zurückgegriffen.

Der Welt der Vergangenheit stellt Heisig die eigene Gegenwart gegenüber. Am unteren Rand ist ein Geiger zu erkennen. Dahinter fährt ein Panzer, auf dessen Kanonenrohr eine Sängerin im Outfit eines Playboy-Bunnys sitzt. Einmal mehr zeichnet sich das Militärfahrzeug durch ein Balkenkreuz aus, das nun allerdings auf den Zweiten Weltkrieg verweist. Zur Linken der Sängerin jongliert ein Fußballspieler einen Ball auf dem Kopf. Wiederum rechts davon schwebt ein Mann waagerecht in der Luft. Er hält einen Fernseher und schreit. Dem verstörenden Inhalt entsprechen die grelle Farbigkeit und die gestische Pinselführung, die an die Malerei des Expressionismus denken lassen. Zudem werden diese angedeuteten Szenen durch ein rotes und ein gelbes Kabel zusammengebunden, um als Teil ein- und desselben Zusammenhangs deutlich zu werden. Heisigs malerische Gestaltung unterstützt den aggressiv-bedrückenden Bildeindruck. Alle Details sind Ausdruck einer medial vermittelten falschen Welt der Unterhaltung. Das Motiv des Panzers offenbart sogar die Aggressivität dieser Talmi-Existenz.

Mit dem Titel *Neues vom Turmbau* verweist der Künstler darauf, dass sich die Geschichte wiederholt. Der Mensch hat nichts gelernt und aus dem Ersten wird der Zweite Weltkrieg, wenn nicht gar ein dritter bevorsteht. Die Frage ist allerdings, ob der DDR-Künstler damit allgemein eine Aussage über die Welt formuliert oder den anderen Teil Deutschlands meint, der hier dann als potenzieller Aggressor erschiene. Es ist wohl kein Zufall, dass der Fußball als Teil einer in den Medien vermittelten Ideologie dargestellt wird. Er gehört zu einer käuflichen Welt.

Heisig gehört zur sogenannten Leipziger Schule. Seine gestisch anmutende, in der Tradition von Oskar Kokoschka stehende Malerei entzieht sich jedoch einem plakativen Realismus. Er trat früh in die SED ein. 1954 wurde er Dozent, später Professor und Rektor an der Hochschule für Grafik und Buchkunst in Leipzig. Seine Kritik an der Kunstpolitik der DDR führte zur Entlassung. Im Jahr 1971 wurde er durch Erich Honecker rehabilitiert. *JM*

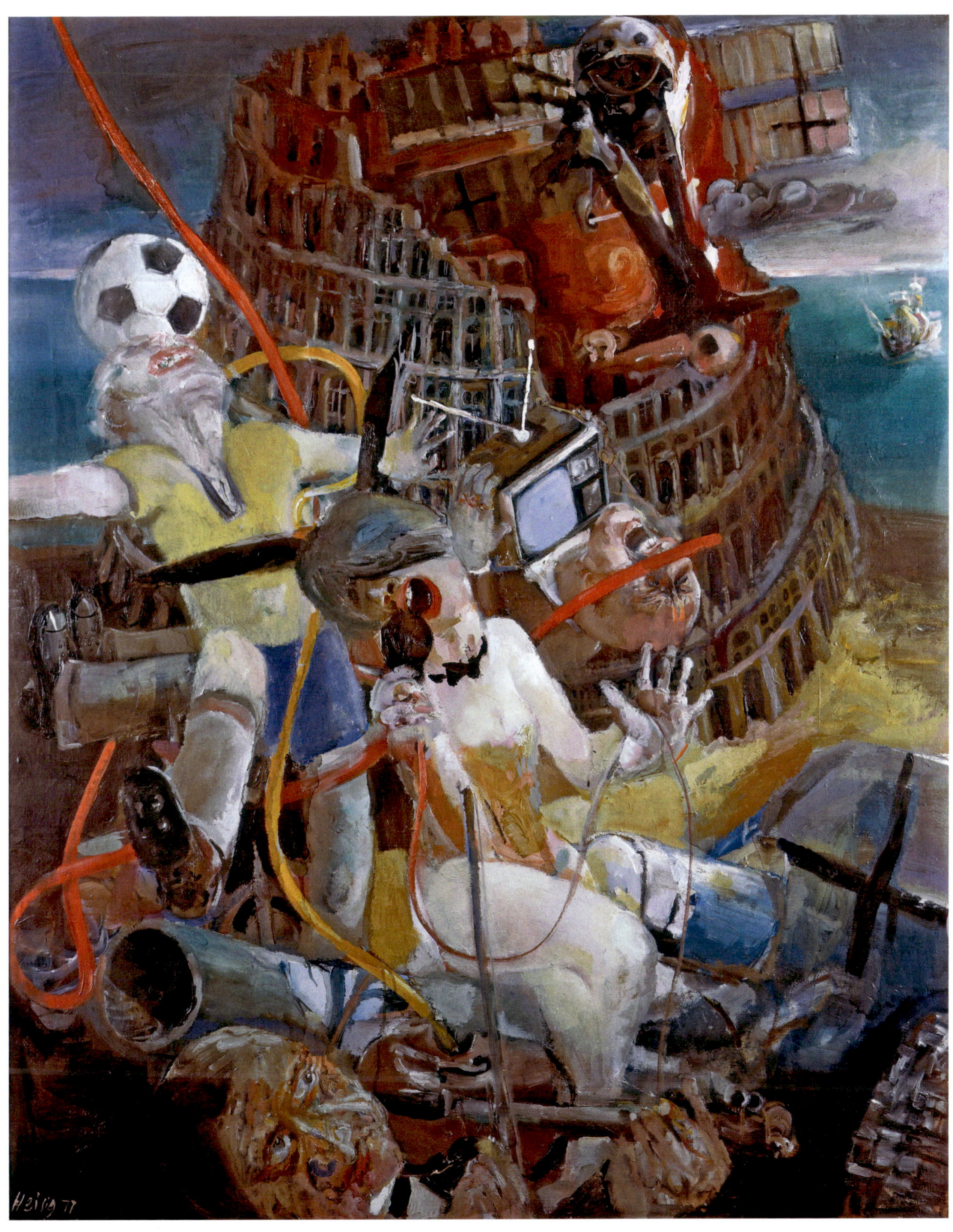

Torhüter

Robert Henderson Blyth (1919–1970, SCT)

1966

Öl auf Leinwand

87,2 × 89 cm

City Art Centre, Edinburgh

Robert Henderson Blyths *Torhüter* ist dazu verdammt, auf ewig in der Luft zu stehen. Aus der Hintertorperspektive lässt uns der schottische Maler zu Zeugen einer eindrucksvollen Parade werden, mit der der Dargestellte die Grenzen der Schwerkraft ebenso wie die der querformatigen Komposition durchbricht. Ihre außergewöhnliche Dynamik bezieht die Darstellung dabei aus der diagonalen Positionierung des Torhüters im Raum. Mit ganzer Kraft hat er sich in den Schuss eines gegnerischen Spielers geworfen und jeglichen Bodenkontakt verloren. Ausgehend von der ausgestreckten Hand in der linken oberen Bildecke durchmisst sein Körper das Bild in seiner gesamten Breite, wobei insbesondere die über den Rand hinausragenden Gliedmaßen das Bemühen um größtmögliche Ausdehnung verdeutlichen.

Gesteigert wird der Fokus auf den einzelnen, alles entscheidenden Protagonisten durch Blyths expressive Malweise und die Konzentration auf wenige Farben. Hierdurch hebt sich das weiße Trikot des Keepers umso deutlicher vom Nachtblau des Himmels und den Grüntönen des Rasens ab. Die einzigen weiteren Lichtpunkte setzen jene zwei Spieler im Mittelgrund, für die der Ausgang der Szene zwangsläufig mit gegensätzlichen Erwartungen verbunden ist. Während der im Vordergrund laufende, weiß gekleidete Akteur dem Ball im Laufen hinterherzuschauen scheint, ist sein Kontrahent im roten Trikot mit emporgereckten Armen in die Höhe gesprungen. Das Bild lässt offen, inwieweit dem dargestellten Moment ein Kopfball oder Klärungsversuch vorausgegangen ist, ja selbst der Ausgang der Parade ist unsicher. Allerdings lassen der nicht sichtbare Ball und das verzogene Netz, das zugleich die vordere Bildgrenze definiert, die Aussichtslosigkeit des Sprunges erahnen, wodurch die Schicksalshaftigkeit des Moments nur noch stärker betont wird.

Der aus Glasgow stammende Blyth, der zunächst an der Glasgow School of Art studiert hatte, trat 1941 in den Kriegsdienst ein und diente im Royal Army Medical Corps. Seine eindrücklichsten künstlerischen Zeugnisse entstammen der malerischen Auseinandersetzung mit den eigenen Kriegserlebnissen. Dies gilt vor allem für das 1947 geschaffene, anklagende *In the Image of Man*, das eine zerbombte Stadtkulisse im Hintergrund eines halb zerstörten Kruzifixes mit einem kopflosen Gekreuzigten präsentiert. Während jene frühen Werke geradezu altmeisterlich anmuten, sind die späten, sämtlich im letzten Lebensjahrzehnt des Malers entstandenen Fußballszenen durch eine auffällig reduzierte Ausdruckweise gekennzeichnet.

Und obwohl es sich bei Blyths *Torhüter* nicht um die einzige Torraumszene im Schaffen des Malers handelt, wird die besondere Bedeutung jener Position in keinem anderen seiner Werke treffender eingefangen. Nur hier erscheint der Keeper als zentraler Akteur, dem im entscheidenden Moment die alleinige Verantwortung über Glück und Unglück, Sieg oder Niederlage zufällt. Hieraus resultiert ein polarisierendes Spektrum an Wahrnehmungen, die von grenzenloser Verehrung bis zu haltlosen Anfeindungen im Moment des angeblichen Versagens reichen können. *FS*

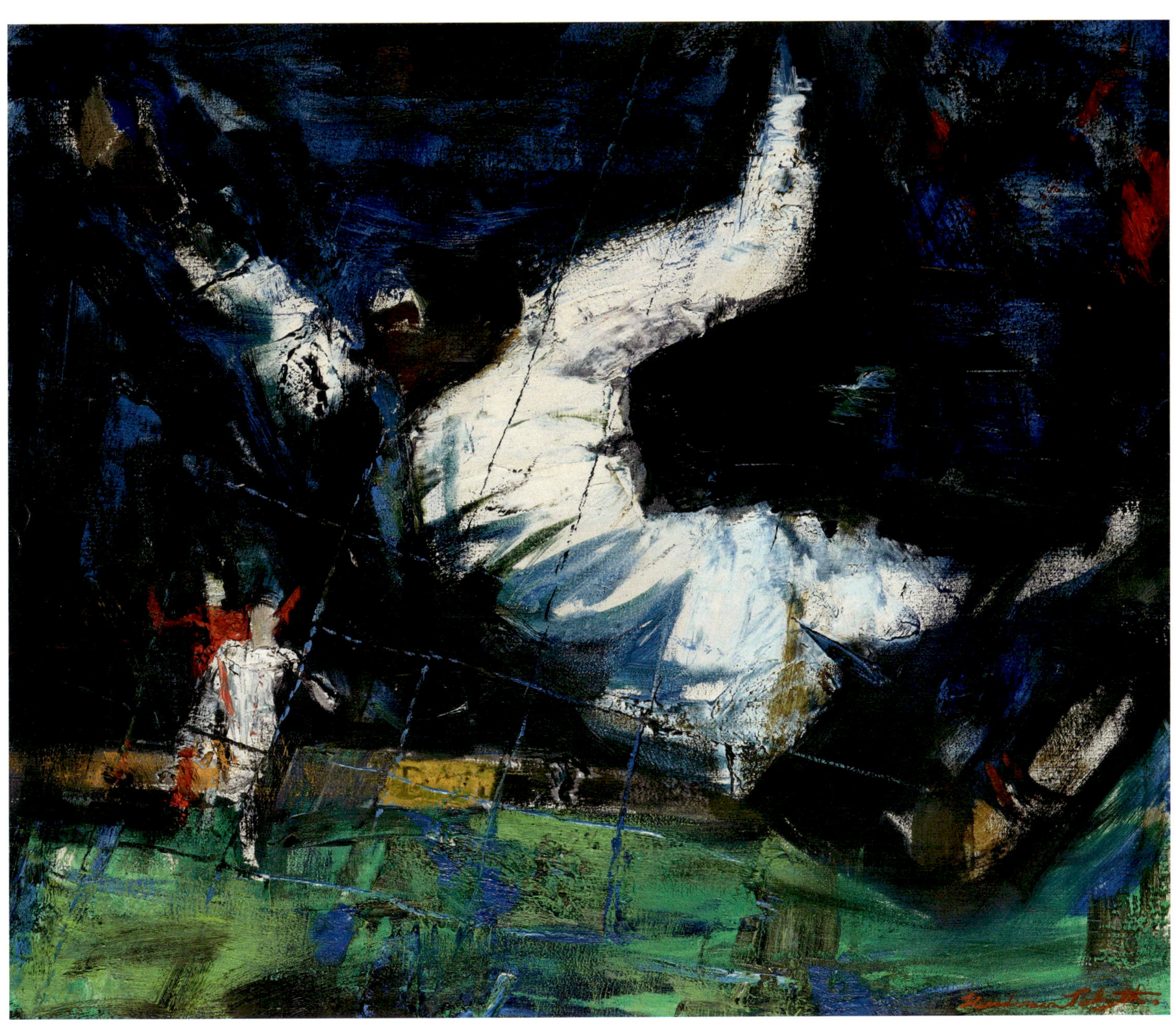

Mädchen mit Taube
Josephine Henning (*1989, DEU)

2022

Acryl auf Leinwand

80 × 80 cm

Im Besitz der Künstlerin

Es ist ein eindringlicher Blick, mit dem uns Josephine Hennings Protagonistin adressiert. Mit verschränkten Armen und Beinen sitzt sie uns gegenüber. Ihren Kopf hat die Künstlerin mit nur wenigen Strichen angelegt, den ernsten Ausdruck in ihrem Gesicht aber eindrücklich erfasst. Durch die auffällige Blässe des Mädchens stellt sich die Verbindung zu einem weiteren Detail her. So lässt sich auf der Brust der jungen Fußballerin eine Taube ausmachen. Die umrisshafte Zeichnung lässt offen, ob das Kind den Vogel schützend in den Armen hält oder ob es sich lediglich um eine Applikation auf seinem Trikot handelt. Umso eindeutiger ist die Konnotation des Motivs. Bereits im Alten Testament ist es eine von Noah ausgesandte Taube, die den Menschen Hoffnung spendet; zusätzlich inszenieren unzählige Werke der christlichen Kunst die Tiere als Vergegenwärtigung des Heiligen Geistes. Spätestens seit Picasso aber gelten weiße Tauben vor allem als Symbol des Friedens. Im Unterschied zur 1961 entstandenen, ikonischen Lithografie des Spaniers hält Hennings Vogel jedoch keinen Olivenzweig im Schnabel, zudem ist der Kopf des Tieres erkennbar gesenkt.

Nicht zuletzt das blau-gelbe Trikot des Mädchens verrät, auf welches Ereignis die Komposition Bezug nimmt: Der russische Überfall auf die Ukraine im Februar 2022 hat auch unzählige Kinder aus ihrem bisherigen Leben gerissen. Hierzu formuliert die Künstlerin ein deutliches Statement: Ihre Anklage hat Henning mit einfachen, klar verständlichen Mitteln gestaltet. Dem alten Lederball im Rücken des Kindes kommt dabei eine zentrale Bedeutung zu. Nicht umsonst sind die einzelnen Felder und Nähte detailliert ausgearbeitet, lenkt auch die Lichtsetzung den Fokus auf seine glänzende Oberfläche. Als Artefakt einer vergangenen Zeit steht der Ball nunmehr für den Verlust der Heimat ebenso wie der Freunde – mithin für eine geraubte Kindheit. Passend dazu scheint sich die Wiese, auf der das Mädchen sitzt, im Hintergrund unendlich weit zu erstrecken, wobei das Fußballtor am Horizont in unerreichbare Ferne gerückt ist.

Ihre eigene Karriere als Fußballerin führte Josephine Henning zunächst zum 1. FFC Turbine Potsdam und zum VfL Wolfsburg, woran sich die Stationen Paris Saint-Germain, Arsenal London und Olympique Lyon anschlossen. Mit ihren Teams gewann sie fünf nationale Meisterschaften und insgesamt viermal die Champions League. Mit der Nationalmannschaft wurde sie 2013 Europameisterin und errang 2016 eine Goldmedaille bei den Olympischen Sommerspielen in Rio de Janeiro. Bereits in ihrer aktiven Zeit malte und zeichnete Henning, die als Straßenfußballerin begonnen hatte. Während ihrer Zeit in Frankreich studierte sie zudem Grafikdesign und Innenarchitektur in Paris. Seit ihrem Karriereende ist Henning als Künstlerin und Kuratorin tätig. Ihre 2022 entstandene Darstellung des Mädchens mit dem Fußball diente noch im gleichen Jahr als Plakatmotiv des Fußballfilmfestivals »11mm«, dessen besonderer Schwerpunkt in der Folge des Krieges auf der Ukraine lag. *FS*

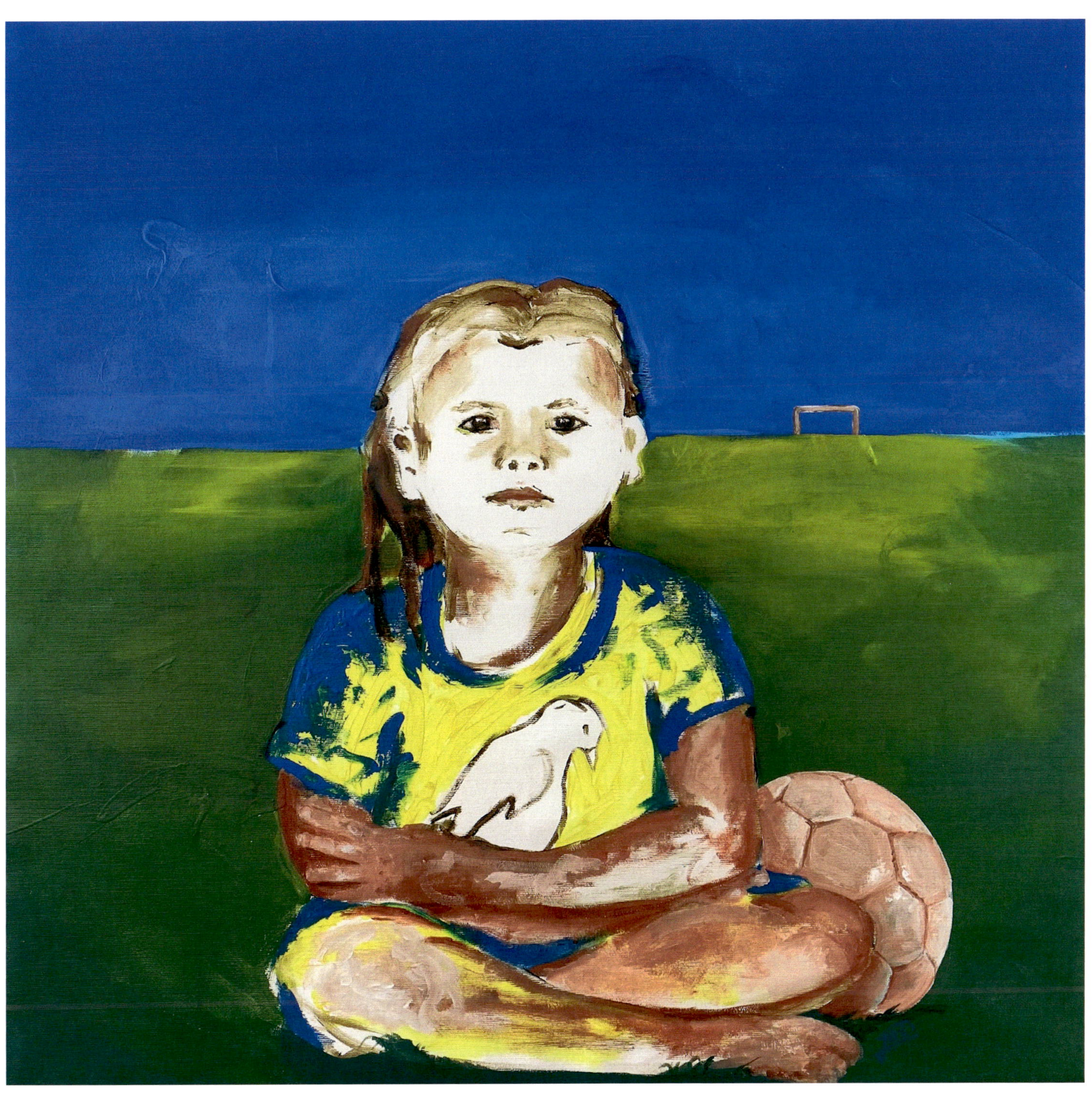

contrastierende fotomontage

Irene Hoffmann (1903–1971, DEU)

1930

Collage aus ausgeschnittenen Illustrierten-Fotos

42,3 × 59,3 cm (Ausschnitt)

Bauhaus Archiv, Berlin

Irene Hoffmann hat eine rätselhafte Collage geschaffen, bei der sie nicht nur verschiedene Motive kombiniert, sondern auch die Größe der Ausschnitte derart unterschiedlich ausfallen lässt, dass man zunächst Mühe hat, das auf diese Weise entstandene Denkbild zu verstehen. Die rechte Hälfte der Arbeit zeigt links das Bein und den Oberkörper eines Fußballspielers vor der Kulisse eines Stadions. Daneben ist auf die rechte Seite das Gesicht einer jungen Frau gesetzt, die enthusiastisch und voller Begehren nach rechts aus dem Bild hinausschaut. Ihr Gesicht findet links auf Kopfhöhe des Fußballspielers eine Fortsetzung in einer Hand, die nach diesem zu greifen scheint und dabei eine Zigarette zwischen den Fingern hält. Zu Füßen des Spielers befinden sich weitere kleine Figuren, von denen eine ein Torwart sein könnte. In der rechten unteren Ecke ist ein trommelförmiges technisches Gerät zu sehen. Dieses ist nicht einfach zu identifizieren, am Rand ist eine runde Temperaturanzeige befestigt, dünne Stäbe und Leitungen ragen in verschiedene Richtungen daraus hervor. Das Fußballspiel findet in dem voranstürmenden Spieler und den Miniaturspielern zu seinen Füßen eine kuriose Umsetzung. Er scheint der angehimmelte Star zu sein, die anderen sind lediglich Beiwerk und illustrieren das Spiel.

Auch wenn man alle Bildelemente der Collage entdeckt hat, erschließt sich der Sinn und Zusammenhang nicht ohne Weiteres. Nur der jungen Frau kommt eine gewisse Identität zu. Ihr intensiver Blick stellt einen ersten Anhaltspunkt zur Interpretation dar, wird doch ihr Sehen zum Greifen. Es bringt eine gewisse Erregung zum Ausdruck, die durch das technische Gerät noch gesteigert wird, wenn man dieses mit dem für die Energieerzeugung nötigen Druck und dessen Messung in Verbindung bringt. Die ästhetische Faszination der Collage besteht in der Aufhebung des Wirklichen, das zu einer Art Wunschbild wird. Als Betrachter können wir nicht mehr unterscheiden, was innen und was außen, was Imagination und was Wirklichkeit ist. Die Fotografin hat eine surreale Allegorie geschaffen. Ihr ist es gelungen, das Sehen als Begehren zu inszenieren. Damit erzählt sie zugleich vom Starkult und der Rolle der Zuschauer sowie deren Wunsch, ihrem Idol nahe zu sein, es »greifen« und für sich beanspruchen zu wollen. Die Künstlerin verkehrt dabei das Verhältnis des anonymen Fans zum bekannten Star, dessen Gesicht nicht zu sehen ist.

Irene Hoffmann wurde 1903 als Irene Wallbrecht in Hannover geboren. 1929 heiratete sie den Bauhaus-Architekten Hubert Hoffmann. In den Jahren 1930 bis 1932 studierte sie am Dessauer Bauhaus Werbung bei Joost Schmidt und Fotografie bei Walter Peterhans. Nach der Schließung des Bauhauses gründete sie gemeinsam mit Hannes Schmidt ein eigenes Studio in Berlin und erstellte Porträts und Werbeannoncen. Sie arbeitete vor allem im Bereich experimenteller Fotografie, gestaltete aber auch konstruktivistische Architekturaufnahmen und Werbefotos, die auf serielle Darstellungskonzepte zurückgreifen. 1936 emigrierte sie in die USA. *JM*

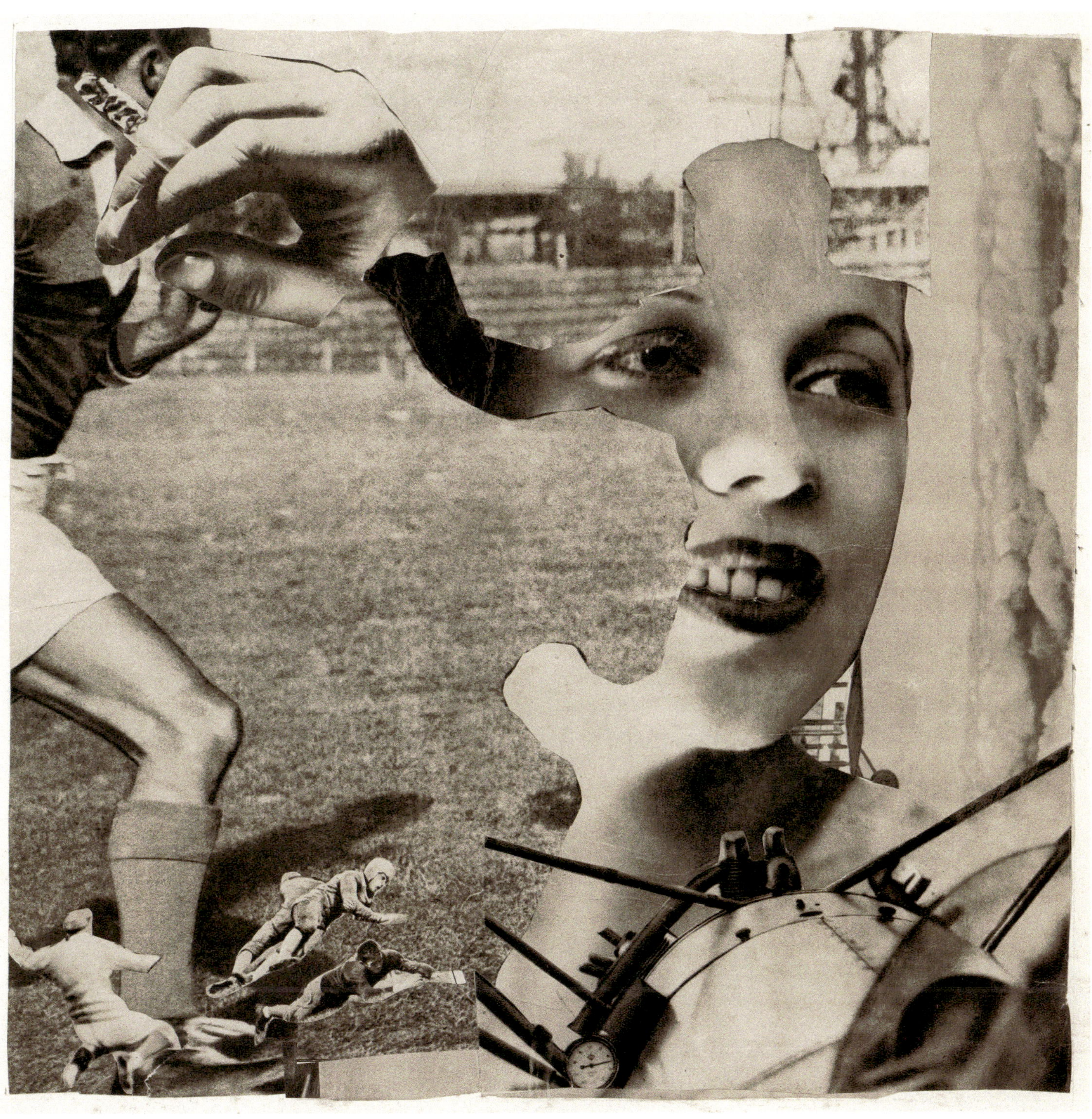

Wisła-Mannschaft

Wlastimil Hofman (1881–1970, POL)

1927

Öl auf Leinwand

210 × 488 cm

Museum of Sports and Tourism, Warschau

Seit der Popularisierung des Fußballs sind unzählige Mannschaften und Spielerpersönlichkeiten in Gruppen- und Einzeldarstellungen verewigt worden. Im Unterschied zu den meisten vergleichbaren Werken handelt es sich bei Wlastimil Hofmans Bildnis der *Wisła-Mannschaft* jedoch nicht um eine Auftragsarbeit, sondern um das aufrichtige Zeugnis gegenseitiger Wertschätzung. So ist verbürgt, dass der Maler ein glühender Wisła-Anhänger war. Umgekehrt gingen die Spieler in Hofmans Krakauer Haus ein und aus – und als sich das Team 1927 auswärts den ersten Meistertitel der Vereinsgeschichte gesichert hatte, pilgerten die Spieler nach ihrer Rückkehr vom Bahnhof zum Heim des Künstlers, um den Erfolg gemeinsam mit ihm zu feiern.

Der Meisterschaft vorausgegangen war ein Jahr zuvor der Finaleinzug beim Polnischen Fußballpokal der Männer. Einer Legende zufolge fußt die Entstehung des Bildes auf jenem Endspiel und einem im Vorfeld abgegebenen Versprechen. Demnach stellte Hofman den Spielern in Aussicht, sie bei einem Pokalsieg mit einem lebensgroßen Mannschaftsporträt zu ehren. Wisła gewann die Partie und der Maler hielt Wort. Das Resultat, ein fast fünf Meter breites Gemälde, setzt die beteiligten Spieler gleich antiken Heroen in Szene.

Vor der sich am Horizont abzeichnenden Krakauer Stadtkulisse stehen die Fußballer in klassischen Posen nebeneinander aufgereiht, nur der Torwart Jan Ketz sitzt im Vordergrund allein auf dem Rasen. Während die meisten Akteure das charakteristische Wisła-Trikot mit weißem Stern auf rotem Grund tragen, haben einige Protagonisten ihr Dress abgelegt, um so ihre athletischen Oberkörper zur Schau zu stellen. Passend dazu verglich der Maler die Sportler mit Sagengestalten wie Hektor und Achilles, das gewonnene Fußballspiel wiederum mit dem Trojanischen Krieg. Als Verkörperung des Triumphs platziert der symbolistische Maler im Zentrum die Siegesgöttin Fortuna. Mit weit ausgebreiteten Flügeln balanciert sie statt auf einer Kugel auf einem Ball; in ihren Händen hält sie schützend den soeben gewonnenen Pokal.

Unweit von ihr – an fünfter Position von links – wird der wichtigste Akteur erkennbar hervorgehoben. Er ist im Begriff, sich die Ärmel hochzukrempeln, noch dazu zeigt er auch durch seine Beinstellung und seinen entschlossenen Blick an, dass er sich als Anführer des Teams sieht. In der Tat war Henrik Reyman der bestimmende Wisła-Spieler jener Zeit, seine 37 erzielten Tore in nur 23 Ligaspielen sind bis heute unerreicht. Heute ist das Stadion des Vereins nach ihm benannt. Hofman hielt den langjährigen Kapitän der Krakauer, mit dem er eng befreundet war, in zahlreichen weiteren Porträts fest.

Der 1881 im tschechischen Karlin geborene Maler studierte zwischen 1896 und 1899 an der Krakauer Akademie der bildenden Künste, wo der jungpolnische Symbolist Jacek Malczewski sein prägender Lehrer war. In der Folge setzte Hofman seine Ausbildung in Paris fort. 1904 trat er der tschechischen Künstlervereinigung »Mánes« und der polnischen Gruppierung »Sztuka« bei; 1907 wurde er als erster Pole Mitglied der Wiener Secession, ab 1921 lebte er wieder in Krakau. 1939 musste Hofman aus Polen fliehen und konnte erst 1946 zurückkehren. Sein Kontakt zu Reyman aber riss bis zu dessen Lebensende im Jahr 1963 nicht ab. *FS*

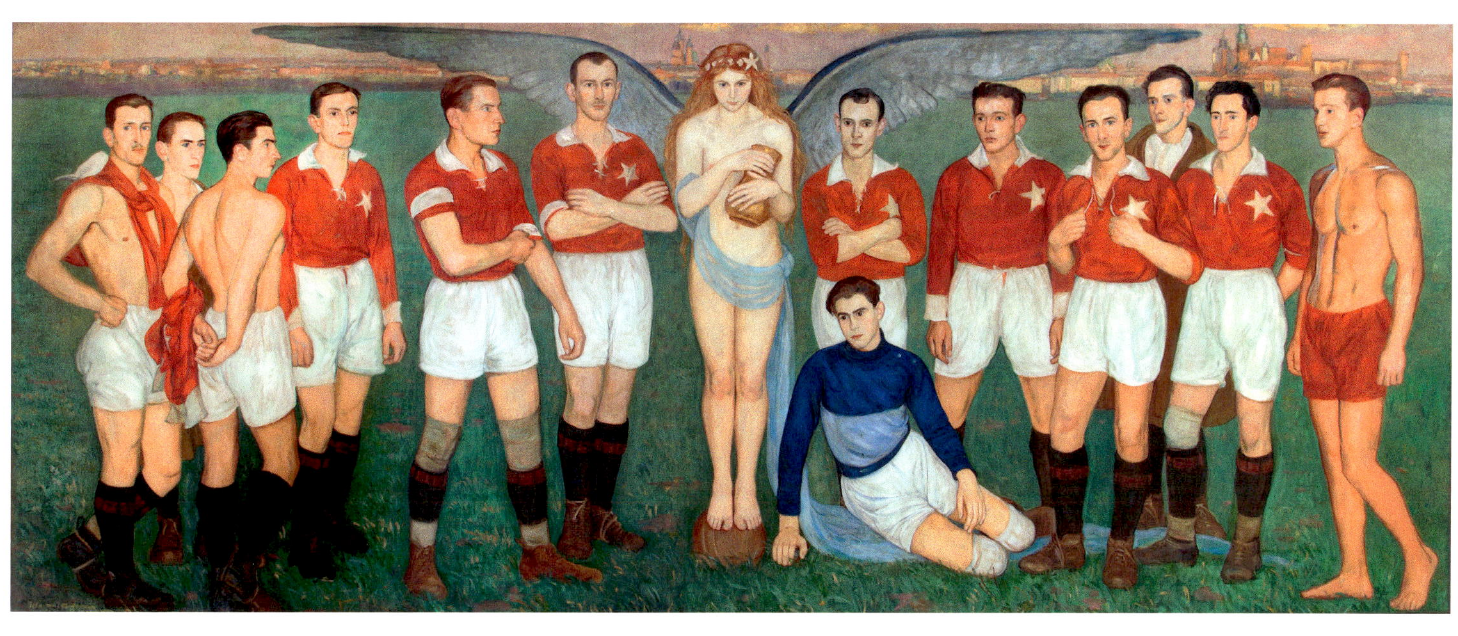

Das Fußballfeld (Zirkus, Sonntagnachmittag)

Karel Holan (1893–1953, CZE)

1920

Öl auf Leinwand

70 × 100 cm

Gallery of Fine Arts, Cheb (Tschechien)

Ein *Sonntagnachmittag* in der Prager Vorstadt, wo ein *Zirkus* sein Lager neben einem *Fußballfeld* aufgeschlagen hat: Karel Holans Gemälde ist unter gleich drei Titeln bekannt, die jeder für sich ihre Berechtigung haben.

Auch darüber hinaus treffen in dem Werk unterschiedliche Welten aufeinander. Stellvertretend hierfür steht die Ortschaft Žižkov als Schauplatz der Handlung. Im Hintergrund der Szenerie zeugen Straßenbahnwaggons und mehrgeschossige Mietshäuser von der rasanten Entwicklung des heutigen Prager Stadtteils, der zwei Jahre nach der Entstehung des Bildes eingemeindet wurde. Jenen modernen Errungenschaften werden eine barocke Kirche und eine große, noch unbebaute Freifläche gegenübergestellt. Im Vordergrund des weitläufigen Areals markieren Kreidelinien das Spielfeld, auf dem eine Fußballpartie in vollem Gange ist. Die Begegnung hat sich erkennbar in die linke Hälfte verlagert, wo jeweils acht Akteure um den Ball kämpfen. Zusätzlich hat Holan einen der Torhüter sowie Linien- und Schiedsrichter festgehalten. Den Rand des Platzes säumen zahlreiche Zuschauer, die das Match aufmerksam verfolgen. Neben einfach gekleideten Arbeitern zählen auch Männer und Frauen in Abendgarderobe zum Publikum. Ihre Aufmachung lässt vermuten, dass der Fußball für sie nur den Auftakt des sonntäglichen Freizeitprogramms darstellt, das durch den Zirkusbesuch gekrönt werden soll. Wie zur Ankündigung wird im Hintergrund schon ein Elefant zur Manege geführt – und es entbehrt nicht einer gewissen Komik, dass keiner der Zuschauer die Szene registriert, während mehrere Spieler in der Bewegung verharren und erstaunt in die Richtung des Tieres schauen.

Die Komposition lädt zur Entdeckung vieler weiterer Details ein. So erleichtert sich im Hintergrund des Elefanten ein Mann an einer Mauer, womit sich der Maler auf ein beliebtes Motiv der frühneuzeitlichen Genremalerei bezieht.

Maßgeblich für unsere Wahrnehmung ist die erhöhte Position, von der aus der Maler uns das Geschehen präsentiert. Durch den gewählten Ausschnitt nehmen wir den Platz aus einer diagonalen Perspektive wahr. Indem wir der Menschenreihe folgen, wird unsere Aufmerksamkeit so zunächst auf weitere Attraktionen wie eine Schiffschaukel gelenkt, bevor wir in der linken oberen Bildecke den Artisten entdecken, der in atemberaubender Höhe und ohne jegliche Sicherung auf einem Seil balanciert. Dass er sich nicht von dem Spektakel zu seinen Füßen beirren lässt, gehört ebenso zu den vom Künstler verborgenen Pointen.

Wie bei den später entstandenen Fußballdarstellungen L. S. Lowrys handelt es sich auch bei diesem Gemälde um eine Milieustudie, die den Sport als Teil eines Wimmelbildes innerhalb einer urbanen Sphäre inszeniert. *Das Fußballfeld* fügt sich damit in Holans Frühwerk ein, in dem der tschechische Maler wiederholt soziale Themen aus seinem Prager Umfeld aufgriff. Im Anschluss an ein 1913 begonnenes Architekturstudium und eine Verwundung im Ersten Weltkrieg studierte Holan ab 1915 an der Prager Akademie der Künste. Mitte der 1920er-Jahre gehörte er zu den Gründern der nur bis 1927 existierenden Gruppe »Ho-Ho-Ko-Ko«. In der Folge war er zeitweise auch Mitglied der Künstlervereinigung Mánes und des Vereins bildender Künstler Myslbek. *FS*

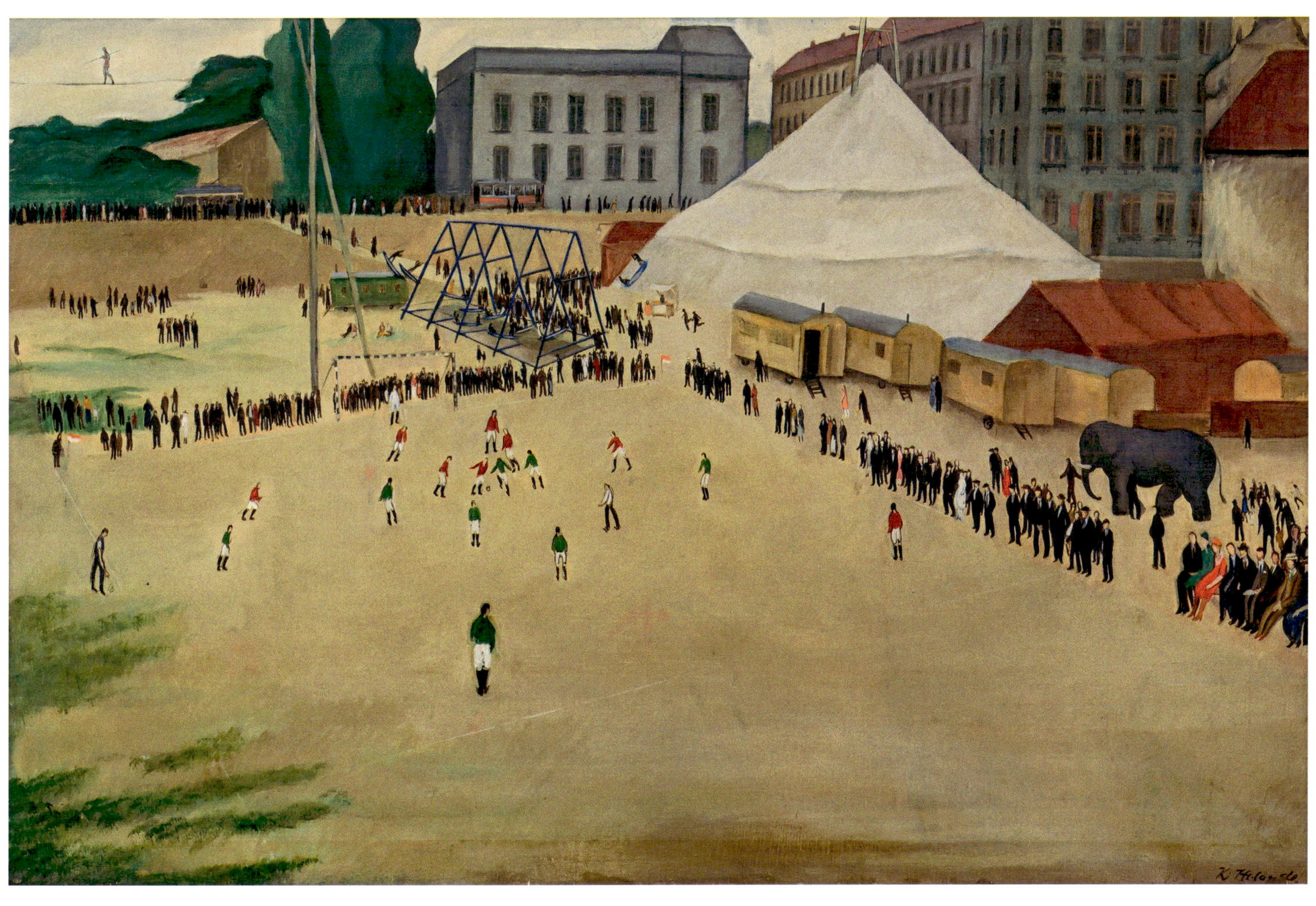

Just Another Bloody Sunday
Peter Howson (*1958, SCT)

1987

Öl auf Leinwand

211 × 274,7 cm

National Galleries of Scotland, Edinburgh

Peter Howsons *Just Another Bloody Saturday* präsentiert sich gleich in mehrfacher Hinsicht als Werk der Extreme: Schon mit seinen Abmessungen von 211 × 274,7 cm vermittelt das Gemälde einen monumentalen Eindruck; inhaltlich schildert es zudem einen Kulminationspunkt, der alle positiven und negativen Aspekte des Fan-Daseins in sich vereint: Das besondere Erlebnis einer Partie unter Flutlicht, den Moment des Torabschlusses, das damit verbundene Bangen und Hoffen, die Begeisterung, aber auch die enthemmte Gewalt auf den Rängen.

Die außerordentliche Intensität der Komposition verdankt sich nicht zuletzt dem auffälligen Hell-Dunkel-Kontrast und der daraus resultierenden innerbildlichen Einfassung, die das Spielfeld von allen Seiten rahmt und die Verengung der Begegnung auf eine einzige Szene ermöglicht. Inmitten der Massen werden wir Zeuge des Schusses, mit dem der blau-weiß gekleidete Stürmer den Torhüter am rechten Bildrand bereits überwunden hat. Allerdings bleibt offen, ob der Ball auch ins Tor geht.

Indifferenter gestaltet sich die Situation im Bildvordergrund, wo die Anhänger in der Dunkelheit zunächst als monochromes Ganzes erscheinen, aus dem nur einzelne Köpfe und Hände herausragen. Erst bei näherer Betrachtung zeichnen sich in der Menge Schals und Mützen sowie ausnahmslos maskuline Gesichter ab, von denen einige durch ihre Grobheit ins Auge stechen. Dies gilt insbesondere für eine Ansammlung kahlköpfiger Männer, die sich unter das Publikum gemischt haben. Statt sich dem Fußballspiel zu widmen, haben sie ihre Arme zum Hitlergruß erhoben, wodurch ein merkwürdiger Kontrast zu den Gesten der übrigen Besucher entsteht. Dass ihre Handlungen nicht unwidersprochen bleiben, zeigt die Reaktion eines Fans am linken Bildrand, der dem Neonazi zu seiner Rechten kurzerhand eine Flasche über den Schädel zieht. Auch in dieser Hinsicht inszeniert Howson einen Kippmoment, in dessen Folge die Situation mutmaßlich eskalieren und das Fußballspiel in den Hintergrund treten wird.

Der schottische Künstler, der in der Vergangenheit mehrfach als Kriegsmaler an Einsätzen der britischen Armee teilnahm, wurde zu Beginn seiner Laufbahn zu den *New Glasgow Boys* gezählt, die allesamt in den 1980er-Jahren an der Glasgow School of Art studiert hatten. Jene Künstler einte eine Vorliebe für die figurative Malerei, wobei Howson durch seine Darstellungen der britischen Arbeiterklasse Bekanntheit erlangte, deren Vertreter er zum Teil in heroischer Weise überhöhte.

Im Falle von *Just Another Bloody Saturday* spiegelt sich die Vieldeutigkeit der Komposition auch im Titel, der auf die allwöchentlichen Stadionbesuche ebenso anspielt wie auf den *Bloody Sunday* 1972 in Derry, der als symptomatisches Ereignis für die Unruhen in Nordirland seit den 1970er-Jahren steht. Bis heute hat der Konflikt zwischen Katholiken und Protestanten auch Auswirkungen auf den schottischen Fußball, ist das *Old Firm*, das traditionsreiche Glasgower Stadtderby zwischen Celtic und den Rangers, von Krawallen und gegenseitigen Diffamierungen geprägt. *FS*

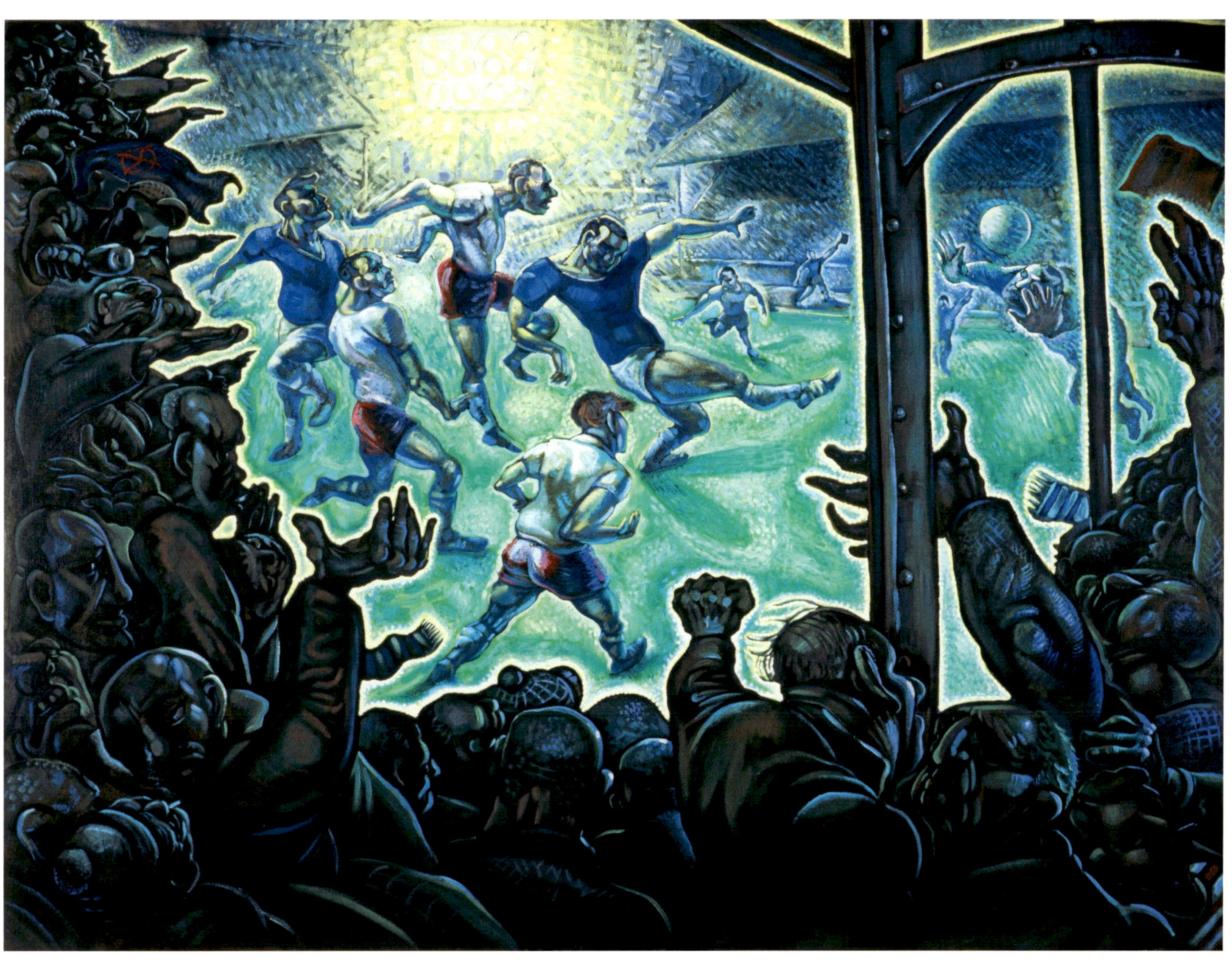

Der Tod spielt Fußball

(Illustration für den Gedichtband Estravagario von Pablo Neruda)

Alfred Hrdlicka (1928–2009, AUT)

1971

Radierung

25,1 × 20 cm (Platte)

Albertina, Wien

In der Dunkelheit schreitet der Tod voran. Er führt einen Ball, der sich in der linken unteren Bildecke befindet. Ohne auf ihn zu achten, blickt er nach vorn. Alles geschieht mit großer Selbstverständlichkeit. Wie ein Profi behandelt er den Ball, ohne ihn im Blick behalten zu müssen. Der Kopf des Skeletts erscheint zu groß, seine Arme bewegen sich im gleichmäßigen Rhythmus. Der Tod hat es nicht eilig. Gleichwohl ist er mit einem gewissen Tempo unterwegs. Indem der Künstler auf die Ausgestaltung des Umraums verzichtet, universalisiert er die Aussage seines Bildes. An jedem Ort wird man den Tod erwarten müssen, jeden kann sein Zuspiel treffen. Wie bei einem guten Mittelfeldspieler haben wir es mit einem wahren Langstreckenläufer zu tun. Sein Einsatz auf dem Spielfeld ist unbegrenzt, seine Ausdauer nimmt niemals ab. In der Ferne erkennt man den Horizont. Es ist, als würde es immer dunkler. Bald wird es Nacht sein. Wem der Tod den Ball zuspielen wird, ist ungewiss.

Die Radierung ist eine von fünf Illustrationen, die der deutschen Übersetzung von Pablo Nerudas Gedichtband *Estravagario* (dt. Extravaganzenbrevier) beigefügt sind. Die spanische Originalausgabe erschien im Jahr 1958. Mehrere Gedichte erzählen von der Angst vor Tod und plötzlicher Krankheit. Was den Künstler ohne Zweifel mit dem Dichter verbunden hat, ist deren gesellschaftspolitisches Engagement. Beide waren Zeit ihres Lebens Aktivisten und stellten sich in den Dienst des Kommunismus. Hrdlicka hat sich ironischerweise selbst sogar als »Uralt-Stalinist« bezeichnet. Sein Vater war Gewerkschaftsfunktionär und musste während der Zeit des Dritten Reichs mit seinem Sohn in den Untergrund gehen.

Die Allegorie des fußballspielenden Todes ist nicht wirklich ein politisches, sondern ein existenzielles Statement. Sie steht in der Tradition mittelalterlicher Totentänze, wie sie unter anderem von Hans Holbein d. J. gestaltet wurden. In solchen Bilderfolgen, die als Wandmalereien, aber auch in grafischen Serien entstanden sind, findet eine Ständekritik statt. Ob Bäuerin oder Adelsfrau, König oder Papst, der tanzende oder musizierende Tod macht alle gleich, alle müssen ihm folgen, ob sie wollen oder nicht. Hrdlicka steht in dieser Tradition und weiß sie doch entscheidend zu verdichten. Er lässt den Tod zum einsamen Fußballer werden, der einen Mitspieler sucht. Das Skelett hat uns nicht in den Blick genommen. Hoffentlich wendet es nicht seinen Kopf und schaut in unsere Richtung. Auch den Ball will man nicht von ihm zugespielt bekommen.

Hrdlicka ist ein eindringliches Kunstwerk gelungen, das den Eindruck eines Fotonegativs mit der Ästhetik einer Röntgenaufnahme verbindet. Die Aussage der Radierung ist auf das Wesentliche reduziert, bar jeglicher Sentimentalität, ja geradezu beiläufig. Der 1928 in Wien geborene Künstler absolvierte zunächst eine Lehre zum Zahntechniker, bevor er an der Akademie der bildenden Künste in seiner Geburtsstadt Malerei und Bildhauerei studierte. Hrdlicka arbeitete als Bildhauer, Maler, Grafiker und Bühnenbildner und lehrte als Professor für Bildhauerei in Stuttgart, Hamburg, Berlin und Wien. Der menschliche Körper ist ein wiederkehrendes Thema in seiner Kunst. *JM*

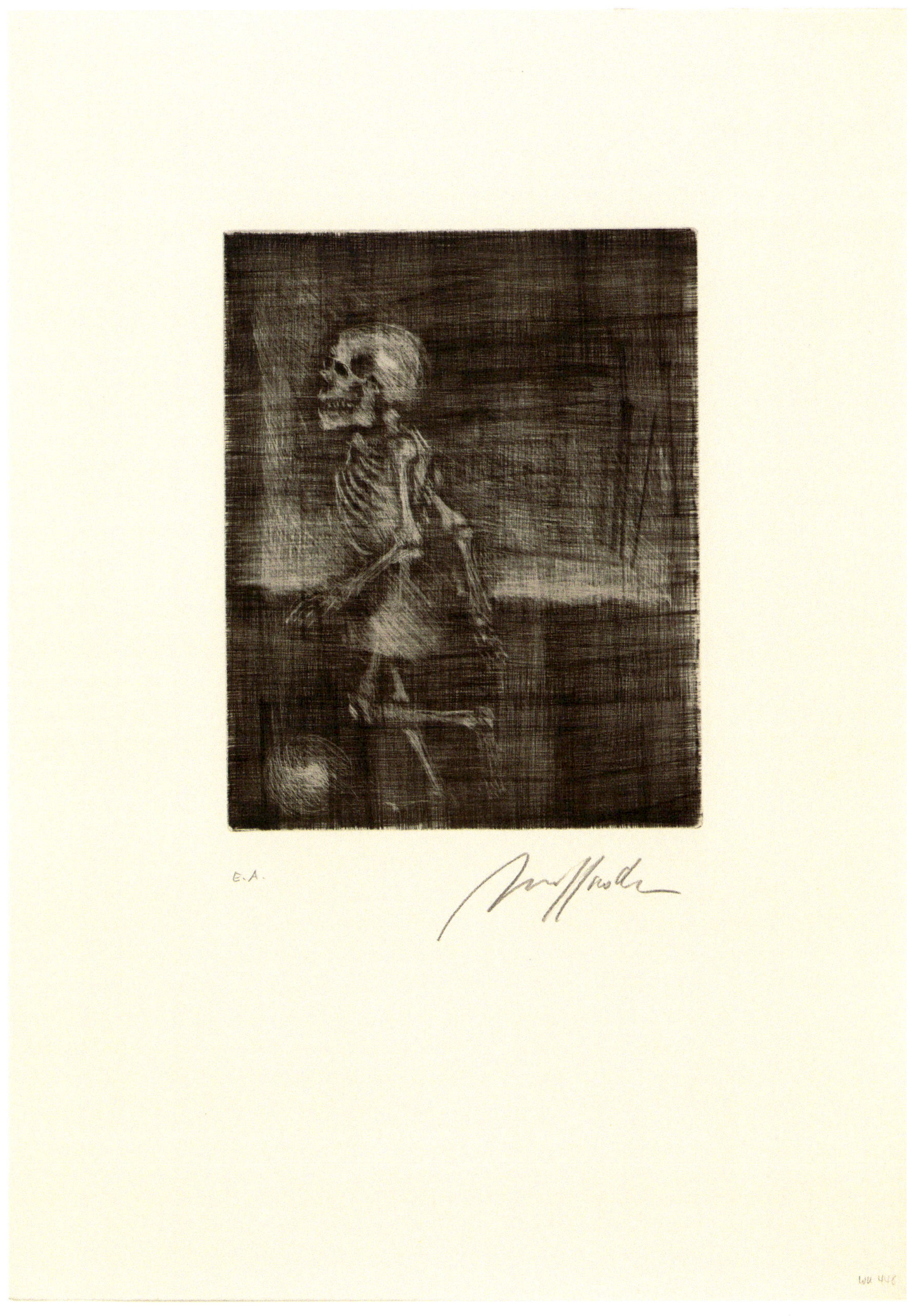

147 Das Match des Jahrhunderts

Friedensreich Hundertwasser (1928–2000, AUT)

1952

Öl auf grundierter alter hölzerner Spiegelfassung

190 × 103 cm

Die Hundertwasser Gemeinnützige Privatstiftung, Wien

Hundertwassers Bild eines Fußballspiels ist vieles zugleich: Es zeigt die abstrakte Darstellung eines Stadions während eines Fußballspiels, umgeben von zahlreichen Zuschauern auf den dicht gefüllten Tribünen. Es ist aber auch eine vibrierende ornamentale Komposition aus Farben, Linien und Formen und möglicherweise sogar eine ironische Reflexion des Sports. Auch der Titel könnte einerseits auf ein besonderes Spiel verweisen und andererseits das ganze Jahrhundert im Bild des Fußballspiels verorten.

Der Künstler hat den hölzernen Rahmen eines Spiegels genutzt, in dessen inneres Feld er den Fußballplatz gemalt hat, während die Tribünen auf dem Rahmen platziert sind. Der Rahmen, der zum Teil des Kunstwerks wird und dieses nicht von seiner Umgebung abgrenzt, sondern das Bild ausdehnt und eine Verbindung zur Welt herstellt, ist ein typisches Gestaltungsmittel des Jugendstils. Mit diesem Rückgriff verankert Hundertwasser sein Bild am Beginn des im Titel genannten »Jahrhunderts«. Die Gestaltung der Tribünen wirkt zunächst ornamental. Dann aber sind zahllose Gesichter zu erkennen, die das Spiel verfolgen. Die Köpfe sind als rechteckige, teils quadratische Formen wiedergegeben, sodass ein fortlaufendes Band entsteht. Darin bilden jeweils dreieckige Formen in Rot aufgerissene Münder. Auch Augen, Nasen und wenige Körper sind zu erkennen.

Das Spielfeld erscheint schmal und wird von zahlreichen in unterschiedliche Richtungen laufenden Spielern bevölkert. Mittellinie und Anspielkreis sind markiert. Oben steht der Keeper vor dem Tor, davor ballt sich eine Gruppe von Spielern, links unten laufen weitere Fußballer in einer vertikalen Formation in Richtung des Tores. Das Spielfeld wird von einer breiten roten Fläche gerahmt. Sie unterstreicht die emotionale Angespanntheit, die dem Ereignis innewohnt. Auch die Gesichter, die dieser Fläche eingeschrieben sind, bringen eine gewisse Aggression oder zumindest emotionale Bewegtheit zum Ausdruck. Einige Gesichter sind deutlich größer als andere, es könnte sich um Trainer oder Reporter handeln.

Ob Hundertwasser die zum Fußballspiel dazugehörige Emotionalität zum Ausdruck bringen wollte oder diese kritisch bewertet, bleibt offen. Gegnerschaft und aufgepeitschte Emotionen könnten mit Blick auf den ambivalenten und möglicherweise ironischen Titel des Gemäldes auch ein Sinnbild für das »Jahrhundert« sein. Mit dem bestimmenden Wechselspiel von ornamentalen Formen und figürlicher Bilderzählung stellt sich der Künstler in die Tradition des Wiener Jugendstils. Hundertwasser stellt eine pulsierende, schreiende Menge dar, ein Auf und Ab bewegter Körper. Das Ornamentale wird dabei zur Grundfigur der Komposition, nicht im Sinne des bloß Dekorativen, sondern als eine lebendige Form und nach dem Prinzip permanenter Steigerung. Das Kästchensystem des Rahmens, die vibrierenden Linien in den Flächen, aber auch der extreme Komplementärkontrast des grünen Tores zum Rot der rahmenden Fläche werden zum energetischen Ereignis.

Hundertwasser ist ein großer Einzelgänger. Mag er auch an der Wiener Akademie der bildenden Künste begonnen und in der Tradition des Jugendstils gearbeitet haben, hat er sich doch Zeit seines Lebens seinen Anarchismus bewahrt und stand den politischen und künstlerischen Institutionen stets skeptisch gegenüber. *JM*

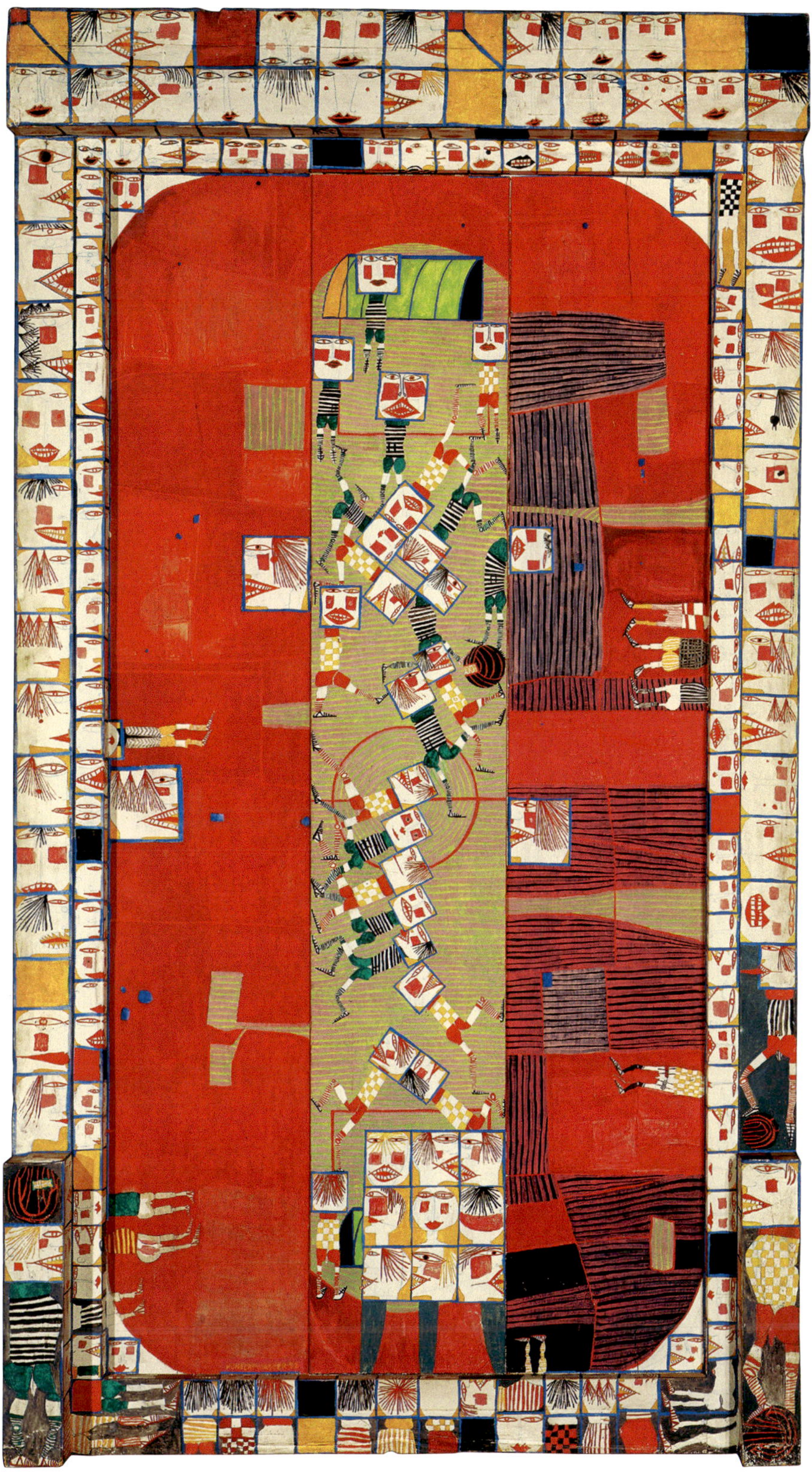

Evelyn (mit ihrem Werksteam)

Jill Iliffe (*1962, ENG)

2019

Öl auf Leinwand

60 × 49 cm

Im Besitz der Künstlerin

Frontal sitzt uns Evelyn gegenüber. In ihren Händen hält sie eine alte Schwarzweißfotografie. Die Aufnahme stammt aus den 1950er-Jahren. Darauf zu sehen sind, in zwei Reihen hintereinander sitzend, neun junge Frauen in Fußballtrikots. Einige lächeln, andere haben ihre Arme verschränkt und schauen skeptisch in die Kamera. Darüber hinaus verrät das Porträt kaum etwas über die Dargestellten: Lediglich die Stutzen zweier Spielerinnen lassen an ein Fußballteam denken; bei der Akteurin im dunklen Dress wiederum könnte es sich um die Torhüterin handeln. Auf dem vergilbten, sichtbar zerknitterten Abzug ist jene Mannschaft verewigt, in der Evelyn selbst in ihrer Jugend aktiv war. Hieraus erklärt sich der warme, liebevolle Blick, mit dem die 80-Jährige auf die eigene Vergangenheit zurückblickt.

Die Umrisse von Evelyns Kostüm hat Jill Iliffe mit nur wenigen Strichen angelegt, dafür Hände und Kopf umso sorgfältiger gestaltet. Der unifarbene Hintergrund trägt dazu bei, Details wie die feingliedrigen Finger und die zarten, die Augen umspielenden Fältchen deutlich hervortreten zu lassen. Entstanden ist das Werk in Zusammenhang mit einer Ausstellung der Künstlerin, in deren Zentrum die Akteurinnen des Lewes FC standen. Der in kommunalem Besitz befindliche Klub aus East Sussex bezeichnet sich selbst als »Equality FC« und hat Gleichberechtigung zu seiner obersten Maxime erhoben. Hierzu gehört, dass die im Verein aktiven Fußballerinnen nicht nur die gleiche Bezahlung wie ihre männlichen Kollegen erhalten, sondern auch, dass sie unter den gleichen Bedingungen spielen und trainieren.

Dem Schaffensprozess vorausgegangen waren Gespräche der Künstlerin mit aktuellen und ehemaligen Spielerinnen. Ziel der Unterhaltungen war es, die Erfahrungen der porträtierten Frauen in die Arbeiten einfließen zu lassen. Im Zuge dessen erinnerte sich Evelyn an ihre aktive Zeit und Partien vor Hunderten von Menschen und entschied, statt der eigenen Person ihre früheren Teamkameradinnen in den Vordergrund zu rücken. Es ist diese Zugewandtheit, die das Werk als Gegenentwurf zu zahlreichen Bildnissen männlicher Fußballer erscheinen lässt. Statt heroischer Attribute oder Siegesgesten betont die Künstlerin den Gemeinschaftsgedanken.

Die künstlerische Laufbahn der heute in Hampshire arbeitenden Iliffe begann spät. Erst 2007 erwarb sie an der Wimbledon School of Art einen Bachelor in Art & Design, 2009 folgte ein Master in Drawing an der University of the Arts London. Ihre erste Auseinandersetzung mit dem Thema Frauenfußball stammt bereits aus dieser Zeit. Das Gemälde *Banned* (Abb. S. 315) zeigt zwei Hijab-tragende Spielerinnen. Es basiert auf einer Pressefotografie aus dem Jahr 2006, die während eines Freundschaftsspiels in Teheran entstanden war. Das Werk wurde 2019 vom National Football Museum in Manchester erworben. Der auch in *Evelyn* auszumachende Rückgriff auf Fotografien ist typisch für Iliffes künstlerischen Ansatz, bei dem sie über die Einblendung historischer Artefakte persönliche oder kollektive Erinnerungen lebendig werden lässt. *FS*

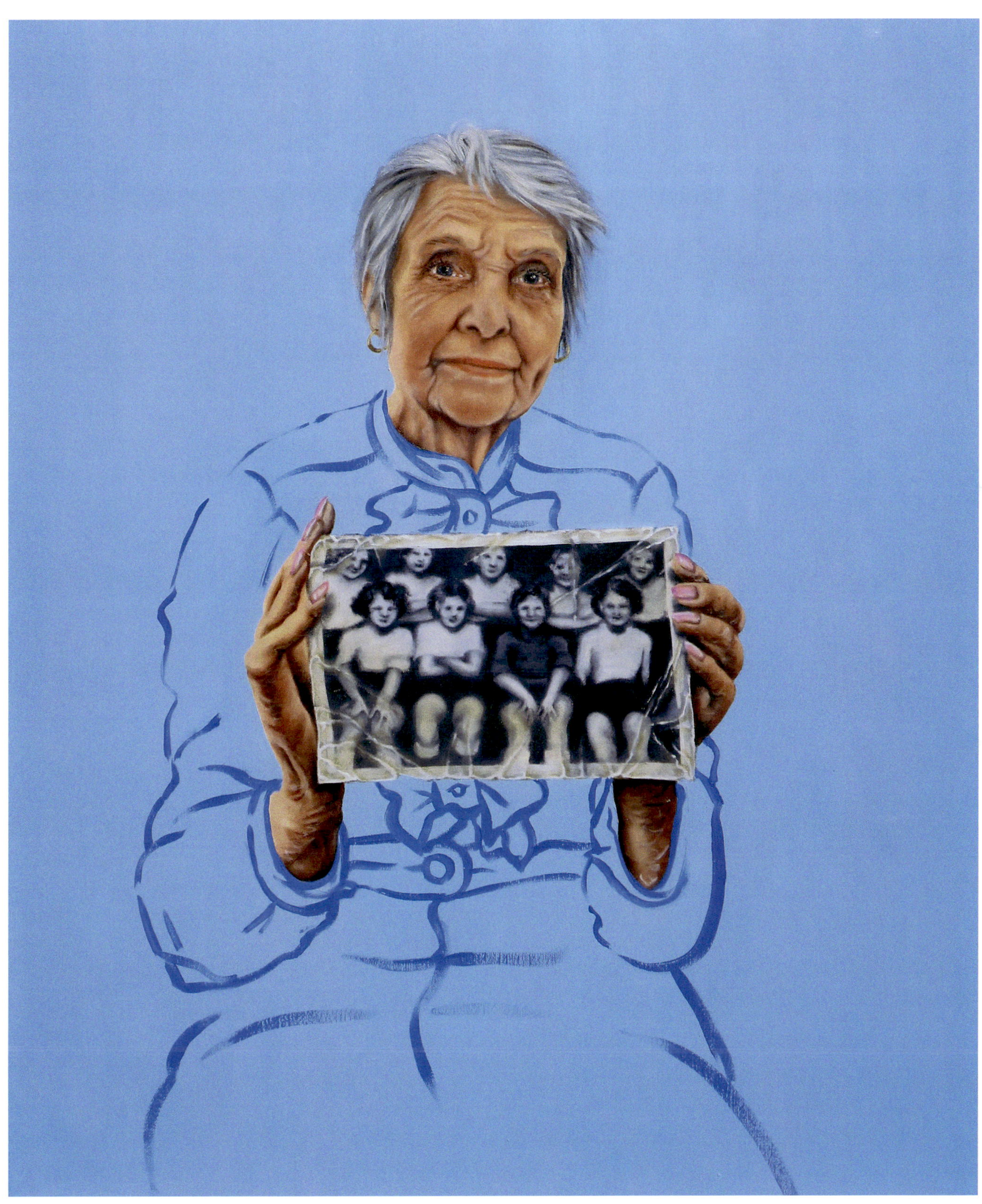

Eckball

Jean Jacoby (1891–1936, LUX)

1924

Öl auf Holz

104 × 67 cm

Musée Olympique, Lausanne

Mit ganzer Kraft sind die Stürmer in den roten Trikots in die Höhe gesprungen. Ohne den Blick zu heben, hoffen sie darauf, den hoch hereinfliegenden Eckball mit dem Kopf zu erreichen und den Torhüter zu überwinden. Mit der gleichen Intensität versuchen die gegnerischen Spieler, sie daran zu hindern. Während sich der linke Verteidiger im blauen Shirt mit voller Wucht gegen den Körper seines Kontrahenten stemmt, fährt sein Nebenmann den rechten Ellbogen aus und schaut mit offenem Mund in Richtung des Balles. Auf diese Weise wird er zum Zeugen einer eindrücklichen Parade, ist der Keeper in seinem Rücken doch mühelos aufgestiegen, um den Ball von seinem Kasten wegzufausten.

Jean Jacobys Bild *Eckball* war ursprünglich Teil einer drei Werke umfassenden Serie, die auch eine Rugbyszene beinhaltete. Bei den Olympischen Spielen 1924 in Paris wurde der luxemburgische Künstler für seine *Sportstudien* mit der Goldmedaille ausgezeichnet – die unmittelbar auf eine Idee Pierre de Coubertins zurückgehenden Kunstwettbewerbe waren zwischen 1912 und 1952 Bestandteil aller Olympiaden. Dass er sich gegen das deutlich komplexere Gemälde *Liffey Swim* des Iren Jack B. Yeats durchsetzen konnte, zeigt, welch großen Wert die damaligen Juroren auf konventionelle Schilderungen des Sports legten. In der Tat haftet der Szene etwas Dokumentarisches an, ein Umstand, der sich mit der langjährigen Tätigkeit des Künstlers als Illustrator der *Berliner Zeitung* übereinbringen lässt. Allerdings finden sich in *Eckball* weder eine konkrete Partie noch bekannte Spieler verewigt. Viel eher handelt es sich bei den Figuren um exemplarische Charaktere, von der muskulösen Statur der Angreifer bis zur zeittypischen Schiebermütze des Keepers. Damit hat Jacoby eine allgemeingültige Darstellung geschaffen, die zuallererst auf einfache Verständlichkeit abzielt.

Großen Anteil daran hat der strenge Aufbau der hochformatigen Komposition, die trotz der gedrängten Personenkonstellation eine erkennbare Staffelung aufweist. So werden die Trikots der Kontrahenten durch Primärfarben deutlich voneinander abgehoben. Hinzu kommt, dass beide Verteidiger im Vordergrund von den Stürmern in ihrem Rücken überragt werden. Nur der Torhüter im braunen Dress hebt sich deutlich vom übrigen Personal ab. Sein ausgestreckter rechter Arm überragt die Köpfe aller anderen Spieler, wobei er geradezu mit dem Lederball zu verschmelzen scheint. In dieser Hinsicht weist das Bild eine wichtige Differenz zu den meisten anderen gemalten Torraumszenen auf. Denn während sich deren Wirkung zumeist aus einer Offenheit der dargestellten Situation speist, inszeniert *Eckball* zuallererst die Leistung des Torwarts, an dessen Souveränität kein Zweifel besteht.

Jacoby studierte an der École des Beaux-Arts in Straßburg, wo er, im Anschluss an eine Tätigkeit als Kunstlehrer und Kirchenmaler, künstlerischer Leiter einer Druckerei wurde. Seit 1926 war er für den Berliner Ullstein Verlag tätig. 1936 starb er mit nur 45 Jahren an einem Herzinfarkt. Mit zwei Goldmedaillen und zwei ehrenvollen Erwähnungen ist er der erfolgreichste Künstler bei den Olympischen Kunstwettbewerben. *FS*

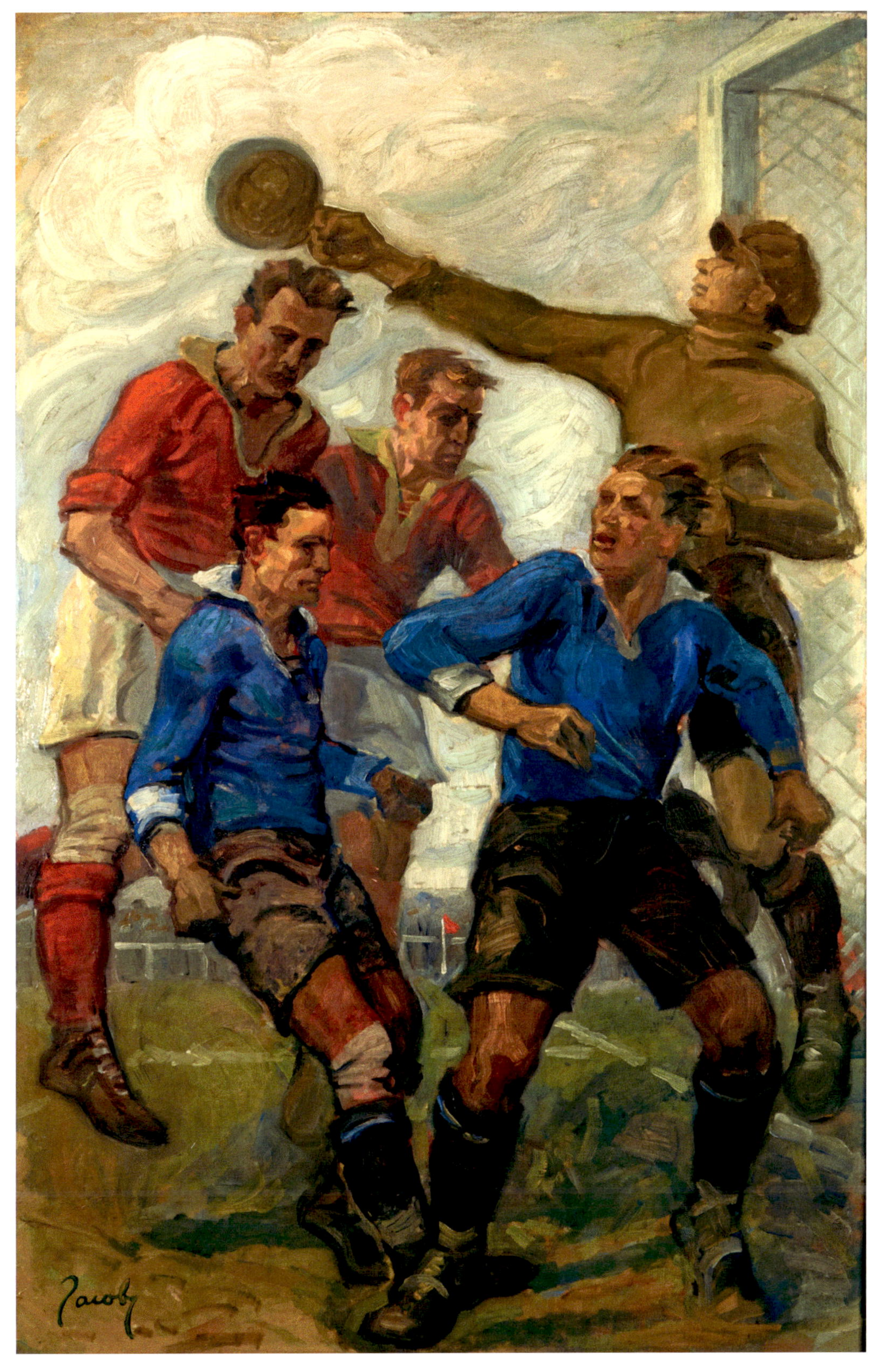
Jacoby

Auf dem Fußballplatz des SK Slavia Prag bei Letná (Fußball V)

Miloš Jiránek (1875–1911, CZE)

1901/02

Öl auf Leinwand

90 × 88,5 cm

Národní galerie, Prag

Miloš Jiráneks Gemälde nimmt uns mit auf das frühere Klubgelände des SK Slavia Prag, der seit 1897 auf der Letná-Höhe zu Hause war. Gegen Ende des 19. Jahrhunderts hatten sich auf dem weitgehend unbebauten, von einem Park durchzogenen Hügel im Nordwesten des Stadtzentrums zahlreiche Sportvereine angesiedelt. So spielte etwa der 1939 aufgelöste jüdisch-deutsche DFC Prag in unmittelbarer Nachbarschaft zu Slavia – und auch der große Rivale AC Sparta Prag ist seit 1905 dort ansässig.

Dank eines erhöhten Betrachterstandpunktes und des quadratischen Bildformats vermittelt uns die Komposition einen Eindruck von der Weitläufigkeit des Areals, das von Bäumen und wenigen Häusern hinterfangen wird. Kleinere Rasenabschnitte gliedern das Grundstück in mehrere Spielfelder, auf denen parallel zueinander zwei Partien im Gange sind.

Heute wird Miloš Jiránek zu den treibenden Kräften für die Herausbildung der tschechischen Moderne gezählt. Grundlegend hierfür war, dass er sich im Anschluss an seine Ausbildung an der Prager Akademie und ein Kunstgeschichtsstudium an der Karls-Ferdinand-Universität ab 1896 in der einflussreichen Künstlervereinigung »Mánes« engagierte, für deren Organ *Volné směry* er regelmäßig Beiträge lieferte. Auch die Nähe zum intellektuell geprägten, das wachsende nationale Selbstbewusstsein verkörpernden Klubs passte zum Selbstverständnis des Künstlers.

Umso überraschender ist, dass, abgesehen vom Bildtitel, nichts an den von Prager Studenten gegründeten Klub erinnert, der bereits seine ersten Duelle im Jahr 1896 in rot-weißen Trikots mit markantem roten Stern bestritt. Stattdessen scheint es sich bei den dargestellten Akteuren um Vertreter des Bürgertums zu handeln, die in ihrer Freizeit ein lockeres Spiel auf dem sandigen, spärlich markierten Grund austragen. Hierauf weisen schon die Alltagskleidung und das unterschiedliche Alter der Beteiligten hin, zusätzlich lassen auch die verstreuten, ins Gespräch vertieften Grüppchen erahnen, dass der Künstler hier kaum echte Slavia-Spieler in Aktion zeigen wollte. Denn tatsächlich trug der Klub seine Partien 1901 schon in einem neuerrichteten Stadion mit Rasenplatz, Klubhaus und großer Haupttribüne aus. Nichts davon findet sich in Jiráneks Gemälde wieder, womit sich das Werk von Frantisek Xaver Naskes wenig später entstandener Darstellung einer Slavia-Begegnung (Abb. S. 241), aber auch von einer eigenen, unvollendet gebliebenen Arbeit unterscheidet, die eine Strafraumszene aus Sicht des Publikums präsentiert (Abb. S. 315).

Blickt man indes auf das übrige Schaffen Jiráneks, fügt sich die Szene perfekt ein. Schließlich verdankte dieser seine Popularität unter anderem Gesellschaftsszenen, die das Prager Großstadtleben um 1900 einfingen. Seine Begeisterung für die zeitgenössische französische Kunst, die er während einer Paris-Reise im Jahr 1900 studierte, spiegelt sich in einer Vorliebe für besondere Lichtstimmungen. Entsprechend steht auch *Auf dem Fußballplatz des SK Slavia Prag bei Letná* weniger für die Wiedergabe einer konkreten Partie als vielmehr für die Schilderung eines lauen Sommernachmittags, an dem die länger werdenden Schatten den kommenden Abend und das Ende des gemeinsamen Spiels ankündigen. *FS*

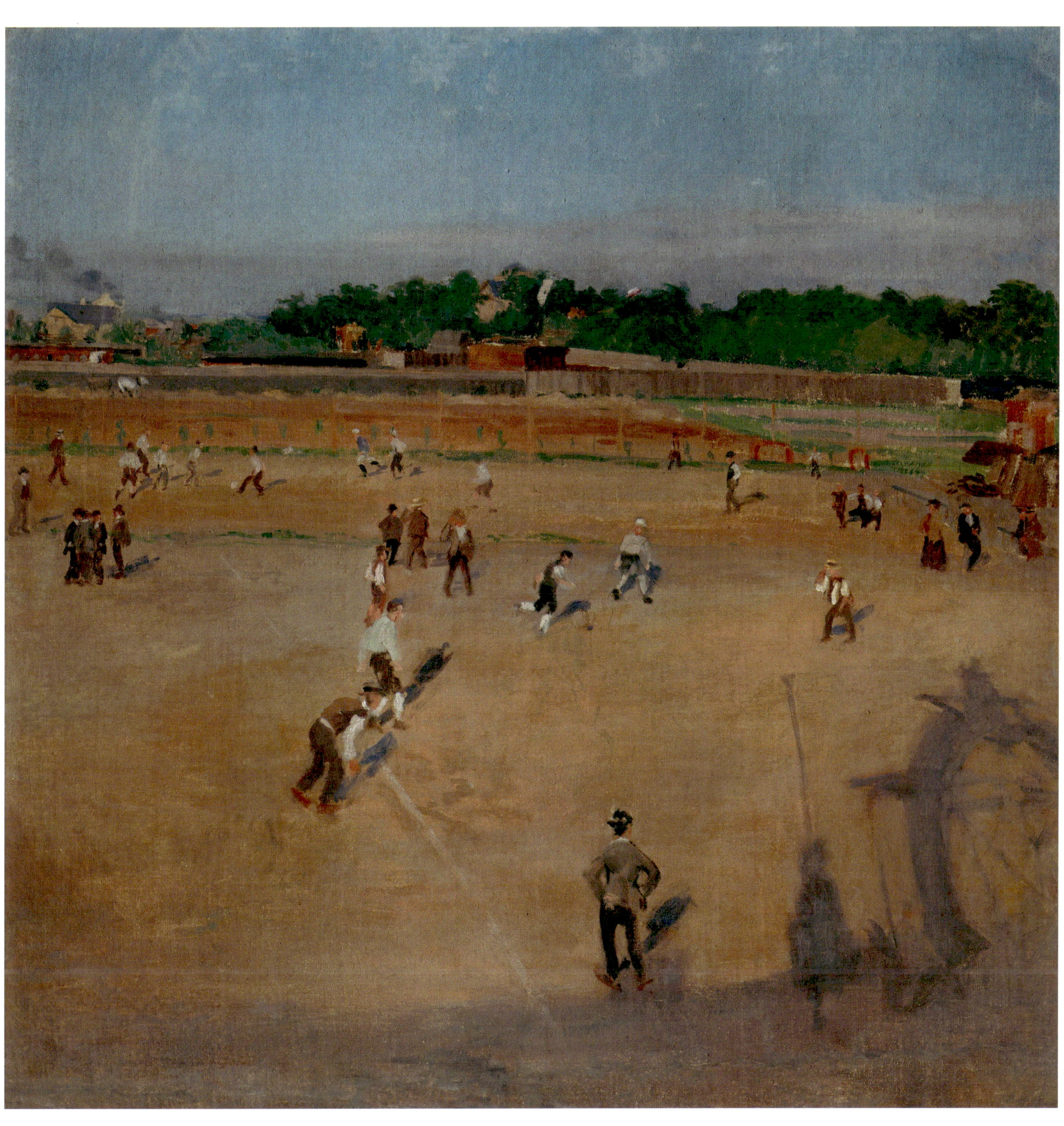

Fußballspieler
Ilja Kabakow (1933–2023, RUS)

1964

Öl und Emaille auf Leinwand

56 × 70 cm

Sammlung Ilja und Emilia Kabakow, New York

Wie ein Scherenschnitt ist die helle Figur des Fußballspielers vor den strahlend blauen Hintergrund gesetzt. Mit gestrecktem Bein schießt er zwei gelbe Bälle und ein kleines weißes Rechteck hoch hinauf ins Blau. Er führt einen Volleyschuss aus, bei dem sich das Bein durchstreckt und der rechte Arm auf die linke Körperseite herüberschwingt. Weil der Spieler das Bein fast waagerecht emporreißt, hat sich auch der andere Fuß vom Boden gelöst und der Akteur erscheint für einen Augenblick schwerelos. Das Gelingen eines solchen anspruchsvollen Bewegungsablaufs verweist ebenso auf die athletischen Fertigkeiten des Sportlers wie auf das Können des Künstlers.

Vor dem Fuß scheint ein schwarzer Schriftzug die Kraft des Schusses wie in einem Comic lautmalerisch zu veranschaulichen. Der Künstler hat hier seine Signatur in einer bewegten Linie angebracht, die seinen Vornamen nennt. Der Name Ilja ist elegant in einem Zug wiedergegeben und betont die im Inneren der Figur sichtbare Horizontlinie, wie auch die im ausgestreckten Bein angelegte Bewegung nach rechts über das Bild hinaus.

Das 1964 entstandene Werk in Öl und Emaille auf Leinwand besticht durch seine Farbintensität. In einer späteren Arbeit wird der Künstler einmal schreiben, dass der Blick ins Himmelsblau womöglich das Schönste sei, das dem Menschen widerfahren könne (*Blickst du hinauf und liest die Worte...*, Münster, nördliche Aaseewiesen). Der Fußballspieler ist in der oberen Hälfte in einem hellen Blau und Weiß koloriert, während die untere Hälfte mit der Darstellung einer Landschaft in zarten Grün-, Rot- und Brauntönen ausgefüllt ist. Sein linker Fuß scheint gerade noch in der Erde verwurzelt gewesen zu sein. Aus dem harmonischen Kolorit treten die gelben Bälle besonders hervor. Sie sind kleinen Sonnen gleich und verleihen dem Bild eine surrealistisch-traumhafte Qualität. Wie auch die extreme Vorwärtsbewegung des Spielers als Befreiung erscheint – als sei er im Begriff, Unvorstellbares zu leisten.

Kabakows Arbeit hat einen programmatischen Charakter. Im Spiel erfährt sich der Mensch als ein zur Harmonie und zur Verbindung von Himmel und Erde fähiges Wesen. Es ist, als spiegele die untere Hälfte der Figur die Schönheit der Welt, während sich die obere bereits mit dem kräftigen Schuss in einem wolkenhaften Weiß zum Himmel erhebt. Wie in einer kosmischen Vision scheint der Akteur mit den Gestirnen zu spielen, wenn er die beiden gelben Kreise und das Rechteck in den Himmel schießt.

Der 1933 in Dnipropetrowsk in der Sowjetunion geborene Künstler studierte von 1951 bis 1957 Grafikdesign und Buchillustration an der Moskauer Surikov-Akademie. In den 1960er-Jahren war er ein bedeutender Protagonist der Moskauer Dissidentenszene. Er kehrte nach einer Einladung des Kunstvereins in Graz 1987 nicht in die Sowjetunion zurück, sondern emigrierte in die USA. Zusammen mit seiner Frau Emilia Kabakow lebte und arbeitete er in New York, wo er am 27. Mai 2023 verstarb. Der Maler, Konzept- und Installationskünstler wurde mit zahlreichen Preisen ausgezeichnet. In seinen rätselhaften, oft verstörenden Installationen sah Kabakow aber auch immer einen utopischen Gehalt, die Vision einer besseren Zukunft, die sich auch in diesem frühen Werk, in dem energetischen Schuss des Fußballspielers hinein ins Blaue andeutet. *JM*

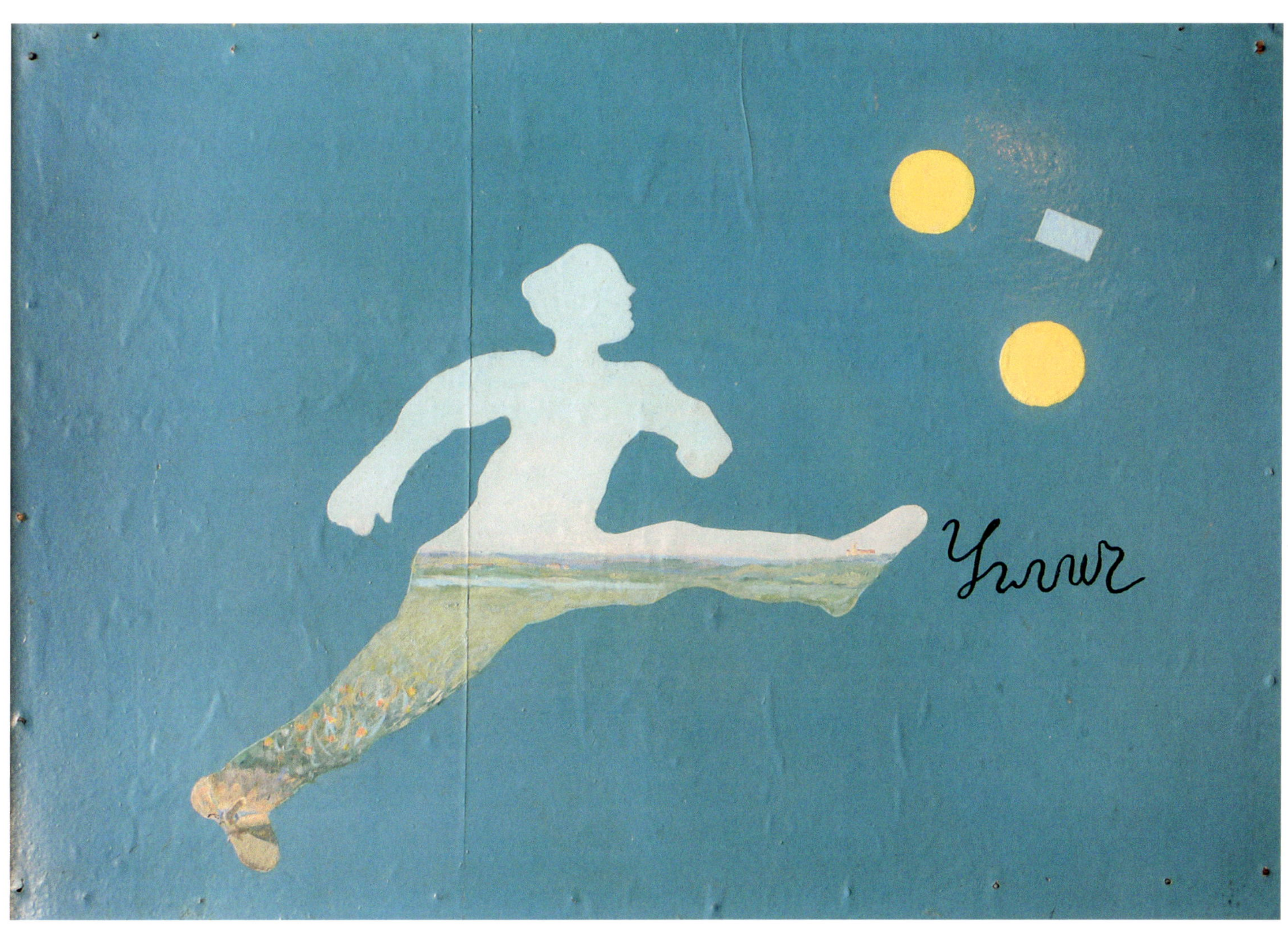

Die Schönheit der Frau in der europäischen Malerei

(Details eines 3-teiligen Werkes)

Martin Kippenberger (1953–1997, DEU)

1981

Öl auf Leinwand

60 × 50 cm

Privatbesitz

Martin Kippenbergers Gemälde *Die Schönheit der Frau in der europäischen Malerei* aus dem Jahr 1981 ist von ausgesuchter Bösartigkeit und stellt in mehrfacher Hinsicht eine Parodie dar. Bereits der Titel macht sich über kunsthistorische Übersichtspublikationen lustig, die als schöngeistige Werke daherkommen – als könnte uns die Kategorie weiblicher Schönheit stilsicher durch alle Jahrhunderte führen. Eine Frau mittleren Alters steht auf einem Kunstrasenstück und hält einen Fußball in der Hand. An die Stelle ihres linken Beins setzt der Maler hellblaue Farbe, sodass die Frau, die rechtsseitig eine beigefarbene Strumpfhose und eine schwarze Sandale trägt, in der Manier eines bösen Bildwitzes einbeinig erscheint. Sie trägt einen dunkelblauen Rock und einen beigen Blazer. Ihre Frisur ist ein konventionell-praktischer Kurzhaarschnitt. Im Gesicht trägt sie eine große Hornbrille und blickt wohlwollend in Richtung des Betrachters. Der Hintergrund steht zu ihrer Erscheinung in denkbar markantem Gegensatz. Er ist mit großen grellbunten Farbflecken gestaltet, die in gestischer Pinselführung von links unten nach rechts oben führen und das Bild äußerst unruhig erscheinen lassen. Zudem entsteht ein räumlicher Konflikt insofern, als der bildeinwärts führende Kunstrasen in den unbestimmten Farbraum des Hintergrunds verlegt ist. Der unscheinbar wirkenden Frauengestalt wird jeder Raum genommen, sie wirkt wie erdrückt von den sie umgebenden Farben.

Der Hintergrund lässt – ebenso wie der Fußball in ihren Händen – die Frau fehl am Platz erscheinen und inszeniert einen kleinbürgerlichen Habitus. Aber der Künstler präsentiert gleich mehrere Klischees: Die Frau erinnert an die Hausfrau von nebenan. Sich um ihren Garten oder die frischgewaschene Wäsche sorgend, hat sie dem wilden sportlichen Treiben siegessicher mit der Inbesitznahme des Balles ein Ende bereitet. Der grüne Kunstrasen lässt aber auch an den Auftritt einer Funktionärin bei einer Sportsendung denken. Die Person betritt das grellbunte Studio und wird bereits von der Kamera und den Mikrofonen für ein Interview erwartet. Der Ball in ihrer Hand verweist womöglich auch auf das berühmte Torwandschießen im »Aktuellen Sportstudio« – eine Herausforderung, der diese Frau nicht gewachsen scheint. Ein zweites Klischee betrifft die farbliche Gestaltung des Hintergrunds, der an die tachistische Fleckenmalerei der 1950er-Jahre denken lässt. Kippenberger schafft eine Parodie, bei der es der einen Konvention zukommt, die andere zu denunzieren.

Schließlich wird durch die Bewegung der Frau nach vorn aus dem Bildraum hinaus der Betrachter unausweichlich mit ihr konfrontiert. Das Bild erscheint wie eine Totalabsage an alle bildnerischen Möglichkeiten der Kommunikation. Medienmarkt, abstrakte und gegenständliche Malerei, Konventionen der Kleidung und des Auftretens werden gleichermaßen zurückgewiesen und der Lächerlichkeit überführt.

Kippenberger ist einer der berühmtesten deutschen Maler der 1980er-Jahre. Geboren 1953 in Dortmund, wuchs er in Essen auf und brach die Schule ab, um Dekorationsmaler zu werden. Von 1972 bis 1974 studierte er an der Hochschule für bildende Künste in Hamburg. Zeit seines Lebens gefiel er sich in der Rolle des Enfant terrible. Gestorben ist er bereits 1997 in Wien. Spott, Zynismus und Ironie sind typische Merkmale seiner Werke. *JM*

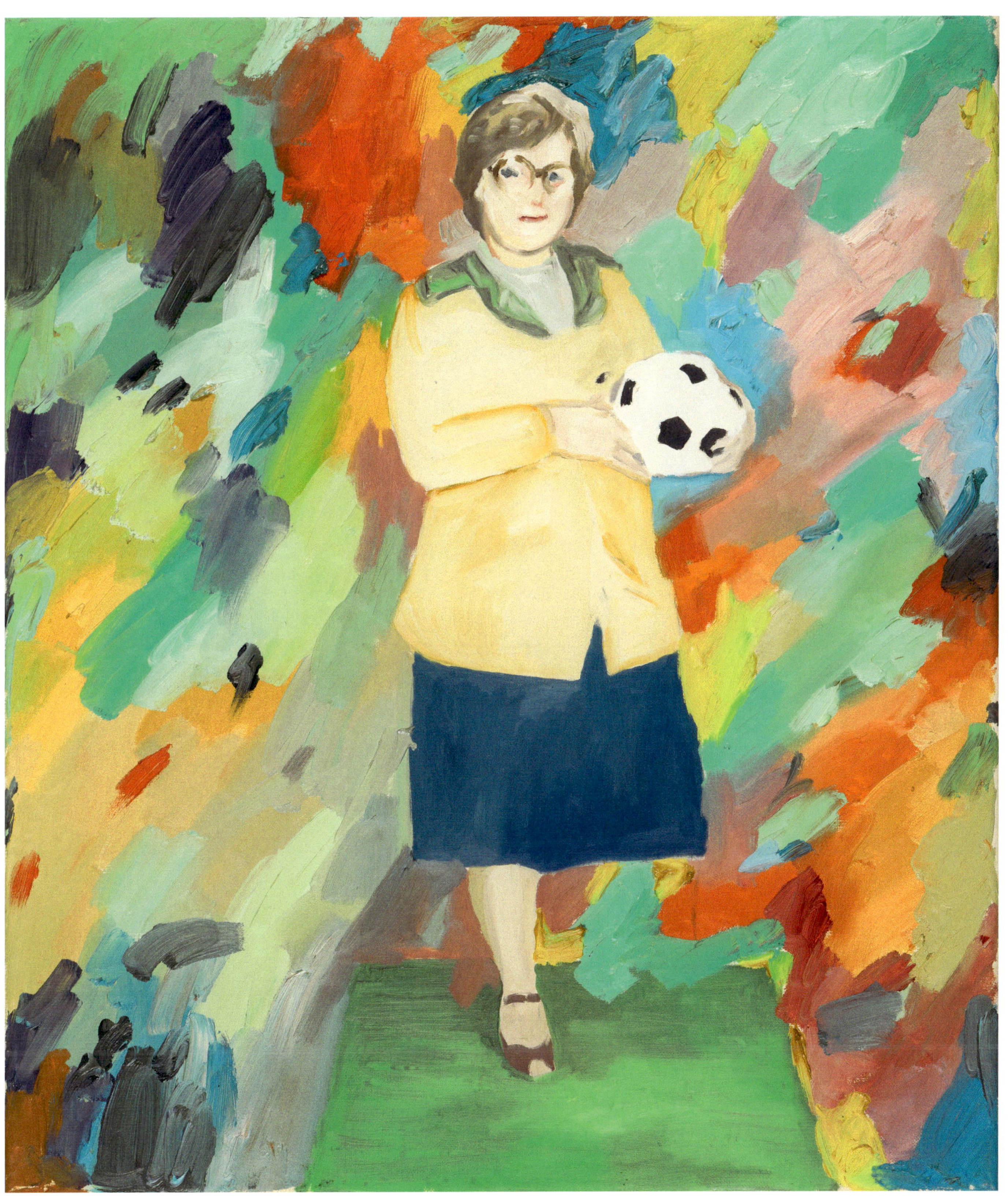

Ballspieler

Ernst Ludwig Kirchner (1880–1938, DEU)

1934

Bleistiftskizze

21,7 × 17,3 cm

Kirchner Museum, Davos (Skizzenbuch Nr. 174/12)

Ernst Ludwig Kirchners Skizze dreier Fußballspieler besticht durch ihren spontanen Charakter. Wenige Linien genügen, um den Eindruck einer lebendigen Spielszene herzustellen. Es ist, als würde ein Angriff vorgetragen; zwei Spieler laufen voran, während ihnen ein dritter entgegentritt. Der Fußballer in der Mitte führt den Ball, sein Mitspieler steht für ein Zuspiel bereit. Durch das vorgestreckte rechte Bein und den weitausgreifenden rechten Arm wirkt der zentrale Angreifer besonders dynamisch. Alle Figuren sind nackt und deutlich als Männer zu erkennen. Den Hintergrund bilden angedeutete Baumstämme und Laubwerk. Die Linienführung bei den Männern betont nicht nur die Kontur, sondern zeichnet sich durch zahlreiche vibrierende Striche im Inneren aus. Dabei finden die Linien kein rechtes Ende, vielmehr setzt sich ihre energetische Wirkung in Schnörkeln und kleinen Strichen fort. So entsteht der Eindruck, als habe der Künstler seine Zeichnung in einer durchgehenden fließenden Bewegung hergestellt. Zugleich führen die Linien unser Auge immer weiter. Von einer Figur zur anderen, von einer Bewegung zur nächsten.

Das Blatt entstammt einem Skizzenbuch, das zahlreiche Zeichnungen enthält. Wir haben es mit einem visuellen Tagebuch zu tun. Im Jahr 1934 befindet sich Kirchner bereits in Davos in der Schweiz, wohin er 1917 übersiedelte. Im Jahr 1932 entsteht auch die Zeichnung *Ballspielende Mädchen im Walde*. Tanzende und spielende Menschen gehören von Anfang an zum festen Repertoire des Malers. Gleichwohl bildet das Thema Fußball in seinem Schaffen eine Ausnahme. Wie denn überhaupt das Thema »Sport« unter den Künstlern der Künstlervereinigung »Die Brücke« keine bedeutende Rolle gespielt hat.

Kirchner hat sein Bild geschickt komponiert. Stabil steht der Abwehrspieler in der linken Bildecke und seine Gegenspieler laufen ihm nicht nur entgegen, sondern zugleich abwärts, was deren Bewegung noch einmal dynamischer erscheinen lässt. Zudem nutzt der Künstler für seine Zeichnung zwei Diagonalen, die jeweils in die gegenüberliegende Bildecke führen und unser Auge immer wieder in Bewegung versetzen. Ob Kirchner ein Freund des Fußballs war oder gar selbst gern gespielt hat, muss offenbleiben. Sicher hingegen ist sein Glaube an die Macht von Bewegung und Ekstase. Wie zahlreiche andere Künstler jener Zeit sind Friedrich Nietzsches Schriften und der *Zarathustra* im Besonderen eine wichtige Inspirationsquelle. Die Lebensphilosophie des Denkers sieht im Spiel die Einheit von Mensch und Natur verwirklicht.

Nach einem abgeschlossenen Architekturstudium schlossen sich Ernst Ludwig Kirchner, Erich Heckel, Fritz Bleyl und Karl Schmidt-Rottluff im Jahr 1905 in Dresden zur Künstlervereinigung »Die Brücke« zusammen. In dieser Zeit entstanden vor allem Aktmalereien und Landschaftsstudien. 1911 zog Kirchner nach Berlin, zunehmend gewannen Straßenszenen an Bedeutung. Noch während des Ersten Weltkriegs übersiedelte er 1917 in die Schweiz. Nach der Machtergreifung Hitlers wurde er aus der Preußischen Akademie der Künste ausgeschlossen. Es folgte 1937 die Entfernung seiner Werke aus den Museen, 32 Arbeiten von ihm wurden in der Ausstellung »Entartete Kunst« gezeigt. Im Jahr 1938 nahm sich Kirchner sich das Leben. *JM*

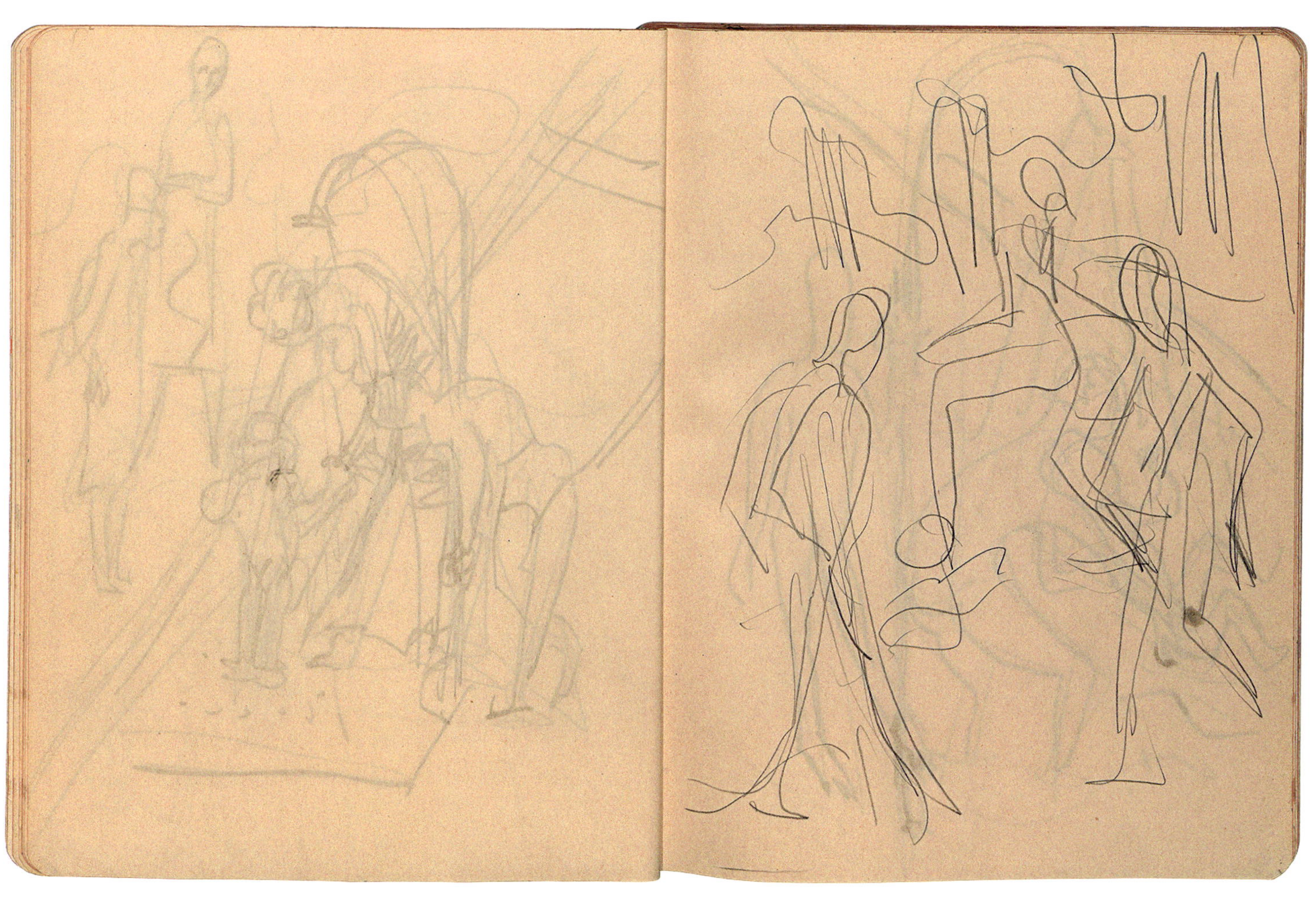

Alphabet I

Paul Klee (1879–1940, DEU)

1938

Kleisterfarbe auf Papier auf Karton

53,9 × 34,4 cm

Zentrum Paul Klee, Bern

Möglicherweise unbeabsichtigt hat sich der Fußball in eine Arbeit von Paul Klee geschlichen. Auf einer Seite des Sportteils der *National Zeitung* vom 18. April 1938 hat der Künstler mit breiten schwarzen Pinselstrichen eine Studie für ein Alphabet gemalt. Oben links berichtet ein Artikel über das Cupfinale zwischen den Grasshoppers Zürich und Servette Genf, unten auf der Seite lautet eine Überschrift »Weiterer Fußball«. Am unteren Rand der Zeitungsseite finden sich eine Werbung für Zündkerzen und das kleine Bild eines Mercedes-Rennwagens, mit dem weitere Bestleistungen versprochen werden. Darüber sind die Buchstaben gemalt, die in einer aufsteigenden Formation über das ganze Blatt verteilt sind. Unten auf der Seite nehmen sie im »Y« ihren Ausgangspunkt. Darüber folgen Zeichen, die in ihrer Form rätselhaft wie Hieroglyphen erscheinen. Dabei wirken sie schwungvoll, tänzerisch wie in Drehungen begriffen. Nach oben hin streben sie als Großbuchstaben weiter in die Höhe.

Je länger man die Arbeit betrachtet, desto dynamischer erscheint sie. Die Buchstaben setzen sich in Bewegung. Sie laufen in alle Richtungen wie Fußballspieler auf dem Spielfeld. Im unteren Bereich erscheinen die Kürzel nun wie Strichmännchen, die sich über das Blatt ergießen. Klee zeigt sich in vielen seiner Arbeiten als ein humorvoller Künstler und vielleicht hat seine Studie doch in der Assoziation des bewegten Fußballspiels ihren Anfang genommen. Das »Y« steht im querrechteckigen Werbefeld wie ein Keeper im Fußballtor. Vor ihm befinden sich die Spieler in wilder Bewegung. Das »X« am oberen Blattrand könnte der Torwart der gegnerischen Mannschaft sein.

Dies alles muss freilich eine kühne Hypothese bleiben, denn ebenso naheliegend ist die Vermutung, dass der Arbeit die Frage des Lesens und jene nach der Ordnung des Sehens zugrunde liegt. Die Buchstaben verbinden sich nicht zu Wörtern. Sie streben in alle Richtungen und behalten ihren Lautwert, ergeben aber keinen Sinn. Wie bei einer Kinderzeichnung werden sie zu Figuren und Männlein und laufen durcheinander, um nur noch Zeichen zu sein. Klees Studie ist witzig und spielt mit den Buchstaben, die zu beweglichen Figuren mit einer selbstbestimmten Richtung werden. Das »Q« steht still, das »R« läuft auf das »W« zu und das »Z« will seinen ihm zugewiesenen Platz verlassen.

Paul Klee war unter den Künstlern der Moderne vielleicht der größte Poet. Er öffnet die Grenzen zwischen Musik, Dichtung und Malerei. Er untersucht die Zeichen unserer Welt und entdeckt im Alphabet ein visuelles Spiel. Der Künstler befreit die Buchstaben aus den Wörtern. Er lässt sie frei für ein anarchisches Spiel der Assoziationen, das keiner Ordnung mehr verpflichtet ist.

Paul Klee ist untrennbar mit der Münchener Avantgarde wie der Künstlergruppe »Selma«, dem »Blauen Reiter« und der »Neuen Münchener Secession« verbunden. In der Weimarer Republik lehrte er zunächst am Bauhaus, später an der Düsseldorfer Kunstakademie. 1933 übersiedelte er nach Bern. Seit 1937 litt er an Sklerodermie. Dennoch erweisen sich seine letzten Lebensjahre als eine künstlerisch überaus produktive Zeit, wofür das vorliegende Werk ein virtuoses Zeugnis ablegt. *JM*

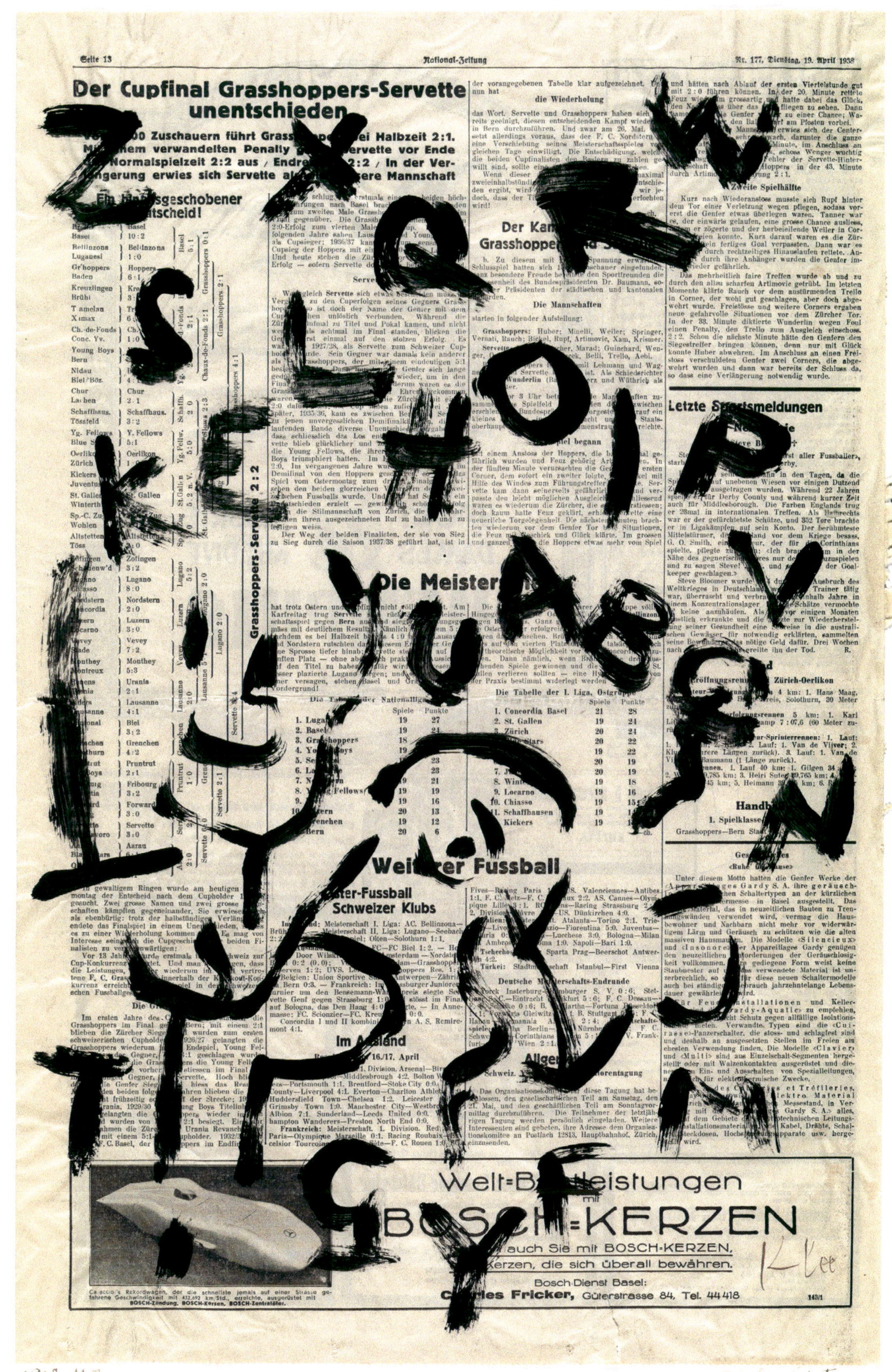
Seite 13
National-Zeitung
Der Cupfinal Grasshoppers-Servette unentschieden
Letzte Sportsmeldungen
Die Tabelle der I. Liga, Ostgruppe
Weltbestleistungen mit
BOSCH-KERZEN
Bosch-Dienst Basel:
Güterstrasse 84, Tel. 44418
Klee
1938 M 7
Alphabet I

Fußballspieler

Pyke Koch (eigtl. Pieter Frans Christiaan Koch, 1901–1991, NLD)

1959

Tempera auf Papier auf Holz

19 × 25 cm

MORE – Museum voor Modern Realisme, Gorssel, Niederlande

»Pyke« Kochs Darstellung dreier Fußballer mutet wie eine Traumsequenz an. Ein Spieler im blauen Trikot springt mit ausgebreiteten Armen quer in den Bildraum. Er muss sich maximal strecken und berührt mit seiner rechten Hand den hochfliegenden Ball. Ein Gegner im gestreiften Dress läuft auf ihn zu, während ein dritter links vorbeirennt. Trotz dieser dynamischen Aktionen wirkt das Bild wie eine Zeitlupendarstellung. Schemenhaft erkennt man in der Ferne zwei Zuschauer, ein weiterer Spieler scheint auf dem Boden zu liegen. Starker Schneefall hat die Linien des Platzes unsichtbar gemacht. Vergeblich sucht man nach Toren und weiteren Mitspielern, die sich auf dem weiten Feld finden lassen müssten. Zudem ist vollkommen unklar, wo sich die Szene ereignet. Der Schneefall dämpft die Farbigkeit des Bildes. Die blauen Trikots, die gelb und schwarz geringelten Strümpfe, das rot-schwarz gestreifte Shirt des Gegners unterstreichen die Dynamik der Spielsituation, sind aber ohne jede Wärme. Dicht fallende Schneeflocken und der weiße Bildraum lassen die Szene merkwürdig ort- und zeitlos erscheinen.

Das Werk ist dem späten magischen Realismus zuzuordnen. Koch war ein Einzelgänger. Nach einem begonnenen Jurastudium wandte er sich 1927 endgültig der Malerei zu. Mehrere Italienaufenthalte zwischen 1928 und 1930 begeisterten den Maler für Mussolini und den Faschismus. Nach der Besetzung der Niederlande durch die Deutschen trat er der Kulturkammer bei und sympathisierte offen mit dem nationalsozialistischen Regime. Viele seiner Bilder aus jener Zeit hat der Künstler später selbst vernichtet. Nach dem Krieg führte er ein zurückgezogenes Leben in Utrecht. Gleichwohl hat er ebenso beeindruckende wie beunruhigende Bilder geschaffen, zu denen auch das Bild der Fußballer zählt. Immer wieder stellt er Menschen am Rande der Gesellschaft dar: Akrobaten, Prostituierte, aber auch eigenwillige Porträts und rätselhafte Allegorien.

Kochs Fußballer-Gemälde gehört zu einer Gruppe von fünf Bildern, die in den 1950er-Jahren entstehen und aus verschiedenen Sportfotografien zusammengesetzt zu sein scheinen. Was auf den ersten Blick wie eine Strafraumszene anmutet, entpuppt sich als unzusammenhängend, da die Bewegungsabläufe zeitlich nicht wirklich aufeinander bezogen sind. Obwohl die Szene vor dem Tor noch nicht bereinigt ist, läuft der Gegenspieler am Keeper vorbei, ohne auf den Ball zu achten. Der Spieler links rennt achtlos voran, ohne der Aktion seines Mitspielers weitere Aufmerksamkeit zu schenken. Schließlich trägt der Torwart nicht den Dress eines Keepers und verhält sich wie ein Feldspieler, der die Regeln missachtet und den Ball mit der Hand berührt.

Trotz der eindeutig zu identifizierenden Spielsituation wirkt alles ohne inneren Zusammenhang – traumverloren und fremd. Als ein Sinnbild der Effizienz und Finalität wird das Fußballspiel von dem Künstler subversiv untergraben. Nichts gehört zusammen. Regeln werden nicht befolgt. Kochs Bild mutet an wie eine Allegorie, die von der Einsamkeit und Verlorenheit des Menschen erzählt. Das Spiel als Sinnbild des Miteinanders verkehrt sich in sein Gegenteil. *JM*

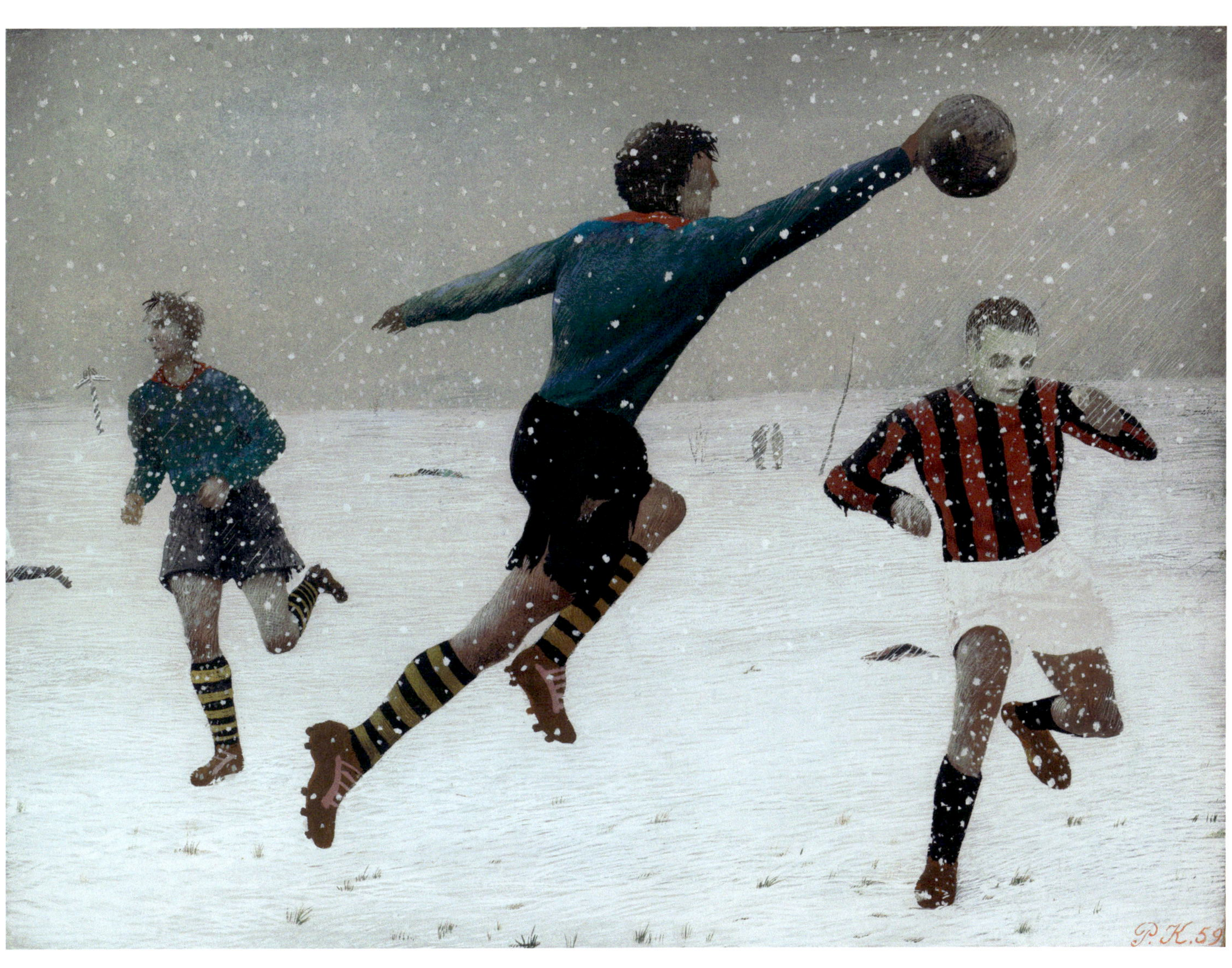
P.K.59

Der goldene Fußball

(Hommage an Gustav Klimt – Selbstporträt als Mäda Primavesi)

Maria Kossak (*1982, DEU)

2011

Mischtechnik auf Karton

50 × 40 cm

Schwules Museum Berlin

An Maria Kossaks Protagonistin führt kein Weg vorbei: Bildfüllend steht sie im Raum und adressiert uns mit einem Blick, der Entschlossenheit signalisiert. Ihre selbstbewusste Haltung, die noch durch den in die Hüfte gestützten rechten Arm unterstrichen wird, steht dabei in bemerkenswertem Widerspruch zur schüchtern hinter dem Rücken verborgenen linken Hand und der rüschenbesetzten, kindlich anmutenden Staffage. Augenfälligstes Irritationsmoment aber ist der goldene Fußball im Vordergrund, mit dem die Künstlerin ihrem Vorbild Reverenz erweist. Denn wie der Titel zusätzlich verrät, ist Kossaks *Selbstporträt als Mäda Primavesi* eine Homage an ein hundert Jahre früher entstandenen Gemälde Gustav Klimts, dessen häufiger Einsatz der Farbe Gold charakteristisch für sein Schaffen ist. Bei dem zitierten Werk handelt es sich um ein Porträt der zu diesem Zeitpunkt neunjährigen Mäda Primavesi, für das der österreichische Maler von seinen üblichen Darstellungskonventionen abgewichen war, indem er die Unternehmertochter, statt im Halbprofil, in einer frontalen Pose festgehalten hatte – eine Entscheidung, die wesentlich zur unmittelbaren Wirkung der Komposition beiträgt.

In der Gegenüberstellung wird deutlich, wie genau sich Kossak auf das Original bezieht. So schmücken auch bei ihr florale Elemente das Kleid der Hauptfigur, die ebenfalls eine blütenförmige Schleife im Haar trägt. Umso größere Bedeutung kommt all den Motiven zu, die für eine veränderte Wahrnehmung sorgen. Neben dem Verzicht auf den vielfarbigen Hintergrund Klimts gehört hierzu die Verlagerung der Horizontlinie, durch die der Eindruck entsteht, die nunmehr wie monumentalisiert erscheinende Akteurin stünde auf einem Spielfeld. Darüber hinaus hat Kossak der Protagonistin ihr eigenes Gesicht geliehen, wobei ein hinter dem Kopf prangender, an eine Gloriole oder einen Himmelskörper erinnernder Kreis für eine zusätzliche Überhöhung sorgt. Ihre größte Sorgfalt gilt indes der Gestaltung des Fußballs, dessen äußere Struktur sie ausgesprochen plastisch wiedergegeben hat. Auf der Oberfläche des Polyeders rahmen goldene Sechsecke ein silbrig schimmerndes Fünfeck und bilden auf diese Weise eine stilisierte Blüte, die in einen Dialog mit den Ornamenten des Kleides tritt. Es sind jene Details, mit denen die Künstlerin die lange Zeit vorherrschende Lesart des Fußballs als einer allein Männern vorbehaltenen Sportart pointiert infrage stellt, nicht zuletzt im Zusammenhang mit dem ambivalenten Ausdruck, der von ihrem Selbstporträt ausgeht.

Die 1982 im polnischen Słupsk geborene Maria Kossak lebt seit 1984 in Berlin, wo sie an der UdK Malerei, Objektkunst und Fotografie studiert hat. Ein Begabtenstipendium ermöglichte ihr 2006 einen Aufenthalt an der Universität von Sydney. In ihren Arbeiten stellt sie immer wieder Bezüge zu zentralen Werken und Stilen der Kunstgeschichte her; ihre Verweise reichen von byzantinischen Ikonen bis zum Jugendstil und dem Abstrakten Expressionismus eines Mark Rothko. Eine weitere Konstante ist die Auseinandersetzung mit der Farbe Gold und deren ästhetischer und symbolischer Bedeutung. Das Gemälde wurde erstmals 2011 in der Ausstellung »Andererseits: Künstlerische Einwürfe zur Frauenfußball WM 2011« im Schwulen Museum Berlin präsentiert. *FS*

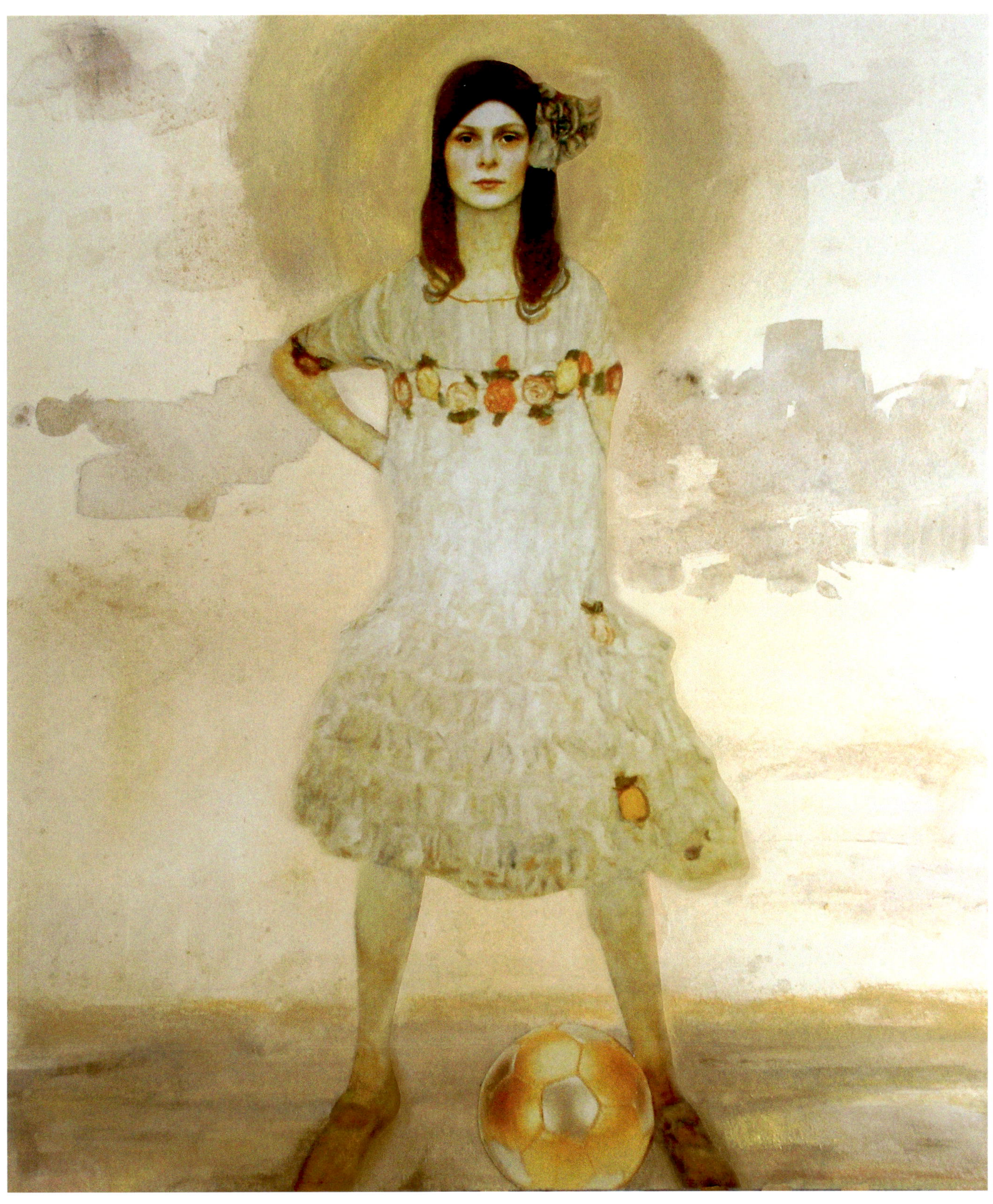

Sportlerin

Iwan Semjonowitsch Kulikow (1875–1941, RUS)

1929

Öl auf Leinwand

79 × 58 cm

Murom Art and History Museum

Mit der Russischen Revolution gehen neue Geschlechterbilder einher. Der Fußball wie auch der Sport im Allgemeinen werden zu einem beliebten Thema der Bildkünste, die das Individuum im Kontext einer Mannschaft oder besser noch eines Kollektivs verorten. Die *Sportlerin* ist Teil dieser neuen Weltanschauung, die im Gemälde von Iwan Semjonowitsch Kulikow aus dem Jahre 1929 zum Ausdruck kommt. Kulikows Darstellung fügt sich damit in eine Reihe von Werken, die junge Charaktere im Kontext körperlicher Betätigungen zeigen. Die Komposition besticht durch eine offene Malweise. Mit breiten Pinselstrichen schafft der Künstler ein überzeugendes Bildnis, wobei er sich an der realistischen Malerei Ilja Repins orientiert.

Die Darstellung des Fußballs gehorcht eindeutig den politischen Anforderungen jener Zeit. Bei der porträtierten Pana Iwanowa handelt es sich um eine junge Weberin, die Komsomol-Führerin der Weberei »Roter Strahl« war. Die junge Frau sitzt auf einer angedeuteten Bank und hält den Lederball in beiden Händen. Ihr Blick ist aufmerksam, ihre Erscheinung sympathisch, ganz so, als sollte sie uns für die durch sie repräsentierte Sportart einnehmen. Die Pointe des Bildes besteht offensichtlich darin, dass die Spielerin sehr feminin und zugleich sehr sportlich erscheint. Ihre vollen Lippen, ihre Haare, aber auch das Detail des goldenen Armbands inszenieren ihre Weiblichkeit. Zudem nutzt der Maler auf kluge Weise die Wirkung der Farbe. Das rote Kopftuch setzt das Gesicht der jungen Frau deutlich in Szene und hebt ihre Lippen hervor. Kulikows Gemälde weiß Offenheit und Aufmerksamkeit der Frau zu verbinden. Der Ball befindet sich auf der ästhetischen Grenze und verbindet den Bildraum mit dem Betrachterraum. In erzählerischer Hinsicht weist er auf das letzte Spiel zurück und auf das kommende voraus. Gleichzeitig werden die malerischen Mittel sehr konzentriert verwendet – der Maler entscheidet sich für einen neutralen Hintergrund und ein Minimum an Accessoires.

Kulikow, der sich in St. Petersburg zunächst als Assistent des russischen Genremalers Alexander Iwanowitsch Morosow betätigte, nahm ab 1894 Zeichenunterricht an der Schule der Gesellschaft zur Förderung der Künste. Zwei Jahre später kam er als Gasthörer an der Akademie der Künste (IACh) in Kontakt mit Ilja Repin, auf dessen Antrag Kulikow 1898 schließlich an der Hochschule aufgenommen wurde. Ab 1901 wirkte er zeitweise als Assistent Repins und schuf Illustrationen zu Werken Maxim Gorkis. Auf den Abschluss des Studiums im Jahr 1902 folgten mehrjährige Auslandsaufenthalte in Italien und Frankreich. In der Folge der revolutionären Umbrüche leitete Kulikow ab 1919 die Kunstabteilung des Museums in seiner Heimatstadt Murom, wo er auch Zeichenunterricht gab. 1932 wurde er in die Akademie der Künste der UdSSR aufgenommen. 1939 war Kulikows *Sportlerin* Teil der in Philadelphia gezeigten Ausstellung sowjetischer bildender Kunst.

JM

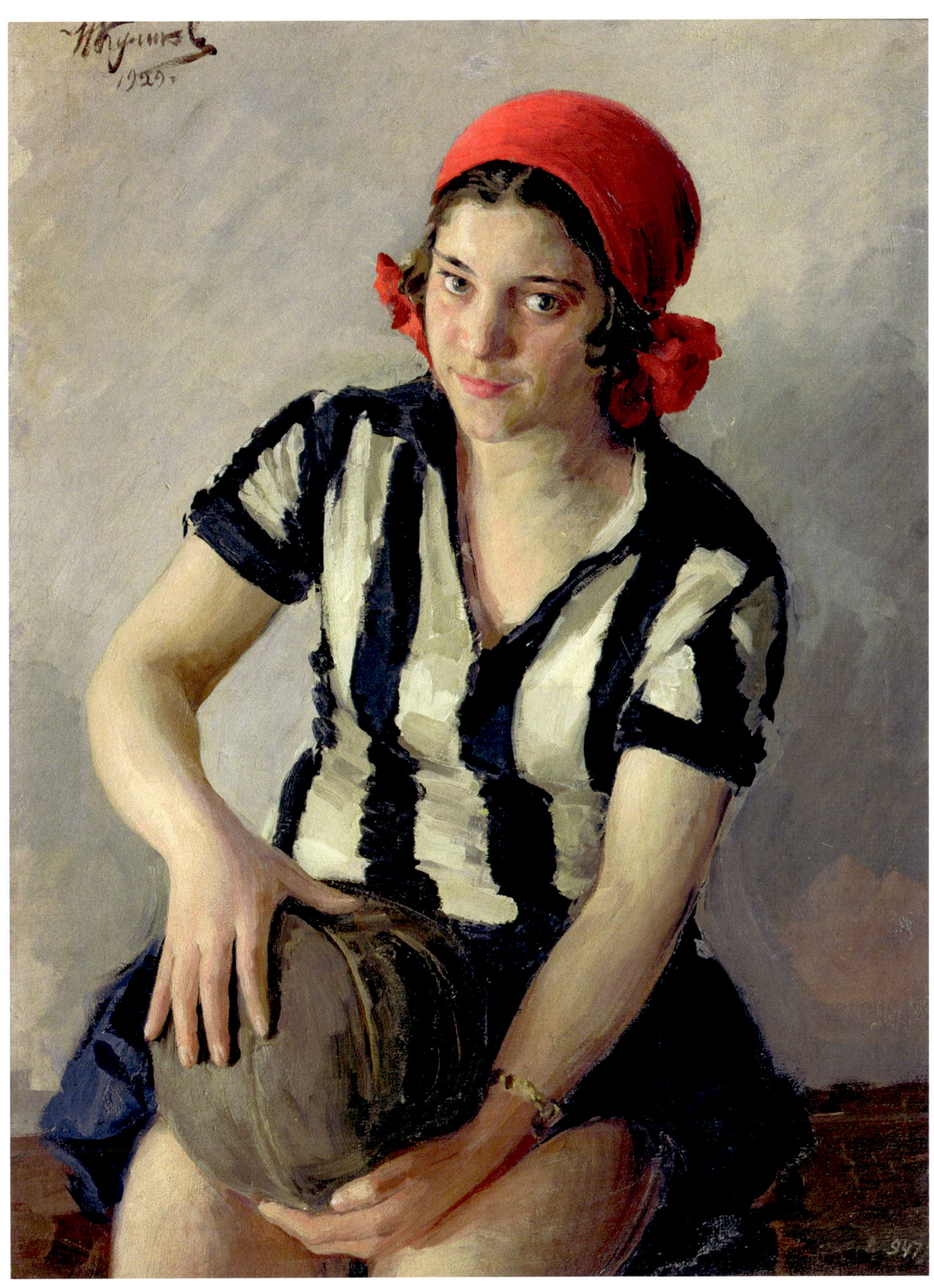

Wettbewerb III

Maria Lassnig (1919–2014, AUT)

2000

Öl auf Leinwand

207 × 153 cm

Maria Lassnig Stiftung, Wien

Die Aktionen von Maria Lassnigs Fußballern sind spektakulär. Im monumentalen Hochformat schildert das Bild den Wettbewerb dreier Spieler: Während der Akteur unten links einen Fallrückzieher vollendet, steht der mittlere, zum Köpfen bereit, hoch in der Luft. Aus dem rechten Hintergrund wiederum hechtet der dritte Mitspieler mit ausgestreckten Fäusten dem Ball entgegen. So gesehen bietet das Gemälde ein buntes Sammelsurium jener Momente, die den Fußball aus Sicht des Publikums sehenswert machen. Dass die Leinwand dabei bis auf einzelne Farbspritzer und -akzente weiß bleibt, kann als Charakteristikum von Lassnigs Spätwerken gelten, als absichtsvoller Verzicht auf Stimmung und Atmosphäre. Indem sie das Geschehen auf das Wesentliche beschränkt, führt sie zugleich einen Orientierungsverlust herbei. So lässt der nicht definierte Bildraum den Eindruck entstehen, dass das Aufwärtsstreben der Sportler im luftleeren Raum stattfindet; zusätzlich bleibt unklar, in welcher Beziehung diese zueinander stehen.

Während die leichte, dynamische Pinselführung an unzusammenhängende, skizzenartig hingeworfene Szenen erinnert, verweist der Titel durchaus auf einen kompetitiven Kontext. Verknüpfungen stellt die Künstlerin vor allem über die Farbwahl her, mittels derer sie erkennbare Akzente setzt. So scheint etwa das purpurfarbene Trikot des Torhüters unmittelbar in die Beine des Kopfballschützen überzugehen, an dessen konturiertem Körper sich interessanterweise kein Dress abzeichnet. Eine Erklärung findet jene Verschränkung in der Arbeitsweise Lassnigs, die, wie häufig in ihrem Schaffen, nicht auf fotografische Vorlagen zurückgriff, sondern den eigenen Körper als Modell wählte. Indem sich die – zu diesem Zeitpunkt immerhin 81-jährige – Künstlerin in die Pose kraftstrotzender Athleten versetzt, stellt sie zugleich ironisch die für den Fußballsport typischen Geschlechterklischees infrage. In diesem Zusammenhang macht sie sich auch über männliches Imponiergehabe lustig: Nicht umsonst erinnert die Miene des Kopfballschützen an die eines Primaten. Dessen Schädel wiederum läuft nach oben hin in einer Weise zu, die als evolutionäre ›Optimierung‹ hin auf den Ball verstanden werden darf. Die schreiende Fratze seines Kontrahenten lässt dagegen an einen Zyklopen denken, der, mutmaßlich von der gelben Kugel geblendet, blind in sein Gegenüber springt.

Nachdem die aus Kärnten stammende Lassnig eine Ausbildung zur Volksschullehrerin durchlaufen hatte, absolvierte sie von 1940–1945 ein Studium an der Wiener Akademie der bildenden Künste. Ab 1948 entstanden ihre spezifischen »Körperbewusstseinsbilder«, mit denen sie »introspektiven Körpergefühlen« Ausdruck verlieh. Bei einem Paris-Aufenthalt lernte sie Anfang der 1950er-Jahre André Breton und die Kunst der Surrealisten kennen. Ab 1961 lebte und arbeitete sie in der französischen Hauptstadt und ab 1968 in New York, bevor sie 1980 als Professorin für Malerei an die Wiener Universität für angewandte Kunst berufen wurde. 1988 wurde sie als erste Künstlerin mit dem Großen Österreichischen Staatspreis geehrt und 2013 bei der Biennale in Venedig mit dem Goldenen Löwen ausgezeichnet. Ab 2000 entstanden Lassnigs ironische »Fußballbilder«. Eines der Motive wurde anlässlich der Europameisterschaft 2018 in Österreich als Sonderbriefmarke aufgelegt. *FS*

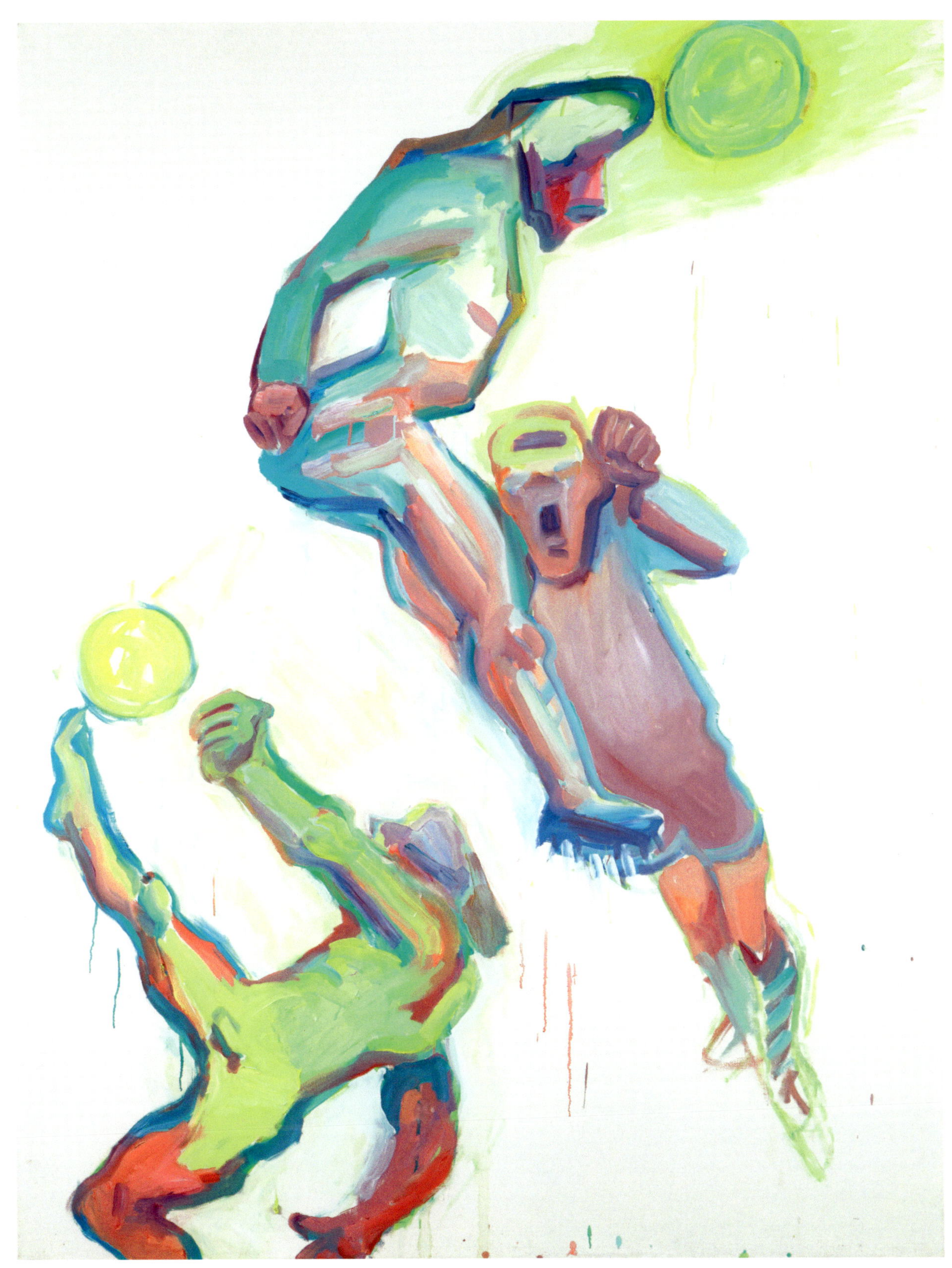

Fußballspieler mit Schiedsrichter

Bart van der Leck (1876–1958, NLD)

1913

Kasein auf Eternitplatte

42 × 72 cm

Privatbesitz

Mit der Gestaltung moderner Kunst gehen im 20. Jahrhundert zahlreiche Experimente einher. Zentral sind dabei nicht ausschließlich Fragen der Abstraktion, sondern auch Bestrebungen, die abstrakte Malweise zu legitimieren. Bart van der Lecks *Fußballspieler mit Schiedsrichter* aus dem Jahr 1913 ist das früheste Gemälde, in dem ein Schiedsrichter eine derartige Aufmerksamkeit erfährt. Das großformatige Bild zeigt fünf Personen. In der Mitte steht der Referee in Straßenkleidung, sein Kopf ist mit einer Kappe bedeckt. Er blickt nach vorne und hält in seiner Rechten die Trillerpfeife, die an einem grünen Band um seinen Hals hängt. Links und rechts von ihm sind jeweils zwei Feldspieler in unterschiedlichen Trikots zu sehen. Die Körper der Akteure folgen einem festgelegten Schema. Sie sind im Profil abgebildet und schreiten auf den Schiedsrichter zu. Ihre nahezu identische Körperhaltung lässt ihre Bewegungen rhythmisch erscheinen. Für die farbliche Gestaltung der Figuren nutzt van der Leck die drei Grundfarben. Die Spieler links tragen gelb gestreifte Shirts und blaue Hosen, während die Spieler der gegnerischen Mannschaft rechts im Bild mit rot gestreiften Sporthemden und schwarzen Hosen bekleidet sind. Die Ähnlichkeit in der Gestaltung der Körperhaltung und Bewegung betrifft auch die Gesichter. In ihrer Gleichartigkeit wirken sie wie mit einer Schablone gezeichnet.

Der Künstler hat bei den Spielern konsequent auf eine immer gleiche Profildarstellung und bei dem Schiedsrichter auf ein starres *En face* zurückgegriffen. Damit wählt er eine Erzählform, die an einen Fries erinnert. Schon auf den ersten Blick lässt das querformatige Bild an typische Gestaltungsweisen ägyptischer und altorientalischer Kunst denken. Van der Leck betont hierdurch den rituellen Aspekt des Fußballspiels. Die Trillerpfeife in der Hand des Schiedsrichters ist in diesem Zusammenhang nicht nur das Instrument, mit dem der Regelverstoß geahndet wird. Mit ihrem Pfiff wird vielmehr das gesamte Spiel dirigiert: der Anpfiff, die Unterbrechung zur Halbzeit und das Ende des Spiels. So wirkt die Szene, als stehe das Match unmittelbar bevor.

Die Regeln des Spiels finden in der formalen Strenge, ja dezidierten Regelhaftigkeit der Darstellung ihre Entsprechung. Van der Leck setzte sich während eines Parisaufenthalts im Louvre mit ägyptischer Kunst auseinander. Hier fand er das Vorbild für seine »ästhetische Geometrie«. In seinen Arbeiten strebte der Künstler eine Aufhebung der Grenze zwischen freier und angewandter Kunst an, es ging ihm um den Versuch einer die soziale Umwelt gestaltenden Ausdrucksweise, bei der sich Architektur und Bild in grundlegender Weise ergänzen. In der ästhetischen Gestaltungsweise der ägyptischen und mesopotamischen Kunst, in ihrer Reduzierung auf wesentliche Bildelemente und die damit einhergehende Abstrahierung sah er dieses Ziel verwirklicht.

Van der Leck absolvierte eine Lehre als Glasmaler und studierte anschließend von 1900 bis 1904 an der Rijksschool voor Kunstnijverheid in Amsterdam. 1917 gründete er gemeinsam mit Piet Mondrian und Theo van Doesburg die Künstlergruppe De Stijl, um gemeinsam eine abstrakte Formensprache zu entwickeln. *JM*

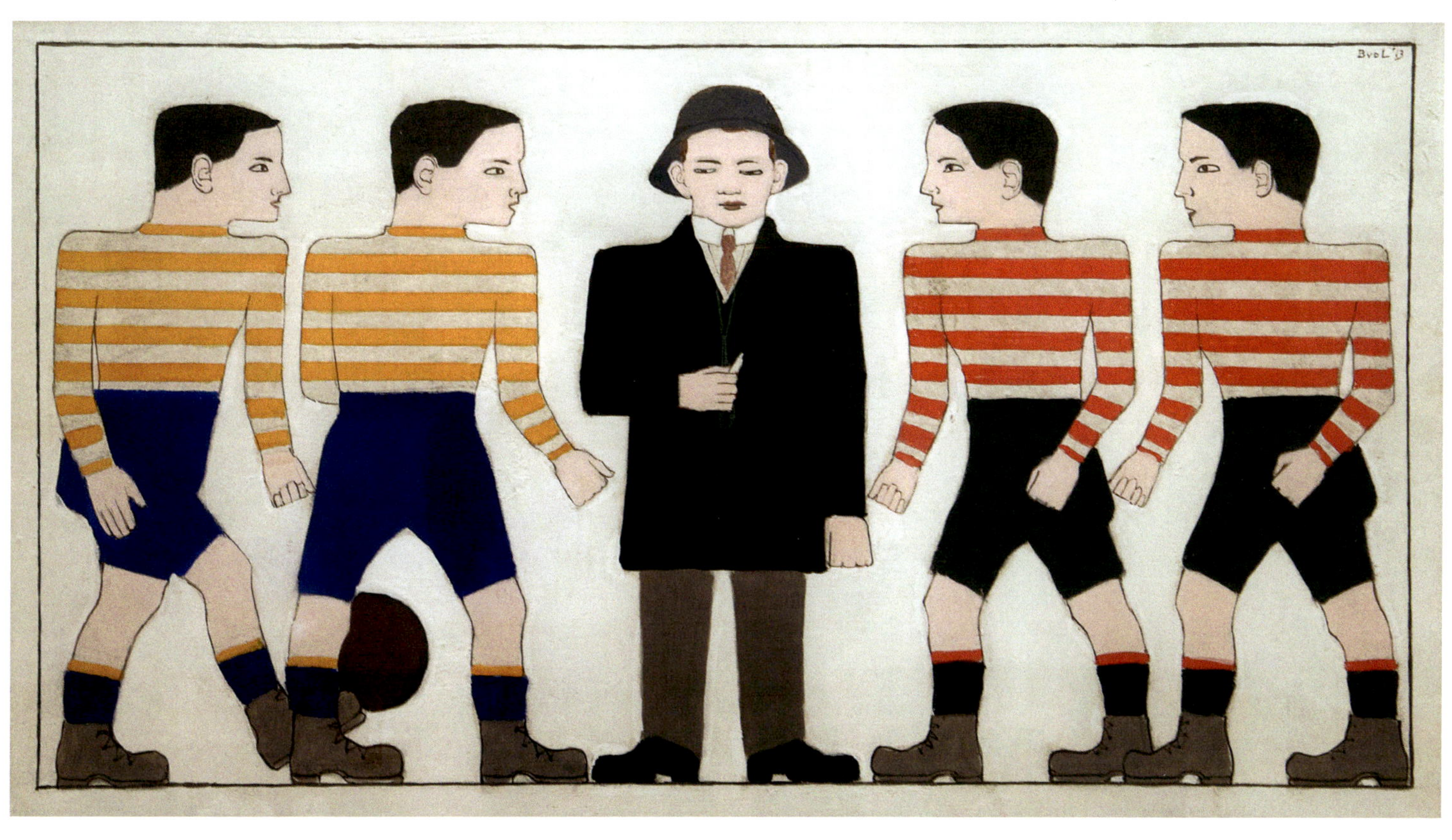
BvdL '13

Auf zum Spiel

Karel Lek (1929–2020, BEL)

1953

Linolschnitt

31,8 × 36,4 cm (Blatt)

National Football Museum, Manchester

Es ist ein illustres Quartett, das sich im Vordergrund von Karel Leks *Auf zum Spiel* versammelt hat: Ein fülliger Herr mit Melone, ein Schlapphutträger mit Rassel und ein fröhlich grinsender Tambourmajor mit reich geschmücktem Zylinder; dazu, ganz links, ein Anhänger mit Schiebermütze und Fanschal, der seine Hände lässig in die Hosentaschen gesteckt hat. Sie alle haben sich aufgemacht, um ein Spiel ihres Teams zu sehen. Ihr Weg führt zum Anfield, der Heimspielstätte des Liverpool FC.

Karel Lek schildert den Aufzug als bunte Prozession, von der wir vermuten dürfen, dass sie auch hinter der Straßenecke eine Fortsetzung findet. Im Unterschied zu L. S. Lowrys thematisch verwandtem *Auf dem Weg zum Spiel* (Abb. S. 221) fängt der Linolschnitt das Geschehen aber aus nächster Nähe ein. Auf diese Weise werden wir gewahr, wie sich das ausschließlich männliche Publikum mit allerlei Fan-Utensilien ausgestattet hat. Eindringlich schildert Lek die beinahe kindliche Vorfreude, die die Männer im dargestellten Moment vereint, veranschaulicht auch durch den gemeinsamen Schattenwurf auf dem Gehweg.

Im Rückblick beschrieb der Künstler, dass die Idee zu der Arbeit während seines Kunststudiums am Liverpool College of Art entstanden sei. Eines Tages hätten ihn Freunde zu einem Heimspiel mitgenommen. Schon auf dem Hinweg habe er mit ersten Skizzen begonnen und sich überhaupt weniger für den Fußball als für die Begeisterung der Männer interessiert, die nach einer anstrengenden Woche in der Fabrik ihren Samstagnachmittag gemeinsam im Stadion verbrachten.

Darüber hinaus fällt auf, dass die meisten Protagonisten augenscheinlich den gleichen Punkt fixieren, auf den uns der Mann im linken Vordergrund zusätzlich verweist. Jener Fokus legt nahe, dass eine weitere Anregung zu der Komposition in den Aufnahmen bestanden haben könnte, die seit den 1930er-Jahren in britischen Foto-Magazinen erschienen. Als Teil der Berichterstattung zu wichtigen Spielen bildeten die Zeitschriften regelmäßig skurril ausstaffierte Fans ab. Die erhaltenen Fotografien zeigen, dass sich ihr ›Schmuck‹ kaum von den Artefakten in Leks Darstellung unterscheidet, wobei neben Schals, Abzeichen und Rasseln auch überdimensionierte Megafone zur Ausstattung der Fans gehörten.

Mit seiner Vorliebe für Milieuszenen und einer erkennbaren Freude an der Überzeichnung bezieht sich Karel Lek auch auf die Tradition der Genrekunst in seiner flämischen Geburtsstadt Antwerpen, wo er bis zum elften Lebensjahr aufwuchs. 1940 war die jüdische Familie gezwungen, Belgien im Zuge der deutschen Besatzung zu verlassen und nach Großbritannien zu fliehen. Seine Jugend verbrachte Lek im walisischen Bangor. Im Anschluss an sein Studium zog er zunächst nach London, bevor er sich erneut in Wales niederließ. 1955 wurde er zum Mitglied der Royal Cambrian Academy gewählt. Wie Lowrys Gemälde wurde auch *Auf zum Spiel* erstmals im Rahmen der Ausstellung »Football and the Fine Arts« präsentiert. Wenige Jahre vor Leks Tod erwarb das National Football Museum in Manchester zwei seiner Werke, neben der Grafik auch ein Aquarell, das Zuschauer an einem verregneten Nachmittag an der Farrar Road, dem früheren Stadion des walisischen Klubs Bangor City, zeigt. *FS*

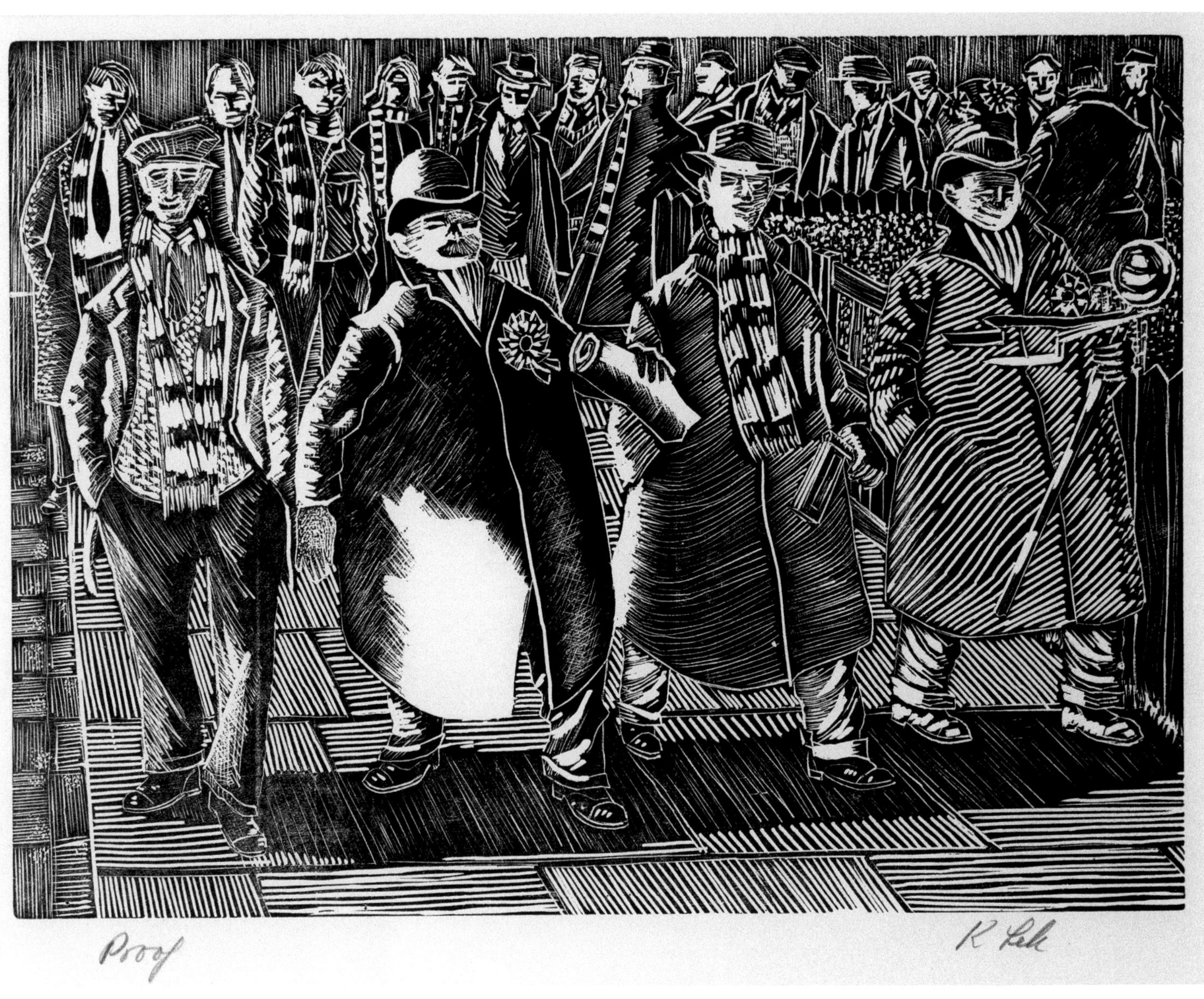
Proof

Fußballspieler

Eliezer »El« Lissitzky (1890–1941, RUS)

1922

Fotocollage, Bleistift, Gouache und Tinte auf Karton

33 × 24,3 cm

The State Tretyakov Gallery, Moskau

El Lissitzkys Fotocollage eines Fußballspielers entstand 1922, kurz nach der Russischen Revolution. Der Künstler schloss sich dem neuen Regime an und wurde Mitglied des NARKOMPROS, des Volkskommissariats für Bildung in Moskau. Seine Arbeiten aus jener Zeit spiegeln den Neuanfang und die Suche nach neuen Ausdrucksformen. Mit dieser politischen Entscheidung gehen nicht nur formale Experimente, sondern auch der Anspruch eines neuen Künstlerideals einher, das sich den bürgerlichen Wertvorstellungen entzieht. Kunst soll zugänglich, nach erkennbaren Regeln gestaltet und für alle nachvollziehbar sein. Schon mit der Entscheidung für die Technik der Collage wird diese Haltung sichtbar. Lissitzky verwendet bereits vorhandenes Material, um damit eine neue künstlerische Wirklichkeit zu gestalten. Er entnimmt die fotografische Darstellung eines Fußballspielers einem anderen Kontext, klebt sie auf einen Karton und versetzt sie in ein anspruchsvolles geometrisches System aus Linien und Flächen.

Mit seiner Arbeit ist der Künstler sichtlich darum bemüht, die sich in der Bewegung des Spielers entfaltenden Kräfte zu visualisieren. Die Collage wird dabei von einer aufsteigenden Diagonalen bestimmt, die von rechts unten nach links oben führt. Wir sehen den vorwärtsstürmenden Fußballer aus extremer Untersicht, sodass seine Bewegung nicht nur von rechts nach links, sondern auch entlang der beschriebenen Diagonale von unten nach oben führt. Ziel der Aktion ist der Ball, der als schwarze Fläche oberhalb seines Kopfes zu schweben scheint. Während alle anderen Formen, Linien und Segmente in Bewegung begriffen sind, scheint der Ball unbeweglich und stabil an seinem Ort zu verharren. Zugleich macht Lissitzky die Anstrengung des Spielers deutlich. Um den Ball zu erreichen, muss er das vorgegebene System von Diagonalen und geometrischen Formen mit explosivem Antritt durchbrechen. Dies beginnt mit dem schwarzen Querbalken unmittelbar vor seinen Füßen, der als Widerstand zur Aufwärtsbewegung erscheint.

Mit dem anspruchsvollen formalen System des Bildes geht eine politische Aussage einher. Die Statik der quer verlaufenden Linien und Balken, die eine Metapher für gesellschaftlichen Stillstand darstellen, wird durch die dynamische Bewegung des Spielers überwunden. Der Fußballspieler wird zum Ideal gesellschaftlichen Fortschritts. Er überwindet alle hemmenden Kräfte und verkörpert die Entwicklung hin zur kommunistischen Utopie. Bezeichnend ist, dass der Spieler in Rückenansicht gezeigt wird und damit nicht als Individuum, sondern als Repräsentant einer Mannschaft, die im Sinne einer kollektiven Anstrengung zu verstehen ist. Der Ball in seiner makellosen Rundform wird zum Symbol einer fernen, aber erreichbaren klassenlosen Gesellschaft. In seiner emphatischen aufwärtsstrebenden Bewegung lässt der Fußballer auch an Ikarus denken.

El Lissitzky studierte von 1909 bis 1914 Architektur an der Polytechnischen Hochschule in Darmstadt. Nach seiner kriegsbedingten Rückkehr nach Moskau entstanden u.a. das Plakat *Schlagt die Weißen mit dem roten Keil* sowie die Entwürfe für die Wolkenbügel genannten Moskauer Hochhäuser und für die Lenin-Tribüne. Für die Große Berliner Kunstausstellung 1923 entwickelte er den *Proun-Raum*, womit er die Idee eines eigenen Zeichensystems in den Raum übersetzte. *JM*

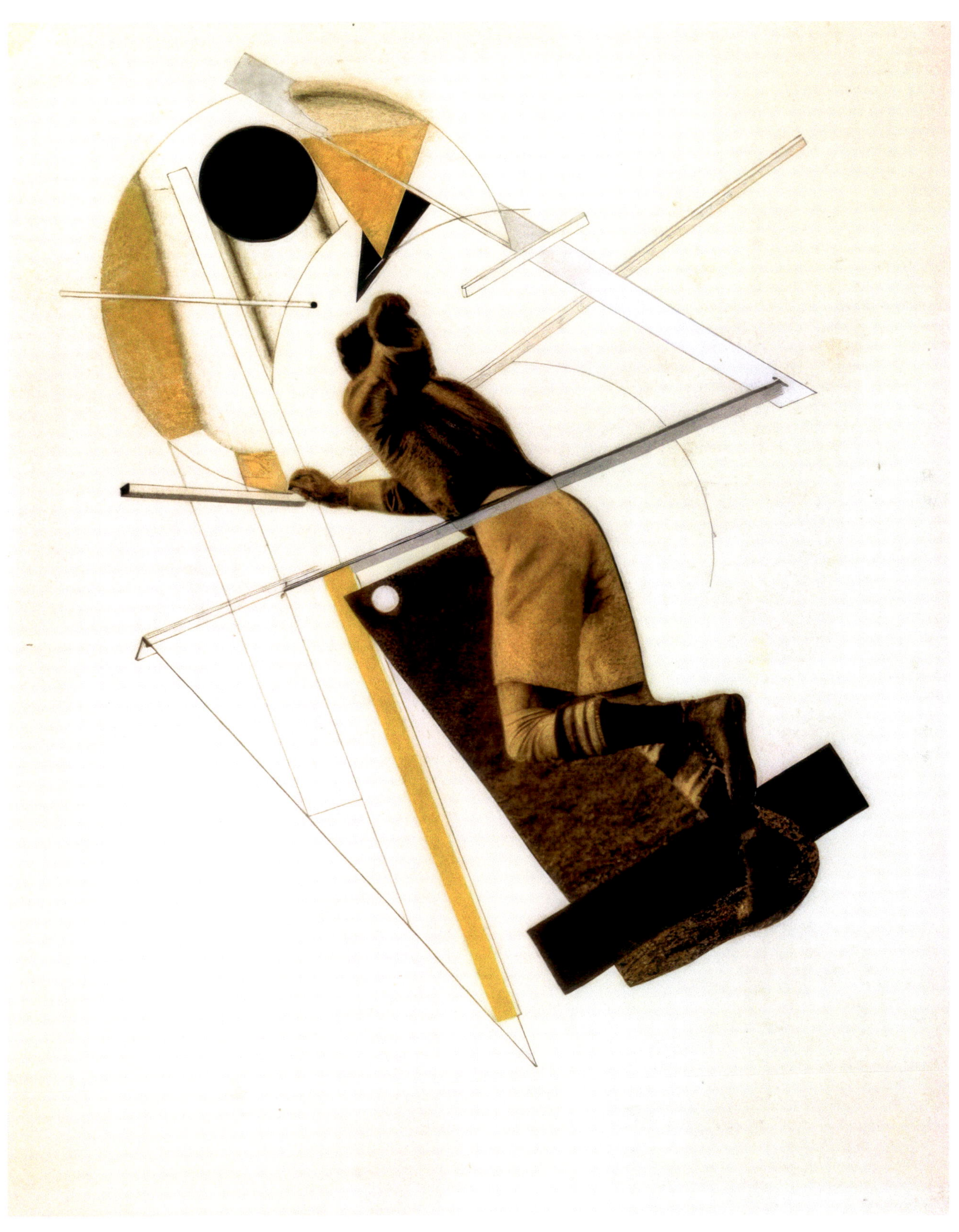

Auf dem Weg zum Spiel

L. S. Lowry (eigtl. Lawrence Stephen Lowry, 1887–1976, ENG)

1953

Öl auf Leinwand

71 × 91,5 cm

The Lowry, Salford, Manchester

In L. S. Lowrys *Auf dem Weg zum Spiel* ist der Name Programm: Von allen Seiten streben Menschen auf das Stadion zu, dessen einsehbare Hintertortribüne und angrenzende Kurve schon nahezu voll besetzt sind. Der nicht abreißende Zuschauerstrom lässt erahnen, dass die bevorstehende Partie vor ausverkauftem Haus stattfinden wird. Vorbild für die dargestellte Szenerie war der Burnden Park, die frühere Heimspielstätte der Bolton Wanderers, die zum damaligen Zeitpunkt bis zu 70 000 Fans Platz bot. Das Entstehungsjahr des Bildes fällt mit der erfolgreichsten Phase in der Geschichte des Clubs zusammen. 1953 hatten die Wanderers zum ersten Mal seit 1929 wieder das Finale des FA Cups erreicht, den sie 1958 erneut gewinnen konnten.

Der für seine *Matchstick Men* (Streichholzmännchen) bekannt gewordene Laurence Stephen Lowry entstammte selbst dem Großraum Manchester und durchlief seine künstlerische Ausbildung zunächst an der Manchester School of Art, wo er von dem französischen Impressionisten Pierre Adolphe Valette unterrichtet wurde, der auch sein Frühwerk prägte. Ab Mitte der 1920er-Jahre entstanden jene genuinen, nur auf den ersten Blick naiv wirkenden Wimmelbilder, die dem Maler, der sein gesamtes Berufsleben als Mietkassierer tätig war, schließlich zu später Popularität verhalfen.

Der Großteil von Lowrys Sujets ist inmitten der industriell geprägten Ballungsräume im Nordwesten Englands angesiedelt. Das gilt auch für *Auf dem Weg zum Spiel,* in dem er das selbstverständliche Nebeneinander von Arbeit und Spiel thematisiert. Dass er uns dabei das eigentliche Ereignis vorenthält, ist ebenso typisch für den Maler. So zeigen viele seiner Werke angedeutete Menschenmengen auf dem Weg zur Arbeit in Fabriken oder bei kollektiven Freizeitaktivitäten, ohne die jeweiligen Tätigkeiten abzubilden. Stattdessen illustrieren die unübersichtlichen Strukturen das Aufgehen des Einzelnen in der Menge, das untrennbar mit dem Sujet der Stadt und den Folgen der Industrialisierung verbunden ist, aber auch für den Fußball als Massenphänomen kennzeichnend ist.

Besonders eindrücklich thematisiert *Auf dem Weg zum Spiel* den unsichtbaren Sog, der von den hoch aufragenden Rängen auszugehen scheint. Dass es Lowry indes kaum um die Abbildung einer konkreten Begegnung oder Spielstätte ging, verrät die überaus freie Wiedergabe des Stadions, an dessen Fassade nur die letzten beiden Worte des Clubnamens (Bolton Wanderers Football Club) ablesbar sind. Hinzu kommt die auffällige Gleichförmigkeit der Besucher, die sich nicht durch erkennbare Fan-Utensilien auszeichnen. Nicht zuletzt der für den Maler typische kleine Figurenmaßstab verleiht der Komposition somit eine gewisse Allgemeingültigkeit. Auf diese Weise rückt die Faszination in den Vordergrund, dank derer Fans jedes Wochenende zusammenkommen, um ihr Team zu unterstützen, geprägt von der Erfahrung, dass die individuellen Erwartungen mit dem Anpfiff immer wieder aufs Neue in eine kollektive Gemeinschaftserfahrung umschlagen werden. *FS*

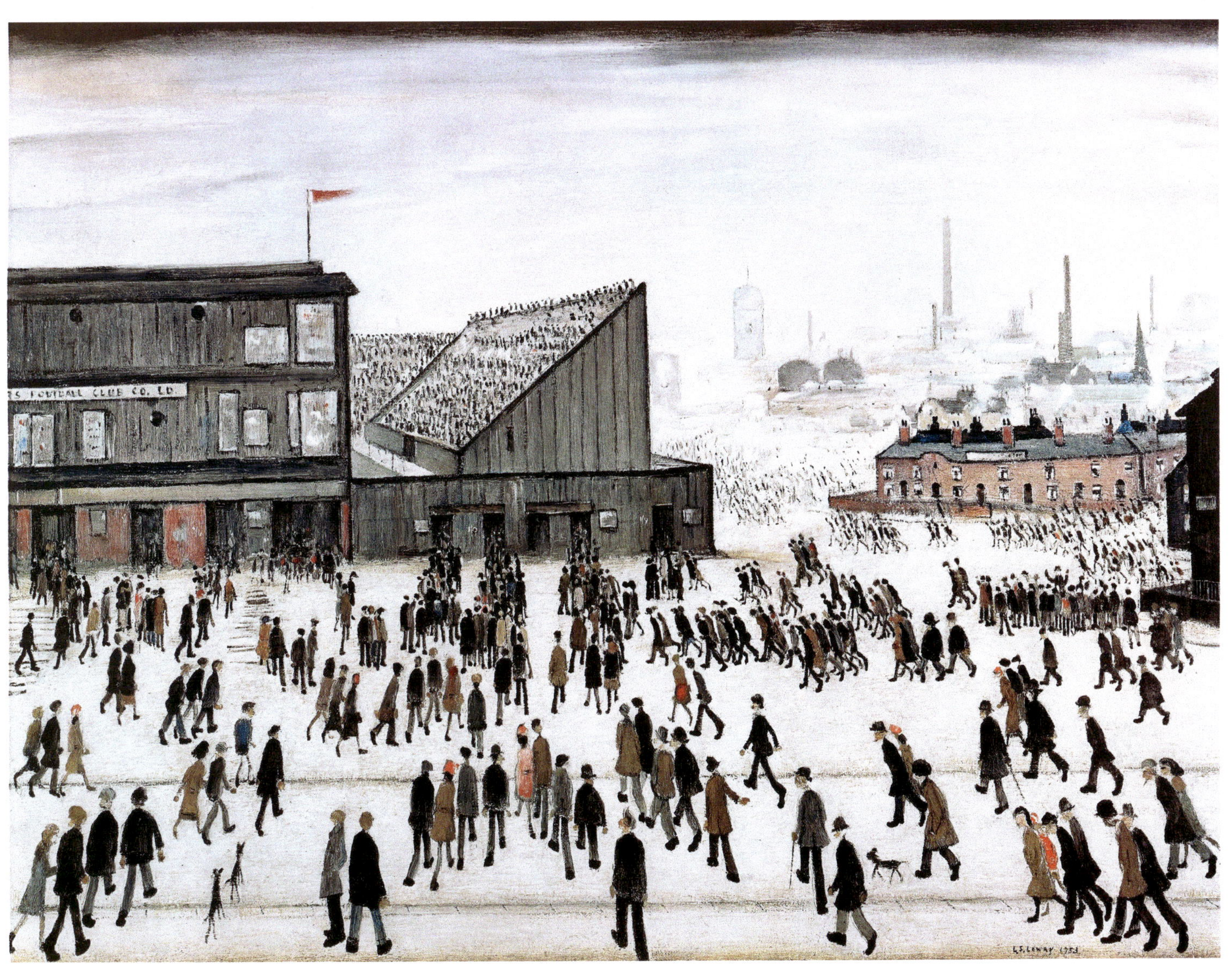
FOOTBALL CLUB CO. LD.

Fußballspieler

Konrad Lueg (eigtl. Konrad Fischer, 1939–1996, DEU)

1963

Tempera auf Leinwand

135 × 170 cm

Städel Museum, Frankfurt a. M.

Geht es nach dem bloßen Motiv, konserviert Luegs *Fußballspieler* einen kurzen Moment der Freude: Ein Stürmer wird von seinen Mannschaftskameraden beglückwünscht, unmittelbar nachdem er ein Tor geschossen hat. Von links und rechts sind sie auf ihn zugeeilt, bevor die Partie im nächsten Augenblick weitergehen wird. Achtet man aber auf die Wirkung, die das Bild hinterlässt, bleibt von der Euphorie keine Spur – stattdessen geht von der Komposition eine regelrechte Leere aus. Hierzu trägt bei, dass der Künstler die Körper und Trikots der Spieler nur schablonenhaft festgehalten hat; der flächige Farbauftrag wiederum bewirkt, dass sich die Akteure hauptsächlich durch ihre Rückennummern voneinander unterscheiden. Auf diese Weise nimmt Lueg dem Bildthema jegliches emotionale Potenzial, das wir üblicherweise mit derartigen Szenen verbinden. Indes verrät die Vorgehensweise des Malers, dass er genau diesen Effekt erzielen wollte. Als Vorlage der Arbeit diente ihm ein Zeitungsfoto, dessen Motiv er zunächst schematisch kopierte. Die abschließende Kolorierung nahm er mit ungemischten, für die Plakatmalerei bestimmten Kaseinfarben vor, die weder Struktur noch räumliche Tiefe erzeugen. Zusätzlich erlauben auch Nummern und Trikotfarben keine Identifikation, sind doch die Gesichter der Spieler auffällig verwischt.

Entstanden ist *Fußballspieler* 1963 und damit in dem Jahr, in dem die Fußball-Bundesliga in ihre Premierensaison startete. Knapp zwei Monate nach dem Auftakt eröffnete im Düsseldorfer Möbelhaus Berges die von Lueg und Gerhard Richter kuratierte Ausstellung »Leben mit Pop – eine Demonstration für den kapitalistischen Realismus«. Die Schau nahm den als kleinbürgerlich empfundenen konsumorientierten Geist, der sich in der Bundesrepublik seit der Wirtschaftswunderzeit festgesetzt hatte, ironisch aufs Korn. Passend dazu verfolgten die Künstler die Vernissage von einer Sofagarnitur aus.

Luegs Bild macht in exemplarischer Weise deutlich, worauf das gewählte Label des »kapitalistischen Realismus« abzielte. Einerseits bediente sich der Künstler der innovativen Mittel der Pop-Art – und suggerierte damit eine Reproduzierbarkeit, die, wenn man an die Factory Andy Warhols denkt, auch auf eine zunehmende Kommerzialisierung der Kunst anspielt. Andererseits persifliert die Darstellung den Sozialistischen Realismus, der im Interesse der Allgemeinverständlichkeit auf einer ausdrücklichen Wirklichkeitstreue bestand. Mit der Kopie einer Kopie adaptiert der Maler jene Vorgabe und führt sie gleichzeitig ad absurdum, indem er die Aufnahme eines realen Ereignisses äußerlich genau nachvollzieht, sie im gleichen Moment aber entscheidender Details beraubt.

In seiner Heimatstadt Düsseldorf kam Lueg schon in jungen Jahren mit der lokalen Kunstszene in Kontakt. Ab 1958 studierte er an der dortigen Kunstakademie. Neben Richter gehörten auch Sigmar Polke und Manfred Kuttner zu seinen Kommilitonen. Ihre gemeinsamen Ausstellungen markieren die Geburtsstunde der »German Pop Art«. Luegs damalige Vorliebe für Sportszenen spiegelt sich in Boxszenen ebenso wie in weiteren nicht weniger pointierten Fußballdarstellungen. 1967 eröffnete er unter seinem bürgerlichen Namen die Galerie Konrad Fischer, ein Jahr später beendete er seine Künstlerlaufbahn. *FS*

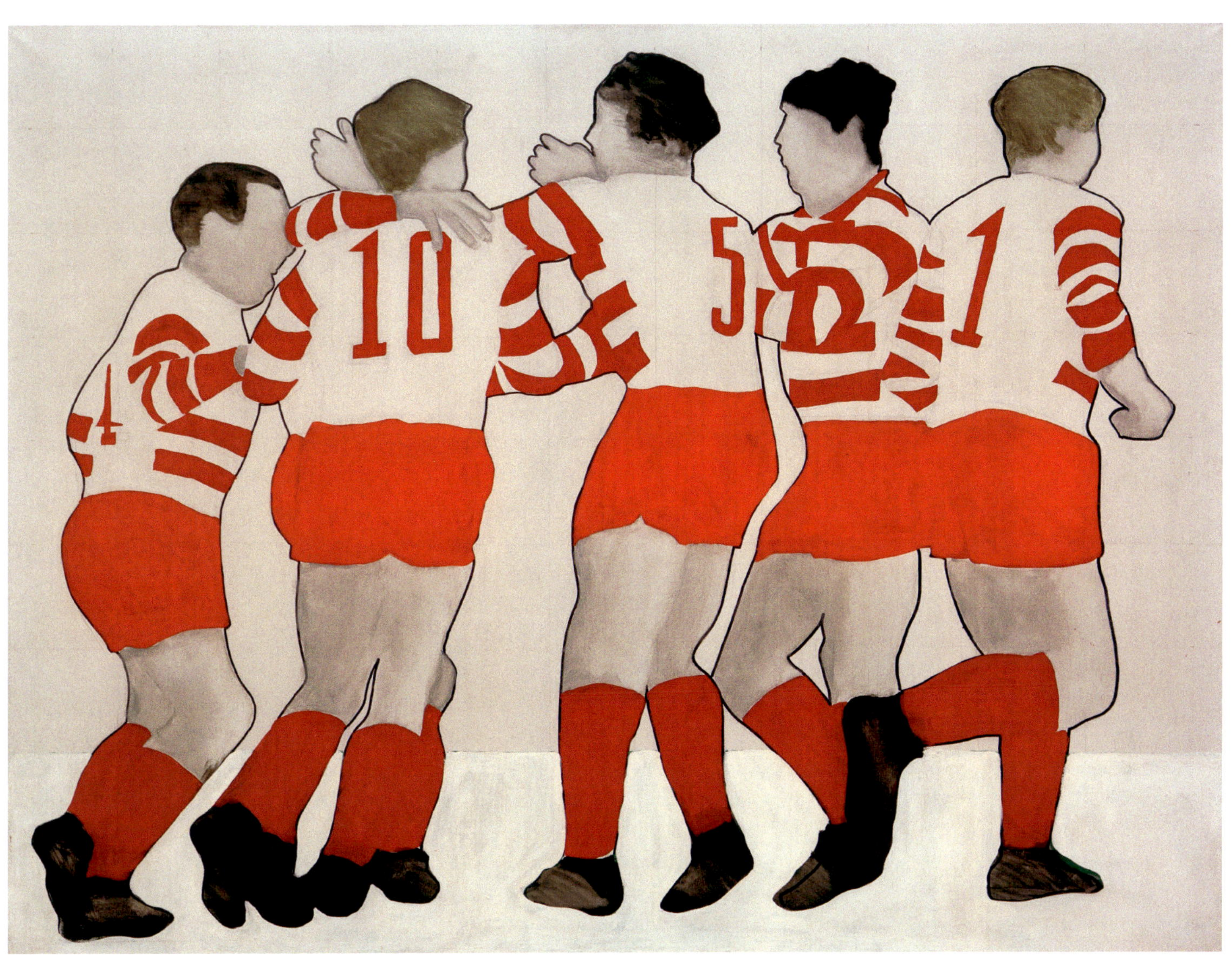
4
10
5
1

Ein Fußballspiel ansehen
Guri Madhi (1921–1988, ALB)

1986

Öl auf Karton

86 × 123 cm

Privatbesitz

Guri Madhis *Ein Fußballspiel ansehen* nimmt uns mit in ein schlichtes Wohnzimmer und dringt dabei nicht nur in die Privatsphäre, sondern tief in die Herzen der anwesenden Fußballfans vor. Die jungen Männer haben sich vor einem Schwarzweißfernseher versammelt, um gemeinsam eine Fußballübertragung anzuschauen. Dabei legen ihre Reaktionen nahe, dass es sich um einen entscheidenden Moment handelt, der – je nach Sichtweise – über Glück und Unglück der Anwesenden entscheidet.

Auf dem Bildschirm ist zu erkennen, wie der Torhüter sich lang und länger macht, um einen Schuss abzuwehren. Doch es ist offensichtlich, dass er den Ball nicht erreicht, der im nächsten Augenblick im Netz einschlagen wird. Während zwei Halbstarke aufgesprungen sind und ihre Arme triumphierend in die Höhe recken, inszeniert Madhi im Vordergrund unterschiedliche Facetten absoluter Bestürzung. So stützt sich etwa der junge Fan ganz links resigniert auf der Rückenlehne seines Stuhls auf, wobei er sich enttäuscht an die Stirn fasst. Dagegen reagiert sein Vordermann mit Wut auf die misslungene Parade. Am eindringlichsten aber ist das Bild jenes Anhängers, der sich unmittelbar vor der Mattscheibe niedergelassen hat. Mit gesenktem Kopf lässt er den Jubel der anderen über sich ergehen. Seine Trauer scheint grenzenlos zu sein und verrät, dass das Spiel entschieden ist.

Mit seiner Darstellung eines gemeinsamen Fußballabends ist dem albanischen Maler eine eindringliche Inszenierung der Fußballbegeisterung in seiner Heimat gelungen. Mit der Erinnerung an eine Zeit, in der noch nicht jeder Haushalt einen eigenen Fernseher hatte, hebt er einen Aspekt des Fußballs hervor, der im Stadion verloren geht, im Privaten aber umso stärker zum Tragen kommt. Hier werden die unterschiedlichen Sympathien nicht in getrennten Bereichen zum Ausdruck gebracht, sondern prallen unmittelbar aufeinander. Bezeichnend ist darüber hinaus, dass es dem Künstler gelingt, uns eher für die Verlierer als für die Sieger einzunehmen, womit er uns daran erinnert, dass die Euphorie nach einem gewonnenen Spiel meist schneller verflogen ist als die Verzweiflung nach einer bitteren Niederlage.

Das Gemälde besticht durch seine außerordentliche Farbenfreude und eine realitätsgetreue Milieuschilderung, die auf die künstlerische Prägung des Malers verweist. Madhi studierte, nachdem er sich während des Zweiten Weltkriegs als Partisan am Widerstand gegen die italienische und deutsche Besatzung beteiligt hatte, ab 1950 an der Kunstakademie der UdSSR in Leningrad, bevor er in Tirana eine Stelle im Kulturministerium antrat. In der Folge gehörte er in Albanien lange Zeit zu den wichtigsten Vertretern des Sozialistischen Realismus, der dort seit dem Sieg der Kommunisten Teil der offiziellen Doktrin war. In enger Anlehnung an die von sowjetischer Seite propagierte Stilrichtung wurden dabei Werke gefördert, die ein neues Menschenbild entwarfen und die politischen Führer des Landes heroisch in Szene setzten. Ab 1961 lehrte Madhi an der Nationalen Akademie für bildende Kunst, wurde aber 1966 im Zuge einer politischen Säuberungsaktion aus der Regierungspartei ausgeschlossen und zu einer Arbeitsstrafe verurteilt. Erst nach zwei Jahren durfte er in die Hauptstadt zurückkehren, wo er bis zu seiner Rente als Kunstlehrer tätig war. *FS*

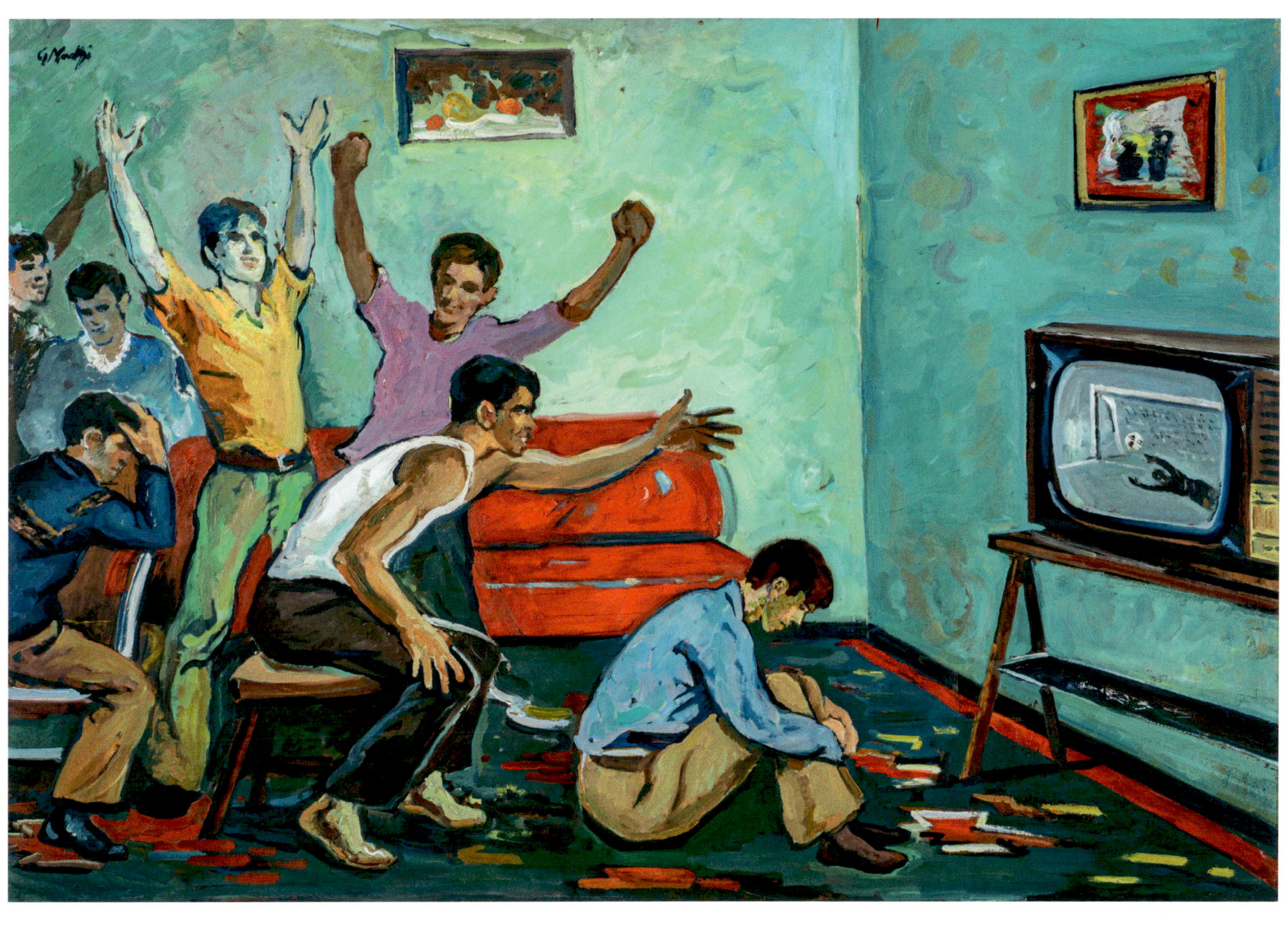

Repräsentation II
René Magritte (1898–1967, BEL)

1962

Öl auf Leinwand

81 × 100 cm

Selma and Nesuhi Ertegun Collection, New York

Magrittes Darstellung eines Fußballspiels besticht durch eine mysteriöse Verfremdung: Während wir auf der rechten Seite eine Gruppe von sieben Spielern vor einem weißen Landhaus sehen, wiederholen sich dieselben Motive verkleinert auf der linken Seite. Die Fußballer im blauen Trikot tragen einen Angriff gegen die in Rot gekleidete Mannschaft vor. Ein Spieler führt den Ball, während ein weiterer auf der rechten Seite mitgelaufen ist und auf einen Pass wartet. Die Szene ereignet sich auf einer weiten Rasenfläche – aber wo sind die Tore und Linien, die das Spielfeld begrenzen? In der Ferne erkennt man einen mächtigen Bergrücken, über den weiße Wolken träge dahinziehen. Alles lässt sich genau beschreiben, doch nichts passt wirklich zusammen.

Für seine Bilderzählung hat uns der Maler die Position hinter einer Steinmauer zugewiesen. Links befindet sich ein Baluster, der von einer Platte bedeckt wird, auf der wiederum zentral ein Baluster wie eine Schachfigur thront. Ein weiterer Baluster, auf dem die Platte linksseitig aufliegt, lässt sich außerhalb des Bildes nur vermuten. Durch diese eigentümliche Konstruktion von zwei Balustern und Architrav entsteht eine Art Tor. Sie bildet den Rahmen, durch den der beschriebene Bild-im-Bild-Effekt hergestellt wird. Mögen wir über den architektonischen Zusammenhang der Steinmauer auch nichts weiter erfahren, trennt sie uns doch vom Geschehen und weist uns die Rolle von Beobachtern zu. Unser großer räumlicher Abstand zu den Spielern wie auch zu dem Haus macht alles noch rätselhafter.

Dem Gemälde liegt die Idee einer Spiegelung zugrunde. Doch während bei einer konventionellen Spiegelung sich rechte und linke Seite vertauschen, funktioniert der optische Effekt im Gemälde anders. Er entsteht, wenn man zwei Spiegel einander gegenüberstellt, auf deren Flächen sich alles verkleinert, unendlich wiederholt und zugleich der Ursprung der Vervielfältigung verlorengeht. Doch wenn sich hier zwei Spiegel gegenüberstehen – wo ist dann der Ort des Betrachters? In der Literaturtheorie wird ein solcher Effekt als »Mise en abyme« bezeichnet, womit ein sprachliches oder visuelles Bild benannt wird, das sich selbst enthält.

Magritte weiß die damit einhergehende Paradoxie zunächst zu verbergen, indem er durch den architektonischen Rahmen die Spiegelung stillstellt – als hätten wir in einem magischen Illusionstheater Platz genommen. Das Bild zeigt uns nicht die Realität, sondern entfernt uns von ihr, so als würde sie sich in immer weitere Ferne und immer aufs Neue entziehen.

Mag uns die Mauer auch zunächst eine gewisse Sicherheit und Gegenwart vermitteln, ist es in Wirklichkeit genau umgekehrt. Sie trennt uns vom Geschehen und lässt es zum Bild werden. Denkt man die Logik des Bildes weiter, dann vervielfältigt und verkleinert sich nicht nur die eingerahmte Szene links, sondern auch der rechte Teil des Bildes, den wir als Ausschnitt eines größeren Bildes begreifen müssen. In der unaufhörlichen Spiegelung verschiebt sich die Wirklichkeit, ohne dass wir je an deren Ursprung gelangen könnten. Wir selbst verschwinden im Inneren des Bildes. Das Reale stellt sich als imaginär heraus. Das Fußballspiel wird zum Sinnbild, ja zur Chiffre eines rätselhaften Lebens, dessen tieferer Sinn sich uns immer aufs Neue entzieht. *JM*

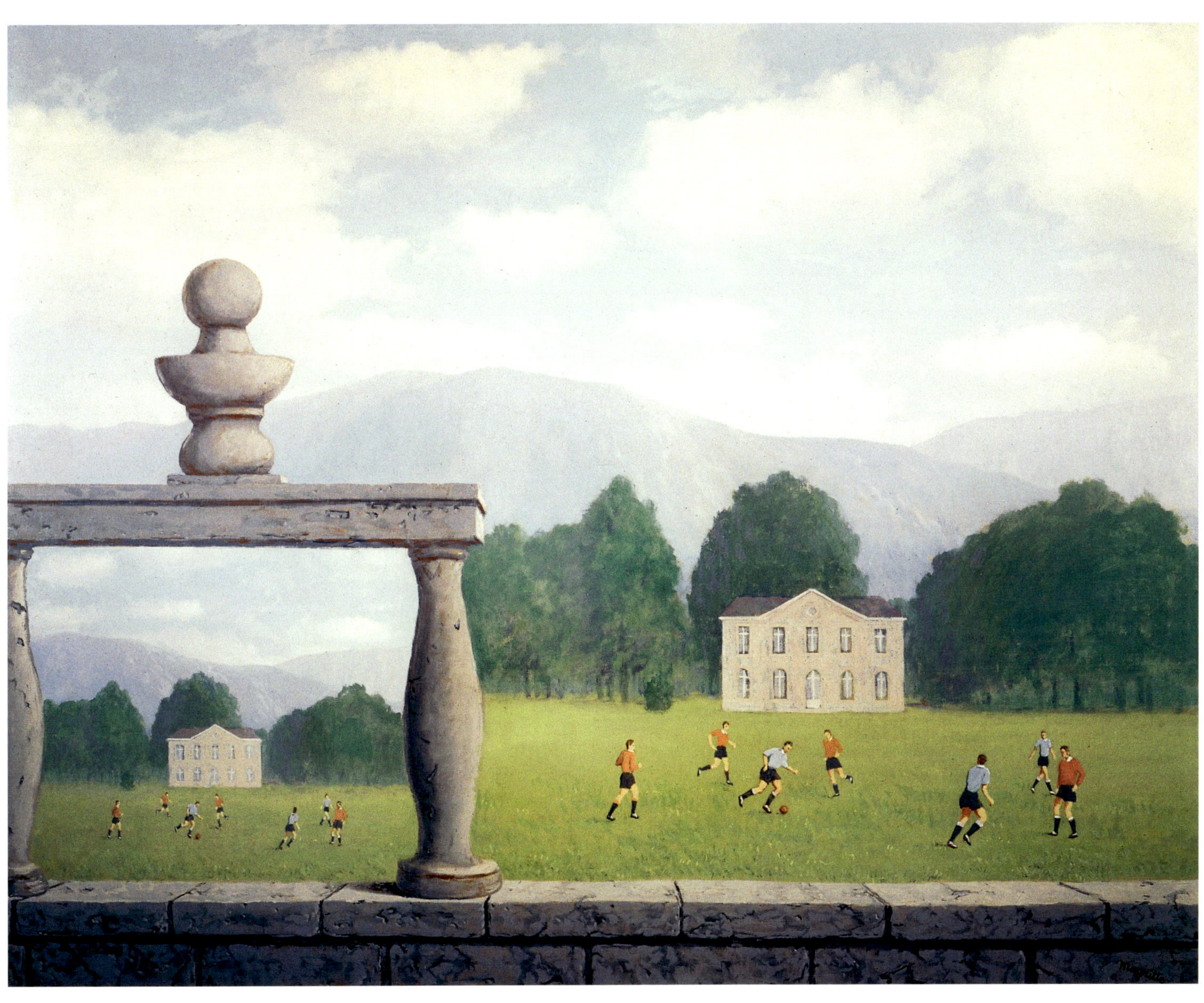

Totenruhe

Jarmo Mäkilä (*1952, FIN)

2010

Öl auf Leinwand

203 × 151 cm

Im Besitz des Künstlers

Jarmo Mäkilä hat ein verstörendes Bild gemalt. An einem einsamen Ort spielt eine Gruppe von neun Jungen Fußball. Rechts daneben schlägt ein zehnter Junge eine große Trommel. Hinter ihm ist eine Reihe von steinernen, in den Boden eingelassenen Grabplatten zu erkennen. Das Spielfeld ist zum Betrachter hin mit langen, dürren Ästen abgegrenzt. Zugleich sind wir derart weit vom Geschehen entfernt, dass wir uns nicht als Teil der Gruppe oder gar als Mitspieler empfinden können. Tore und andere Markierungen sind nicht zu entdecken. Im Hintergrund ragt ein Birkenwald in den verhangenen Himmel und führt unseren Blick zur oberen Bildgrenze. Hinter den Wolken lässt sich die untergehende Sonne erahnen. Es ist, als beobachteten wir ein ebenso verbotenes wie geheimnisvolles Geschehen.

Der Künstler weiß das Bildformat geschickt zu nutzen. Das hochrechteckige Gemälde lässt die Jungen klein und hilflos vor den hoch aufragenden Bäumen und der undurchdringlichen Dunkelheit des Unterholzes erscheinen. Die Größe der Natur lastet auf den Spielern ebenso, wie die Licht- und Leblosigkeit des Ortes eine gewisse Schwere evoziert. Alle tragen die gleichen hellgrauen Hemden und dunkelgrauen Hosen. Kleidung, Größe und die braune Haarfarbe sind derart ähnlich, dass es sich um ein- und dieselbe Person in vervielfältigter Form handeln könnte. Die Bewegungen in dieser Spielszene finden in Zeitlupe statt. Wir haben es mit einem surrealen, unheimlichen Geschehen zu tun. Das Fußballspiel neben den Gräbern gewinnt eine rituelle, wenn nicht gar bedrohliche Qualität. Die Jugend der Spieler dient nicht dazu, Spiel- oder gar Lebensfreude zum Ausdruck zu bringen. Im Gegenteil gewinnt die Szene im Laufe der Betrachtung eine wahrlich albtraumhafte Dimension. Wir sind an einem verwunschenen Ort. Die entlaubten Äste im Vordergrund sowie die von Wolken verschleierte sinkende Sonne erzählen davon, dass das Leben hier im Horizont des Todes stattfindet. Die Zeit erscheint verkapselt. Es gibt kein Woher und kein Wohin.

In der romantischen Kunst sind Kindheit und Jugend zu verlorenen Paradiesen verklärt worden. In Mäkiläs Bildern erscheinen sie als Momente schuldhafter Verstrickung. Auch in zahlreichen anderen Werken, die die eigene Kindheit und Jugend zum Thema haben, hat sich der finnische Künstler selbst in geklonter Form mehrfach ins Bild gesetzt. An einsamen, verlorenen Orten, in einer verfallenden Turnhalle, zwischen Autowracks Verbotenes zu tun, ist ein immer wiederkehrendes Motiv in diesen Kindheitsbildern. Auch der Trommler ist oft dabei. Ob er den kindlichen Mutwillen antreibt, ob er droht oder mahnt – alles bleibt in diesen Bildern offen.

Mäkiläs Bilder berichten von der Jugend als verstörender Zeit. Seine Malerei weist eine große Nähe zu Werken der Neuen Leipziger Schule auf, wenn man an Arbeiten von Neo Rauch, Tilo Baumgärtel oder Mathias Perlet denkt. Jarmo Mäkilä wurde 1952 im finnischen Rauma geboren und studierte in Helsinki an der University School of Arts, Design and Architecture und an der Academy of Fine Arts. Er hatte zahlreiche Ausstellungen im In- und Ausland und zählt zu den bedeutenden postmodernen Malern Finnlands.

JM

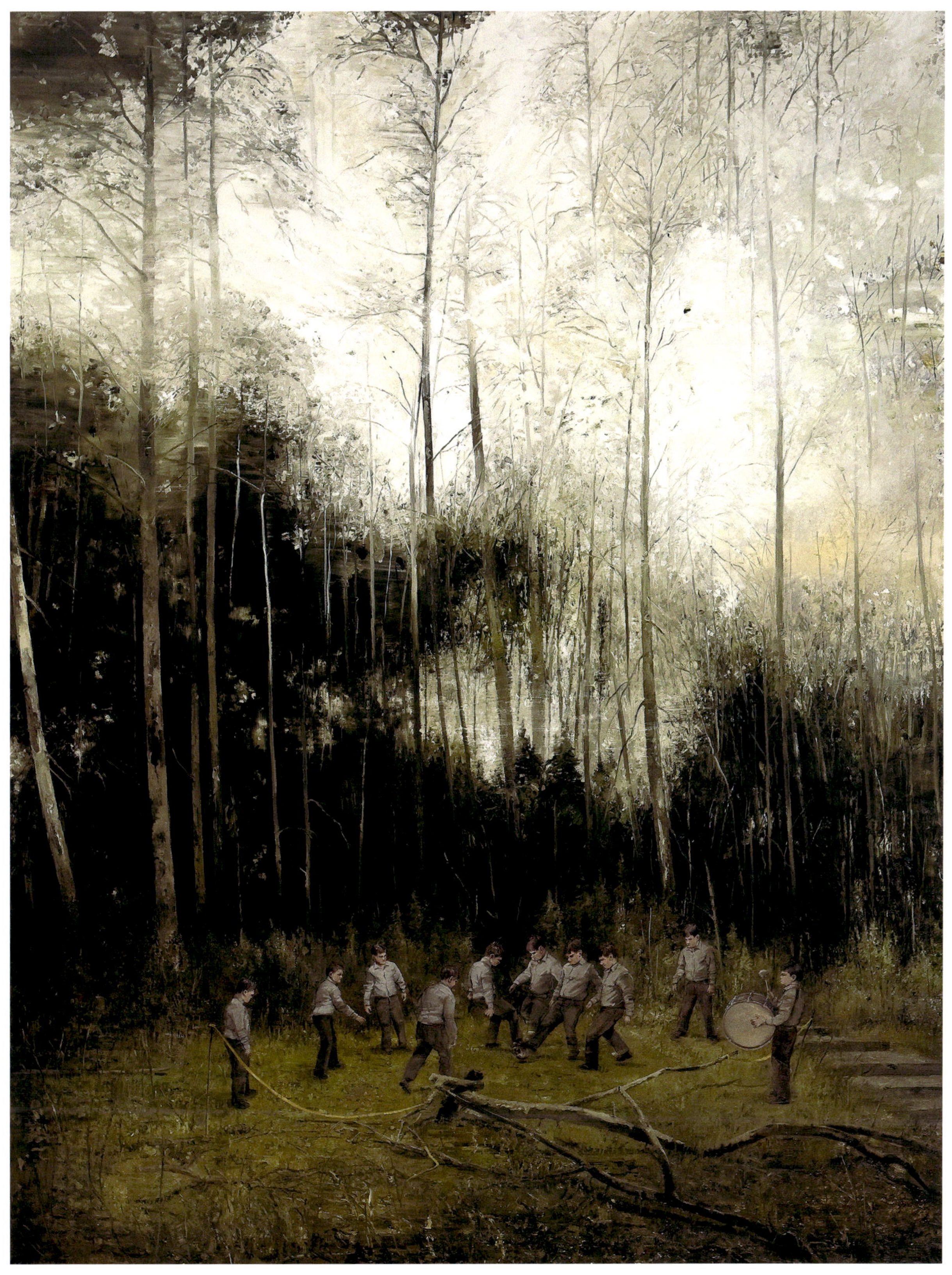

Malerischer Realismus eines Fußballspielers – Farbmassen in der vierten Dimension

Kasimir Malewitsch (1878–1935, UKR)

1915

Öl auf Leinwand

70,2 × 44,1 cm

Art Institute of Chicago

Mit der abstrakten Malerei eröffnen sich für die Darstellung des Fußballs neue Möglichkeiten. Kasimir Malewitschs Gemälde *Malerischer Realismus eines Fußballspielers* führt dies anschaulich vor Augen und gehört in die suprematistische Phase seines Kunstschaffens. Über einem grün ausgemalten Kreis, der den Ball repräsentiert, finden sich zahlreiche Balken und Rechtecke in den Farben Rot, Schwarz, Gelb und Blau, deren Bewegung unmittelbar oberhalb des Balls ihren Ausgangspunkt nimmt. Die unterschiedliche Größe der Balken und Rechtecke erlaubt es, deren Anordnung nicht nur in der Fläche, sondern auch im Raum wahrzunehmen. Es ist, als bewegten sie sich auf uns zu. Malewitschs Spiel mit Farben und Formen bietet einen offenen Möglichkeitsraum der Deutungen, der sich in permanenter Veränderung befindet – je nachdem, welche geometrischen Formen man miteinander in Beziehung bringt. Dabei changieren unsere Erkenntnisse zwischen einer assoziativ gegenständlichen und einer abstrakt geometrischen Wahrnehmungsweise. So lassen sich in den Rechtecken Spieler erkennen, die Balken stehen womöglich für die Strafraumgrenzen. Zudem resultiert aus dem blauen Querbalken in der oberen Bildhälfte eine Art Konfrontation zwischen dem dunklen Quadrat diesseits und dem gelben und ungleich höheren Rechteck jenseits davon. Es ist, als fände hier ein Zweikampf statt. Die Komposition zeichnet sich durch einen stark aufsteigenden Bewegungsimpuls aus; der Künstler vermeidet darin jeden rechten Winkel, sodass ein Scheindruck erweckt wird, der sich zunächst durch eine gewisse Labilität auszeichnet, um sodann immer dynamischer zu erscheinen.

Malewitsch macht bereits durch den Titel deutlich, dass der Realismus dem Medium der Malerei und nicht der gegenständlichen Welt eignet. Das Bild besticht durch eine gewisse Sinnoffenheit, die durch den Titel wieder auf die gegenständliche Welt zurückgeworfen wird. Dem entspricht, dass der Künstler darauf verzichtet, sein Werk zu signieren, womit eine Festlegung über oben und unten im Bild einhergegangen wäre. Fotografien des Gemäldes zeigen, dass sich in den Jahren 1915/16 bei der ersten öffentlichen Präsentation während der Ausstellung »0.10« in Sankt Petersburg der Kreis unten befunden hat (Abb. S. 24), während er bei einer späteren Schau oben zu sehen war. Auch der bis heute gebräuchliche beschreibende Titel wurde nur während der Sankt Petersburger Ausstellung verwendet, da der Künstler auf solche Festlegungen ansonsten zugunsten abstrakterer Bezeichnungen verzichtete. Malewitsch hat mit diesen Möglichkeiten gespielt und auch andere Bilder unterschiedlich präsentiert.

Der Künstler hat unterschiedliche Stilphasen durchlaufen. Er war von Paul Cézanne und den Impressionisten ebenso beeinflusst wie später von den italienischen Futuristen und schuf in der Auseinandersetzung mit dem Kubofuturismus eine eigene Spielart. Seine Kunst steht in der Spannung einer tief empfundenen Religiosität und dem Wunsch nach neuen Ausdrucksformen. Sein berühmtestes Werk ist das *Schwarze Quadrat auf weißem Grund*, das gemeinsam mit dem *Fußballspieler* und weiteren Arbeiten bei der genannten Ausstellung gezeigt wurde (Abb. S. 24). *JM*

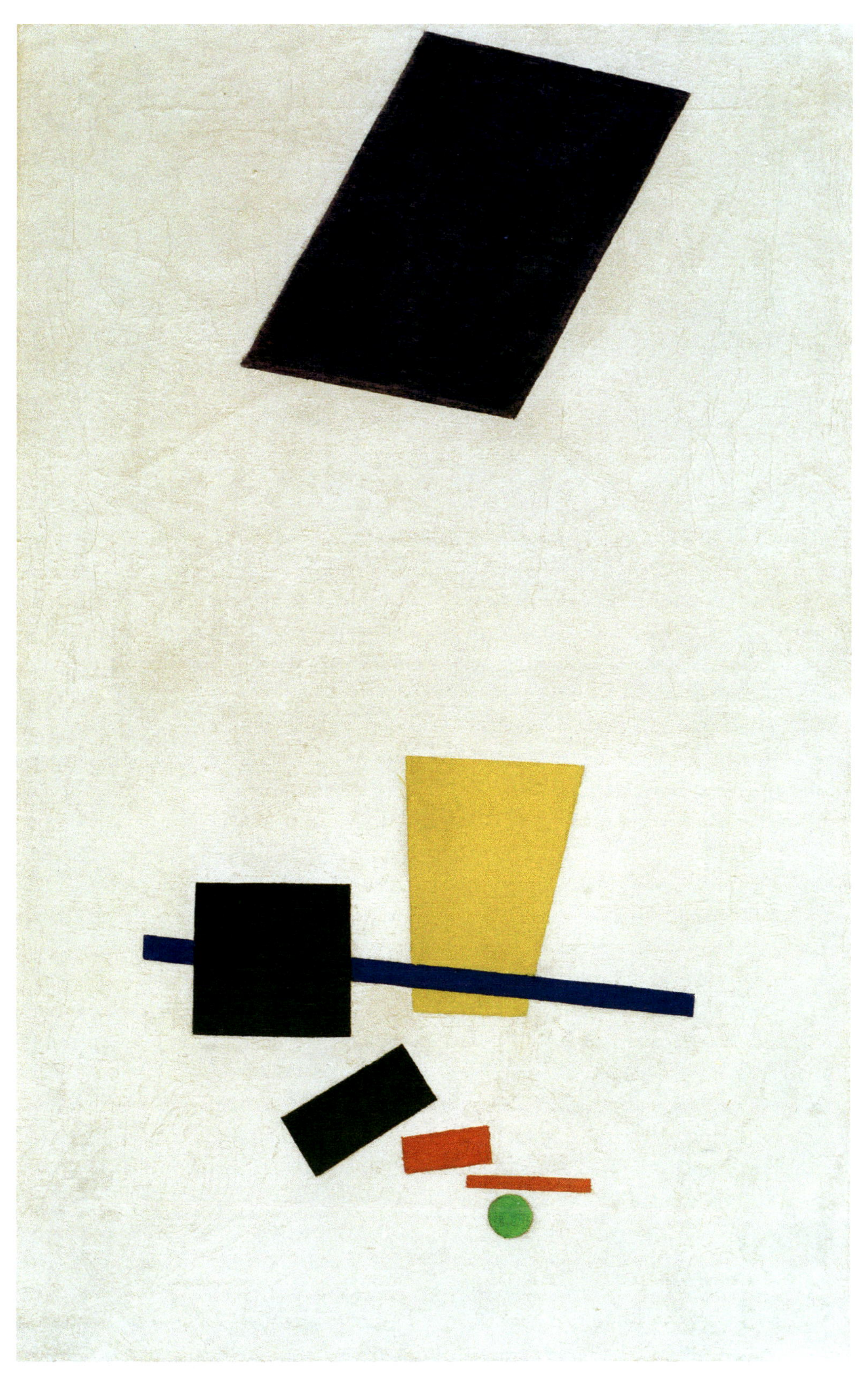

Landschaft mit Fußball

Wolfgang Mattheuer (1927–2004, DEU)

1966

Lithografie

34 × 45 cm

Staatliche Museen zu Berlin, Kupferstichkabinett

Kein Lüftchen regt sich, beinahe senkrecht steigt der Rauch aus dem Schornstein in den Himmel, an dem im selben Moment ein Vogelschwarm entlangzieht. Neben einem vereinzelt stehenden verwinkelten Gehöft bilden Heuballen und Bäume lose Reihen. Rechts davon führen Stromleitungen hinter den Horizont. Auch die Wohnhäuser am linken Bildrand mit ihren großen Antennen sind in die Ferne ausgerichtet. Bis auf jene Details wirkt die Landschaft kahl. Nur im unmittelbaren Bildvordergrund sind Menschen auszumachen. Hier steht ein Torwart zwischen seinen Pfosten, sein Blick ist nach oben gerichtet, auf einen fliegenden Ball. Das Publikum, zwei Männer, ein Hund, ein Kind, tut es ihm nach. Es handelt sich um die einzigen Verweise auf eine gerade stattfindende Fußballpartie. Dagegen spart die Komposition den Sportplatz selbst, und mit ihm auch weitere Spieler, aus. An seiner Statt sorgen die gewählte Obersicht und der niedrig ansetzende Horizont dafür, dass das Firmament gut zwei Drittel des Bildraums beansprucht. Sieht man von dem hieraus resultierenden Eindruck der Leere ab, vermittelt sich so zunächst die Atmosphäre eines idyllischen Sommernachmittags. Vor allem das Zusammenwirken der Motive ist also dafür verantwortlich, dass am Ende Fragen offen bleiben. Wohin fliegt der Ball? Wohin ziehen die Vögel, deren Formation an einen Bumerang denken lässt?

Wolfgang Mattheuers *Landschaft mit Fußball* zählt zu den frühesten Arbeiten des Künstlers, die durch eine erkennbar allegorische Aufladung Rätsel aufgeben. Ähnlich wie die Strommasten im vorliegenden Werk weisen in zahlreichen Gemälden und Grafiken Mattheuers Straßen und Flüsse den Weg in eine ›andere‹ Welt. Eine Antwort darauf, was uns dort erwartet, bleibt der Künstler dabei stets schuldig. Auch eine als gleißende Kugel inszenierte Sonne ist als Metapher in vielen seiner Werke präsent. In der 1966 entstandenen Lithografie ist es der Ball, der an ihre Stelle tritt. Auch seine Flugbahn ist kaum vorhersehbar, sodass offen bleibt, ob der Torhüter ihn fangen oder die Kugel ewig weiterfliegen wird. Es ist jene Freiheit, die für das anwesende Personal nicht gegeben ist. So fällt auf, dass der Sportplatz von einem umlaufenden Geländer begrenzt wird. Und während sich das Muster des Tornetzes in der Struktur der Landschaft fortzusetzen scheint, wird für die anwesenden Personen kein Ausweg skizziert. So bleibt es, im Gegensatz zu späteren Darstellungen, die auf das Ikarus-Motiv anspielen, hier den Vögeln vorbehalten, ihren Weg selbst zu wählen.

Der aus Reichenbach im Vogtland stammende Mattheuer absolvierte von 1941 bis 1944 eine Lehre als Lithograf, bevor er zum Kriegsdienst eingezogen wurde. Ab 1946 studierte er in Leipzig zunächst an der Kunstgewerbeschule und schließlich an der Hochschule für Grafik und Buchkunst. Im Anschluss an eine Tätigkeit als Grafiker kehrte er als Dozent an die Hochschule zurück, wo er ab 1965 als Professor wirkte. Gemeinsam mit Bernhard Heisig (Abb. S. 175) und Werner Tübke gehörte Mattheuer zu den Protagonisten der als »Leipziger Schule« bezeichneten Strömung moderner Malerei in der DDR seit den 1960er-Jahren. Nach dem Ende seiner Lehrtätigkeit war er seit 1974 als freischaffender Maler, Grafiker und Bildhauer tätig. *FS*

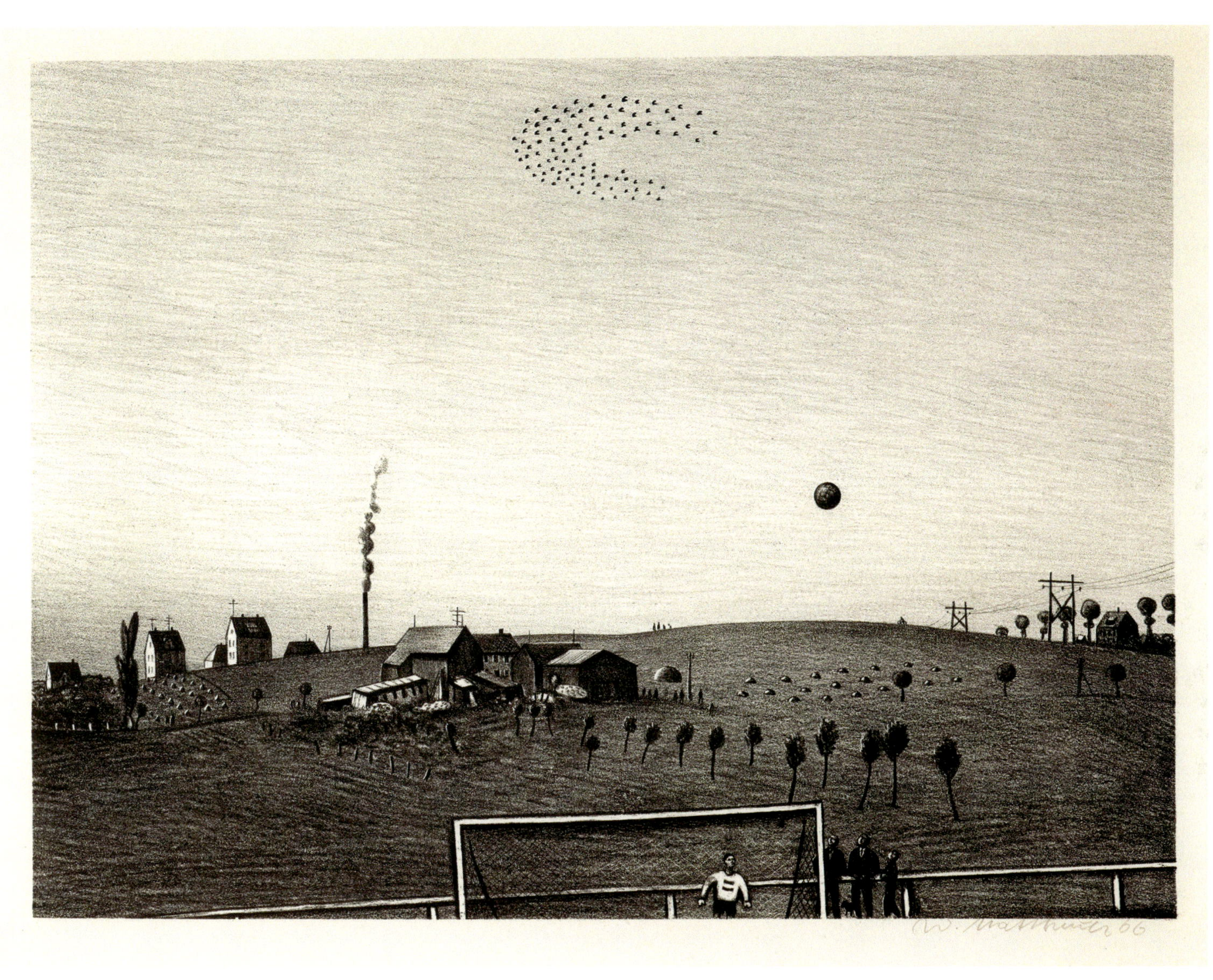

The 'Holy Lands'

Colin Middleton (1910–1983, NIR)

1945

Öl auf Leinwand

26,7 × 30,5 cm

Privatbesitz

Es ist ein improvisiertes Spiel, das uns in Colin Middletons *The 'Holy Lands'* einführt. Dicht aneinander gedrängt kämpfen die drei Jungen im Vordergrund um den Ball. Ein weiterer Mitspieler ist zum Torhüter bestimmt worden. Breitbeinig steht er zwischen seinen Pfosten, die aus nicht mehr als zwei Backsteinziegeln bestehen. Die Alltagskleidung aller Vier weist auf ein spontanes Match hin, wobei sich die Unbeschwertheit der Szene auch auf die Wahrnehmung des übrigen Geschehens auswirkt.

Das gilt schon für das unmittelbare Umfeld der Jugendlichen. Die Partie findet auf einer Anhöhe statt, deren rückwärtige Böschung mehreren Menschen als Sitzgelegenheit dient. Neben einem Zeitungsleser und einem älteren Herrn mit Gehstock gehört hierzu ein junges einander umarmendes Paar. Gemeinsam mit den Liebenden schauen wir auf eine weitläufige Stadtkulisse, die sich durch große Gleichförmigkeit, aber auch eine gewisse Bewegtheit auszeichnet. Unzählige rote Reihenhäuser formieren sich in unterschiedlichen Anordnungen fast bis zum Horizont. Mit den wogenden Bauten geht der Eindruck von Unendlichkeit und großer Schlichtheit einher. Kein Haus sticht heraus, für Leben sorgen vor allem die bunten, über den Bildraum verteilten Menschengruppen.

Der Titel des Bildes spielt auf das gleichnamige Viertel im Süden der Belfaster Innenstadt an, in dem eine vergleichbare Bebauung vorzufinden ist. In Verbindung mit dem diffusen, beinahe himmlischen Licht, das neben den Häusern auch Berge und Meer im Hintergrund bescheint, lässt zudem an eine religiöse Überhöhung des Sujets denken, wie sie seit den 1940er-Jahren vermehrt in Middletons Œuvre auszumachen ist. Große Bedeutung kommt in diesem Zusammenhang den frei umherflatternden Papierblättern zu. Ähnliche Motive stehen in den surrealistischen Gemälden des Malers häufig für prophetische Botschaften. In *The 'Holy Lands'* erinnern sie an leere Zeitungsseiten und sind insofern durchaus positiv konnotiert, als dass sie immerhin keine schlechten Nachrichten zu verkünden haben. So liegt es nahe, sie im Hinblick auf das Entstehungsjahr als Ankündigung des Kriegsendes zu verstehen, das für Belfast und seine Bevölkerung eine Befreiung darstellte. Immerhin war die nordirische Hafenstadt mit ihren Werften und Industrieanlagen wiederholt zum Ziel deutscher Bombardements geworden; während des *Belfast Blitz* kamen hier 1941 über tausend Menschen ums Leben, auch wurde die Hälfte aller Wohnhäuser in den städtischen Arbeitervierteln zerstört. Middleton selbst verarbeitete die Erfahrung der Luftangriffe in drei Gemälden, die eine große Sympathie für seine Heimatstadt erkennen lassen. 1945 kehrte der Maler mit seiner Familie nach Belfast zurück. Es ist offensichtlich, dass sein Bild die Freude hierüber mit jener über den Frieden vereint. Vor diesem Hintergrund wird der Straßenkick auch zum paradigmatischen Ausdruck augenblicklicher Lebensfreude.

Middleton stammte aus Belfast, wo er an der Belfast Royal Academy studierte. Anfang der 1930er-Jahre gehörte er der Belfaster Künstlervereinigung »Ulster Unit« an, später wurden seine Werke regelmäßig in Dublin und Belfast gezeigt. Obwohl er als der bedeutendste irische Surrealist gilt, hat sich Middleton ästhetischen Vereinnahmungen stets entzogen, was sich in zahlreichen künstlerischen Wandlungen ausdrückt. *FS*

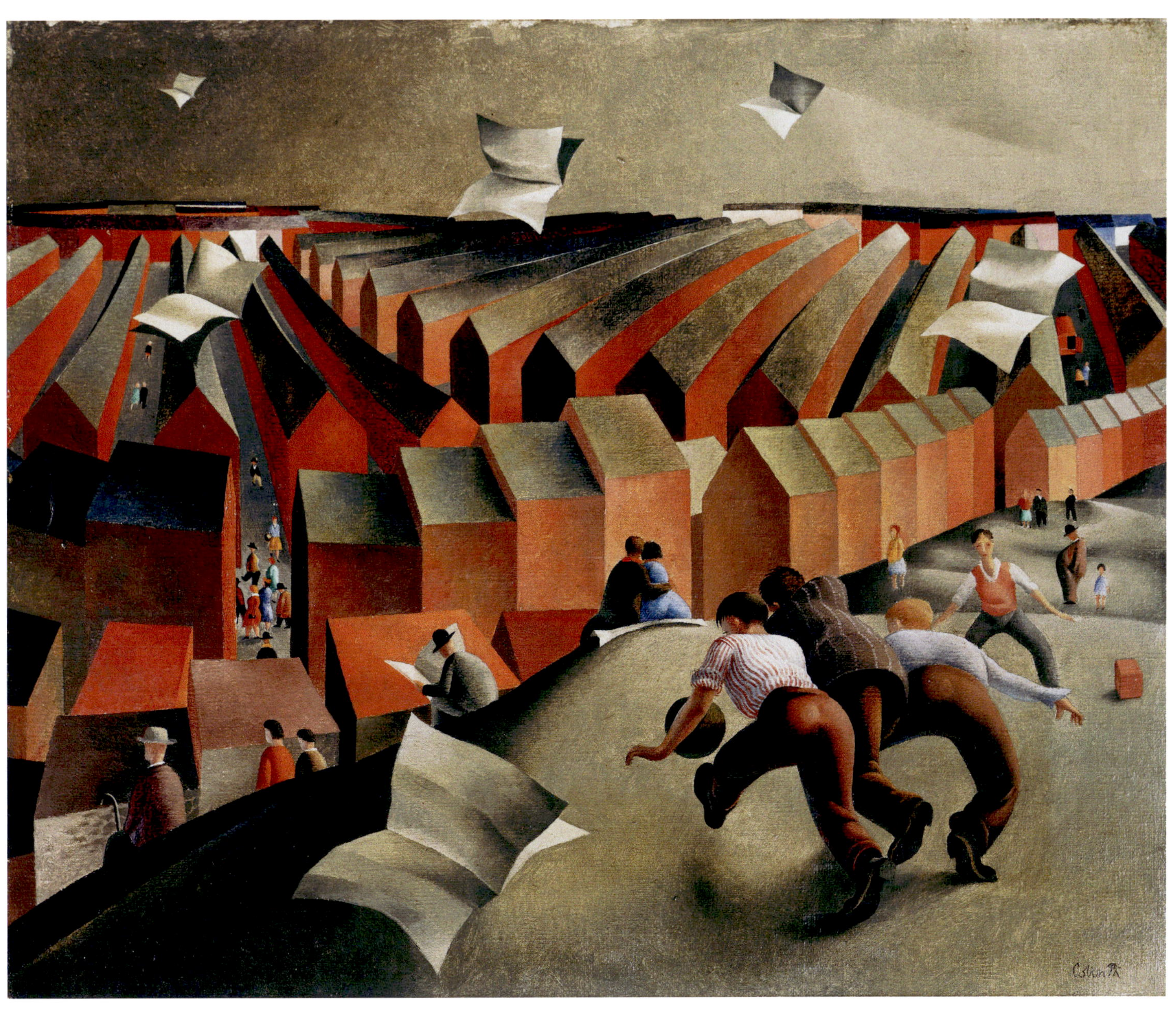

Fußballspiel

Omer Mujadžić (1903–1991, HRV)

1929

Öl auf Sperrholz

50 × 60 cm

Museum of Fine Arts, Osijek

Omer Mujadžićs Darstellung erscheint zunächst weniger als *Fußballspiel* denn als buntes Getümmel von Akteuren, deren Kampf um den Ball vollkommen eskaliert ist. Ohne Übersicht und Plan treten und umklammern die Männer einander oder sind bereits zu Boden gestürzt, wo sie Schutz vor den Füßen der anderen suchen. Alle Regeln sind außer Kraft gesetzt und das eigentliche Ziel ist längst aus dem Blick geraten. So schwebt der orangefarbene Fußball, der zugleich die vordere Bildgrenze markiert, nahezu unbeachtet in der Luft, ein Umstand, der offensichtlich auch jene Männer irritiert, die das Geschehen passiv aus dem Hintergrund verfolgen. Dort säumen städtische Wohnhäuser und eine Parkanlage den weitläufigen Platz. Während das menschliche Knäuel durch die perspektivische Zuspitzung monumentaler wirkt, nähren die vielen Trikotfarben der Spieler den Verdacht, dass es sich hier kaum um eine offizielle Austragung handeln kann. Entsprechend mutet das Personal der 1929 entstandenen Darstellung komisch und heroisch zugleich an.

Sowohl das Sujet als auch dessen Verarbeitung lässt sich auf die vielfältigen künstlerischen Vorbilder Mujadžićs zurückführen. Dieser war an der Zagreber Akademie der Schönen Künste zunächst von Ljubo Babić, dem Maler des ersten kroatischen Fußballbildes (Abb. S. 111), unterrichtet worden, woran sich ein Studium in Paris anschloss. Die in der Folge entstandenen Werke lassen zwar einerseits den Einfluss Picassos und André Lhotes erkennen, greifen in ihren Figurenarrangements aber immer noch auf die Vorgaben klassischer Historienmalerei zurück. Mujadžićs Fußballer erinnern mithin an die Protagonisten einer Schlachtenszene, deren muskulöse und verrenkte Körper geradezu michelangelesk gestaltet sind, wodurch sie im Kontext der modernistischen Genreszene jedoch noch lächerlicher daherkommen. In diesem Zusammenhang fällt auf, dass ausgerechnet die Spieler, die den Ball links und rechts rahmen, annähernd gespiegelt sind und dabei eine Kreisform andeuten. Jene Dopplung ließe sich als scherzhafte Anspielung auf den Paragone zwischen Malerei und Bildhauerei verstehen, die uns im vorliegenden Fall vor Augen führt, dass ausgerechnet der Ball als entscheidendes Motiv einer Fußballszene in der Malerei stets auf eine einseitige Darstellung beschränkt bleibt, aufgrund seiner Gleichförmigkeit aber auch keiner Gegenüberstellung bedarf, da er von allen Seiten identisch aussieht. Denkbar ist, dass uns der Spieler am rechten Bildrand mittels seines Zeigegestus auch auf diese Pointe aufmerksam machen soll. Auf den ersten Blick scheint er den übrigen Akteuren damit überlegen zu sein, zumal er den Pulk schlicht umläuft. Allerdings übersieht er, indem er uns als Betrachtende adressiert, den Arm des vor ihm liegenden Mannes.

Die Entstehung des Werks fällt in das Jahr, in dem Mujadžić zusammen mit Ivan Tabaković (Abb. S. 285) die Künstlervereinigung »Zemlja« (Erde) begründete, der er allerdings nur kurz angehörte. Von 1931 bis zu seinem Tod war der Künstler als Professor an der Zagreber Akademie der Schönen Künste tätig; in dieser Zeit durchlief sein Schaffen mehrere stilistische Wandlungen, die ihn von den frühen Milieuschilderungen wegführten. Gerade das *Fußballspiel* kann indes als ein typisches Werk der Gruppe bezeichnet werden, nicht zuletzt aufgrund der teils grotesk überzeichneten Figuren. *FS*

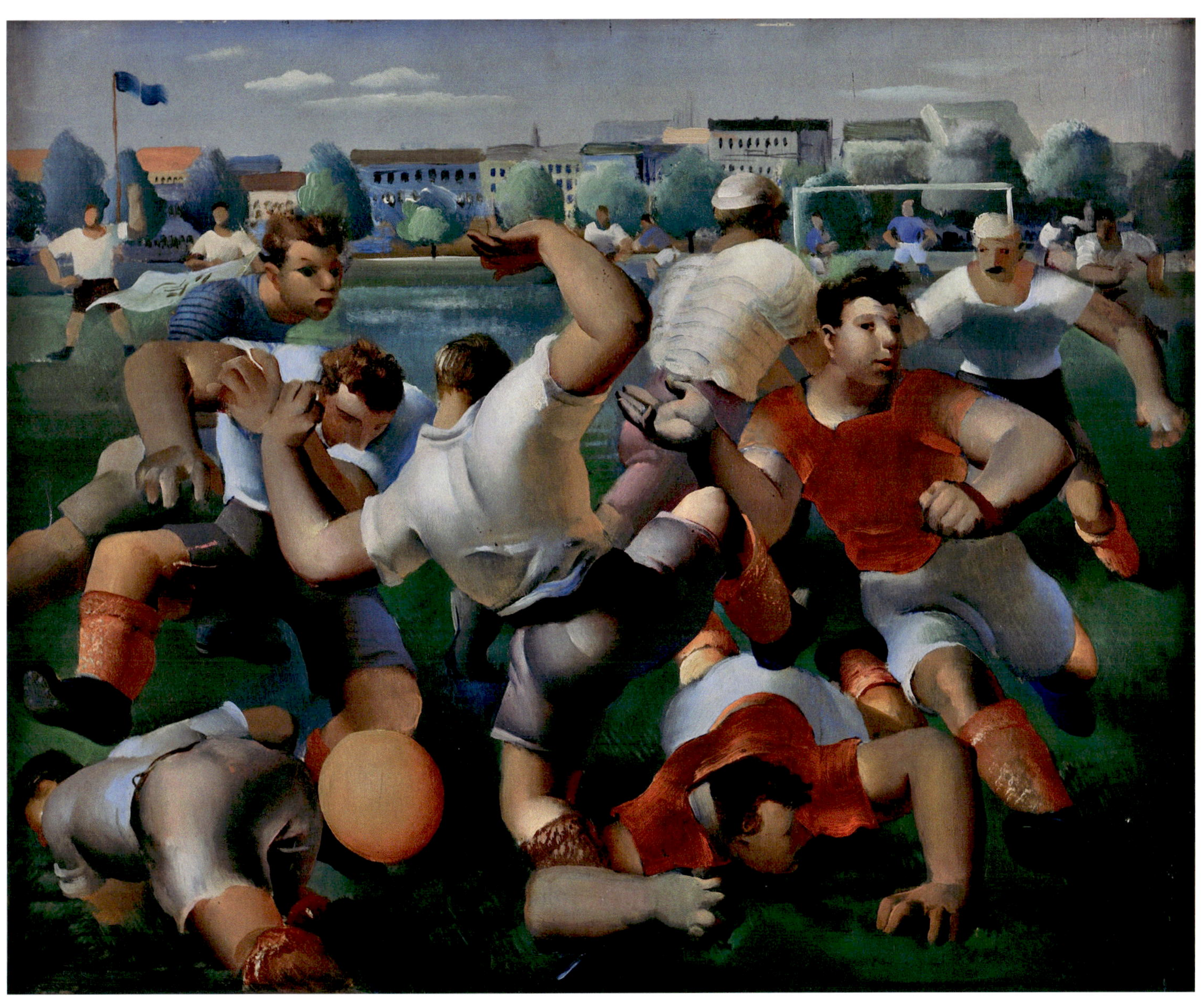

Parade

Peter Nagel (*1941, DEU)

1970

Eitempera auf Leinwand

174,5 × 199 cm

Museum Kunstpalast, Düsseldorf

Bei Peter Nagels großformatigem Gemälde handelt es sich um die artifizielle Schilderung eines Fußballmoments, der voller Gegensätze steckt. Aus geringer Entfernung werden wir mit der eindrücklichen Parade eines Torwartes konfrontiert, der sich mit vollem Einsatz zu Boden wirft. Während er mit dem rechten Arm bereits auf dem Boden auftrifft, befindet sich der größte Teil seines Körpers noch in der Luft. Im Vordergrund der Figur wird der gelbrote Ball als Ziel des Sprunges auffällig in Szene gesetzt. Das angeschnittene Spielgerät markiert zugleich die Grenze des Bildes, aus dem es im nächsten Moment herauszufallen droht. Auf diese Weise inszeniert das Werk eine Distanzlosigkeit, die durch die künstliche Ästhetik der Arbeit jedoch unmittelbar konterkariert wird. Neben der Farbgebung des Balles sind es vor allem das blütenreine Trikot des Keepers und die glänzenden Stollen der Fußballschuhe, die Irritation hervorrufen. Nicht weniger verstörend ist die neutrale Umgebung, vor der sich der betont plastische, wie angestrahlt wirkende Protagonist deutlich abhebt. All diese Details sorgen dafür, dass die Figur wie eine artifizielle Haltungsstudie anmutet, deren ausgestreckte Gliedmaßen den Eindruck vermitteln, einer metallischen Gliederpuppe gegenüberzustehen.

Umso überraschender ist, dass es Nagel selbst war, der für das Motiv Pate stand. In der Vorbereitung auf das Werk ließ sich der Künstler mehrfach in der Sprungbewegung fotografieren, um ein möglichst realitätsgetreues Bild der Parade zeichnen zu können. Dass seine Kreation trotzdem jegliche individuelle Züge vermissen lässt, kann mit den Vorgaben der Gruppe ZEBRA übereingebracht werden, zu deren Gründern Nagel 1964 gemeinsam mit Dieter Asmus, Dietmar Ullrich und Nikolaus Störtenbecker gehörte. Als Reaktion auf die moderne, zunehmend gegenstandslose Malerei bekannte sich die Vereinigung in ihrem Manifest zu einem Realismus, der allerdings ohne den Rückgriff auf »die vorabstrakte Malerei« auskommen sollte. Nagels Komposition setzt die formulierten Ziele par excellence um, wird die Plastizität des Körpers wie des Balles darin doch ebenso betont wie die Absetzung der Objekte vom umgebenden Raum. Was wiederum die Inszenierung des Sprunges angeht, betrachteten die Vertreter des Neuen Realismus die Möglichkeiten der Fotografie als maßgeblichen Bezug.

Im Falle von Peter Nagels Gemälde führen die Verfremdungseffekte dazu, dass eine emotionale Annäherung an die dargestellte Parade kaum mehr möglich ist. Folgerichtig spielt es auch keine Rolle, dass der Sprung des Torhüters ins Leere geht und durch das Fehlen eines Tores offenbleibt, wo der Ball landen wird. Stattdessen rückt mit der kunstvollen Pointe die bildliche Inszenierung selbst ins Zentrum. Nicht nur in dieser Hinsicht bestehen Parallelen zum zeitnah entstandenen *Torwart* von Dieter Asmus (Abb. S. 109), die sich auch mit dem beabsichtigten Verzicht auf eine persönliche Handschrift erklären lassen.

Der aus Kiel stammende Nagel studierte ab 1960 an der Hochschule für Gestaltung Hamburg, woran sich Studienaufenthalte in London und an der Villa Massimo in Rom anschlossen. Von 1985 bis zu seiner Pensionierung im Jahr 2004 war er Professor für Malerei an der Kieler Muthesius Kunsthochschule. *FS*

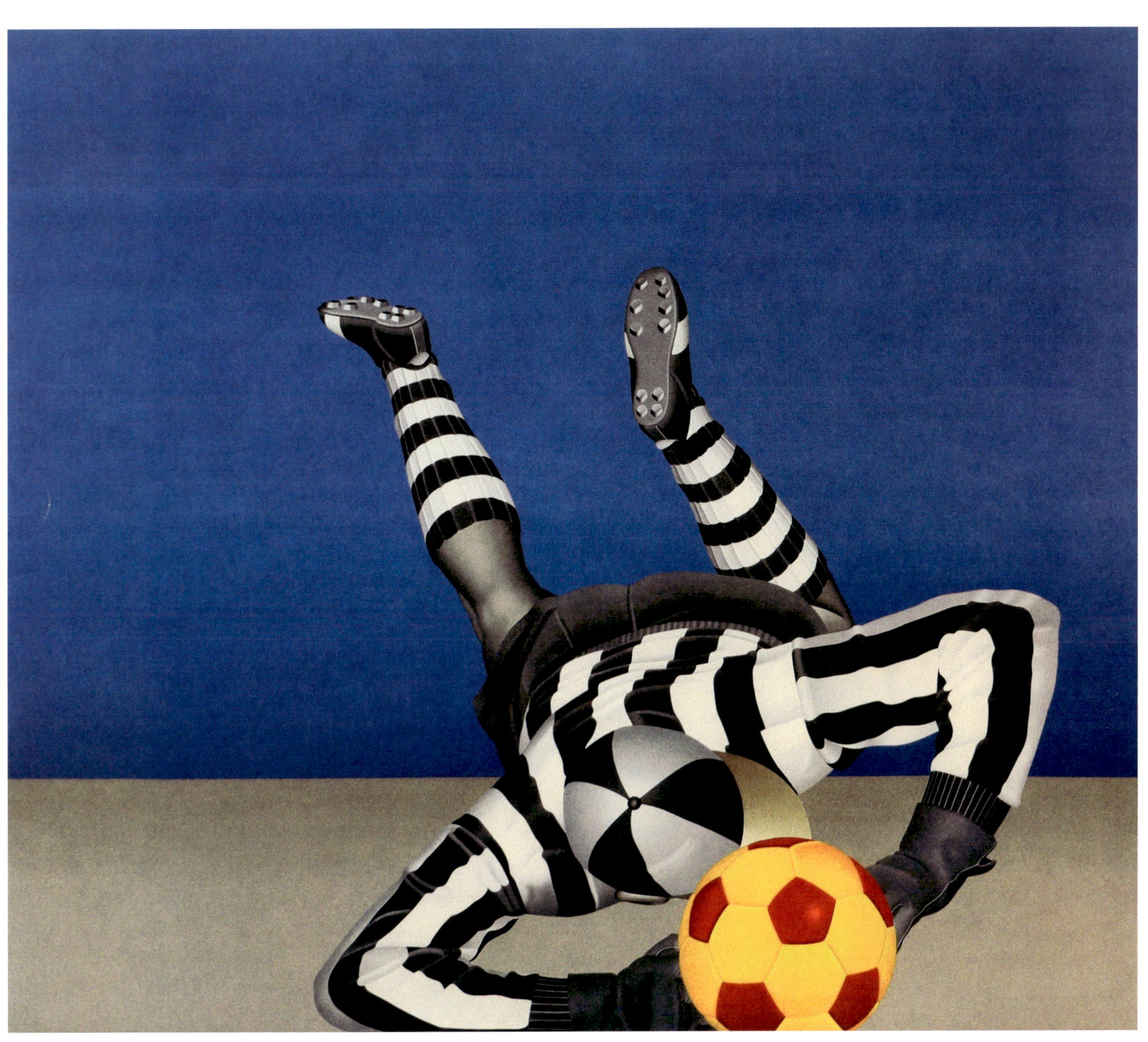

Fußballspiel zwischen den Engländern und Slavia in Prag

František Xaver Naske (1884–1959, CZE)

1905

Öl auf Leinwand

72,5 × 99,5 cm

Národní muzeum, Prag

František Xaver Naskes Gemälde einer Strafraumszene aus dem Jahr 1905 entstammt einem Spiel zwischen Slavia Prag und einer englischen Mannschaft. Die traditionell rot-weißen Trikots des erfolgreichen tschechischen Clubs ermöglichen es, die Szene als Vereinsduell zu identifizieren. Wie in einem klassischen Historiengemälde geht es dem Künstler um die Schilderung der Affekte. Der Maler hat für sein Bild einen hochdramatischen Moment gewählt. Die Prager Spieler befinden sich im Strafraum des Gegners und versuchen, ihren Angriff mit einem Torschuss abzuschließen. Auf engstem Raum kämpfen Stürmer und Verteidiger um den Ball, der dem Tor bedrohlich nahegekommen ist. Dem zum Schuss ausholenden Spieler rennt ein englischer Verteidiger entgegen. Er hat den linken Arm erhoben und verwehrt dem hinter ihm stehenden Angreifer dadurch den Zugang zum Ball. In angespannter Haltung verfolgt der Keeper das Geschehen. Leicht gebückt steht er sprungbereit im Tor, seine Arme zur Abwehr nach vorn gestreckt. Zwischen dem Torwart und den kämpfenden Spielern erkennt man einen älteren Herrn mit Glatze und Schnauzbart, den man als Schiedsrichter identifizieren darf. Auch er blickt in Richtung des Balls und zugleich auf den gestürzten Spieler rechts, der womöglich Opfer eines Foulspiels geworden ist.

Der Maler hat für seine Darstellung eine effiziente Komposition geschaffen. Der Bildraum steigt in extremer Weise an, sodass sich die ästhetische Grenze nach unten hin öffnet und der stürzende Spieler im Begriff ist, in den Raum des Betrachters zu fallen. Dieser Eindruck wird durch die den Bildraum bestimmende Diagonale unterstützt, die von der linken oberen in die rechte untere Ecke führt und eine Bewegung über die Grenzen des Bildes hinaus vermittelt. Auch der Bildausschnitt dient der Dramatisierung des Geschehens, da die Köpfe und Körper der Spieler bis an die jeweilige Bildgrenze reichen. Schließlich vermag das Werk durch einen inszenierten Blickwechsel zu überzeugen. Unser Auge wandert unaufhörlich zwischen dem Ball im Zentrum des Geschehens und den Gesichtern der Spieler hin und her, die mit großer Anspannung die Entwicklung des Zweikampfs beobachten. Durch diesen Blickwechsel wird es möglich, den Moment unmittelbar vor der Entscheidung stillzustellen, damit wir ihn immer wieder von Neuem miterleben können. Uns ergeht es wie dem Torwart, der auf den Ausgang des Zweikampfs wartet und zur Aktion bereit ist.

Die Fans stehen unmittelbar hinter dem Tor und nah am Spielfeldrand. Es sind Hüte, Mützen und Sonnenschirme zu sehen. Nach rechts hin verschwimmen die Figuren und Gesichter zu einer zusammenhängenden Masse. Das Gemälde des in Prag geborenen Künstlers besticht durch eine besondere Mischung aus Unübersichtlichkeit und Blickführung. Durch dieses Spannungsverhältnis gelingt es Naske, die Dramatik der Szene angemessen ins Bild zu setzen. Immer wieder findet unser Auge den Torwart, dessen gesamte Haltung Spannung ausdrückt und der zum Platzhalter des Zuschauers wird. Zu Naskes künstlerischem Œuvre gehören neben Genrebildern insbesondere auch Bildnisse und Akte. *JM*

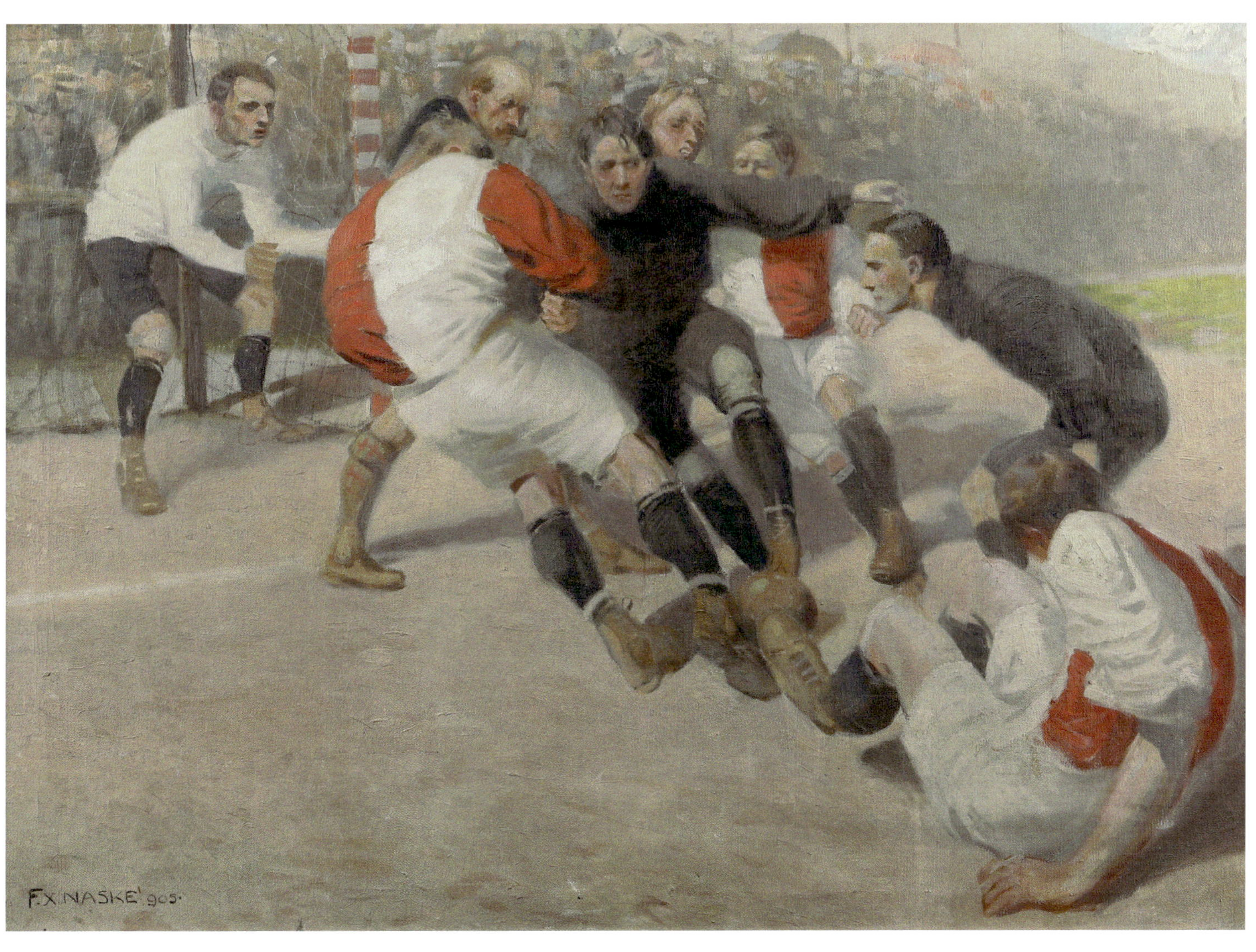
F.X.NASKE'905·

Fußball im Dorf

Paul Nelson (1895–1979, FRA)

1953

Öl auf Leinwand

50,1 × 75,5 cm

Wingfield Sporting Gallery, London

Der Torwart im rot-schwarzen Trikot hat sich in Position gebracht, um im entscheidenden Moment eingreifen zu können. Seine ganze Aufmerksamkeit gilt dem Duell auf Höhe des Elfmeterpunkts, bei dem zwei gegnerische Akteure um den Ball konkurrieren, in der Hoffnung, einen Schuss aufs Tor zu bringen bzw. zu verhindern.

Es sind vor allem jene genau beobachteten Details, die Paul Nelsons *Fußball im Dorf* auf den ersten Blick wie eine typische Fußballdarstellung wirken lassen. Sieht man aber von dem zentralen Motiv ab, fällt auf, dass der Fokus des Künstlers keineswegs nur auf dem sportlichen Geschehen liegt. Verantwortlich hierfür ist vor allem die idyllische Landschaftsschilderung. So wird der Sportplatz von einer Reihe ländlicher Cottages gerahmt, hinter deren Dächern sanfte baumbestandene Hügel aufragen. Das schwindende Sonnenlicht taucht die Szenerie in warme, erdige Farben und lässt die Natur als Melange aus Braun- und Grüntönen erscheinen. Am rechten Spielfeldrand verfolgen wiederum wenige Zuschauer das Match; aufgrund der Lichtsituation lassen sich die einzelnen Grüppchen nur umrisshaft wahrnehmen.

Das Gemälde gehörte zu den Einreichungen für die Ausstellung »Football and the Fine Arts«, mit der die Football Association 1953 ihren 90. Geburtstag beging. Die Schau wurde zuerst in London gezeigt und tourte im Anschluss durch englische und schottische Städte. Neben L. S. Lowrys *Auf dem Weg zum Spiel* (Abb S. 221) zählte auch Lawrence Toynbees *Training unter der Woche in Stamford Brigde* (Abb. S. 289) zu den ausgezeichneten Werken. Im Unterschied zu den prämierten Künstlern ist Paul Nelson heute allerdings vergessen.

Mit der Verortung inmitten der ländlichen Peripherie lieferte der Künstler einen anachronistischen Gegenentwurf zu den ausgezeichneten Arbeiten und mithin zur Wahrnehmung des Fußballs als einem vornehmlich urbanen Ereignis, das in großen Stadien veranstaltet und durch die Darstellung von Menschenmassen, Werbetafeln und Flutlichtern charakterisiert wird. Ohne technische Hilfsmittel verheißt die bevorstehende Dämmerung ein baldiges Ende des Spiels, wobei das schwindende Licht zugleich eine melancholische Stimmung hervorruft. Zur Erzielung dieses Effekts bediente sich Nelson künstlerischer Mittel, die ins 19. Jahrhundert und auf die romantische Landschaftsmalerei unter John Constable zurückverweisen.

In dieser Hinsicht fungiert das abendliche Fußballspiel in *Fußball im Dorf* auch als metaphorischer Ausdruck einer Welt, die nurmehr als nostalgische Projektion existiert. Dazu passt, dass uns die Handlung aus der Hintertorperspektive präsentiert wird. Von dort aus schauen wir auf das Torgestänge, das, im Zusammenspiel mit dem Schattenwurf des Torhüters und der Pfosten, nicht nur das Format der Komposition wiederholt, sondern auch eine Art von innerbildlichem Rahmen etabliert. Durch jenes Fenster blicken wir auf eine Vorstellung von der englischen *Countryside*, die, wie das dargestellte Spiel, auf ewig in der Zeit stillsteht. *FS*

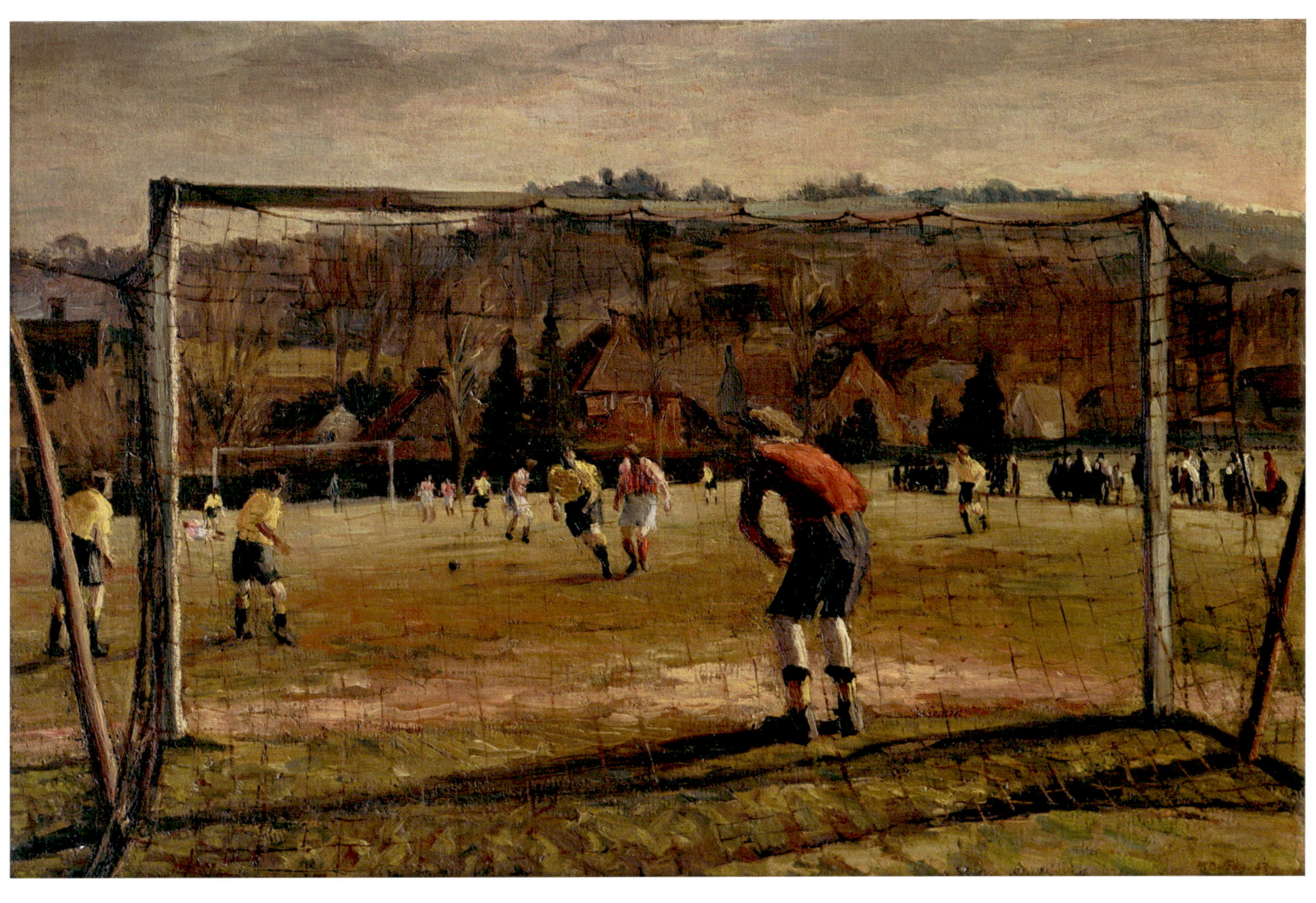

O. T.

Rainer Neumeier (*1975, DEU)

2001

Öl auf Leinwand

70 × 100 cm

Privatbesitz

Rainer Neumeiers Bild eines Fußballfeldes mutet mysteriös an. Dabei wird nicht recht deutlich, ob wir es mit dem Tagesanbruch oder dem Moment des Sonnenuntergangs zu tun haben. Das querformatige Gemälde gliedert den Bildraum in drei ungefähr gleich große Streifen. Im unteren Bereich ist eine weite Rasenfläche zu sehen. Darüber befindet sich ein dichtes Waldstück mit dunklen Nadelbäumen, das von einem gleichmäßig hellblauen Himmel überfangen wird. Das von links einfallende Licht hat einen schmalen Teil der Rasenfläche erfasst und führt unsere Augen nach rechts zu einem weißen Fußballtor. Obwohl es im Vergleich zum umgebenden Raum besonders klein wirkt, bestimmt es unsere Wahrnehmung des Bildes und verleiht dem unbelebten Bildraum eine energetische Wirkung. Das Fußballtor wird zum Kultobjekt.

Neumeiers Gemälde besticht durch seine zeichenhafte Qualität und reduzierte Formensprache. Die dunklen Bäume wirken vor dem hellen Himmel wie ein Scherenschnitt. Der Rasen weist keinerlei Unebenheiten auf. Er erzeugt eine gewisse Weite und wirkt dennoch merkwürdig flach. Dem Künstler gelingt es, eine geradezu religiöse Anmutung herzustellen. So klein das Tor auch erscheinen mag, es ist der Hauptdarsteller des Bildes und alles zugleich: Ziel, Versprechen, Sinn und Hoffnung. Das darauf zustrebende Licht schafft eine mysteriöse Spannung. Mit ihm geht eine Art Umkehrung einher, ganz so, als könnte im nächsten Moment der ganze Platz erhellt werden.

Die Anbringung des Tores auf der rechten Bildhälfte wirkt sich unmittelbar auf unsere Betrachter-Rolle aus, denn wir stehen dem Tor direkt gegenüber und es geht trotz der Entfernung ein immenser Sog von ihm aus. Es ist, als sollten wir uns darauf zu bewegen. Schließlich entsteht durch den gleißend hellen Lichtstreifen, der mit der dunklen Waldkante kontrastiert und auf der linken Seite aus dem Bild herausführt, ein Dreieck. Der Betrachter wird in eine unfassliche und ins Extreme reduzierte Bildwelt eingesogen, die gleichsam in den Außenraum übergeht und sich mit diesem verbindet. Neumeier hat eine kluge Allegorie der Erwartung geschaffen. Die das Bild bestimmende Spannung von Abstraktion und gegenständlicher Welt erschafft eine Art Schwebezustand des Wirklichen. Abstrakt ist die flächenhafte Anmutung des Gemäldes, gegenständlich das wiedererkennbare Ensemble. Das Spiel selbst wird ausgespart. Aber es bleibt gleichwohl anwesend, hat es dem Ort doch seine Energie hinterlassen. Dem Künstler gelingt es, nicht nur über das Mysterium Fußball, sondern über unser Leben eine Aussage zu schaffen. Wir leben nicht nur in der Gegenwart, sondern in der Vergangenheit und in der Hoffnung auf die Zukunft. Das Tor wird zum verheißungsvollen Ziel. Es ist weit entfernt und scheint doch erreichbar.

Rainer Neumeier wurde 1975 im bayerischen Cham geboren und studierte an den Akademien der Bildenden Künste in Nürnberg und Budapest. Von 2000 bis 2002 war er Meisterschüler von Thomas Bayrle an der Städelschule in Frankfurt a. M. Neumeier arbeitet fast ausschließlich als Maler, wobei er sich vor allem abstrakten Kompositionen widmet. Von 2010 bis 2011 war er Gastprofessor an der Universität der Künste in Berlin. Er hatte zahlreiche Einzel- und Gruppenausstellungen in Europa und den USA. Rainer Neumeier lebt und arbeitet in Berlin. *JM*

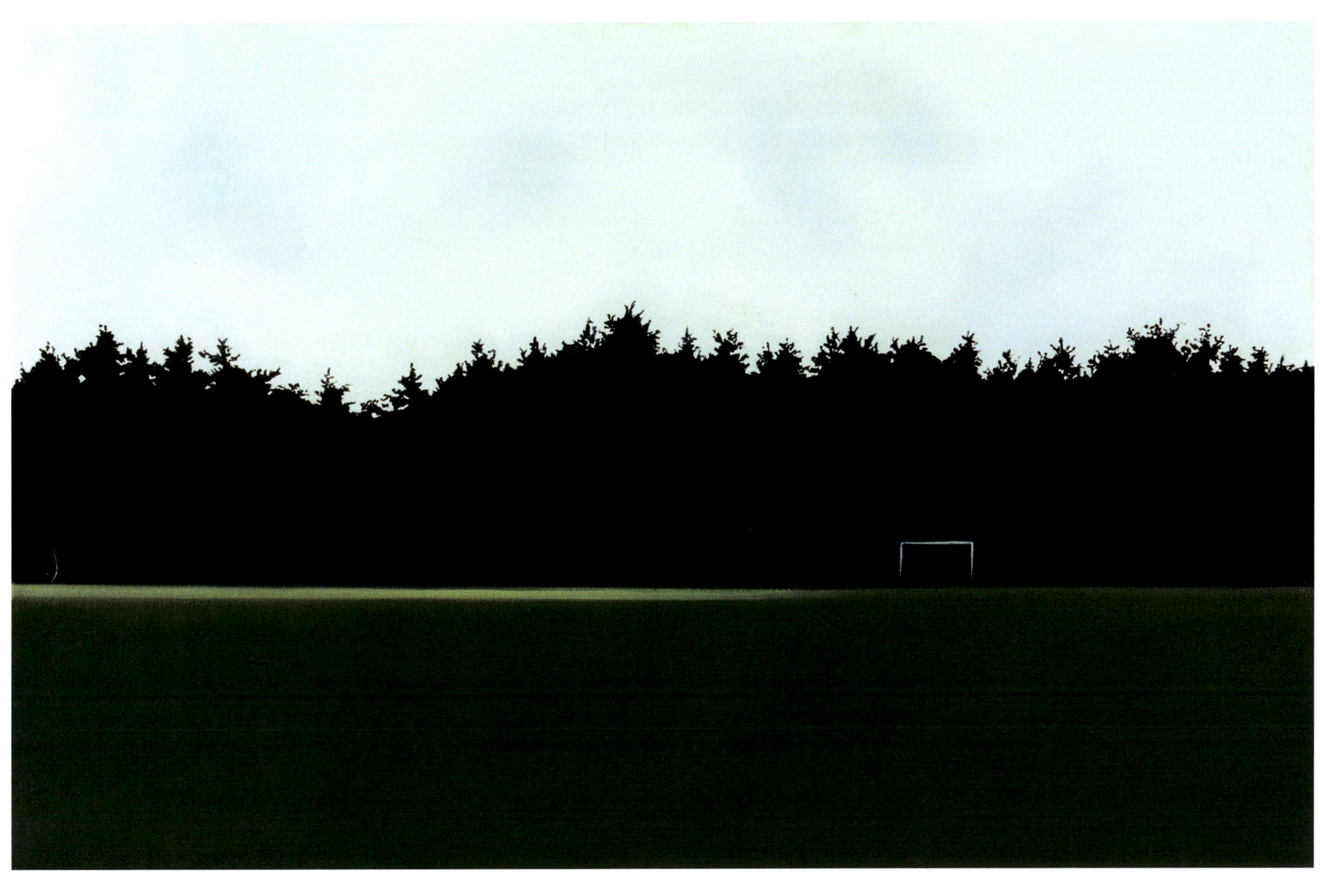

Irgendein winterlicher Nachmittag in England

Christopher Nevinson (1889–1946, ENG)

1930

Öl auf Leinwand

61,1 × 76,3 cm

Manchester Art Gallery

Das Fußballmatch in Christopher Nevinsons *Irgendein winterlicher Nachmittag in England* findet unter denkbar widrigen Bedingungen statt: Aus dunklen Wolken ergießt sich dichter Regen auf ein schlammiges Spielfeld, das von Pfützen übersät ist; Fabrikabgase und der Qualm einer Lokomotive vermengen sich zu einem giftigen Gemisch. Davon unbeirrt stürmen die beiden Mannschaften aufeinander zu. Mit vorgereckten Oberkörpern kämpfen sie um den Ball, während im Hintergrund vereinzelte Zuschauer vor Industrieanlagen und Reihenhäusern die trostlose Szenerie vervollständigen.

Beeindruckend ist, wie die Akteure in Szene gesetzt werden. Mit mechanischen, absolut gleichförmigen Bewegungen rennen sie über den Platz, wobei ihre Effizienz an den Güterzug denken lässt, der sich in ihrem Rücken den Weg bahnt. Jene Gleichsetzung von Mensch und Maschine ist typisch für die Kunst des Futurismus, für den sich Nevinson zu Beginn seiner Karriere begeistert hatte. 1912 war er in Paris auf Filippo Tommaso Marinetti, den Gründer der Bewegung, getroffen. In der Folge proklamierte er dessen Ideen auch in England, was zum zwischenzeitlichen Zerwürfnis mit der englischen Avantgarde um Wyndham Lewis führte, die parallel dazu den Vortizismus ausrief.

Ein markantes Beispiel für Nevinsons futuristisch geprägte Werke ist *Die Rückkehr in die Schützengräben* (1916) – eine persönliche Abrechnung mit den Schrecken des Ersten Weltkriegs, in dem der Künstler als Sanitäter gedient hatte. Die Szene, die zeigt, wie Soldaten stier und mit absolut synchronen Schritten in den Kampf ziehen, wirkt beinahe wie eine Präfiguration des später entstandenen Fußballbildes. Hier wie dort besteht kein Zweifel an der Durchsetzungsfähigkeit der Protagonisten, die geradezu ferngesteuert wirken.

Auch aus diesem Grund liegt es nahe, *Irgendein winterlicher Nachmittag in England* nicht als unbedingte Sympathiebekundung für den Fußball zu verstehen. Dazu passt, dass sich in Nevinsons 1938 erschienener Autobiografie »Paint and Prejudice« (Farbe und Vorurteil) eine Passage findet, in der Krieg und Sport gleichgesetzt werden: Während aber der Soldat Menschen töte, vernichte der Sportler nur Zeit. Ganz konkret zeigte sich der Maler besorgt darüber, dass der Fußball die Menschen in Sicherheit wiegen und zu sehr von den Vorbereitungen eines weiteren Krieges ablenken könnte. Insofern ist der martialische Einsatz der ballführenden Mannschaft durchaus als trügerisch zu verstehen.

Davon abgesehen war Nevinsons elitäre Ablehnung des Fußballs durchaus typisch für die Kreise, in denen er verkehrte. So störten sich damals viele Vertreter der Upper Class an dem als proletarisch empfundenen Treiben. Zumindest vordergründig lässt das Bild aber durchaus Parallelen zu zeitnah entstandenen Werken anderer Maler erkennen: So findet etwa L. S. Lowrys 1932 geschaffenes frühes Fußballszenario *Ein Fußballspiel* vor einer ganz ähnlichen Kulisse statt.

Nevinsons Treffen mit Marinetti war ein Studium an der Londoner Slade School of Fine Art vorausgegangen. In Paris nahm er Unterricht an der Académie Julian und teilte sich ein Atelier mit Amedeo Modigliani. Der Nachwelt ist er insbesondere durch seine eindrücklichen Schilderungen des Ersten Weltkriegs vertraut. *FS*

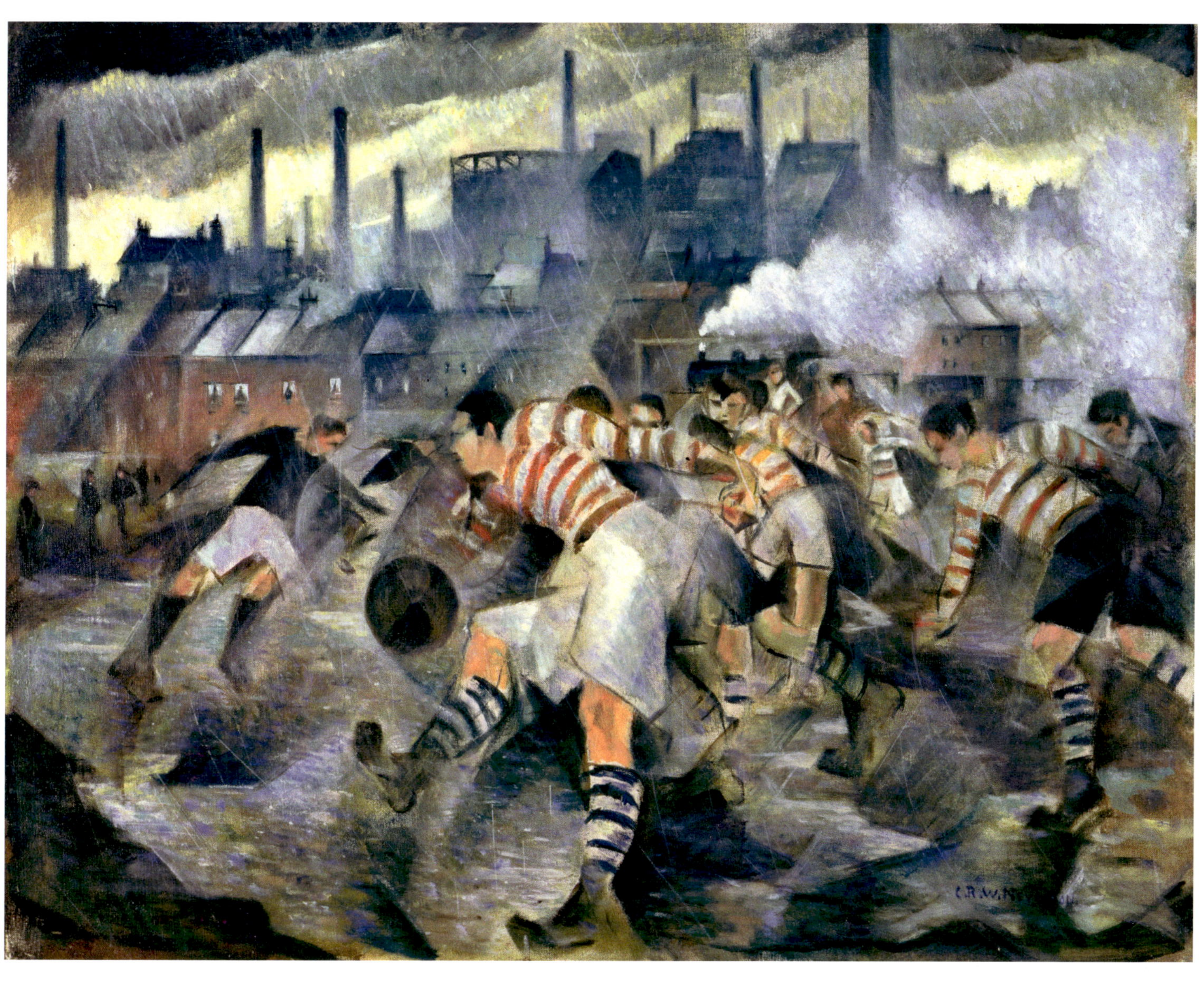

Stillleben mit Maske, Handschuh und Fußball

Felix Nussbaum (1904–1944, DEU)

um 1940

Gouache auf Papier

48,7 × 65 cm

Yad Vashem, Jerusalem

Das um 1940 entstandene Stillleben malte Felix Nussbaum im Versteck. Seine Flucht führte den jüdischen Maler deutscher Herkunft 1933 über Italien nach Frankreich und ab 1937 nach Brüssel. Nachdem er aus einer französischen Internierung fliehen konnte, kehrte er nach Brüssel zurück, wo er gemeinsam mit seiner Frau bei einem befreundeten Kunsthändler untertauchte. 1944 wurden beide denunziert, nach Auschwitz deportiert und ermordet.

Die Gouache kann als eine Reflexion über die Zeit verstanden werden, Vergangenheit, Gegenwart und Zukunft werden zu einer Art Momentaufnahme vereint. Auf einer rosafarbenen Decke finden sich wenige Gegenstände: Ein Fußball, ein Wecker mit schwarzem Ziffernblatt, eine afrikanische Maske, auf der ein hellbeiger Handschuh liegt. Davor befindet sich ein Stiefmütterchen mit einer lila-gelben Blüte. Hinter dem Fußball stehen ein aufgerollter Papier-Bogen und ein Buch mit gelbem Einband. Das Buch wird teilweise von der Schriftrolle überdeckt, weshalb von dessen Titel lediglich die Buchstaben »OLA« zu lesen sind.

Oberhalb der Maske ist ein Balkongitter und am Himmel ein blasser Vollmond mit Aura zu erkennen. Die Gegenstände des Vordergrunds sind in Schlaglicht getaucht. Eine Diagonale, die von links oben nach rechts unten führt, verleiht der Komposition eine gewisse Instabilität. Alles scheint nach rechts aus dem Bild zu rutschen. Das dort befindliche Stiefmütterchen findet keinen rechten Halt. Der Künstler beschreibt in diesem nächtlichen Bild die Abwesenheit der Welt. Wie auch immer man die Gegenstände deuten will, ob als Objekte, die an die gestundete Zeit gemahnen, oder als Erinnerungsstücke eines verloren gegangenen Lebens – es gibt keine Welt jenseits des Balkongitters mehr. Wozu ein Ball, wenn man nicht spielen kann? Wozu die Zeit anzeigen, wenn sie im Warten vertan und verloren ist?

Das Auge der schwarzen Maske blickt starr nach oben, ihr Kinn ist durch zwei Finger des Handschuhs bedeckt. Sie ist zum Schweigen verurteilt. Das Buch verweist auf den Autor Émile Zola und dessen Schrift, »J'accuse« (»Ich klage an«), mit welcher der Schriftsteller dem zu Unrecht angeklagten französischen Offizier Alfred Dreyfus zu Hilfe kam. Der Angeklagte sah sich als Bürger jüdischer Herkunft einer antisemitischen Hetzkampagne ausgesetzt, die ihn zu Unrecht ins Gefängnis brachte. Zolas beherztes Eingreifen führte dazu, das Komplott aufzudecken und den Unschuldigen zu rehabilitieren. Dazu passt die Bedeutung des Stiefmütterchens, einer Blume, die gleichermaßen für Hoffnung wie auch für die sentimentale Erinnerung stehen kann. Gleichwohl ist die Lage der Blume so instabil, dass man nicht weiß, ob sie herabfallen wird oder auf dem Tischchen liegen bleibt.

Dem Fußball kommen zwei Bedeutungen zu. Einerseits verweist er als Fortuna-Symbol auf das wechselvolle Schicksal des Menschen; andererseits verkörpert er die Freiheit und Möglichkeit, im Spiel die einengende Wirklichkeit hinter sich zu lassen. Nussbaums Werk eignet ein unentschiedener Charakter. Der Verfolgte ist sich seiner aussichtslosen Lage bewusst, aber die kleine Blume bringt einen Hoffnungsschimmer in die so zufällig erscheinende Ansammlung von Gegenständen, erzählt sie doch davon, dass es da draußen doch noch eine Welt gibt. *JM*

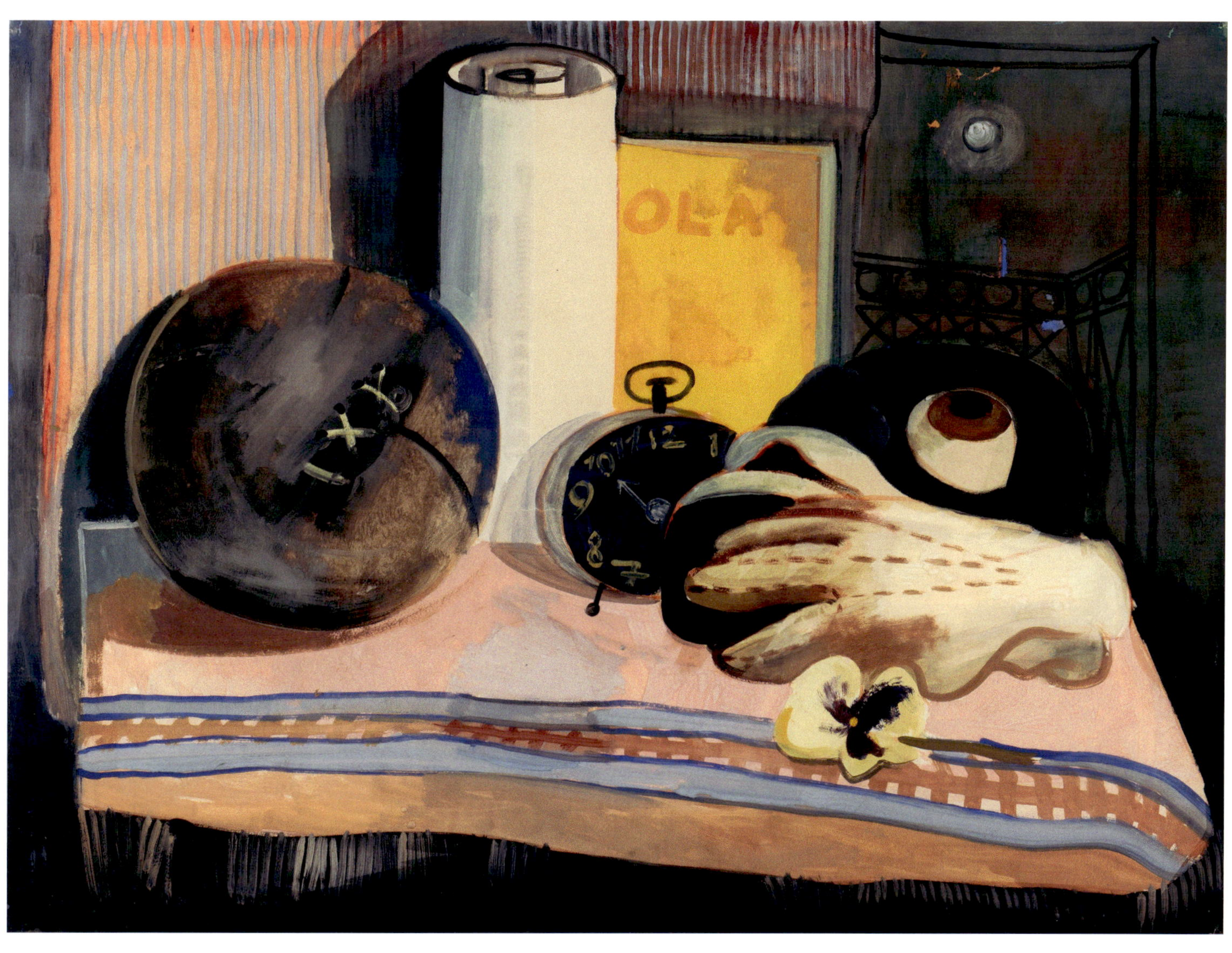
OLA

Knäckebrot-Spielfeld

Claes Oldenburg (1929–2022, SWE–USA)

1966

Schwarze Kreide und Aquarell auf Velinpapier

23 × 30 cm

Städel Museum, Frankfurt a. M.

Eine Scheibe Knäckebrot wird zu einem Fußballfeld. 22 mehr oder weniger gleichmäßig über deren Oberfläche verteilte Löcher sind die Spieler. Mit schwarzer Kreide sind an den Querseiten Tore markiert, an den Längsseiten hat der Künstler zwei Zuschauertribünen hinzugefügt. Die unregelmäßige Oberfläche des Brotes ist in hellbraunen Aquarellfarben wiedergegeben. Claes Oldenburg umrahmt die braune Brotscheibe mit einem in festen Pinselstrichen ausgeführten Rasengrün. Zwar ist auch der Spielfeldrand mit schwarzer Kreide umrissen, doch mischt sich das Grün an einigen Stellen mit dem Knäckebrot-Braun, was zu dem interessanten Effekt führt, dass das Auge des Betrachters die grüne Farbe auf das braune Spielfeld überträgt. So liefert die Knäckebrotscheibe die Form, das umgebende Grün die Farbe des Spielfelds. Der 1929 in Stockholm geborene Künstler hat rechts unten auf dem Blatt zusammen mit der Jahreszahl einen Schriftzug angebracht: »Knäckebröd plan«. Der Künstler zeigt sich hier als Fußball-Fan, der in allem, was ihm vor die Augen kommt, sein Spiel imaginiert. Die Weltmeisterschaft von 1966 könnte für diese bildgewordenen Gedankenspiele den Anlass geboten haben.

Anders als Oldenburgs berühmte, überdimensionierte Gebrauchsgegenstände, die in innerstädtischen Einkaufsmeilen, auf Plätzen und in Parks die konsumkritische und amüsierte Aufmerksamkeit des Betrachters erregen, besticht das Aquarell durch seine Miniaturhaftigkeit. Der ironische Blick des Künstlers, für den das Brot ein Spielfeld wird, fordert den Betrachter auf, diese Vorstellung nachzuvollziehen und uns in das Knäckebrot-Spielfeld mit seinen Spielern hineinzudenken. Der dafür notwendige Kippeffekt, der uns in einer Scheibe Knäckebrot ein Spielfeld sehen und ein Spielfeld in eine Scheibe Knäckebrot verwandeln lässt, bleibt dabei konsequent erhalten. Diese Möglichkeit erscheint ebenso komisch wie anrührend und der Vergleich zwischen der Knäckebrotscheibe und dem Spielfeld ebenso schlüssig wie absurd. Wie Oldenburgs Skulpturen lässt uns auch das kleine Aquarell unser Verhältnis zur Dingwelt neu bestimmen und ist dabei mehr als eine wohlfeile Konsumkritik. Vielmehr fordert uns das *Knäckebrot-Spielfeld* auf, die Dinge als Zeichen zu lesen: Das Brot ist ephemer und kunstvoll zugleich, wie das Spiel, auf das es verweist.

Der Sohn eines schwedischen Generalkonsuls studierte von 1946 bis 1951 englische Literatur und bildende Kunst an der Yale University. Eine Lehre zum Polizeireporter brach er ab, die Straßen Chicagos wurden aber dennoch impulsgebend für seine künstlerische Tätigkeit. Er arbeitete als Werbegrafiker und Illustrationszeichner für Chicagoer Zeitungen, 1956 übersiedelte er nach New York, wo es ihm Anfang der 1960er-Jahre gelang, die Kunst endgültig zum Beruf zu machen. Er gestaltete Plastiken aus gebrauchtem Material, entwarf Performances und Happenings und ließ die Kunst in Form von monumentalen und von alltäglichen Gegenständen inspirierten Skulpturen in einen Dialog mit dem öffentlichen Raum treten. *JM*

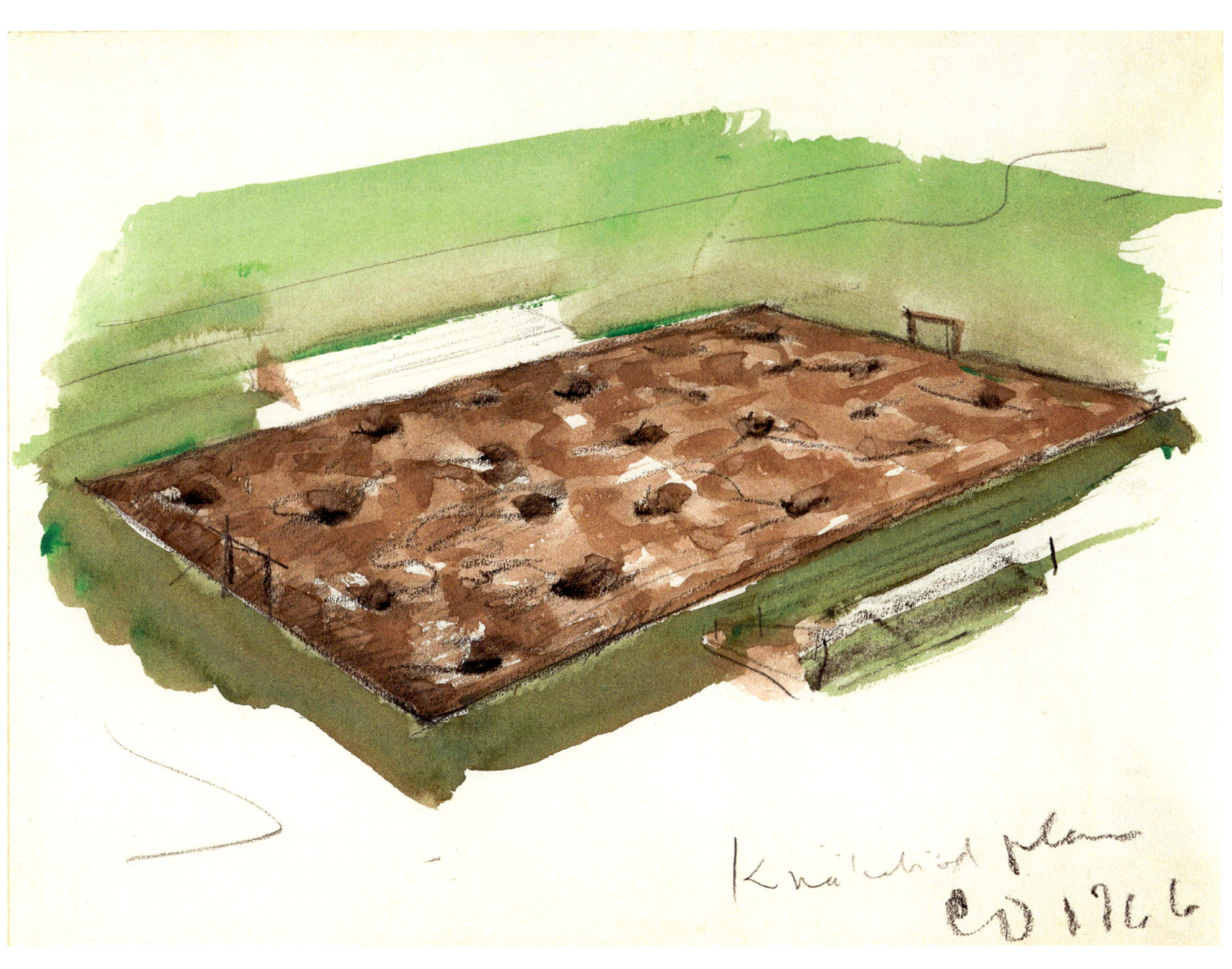

Das erste Spiel des British Ladies Football Club

Henry Marriott Paget (1856–1936, ENG)

1895

Nachkolorierte Lithografie

30 × 22 cm

Adidas Archiv

Im nächsten Moment wird der Ball das Bild verlassen haben, die Torwartin hat einen Abschlag durchgeführt, ihr rechtes Bein befindet sich noch in der Luft. Zahlreiche Gegenspielerinnen laufen auf sie zu. Umsonst – der Ball ist unterwegs zum gegnerischen Tor. Die Torwartin wird vor allen anderen deutlich herausgestellt. Ihr hübsches Gesicht will nicht so recht zum groben Schuhwerk passen. Auch ihre Bewegung wirkt ein wenig zaghaft.

Die Lithografie von Henry Marriott Paget entstand anlässlich des ersten Fußballspiels der Frauen nach festen Regeln. Am 23. März 1895 fand es im Londoner Stadtteil Crouch End statt. Veranstaltet wurde es vom British Ladies' Football Club, der zu Beginn desselben Jahres gegründet worden war. Der Verein hatte lediglich 30 Mitglieder zwischen 15 und 26 Jahren, die mangels gegnerischer Mannschaften das Spiel unter sich selbst austragen mussten. Es endete 7 : 1 für das Nord-Team. Nicht weniger als 10 000 Zuschauer waren zugegen, was durch das Novum eines Frauenfußballs seine Erklärung findet. Der *Guardian* schickte eine Korrespondentin, die von einem »extrem hübschen« Anblick berichtete und an den spielenden jungen Frauen nichts »Ungraziöses« bemerkte. Die jungen Frauen spielten nach denselben Regeln wie die Männer, obwohl die Spielzeit auf 60 Minuten reduziert war und der Ball etwas kleiner ausfiel als beim Spiel der Männer.

Die Illustration von Paget entstand für das Cover des illustrierten Wochenblatts *The Graphic*. Der Künstler hat mehrfach Fußballspiele dargestellt und auch bei seinen anderen Bildern handelt es sich um Genreszenen. Aber die Frage ist, ob der Maler hier ironisch oder wohlwollend zu Werke ging. Man darf berechtigte Zweifel äußern, ob das Bild eine wirkliche Spielszene wiedergibt. Wahrscheinlicher ist, dass sich der Künstler diese Torraumszene ausdachte. Er inszeniert das Gesicht der Torwartin, die Gegenspielerinnen rennen auf sie zu, obwohl sich der Ball längst an einem anderen Ort befindet. Eine Angreiferin scheint ohne Fremdeinwirkung gestürzt zu sein, eine weitere muss sich die Haare binden. Deutlich wird, dass das lange Haar die Frauen behindert. Um dieser Widrigkeit zu begegnen, tragen die Frauen Fischerkappen. Die links im Vordergrund vorstürmende Spielerin hat ihre Kopfbedeckung verloren und wir sehen ihr langes, dunkles Haar. Interessant ist der Schutzmann in Uniform, der aufmerksam zuschaut, als würde die Gefahr nicht von den männlichen Zuschauern, sondern den Spielerinnen ausgehen.

Mag es auch Pagets Absicht gewesen sein, sich über dieses legendäre Spiel zu amüsieren, so ist das Bild doch ein wichtiges zeithistorisches Dokument. Es zeugt vom Mut dieser Frauen und ihrem Wunsch nach Selbstbestimmung. Und so spricht es für sich, wie sich diese ambitionierten Spielerinnen vom Hintergrund der männlichen Zuschauermasse abheben.

Der Künstler war ein berühmter Illustrator sowohl historischer wie auch literarischer Stoffe. Bekannt sind vor allem seine Darstellungen kriegerischer Ereignisse. In England arbeitete er vor allem als Porträtmaler und wurde 1874 in die Royal Academy of Arts berufen. *JM*

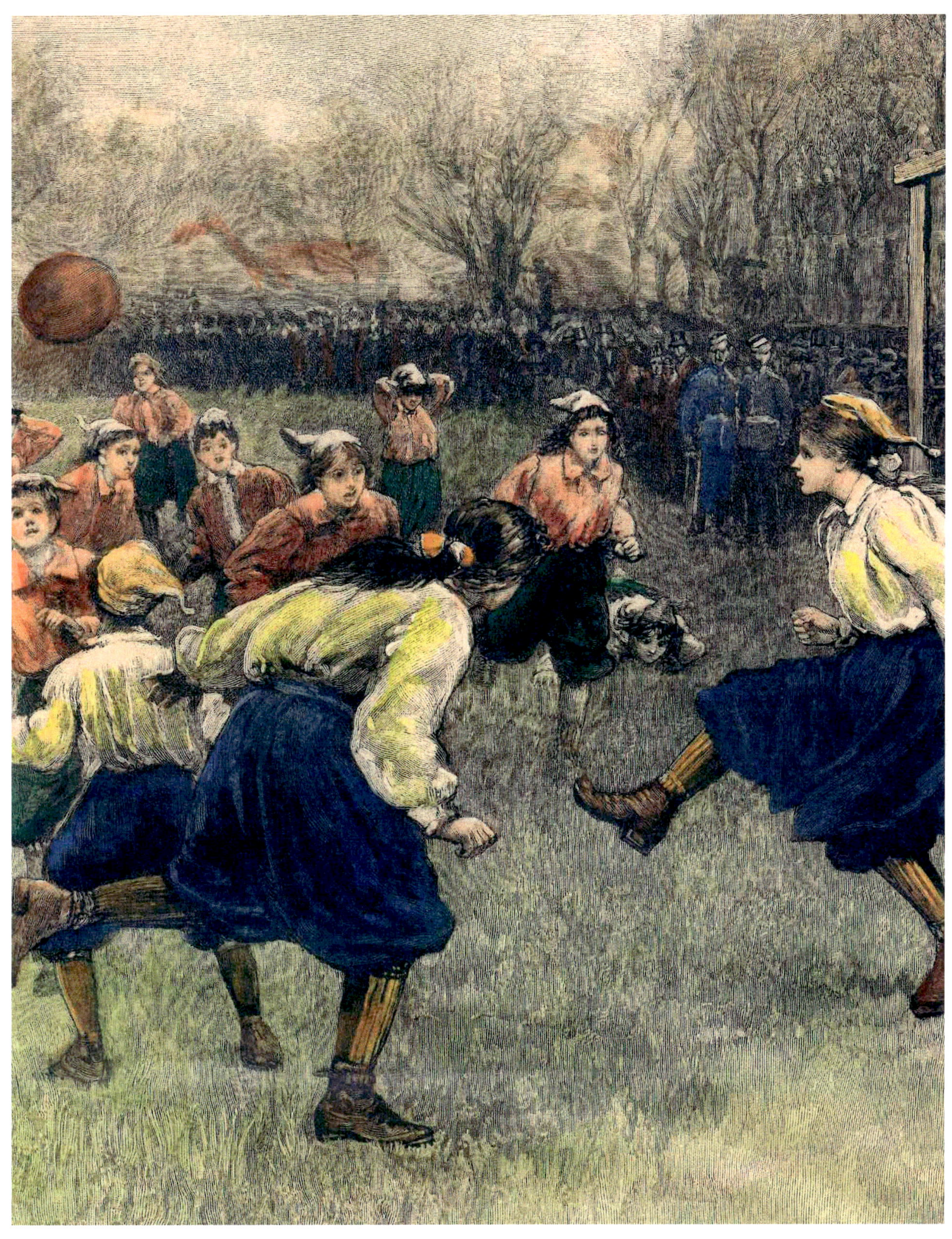

Fußballspieler

Alfred Heinrich Pellegrini (1881–1958, CHE)

1903

Bleistift, Kohle, Kreide und Gouache auf Papier

99 × 42,5 cm

Schweizerisches Institut für Kunstwissenschaften, Zürich

Fußballspieler darzustellen war zu Beginn des vergangenen Jahrhunderts eine schwierige Aufgabe, da es noch keine etablierte Bildsprache für diese Sportart gab. Pellegrini löst das Problem, indem er einen jungen Mann zeigt, der eigensinnig und selbstbewusst erscheint. In abwartender, aber kämpferisch-siegesgewisser Pose inszeniert er die Figur des Fußballspielers vor einem unausgearbeiteten Hintergrund, wobei wir es weniger mit einem Porträt als vielmehr mit einem Charakter zu tun haben. Er hat die Arme vor der Brust verschränkt und seinen Blick unbeirrt in die Ferne gerichtet. Trotz der leichten Torsion zeichnet sich die Figur durch einen festen, breitbeinigen Stand aus. Wir haben es mit einem ernstzunehmenden Gegner zu tun. Der Sport bringt nicht nur körperliche Ertüchtigung, sondern mit ihm gehen auch Geschlechterideale einher. Pellegrini inszeniert ein männliches Rollenbild. Das markante Gesicht, die gerade Nase und der souverän wirkende Blick bringen eine Führungspersönlichkeit zum Ausdruck. Der Künstler stilisiert die körperliche Durchsetzungsfähigkeit als Teil des Männlichkeitsideals und formuliert Mut, zur Schau gestellte physische Kraft und Siegeswillen als fußballerische Tugenden. Mit dem Fußballsport geht auch die Vorstellung des Wettbewerbs und des notwendigen Konflikts einher.

Durch die Darstellung im Halbprofil übermittelt der Fußballspieler eine eigene Wirklichkeit. Er wirkt durchaus abweisend und die Geste der vor der Brust verschränkten Arme ließe sich auch für die alte Kunst und andere Sportarten wie das Turnen aufzeigen. Stutzen, kurze Hose und Trikot lassen bereits an heutige Fußballkleidung denken. Die Schuhe, die anders als heute bis über den Knöchel reichten, hat der Künstler nur schemenhaft dargestellt. Auffällig ist die starke plastische Durchgestaltung der Figur, die Pellegrini durch seine minutiöse Zeichentechnik erreicht. Auch der Einsatz der weißen Kreide dient dazu, die Figur an den Umrisslinien stärker hervorzuheben. Die Zeichnung wirkt so, als hätte Pellegrini einer Aktstudie im Nachhinein einen Fußballdress übergeworfen. Dabei dient der sparsame Einsatz der roten Farbe am Saum der Stutzen der Verlebendigung und lässt die Beine zum physischen Kraftzentrum des Sportlers werden.

Pellegrini zeichnete den Fußballspieler für die Genfer Werbeagentur »Atar«, für die er von 1902 bis 1906 Industriezeichnungen, Lithografien und Werbeplakate anfertigte. Die Zeichnung eines Spielers des Servette FC Genève diente als Vorbild eines Plakats für den Schweizer Fußball. Die Plakatkunst ermöglichte es, den Fußballsport erstmals mittels eines modernen Massenmediums zu bewerben. Pellegrini fügt einen Ball hinzu und lässt die in Abstand, Größe und Stärke variierenden serifenlosen Großbuchstaben mit der differenzierten Schwarz-Weiß-Darstellung des Spielers korrespondieren.

Der in Basel geborene Alfred Heinrich Pellegrini hatte von 1899 bis 1901 an der Kunstakademie in München studiert und war von seinem Lehrer Gabriel von Hackl insbesondere im Aktzeichnen unterrichtet worden. Im Jahr 1952 wurde Pellegrini für seine Sportzeichnungen vom Verband der Schweizer Sportjournalisten mit der Goldmedaille ausgezeichnet. *JM*

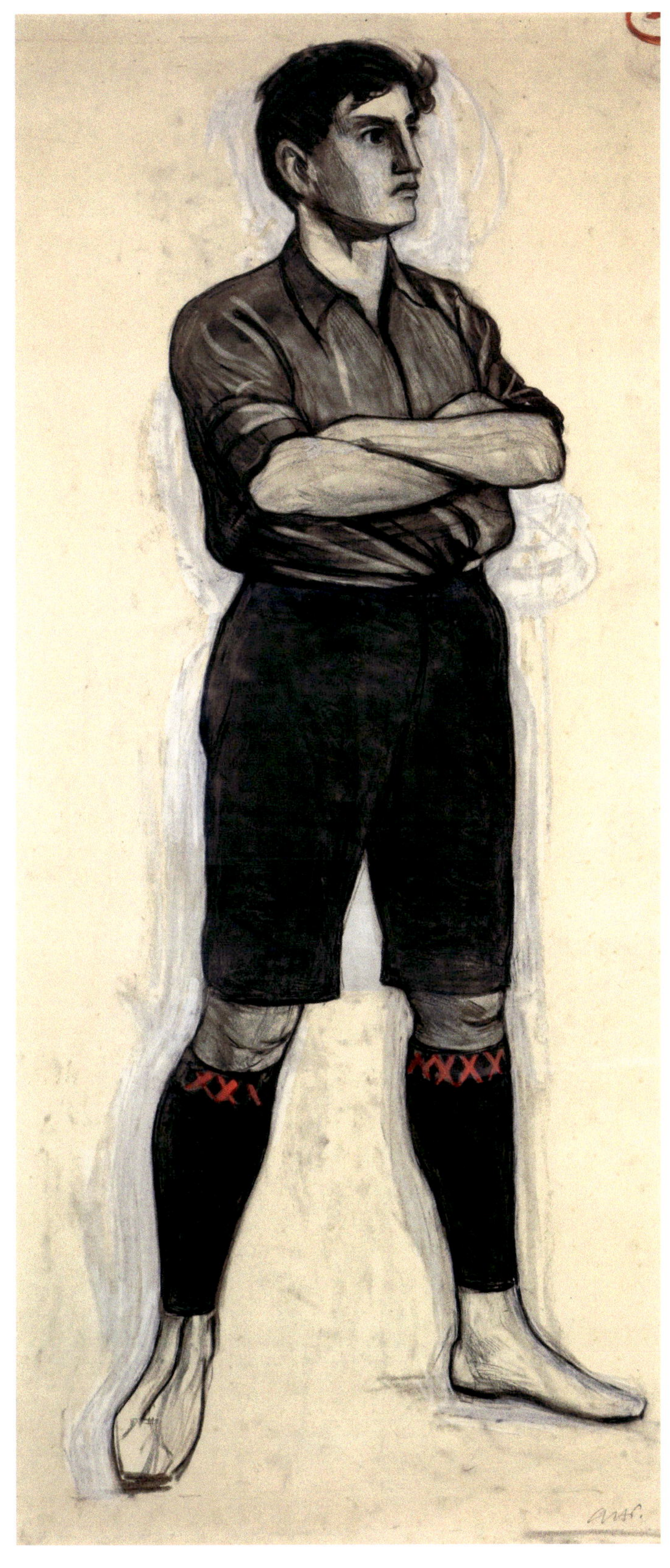

0 : 0 (Fußball)
Wolfgang Petrick (*1939, DEU)

1971

Radierung auf Papier

49,5 × 69,5 cm

Sprengel Museum Hannover

Wolfgang Petricks Radierung zeigt 17 Spielerfiguren in unterschiedlichen Größen. Einige stehen nah zur vorderen Bildgrenze, andere sind winzig klein, sodass man sie erst bei wiederholtem Hinschauen entdecken kann. Die Männer am vorderen Bildrand könnten einem Horrorfilm entstammen und haben gefährliche Blessuren davongetragen. Während die Spieler vorn statuarisch dastehen, sind andere in Spielhandlungen begriffen. Sie führen den Ball, vollziehen einen Volleyschuss, haben die Arme jubelnd emporgerissen oder versuchen, den Gegenspieler zu behindern. Doch die Einzelszenen fügen sich nicht zu einem sinnvollen Gesamttableau. Nur die beiden Tore links und rechts, die im Verhältnis zum Keeper auf der rechten Seite erheblich zu groß ausfallen, erinnern an das Spiel. Gleichwohl haben wir es mit einem einheitlichen Raum zu tun, der durch ein System quer verlaufender und parallel gesetzter Linien und das Vor- und Hintereinander der Figuren evoziert wird. Petricks Darstellung ist grotesk, lässt er doch Fußballschuhe zu Folterinstrumenten werden. Sie sind mit scharfen Nägeln besetzt und weisen Stollen von gigantischem Ausmaß auf. Zahlreiche Tiere bevölkern den Bildraum; Insekten, Kriechtiere und Fußangeln dürften ein reibungsloses Spiel unmöglich machen.

Dass Fußball nicht immer als faire Veranstaltung vonstattengeht, macht das Bild auf einen Blick deutlich. Hier spielen Sadisten gegen Knochenbrecher, alle Gliedmaßen stellen gefährliche Waffen dar. Gleichwohl erkennt man nicht, wer hier gegen wen spielt. Fußball wird zum Kampf aller gegen alle, zum »survival of the fittest«. Dass der Fußball nicht zwingend das Beste im Menschen hervorbringt, scheint das Thema der Radierung zu sein. Sportlicher Wettkampf und nationalistische Rangeleien liegen nahe beieinander. Dies betrifft auch die Politik, sehen wir doch links am Horizont einen Fan, der eine Pickelhaube und eine Fahne trägt – ganz so, als sei es nur ein kleiner Schritt vom Fußballspiel zur kriegerischen Auseinandersetzung von Staaten.

Die Radierung steht in einer deutschen Kunsttradition; sie lässt an Werke von George Grosz denken, nur dass hier aus Kriegsheimkehrern Fußballspieler geworden sind. Dadurch, dass die Größenverhältnisse der Figuren permanent changieren, erzielt das Bild eine albtraumhafte Wirkung. Auch dies erinnert an eine kunsthistorische Tradition, wenn man an die allegorischen Bilder eines Hieronymus Bosch oder Pieter Bruegel d. Ä. denkt. Bereits hier findet sich ein stetiger Wechsel von groß und klein, von sexuellen Hinweisen, sprachlichen Anspielungen und ein Überschreiten der Grenze hin zum Ekel. Dass mit dem Fußball auch ein gewisser Sexismus einhergeht, macht der Penis deutlich, der aus der Hose des großen Spielers rechts herabhängt. Der große Kopf des darunter befindlichen Spielers, dessen Gesicht zu großen Teilen durch einen Fußballschuh verdeckt erscheint, lässt sogar an einen ›Arsch mit Ohren‹ denken. Als eine Allegorie spiegelt die Radierung in negativer Form die Idee des Fair Play. Die hier sichtbaren Menschen haben die Grenze zum Animalischen bereits überschritten.

Wolfgang Petrick arbeitet als Maler, Grafiker und Bildhauer. Er hatte von 1975 bis 2007 eine Professur für Bildende Kunst an der HdK zu Berlin inne. Seine Werke sind auf zahlreichen Einzel- und Gruppenausstellungen in Europa und den USA zu sehen. *JM*

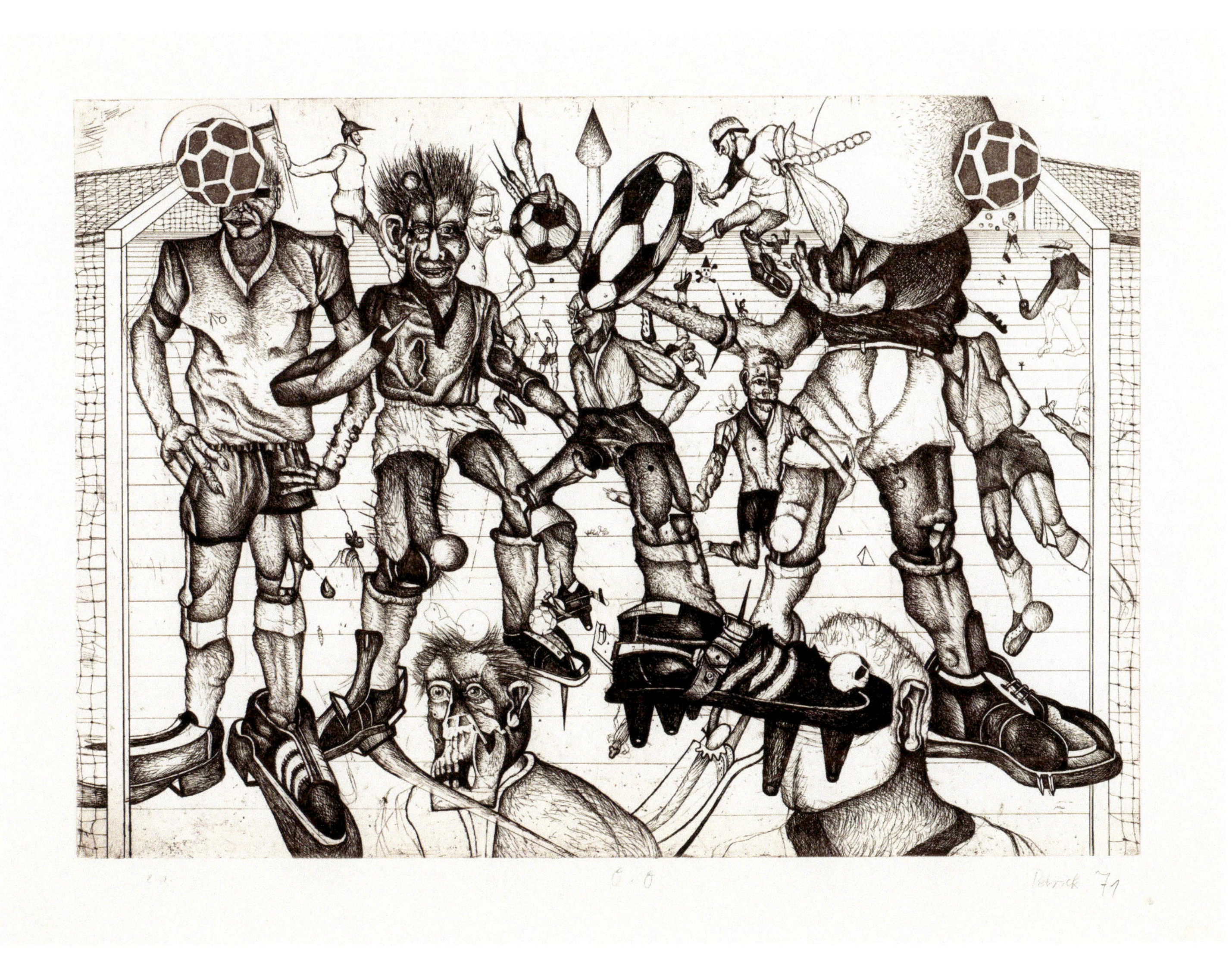
0 : 0
Patrick 71

Fußballspieler

Pablo Picasso (1881–1973, ESP)

1961

Farbige Kreide auf Papier

51 × 66 cm

Musée national Picasso, Paris

Pablo Picasso wandte sich in zahlreichen Zeichnungen Fußballern und Spielszenen zu. Die in Kreide gestaltete Arbeit aus dem Jahr 1961 besticht durch äußerste Konzentration und steht am Anfang mehrerer Studien, die laufenden Figuren gewidmet sind. Drei Spieler bewegen sich auf einen Ball zu, der sich über ihnen in der Luft befindet. Ihre Körper sind ohne jedes Volumen und entfalten sich als bewegte Linien in der Fläche. Über den Bildraum verteilt bezeichnen grüne Farbflecken den Rasen des Spielfelds. In formaler Hinsicht wird die Arbeit durch zwei Diagonalen bestimmt, die in den unteren Bildecken beginnen und auf die jeweils gegenüberliegende Seite zulaufen. Der durch einen gelben Fleck markierte Ball befindet sich auf der vertikalen Achse des Blattes. Die Körperformen der Spieler sind extrem vereinfacht und lassen gerade einmal die Gliedmaßen erkennen, ohne deren Proportionen und konkrete Formen zu berücksichtigen. Ziel dieser Kreidezeichnung, aber auch der Serie im Ganzen ist es, den Eindruck sich eigenständig in Bewegung versetzender Striche und Formen zu erwecken.

Grundlage dieses ästhetischen Versuchs ist ein ausbalanciertes Verhältnis der genannten Figuren und Linien zur Gesamtfläche des Blattes. Es sind nicht allein die Linien und Figuren, vielmehr geht mit der Arbeit eine Dramatisierung der Fläche einher. Der Künstler erschafft ein labiles Gleichgewicht. Zudem kommen Dramatik und Widerstreit des Spiels im sparsamen Einsatz der Primärfarben zum Ausdruck, deren Gegensatz Dynamik erzeugt: Rote und blaue Flecken deuten unterschiedliche Trikots an. Der Spieler auf der linken Bildhälfte mit den roten Doppelflecken hebt die Arme wie ein abwehrender Torwart, die Spieler im blauen Trikot dringen auf ihn ein. Sie scheinen zu schweben oder zu springen.

Die Bewegtheit des Spiels findet bei Picasso ihre Entsprechung in den scheinbar mühelosen, jeden Augenblick zur Veränderung fähigen Konturen der Spieler. Wie bei einem bewegten Ornament wird sich die Form der Figuren schon im nächsten Moment verändert haben. Offensichtlich überträgt der Künstler das Phänomen Fußball in ein formales Experiment. So ist das Blatt wie eine Etüde zum Phänomen der Leichtigkeit – als habe im Spiel die Schwerkraft ihre Macht verloren.

Pablo Picasso gilt geradezu als Künstlerikone des 20. Jahrhunderts. Er wurde im südspanischen Málaga geboren und zunächst von seinem Vater im Malen unterrichtet. Die Familie zog mehrmals um, sodass Picasso ab 1891 zunächst die Schule für Bildende Künste in A Coruña, ab 1895 die Kunstakademie »La Llotja« in Barcelona besuchte. An der Königlichen Akademie von San Fernando in Madrid studierte er nur wenige Monate. Nach einer ersten Paris-Reise um die Jahrhundertwende wurde die französische Hauptstadt zum wesentlichen Impulsgeber für Picassos weitere künstlerische Tätigkeit. Gemeinsam mit Georges Braque entwickelte er zunächst den analytischen, später den synthetischen Kubismus. In seinem Spätwerk beschleunigte Picasso seine künstlerische Tätigkeit. Er malte und zeichnete immer schneller und verband dies mit einer expressiven Ausdrucksweise. *JM*

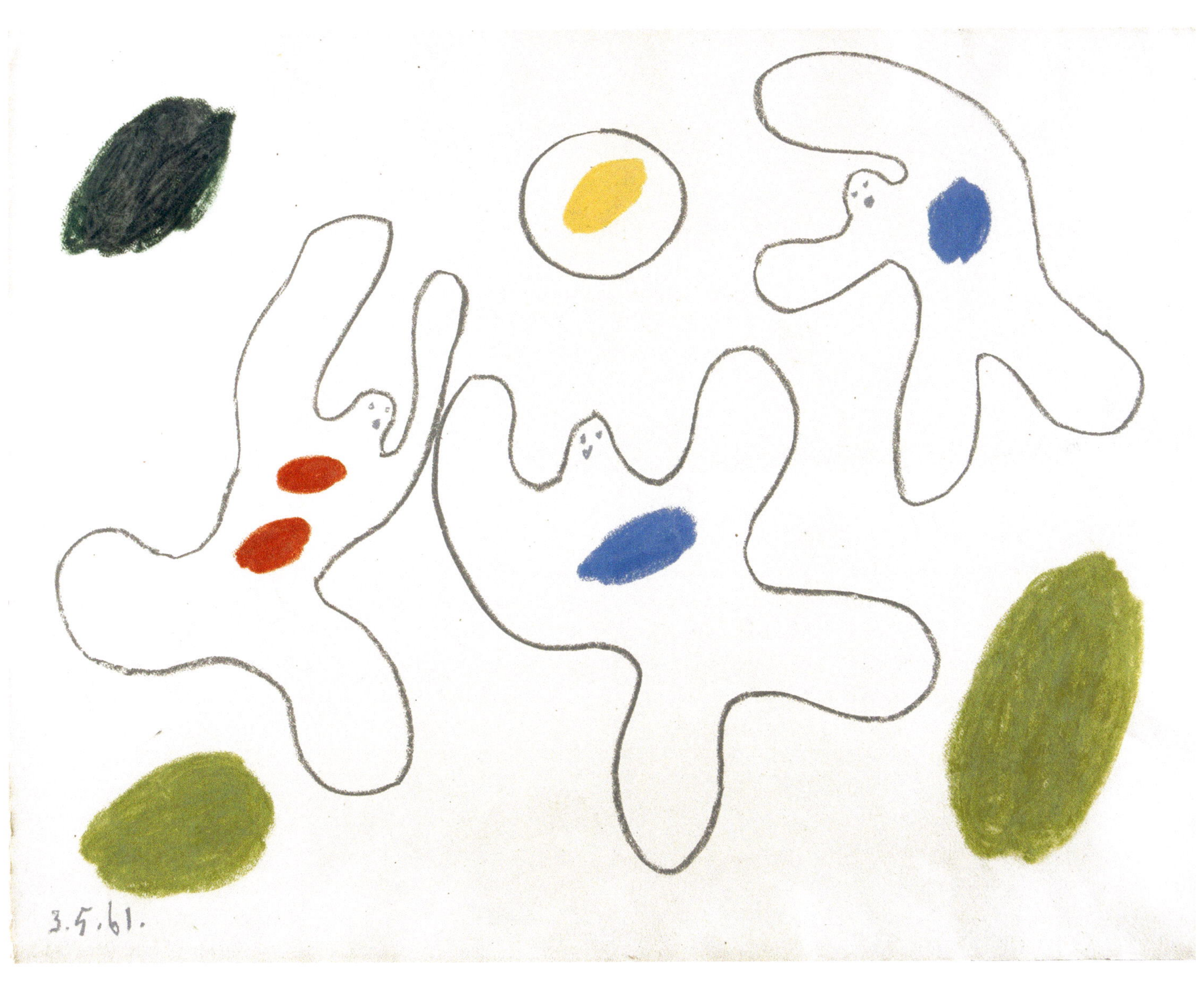
3.5.61.

Fernsehbild (Kicker) I

Sigmar Polke (1941–2010, DEU)

1971

Offsetlithografie

64 × 84 cm

Kupferstichkabinett, Staatliche Museen zu Berlin

Sigmar Polkes Lithografie *Fernsehbild (Kicker) I* zeigt den Ausschnitt eines Kickerspiels, das von einem Fernsehbildschirm abfotografiert wurde. Wir sehen lediglich zwei mit Figurinen besetzte Stangen und den im Vergleich großen Ball links im Bild. Zugleich erkennen wir die Mittellinie des Spielfelds und den Anstoßkreis. Das Fehlen der Farbe weist auf den Umstand hin, dass das Bild von einem Schwarz-Weiß-Fernseher abfotografiert wurde. Als Zuschauer blicken wir von schräg oben in den Kickerkasten und sehen fünf Spieler vor einer Bande aus schwarzem Kunststoff. Der Lichteinfall auf das Spielfeld lässt bei den vorderen Spielern jeweils zwei kräftige Schlagschatten entstehen, was an die Wirkung des Flutlichts bei einem echten Fußballspiel erinnert und gleichzeitig den Stillstand der Figuren deutlich macht.

Das Bild ist spröde, ja beinahe abweisend. Es verweigert sich jeder Schönheit durch Farbe und eine ambitionierte Komposition. Der Künstler thematisiert hier weniger das Spiel selbst als vielmehr dessen Mechanik, die in den Stangen und standardisierten Figurinen zum Ausdruck kommt. Die Spieler der Mannschaften unterscheiden sich durch runde und eckige Köpfe. Diese erscheinen wie Platzhalter eines Systems, dessen eigentliche Protagonisten uns vorenthalten bleiben. So wie das Kickerspiel selbst schon ein Derivat des wirklichen Fußballs darstellt, so findet hier eine Kritik an der Medienwelt statt, die ein Leben aus zweiter Hand vermittelt.

Polke wirft hier einen kritischen Blick auf die Konsumgesellschaft, für die es vollkommen bedeutungslos zu sein scheint, wer gerade spielt und wer der Gegner ist. Alles wird austauschbar und erscheint bar jeder Authentizität. Zudem macht sich der Künstler über die Inflation der zahlreichen Sportsendungen und Übertragungen lustig, die nicht der Bedeutsamkeit der Ereignisse entsprechen. Schließlich stellt die Lithografie aber auch eine Absage an jene Kunstvorstellung dar, die sich dem Alltag und der Populärkultur verweigert. Gleichwohl ist eine eindeutige Bildaussage schwer zu bestimmen. Das Werk ermöglicht vollkommen unterschiedliche, ja widersprüchliche Deutungen. Wollte man Polkes Arbeit positiv verstehen, erscheint sie wie ein blasses Erinnerungsbild an die Kindheit und das aufregende Spiel mit dem Kicker. Das grobkörnige Schwarzweißfoto markiert in seiner Farblosigkeit die Ferne dieser Zeit, eine Vergangenheit, die als Momentaufnahme der Erinnerung eingebrannt ist. Dadurch erhält das Bild selbst etwas Nebensächliches – ja geradezu Fatalistisches, als sei auch die Kritik an der Gesellschaft sinnlos.

Polkes Arbeiten zeichnen sich nicht selten durch einen ironischen Umgang mit seinen Themen und Techniken aus. Nach der Flucht der Familie aus der DDR im Jahr 1953 absolvierte er eine Glasmaler-Lehre und studierte von 1961 bis 1967 an der Düsseldorfer Kunstakademie. Gemeinsam mit Gerhard Richter und Konrad Lueg gründete er 1963 eine Künstlergruppe, die ihre Arbeiten als kapitalistischen Realismus bezeichnete. Im Unterschied zu den Werken der damals dominanten amerikanischen Pop-Art und ihres Umgangs mit der von Bildern dominierten Medienwelt, entstanden Werke, die verdeutlichen, dass das kritische Potenzial der Kunst ins Leere läuft. *JM*

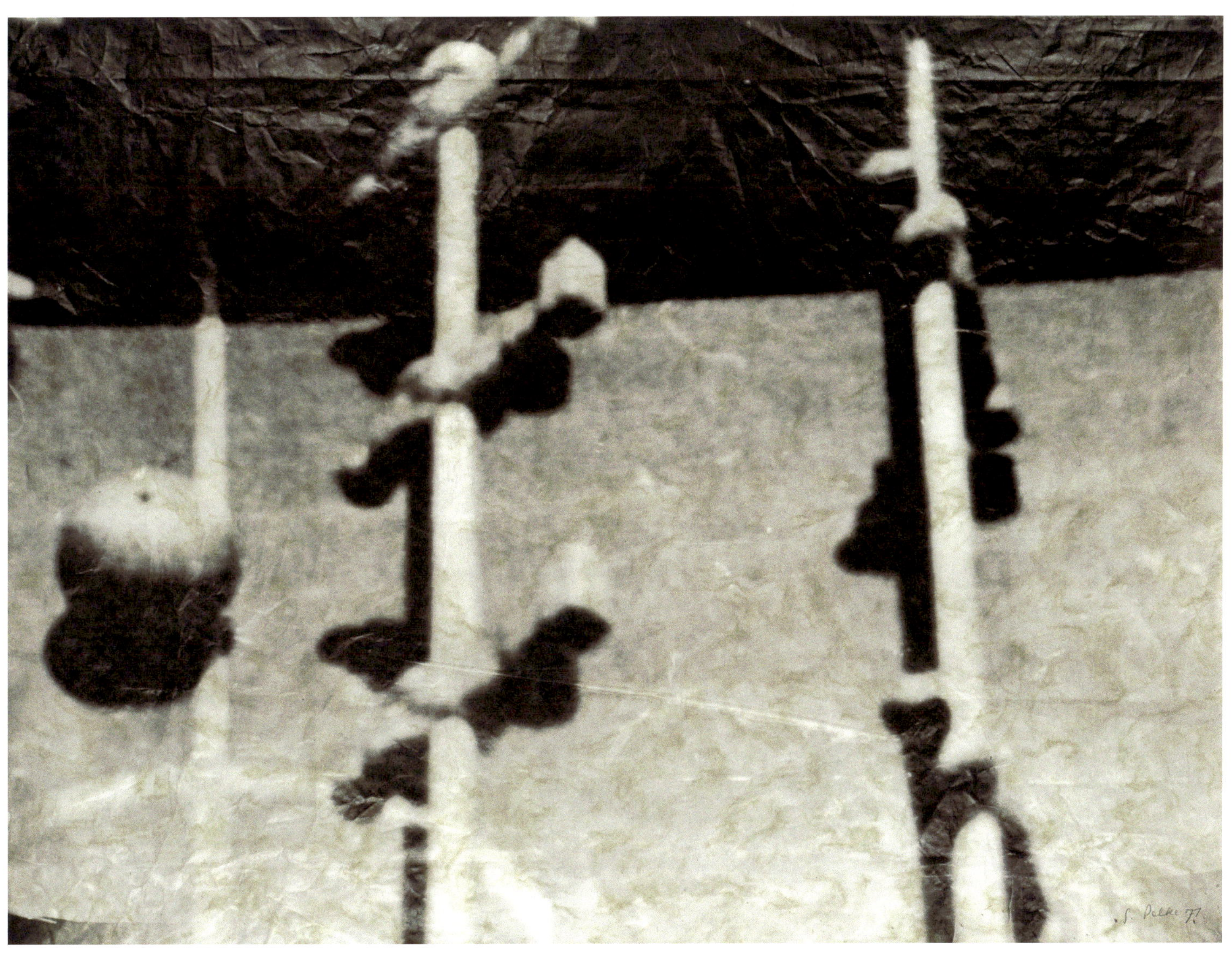

Das Tor

Júlio Pomar (1926–2018, PRT)

1947

Öl auf Hartfaser

64 × 50 cm

Atelier-Museu Júlio Pomar, Lissabon

Die Botschaft von Júlio Pomars *Das Tor* ist unmittelbar und sprengt gleich in mehrfacher Hinsicht die Grenzen des Formats. Eindrücklich zeigt das Bild auf, was schon in Thomas Websters früher Darstellung (Abb. S. 291) kickender Jungen durchscheint: Die Freude Fußball spielender Kinder ist überbordend und kennt kein Maß. Dies gilt umso mehr für die Euphorie nach einem erzielten Tor. Genau diesen Augenblick hat der portugiesische Maler hier festgehalten. Entsprechend ungestüm läuft der junge Torschütze auf uns zu, wobei sein rechter Fuß im Begriff ist, die Bildgrenze zu überschreiten. Auch die über den Rand hinausreichenden Hände und der angeschnittene Kopf des Kindes fügen sich nicht in den gesetzten Rahmen.

Doch Pomar erfasst mehr als nur den Moment unmittelbarer Freude. Raffiniert verschränkt der Künstler unterschiedliche Zeitebenen, wenn er mit dem linken, angewinkelten Fuß des Jungen auf die Schussbewegung anspielt, die dem Tor vorausgegangen ist. Noch dazu illustriert er, dass das Glück des einen das Unglück des anderen bedeuten kann. Hierfür steht die Rückenfigur im Hintergrund, die durch ihr rotes Oberteil hervorgehoben wird. Mit in die Hüften gestützten Händen ahmt jener zweite Junge eine typische Torhüterpose nach, die zugleich Ärger über den durchgelassenen Ball erkennen lässt.

Neben der intensiven Farbigkeit der einfachen Kleidung fällt die Barfüßigkeit des Torschützen ins Auge. Auch die in erdigen Tönen gehaltene Umgebung wirkt außerordentlich schlicht und weist darauf hin, dass das Spiel auf einer unbefestigten Straße stattfindet. In dieser Hinsicht handelt es sich um ein nachgerade typisches Sujet des Neorealismus, von dessen Schriften sich Pomar Mitte der 1940er-Jahre zu Kunstwerken inspirieren ließ. Dem Sozialistischen Realismus vergleichbar ging es den beteiligten Künstlern und Künstlerinnen darum, das Leben der einfachen Bevölkerung in Szene zu setzen, mit dem Unterschied, dass sie sich freierer Ausdrucksmittel bedienten. In *Das Tor* sind es besonders der gelängte Hals und die expressive Gestaltung der Gliedmaßen, die unmittelbar ins Auge stechen. Hieraus gewinnt das Werk seine besondere Dynamik, bilden die Arme und Beine des Jungen doch zwei Diagonalen, die sich durch den Ball in der rechten unteren Ecke zu einem Kreuz ergänzen lassen. In den ausgestreckten Armen kommen somit Jubelgestus und Appell zugleich zum Ausdruck.

Aufgrund seines früh entdeckten Talents absolvierte der aus Lissabon stammende Pomar bereits in seiner Jugend erste Malkurse. 1942 wurde er an der Escola de Belas Artes aufgenommen. 1944 wechselte er an die Escola Superior de Belas Artes do Porto. Seine Mitgliedschaft in der Kommunistischen Jugend und die Beteiligung am Widerstand gegen den Diktator António Salazar führten 1947, im Entstehungsjahr von *Das Tor*, zu einer viermonatigen Gefängnisstrafe und dem Verlust des Studienplatzes. In der Folge war Pomars Schaffen mehreren Wandlungen unterworfen. Neben seiner frühen Begeisterung für Francisco de Goya prägten Zeitgenossen wie Diego Riviera und José Clemente Orozco sein Werk; zusätzlich orientierte er sich auch an der klassischen Kunst. Ab 1963 lebte er in Paris. In seine Heimat kehrte der Künstler erst nach der Nelkenrevolution 1974 zurück. Heute ist ihm in seiner Heimatstadt das Atelier-Museu Júlio Pomar gewidmet. *FS*

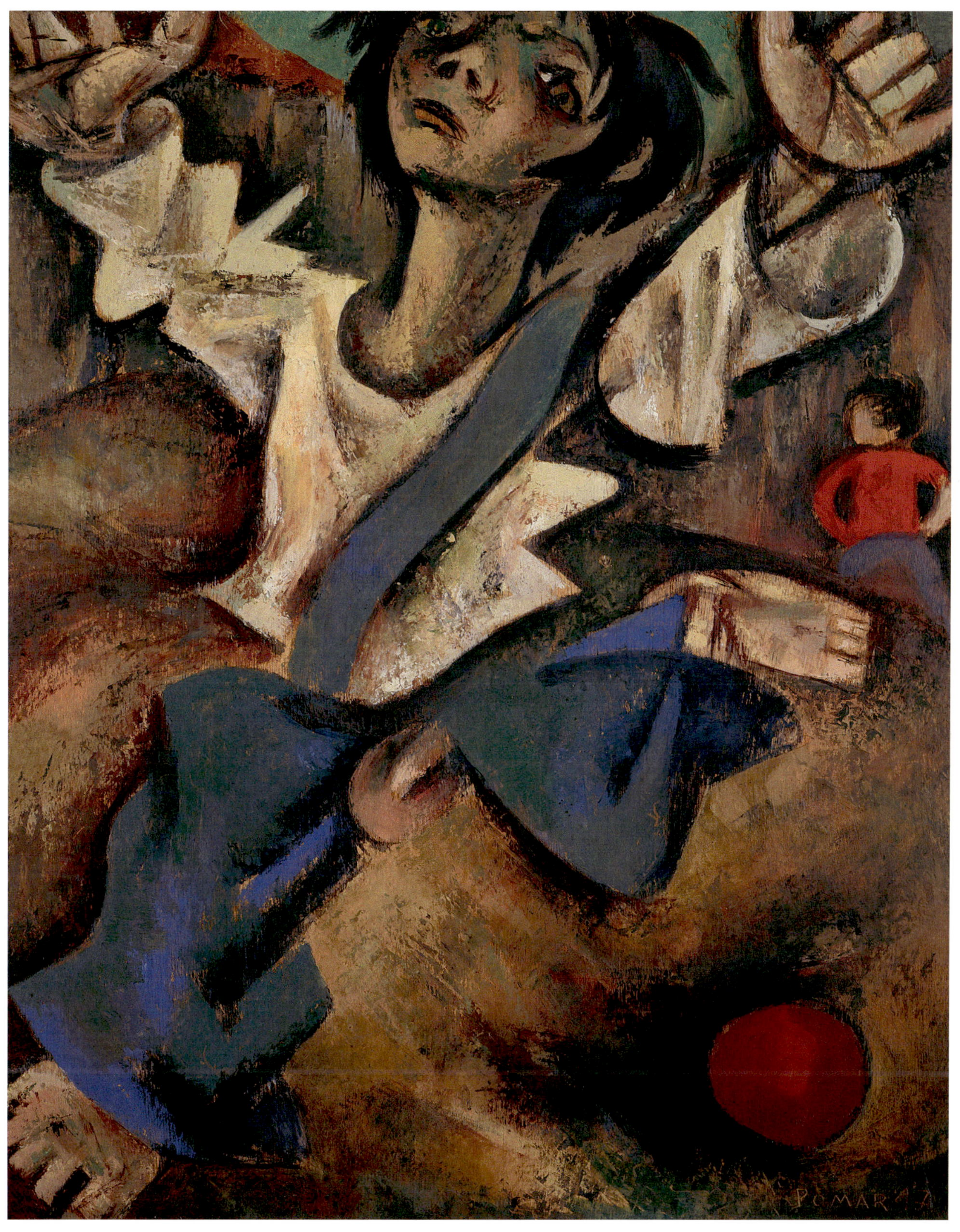
POMAR 47

Der Torsteher

Heinrich Richter-Berlin (1884–1981, DEU)

1912

Holzschnitt

32,1 × 26,1 cm

Los Angeles County Museum of Art, Rifkind Center for German Expressionist Studies

In gewisser Weise verkörpern Torraumszenen den Fußball in paradigmatischer Weise, finden sich darin doch alle widerstreitenden Hoffnungen, die einem Spiel zugrunde liegen, auf kleinstem Raum vereint. Entsprechend häufig ist das Sujet in der bildenden Kunst verhandelt worden. Zu den größten Herausforderungen bei der Umsetzung gehört es, die Spannung und Offenheit, die mit einer Torchance und deren potenzieller Verhinderung verbunden ist, möglichst dynamisch wiederzugeben. Es verwundert kaum, dass sich Künstlerinnen und Künstler hierfür immer wieder ähnlicher Mittel bedient haben; dazu zählt etwa das ansonsten bei Fußballbildern eher seltene Hochformat, das es erlaubt, die Bewegung des Torwarts ebenso wie dessen exponierte Darstellung gegenüber dem übrigen Personal möglichst dramatisch zu inszenieren.

Zu den frühesten Arbeiten, die das Thema bildlich fassen, zählt ein Holzschnitt des expressionistischen Künstlers Heinrich Richter-Berlin. *Der Torsteher* erschien 1912 in der von Herwarth Walden herausgegebenen Zeitschrift *Der Sturm*, zu deren regelmäßigen Beiträgern der Künstler gehörte. Bemerkenswerterweise spielt der Fußball als Thema der expressionistischen Kunst darüber hinaus keine Rolle, während er sich in der zeitgenössischen Literatur größerer Beliebtheit erfreute. Mit der Wahl der Technik gehen im vorliegenden Fall gewisse Beschränkungen einher. Ähnlich wie die Brücke-Künstler versteht es Richter-Berlin aber, die Einfachheit des Mediums zu nutzen, hebt sein Protagonist doch in geradezu fantastischer Weise vom Boden ab. Während die übrigen Akteure nur grob wiedergegeben sind und sich als kreisförmiges Gewimmel um den Torwart formieren, lässt ein im unmittelbaren Vordergrund angeordneter, zu ihm aufsehender Spieler die Höhe des Sprunges erahnen. Hinzu kommt, dass der Künstler den ausgestreckten Arm des Keepers auffällig verlängert hat. Vor dem sorgfältig ausgearbeiteten weißen Himmel entsteht so der Eindruck, dass die Figur weniger nach einer Lederkugel als vielmehr zu einem am Firmament stehenden Himmelskörper greift. Mithin kann der Titel des Werks teilweise als programmatisch aufgefasst werden: So fliegt der Torhüter hier nicht durchs Tor, nein, er steht in der Luft, in einer Weise, die alle umstehenden Figuren zu hilflosen Statisten degradiert.

Heinrich Richter-Berlin, dessen Künstlername auf die eigene Heimatstadt referierte, studierte ab 1902 an der Berliner Hochschule der Künste, wurde aber ein Jahr später exmatrikuliert, nachdem er sich an der Berliner Secession beteiligt hatte. Gemeinsam mit Georg Tappert und Max Pechstein gehörte er 1910 zu den Gründern der Neuen Secession; 1918 begründete er zudem die Novembergruppe mit. Seit 1916 war der Künstler auch als Filmarchitekt tätig. Im Zuge der kulturellen Säuberungen durch die Nationalsozialisten wurden mehrere seiner Gemälde als entartet eingestuft und vernichtet. Nach dem Ende des Zweiten Weltkriegs schuf der zeitlebens in der Hauptstadt tätige Maler auch Theaterdekorationen; zudem verfasste und inszenierte er Theaterstücke für Kinder. *FS*

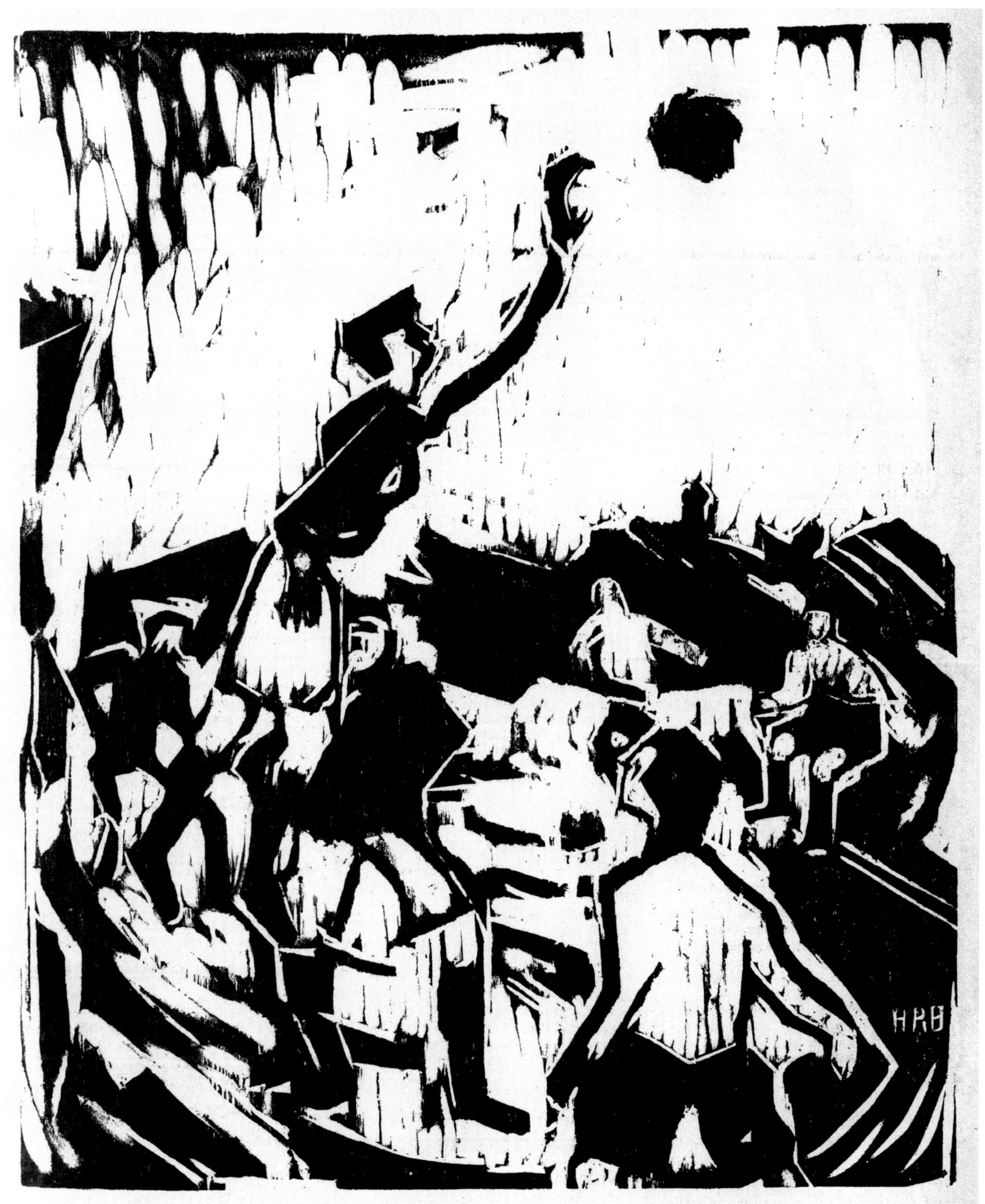
HRB

Fußballer

Thijs Rinsema (1877–1947, NLD)

1925

Deckfarbe auf Papier

49 × 60 cm

Ministry of Education, Culture and Science – The Cultural Heritage Agency of the Netherlands

Thijs Rinsemas 1925 geschaffenes Gemälde *Fußballer* zeigt drei Figuren ohne Ball, deren Aktionen auf keinen konkreten Spielzug oder Zweikampf schließen lassen. Mithin besticht das Werk zunächst weniger durch einen nachvollziehbaren thematischen Bezug als durch seine Dynamik. Ausgehend von den ausgestreckten Armen und Beinen der Dargestellten und den hierüber assoziierbaren Bewegungen entsteht so der Eindruck einer regelrechten Choreografie.

Maßgeblich hierfür ist die stilisierte Wiedergabe der Sportler, die auf einfache geometrische Figuren reduziert werden und doch deutliche Unterschiede aufweisen. Großen Anteil daran hat die vornehmlich in Primärfarben gehaltene Kolorierung der einzelnen Körperpartien, mittels derer sich die Akteure von den Grautönen des Hintergrundes abheben. Dabei sorgen die Linien, die die gesamte Komposition durchziehen, nicht nur für Trennungen, sondern ermöglichen auch eine Verknüpfung der einzelnen Ebenen, woraus gleichfalls auf eine gewisse Interaktion des Personals geschlossen werden kann. Die auf diese Weise evozierte Dramatik, wie auch den offensichtlichen Verzicht auf wesentliche Details, erklärte der Künstler mit seinem genuinen Interesse, das weniger dem Fußballsport selbst als dessen Rhythmus gegolten habe.

Anders als die Komposition erwarten lässt, fußte diese durchaus auf realen Beobachtungen. Immerhin war Rinsemas Sohn bei der 1921 gegründeten, bis heute bestehenden Voetbalvereniging Drachten aktiv, deren Spiele der Künstler aufmerksam verfolgte. Seine Eindrücke verarbeitete er ab 1925 in einer ganzen Reihe ähnlicher Darstellungen, die zumeist zwei oder drei Spieler in vergleichbaren Posen zeigen, wobei als ein verbindendes Merkmal der Szenen auszumachen ist, dass die bildfüllend arrangierten Körper der Athleten jeweils das Format der Arbeiten vorzugeben scheinen.

Darüber hinaus orientiert sich die künstlerische Ausgestaltung des Themas erkennbar an den Vorgaben von »De Stijl«. Ziel der Künstler, Dichter und Architekten, die sich unter diesem Namen 1917 um Theo van Doesburg und Piet Mondrian formiert hatten, war es, die Kunst durch funktionale, auf ihre Grundformen und -farben reduzierte Werke zu revolutionieren. Rinsema, der im friesischen Drachten lebte und zeitlebens als Schuhmacher arbeitete, stand den Mitgliedern der Gruppe eine Zeitlang nahe, nachdem er durch seinen Bruder, den Dichter Evert Rinsema, in Kontakt mit van Doesburg gekommen war. Der Herausgeber der 1917 ins Leben gerufenen gleichnamigen Zeitschrift förderte die künstlerische Entwicklung des Autodidakten und machte ihn mit Künstlern wie Piet Mondrian, Bart van der Leck, Charley Toorop und Kurt Schwitters bekannt. Letzterer besuchte Rinsema in den 1920er-Jahren mehrfach in Friesland; in dieser Zeit entstanden gemeinsame Dada-Collagen. Rinsemas allgemeine Vorliebe für Sportthemen zeigen überdies mehrere Holzschnitte springender Pferde, die eine vergleichbare Formensprache aufweisen. In den 1930er-Jahren führten der Tod Doesburgs (1931) und die Emigration von Schwitters – der Künstlerfreund hielt sich in den Sommermonaten meist in Norwegen auf, wohin er 1937 endgültig emigrierte – dann zu einem sichtbaren Wandel im Schaffen Rinsemas, der sich gegen Ende seines Lebens verstärkt einer naturalistischeren Malweise zuwandte. *FS*

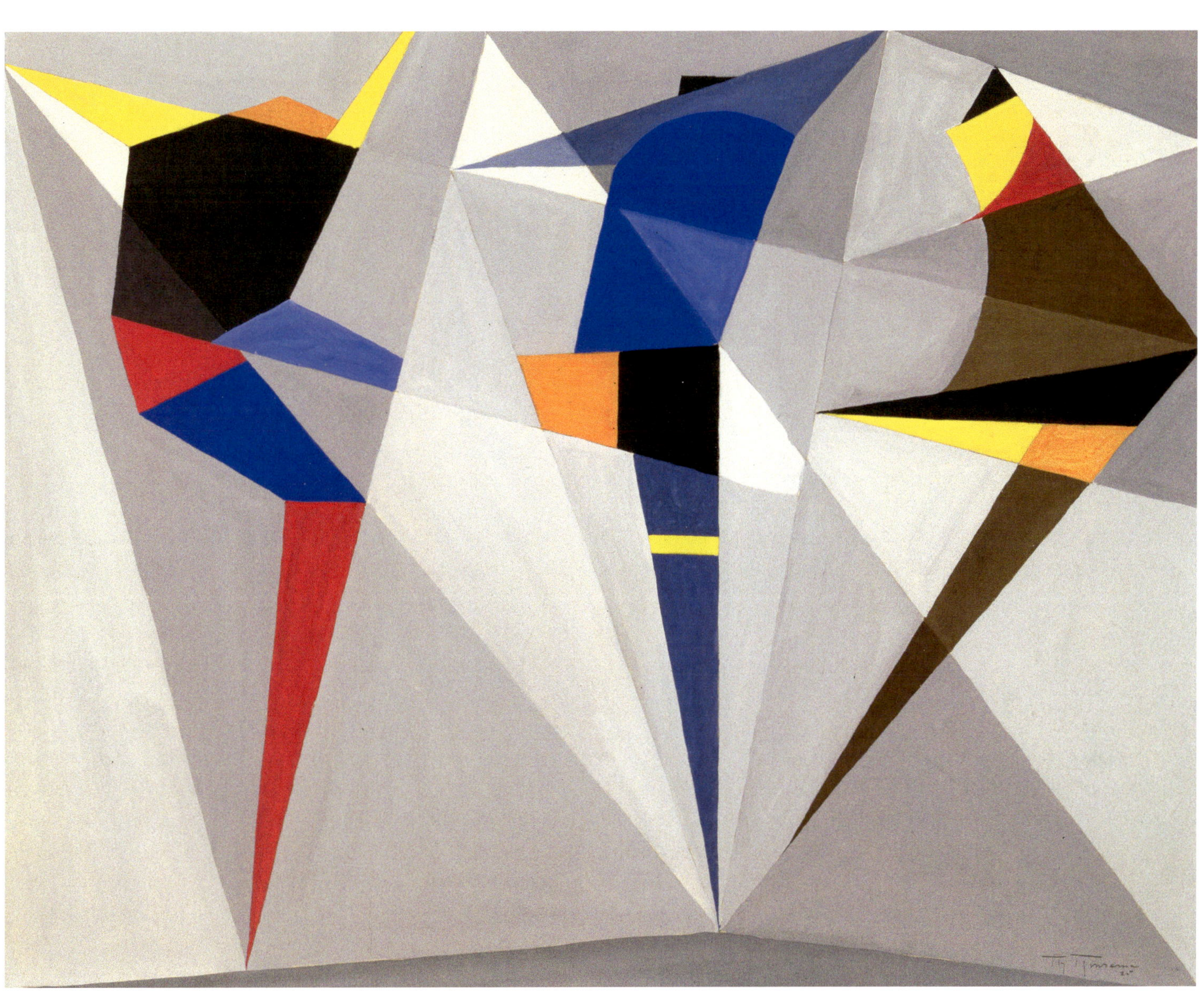

Politischer Fußball

Alexander Rodtschenko (1891–1956, RUS)

1930

Gelatinesilber-Fotomontage

17,8 × 12,1 cm

Privatbesitz

In Alexander Rodtschenkos Schaffen spiegelt sich die rasante Entwicklung, die die russische Kunst zu Beginn des 20. Jahrhunderts durchlaufen hat. Immer wieder hat sich der Avantgardist mit Themen des Sports auseinandergesetzt. Zu seinen bekanntesten Werken zählen jene Fotografien, in denen Athleten durch ungewöhnliche Perspektiven und artifizielle Posen künstlich überhöht oder im Sinne eines neuen Menschenbildes in beeindruckenden Massenchoreografien in Szene gesetzt werden.

Entsprechende Motive finden sich auch in den ab 1923 entstandenen Fotomontagen Rodtschenkos, wo sie ins Verhältnis zu Ereignissen der Zeitgeschichte gesetzt werden. Hierzu zählt die 1930 veröffentlichte Arbeit *Politischer Fußball*, die durch eine diagonale Aufwärtsbewegung gekennzeichnet ist. Ausgehend von der Zuschauermenge am rechten unteren Rand wird unsere Aufmerksamkeit über mehrere Luftduelle auf den Ball in der linken oberen Bildecke gelenkt. Im Zentrum der Darstellung stehen die aus Sportzeitschriften ausgeschnittenen Akteure, die sich deutlich vom Publikum und dem Stadion unter ihren Füßen abheben. Auffällig ist, dass zwei der Fußballer sogenannte *Custodian helmets* tragen. Indem der Künstler die traditionelle Kopfbedeckung englischer Polizisten auf die Köpfe der Kicker montiert, verändert er das Wesen des gezeigten Spiels. Die Bobbys verkörpern nunmehr die britische Staatsmacht, die dem als proletarisch aufgefassten Fußball gegenübergestellt wird. Statt eines Schiedsrichters verfolgt denn auch ein dritter Ordnungshüter die Partie, der mit seiner Trillerpfeife Verstärkung anfordert. Vor diesem Hintergrund fällt auf, dass sich die Zuschauerschar gleichfalls aus gegensätzlich charakterisierten Gruppen zusammensetzt. Während die jüngeren Fans einfache Kleidung tragen, gehören einige der älteren Herren erkennbar einer anderen Gesellschaftsschicht an.

Politischer Fußball erschien in der Zeitschrift *Za Rubezhom*, die sich in satirischen Berichten dem aktuellen Weltgeschehen widmete. Den offiziellen Anlass bildete die Fußballweltmeisterschaft in Uruguay, die 1930 zum ersten Mal ausgetragen wurde. Interessanterweise nahm England, wie Deutschland, gar nicht an dem Turnier teil. Dieser Umstand macht deutlich, dass die Montage nicht auf reale sportliche Ereignisse anspielt. Vielmehr lieferte die WM nur den Vorwand, um sich an England als Mutterland des Fußballs wie des Kapitalismus abzuarbeiten. Aus dem spielerischen Duell zweier Mannschaften wird so eine Auseinandersetzung zwischen Vertretern der Arbeiterklasse und der herrschenden Bourgeoisie, die durch die aufgereihten Uniformierten am unteren Bildrand noch an Schärfe gewinnt.

Rodtschenko besuchte zunächst die Kunstschule in Kasan, wo er auf seine spätere Frau und künstlerische Partnerin Warwara Stepanowa (Abb. S. 281) traf. Im Anschluss an die Fortsetzung des Studiums in Moskau war er in der neuen Hauptstadt ab 1918 am Institut für Volksbildung tätig und lehrte an der Proletkult-Schule. Neben fotografischen und malerischen Arbeiten entstanden in der Folge unter anderem Plakatentwürfe, Innenausstattungen und Theaterkostüme. Zum Thema Fußball haben sich von Rodtschenko auch mehrere malerische Darstellungen erhalten. *FS*

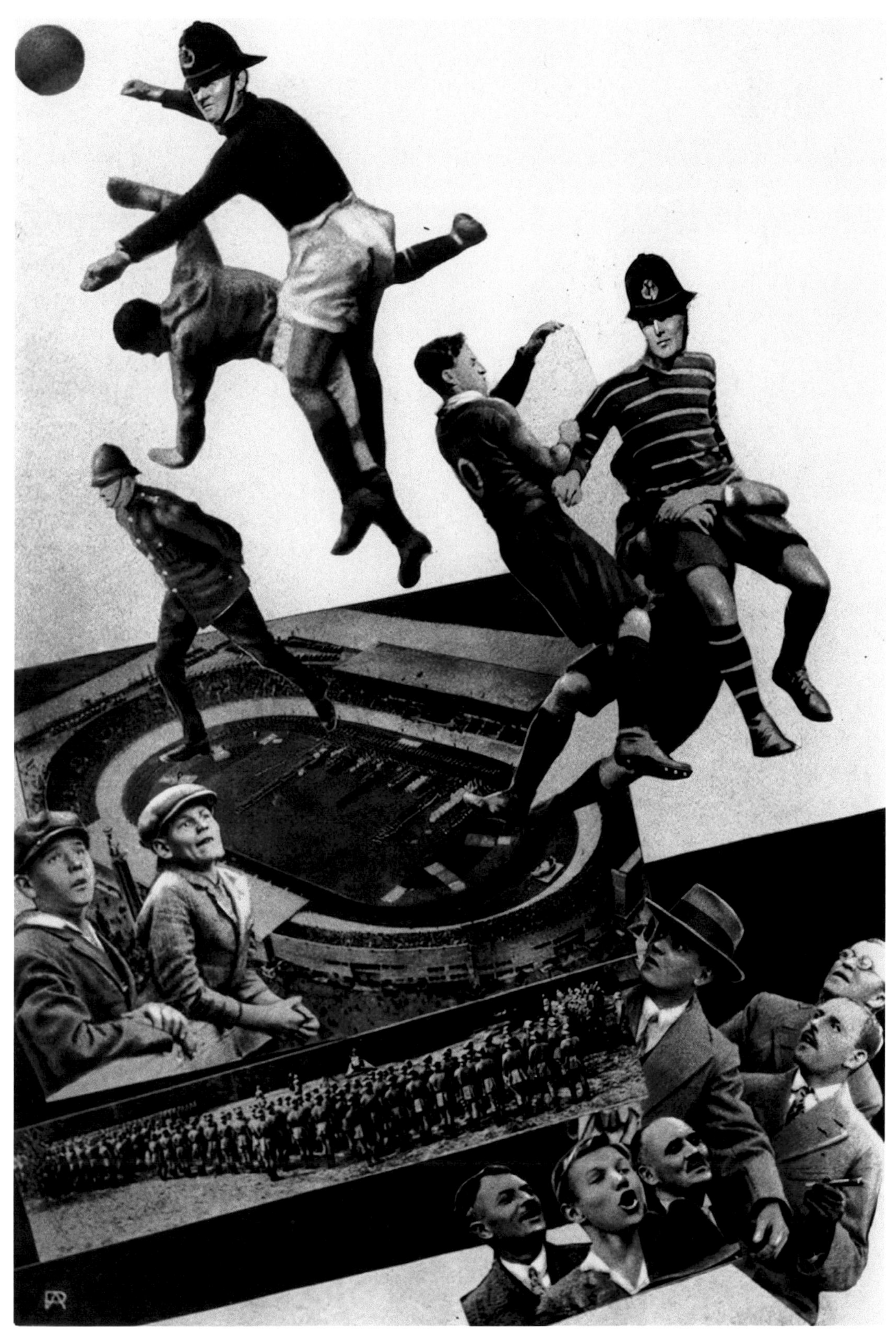

Fußball im Flutlicht

(Dynamo Stadion Dresden)

Peter Rohn (*1934, DEU)

1973

Öl auf Leinwand

106 × 96 cm

Potsdam Museum – Forum für Kunst und Geschichte

Mit *Fußball im Flutlicht* fixiert Peter Rohn einen zentralen Moment der dargestellten Partie, der, aller Kleinteiligkeit zum Trotz, unmittelbar ins Auge fällt. Dafür sorgt neben der strengen geometrischen Aufteilung des Bildes der Fokus des Flutlichts, der unsere Aufmerksamkeit explizit auf eine Szene am unteren Bildrand lenkt. Dort ist an der Seitenlinie ein Laufduell entbrannt, bei dem der schwarz-gelb gekleidete Außenstürmer seinen Gegenspielern zu enteilen droht. Obwohl ihn gleich zwei Kontrahenten in die Zange nehmen, ahnen wir, dass er nicht zu stoppen ist. Folgerichtig laufen Angreifer und Verteidiger in den Strafraum ein, wo sie seine Hereingabe erwarten, und auch der Torhüter hat sich in Position gebracht, um einen drohenden Schuss abzuwehren. Die besondere Spannung der Szene vermittelt sich nicht zuletzt über die statisch erscheinenden Akteure in der linken Bildhälfte, die zum Zuschauen verdammt sind und den Spielzug gebannt verfolgen.

Wie der Untertitel des Gemäldes verrät, handelt es sich bei der Heimmannschaft um Dynamo Dresden, jenen Verein also, der in den 1970er-Jahren seine erfolgreichste Phase erlebte und zahlreiche nationale Titel und Europapokalteilnahmen feiern konnte. Angesichts des Entstehungsjahres liegt es nahe, dass mit dem durchbrechenden Spieler Hans-Jürgen »Hansi« Kreische gemeint ist, der die Mannschaft in der Saison 1972/73 als rechter Außenstürmer mit 26 Treffern zur Oberliga-Meisterschaft führte und zugleich Torschützenkönig wurde.

Der 1934 in Dresden geborene Peter Rohn hatte zunächst unter Bernhard Heisig (Abb. S. 175) an der Leipziger Hochschule für Grafik und Buchkunst studiert, bevor er an die Dresdner Hochschule für Bildende Künste wechselte. Typisch für das Werk des Malers, der seit 1960 in Potsdam lebt, sind nächtliche Stadtlandschaften, in der menschliche Akteure häufig nur eine untergeordnete Rolle spielen.

Während das Publikum zu einer Masse aus Farbakzenten verschwimmt, betont Rohn unter Rückgriff auf das Hochformat ein Spektakel ganz anderer Art, genauer die Monumentalität der »Giraffen«, jener 1969 installierten Flutlichtmasten, deren Leuchtkraft zum Zeitpunkt der Errichtung landesweit konkurrenzlos war. Bis zu ihrem Abbau 2007 im Zuge des Stadionneubaus prägten sie die Silhouette der Stadt und kündigten Abendspiele schon aus großer Entfernung an. In der Wahrnehmung des Künstlers materialisiert sich das Strahlen der insgesamt 104 Lampen in Gestalt einander kreuzender Lichtkegel, die den Rasen mittels unzähliger Spots in eine Bühne verwandeln. Es ist unverkennbar, dass Rohn hierdurch nicht nur die Leistungsfähigkeit der Anlage, sondern auch eine Idee der Moderne in Szene setzen wollte, die im zentral über der Gegengerade angeordneten Sprecherturm und den Hochhäusern im Hintergrund eine Entsprechung findet. Beiläufig hält der Maler dabei auch einen historischen Fußballgrund fest. So trafen sich auf den Güntzwiesen seit 1873 die Mitglieder des Dresden English Football Club, der zu den ersten auf dem europäischen Kontinent gegründeten Fußballvereinen gehörte. Der von englischen Gastarbeitern ins Leben gerufene Verein spielte zunächst nach den Regeln der Rugby-Schule, bevor ab etwa 1890 auch Fußball nach den Vorgaben der Football Association praktiziert wurde. *FS*

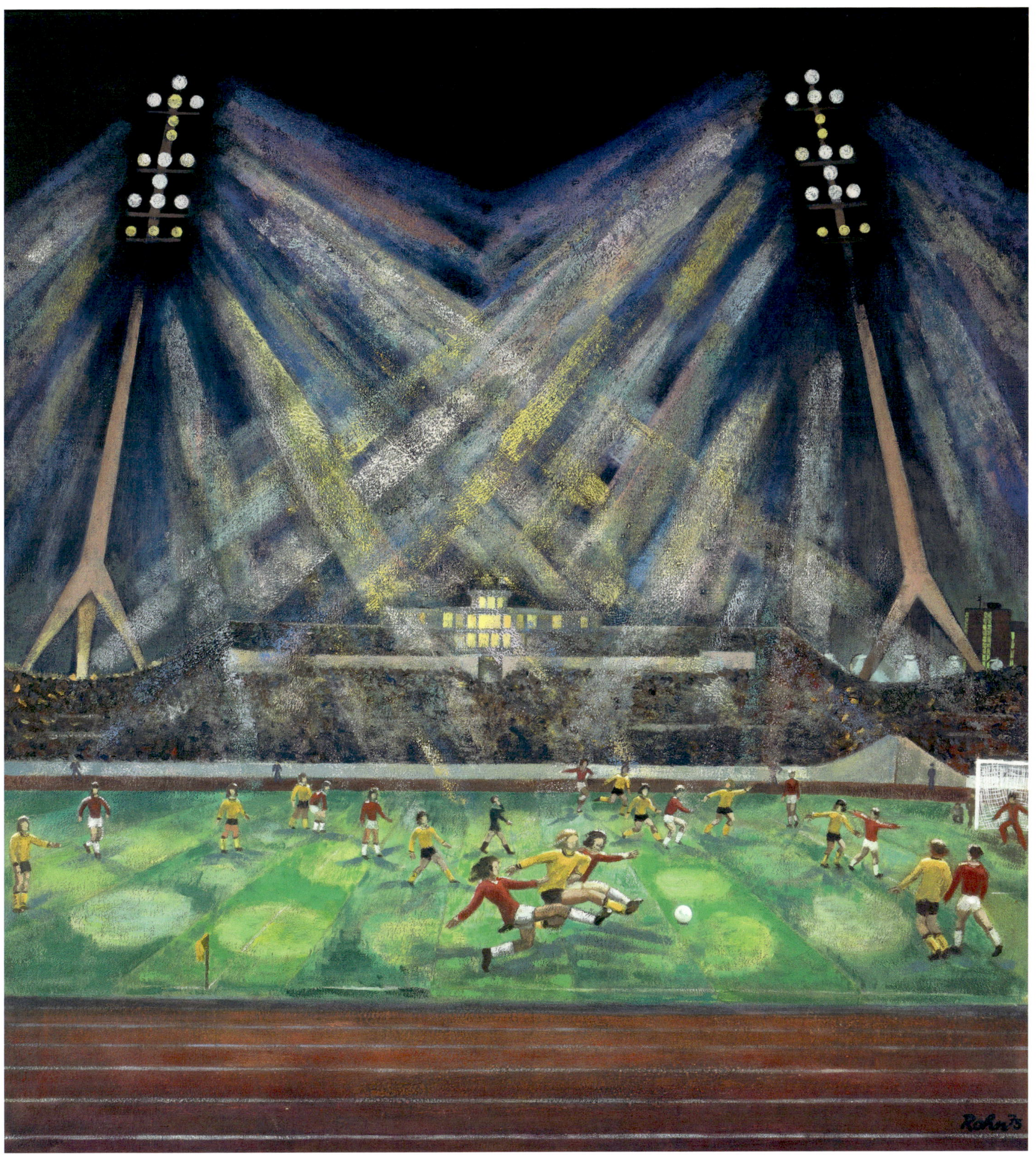
Rohn 75

Pointilistische Waldseite

Torsten Schlüter (*1959, DEU)

2020

Öl auf Holz

50 × 70 cm

Sammlung M. Hoth, Berlin

Ein abstraktes Wogen aus roten und weißen Strichen, unterbrochen nur von einzelnen schwarzen Punkten – auf den ersten Blick stellt sich Torsten Schlüters *Pointilistische Waldseite* als unauflösbares Farbenmeer dar. Dabei ruft neben jenen kontrastierenden Akzenten auch der Titel des Werks die Stilrichtung des Pointillismus auf, mit dem Künstlerinnen und Künstler an der Wende zum 20. Jahrhundert versucht hatten, optischen Phänomenen und der Wirkung des Lichts mit malerischen Mitteln zu entsprechen.

Erst bei näherem Hinsehen offenbart das Werk seine gleichfalls im Titel angedeutete Pointe, nämlich dann, wenn man die Dachstreben am oberen Bildrand entdeckt. Hierdurch nämlich erfährt das Gemälde eine Konkretisierung, gibt sich der Schauplatz als Waldseite zu erkennen, jene Stehplatztribüne im Stadion an der Alten Försterei, auf der sich die Fans des 1. FC Union Berlin bei jedem Heimspiel versammeln, um gemeinsam die von Nina Hagen gesungene Vereinshymne »Eisern Union« anzustimmen und ihre Schals in die Höhe zu recken. Es ist diese unabgesprochene und zugleich eingespielte Choreographie, die der Künstler eingefangen hat und die der Komposition, trotz ihres verhältnismäßig kompakten Formats von 50 × 70 cm, eine monumentale Wirkung verleiht.

Der aus Hennigsdorf bei Berlin stammende Schlüter studierte Architektur an der Bauhausuniversität Weimar, wo er 1986 sein Diplom im Fach Malerei erwarb. Seit 1988 ist er als freischaffender Maler tätig und seit dieser Zeit auch Union-Anhänger. Im Verlauf der letzten Jahrzehnte hat er dem lange Zeit als »unaufsteigbar« geltenden Club unzählige Arbeiten gewidmet und auf diese Weise den Weg des Vereins von der Oberliga bis in die Champions League dokumentiert. Häufig bilden kontrastierende Gegenüberstellungen von Rot und Weiß sowie das Aufgehen konkreter Formen in abstrakten Mustern die Grundlage seiner künstlerischen Auseinandersetzungen, etwa wenn er, wie in dem Gemälde *Mai 19 (I)*, den von Fans gefluteten Rasen nach dem Bundesligaaufstieg 2019 festhält. Mit der 2020 geschaffenen *Pointilistischen Waldseite* ist es dem Maler gelungen, einen ähnlichen Effekt zu erzielen wie Andreas Gursky mit seiner fotografischen Verewigung der Dortmunder Südtribüne. Beide Arbeiten stehen damit sinnbildlich für die Treue zum eigenen Verein, die sich gegenüber der Außenwelt zuallererst über spezifische Farben und das Zusammenstehen der Fans manifestiert.

Im Falle von Schlüters Bild erscheint die Verschmelzung von Anhängern und Stadionarchitektur aufgrund der gewählten Technik sogar noch zwingender, drückt sich die Verschworenheit noch dazu im nicht selbsterklärenden Titel aus. Die enge Vereinsbindung lässt sich nicht zuletzt auf die Geschichte des Clubs zurückführen. Immerhin galt Union in der DDR als Gegenstück zum staatlich protegierten BFC Dynamo, wodurch die »Grüne Hölle« – so der Name der Stammkneipe der Union-Fans und der Hobbyfußballer vom BSV Prenzlauer Berg – zum Sammelbecken für Oppositionelle und geächtete Subkulturen wurde. Nach der Wende unterstützten die Fans Union dann mehrfach durch Spendenaktionen und die aktive Beteiligung am Stadionausbau. *FS*

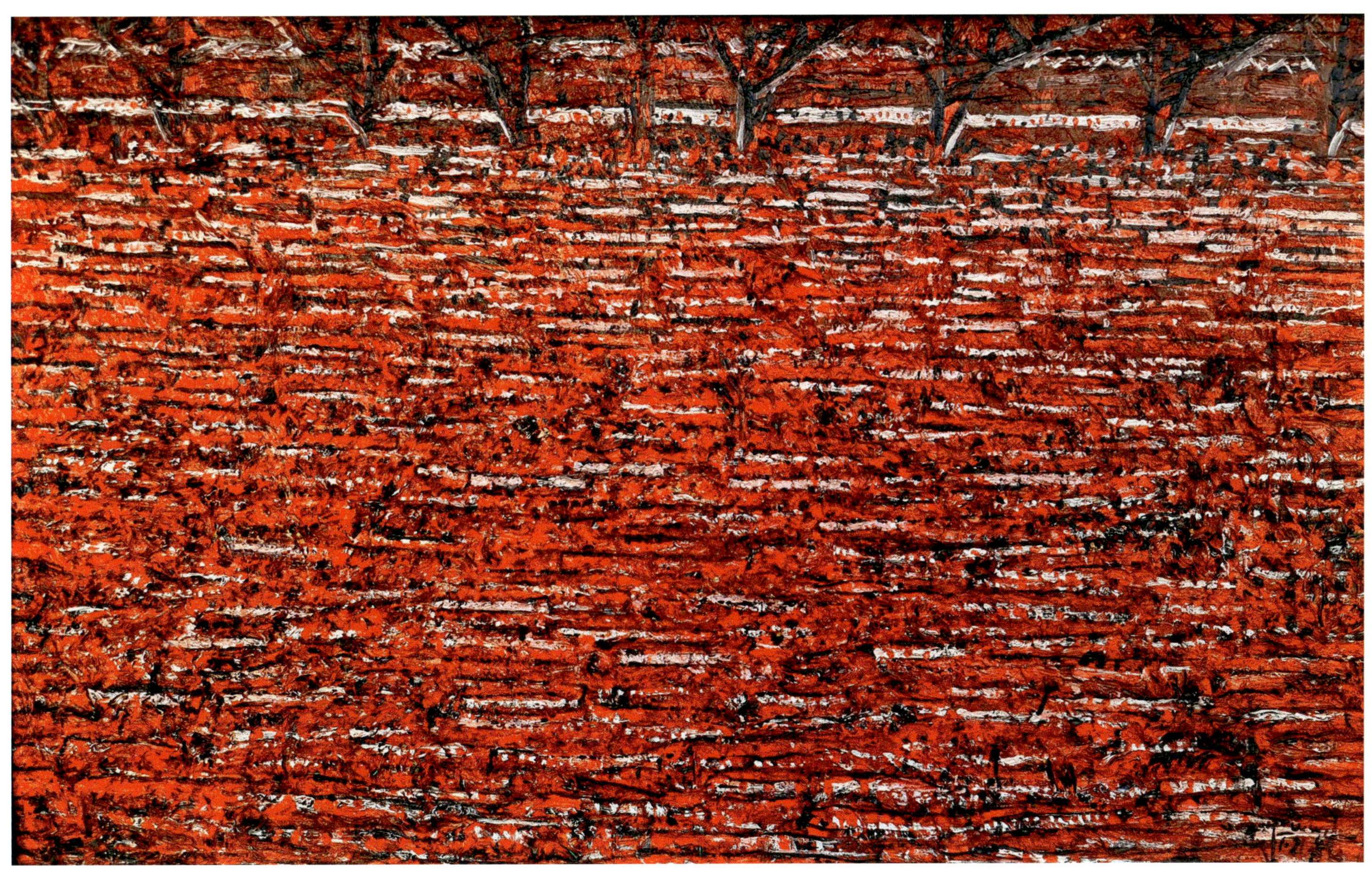

Russisch-dänisches Fußballspiel

Jens Søndergaard (1895–1957, DNK)

1945

Öl auf Leinwand

128 × 153 cm

Statens Museum for Kunst, Kopenhagen

Ein dörflicher Sportplatz in einer hügeligen Landschaft – das ist die unprätentiöse Bühne für Jens Søndergaards *Russisch-dänisches Fußballspiel*. Bis auf die Länderflaggen erinnert hier nichts an ein offizielles Länderspiel. Die Verhältnisse sind schlecht, das Geläuf mehr braun als grün. Eine Tribüne gibt es nicht, stattdessen hat sich die lokale Bevölkerung auf den umliegenden Hügeln versammelt, wobei sich ihre bunte Kleidung deutlich von der kargen Vegetation abhebt. Wir blicken gemeinsam mit einer Gruppe ins Gespräch vertiefter Männer auf die Szenerie, die der Maler in geradezu kindlich-naiver Manier festgehalten hat: So passt etwa die Größe der Tore nicht zum gewählten Maßstab, überragt das blau-schwarz gekleidete Team im Vordergrund die Mannschaft in den weiß-roten Trikots bei weitem. Auch das Verhalten der Spieler erscheint indifferent: Während im Mittelfeld ein Zweikampf stattfindet, stehen andere Spieler unbeteiligt herum oder sind mit dem Aufwärmen beschäftigt.

Dass es sich bei der weiß-rot gekleideten Mannschaft um Repräsentanten Dänemarks handelt, lässt sich indes nur vermuten, lief doch auch die Sowjetunion damals in identischen Farben auf. Umso interessanter ist die Inszenierung der Flaggen: So werden der größeren sowjetischen Flagge im Vordergrund auf der anderen Seite des Platzes zwei dänische gegenübergestellt. Es handelt sich um die einzigen nachvollziehbaren Hinweise auf eine internationale Begegnung, deren genauer Hintergrund wiederum unbekannt ist. Schon während des Zweiten Weltkriegs hatte es in Dänemark Freundschaftsspiele unter Beteiligung russischer Kriegsgefangener gegeben. Allerdings gibt die rückwärtige Inschrift »Lyngsaas 1945« einen Hinweis auf den möglichen Ort und Zeitpunkt der Austragung. Denkbar ist, dass es sich um eine jener Partien handelt, die nach dem Kriegsende als Teil offizieller Besuche veranstaltet wurden.

Dass jene Begegnungen im weitesten Sinne der Völkerverständigung dienen sollten, zeigt das Beispiel Bornholms. Dort hatten sich die deutschen Besatzer im Mai 1945 geweigert, die Kapitulation zu akzeptieren, woraufhin die Rote Armee auf der Insel landete und diese für elf Monate besetzte. Nachdem es infolge der erneuten Besatzung zu Unstimmigkeiten gekommen war, beschloss die sowjetische Seite, das schwierige Verhältnis zur Zivilbevölkerung zu verbessern, indem man die auf Bornholm stationierten Soldaten Spiele gegen lokale Mannschaften austragen ließ. In diesem Sinne ließe sich die ungleiche Verteilung der Flaggen auch als patriotischer Kommentar lesen, wobei angemerkt werden muss, dass in einer später entstandenen Fußballdarstellung des Malers sogar vier dänische Flaggen (sog. Dannebrogs) auszumachen sind.

Als Künstler bildete sich Søndergaard hauptsächlich autodidaktisch weiter. Zwar hatte er ab 1916 Zeichenkurse besucht und 1919 ein Studium an der Königlichen Dänischen Akademie der Schönen Künste begonnen, allerdings brach er die Ausbildung schon nach wenigen Monaten ab. Nachdem er zu Beginn seines Schaffens erkennbar vom Expressionismus geprägt war und auch Impressionen des städtischen Großstadtlebens schuf, wandte er sich später vermehrt Sujets aus seinem persönlichen Lebensumfeld an der Nordwestküste Jütlands zu. Künstler wie Edvard Munch und Vincent van Gogh können dabei als Vorbilder Søndergaards gelten. *FS*

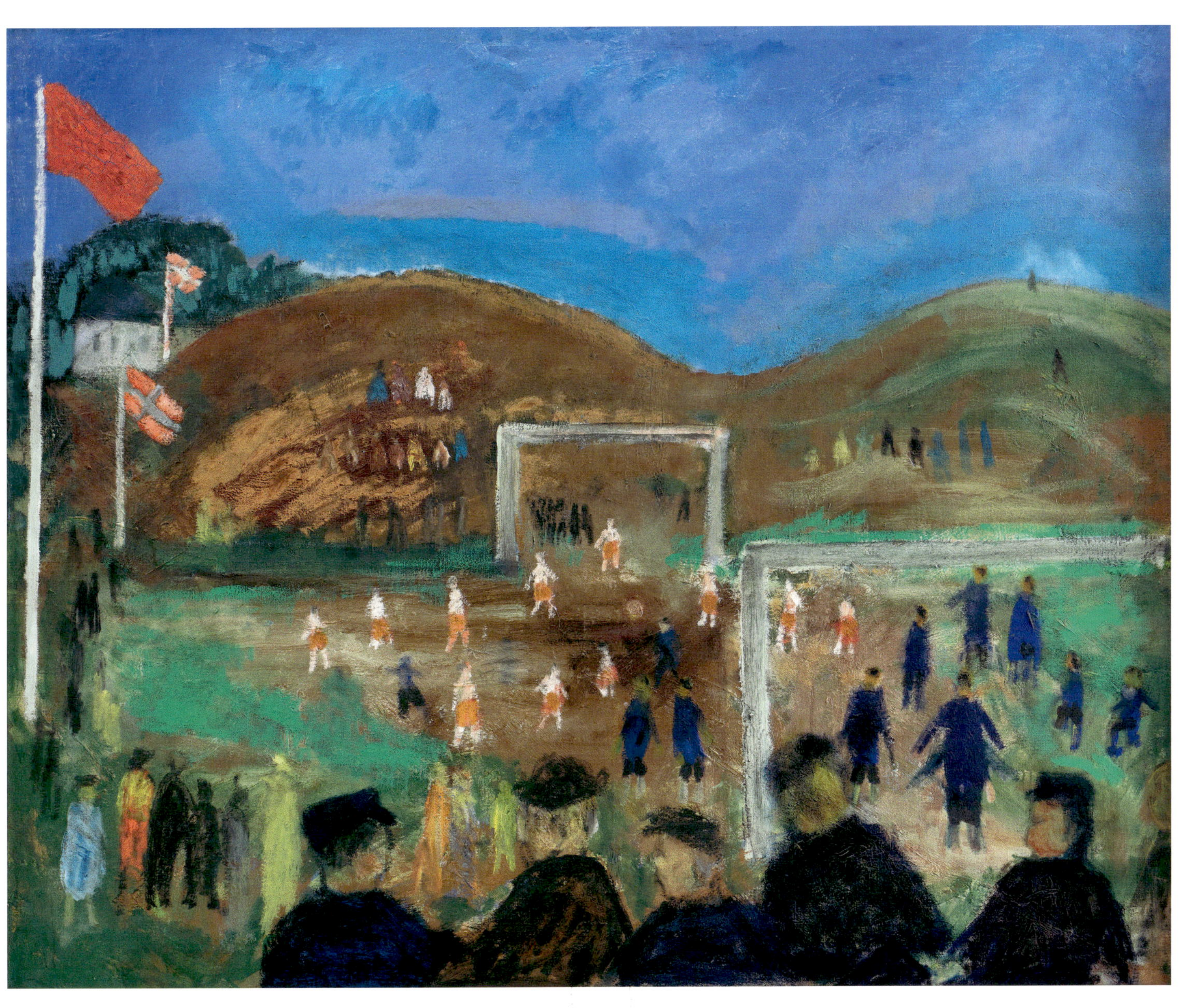

Kluge Frauen lassen ihre Männer toben

Peter Sorge (1937–2000, DEU)

1970

Bleistift auf Karton

61 × 67 cm

Sammlung zeitgenössischer Kunst der Bundesrepublik Deutschland

Der Ball ist hin. So viel zumindest ist sicher in Peter Sorges 1970 entstandenem Werk *Kluge Frauen lassen ihre Männer toben*. Platt und zerknautscht liegt er im Vordergrund einer handgreiflichen Auseinandersetzung und ist doch nicht Teil davon. Zu deutlich ist die Lederkugel vom Geschehen abgesetzt; durch einen weißen Rand wird sie zusätzlich als Bild im Bild gekennzeichnet. Auch darüber hinaus spielt die Struktur der fein ausgearbeiteten Bleistiftzeichnung auf die Ästhetik von Comics oder Bilderstrecken an, woraus allerdings keine verbesserte Lesbarkeit resultiert.

Im größeren der zwei Bildfelder ist eine wüste Rauferei entbrannt. Mit großer Sorgfalt hat der Künstler erfasst, wie die beteiligten Männer übereinander herfallen. Ihre Stollenschuhe, Trikots und Kniestrümpfe kennzeichnen sie als Sportler, wobei das Gedränge eher an Rugby- denn an Fußballspieler denken lässt. Ihr außer Kontrolle geratenes ›Toben‹ legitimiert das allerdings kaum. Unter großer Kraftanstrengung reißen sie sich an der Kleidung, um sich gegenseitig aus dem Tritt zu bringen und zu Boden zu werfen. Das auf diese Weise entstandene Knäuel scheint fast gänzlich aus Armen und Beinen zu bestehen; nur am rechten Bildrand tritt ein Gesicht aus der Menge hervor.

Das Sujet fügt sich insofern in Sorges Œuvre ein, als zahlreiche Grafiken des Künstlers Themen wie Gewalt und übertriebene männliche Potenz verhandeln. Zu seinen häufigsten Akteuren in jener Zeit gehören dabei Bodybuilder und Soldaten, denen er Pressefotos und pornografische Szenen gegenüberstellt. Auch Gleichsetzungen von Sport und Gewalt finden sich wiederholt. So liegt in einer 1982 entstandenen Arbeit ein Fußball auf einer Ansammlung von Gewehren. Häufig üben die collageartigen Arrangements Kritik am Vietnamkrieg oder an der Herabwürdigung von Frauen als Projektionsfläche männlicher Lust.

Aufschlussreich ist, dass letztere in der vorliegenden Arbeit nur im Titel präsent sind. Statt ihrer stellt der Künstler den Raufenden eine andere, männliche Ordnungsinstanz zur Seite, die sich durch ausgesprochene Passivität auszeichnet. So reagieren die beiden übergewichtigen Polizisten im rechten Panel eher desinteressiert auf das Treiben. Da Sorge als Vertreter des Kritischen Realismus auch für dieses Motiv auf dokumentarisches Material zurückgriff, ist offensichtlich, wie konstruiert das hergestellte Verhältnis ist. Umso wichtiger ist die Verknüpfung mit dem Fußball, der unmittelbar auf die Auseinandersetzung projiziert wird und nahelegt, dass die Arbeit weniger auf den sportlichen Wettbewerb als auf männliches Balzverhalten abzielt, das sich – ohne Legitimation – auch abseits des Rasens fortsetzt. Einen möglichen Kommentar liefert indes der Spieler mit der Nummer 7. Mit den Fingern seiner rechten Hand zeigt er seinen Mitspielern einen Spielzug an, der aus unserer Perspektive allerdings wie ein Stinkefinger aussieht.

Der aus Berlin stammende Sorge wuchs in Neustrelitz und Dortmund auf, bevor er 1958 in seine Heimatstadt zurückkehrte, um an der Hochschule für Bildende Künste Kunstpädagogik zu studieren. In der Folge begründete er mehrere Künstlergruppen und Produzentengalerien mit. Von 1967 bis zu ihrem Tod 1999 lebte und arbeitete er mit der Malerin Maina-Miriam Munsky zusammen. *FS*

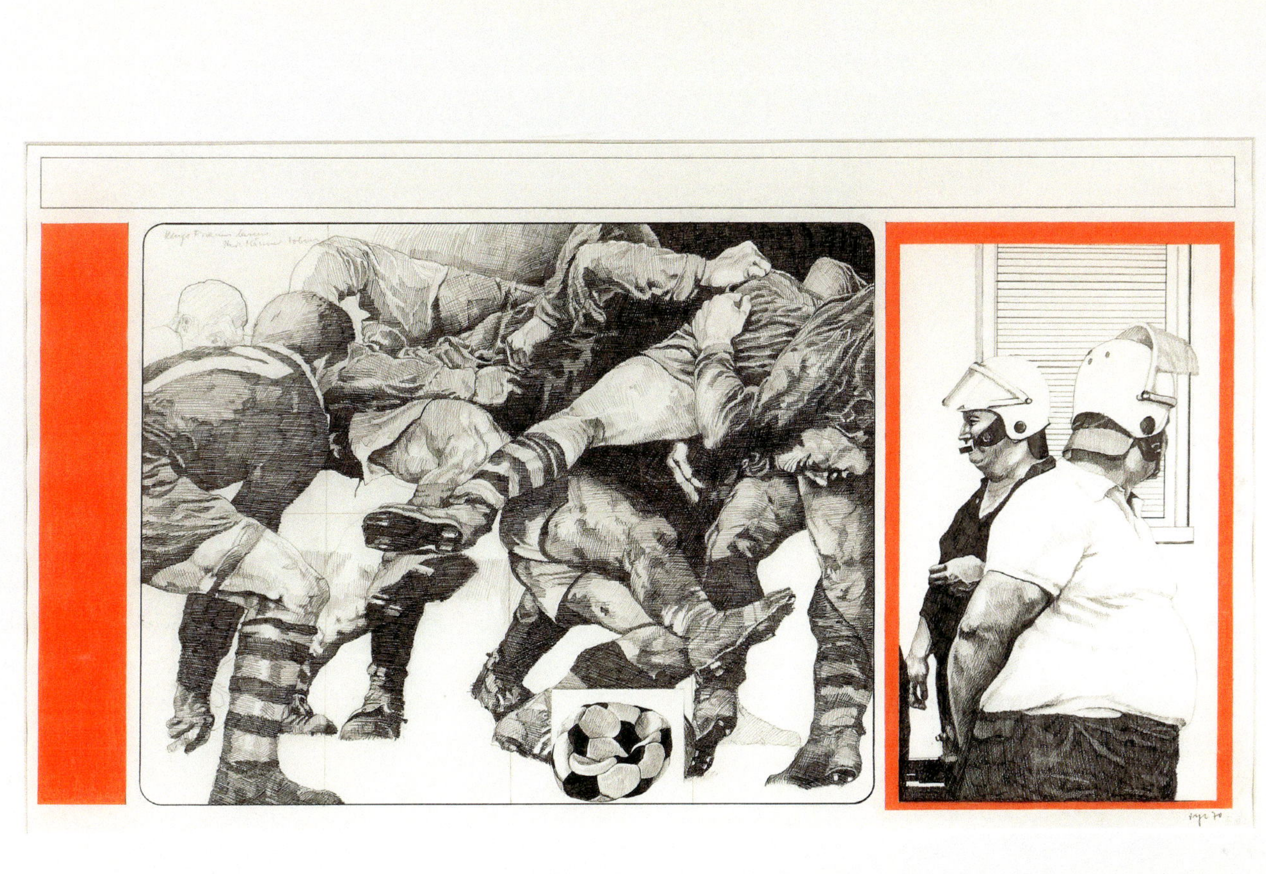

Parc des Princes

Nicolas de Staël (1914–1955, FRA)

1952

Öl auf Leinwand

200 × 350 cm

Privatbesitz

Farbflächen drängen gegeneinander, Grün, Türkis, Blau und Weiß. Rhythmisch bewegen sie sich von rechts nach links und stürmen gegen einen Block weißer und rosafarbener Rechtecke. Für den Betrachter ist das Erlebnis des Gemäldes auch durch seine schiere Größe bestimmt, misst es doch 200 × 350 cm. Steht man unmittelbar vor dem Bild, wird man durch dessen Dynamik überwältigt. Nicolas de Staëls monumentales Werk entstand im Jahr 1952 in der Folge eines Stadionbesuchs im Pariser Parc des Princes. Das Länderspiel zwischen Frankreich und Schweden verlor die Heimmannschaft 0:1. Aber es war nicht das Ergebnis, das den Künstler zu seinem Gemälde inspirierte, sondern der Fußball als sinnliches Ereignis. Begeistert berichtet er seinem Freund René Char vom existenziellen Erlebnis des Abends: »Zwischen Himmel und Erde, auf rotem und blauem Gras, voltigieren haufenweise Muskeln in völliger Selbstvergessenheit [...].« Er ist derart enthusiasmiert, dass er noch in derselben Nacht beginnt, Skizzen anzufertigen. Einen Monat arbeitet er an 20 Bildern von Fußballspielern, wobei das Gemälde des Parc des Princes den Höhepunkt der Serie bildet.

Das dort ausgetragene Länderspiel gehörte zu den ersten, die unter Flutlicht stattfanden. So könnten die weißen Flächen an Scheinwerfer und die schwarzen am oberen und rechten Bildrand an den nächtlichen Himmel gemahnen. Durch die formale Anordnung energetischer Farbflächen organisiert der Maler für das Auge des Betrachters eine Bewegung von rechts unten nach links oben. Die Dynamik des Bildes entfaltet sich gegen die Leserichtung und beginnt mit der grünen Fläche unten rechts. Dabei spürt man förmlich die physische Malweise, für die de Staël nicht nur Pinsel und Malmesser, sondern wie ein Maurer sogar Kellen und Metallplatten nutzte. Für seine Farbpalette bediente er sich vor allem der Farben Blau und Grün, die mehrfach abgewandelt durch Weiß gehöht werden, sodass fließende, tonig vermittelte Übergänge entstehen. Nur wenige Rotakzente stechen hervor. Aber gerade die reduziert-zurückhaltende Farbigkeit führt dazu, dass die Farben im Laufe der Betrachtung an Intensität gewinnen.

De Staëls Gemälde erhält seinen Reiz nicht nur aus der überbordenden Dynamik der Farbflächen, sondern auch durch das Changieren von figürlicher und abstrakter Wahrnehmung. In den schmalen weißen und rosafarben Streifen meint man die Gliedmaßen der Spieler zu erkennen. Vierecke werden zu Köpfen, Flächen zu Oberkörpern. Die grünen Teile gemahnen an den Rasen und die schwarzen führen den nächtlichen Himmel vor Augen. Alles wird lediglich angedeutet und verbindet sich erst im Kopf des Rezipienten zu einer ambivalenten Bilderzählung. Wir haben es mit einer Synthese aus figurativ-gegenständlicher und abstrakt-emotionaler Darstellungsweise zu tun.

Nur drei Jahre nach Vollendung der Fußballbilder nahm sich der in St. Petersburg geborene Künstler das Leben. Seine Familie hatte nach der Russischen Revolution das Land verlassen und war nach Polen emigriert, wo beide Eltern schon bald gestorben waren. Gemeinsam mit seinen Schwestern wuchs Nicolas de Staël bei Freunden der Eltern in Brüssel auf, wo er die Kunstakademie besuchte. Nach zahlreichen Reisen ließ er sich 1938 in Paris nieder und wendete sich als Mitglied der École de Paris der abstrakten Malerei zu. *JM*

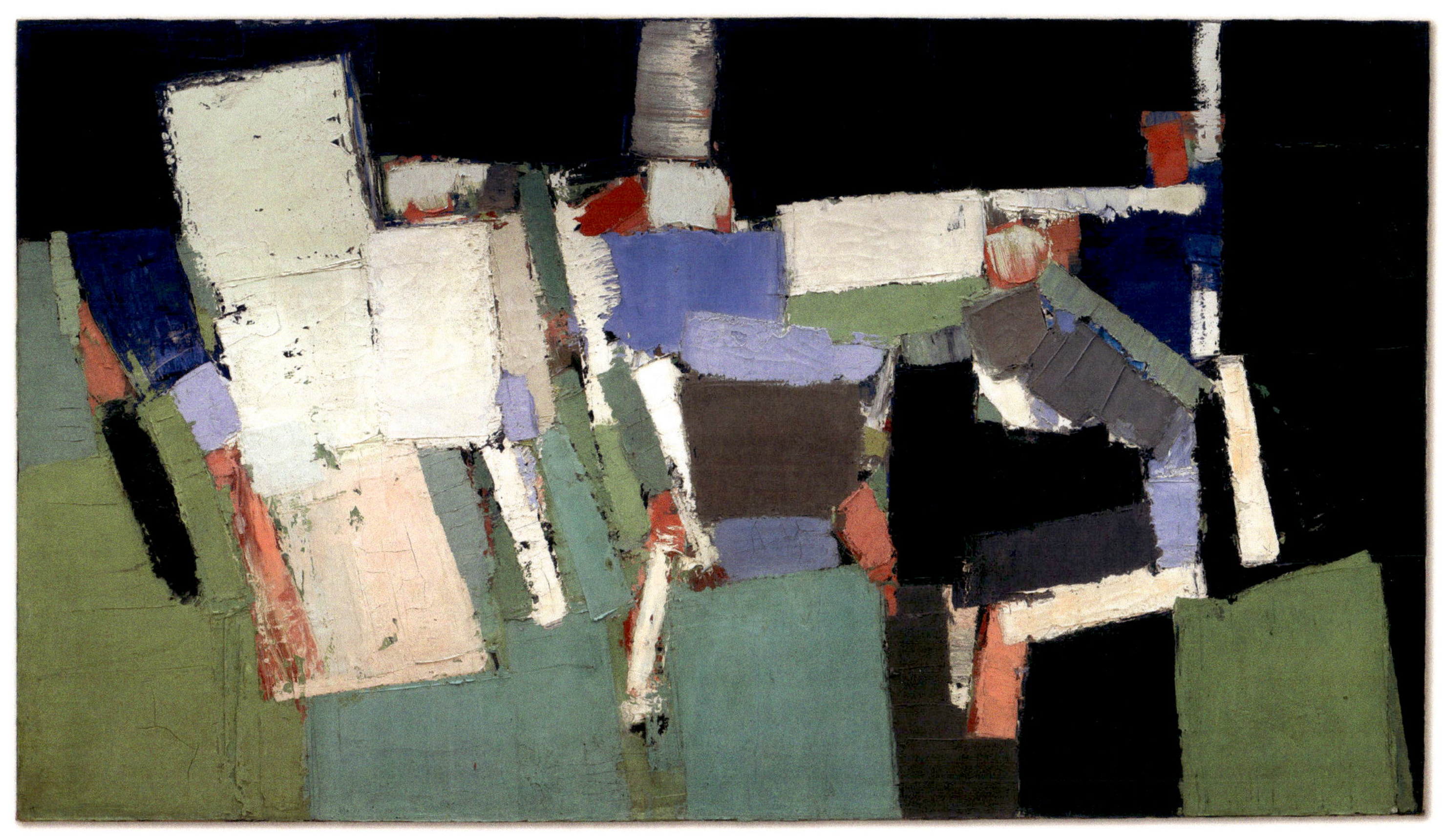

Entwurf für ein Fußballtrikot
Warwara Stepanowa (1894–1958, LTU)

1923

Gouache und Tusche auf Papier

30,2 × 21,7 cm

Pushkin State Museum of Fine Arts, Moskau

Der Sport eignet sich in besonderer Weise, gesellschaftliche Ideale zum Ausdruck zu bringen. Wettkämpfe und Meisterschaften sind gesellschaftliche Ereignisse, die nicht nur der Organisation, sondern auch der ästhetischen Gestaltung bedürfen. Schon früh kam dem Sport in den Ländern der Sowjetunion eine besondere Bedeutung zu, als Sinnbild für Mut und Siegeswillen der sowjetischen Jugend, als Symbol für die Durchsetzungskraft der kommunistischen Idee. Moderne Technik und menschlicher Einsatzwillen sollten den Weg in die klassenlose Gesellschaft eröffnen. Für Letzteres war der Sport und vor allem der Fußball als moderner Mannschaftssport ein treffendes Bild. Lenins berühmtes Diktum, »Kommunismus ist Sowjetmacht plus Elektrifizierung«, erinnert an die Aufgabe, eine bäuerliche Gesellschaft zu industrialisieren und kennzeichnet den Weg, der zum Erfolg führen soll. So erinnern zahlreiche Namen von Fußballclubs aus osteuropäischen Ländern an diese Ideologisierung, wenn für ihre Namensgebung auf Energiemetaphern zurückgegriffen wurde. Sie heißen bis heute »Dynamo«, »Lokomotive« oder »Energie«.

Die Künstlerin Warwara Stepanowa war eine Avantgardistin der ersten Stunden und hat es sich zur Aufgabe gemacht, diese Idee des Sports als Sinnbild für Dynamik und Energie ästhetisch zu gestalten. Der vorliegende Entwurf aus dem Jahr 1923 ist eines von zahlreichen Beispielen, die diese Ideenwelt ins Bild setzen. Das Trikot zeigt breite rote Streifen auf weißem Grund, die diagonal angeordnet sind. Die Streifen von Hemd und Hose bilden dabei eine Keilform, die dynamisch in entgegengesetzte Richtungen weist. Der Hosenbund, die Ärmel und das Bündchen der Stutzen bilden als rote Querriegel den Rahmen dieser ebenso dynamischen wie streng geometrischen und zur vertikalen Mittelachse hin symmetrischen Figur. Die Füße des Spielers stecken in hohen weißen Schuhen, deren schwarze prägnante Sohlen ihm große Standfestigkeit verleihen. In ihren Entwürfen wird die Sportkleidung im doppelten Sinne zum Symbol. Die Farbe Rot ist sicher nicht bedeutungslos, sondern ein Bekenntnis zum Sowjetstaat. Der Spieler wird zum Blitz, aber auch das Spiel selbst wird zu einem dynamischen Ereignis. Ebenso arbeitet die Künstlerin in anderen Entwürfen mit rhythmisch angeordneten Streifen, welche die Sportkleidung in visuelle Vibration versetzen. Das Bild wirkt wie eine Ausschneideform, führt aber darüber hinaus auch die Uniformierung der Mannschaftstrikots vor Augen, die mit einem eindringlichen politischen Moment einhergeht.

Nach der Russischen Revolution wurden Warwara Stepanowa und ihr Ehemann Alexander M. Rodschenko zu bedeutenden Protagonisten einer neuen sowjetischen Kultur. Im Jahr 1921 gehörten beide zur fünfköpfigen Künstlergruppe der Moskauer Ausstellung »5 × 5 = 25«. Als Vertreterin der konstruktivistischen Produktionskunst entwarf Warwara Stepanowa Bühnenbilder und Kostüme sowie Stoffe und Kleidung, wobei sie sich nicht nur zur Form, sondern auch zu den Produktionsumständen der Kleidung äußerte. Wladimir Majakowski hat sie einmal als »rasante Künstlerin« gelobt. *JM*

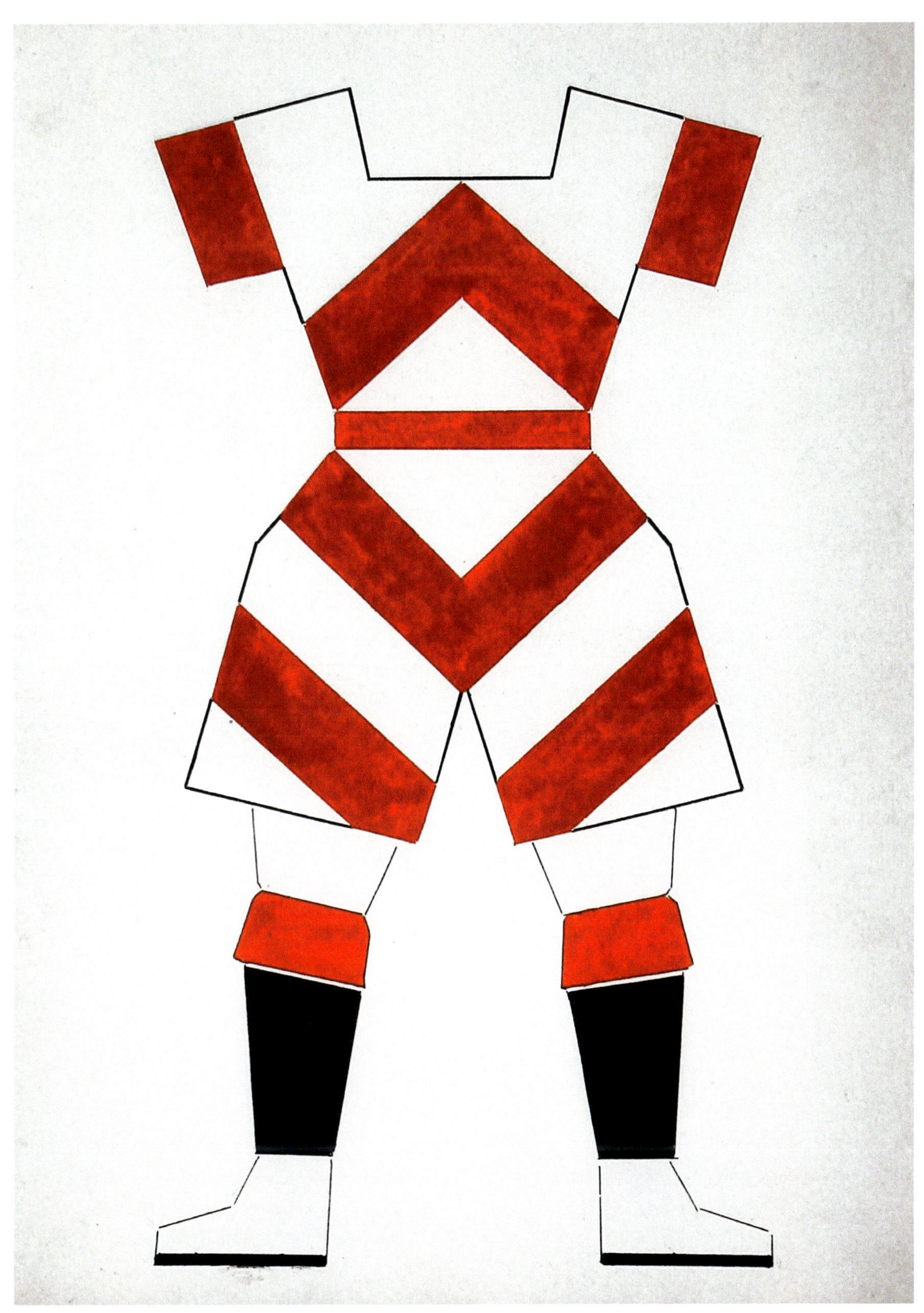

Fußballspieler

Christine Swane (1876–1960, DNK)

1937

Öl auf Leinwand

136 × 121 cm

Statens Museum for Kunst, Kopenhagen

Mit *Fußballspieler* hat Christine Swane ein nachgerade klassisches Sujet der Fußballkunst mit großer Leichtigkeit variiert. Die Torraumszene zeigt einen Stürmer im blau-weißen Trikot, der sich anscheinend absolut mühelos vom Erdboden gelöst hat, um mit einem Kopfball den gegnerischen Torwart zu bezwingen. Das großformatige Gemälde bildet den Körper des Schützen dabei vollumfänglich ab und vermittelt zugleich die Höhe seines Sprunges, mit dem er den Spieler zu seiner Rechten um mehr als eine Kopflänge überragt.

In ihrem vom Kubismus beeinflussten Werk bedient sich die Künstlerin einer strengen geometrischen Gliederung. Sowohl die kantigen Körper der Sportler als auch die im Hintergrund angedeuteten Bauten werden durch die flächige, umrissbezogene Malerei auf ihre Grundformen reduziert, womit eine Fokussierung auf die unmittelbare Aktion einhergeht. Auf die gleiche Weise gelingt es Swane, auch die dargestellte Handlung zu strukturieren. So lässt das Bild, ausgehend von der linken oberen Bildecke, eine Abwärtsdiagonale erkennen, innerhalb derer sich der Torwart mit ausgestreckten Armen dem Ball entgegenwirft. Dass er nicht nur in kompositorischer Hinsicht als Widerpart des Angreifers agiert, zeigt die farbliche Gestaltung. Indem sie den Trikots des angreifenden Teams die gegensätzlich kolorierte Kleidung der verteidigenden Mannschaft gegenüberstellt, unterstreicht sie das Verhältnis der Akteure mit simplen Mitteln.

Darüber hinaus orientiert sich die Komposition erkennbar an einem populären Werk ihres Lehrers Harald Giersing, der Swane einst mit dem Kubismus vertraut gemacht hatte. Wie der Vergleich zeigt, ist die Dreieckskonstellation aus Angreifer, Torwart und Verteidiger schon in dessen 1917 entstandenem Gemälde *Sofus beim Kopfball* (Abb. S. 169) vorgebildet. Dass das 20 Jahre später entstandene *Fußballspieler* eine andere Wirkung entfaltet, verdankt sich zuallererst der veränderten Farbpalette, die, ähnlich wie in den bekannteren Stillleben der Künstlerin, nahezu auf Pastelltöne beschränkt bleibt. Hinzu kommt, dass Swane den Bildraum künstlich verengt, indem sie weitere Personen ergänzt, dafür aber auf die Illusion eines weiten Fußballstadions verzichtet. Ihre Inszenierung des Balles als eine hellgelbe, sonnengleiche Kugel erlaubt zudem eine weiterführende Deutung. Indem der aufsteigende Stürmer geradezu in der Luft steht, spielt er auf die mythologische Figur des Ikarus an, dem es gelingt, die Regeln der Schwerkraft zu überwinden.

Als jüngere Schwester des Malers Johannes Larsen stand Swane zunächst unter dem Einfluss der Fünen-Maler, die sich von der Natur der dänischen Insel inspirieren ließen. Ab 1898 war sie in Kopenhagen an der Frauenschule der Königlich Dänischen Akademie immatrikuliert. Allerdings schloss sie das Studium nicht ab, sondern setzte ihre Ausbildung an Fritz Sybergs Kunstschule für Malerinnen fort. Durch das Zusammentreffen mit Karl Isakson und ihrem späteren Ehemann Sigurd Swane kam sie in Kontakt mit aktuellen Kunstströmungen. Auch im Nachgang ihrer Scheidung im Jahr 1920 gelang es der alleinerziehenden Mutter, ihren Lebensunterhalt als selbstständige Künstlerin zu bestreiten. 1937 wurde sie in die Künstlergruppe Grønningen aufgenommen. *FS*

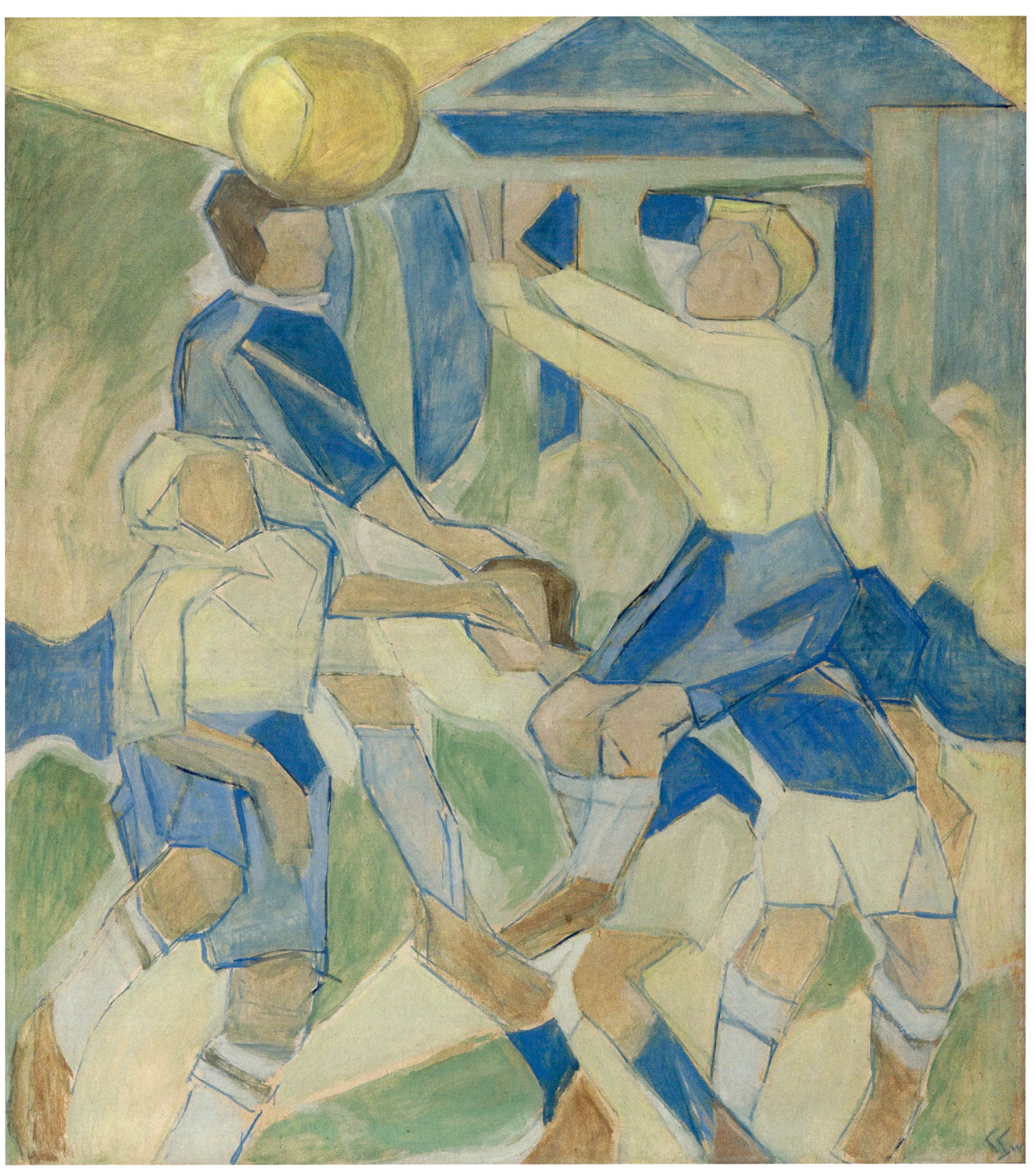

Das Spiel
Ivan Tabaković (1898–1977, SRB)

1927

Öl auf Leinwand

89 × 70 cm

Gallery of Matica Srpska, Novi Sad

Auf dem Rasen spitzt sich das Spielgeschehen vor einem der Tore zu. Der Stürmer im rot-weiß gestreiften Trikot ist den blau-weiß gekleideten Verteidigern der gegnerischen Mannschaft entkommen. So werden wir Zeuge seines Versuchs, den Torhüter mit einem halbhohen Schuss zu überwinden. Dieser springt dem Ball in einer athletischen Bewegung entgegen, sieht sich aber zugleich mit dem ausgestreckten Fuß eines weiteren Angreifers konfrontiert, der auf einen Abstauber hofft.

Ivan Tabakovićs Darstellung eines Fußballspiels zeichnet sich durch große Einfachheit und Farbenfreude aus. Damit verbunden ist eine unmittelbare Zugänglichkeit. Das ungewöhnliche Hochformat bedingt darüber hinaus, dass uns der Künstler nur einen Teil des Fußballfeldes präsentiert. Auch die Tribüne, die angrenzenden Häuser und das Tor sind angeschnitten.

Übertragen auf das Spiel hält der gewählte Bildausschnitt die Erkenntnis bereit, dass jede Aktion immer nur eine Momentaufnahme und bis zum Abpfiff noch nichts entschieden ist. Im vorliegenden Fall etwa ist denkbar, dass der Keeper den Ball erreicht oder doch noch bezwungen wird. Folglich hat der Künstler die Offenheit und Ambivalenz einer jeden Torraumszene mit malerischen Mitteln umrissen.

Nicht weniger faszinierend ist, mit welcher Liebe zum Detail der Maler das Publikum eingefangen hat: Die zahlreichen Zuschauer haben sich hinter der seitlichen Absperrung und auf einer steil aufragenden Holztribüne versammelt; sie schauen über die Mauer, sind auf einen Baum gestiegen oder verfolgen die Partie vom Fenster oder Balkon ihrer Wohnung aus. Noch dazu handelt es sich um Menschen jeden Alters und jedweder Couleur; inmitten der Männergruppen steht ein vornehm gekleidetes Ehepaar, daneben ein Vater, dessen Sohn auf dem hölzernen Geländer balanciert – und in der rechten Bildhälfte haben sich einige Matrosen eingefunden, von denen einer in lässiger Haltung auf dem Boden liegt. Einige der Besucher haben sogar ihre Arme in die Höhe gerissen, in der Hoffnung, im nächsten Moment jubeln zu dürfen.

Entstanden ist *Das Spiel* 1927 und damit in Tabakovićs Zagreber Schaffensphase. Mit der ausdrücklichen Freude an der Milieuschilderung fügt sich das Gemälde in die Genreszenen ein, die der Maler in jener Zeit vermehrt schuf. Der 1898 im damals zu Österreich-Ungarn gehörenden Arad geborene Künstler hatte zunächst Malerei an der Akademie der Schönen Künste in Budapest studiert, bevor er an die Königliche Akademie für angewandte Kunst in Zagreb wechselte, wo er von Ljubo Babić, dem Maler des ersten kroatischen Fußballbildes (Abb. S. 111), unterrichtet wurde. In seinem Frühwerk zeigte er sich vom Münchner Realismus und von Hans Hoffmann beeinflusst. Später begründete er in Zagreb die Künstlergruppe »Zemlja« (Erde) mit. Ab den 1930er-Jahren wandte er sich in Novi Sad einer realistischeren Malweise zu. In Belgrad schließlich, wo er als Professor an der Akademie der Künste tätig war, setzte er sich mit neuen Medien und Darstellungsweisen auseinander und wandte sich der Pop-Art und Collagetechniken zu. *FS*

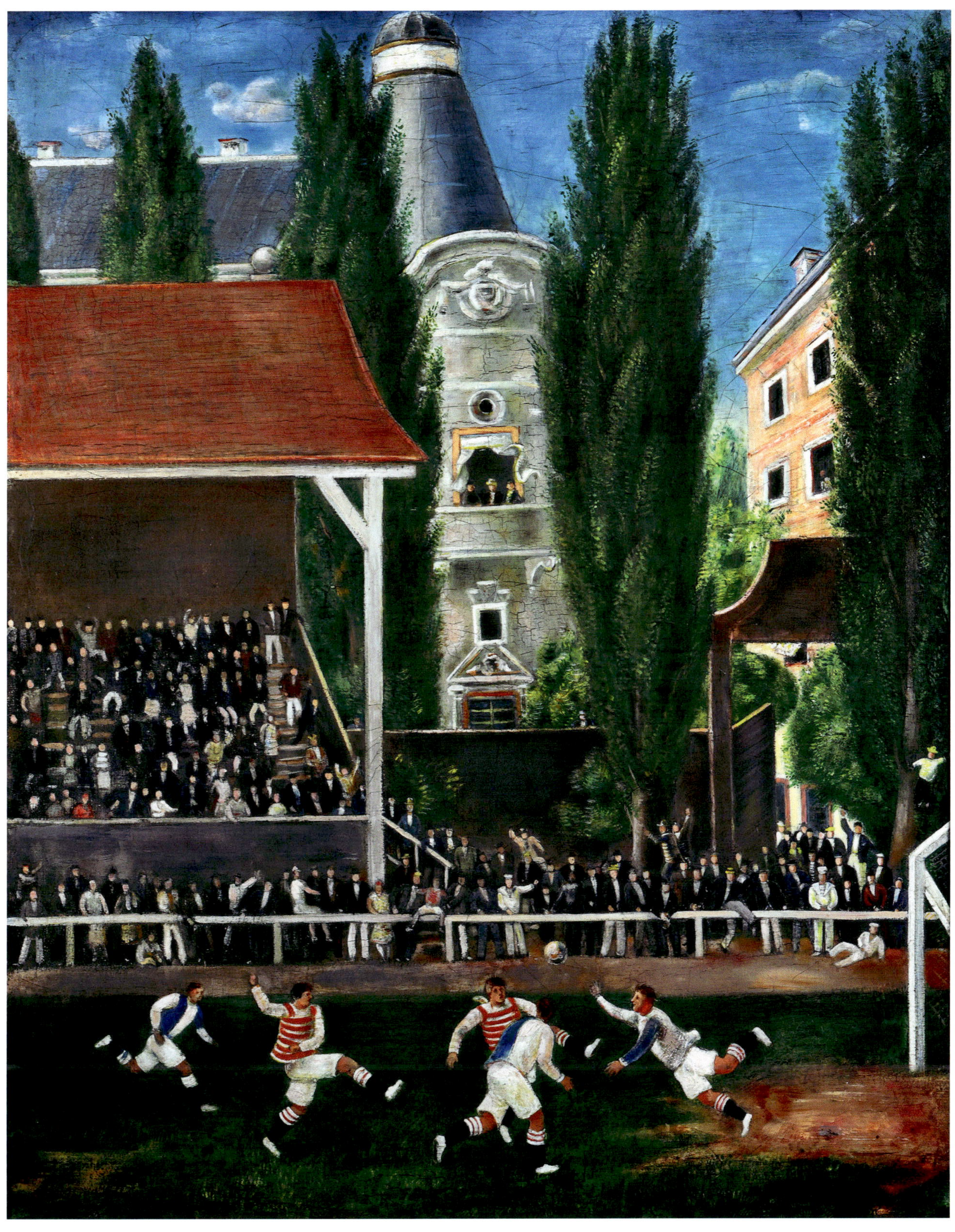

Fußball I

Panayiotis Tetsis (1925–2016, GRC)

1960

Öl auf Leinwand

172 × 282 cm

National Gallery, Alexandros Soutzos Museum, Athen

Die Grundkonstellation von Panayiotis Tetsis' annähernd lebensgroßem Gemälde *Fußball I* mutet unmittelbar vertraut an: Ein Torhüter wirft sich einem Ball entgegen, der im gleichen Moment von einem weiteren Akteur mit dem Innenrist gestoppt wird. Der Szene ist offenbar der Pass eines dritten Spielers vorausgegangen, der im Rücken des Keepers noch in der Schussbewegung verharrt. Am rechten Rand schließen der angeschnittene Pfosten und das Tornetz die Komposition ab. Im Hintergrund verbinden sich rechtwinklige Formen zu einer Stadionarchitektur, erzeugen aber keinen Raumeindruck.

Es sind jene Details, die verdeutlichen, dass sich die Plausibilität des Geschehens nicht nur der ausdrücklichen Einfachheit der Darstellung, sondern vor allem der außergewöhnlichen formalen Strenge verdankt. Dieser hat sich ausdrücklich auch das Personal unterzuordnen. So scheint der diagonal im Raum liegende Körper des Torwarts aus Dreiecken konstruiert, mittels derer der Künstler die unteren Bildecken verbindet. In Ergänzung dazu verläuft das rechte, proportional viel zu lang geratene Bein der Figur parallel zur unteren Bildkante. Die übrigen Protagonisten fügen sich auf ähnliche Weise in das System ein. Besonders auffällig illustrieren dies die horizontal ausgestreckten Arme des ballführenden Spielers im blau-weißen Trikot, die den oberen Abschluss eines weiteren Dreiecks bilden und zusätzlich eine Linie mit der Spielfeldgrenze bilden. In gestalterischer Hinsicht gleicht das Werk dem ein Jahr später entstandenen Gemälde *Fußball II* (Abb. S. 324). Während sich auch dieses Bild durch eine strenge Geometrie auszeichnet, wird die sportliche Auseinandersetzung darin auf einen Zweikampf zugespitzt. Dagegen bleibt in *Fußball I* völlig unklar, wie das genaue Verhältnis der Akteure zueinander ist und welche Situation auf den geschilderten Moment folgen wird.

Panayiotis Tetsis wurde auf Hydra geboren. Bis an sein Lebensende kehrte er immer wieder auf die Insel zurück, die, gemeinsam mit Sifnos, zur wichtigsten Inspirationsquelle seiner postimpressionistischen Landschaftsdarstellungen werden sollte. Bereits mit 15 Jahren nahm er erste Malstunden, zuerst bei Klaus Frieslander, dann bei dem Architekten Dimitris Pikionis und dem Künstler Nikos Chatzikyriakos-Ghika. Ab 1943 studierte er an der Athener Hochschule der Bildenden Künste (ASFA). 1949, im Jahr seines Abschlusses, gehörte Tetsis zu den Mitbegründern der Künstlergruppe »Armos«. Seit 1951 wirkte er als Dozent an unterschiedlichen Athener Hochschulen. Dank eines Stipendiums konnte er seine Ausbildung von 1953 bis 1956 an der Pariser École des Beaux-Arts fortsetzen. 1958 gehörte er zu den Gründern der Freien Schule der Schönen Künste, bevor er 1976 selbst zum Professor an der ASFA berufen wurde. Tetsis' Fußballbilder stehen dabei paradigmatisch für jene Phase in seinem Schaffen, in der der Einfluss der französischen Malerei deutlich zum Tragen kommt; das gilt sowohl für die vom Impressionismus geprägten Lichtinszenierungen als auch für die vorübergehend abstrakter werdende Formensprache. *FS*

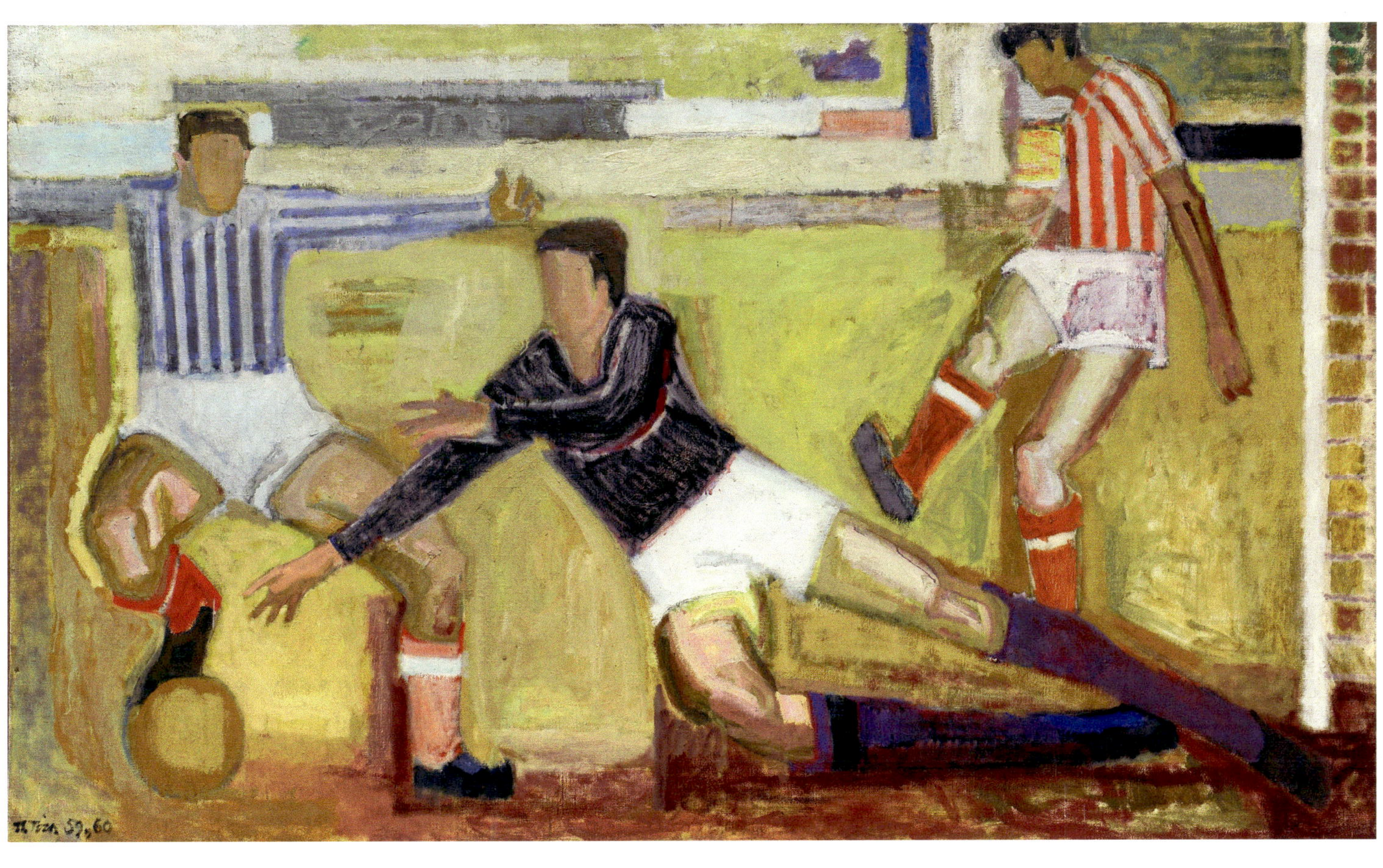

Training unter der Woche in Stamford Brigde

Lawrence Toynbee (1922–2002, ENG)

1953

Öl auf Leinwand

125,7 × 134,6 cm

Privatbesitz

Die Tribünen des Stadions sind leer. Die Anzeigetafel hält keine Informationen bereit. Lawrence Toynbee zeigt in seinem Gemälde den Alltag eines Stadions und das Training des FC Chelsea. Ein Spieler absolviert eine Laufübung, andere passen oder üben Torschüsse. Vor dem Tor findet ein Zweikampf statt. Ein Spieler verteidigt das Tor gegen einen Angreifer, ein weiterer Fußballer nähert sich von links. Andere Spieler sind im Gespräch mit Trainern oder Vereinsfunktionären am Spielfeldrand zu sehen. Arbeiter reparieren den Metallzaun vor den Tribünen oder machen sich an den langen diagonalen Stangen zu schaffen, an denen rund um das Spielfeld große schwarze Lampen für die Stadionbeleuchtung aufgehängt sind. Die Farben des Bildes sind gedeckt, ein mattes Blau, Grün, Grau und Brauntöne bestimmen den sachlichen Bildeindruck. Als Betrachter haben wir auf der Tribüne Platz genommen. Wir beobachten das Training, so wie wir am Wochenende das Spiel der Mannschaft sehen würden. Ein Pfeiler rechts trägt das Tribünendach, unter dem wir uns befinden. Zusammen mit den langen, stangenartigen Haltevorrichtungen der Lampen durchschneidet der Pfeiler markant den Bildraum und unseren Blick auf das Spielfeld.

Stamford Bridge ist ein mythischer Ort und eines der ältesten Stadien des englischen Fußballs. Seit über hundert Jahren ist es die Heimat des FC Chelsea und wurde als Sportarena bereits 1877 eröffnet. Obwohl abendliche Fußballspiele bei Flutlicht erst Ende der 1950er-Jahre üblich wurden, inszeniert Toynbee die großen Lampen, die in Stamford Bridge bereits das Spielfeld illuminieren können. Mit der nüchternen, arbeitsamen Atmosphäre und den leeren Rängen setzt der Maler die Arbeit, die hinter dem Spielbetrieb steht, in Szene. Der Blick auf den Alltag des Fußballs ist aufschlussreich und hat nichts mit der Festtagsstimmung eines Spiels zu tun. Jedes Match bedarf pedantischer Vorbereitung, die den Zuschauern in der Regel verborgen bleibt. Alles will bedacht sein. Der Platz und das technische Equipment bedürfen der Pflege und Überprüfung. Die Spieler sind zwar die Hauptdarsteller, aber Teil eines großen Ganzen, das für uns geradezu prosaisch in Szene gesetzt wird. Gleichwohl meint man die Stimmung zu spüren, die diesen Ort auszeichnet. Die Pointe des Bildes besteht darin, das Stamford-Bridge-Stadion in unserer Fantasie in den Hexenkessel zu verwandeln, zu dem es am Wochenende wird.

Der Maler hat für sein Bild ein unerwartetes Motiv gewählt, das die Akribie jener Menschen in Szene setzt, die ansonsten unsichtbar bleiben, aber gleichwohl die Voraussetzung des großen Events eines Spieltages bilden. Toynbee hat für sein Gemälde einen Preis erhalten, der im Entstehungsjahr des Bildes von der Football Association anlässlich von deren 90. Geburtstag ausgelobt wurde. Der Maler war in seiner Jugend selbst ein begeisterter Sportler, der sich im Laufe seiner Karriere immer wieder dem Fußball und anderen Sportarten zugewendet hat. Er erhielt seine Ausbildung an der Ruskin School of Art in Oxford. Seine Werke befinden sich in zahlreichen englischen Museen. *JM*

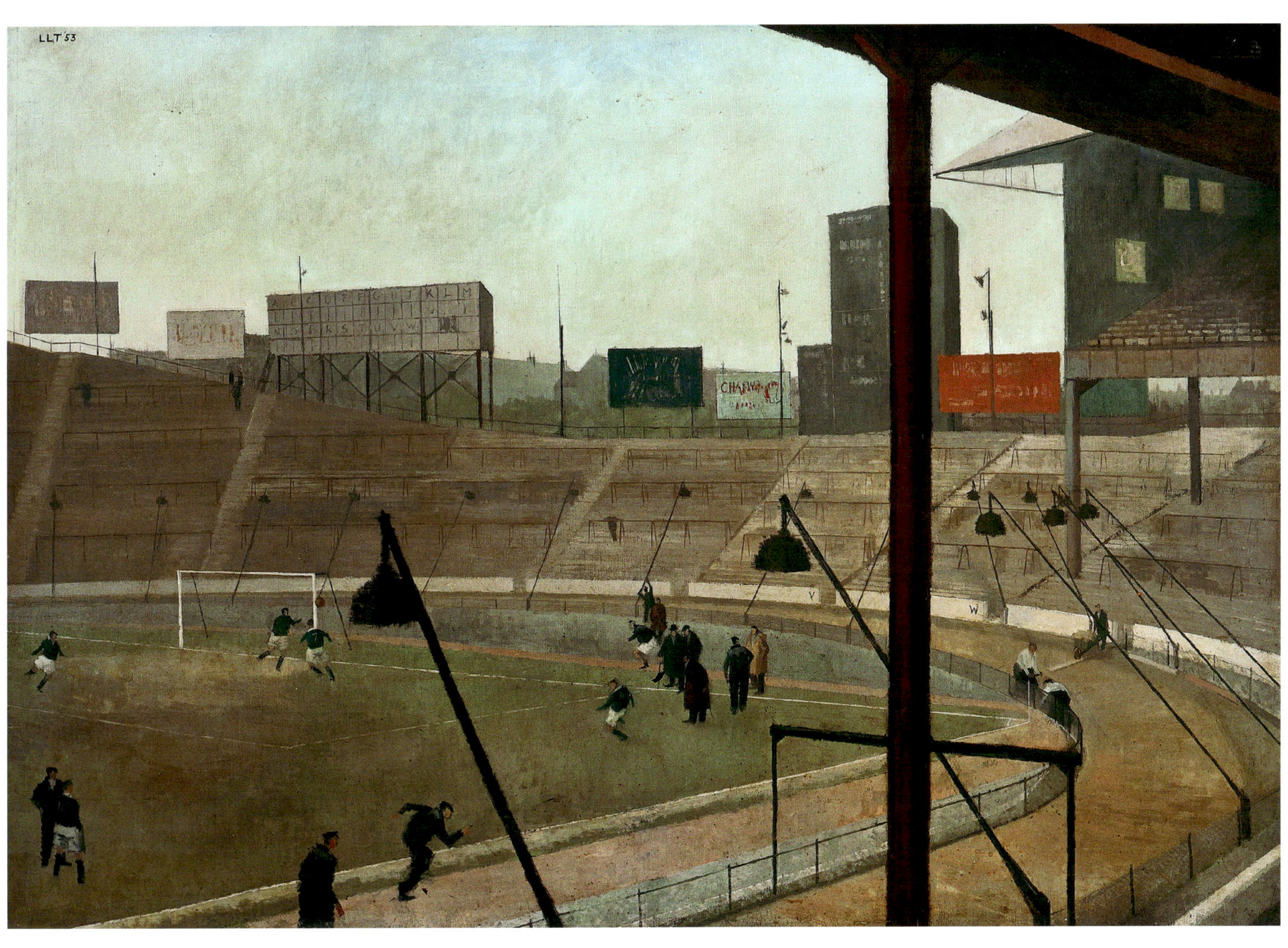
LLT 53

Das Fußballspiel
Thomas Webster (1800–1886, ENG)

1839

Öl auf Leinwand

73,5 × 99,5 cm

Privatbesitz

Thomas Websters Genrebild *Das Fußballspiel* aus dem Jahr 1839 ist ein Sinnbild überbordender Lebensfreude. Eine große Gruppe von Heranwachsenden jagt hinter einem Ball her und läuft dabei auf einen kleineren Jungen zu, dem offenbar die undankbare Rolle des Torwarts zugefallen ist. Im Verhältnis zu den anderen wirkt er schmächtig, vor allem wird er der Übermacht der heranstürmenden Meute nicht gewachsen sein. Ängstlich hat er die rechte Hand erhoben, seine Haltung wirkt nicht besonders selbstbewusst, was angesichts der zu erwartenden Ereignisse nicht verwundern kann. Die Szene spielt in einem dörflichen Ambiente. Das Cottage auf der linken Seite ist von einem mächtigen Baum überschattet. Im Hintergrund öffnet sich die weite englische Landschaft, ein Feldweg führt bis an den Horizont. Die Farben bilden einen harmonischen Dreiklang aus Grün-, Braun- und Beigetönen.

Die Gruppe der Spieler stürmt voran, ohne dass man dabei einen Spielzug erkennen könnte, im Gegenteil: Der Maler charakterisiert das Spiel als eine großangelegte Rauferei. Mehrere Jungen sind bereits gestürzt, halten sich den verletzten Arm oder fassen sich mit schmerzverzerrtem Gesicht ans Schienbein. Im Sturm auf das Tor werden die gefallenen Spieler rücksichtslos überrannt. Ein Spieler ganz vorn hat sich durchgesetzt und wird im nächsten Moment zum Schuss kommen, dabei wird er hartnäckig von zwei Gegnern verfolgt, die sich ebenfalls in einer aussichtsreichen Position befinden. Einer versucht, ihn mit dem Arm wegzudrängen. Der Künstler macht sich einen Spaß daraus, der bewegten Gruppe ein landschaftliches Idyll der Ruhe gegenüberzustellen. Diese Bande hat keinen Sinn für die sie umgebende Schönheit und nur den Ball vor Augen. Achtlos trampeln sie einen kleinen Busch nieder.

Websters Gemälde war derart erfolgreich, dass es in mehreren Versionen existiert, bei denen vor allem die Gestaltung des Hintergrunds variiert. Auch der Umstand, dass das Werk grafisch reproduziert wurde, zeigt, wie sehr die Bilderfindung den Zeitgenossen zu gefallen wusste. Der Maler ist durch seine Genrebilder berühmt geworden, bei denen nicht selten Kinder oder Heranwachsende die Hauptrollen spielen. Bei dieser, seit dem 17. Jahrhundert durchaus üblichen Darstellungstradition, spiegeln Kinder auf humorvolle Weise die Welt der Erwachsenen, sodass die darin enthaltene Kritik nicht verletzend daherkommt. Auch unter den Fußballspielern lassen sich Draufgänger, Ängstliche und Großmäuler gut voneinander unterscheiden. Mit dem Gemälde geht die Frage nach dem Fair Play einher. Wie weit darf man gehen, um sein Ziel zu erreichen? Wie viel Durchsetzungsvermögen ist nötig und wie viel Härte erlaubt? Zugleich macht die Szene aber auch deutlich, wie unbeherrschbar das Leben ist. Einige stürzen, andere führen die Gruppe der Laufenden oder arbeiten sich vor, aber nur einer wird das Tor schießen können.

Gemeinhin gilt England als Mutterland des Fußballs. Das Genrebild des in London geborenen Künstlers lässt noch vage daran denken, dass die Spiele in England früher zwischen zwei Dörfern auf der dazwischen liegenden Freifläche in teils brutaler Manier ausgetragen wurden. Mit zahlreichen Gemälden traf der Maler den Geschmack seiner Zeit und wurde 1840 assoziiertes und nur wenige Jahre später ordentliches Mitglied der Royal Academy of Arts in London.

JM

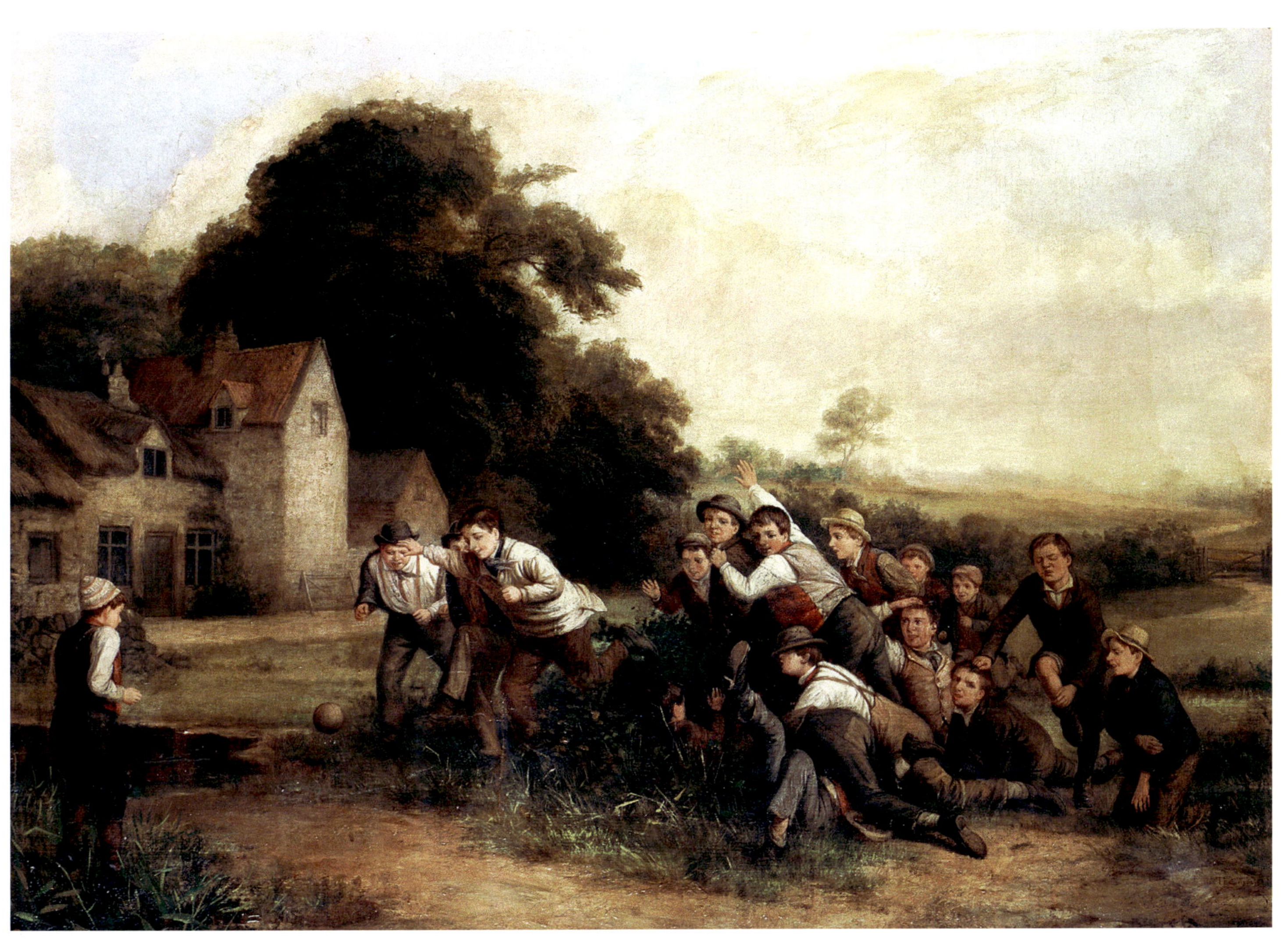

Flutlicht-Fußball im Fernsehen

Alan Welsford (*1935, ENG)

1965/66

Acryl auf Leinwand

86 × 123,2 cm

Herbert Art Gallery & Museum, Coventry

Fußballer, die in die Luft gesprungen sind, um zum Kopfball anzusetzen, die sich im Zweikampf duellieren, aufs Tor schießen oder durch aufsehenerregende Paraden auszeichnen – Alan Welsford versammelt in *Flutlicht-Fußball im Fernsehen* ein Best-of jener Momente, die den Sport aus unserer Sicht spannend machen und auch darüber hinaus im Gedächtnis haften bleiben. Dies gilt umso mehr, seit Kameras in der Lage sind, beinahe jede Sekunde eines Spiels aus unzähligen Perspektiven einzufangen.

Seinem Titel nach thematisiert das Gemälde mittels zwölf unterschiedlicher Einstellungen die Fernsehausstrahlung eines Flutlichtspiels. Neben sportlichen Aspekten greift der Künstler dabei auch die technische Umsetzung einer solchen Übertragung auf. Diese ist durch eine fortwährende Optimierung gekennzeichnet, die längst auch Einfluss auf die Rezeption des Sports genommen hat: Beliebig viele Kameraeinstellungen, Rückblenden und Zeitlupen sind Privilegien, auf die das Stadionpublikum nicht zurückgreifen kann. Auch im Nachhinein geht mit der Auswahl spektakulärer Szenen – sowie mit deren stetiger Wiederholung – eine Aufmerksamkeitssteuerung einher. Und wenn man an die Etablierung von Videoschiedsrichtern denkt, haben technische Innovationen sogar den Sport selbst beeinflusst.

Auch wenn jene aktuellen Entwicklungen für die Konzeption von Welsfords Bild noch irrelevant waren, visualisiert *Flutlicht-Fußball im Fernsehen* doch bereits zentrale Aspekte, die eine Fernsehübertragung von einem Stadionbesuch unterscheiden. So fällt auf, dass die Zuschauer auf den Rängen in der Komposition vollkommen ausgeblendet werden. Im starken, von Flutlicht und Monochromität hervorgerufenen Kontrast erscheinen die Tribünen nur mehr als schwarze oder graue Flächen. Wenn dabei, wie im dritten Ausschnitt, Tor, Spielfeld und Tribüne auf ihre rechteckigen Grundformen reduziert werden, gewinnt mit der Abstraktion auch die äußere Gliederung der Ausschnitte die Oberhand, die gleich einem Tornetz die Arbeiten innerbildlich rahmt und auf die Zergliederung der Übertragung in einzelne Szenen anspielt. Hierdurch zeigt der Künstler, dass sich all das, was die Regie nicht zeigt, unserer Wahrnehmung entzieht – und insofern nicht existent ist.

Aufschlussreich ist, dass Welsford die einzelnen Einstellungen in ein statisches Format überführt und in einer Weise angeordnet hat, die an die Fotostrecke in einer Sportzeitung erinnert. Auf diese Weise markiert er den evolutionären Sprung, der aus dem Wechsel zum Bewegtbild resultiert und verdeutlicht, wie die Dynamik des Sports – auch außerhalb der Künste – seit jeher dessen Präsentation beeinflusst hat.

Der als Maler, Bildhauer und Filmkünstler tätige Welsford verließ die Schule mit 15 Jahren, um eine Ausbildung zum Industriezeichner zu absolvieren. Zwischen 1956 und 1959 studierte er Malerei und Bildhauerei an der Walthamstow School of Art, woran sich eine bis 1963 währende Ausbildung an der Slade School of Fine Art und der Gewinn des Prix-de-Rome-Stipendiums für Malerei anschloss, das ihm einen Aufenthalt an der British School in Rom ermöglichte. Im Jahre 1963 erwarb die Walker Art Gallery in Liverpool mit dem Gemälde *Flutlicht-Fußball im Fernsehen* Welsfords erste Auseinandersetzung mit dem Thema. *FS*

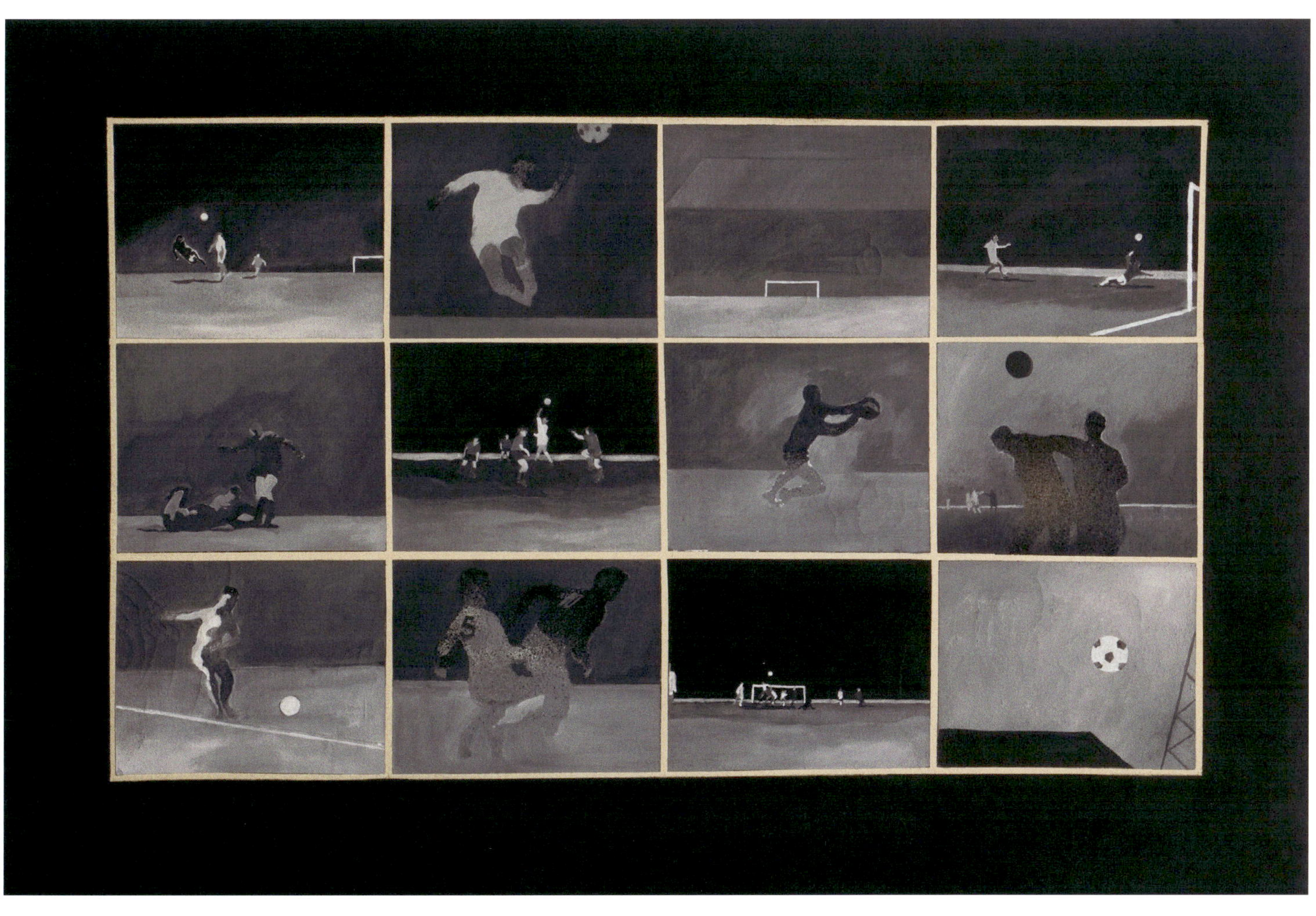

Torwart

Rik Wouters (1882–1916, BEL)

1906

Conté- und Pastellkreide auf Karton

25 × 23,5 cm

Musées royaux des Beaux-Arts de Belgique, Brüssel

Rik Wouters' frühe Darstellung eines Torwarts aus dem Jahr 1906 zeigt den Spieler in einer selbstbewussten Pose. Entspannt steht er da und hat die Hände in die Hüften gestemmt. Der Maler hat sie nicht eigens ausgeführt, vielmehr obliegt es uns, diese beim Betrachten des Bildes zu ergänzen. Das blaue Trikot und die braunen Stutzen bestimmen die farbliche Gestaltung. Die weiße Hose wird durch kräftige schwarze Konturen definiert. Der Ball über dem linken Fuß des Torwarts ist lediglich durch eine Umrisslinie gekennzeichnet und auch nicht wirklich rund. Die Figur steht im Kontrapost, gleichwohl verleihen ihm die hohen, dunklen Fußballschuhe einen festen Stand. Den Ball scheint er leicht angestoßen zu haben. Er wirkt wie ein Accessoire und kann dem Torwart nicht mehr gefährlich werden. Das Gesicht ist im Verhältnis zu dem hoch aufgerichteten, kraftvollen Körper klein. Nur wenige Striche markieren Augen, Nase, Mund und Ohren.

Seinen überzeugenden Eindruck gewinnt das Bild durch die lebendig skizzenhafte Gestaltung. Geschickt zu nutzen weiß der Künstler die neutrale Farbwirkung des braunen Kartons, auf dem er an der oberen Bildgrenze lediglich einige wenige horizontale Striche ergänzt. Durch die Reduktion der eingesetzten Mittel wird ein überzeugender Effekt erzielt, denn ins Zentrum der Aufmerksamkeit setzt Wouters das leuchtend blaue Trikot, das den Blick immer wieder aufs Neue anzieht. Das weite, tief ausgeschnittene Kleidungsstück wirkt durch die voluminösen Ärmel an den abgewinkelten Armen durchaus imposant; es scheint keine Rücksicht auf die Gestalt des darunter befindlichen Körpers zu nehmen. Die blaue Farbe ist nicht nur intensiv, sondern scheint hervorzutreten und auf uns zuzukommen, während das Braun und Weiß eine gegenstandsbezogene Funktion haben. Die Intensität der Farbe wird noch einmal durch den Kontrast zum monochromen Bildhintergrund gesteigert. Nicht dem angedeuteten Bildraum als vielmehr der Farbe kommt eine raumschaffende Funktion zu. Wouters ist es gelungen, der Zeichnung einen spontanen Charakter zu verleihen. Die lockere Haltung und die Reduktion der künstlerischen Mittel dienen der Verlebendigung des Themas.

Der Maler und Bildhauer wurde 1882 im belgischen Mechelen geboren und starb bereits 1916 in Amsterdam an Tuberkulose. Ab 1900 erhielt er seine Ausbildung an der Akademie der Schönen Künste in Brüssel. Bereits 1908 hatte sich Wouters etabliert und nahm erfolgreich an Ausstellungen teil. Wir verdanken ihm zahlreiche Aquarelle, Aktstudien, Skulpturen und Farbexperimente, bei denen er mit Primärfarben auf Karton gearbeitet hat. Das Werk insgesamt bewegt sich unentschieden zwischen Skulptur und Malerei. Der *Torwart* ist eine interessante Studie, bei welcher der Künstler das Selbstbewusstsein des Spielers mit der Dominanz der Farberscheinung zu verbinden weiß. Die Farbe tritt hervor und gewinnt einen Eigenwert. Das Thema der Zeichnung hingegen findet im Werk des Künstlers keine bedeutende Fortsetzung, kennzeichnet allerdings die Aufgeschlossenheit, mit der sich Wouters dem aktuellsten Sport seiner Zeit widmet. *JM*

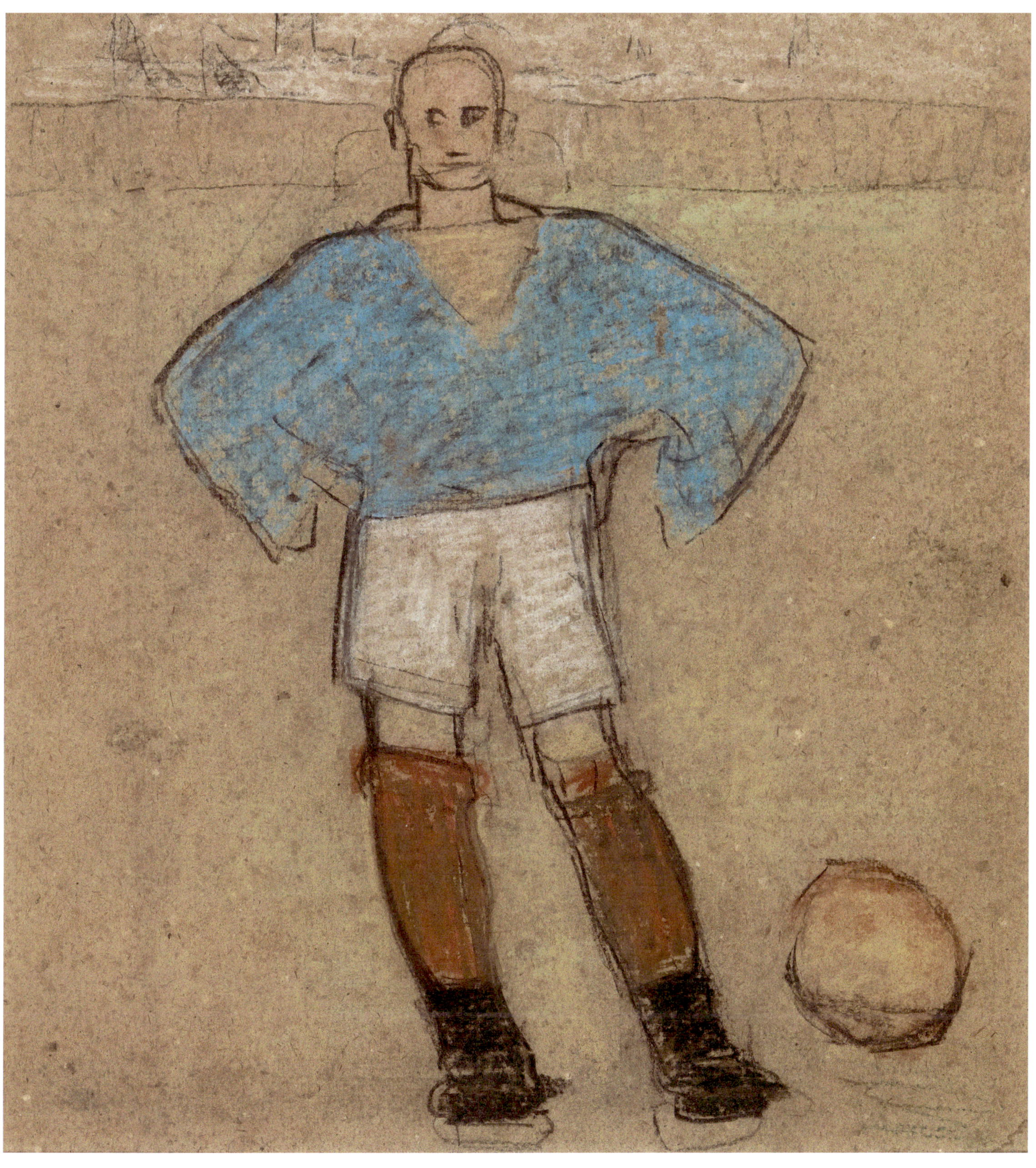

Népstadion

Maria Zgraggen (*1957, CHE)

2005–08

Tintenstrahldruck auf Tortenpapier

20 × 40 cm

Im Besitz der Künstlerin

Leere Ränge beherrschen Maria Zgraggens Komposition. Die Arbeit ist Teil der zwischen 2005 und 2008 geschaffenen Serie *Népstadion* (dt. Volksstadion) und entfaltet trotz ihrer kleinen Abmessungen eine monumentale Wirkung. Verantwortlich dafür ist, neben dem Panoramaformat, auch die augenscheinliche Weitläufigkeit der flach ansteigenden Reihen. Hinzu kommt, dass sich die abgebildete Architektur, dank ihres nachvollziehbaren Aufbaus, gedanklich zu einem größeren Ganzen vervollständigen lässt.

Als Grundlage der Serie dienten der Schweizer Künstlerin eigene, während eines Aufenthalts am Collegium Budapest angefertigte Fotografien. Durch einen Artikel des ungarischen Autors György Dalos war sie auf das Puskás Ferenc Stadion aufmerksam geworden, das bis zur Widmung an Ungarns legendären Fußballer im Jahr 2002 den Namen Volksstadion trug. Indem sie sich des anachronistischen Titels bedient, verweist sie auf die Historie des Bauwerks und mithin auf dessen sich wandelnde Bedeutung für die nationale Selbstwahrnehmung.

Zentral für die Serie ist zudem, dass es sich um jenes Stadion handelt, in dem die ungarische Nationalmannschaft zwischen 1953 und 2014 ihre Länderspiele austrug. Nur ein Jahr nach der Eröffnung musste die zu diesem Zeitpunkt seit vier Jahren ungeschlagene ›Goldene Elf‹ (Aranycsapat) im Weltmeisterschaftsfinale von Bern eine unerwartete Niederlage gegen Deutschland hinnehmen. In gewisser Hinsicht ist das hierdurch erlittene Trauma in der Serie greifbar, erscheint das ursprünglich 104 000 Zuschauer fassende Stadion in den Arbeiten doch geradezu miniaturisiert.

Als weiteres Mittel der Dekonstruktion dienen der Künstlerin ihre gleichermaßen ungewöhnlichen wie dekorativen Bildträger. So handelt es sich um Ausdrucke auf unterschiedlichen Tortenpapieren, auf deren weißen Rändern die verwendeten Grundfarben als Farbspritzer präsent bleiben. Während das umlaufende Spitzenornament einerseits als Äquivalent eines barocken Bilderrahmens fungiert, bestimmt das rechteckige Feld im Zentrum Ausschnitt und Format der Darstellungen mit. Von oben betrachtet spielen die bunten Motive damit auf die Verzierung eines Konfiserieprodukts an. Davon abgesehen steht das empfindliche Material auch im Kontrast zum wehrhaften Äußeren des Stadions, wodurch Zgraggen typische Geschlechterklischees im Fußballsport aufs Korn nimmt.

Auch darüber hinaus verstehen sich die Darstellungen kaum als realistische Wiedergaben. So lassen die präsenten Absperrungen, Farbflächen und Linien in der vorliegenden Arbeit den Eindruck eines abstrakten Musters entstehen, das vor dem Hintergrund der menschenleeren Anlage ganz konkret dessen Bedeutungsverlust thematisiert. Die aufgestellten Zäune halten niemanden mehr zurück und der rote Keil als Ausläufer der Laufbahn führt, statt in die Zukunft, ins gefühlte Nichts.

Die 1958 im Kanton Uri geborene Künstlerin studierte an der Schule für Gestaltung Luzern sowie an der Chelsea School of Art. Studienaufenthalte führten sie an die Bath Academy of Art. Ihre Werke sind gekennzeichnet von der Auslotung der Lesbarkeit des Bildlichen, die sie auf mehreren Ebenen betreibt. Ihre künstlerischen Auseinandersetzungen mit dem Fußball wurden bereits in Ausstellungen im belgischen Charleroi sowie im schweizerischen Uri gezeigt. *FS*

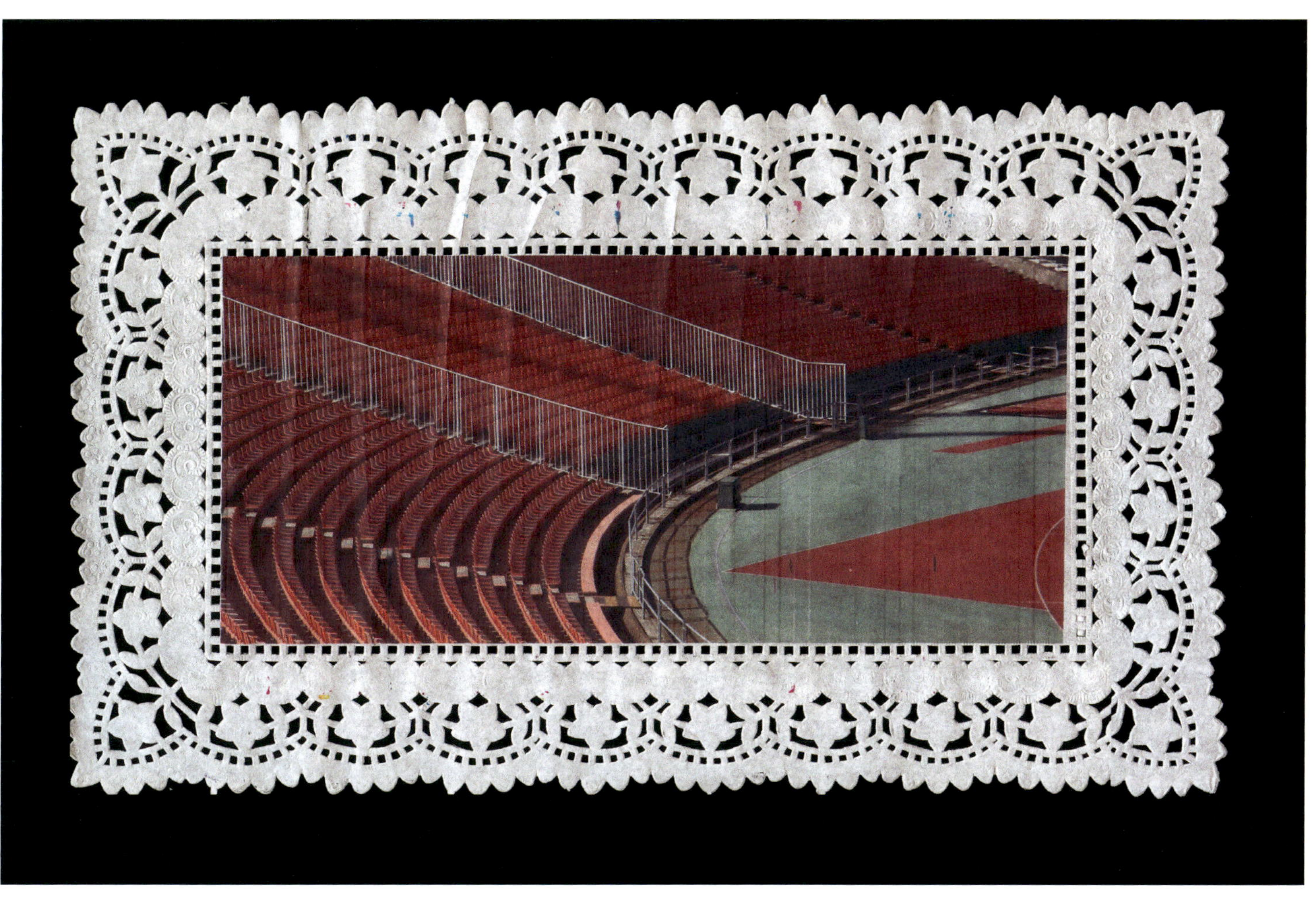

Junge mit Fußball
Kiril Zonew (1896–1961, BGR)

1935

Öl auf Leinwand

100 × 75 cm

National Gallery of Bulgaria, Sofia

Mit seinem 1935 geschaffenen Gemälde *Junge mit Fußball* hat der bulgarische Künstler Kiril Zonew das sensible Bildnis eines Heranwachsenden geschaffen, das uns trotz der räumlichen Nähe mit einer spürbaren Distanz begegnet. Im Unterschied zu ähnlich aufgebauten Darstellungen populärer Sportler lässt die Komposition jegliche Heroisierung vermissen, stattdessen inszeniert sie die Verletzlichkeit des Protagonisten. Frontal und mit weit geöffneten Augen sitzt er uns gegenüber. Neben seinem Blick verrät die unnatürliche Haltung seiner linken Hand eine gewisse Anspannung, mit der er auf die statische Situation der Porträtsitzung zu reagieren scheint. Zusätzlich sorgen die Lichtsetzung und die daraus resultierenden harten Schatten dafür, den Ernst der Szene zu betonen. Die dunklen Konturen tragen dazu bei, dass die einzelnen Bestandteile der Kleidung deutlich voneinander abgegrenzt werden. Das Gleiche gilt für die Gestaltung des Balls und der Umgebung, die sich aus nicht mehr als einem gefliesten Boden und einer kahlen Wand zusammensetzt.

Die Einfachheit des Bildaufbaus steht im Kontrast zur symbolischen Aufladung der Farbpalette, mittels derer der Maler inhaltliche Verknüpfungen herstellt. So hat etwa das Rot-Schwarz des Trikots und der Kniestrümpfe eine Entsprechung in den Bodenfliesen, wiederholt sich das gelbliche Weiß des Balles in der Hose des Jungen. Während die Farbgebung des Shirts mutmaßlich auf die Eisenbahnsportvereine anspielt, die seit den späten 1920er-Jahren in mehreren bulgarischen Städten gegründet wurden, kann der prominente Einsatz von Weiß, Rot und Grün als erkennbare Referenz auf die Nationalflagge des Landes verstanden werden.

In stilistischer Hinsicht spiegeln sich in dem Werk vor allem die vielfältigen künstlerischen Einflüsse, denen Zonew im Anschluss an sein Studium an der Sofiaer Nationalen Akademie ausgesetzt war. Ab 1919 setzte er seine Ausbildung zunächst in Wien und dann in München fort, wo er bis 1929 lebte. In diese Zeit fallen gemeinsame Ausstellungen mit deutschen Vertreterinnen und Vertretern der Neuen Sachlichkeit. Entsprechend sind viele seiner Porträts durch eine betonte Schlichtheit und Objektivität gekennzeichnet, aber auch durch eine auffällige Artifizialität. Im *Jungen mit Fußball* fallen vor allem die geometrischen Formen im Hintergrund ins Auge, die sich als Folge des Lichteinfalls entlang der eingefügten Nische abzeichnen und die Vereinzelung der Hauptfigur noch unterstreichen. Sie verdeutlichen, dass der junge Sportler ohne seine Mitspieler völlig auf sich allein zurückgeworfen ist, ein Umstand, der zugleich auf den Prozess des Erwachsenwerdens verweist.

Die starke Farbigkeit des Bildes wiederum lässt sich auf den Kontakt mit den Muralisten Diego Rivera, José Clemente Orozco und David Alfaro Siqueiros zurückführen, auf die Zonew 1930 während eines einjährigen Mexikoaufenthaltes getroffen war. In seinem Heimatland gilt der Maler heute als wichtiger Vertreter der bulgarischen Moderne. 1933 kehrte er nach Bulgarien zurück und trat der Vereinigung Neuer Künstler bei, der er zeitweilig auch vorstand. Eine 1942 verliehene Professur verlor er 1950, nachdem man ihn des Formalismus bezichtigt hatte. Erst ein Jahr vor seinem Tod wurde Zonew 1960 rehabilitiert. *FS*

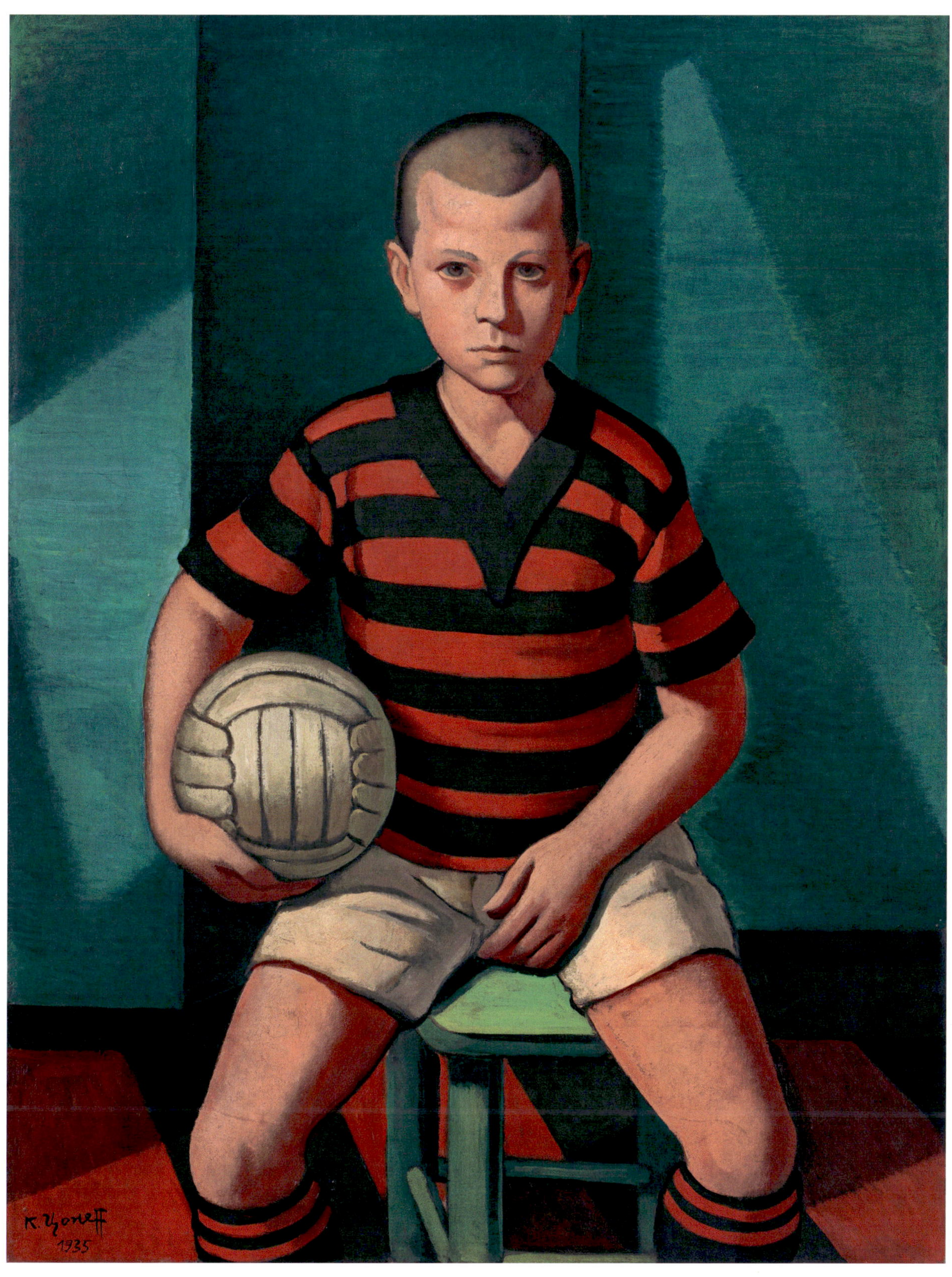
1935

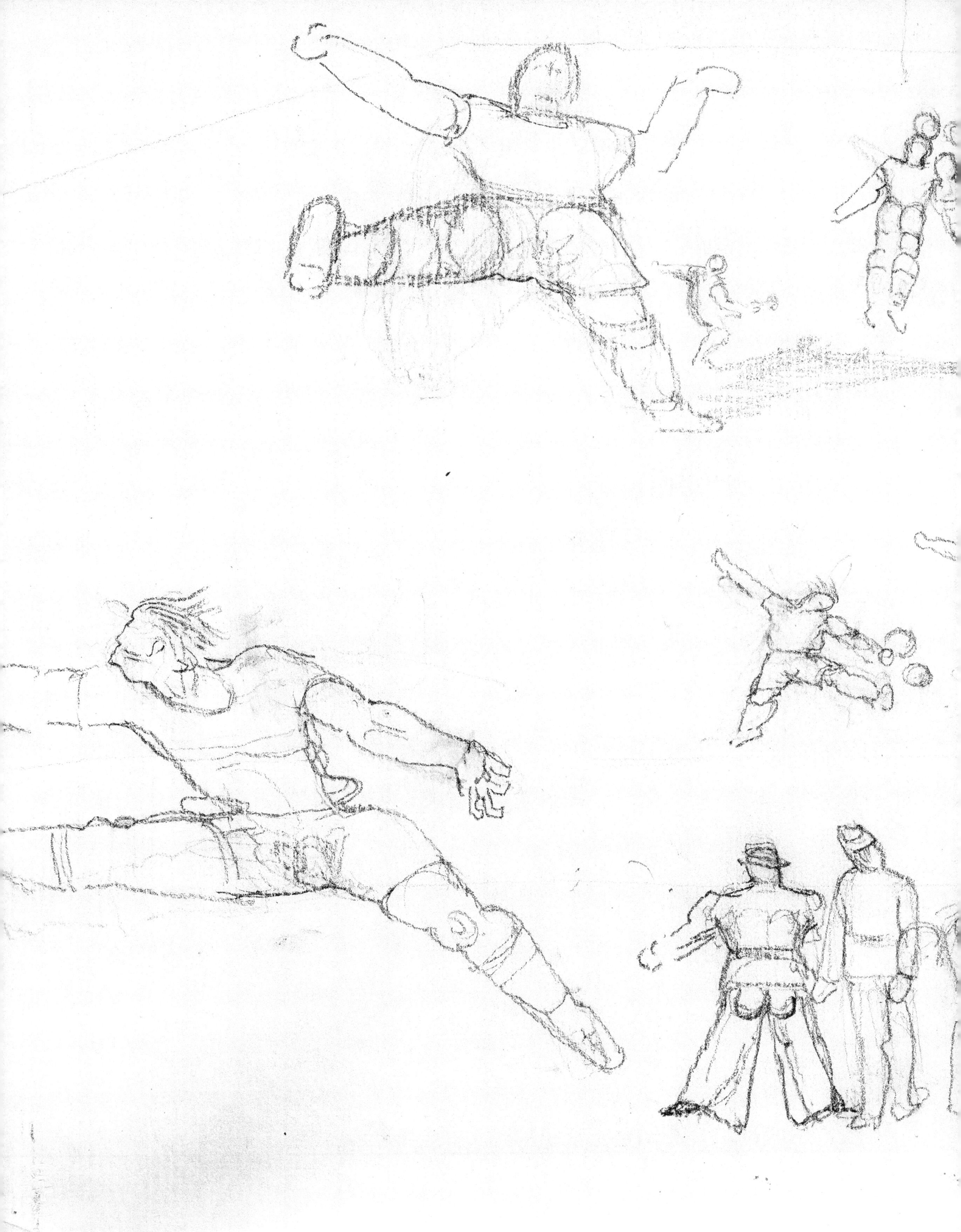

Katalog

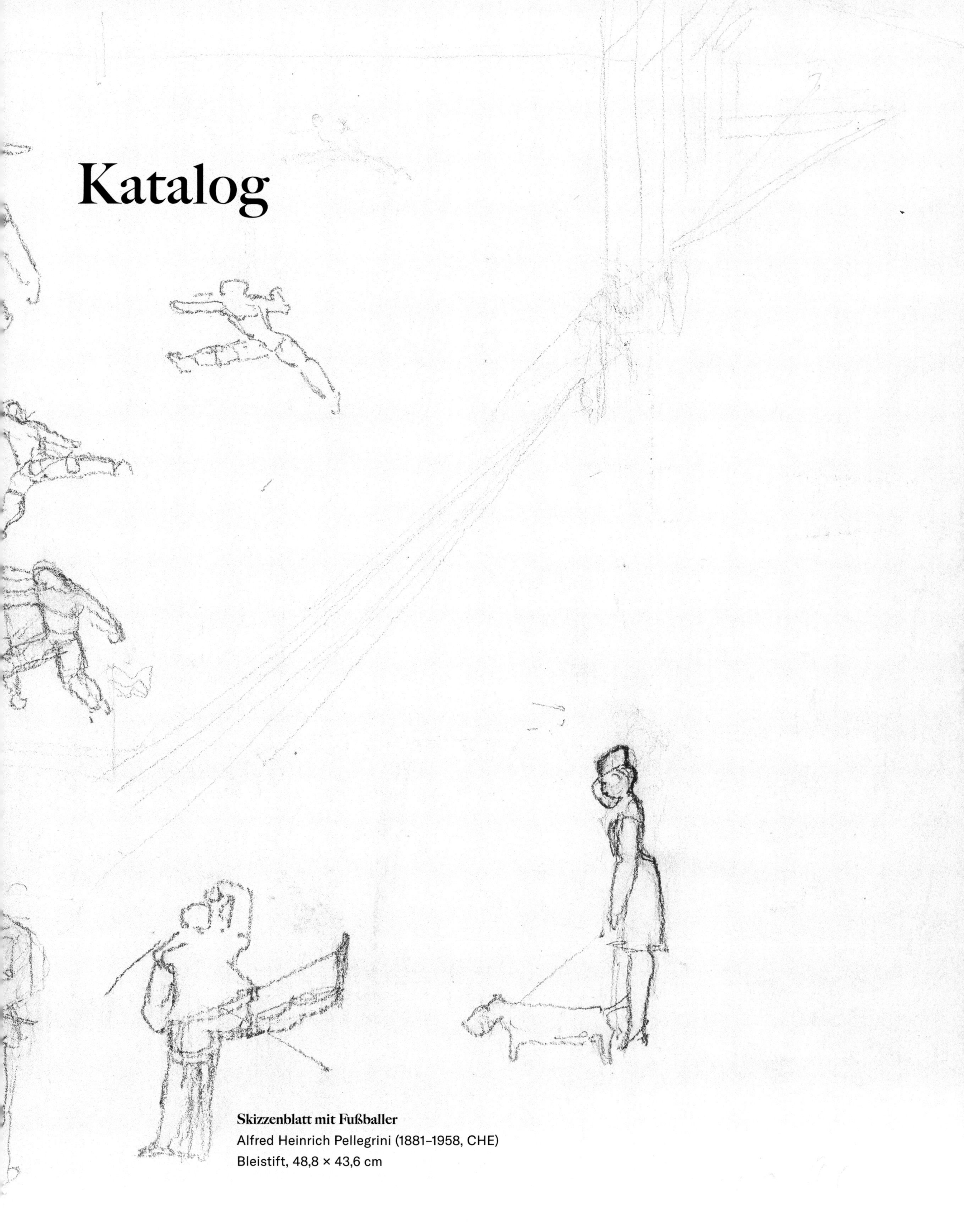

Skizzenblatt mit Fußballer
Alfred Heinrich Pellegrini (1881–1958, CHE)
Bleistift, 48,8 × 43,6 cm

A

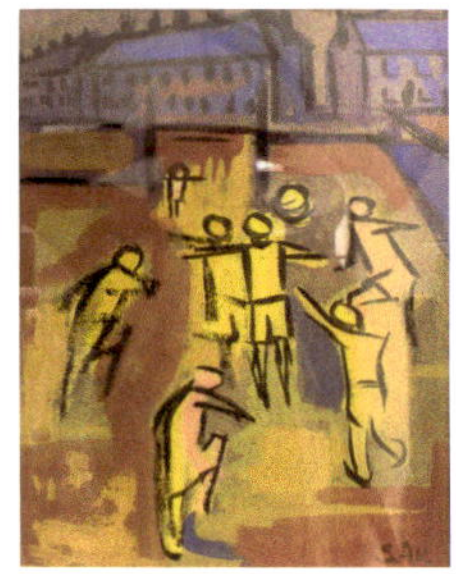

Ball Game
1961
Sean Adamson
(*1931, IRL)

Öl auf Leinwand
38 × 28 cm
National Football Museum, Manchester

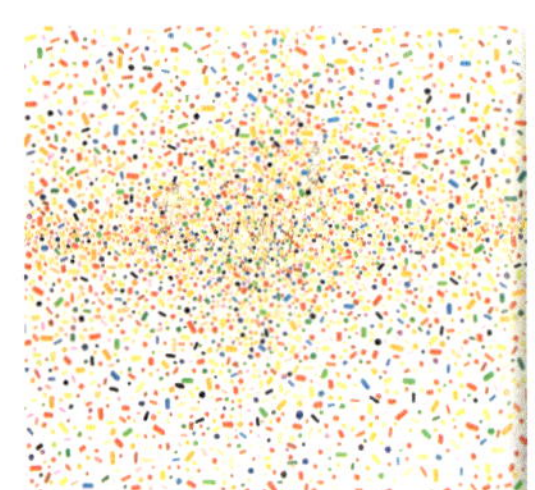

Calciatori nei giardini pubblici
1984
Fabbri Agenore
(1911–1998, ITA)

Acryl auf Leinwand
143 × 149 cm

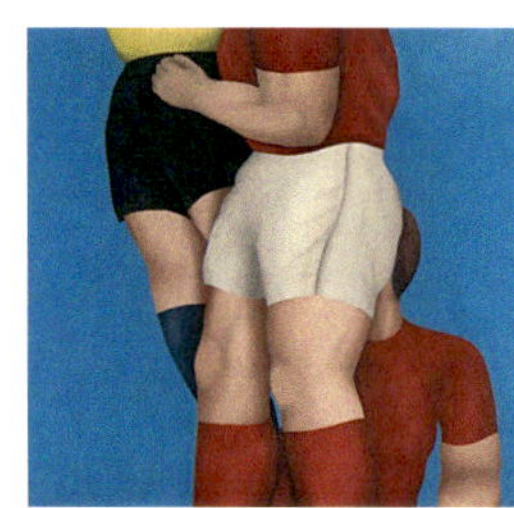

Sportbild I
1970
Hermann Albert
(*1937, DEU)

Öl auf Leinwand
100 × 100 cm
Berlinische Galerie, Berlin

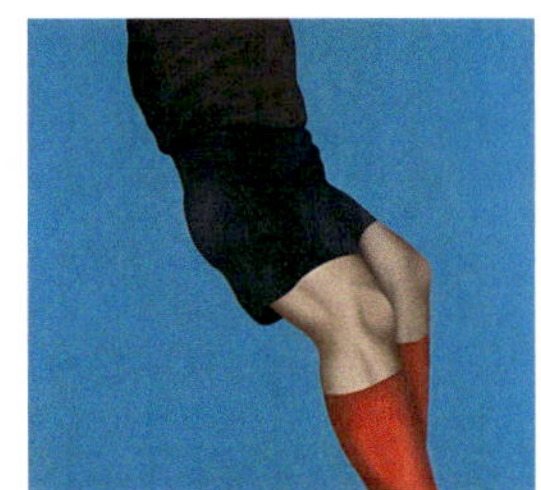

Sportbild II
1970
Hermann Albert
(*1937, DEU)

Öl auf Leinwand
100 × 100 cm
Berlinische Galerie, Berlin

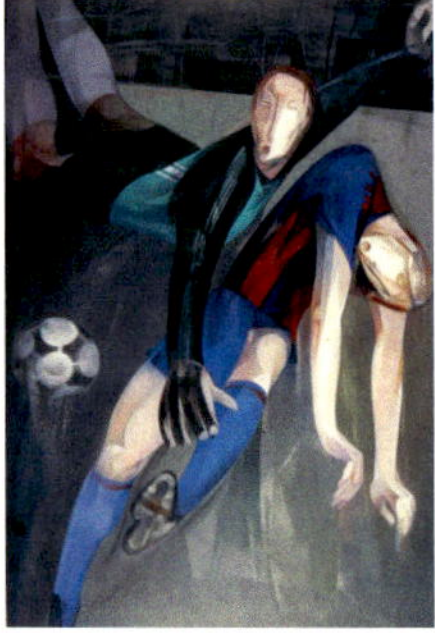

Barça ›Segunda Suite Olímpica‹
1984
Jordi Alumà
(*1924, ESP)

Tempera auf Papier
Privatbesitz

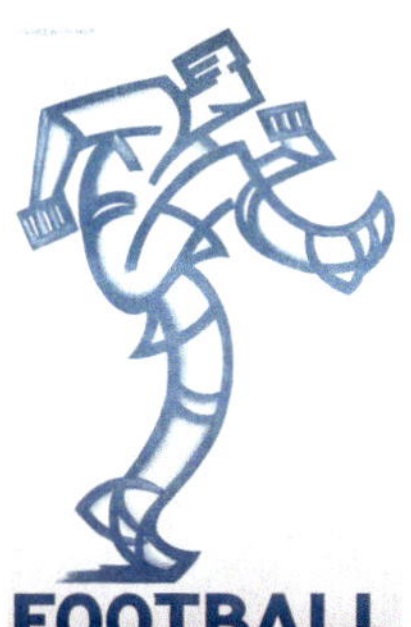
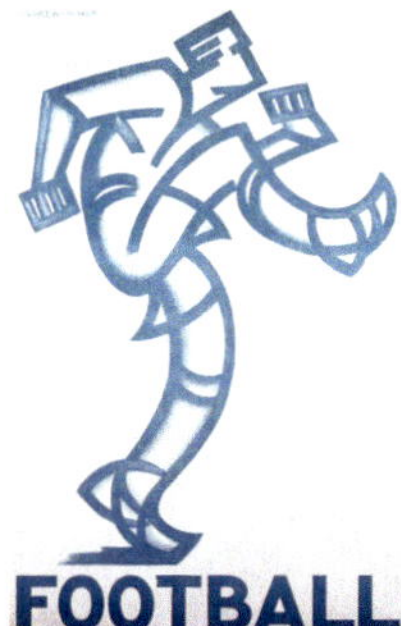

Football
1933
Andrew Power
(Sybil Andrews, 1898–1992, ENG-CAN &
Cyril Edward Power, 1872–1951, ENG)

Farblithografie
100,4 × 62,2 cm
Privatbesitz

B

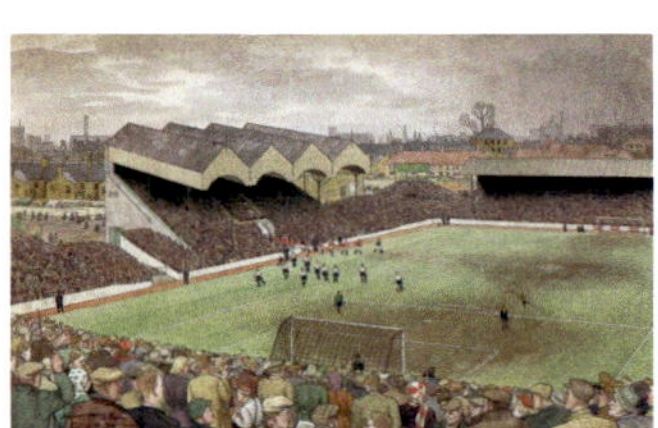

Here They Come! Charlton v Arsenal at The Valley
1953
Stanley Roy Badmin
(1906–1989, ENG)

Feder, Tinte und Aquarell auf Papier
24,1 × 39,4 cm

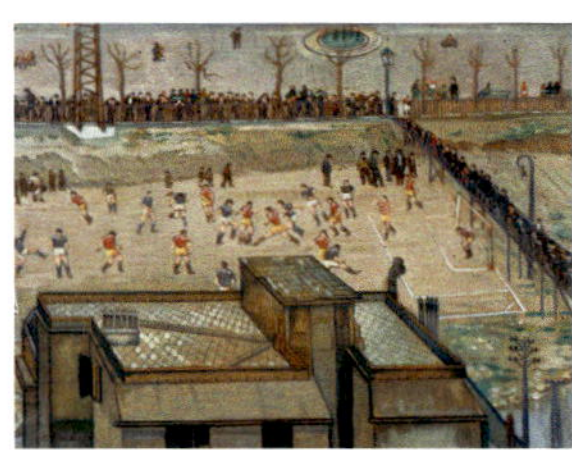

In finale
1935
Armando Barabino
(1883–1970, ITA)

Öl auf Leinwand
58,7 × 80 cm
Galleria d'Arte Moderna, Musei Nervi, Genua

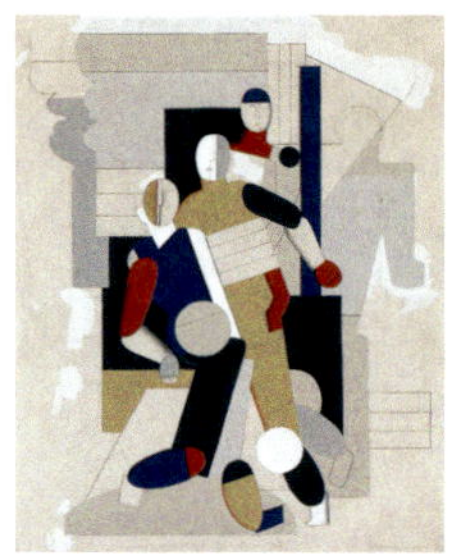

Fußball
1926
Willi Baumeister
(1889–1955, DEU)

Zeichenkarton, Bleistift, Farbstifte, Deckfarbe, Gouachefarben, Kohle, Konturen z.T. vorgeritzt
40,7 × 33,2 cm
Archiv Baumeister im Kunstmuseum Stuttgart

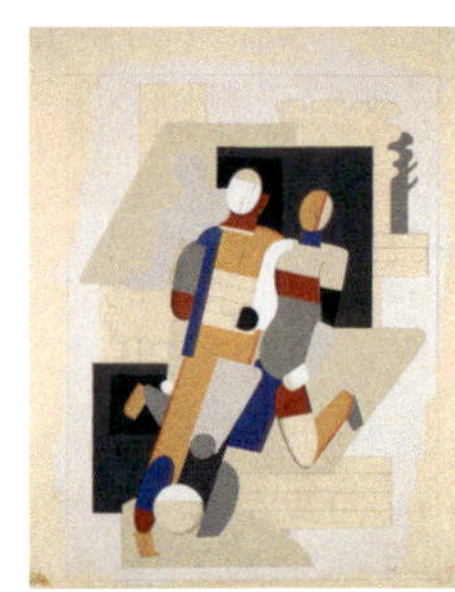

Fußballspieler
1927/28
Willi Baumeister
(1889–1955, DEU)

Zeichenkarton, Bleistift, Deckfarbe, Einfassungslinien
39,5 × 28,7 cm
Yale University Art Gallery, New Haven

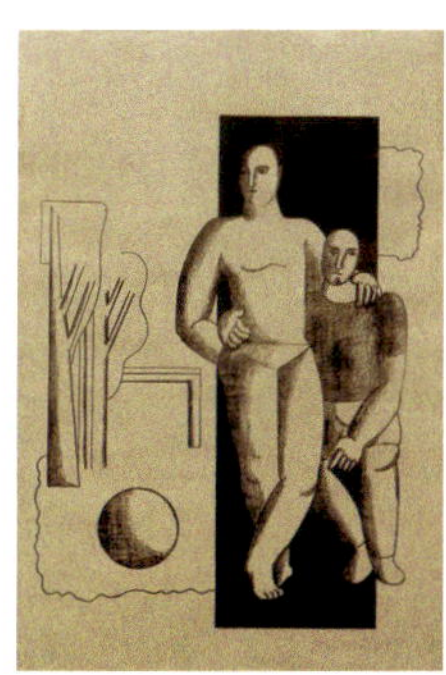

o. T. (Fußballspieler)
1928
Willi Baumeister
(1889–1955, DEU)

Lithografie
39 × 30 cm
Galerie Valentin, Stuttgart

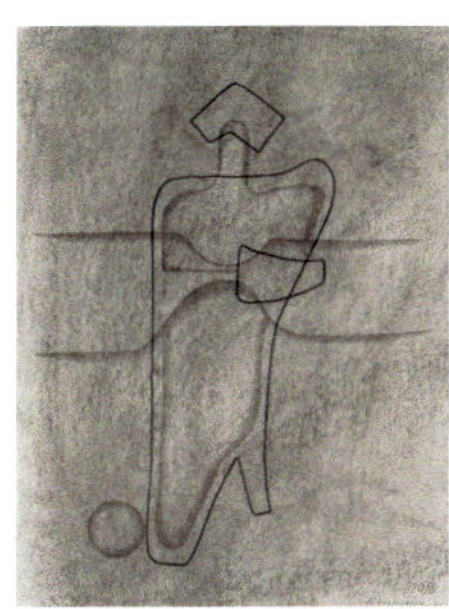

Fußballspieler
1931/32
Willi Baumeister
(1889–1955, DEU)

Zeichenkarton, Bleistift, Kohle, Konturen vorgeritzt
41,5 × 31,1 cm
Archiv Baumeister im Kunstmuseum Stuttgart

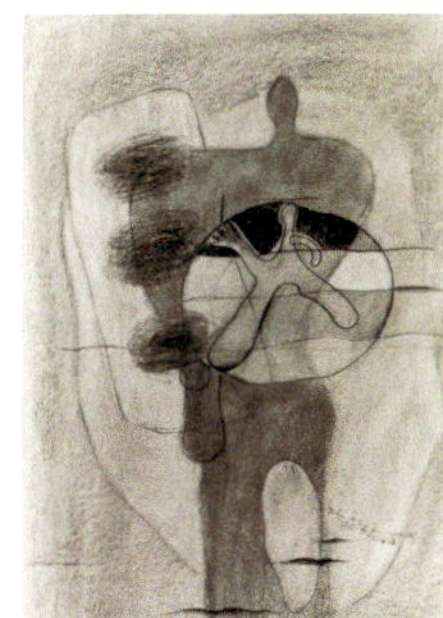

Fußballspieler mit Kreis
1934
Willi Baumeister
(1889–1955, DEU)

Zeichenkarton, Bleistift, Kohle, Ölkreide
44,9 × 31,5 cm
Archiv Baumeister im Kunstmuseum Stuttgart

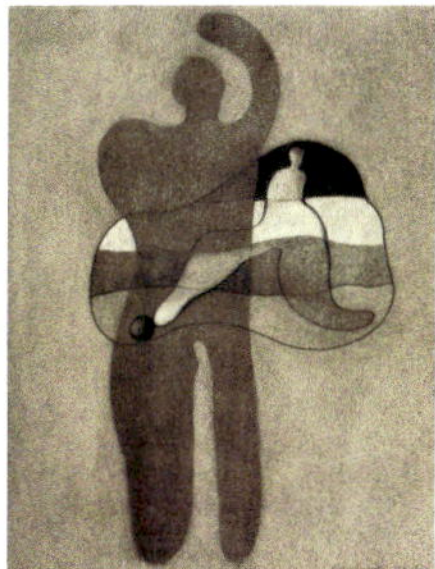

Fußballspieler
1934
Willi Baumeister
(1889–1955, DEU)

Zeichenkarton, Bleistift, Kohle, Konturen vorgeritzt
45 × 34,9 cm
Archiv Baumeister im Kunstmuseum Stuttgart

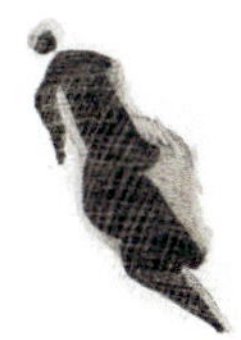

Fußballspieler
1934
Willi Baumeister
(1889–1955, DEU)

Zeichenpapier, Tempera in Ocker, Bleistift, Kohle
29,4 × 28,4 cm
Archiv Baumeister im Kunstmuseum Stuttgart

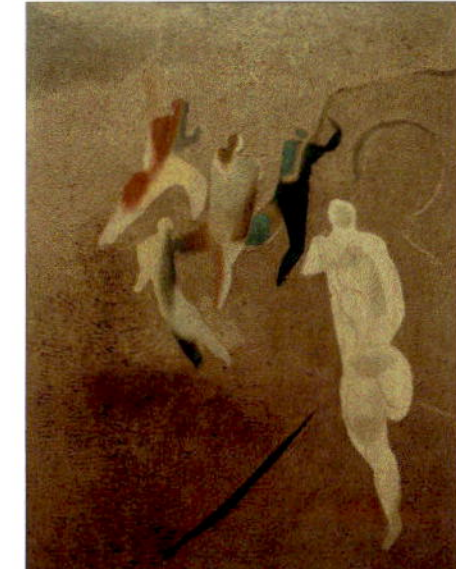

Fußballplatz
1934
Willi Baumeister
(1889–1955, DEU)

Öl auf Sand auf Leinwand
110 × 81 cm
Oberschwäbische Elektrizitätswerke, Ravensburg

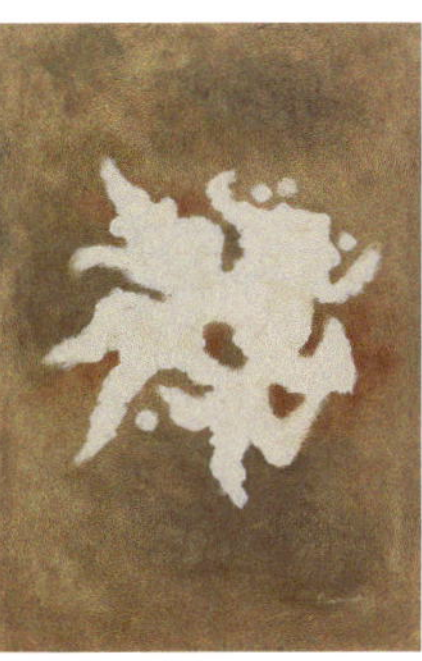

Fußballspieler
1934
Willi Baumeister
(1889–1955, DEU)

Öl auf Karton
45,5 × 30,5 cm
Archiv Baumeister im Kunstmuseum Stuttgart

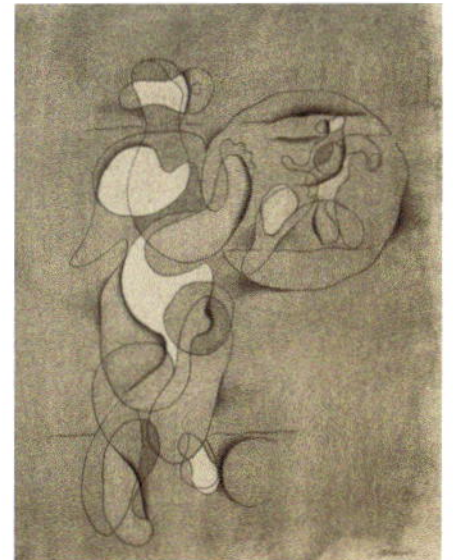

Fußballspieler
1935
Willi Baumeister
(1889–1955, DEU)

Zeichenkarton, Kohle, Bleistift
44,7 × 34,8 cm
Archiv Baumeister im Kunstmuseum Stuttgart

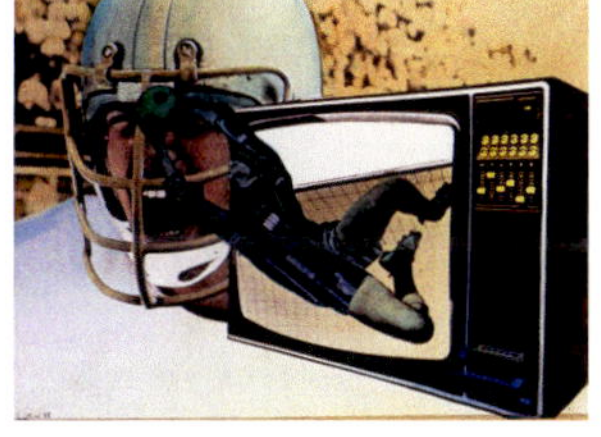

Das Spiel
1977
Gianni Bertini
(1922–2010, ITA)

60 × 81 cm

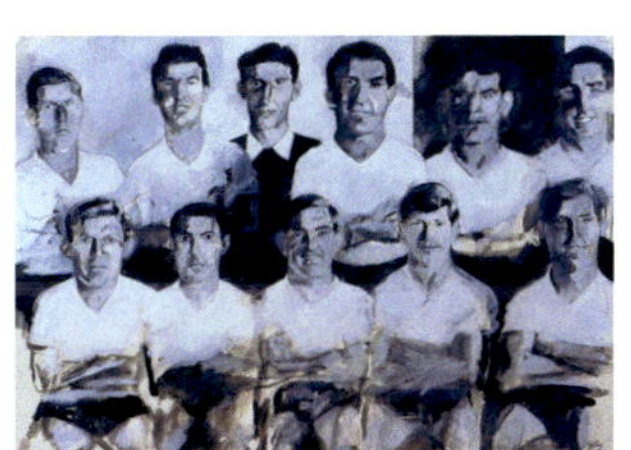
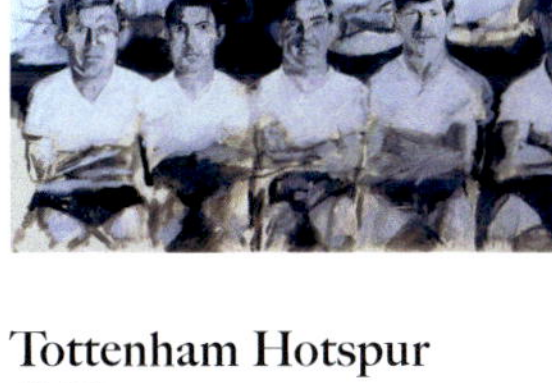

Tottenham Hotspur
1962
Peter Blake
(*1932, ENG)

Gouache auf Karton
50,8 × 76,2 cm

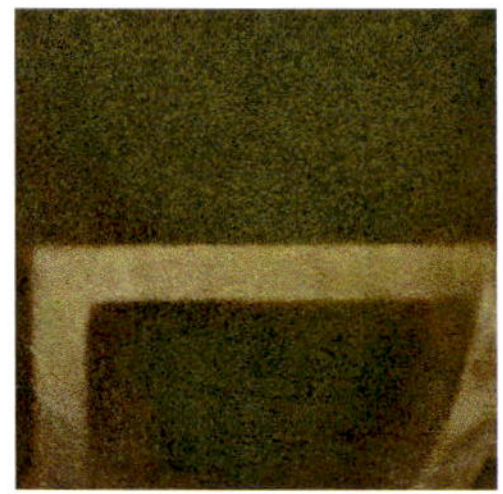

»Raumaufteilung«
Die Lesbarkeit des Spielfeldes
2020
Hagen Bonifer
(*1957, DEU)

Öl auf Putz
87 × 87 cm
Im Besitz des Künstlers

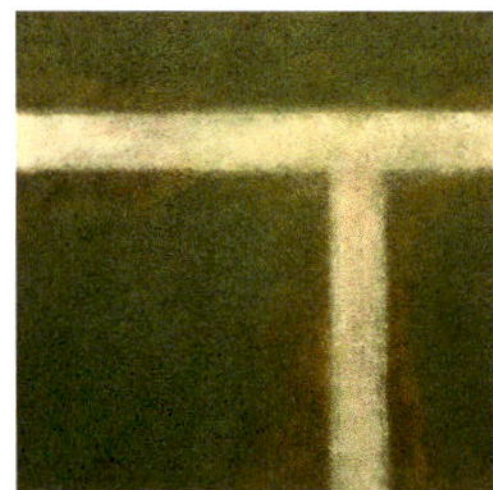

»Raumaufteilung«
Die Lesbarkeit des Spielfeldes
2020
Hagen Bonifer
(*1957, DEU)

Öl auf Putz
87 × 87 cm
Im Besitz des Künstlers

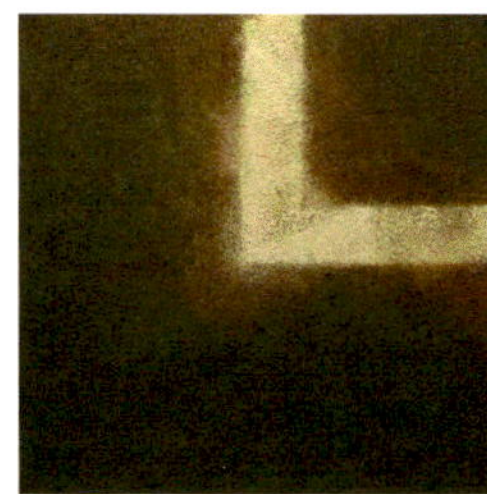

»Raumaufteilung«
Die Lesbarkeit des Spielfeldes
2020
Hagen Bonifer
(*1957, DEU)

Öl auf Putz
87 × 87 cm
Im Besitz des Künstlers

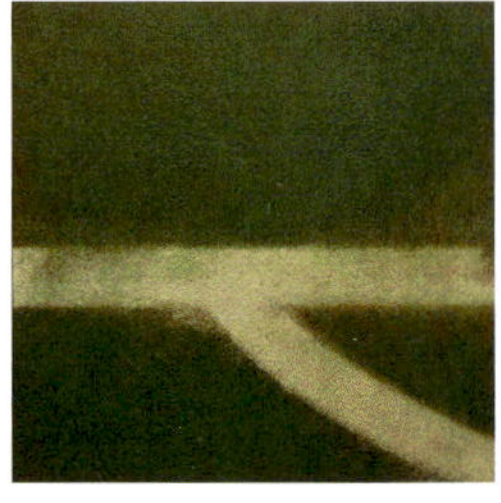

»Raumaufteilung«
Die Lesbarkeit des Spielfeldes
2020
Hagen Bonifer
(*1957, DEU)

Öl auf Putz
87 × 87 cm
Im Besitz des Künstlers

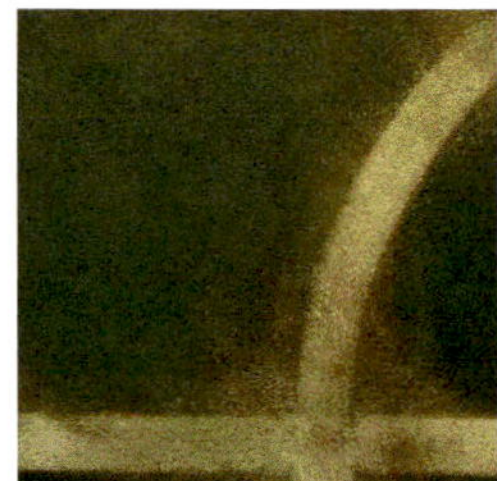

»Raumaufteilung«
Die Lesbarkeit des Spielfeldes
2020
Hagen Bonifer
(*1957, DEU)

Öl auf Putz
87 × 87 cm
Im Besitz des Künstlers

»Raumaufteilung«
Die Lesbarkeit des Spielfeldes
2020
Hagen Bonifer
(*1957, DEU)

Öl auf Putz
87 × 87 cm
Im Besitz des Künstlers

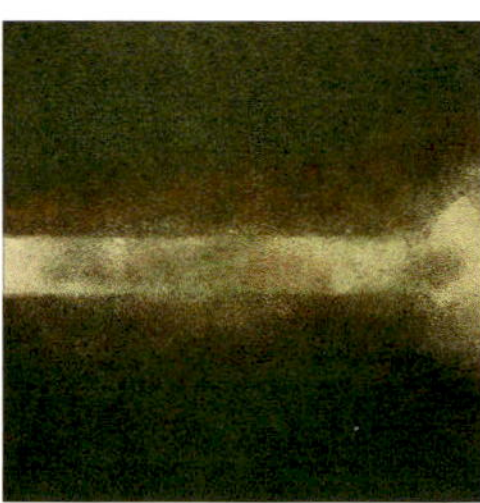

»Raumaufteilung«
Die Lesbarkeit des Spielfeldes
2020
Hagen Bonifer
(*1957, DEU)

Öl auf Putz
87 × 87 cm
Im Besitz des Künstlers

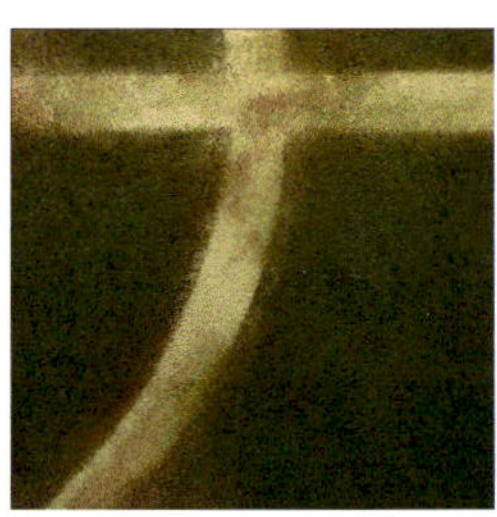

»Raumaufteilung«
Die Lesbarkeit des Spielfeldes
2020
Hagen Bonifer
(*1957, DEU)

Öl auf Putz
87 × 87 cm
Im Besitz des Künstlers

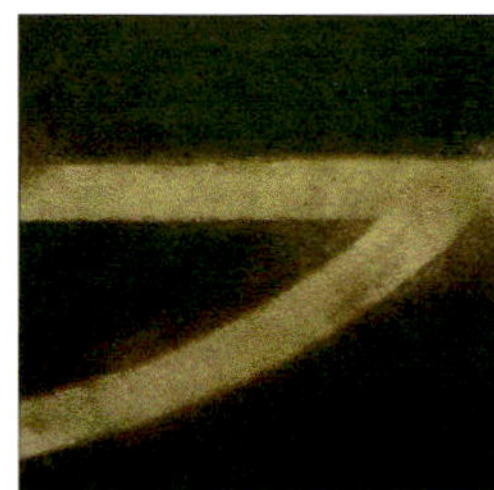

»Raumaufteilung«
Die Lesbarkeit des Spielfeldes
2020
Hagen Bonifer
(*1957, DEU)

Öl auf Putz
87 × 87 cm
Im Besitz des Künstlers

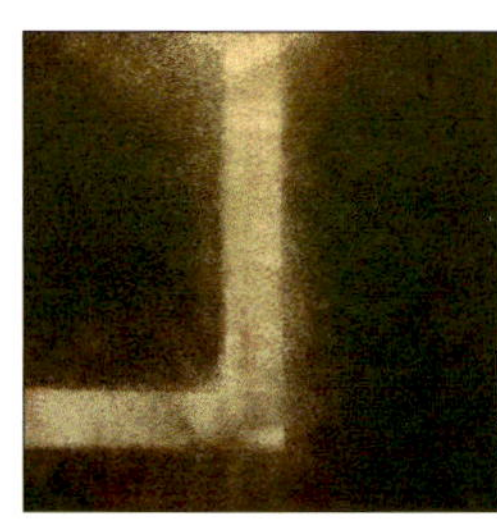

»Raumaufteilung«
Die Lesbarkeit des Spielfeldes
2020
Hagen Bonifer
(*1957, DEU)

Öl auf Putz
87 × 87 cm
Im Besitz des Künstlers

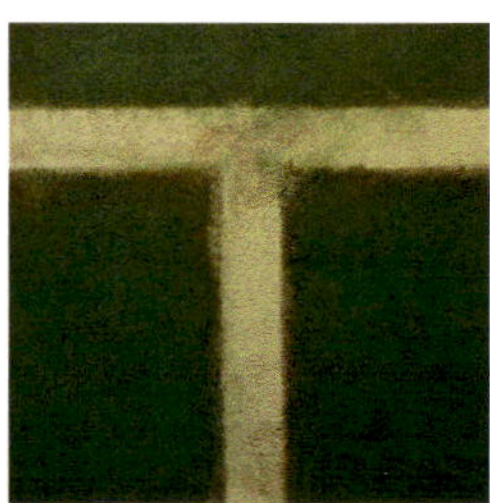

»Raumaufteilung«
Die Lesbarkeit des Spielfeldes
2020
Hagen Bonifer
(*1957, DEU)

Öl auf Putz
87 × 87 cm
Im Besitz des Künstlers

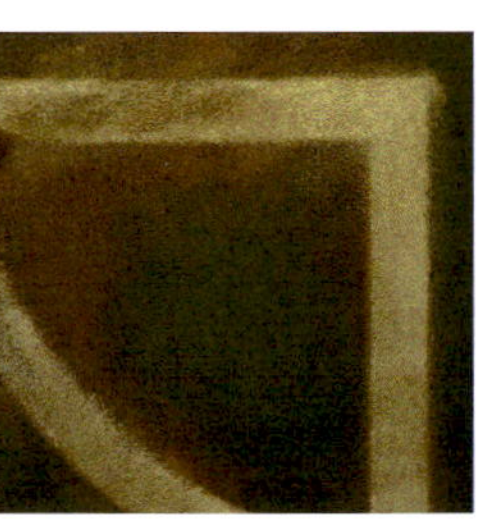

»Raumaufteilung«
Die Lesbarkeit des Spielfeldes
2020
Hagen Bonifer
(*1957, DEU)

Öl auf Putz
87 × 87 cm
Im Besitz des Künstlers

C

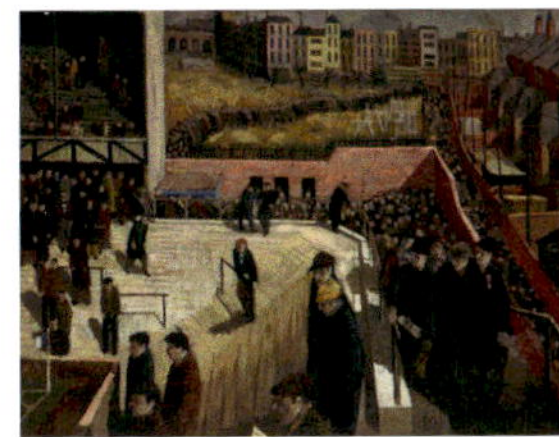

Saturday Taxpayers
1953
Gerald Albert Cains
(*1932, ENG)

Öl auf Holz
72 × 90 cm
National Football Museum, Manchester

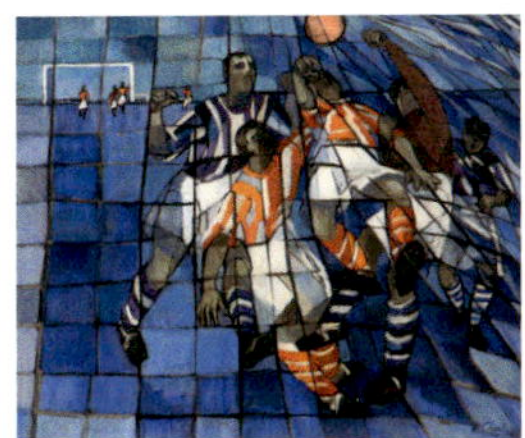

Clapham Common
1953
Daphne Chart
(1910–2006, ENG)

Öl auf Leinwand
62 × 75 cm
National Football Museum, Manchester

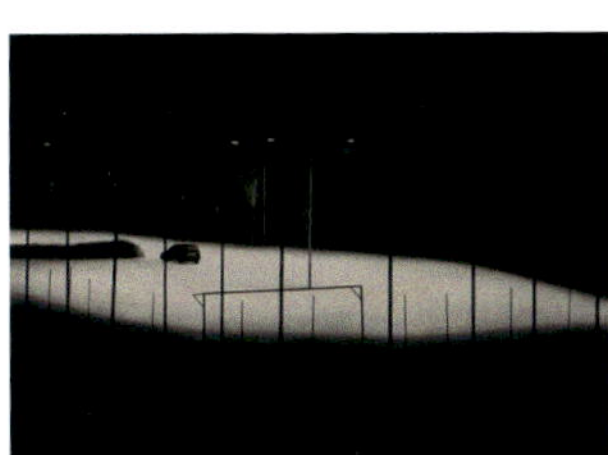

Haus Nr. 42
2004
Andrea Chiesi
(*1966, ITA)

Öl auf Leinwand
140 × 200 cm
Privatbesitz

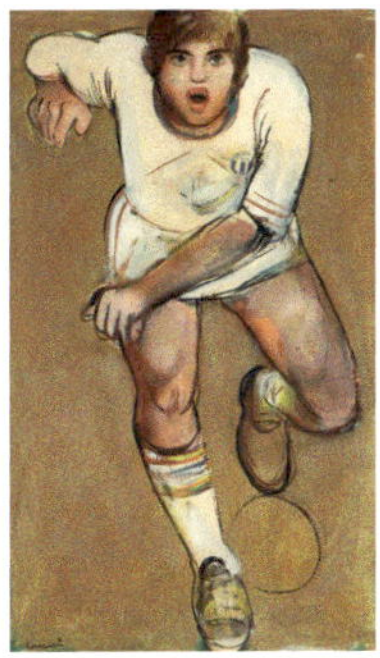

FCZ-Spieler
Mario Pasqual Comensoli
(1922–1993, CHE)

Mischtechnik
103,5 × 60 cm
Schweizerisches Institut für Kunstwissenschaften, Zürich

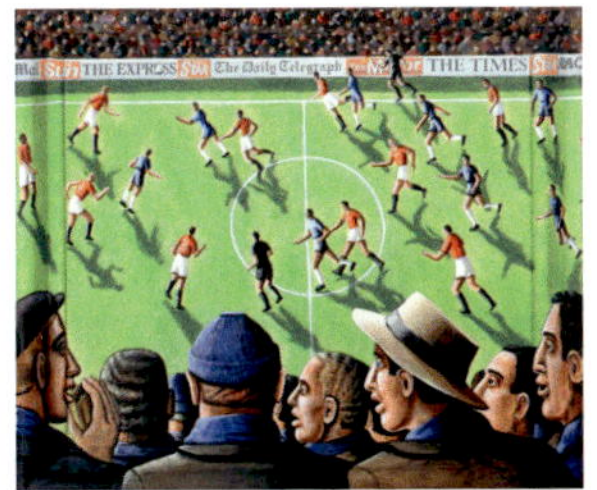

The Big Match
2000
Pamela June Crook
(*1935, ENG)

Acryl auf Leinwand und Holz
86,4 × 114,3 cm
Privatbesitz

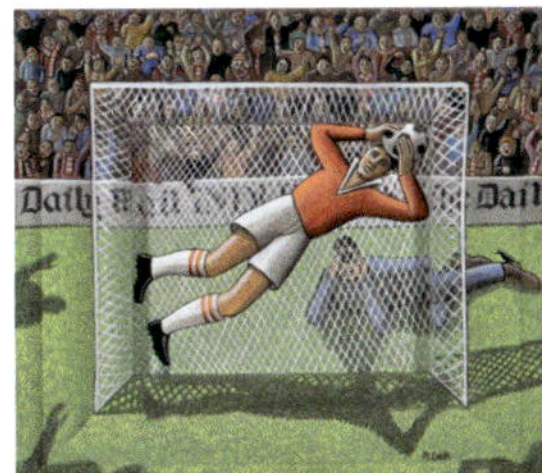

Saved !!
2019
Pamela June Crook
(*1935, ENG)

Getöntes Gesso auf Holz
28 × 30 cm
Privatbesitz

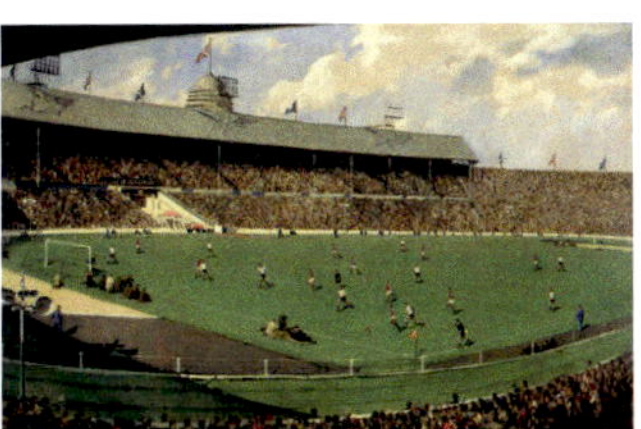

Tottenham v. Burnley, F.A. Challenge Cup
1962
Terence Cuneo
(1907–1996, ENG)

Öl auf Leinwand
121,9 × 182 cm
Wingfield Sporting Gallery, London

D

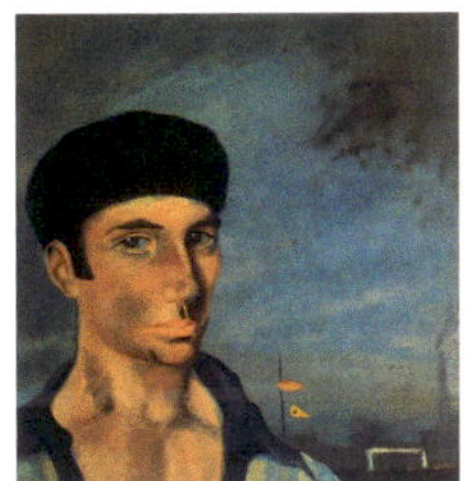

Porträt von Jaume Miravitlles
1921
Salvador Dalí
(1904–1989, ESP)

Öl auf Holzplatte
38,5 × 35,5 cm
Privatbesitz

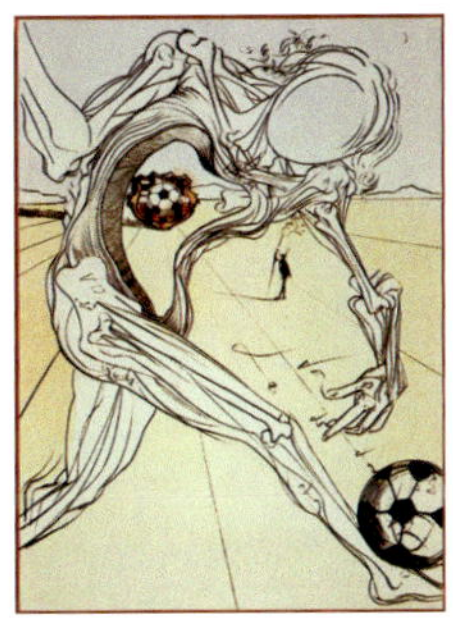

Fußballer
1980
Salvador Dalí
(1904–1989, ESP)

Mischtechnik
65 × 50 cm
Museu Perrot-Moore, Cadaqués

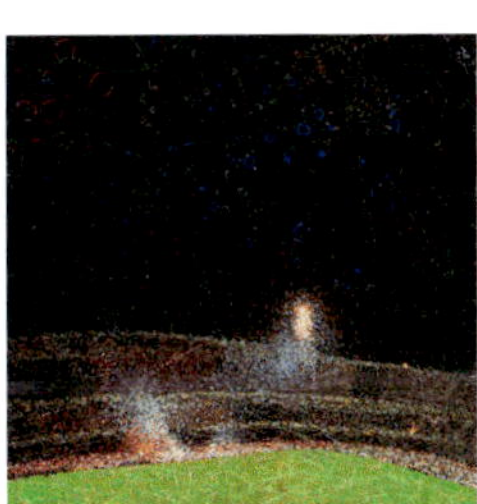

Floodlight Stadium
Matthew Davis
(*1969, ENG)

Emaille auf Holz
120 × 120 cm
Privatbesitz

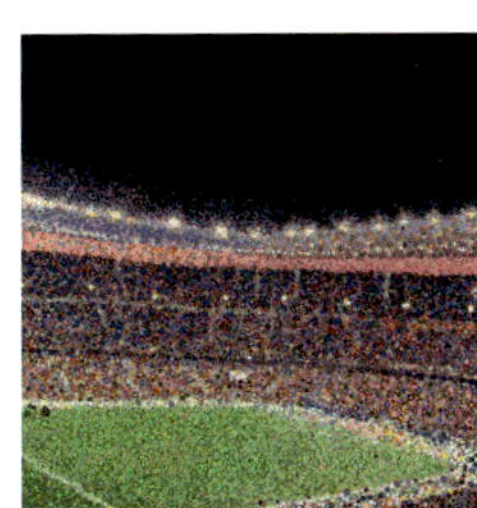

Foodball Ground
2001
Matthew Davis
(*1969, ENG)

Emaille auf Holz
120 × 120 cm
Privatbesitz

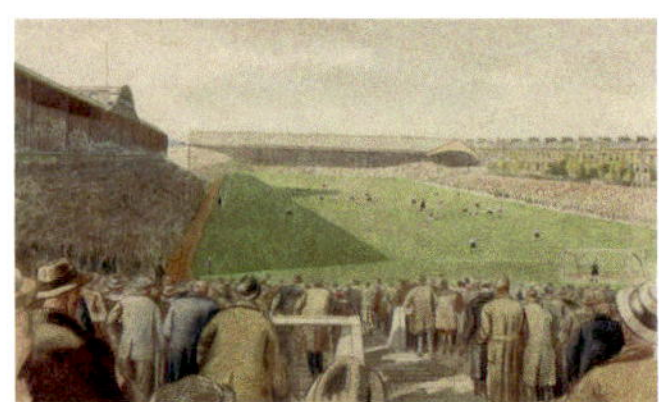

St James' Park Football Ground, Newcastle upon Tyne
1974
Byron Eric Dawson
(1896–1968, ENG)

Körperfarbe auf Papier
33,1 × 53,9 cm
Laing Art Gallery, Newcastle upon Tyne

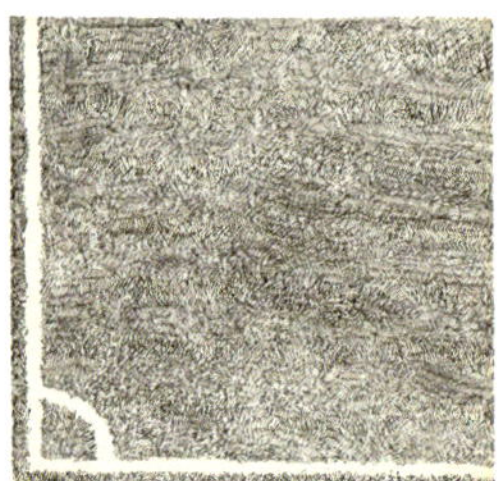

o. T.
1974
Raoul De Keyser
(1930–2012, BEL)

Bleistift, schwarze Tinte
20,3 × 19,9 cm
Museum voor Schone Kunsten, Gent

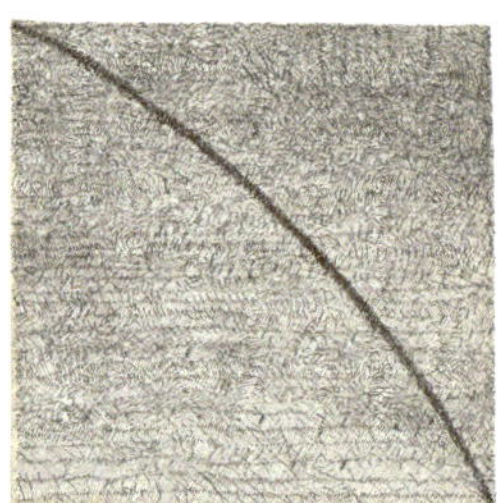

Maaigem Februari Series
1976
Raoul De Keyser
(1930–2012, BEL)

Bleistift, schwarze Tinte
18,9 × 18,9 cm
Museum voor Schone Kunsten, Gent

Maaigem Februari Series
1976
Raoul De Keyser
(1930–2012, BEL)

Schwarze Tinte
23,5 × 19 cm
Museum voor Schone Kunsten, Gent

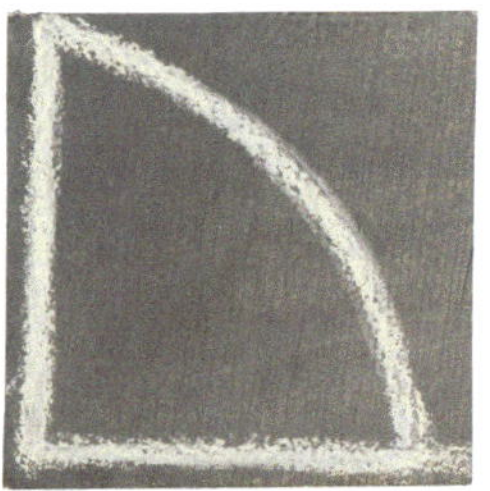

Krijtlijnen hoek
1977
Raoul De Keyser
(1930–2012, BEL)

Kreide, Tinte, Acryl
14,8 × 14,6 cm
Museum voor Schone Kunsten, Gent

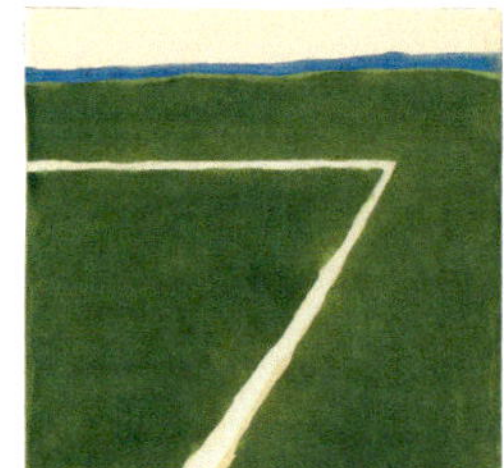

Krijtlijn
1969
Raoul De Keyser
(1930–2012, BEL)

Bleistift, Aquarell
27,1 × 27 cm
Museum voor Schone Kunsten, Gent

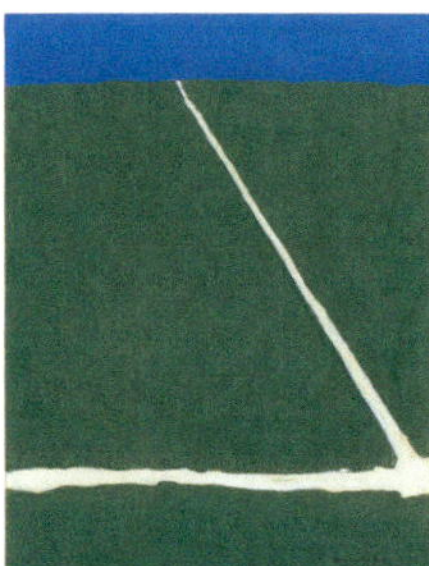

Krijtlijn
1970
Raoul De Keyser
(1930–2012, BEL)

Aquarell, Acryl
36,1 × 27 cm
Museum voor Schone Kunsten, Gent

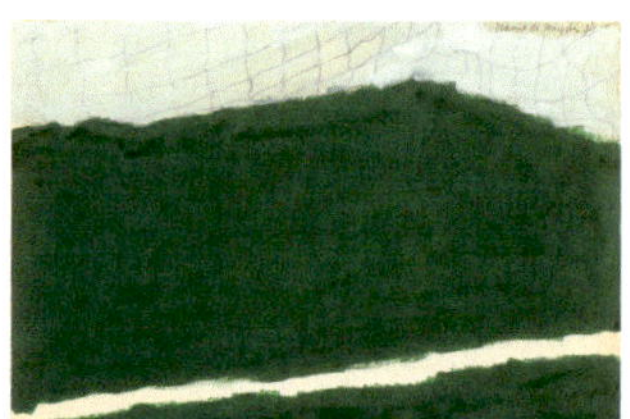

Doel met krijtlijn
1971
Raoul De Keyser
(1930–2012, BEL)

Bleistift, Acryl
21 × 29,7 cm
Museum voor Schone Kunsten, Gent

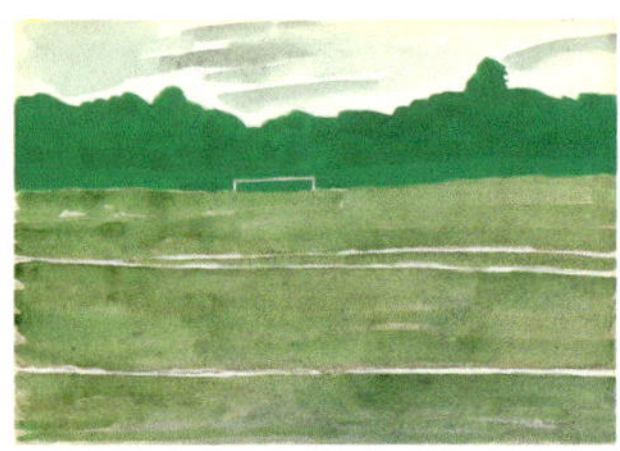

Voetbalveld
1971
Raoul De Keyser
(1930–2012, BEL)

Bleistift, Aquarell, Acryl
21 × 29,7 cm
Museum voor Schone Kunsten, Gent

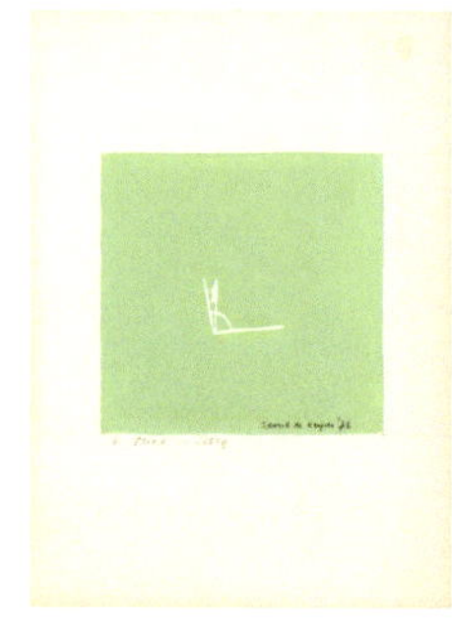

More Is Less III
1972
Raoul De Keyser
(1930–2012, BEL)

Bleistift, Acryl
29,7 × 21 cm
Museum voor Schone Kunsten, Gent

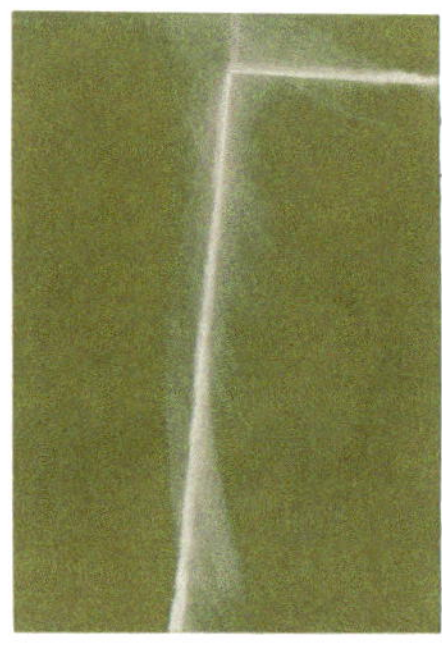

Krijtlijnen hoek
1979
Raoul De Keyser
(1930–2012, BEL)

Kreide, Acryl
29,6 × 20,4 cm
Museum voor Schone Kunsten, Gent

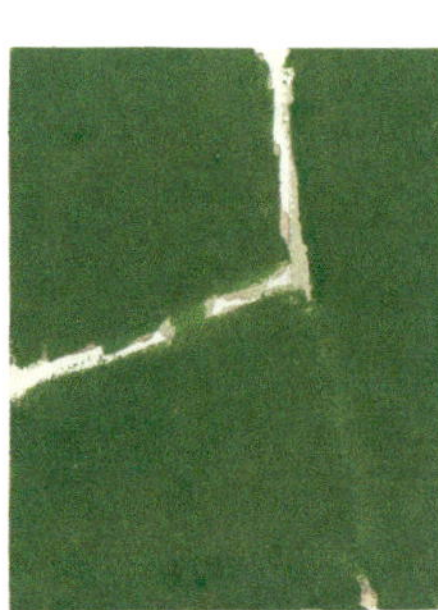

De eerste adieus
1979
Raoul De Keyser
(1930–2012, BEL)

Bleistift, Aquarell, Acryl
21,6 × 16,4 cm
Museum voor Schone Kunsten, Gent

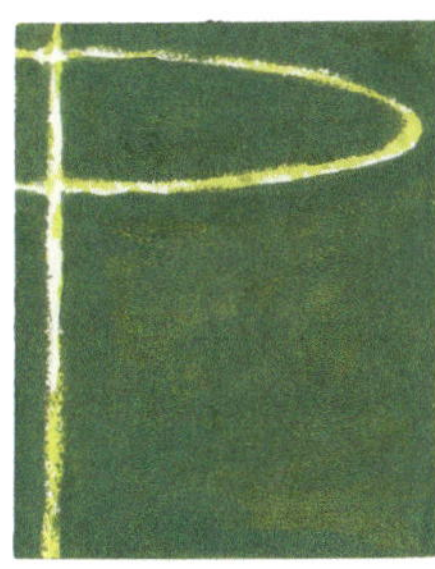

De eerste adieus
1979
Raoul De Keyser
(1930–2012, BEL)

Bleistifte, Aquarell, Acryl
21 × 16,4 cm
Museum voor Schone
Kunsten, Gent

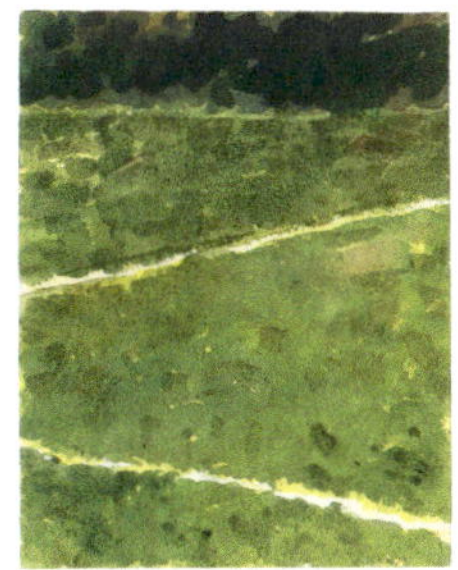

De eerste adieus
1979
Raoul De Keyser
(1930–2012, BEL)

Aquarell
21,5 × 16,4 cm
Museum voor Schone
Kunsten, Gent

o. T.
1979, 1984/85
Raoul De Keyser
(1930–2012, BEL)

Tusche, Gesso, Acryl
20,1 × 15 cm
Museum voor Schone
Kunsten, Gent

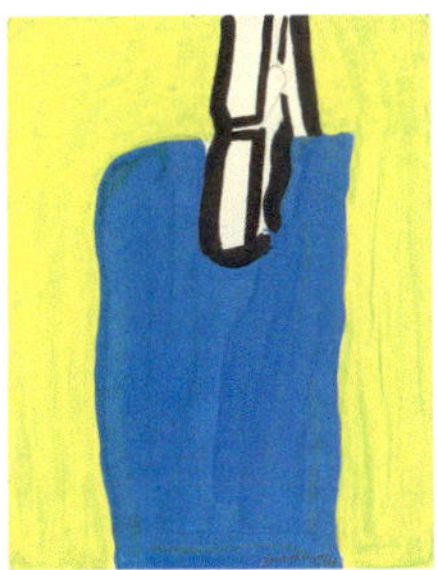

Voetbalsok
1966
Raoul De Keyser
(1930–2012, BEL)

Bleistift, Aquarell, Acryl
29,9 × 22,9 cm
Museum voor Schone
Kunsten, Gent

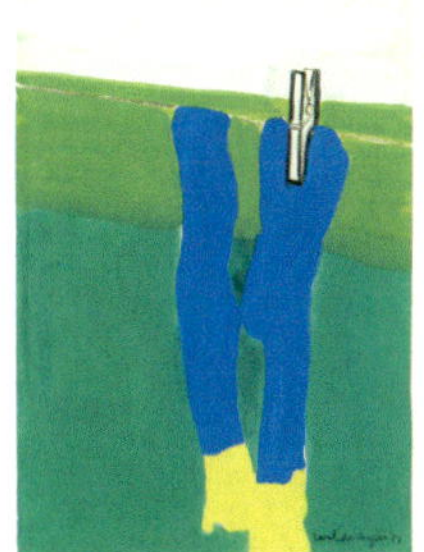

Voetbalsokken
1967
Raoul De Keyser
(1930–2012, BEL)

Bleistift, Tusche, Aquarell,
Gouache
29,8 × 20,9 cm
Museum voor Schone
Kunsten, Gent

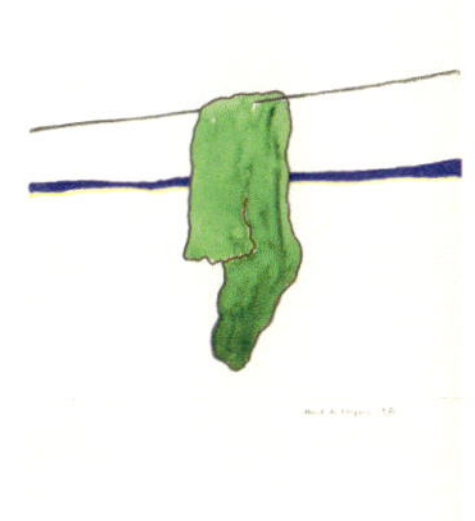

Voetbalsok
1970
Raoul De Keyser
(1930–2012, BEL)

Bleistift, Filzstifte,
Aquarell
29,7 × 21 cm
Museum voor Schone
Kunsten, Gent

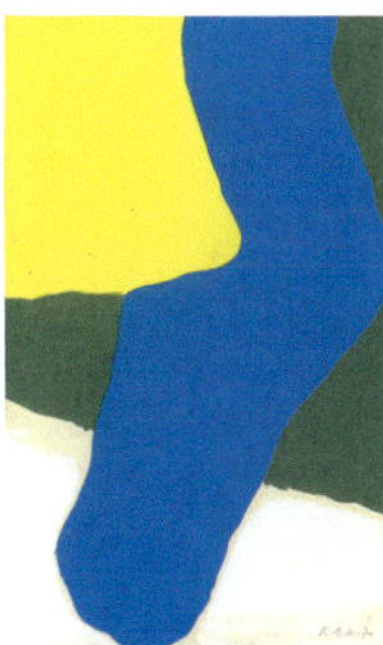

Voetbalsok
1970
Raoul De Keyser
(1930–2012, BEL)

Bleistift, Acryl
28,6 × 17,3 cm
Museum voor Schone
Kunsten, Gent

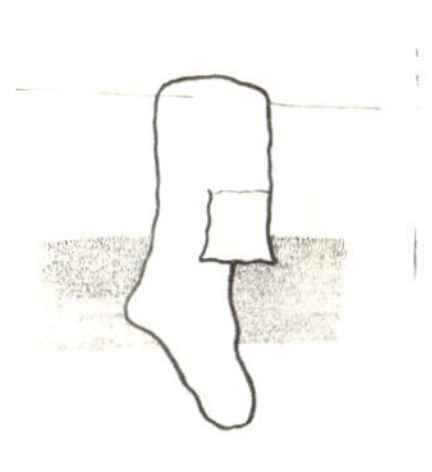

Voetbalsok
1971
Raoul De Keyser
(1930–2012, BEL)

Lithografie
36,6 × 29,9 cm
Museum voor Schone
Kunsten, Gent

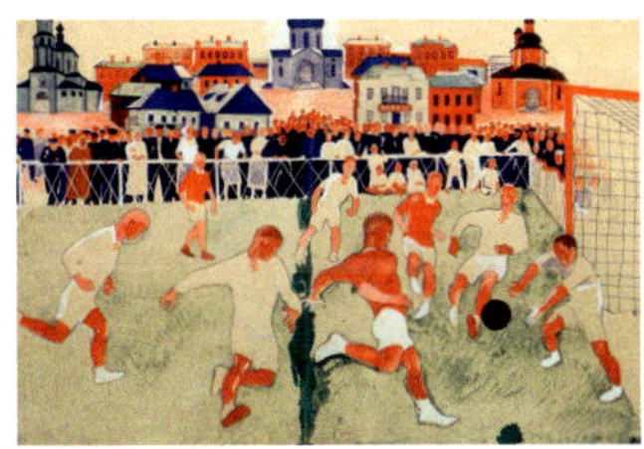

Im Stadion
1920
Alexander Deineka
(1899–1969, RUS)

Gouache und Tinte auf Papier
31 × 45 cm
State Art Museum, Samara

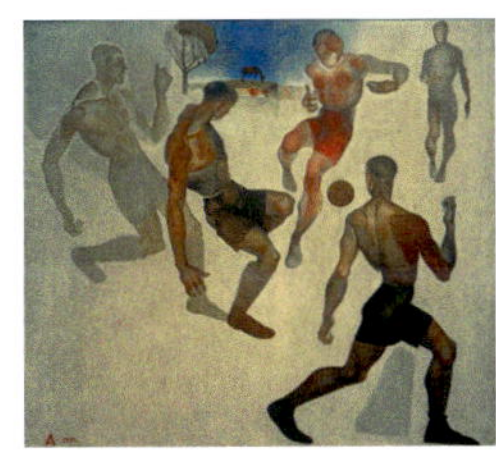

Fußballspieler
1924
Alexander Deineka
(1899–1969, RUS)

Öl auf Leinwand
104 × 113 cm
Privatbesitz

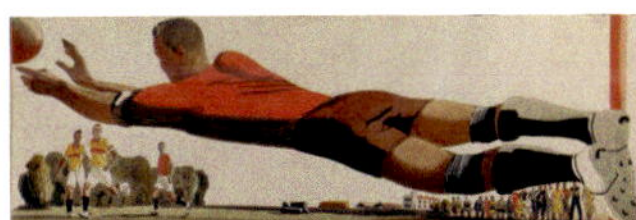

Torwart (Entwurf)
1934
Alexander Deineka
(1899–1969, RUS)

Öl auf Leinwand
23,5 × 65 cm
State Art Museum, Sotschi

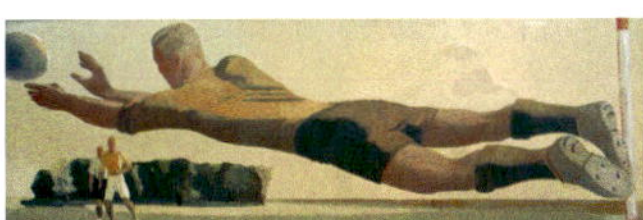

Der Torwart
1934
Alexander Deineka
(1899–1969, RUS)

Öl auf Leinwand
119 × 352 cm
The State Tretyakov Gallery,
Moskau

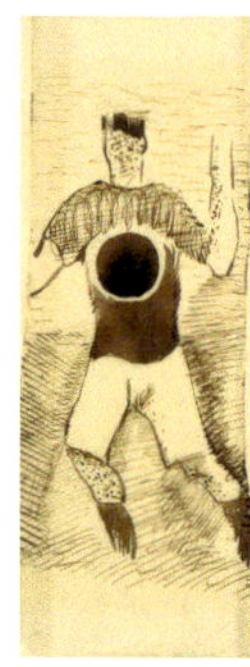

Joueur de football
1924
Robert Delaunay
(1885–1941, FRA)

Tusche auf Pergamentpapier
19,5 × 12,5 cm
Centre Pompidou, Paris

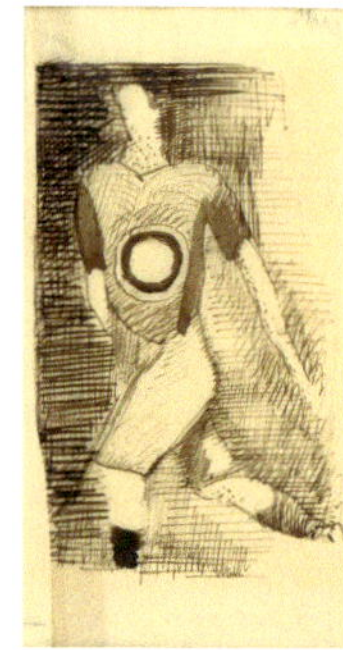

Joueur de football
1924
Robert Delaunay
(1885–1941, FRA)

Tusche auf Pergamentpapier
18,5 × 12,5 cm
Centre Pompidou, Paris

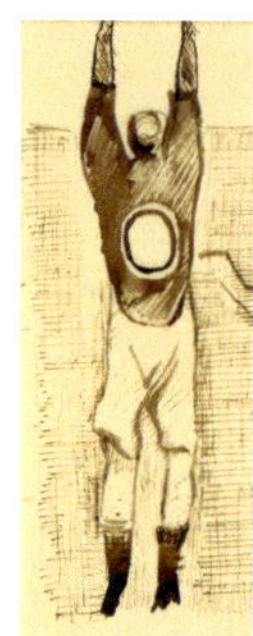

Joueur de football
1924
Robert Delaunay
(1885–1941, FRA)

Tusche auf Pergamentpapier
20,5 × 7,5 cm
Centre Pompidou, Paris

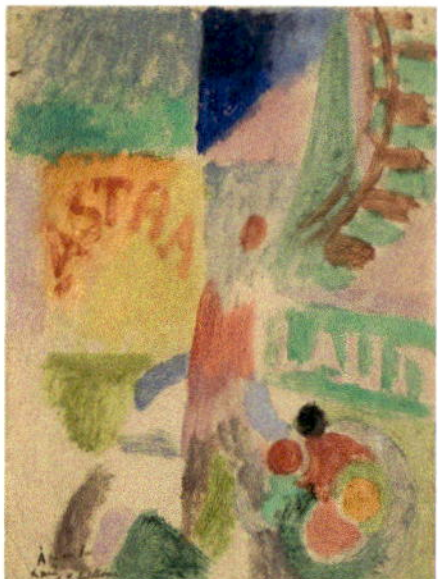

Astra, oder Studie zu »Die Fußballspieler von Cardiff«
1912/13
Robert Delaunay
(1885–1941, FRA)

Wasserfarbe und Gouache auf Papier
24,1 × 17,5 cm
Museum of Art, Philadelphia

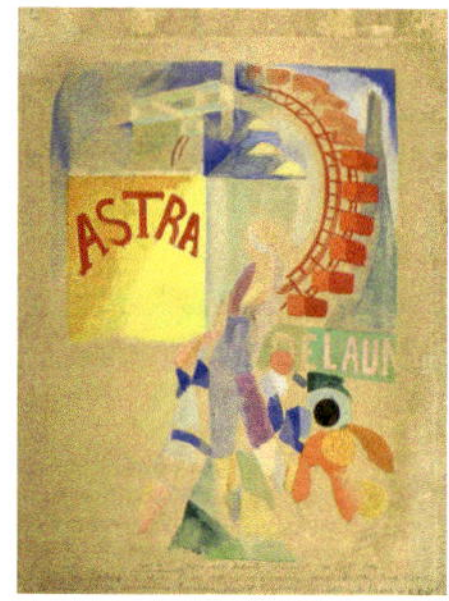

L' Équipe de Cardiff
1912/13
Robert Delaunay
(1885–1941, FRA)

State A. Pushkin Museum of Fine Arts, Moskau

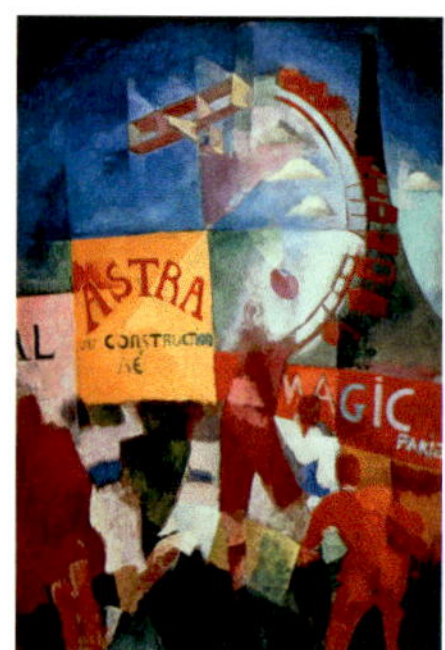

Die Mannschaft von Cardiff
1912/13
Robert Delaunay
(1885–1941, FRA)

Öl auf Leinwand
195 × 130 cm
Van Abbemuseum, Eindhoven

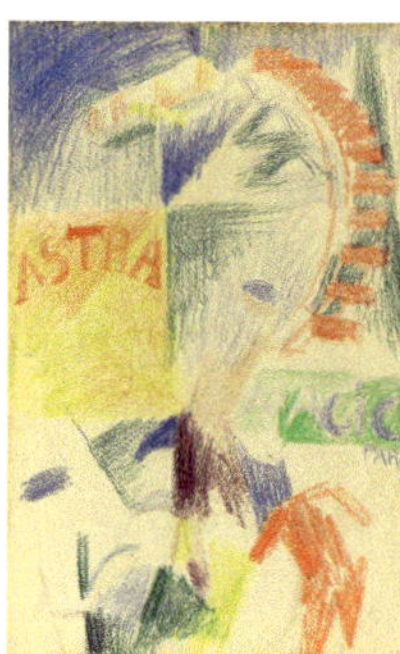

L' Equipe de Cardiff
1913
Robert Delaunay
(1885–1941, FRA)

Wachskreide
28 × 17,8 cm
Privatbesitz

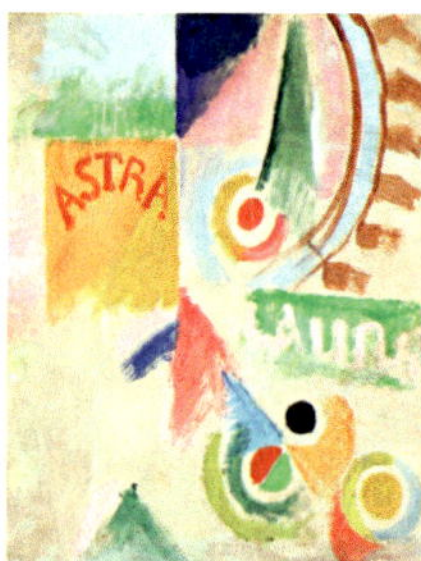

Fußball. Cardiff-Team
1916
Robert Delaunay
(1885–1941, FRA)

Öl auf Papier
62,2 × 47 cm
The Museum of Modern Art, New York

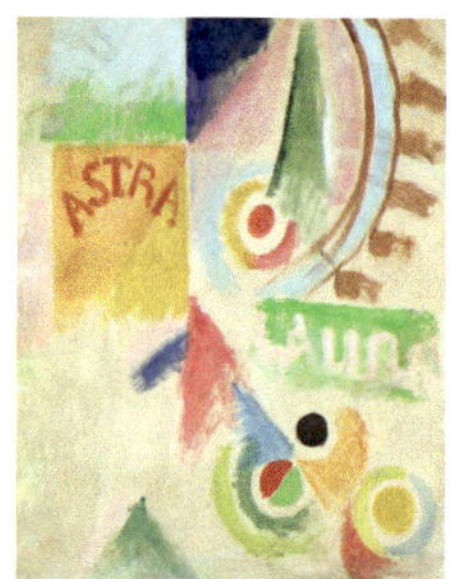

Fußball. L' Équipe de Cardiff
1916
Robert Delaunay
(1885–1941, FRA)

Öl auf Papier auf Holz
62,2 × 47 cm
Privatbesitz

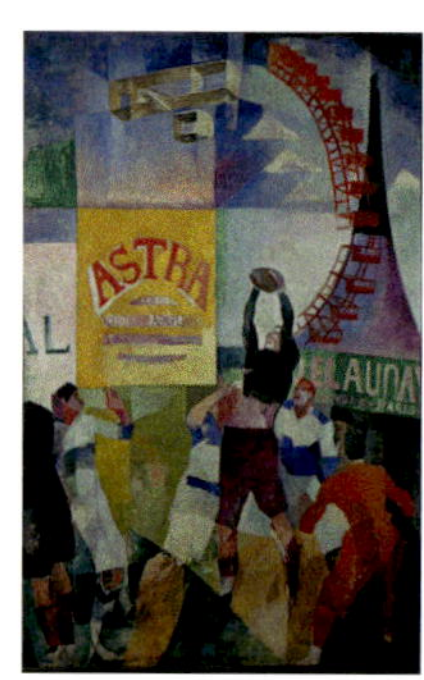

Die Mannschaft von Cardiff
1913
Robert Delaunay
(1885–1941, FRA)

Öl auf Leinwand
326 × 208 cm
Musée d'Art Moderne, Paris

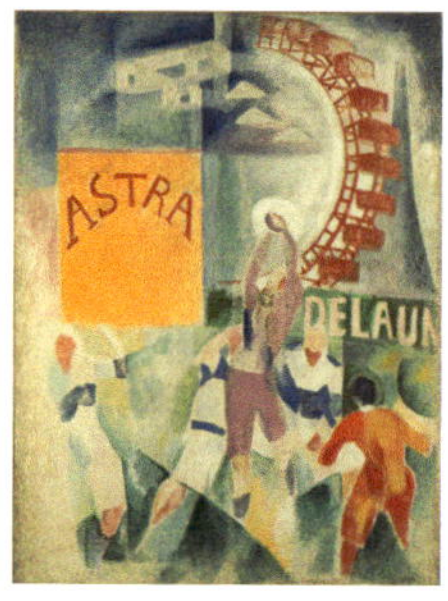

L' Equipe de Cardiff
1913
Robert Delaunay
(1885–1941, FRA)

Öl auf Leinwand
129,8 × 96,6 cm
Bayerische Staatsgemäldesammlungen, Pinakothek der Moderne, München

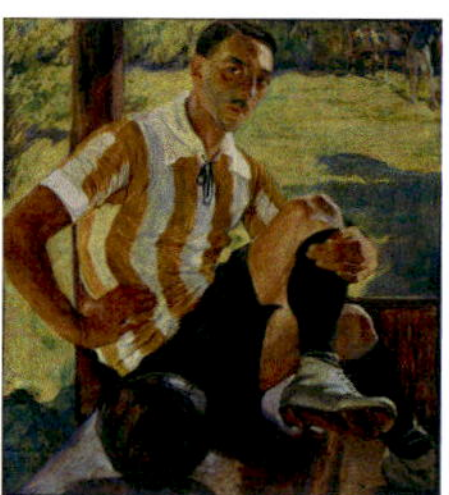

Fußballer
1925
Olga Ludvigova Della-Vos-Kardovskaya
(1875–1952, RUS)

93 × 84,5 cm
Öl auf Leinwand
State Open-air Museum of History and Architecture, Pereslawl-Salesski

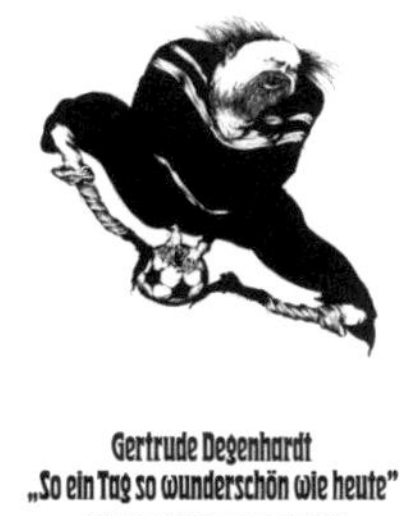

So ein Tag so wunderschön wie heute
1974
Gertrude Degenhardt
(*1940, DEU)

Lithografie
47 × 32 cm
Im Besitz der Künstlerin

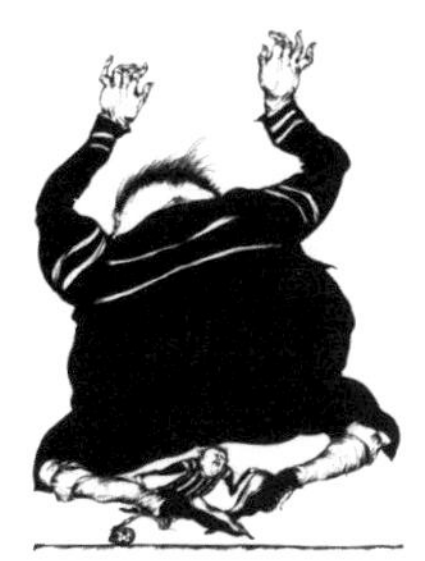

So ein Tag so wunderschön wie heute
1974
Gertrude Degenhardt
(*1940, DEU)

Lithografie
47 × 32 cm
Im Besitz der Künstlerin

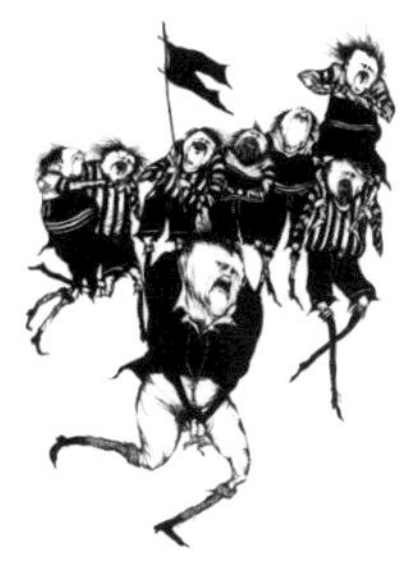

So ein Tag so wunderschön wie heute
1974
Gertrude Degenhardt
(*1940, DEU)

Lithografie
47 × 32 cm
Im Besitz der Künstlerin

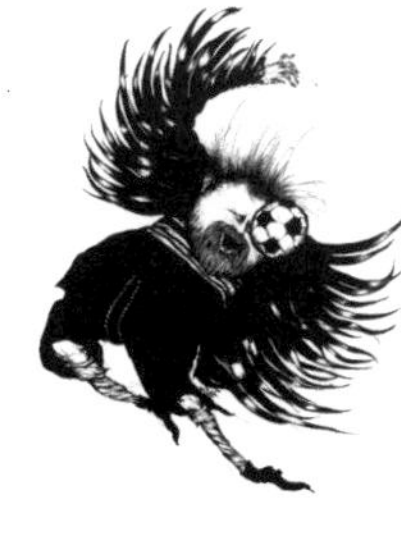

So ein Tag so wunderschön wie heute
1974
Gertrude Degenhardt
(*1940, DEU)

Lithografie
47 × 32 cm
Im Besitz der Künstlerin

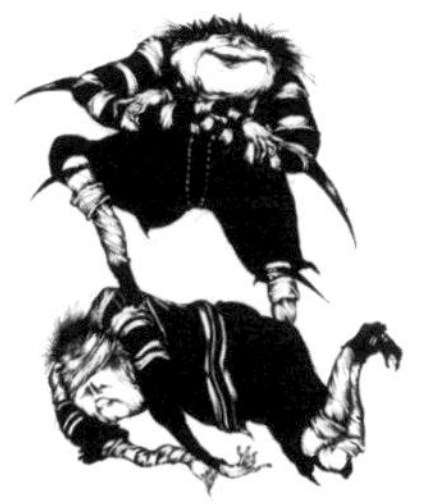

So ein Tag so wunderschön wie heute
1974
Gertrude Degenhardt
(*1940, DEU)

Lithografie
47 × 32 cm
Im Besitz der Künstlerin

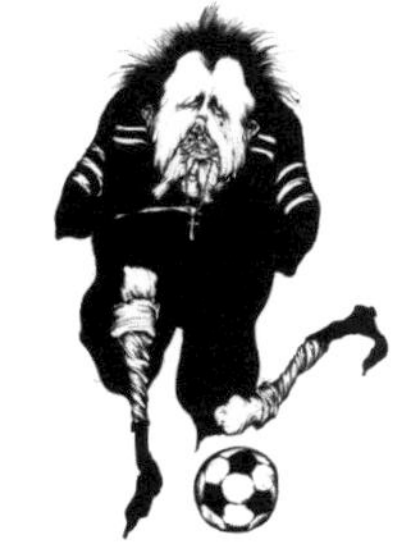

So ein Tag so wunderschön wie heute
1974
Gertrude Degenhardt
(*1940, DEU)

Lithografie
47 × 32 cm
Im Besitz der Künstlerin

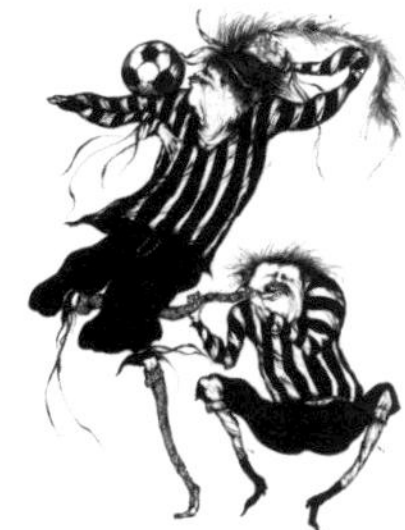

So ein Tag so wunderschön wie heute
1974
Gertrude Degenhardt
(*1940, DEU)

Lithografie
47 × 32 cm
Im Besitz der Künstlerin

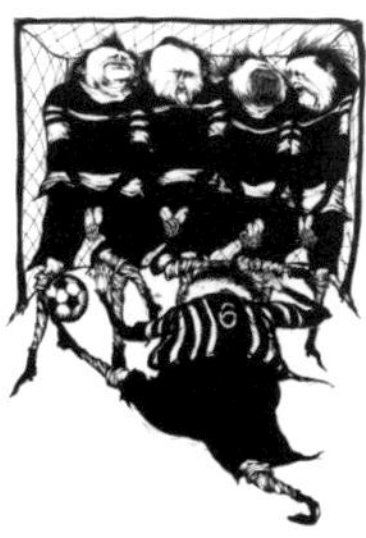

So ein Tag so wunderschön wie heute
1974
Gertrude Degenhardt
(*1940, DEU)

Lithografie
47 × 32 cm
Im Besitz der Künstlerin

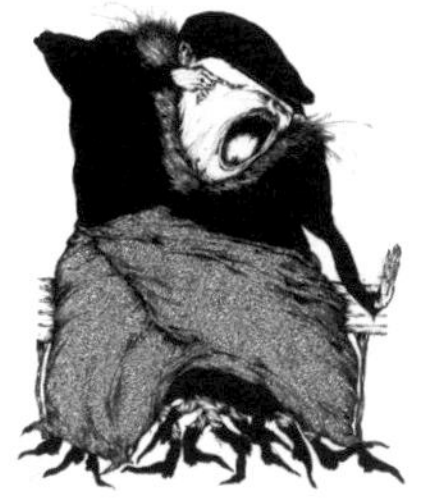

So ein Tag so wunderschön wie heute
1974
Gertrude Degenhardt
(*1940, DEU)

Lithografie
47 × 32 cm
Im Besitz der Künstlerin

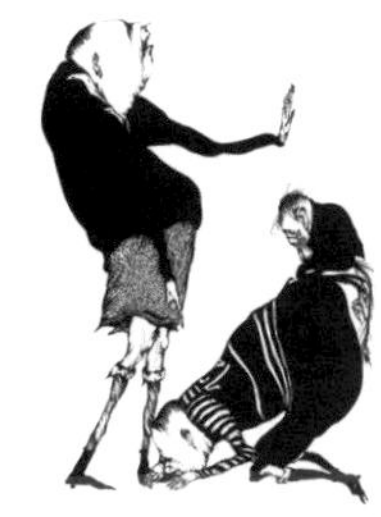

So ein Tag so wunderschön wie heute
1974
Gertrude Degenhardt
(*1940, DEU)

Lithografie
47 × 32 cm
Im Besitz der Künstlerin

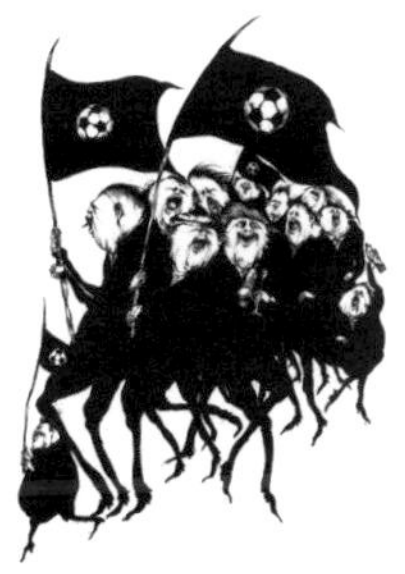

So ein Tag so wunderschön wie heute
1974
Gertrude Degenhardt
(*1940, DEU)

Lithografie
47 × 32 cm
Im Besitz der Künstlerin

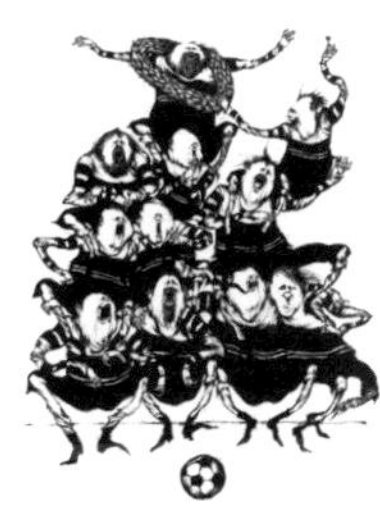

So ein Tag so wunderschön wie heute
1974
Gertrude Degenhardt
(*1940, DEU)

Lithografie
47 × 32 cm
Im Besitz der Künstlerin

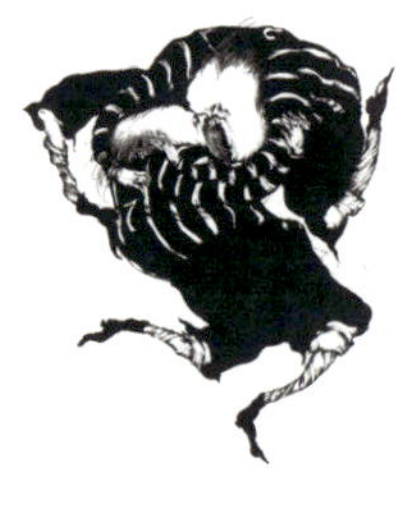

So ein Tag so wunderschön wie heute
1974
Gertrude Degenhardt
(*1940, DEU)

Lithografie
47 × 32 cm
Im Besitz der Künstlerin

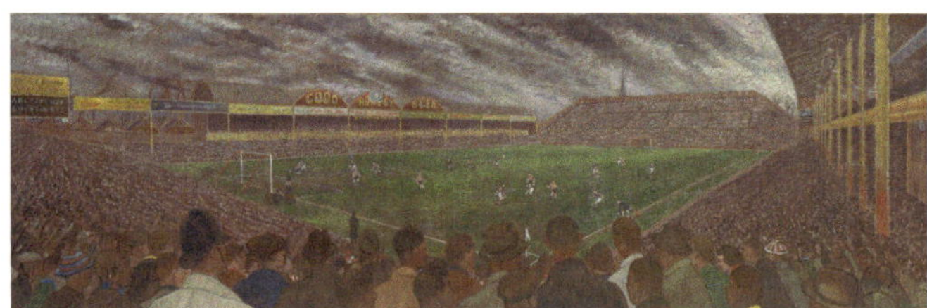

Aston Villa v Sunderland
1950
Henry Deykin
(1905–1989, ENG)

Öl auf Leinwand
60 × 182 cm
Privatbesitz

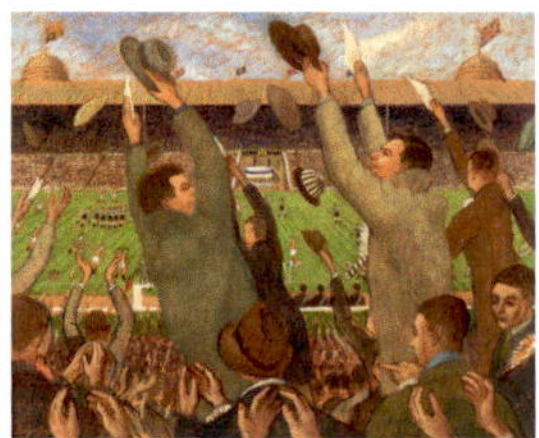

Wembley Cup Final
1951
Henry Deykin
(1905–1989, ENG)

Öl auf Leinwand
49 × 61 cm
National Football Museum, Manchester

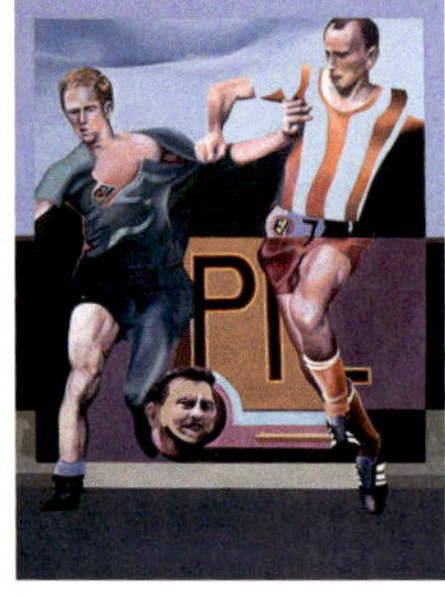

Empfehlung
1970
Hans-Jürgen Diehl
(*1940, DEU)

Öl auf Leinwand
240 × 160 cm
Galerie Brusberg, Berlin

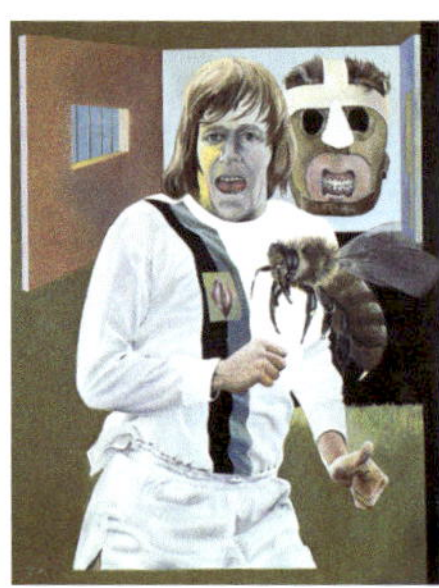

Spielraum
1973
Hans-Jürgen Diehl
(*1940, DEU)

Öl auf Leinwand
150 × 115 cm
Sammlung Marx, Berlin

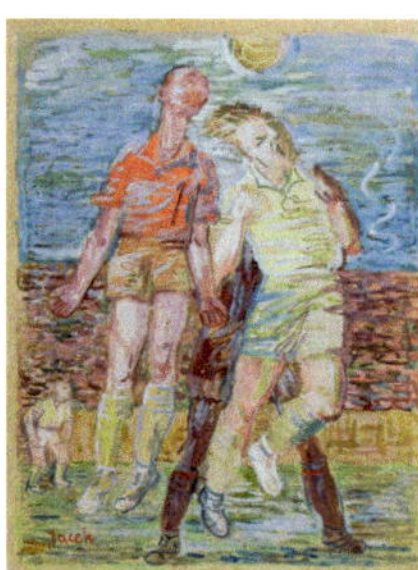

Piłkarze
1938
Edward Joseph Dutkiewicz
(1961–2007, ENG)

Tempera auf Bristol
40 × 30 cm
Museum of Sports and Tourism, Warschau

E

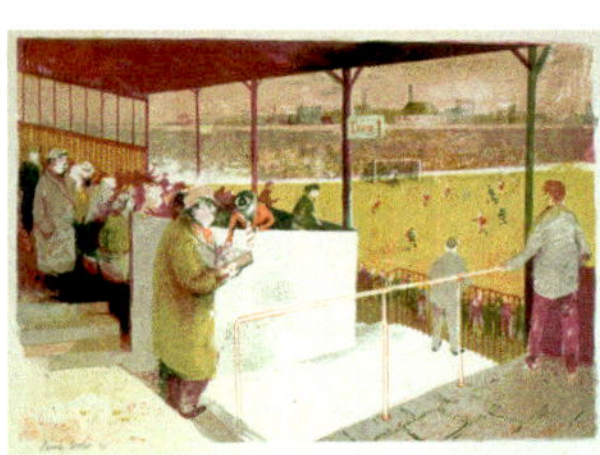

Small Stand Incident
Derek Eastoe
(*1925, ENG)

Lithografie
29,2 × 39,4 cm

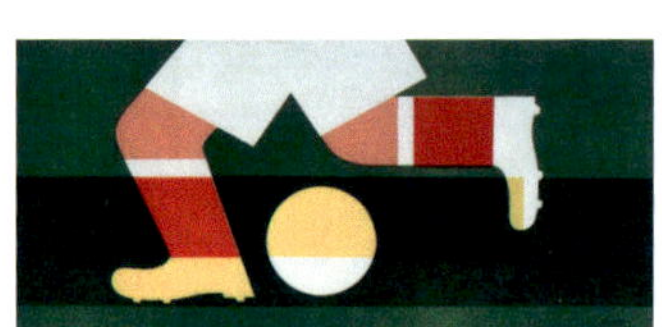

Cropped Version of For London Football Travel by Southern Electric
1962
Thomas Eckersley
(1914–1997, ENG)

Poster
National Railway Museum, York

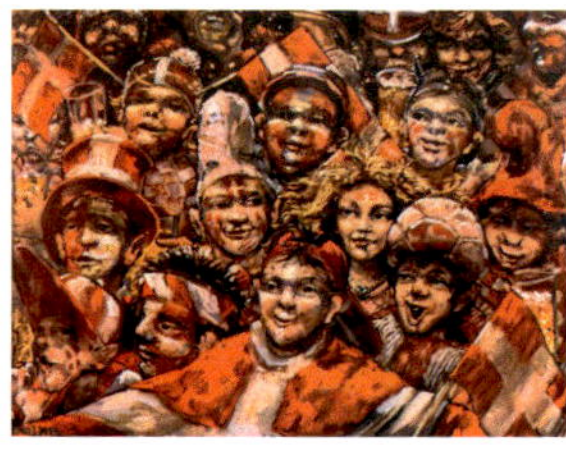

Vi er røde, vi er hvide
Jeppe Eisner
(*1952, DNK)

Im Besitz des Künstlers

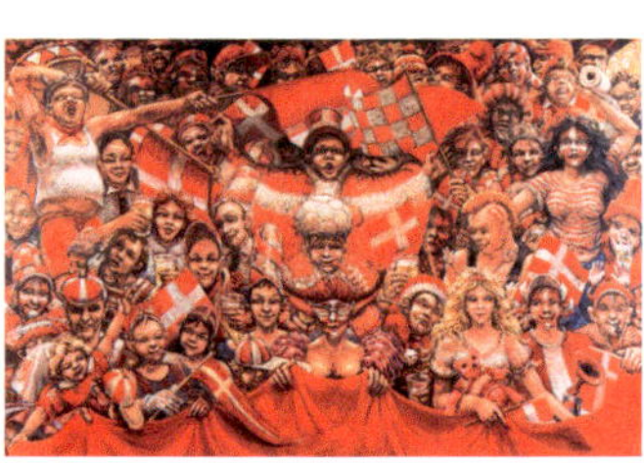

Mor Danmark
Jeppe Eisner
(*1952, DNK)

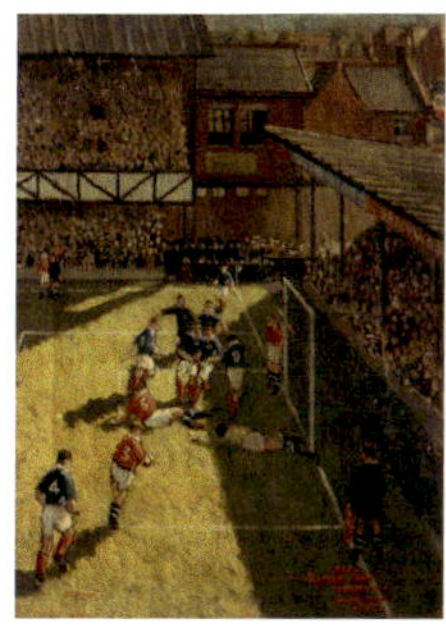

Portsmouth 1, Manchester United 1, Fratton Park
1924
N. Elford
(ENG)

Öl auf Segeltuch
45 × 35 cm
National Football Museum, Manchester

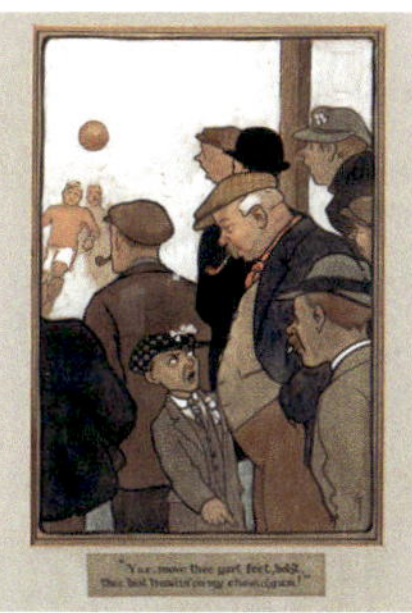

Crowd scene
20. Jh.
English School

Wasserfarbe auf Papier
50 × 38 cm
National Football Museum, Manchester

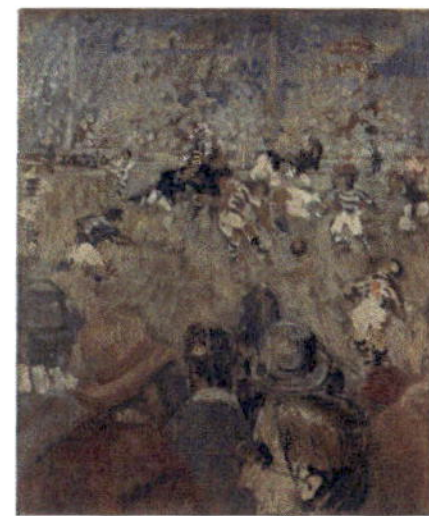

Football Match at Chelsea
20. Jh.
English School

Öl auf Leinwand
61 × 51 cm
National Football Museum, Manchester

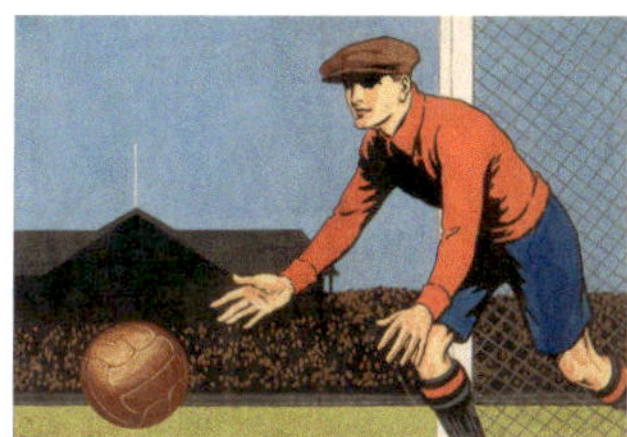

The Goalkeeper
1930er
English School

Farblithografie
35,5 × 51,5 cm
National Football Museum, Manchester

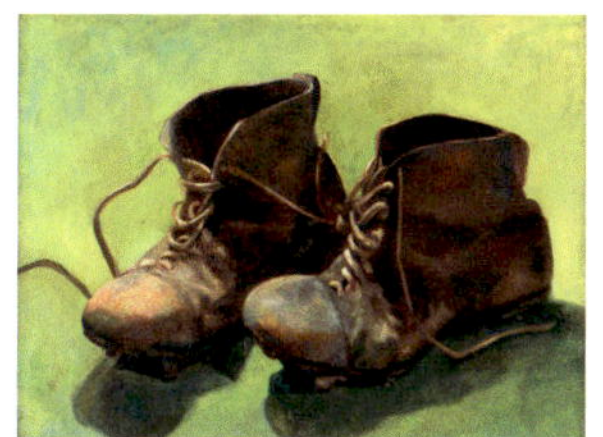

Boots (They were Christopher's)
20. Jh.
English School

52 × 71 cm
Öl auf Leinwand
National Football Museum, Manchester

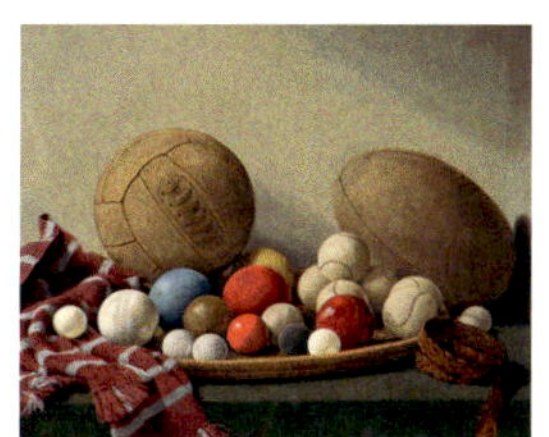

Study of Textures
20. Jh.
English School

Öl auf Leinwand
68 × 80 cm
National Football Museum, Manchester

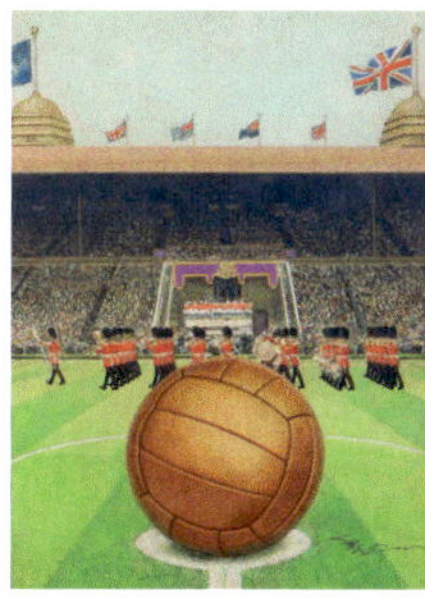

Wembley Stadium on Big Match Day
20. Jh.
English School

Öl auf Leinwand
62,3 × 44,8 cm
National Football Museum, Manchester

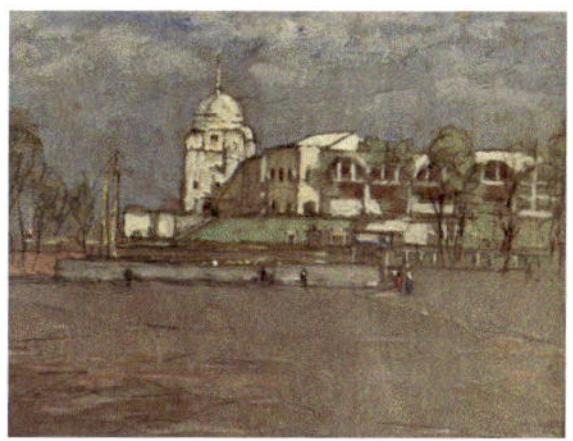

Wembley Stadium
1923
English School

Aquarell auf Papier
29 × 38,5 cm
National Football Museum, Manchester

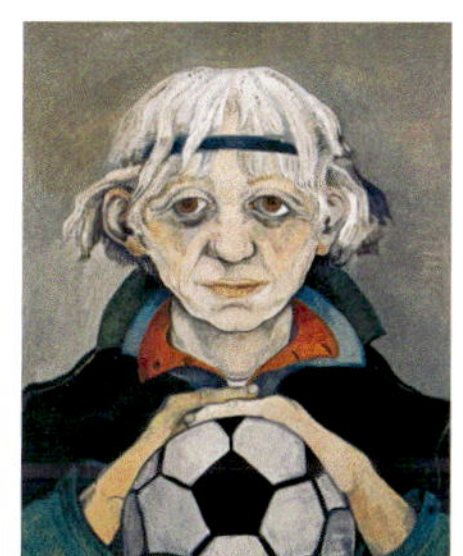

Portrait von Hüsnü Koldaş
2004
Neşe Erdog
(*1940, TUR)

Öl auf Leinwand
100 × 80 cm
Im Besitz der Künstlerin

F

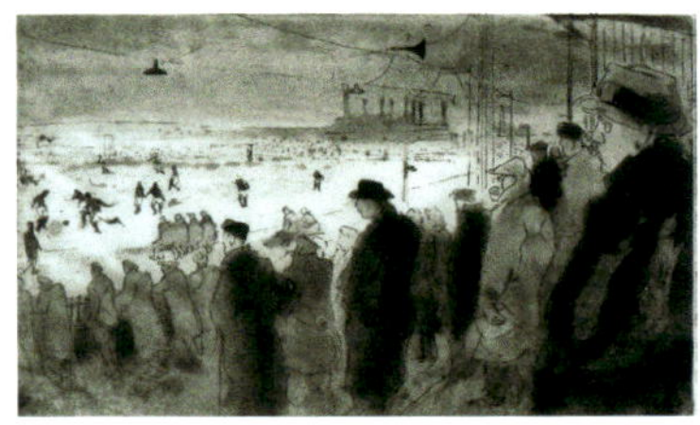

Footballers in the Snow
1953
Hubert Andrew Freeth
(1912–1986, ENG)

Radierung
15,2 × 25,4 cm
National Football Museum,
Manchester

G

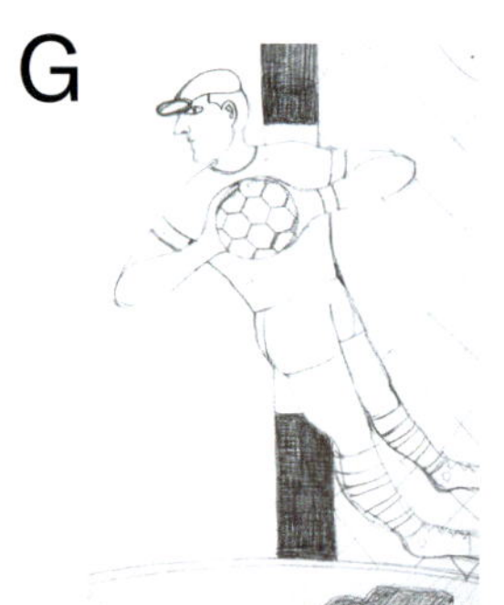

Skizze
um 1966
Fritz Genkinger
(1934–2017, DEU)

Bleistift auf Papier
18 × 12 cm
Freundeskreis Fritz Genkinger/
Fritz Genkinger Kunsthaus,
Marbach

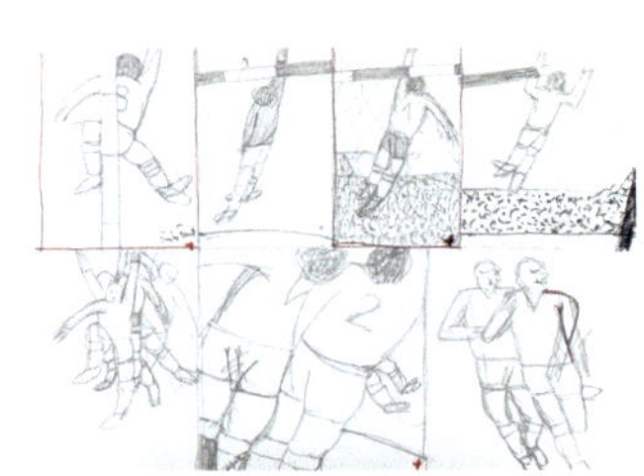

Skizze
um 1966
Fritz Genkinger
(1934–2017, DEU)

Bleistift auf Papier
21 × 29,7 cm
Freundeskreis Fritz Genkinger/
Fritz Genkinger Kunsthaus,
Marbach

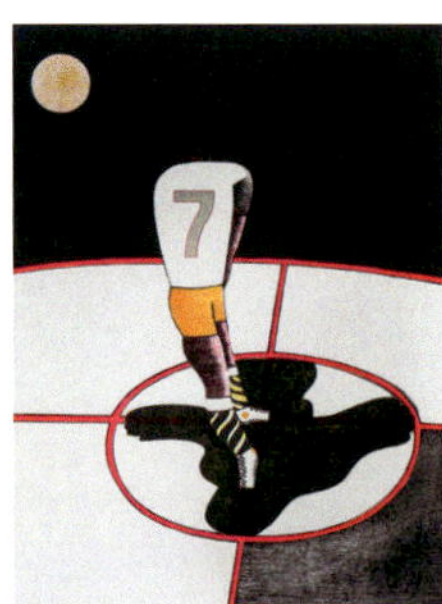

Spieler im Kreis
1966
Fritz Genkinger
(1934–2017, DEU)

Lithografie auf Rives
58 × 43 cm
Freundeskreis Fritz Genkinger/
Fritz Genkinger Kunsthaus,
Marbach

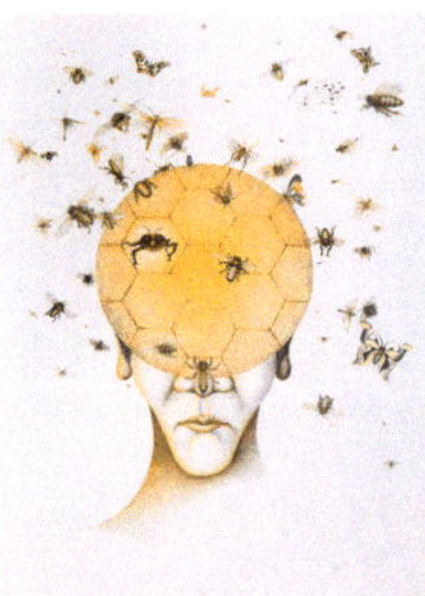

Kopfball I (mit Insekten)
1968/69
Fritz Genkinger
(1934–2017, DEU)

Lithografie auf Karton
74 × 55 cm
Freundeskreis Fritz Genkinger/
Fritz Genkinger Kunsthaus,
Marbach

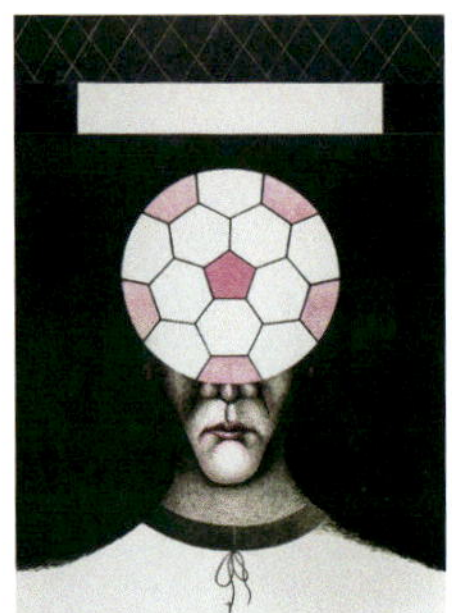

Kopfball II
1969
Fritz Genkinger
(1934–2017, DEU)

Lithografie auf Karton
85 × 59 cm
Freundeskreis Fritz Genkinger/
Fritz Genkinger Kunsthaus,
Marbach

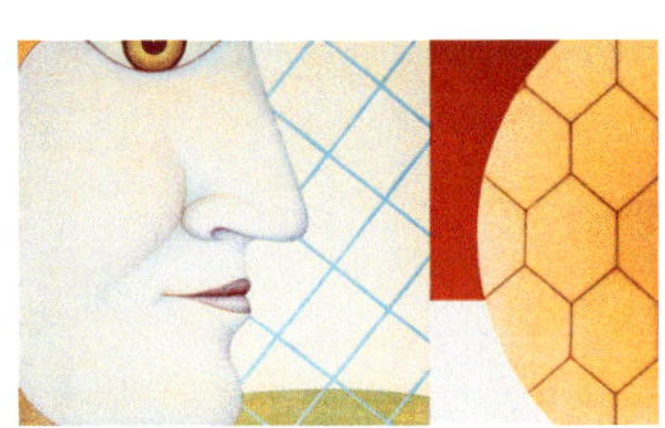

Begegnung am Tor II
1969
Fritz Genkinger
(1934–2017, DEU)

Lithografie auf Arches
27 × 45 cm
Freundeskreis Fritz Genkinger/
Fritz Genkinger Kunsthaus,
Marbach

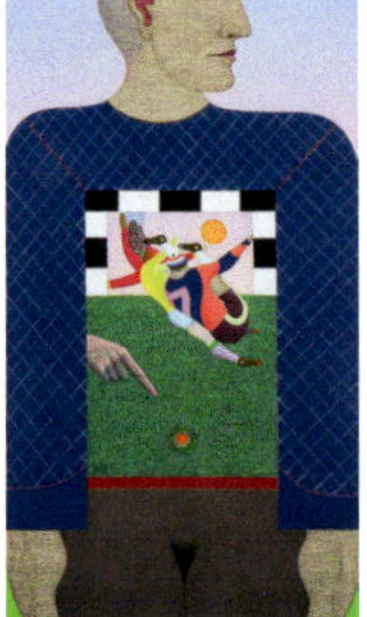

In einem großen Spieler
1970
Fritz Genkinger
(1934–2017, DEU)

Acryl auf Leinwand
175 × 96 cm
Freundeskreis Fritz Genkinger/
Fritz Genkinger Kunsthaus,
Marbach

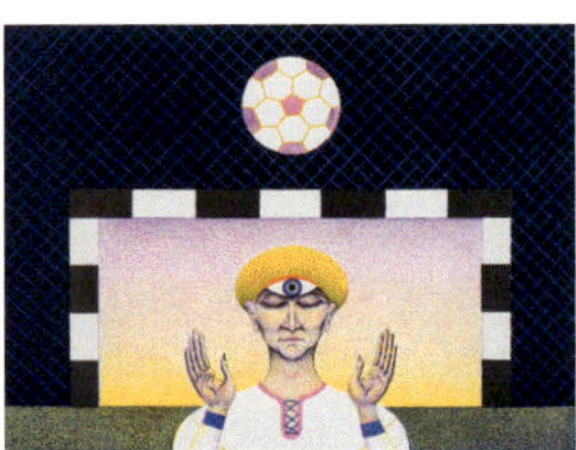

Ruhiger Torhüter
1970
Fritz Genkinger
(1934–2017, DEU)

Offsetdruck
18,3 × 50 cm
Freundeskreis Fritz Genkinger/
Fritz Genkinger Kunsthaus,
Marbach

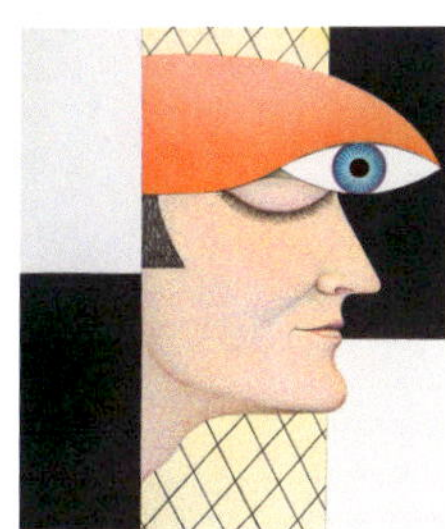

Rotkäppchen (Der schöne Torhüter)
1970
Fritz Genkinger
(1934–2017, DEU)

Offsetdruck auf Offsetkarton
41 × 36 cm
Freundeskreis Fritz Genkinger/ Fritz Genkinger Kunsthaus, Marbach

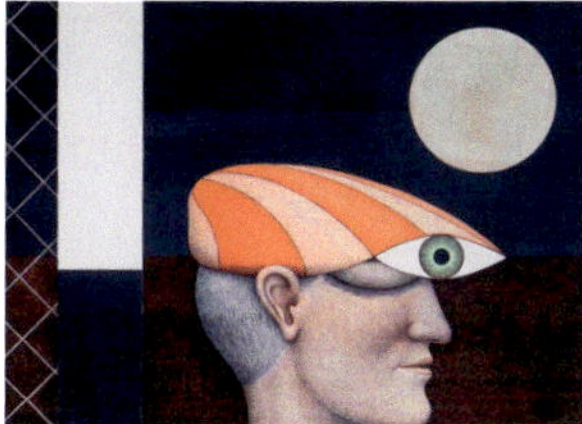

Torhüterkopf
1971
Fritz Genkinger
(1934–2017, DEU)

Lithografie auf Rives
45 × 61,5 cm
Freundeskreis Fritz Genkinger/ Fritz Genkinger Kunsthaus, Marbach

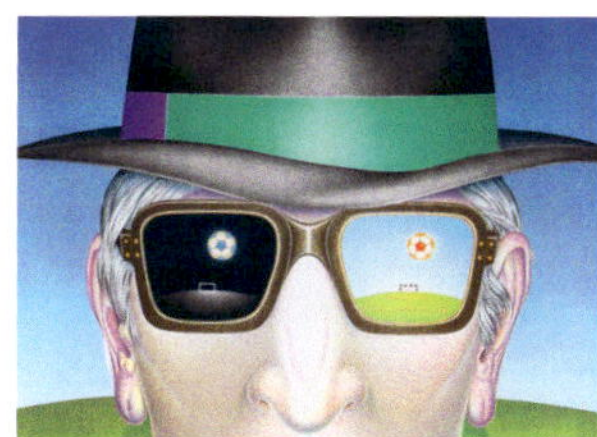

Der Zuschauer
1979
Fritz Genkinger
(1934–2017, DEU)

Serigrafie Edit. VfB Stuttgart auf Bütten
43,2 × 59 cm
Freundeskreis Fritz Genkinger/ Fritz Genkinger Kunsthaus, Marbach

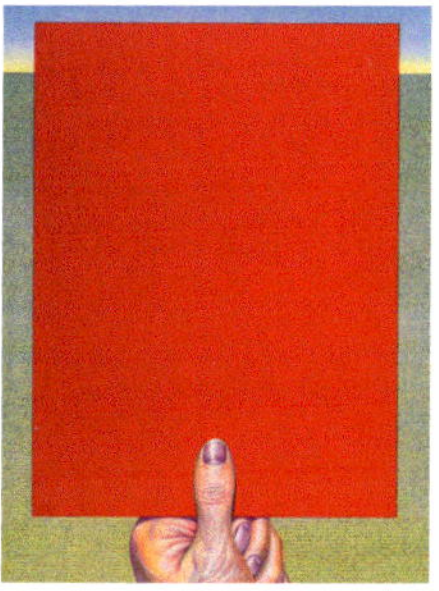

Raus! (Rote Karte)
1979
Fritz Genkinger
(1934–2017, DEU)

Serigrafie Edit. VfB Stuttgart auf Bütten
59 × 44 cm
Freundeskreis Fritz Genkinger/ Fritz Genkinger Kunsthaus, Marbach

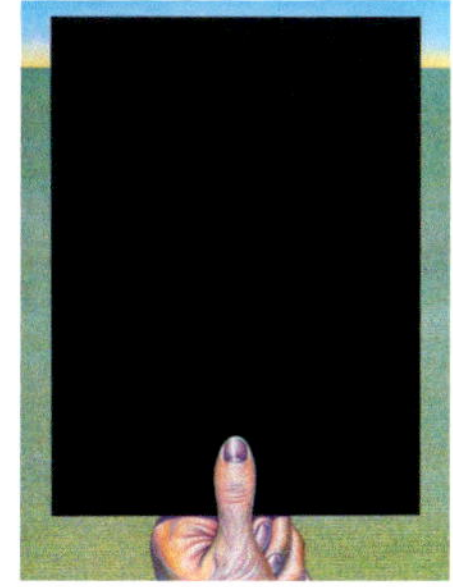

Raus! (Schwarze Karte)
1979
Fritz Genkinger
(1934–2017, DEU)

Serigrafie Edit. VfB Stuttgart auf Bütten
59 × 44 cm
Freundeskreis Fritz Genkinger/ Fritz Genkinger Kunsthaus, Marbach

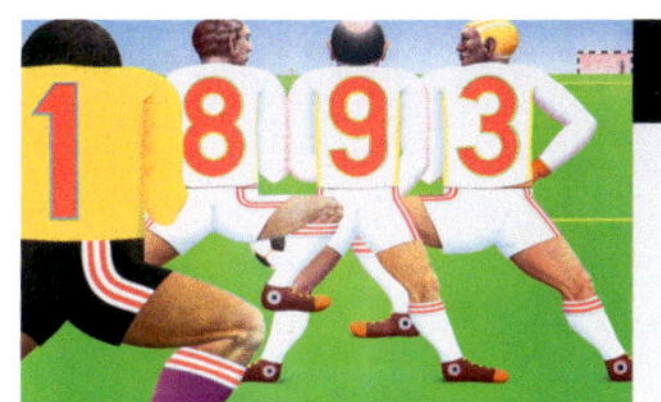

1893 (Mauer)
1979
Fritz Genkinger
(1934–2017, DEU)

Serigrafie Edit. VfB Stuttgart auf Bütten
37 × 59 cm
Freundeskreis Fritz Genkinger/ Fritz Genkinger Kunsthaus, Marbach

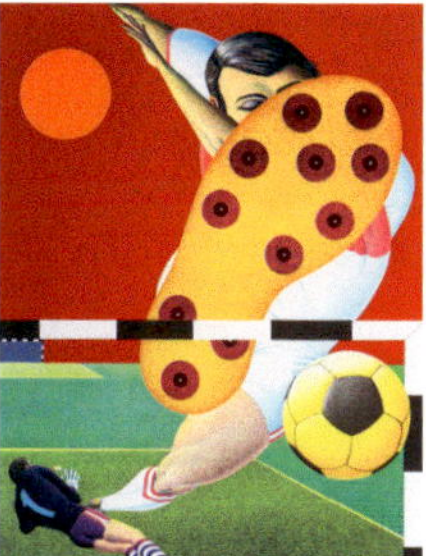

Die Angst des Tormanns beim Elfmeter
1979
Fritz Genkinger
(1934–2017, DEU)

Serigrafie Edit. VfB Stuttgart auf Bütten
59 × 44 cm
Freundeskreis Fritz Genkinger/ Fritz Genkinger Kunsthaus, Marbach

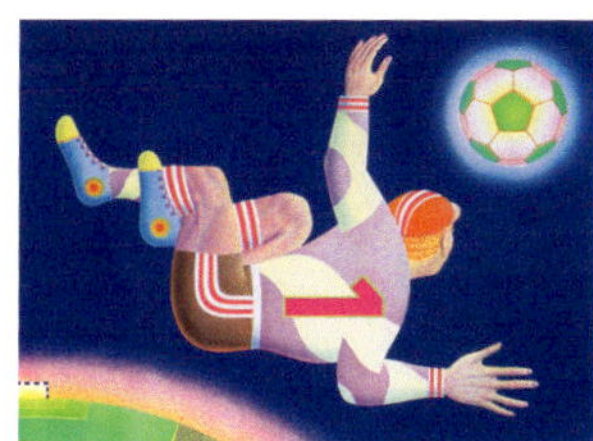

Der Solist
1980
Fritz Genkinger
(1934–2017, DEU)

Serigrafie Edit. VfB Stuttgart auf Bütten
44 × 59 cm
Freundeskreis Fritz Genkinger/ Fritz Genkinger Kunsthaus, Marbach

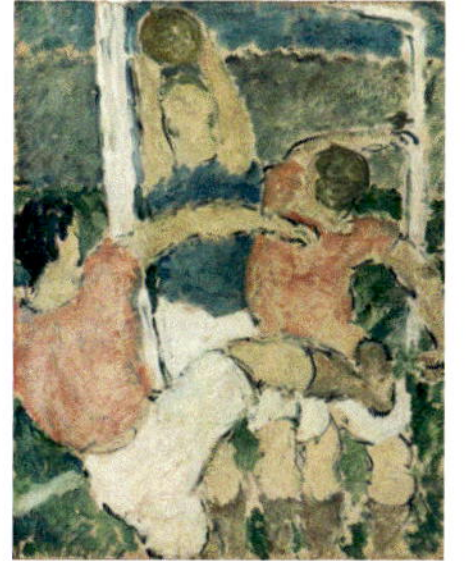

Fodboldspillere i kamp
1911
Harald Giersing
(1881–1927, DNK)

Öl auf Holzfaserplatte
122 × 93,8 cm
Kunsten Museum of Modern Art, Aalborg

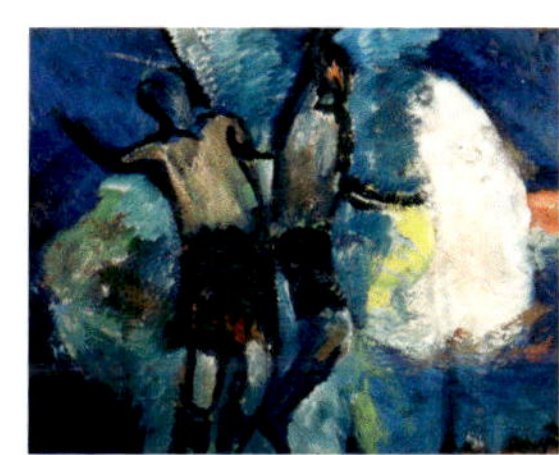

Fodboldspillerne
1918
Harald Giersing
(1881–1927, DNK)

Öl auf Holzfaserplatte und Gips
57 × 70 cm
Vejle Art Museum, Vejle

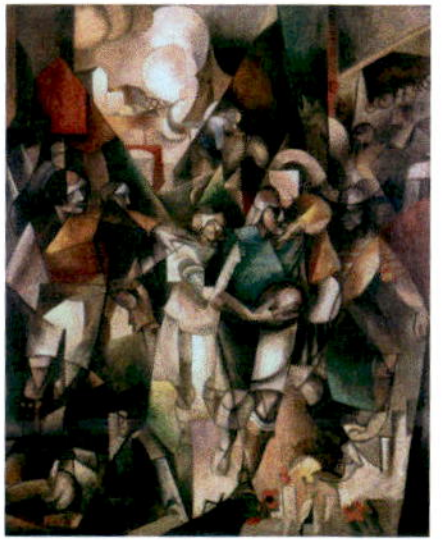

Rugbyspieler
1912/13
Albert Gleizes
(1881–1953, FRA)

Öl auf Leinwand
225,4 × 183 cm
National Gallery of Art, Washington, D.C.

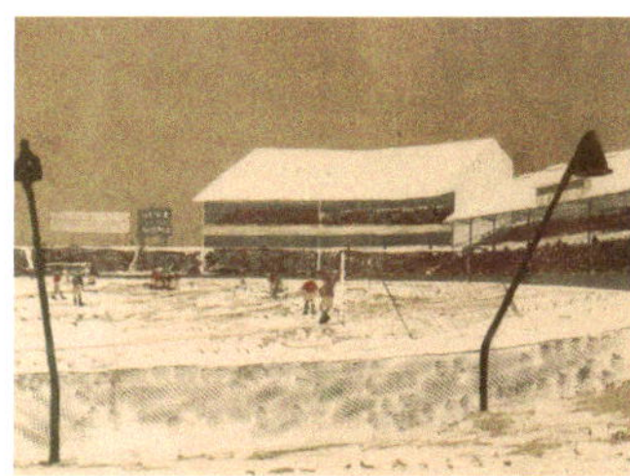

Snow at Stamfort Bridge
1953
Alistair Grant
(1925–1997, ENG)

Lithografie
38 × 52,1 cm
National Football Museum, Manchester

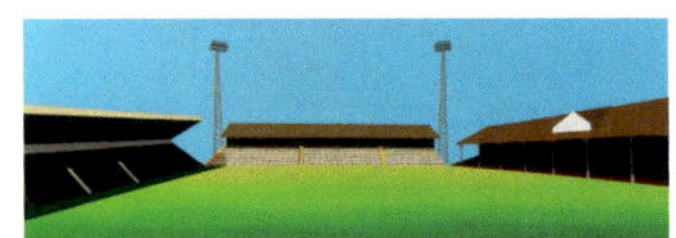

Craven Cottage, Fulham
2002
Laura Green
(*1979, ENG)

Öl auf Leinwand
46 × 126 cm
Imperial College Healthcare
Charity Art Collection, London

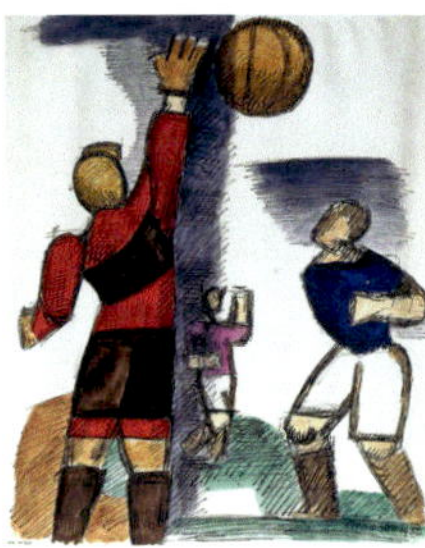

Fußball
1930
Marcel Gromaire
(1892–1971, FRA)

Tusche und Aquarell
auf Papier
42 × 33,5 cm
Musée d'Art Moderne, Paris

H

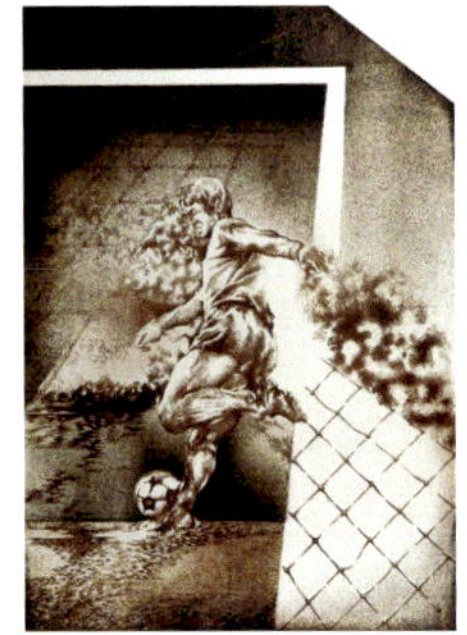

Training IV
1974
Janina Habdas
(1942–2003, POL)

Lithografie
58 × 43,5 cm
Museum of Sports and
Tourism, Warschau

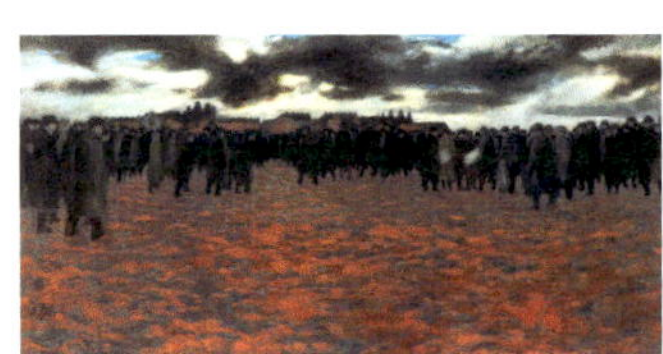

Spectators returning home
after Port Vale v Accrington
Stanley
1953
Arthur Hackney
(1925–2010, ENG)

Wasserfarbe und Gouache
35,6 × 58,6 cm
National Football Museum,
Manchester

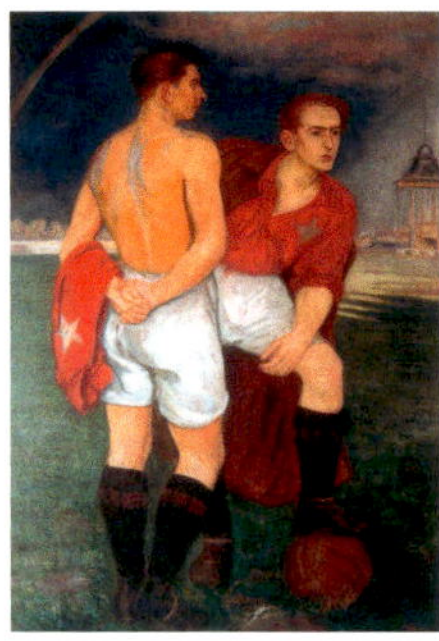

Henryk und Jan Reyman
1925
Wlastimil Hofman
(1881–1970, POL)

Öl auf Leinwand
Sammlung TS Wisła Krakau

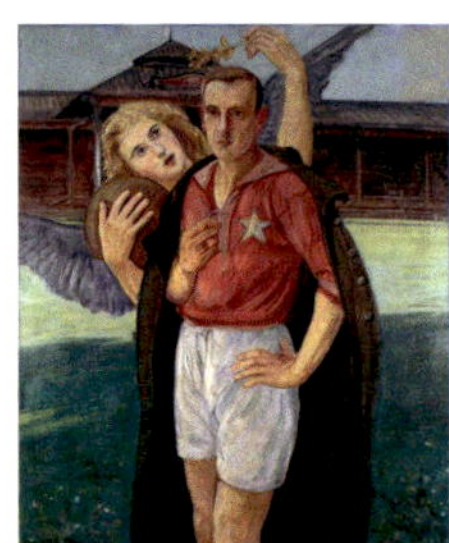

Henryk Reyman
1925
Wlastimil Hofman
(1881–1970, POL)

Öl auf Leinwand
Privatbesitz

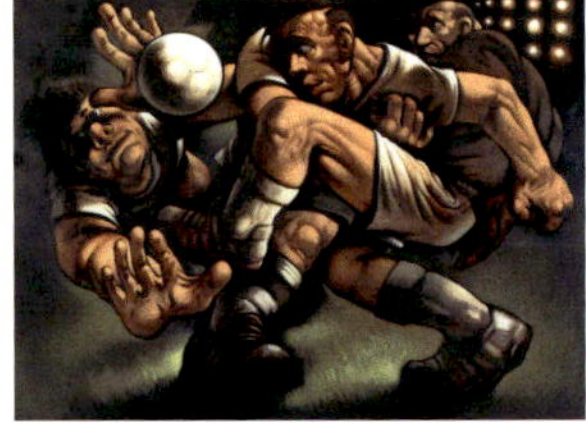

The Glorious Game
1997
Peter Howson
(* 1958, SCT)

Öl auf Leinwand
183 × 244 cm
Glasgow Museums Resource
Centre

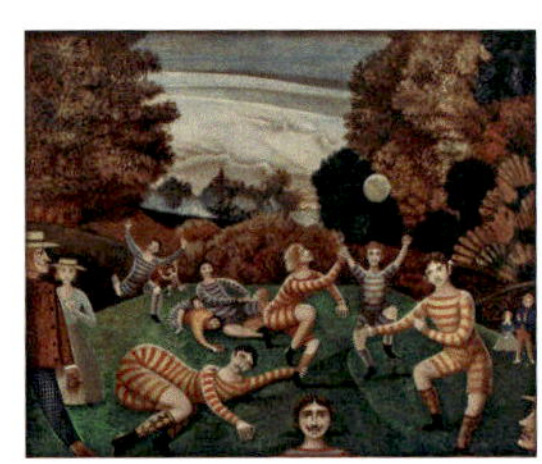

Les Footballeurs
1974
Jean-Olivier Hucleux
(1923–2012, FRA)

Öl auf Holz
56 × 65 cm
National Football Museum,
Manchester

I

Arena 1
2014
Ole Jakob Ihlebaek
(*1948, NOR)

Acryl
120 × 120 cm

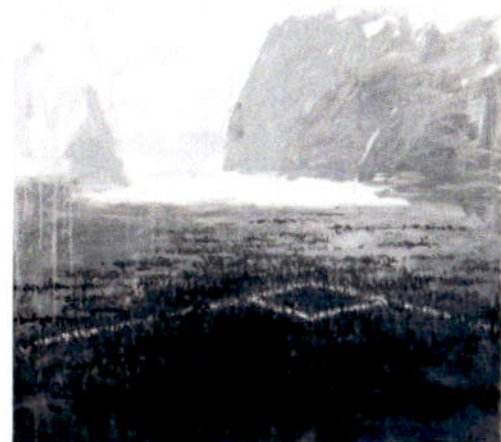

Arena 2
2014
Ole Jakob Ihlebaek
(*1948, NOR)

Acryl
120 × 120 cm

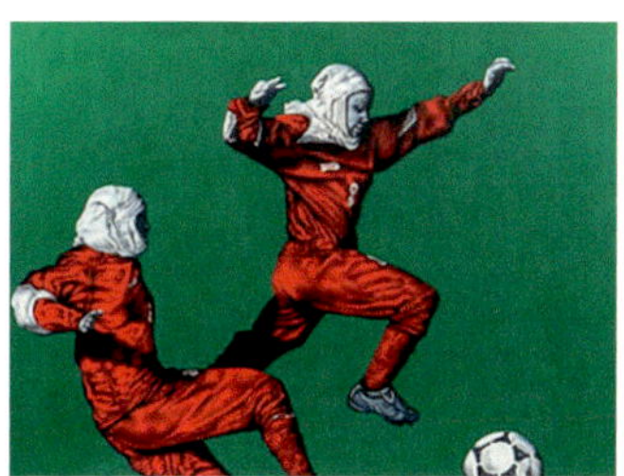

Banned
2007
Jill Iliffe
(*1962, ENG)

Öl auf Leinwand
60 × 80 cm
Im Besitz der Künstlerin

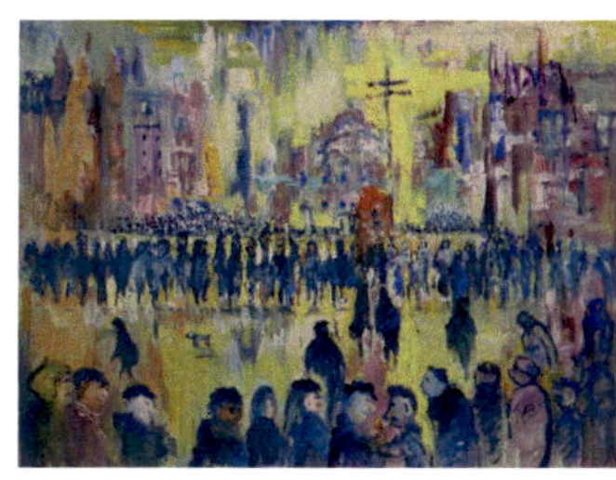

Wigan v. Hull
1962
James Lawrence Isherwood
(1917–1989, ENG)

Öl auf Pappe
51,2 × 67,7 cm
Herbert Art Gallery & Museum, Coventry

J

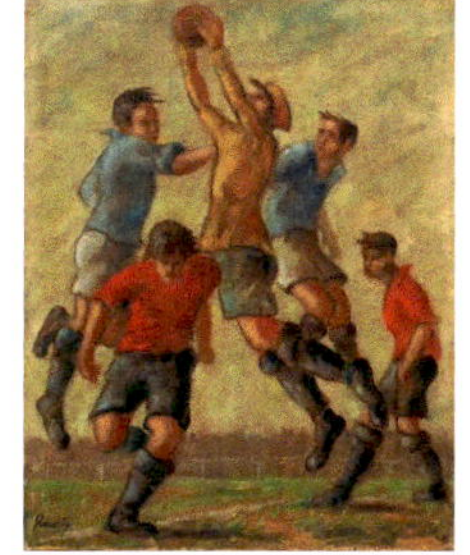

Fußball
1920/24
Jean Jacoby
(1891–1936, LUX)

Öl auf Holz
56,5 × 50 cm
Service du patrimoine sportif, Luxemburg

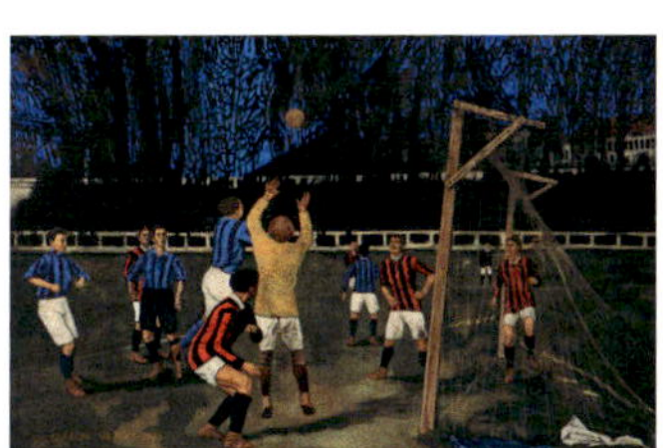

Via Goldoni, Milano
1989
Chris Jennings
(1942–2022, ENG)

Arcyl auf Leinwand
122 × 183 cm
National Football Museum, Manchester

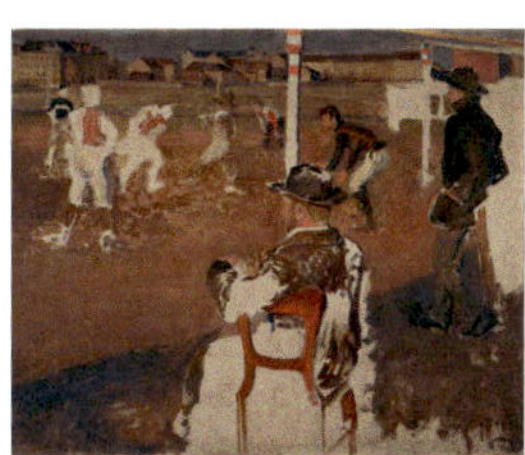

Fußball
1901
Miloš Jiránek
(1875–1911, CZE)

Öl auf Leinwand
72,5 × 99,5 cm
Národní galerie, Prag

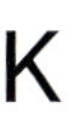

K

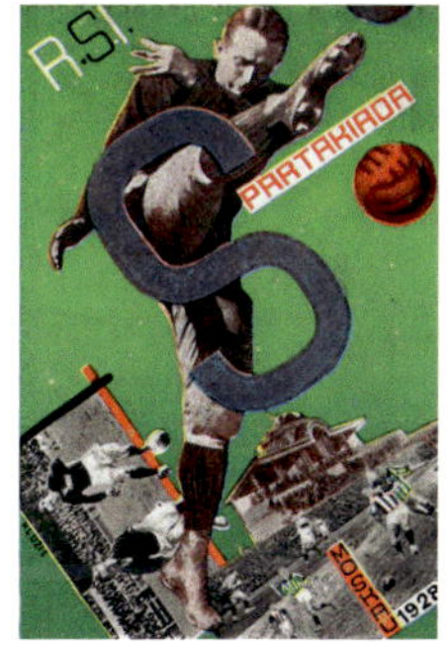

Sowjetische Fotomontage-Postkarte zur Feier der Spartakiade
1928
Gustav Gustavovich Klutsis
(1895–1938, LVA)

Postkarte
15 × 11 cm
Tobie Mathew Collection

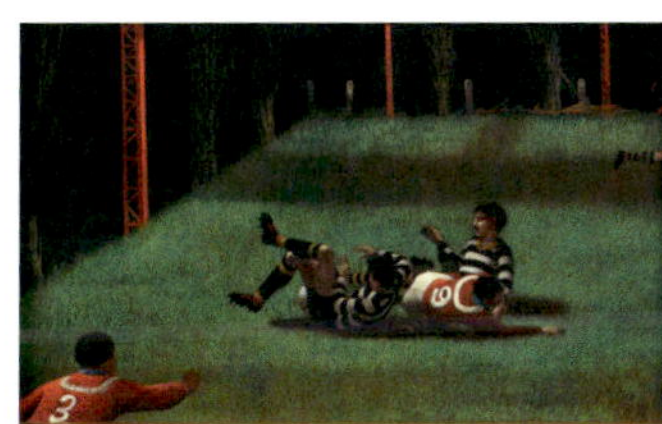

Voetballers
1958
Pyke Koch
(1901–1991, NLD)

Tempera auf Karton
36,2 × 49,5 cm
Museum Het Valkhof Nijmegen, TB Nijmegen

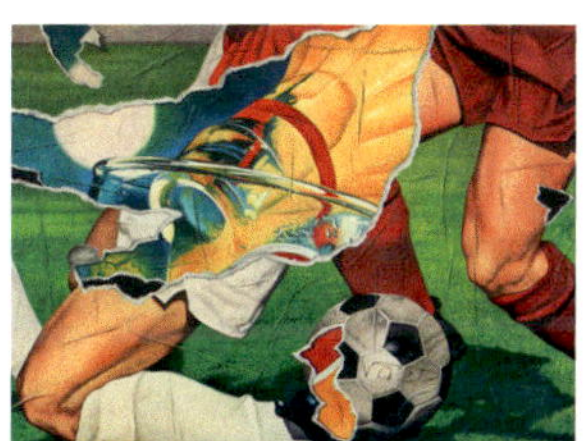

Bundesliga
1967
Fritz Köthe
(1916–2005, DEU)

Öl und Tempera auf Leinwand
75 × 100 cm
DavisKlemmGallery, Wiesbaden

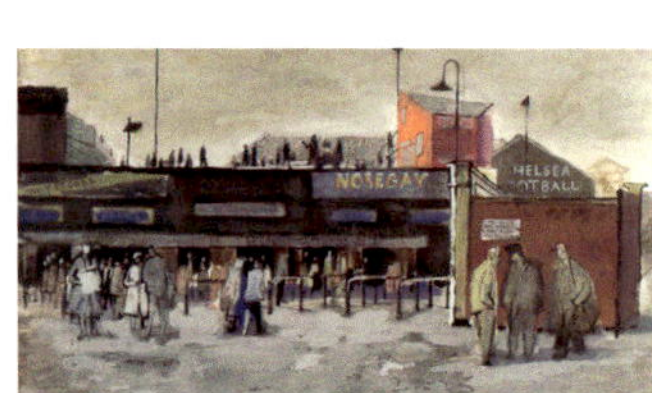

Stamfort Bridge 2.45 pm
1953
Edwin La Dell
(1914–1970, ENG)

Aquarellfarbe
56 × 75,8 cm
National Football Museum, Manchester

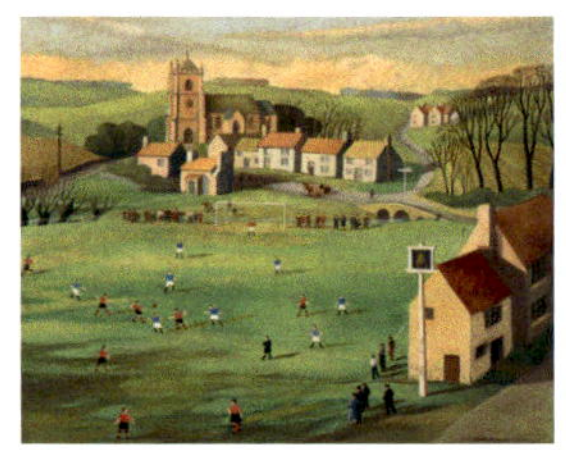

Old English Scene/ Village Football
1950
Edward Lancaster
(1911–1954, ENG)

Öl auf Leinwand
56 × 70 cm
National Football Museum, Manchester

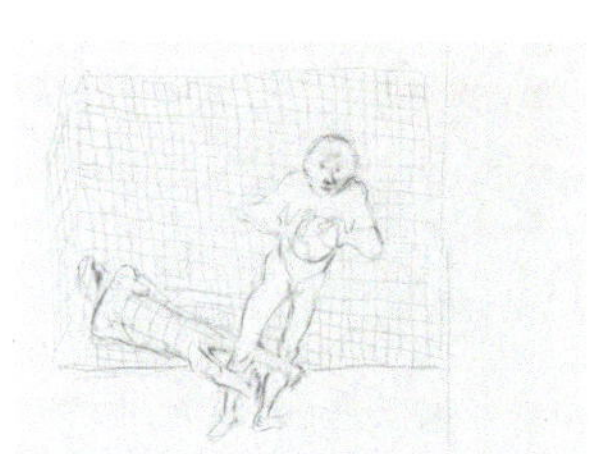

o. T.
um 2001
Maria Lassnig
(1919–2014, AUT)

Bleistift auf Papier
36 × 48,5 cm
Maria Lassnig Stiftung, Wien

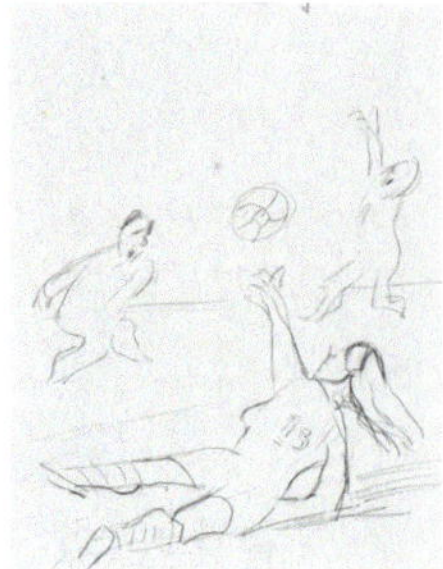

o. T.
um 2000
Maria Lassnig
(1919–2014, AUT)

Bleistift auf Papier
48,5 × 36 cm
Maria Lassnig Stiftung, Wien

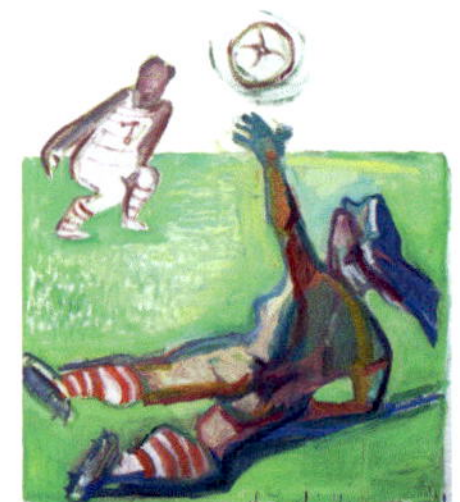

Wettbewerb II
2000
Maria Lassnig
(1919–2014, AUT)

Öl auf Leinwand
203,5 × 149,5 cm
Maria Lassnig Stiftung, Wien

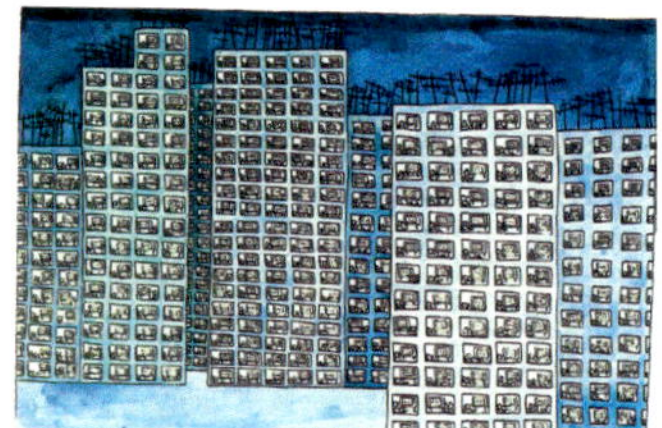

Germania East
1975
Anja Längst

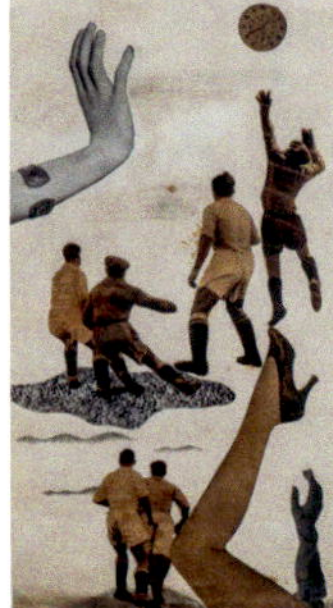

o. T. (Fußballer)
1935
Nicolas de Lekuona
(1913–1937 ESP)

Collage
Museo de Bellas Artes, Bilbao

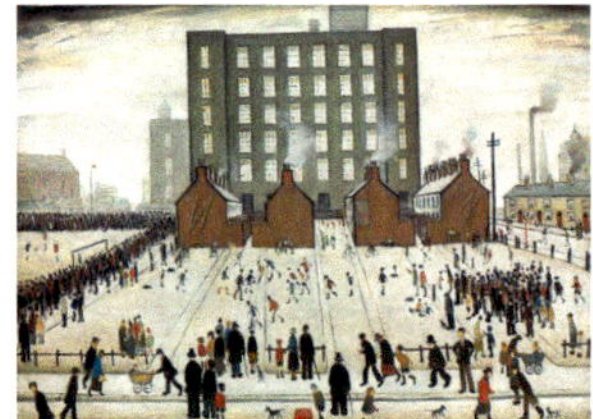

Saturday Afternoon
1941
L. S. Lowry
(1887–1976, ENG)

Öl auf Leinwand
45,7 × 61 cm

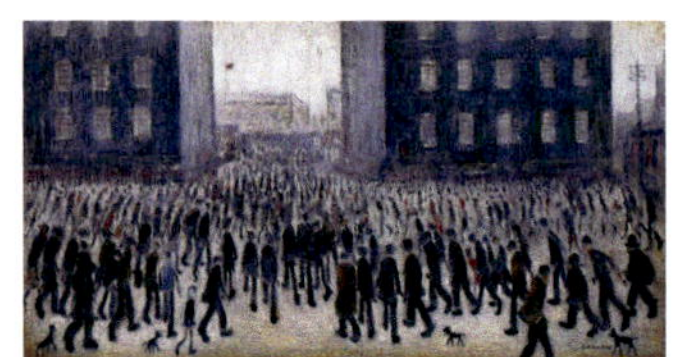

Going to a Football Match
1946
L. S. Lowry
(1887–1976, ENG)

Öl auf Holz
26 × 47,6 cm

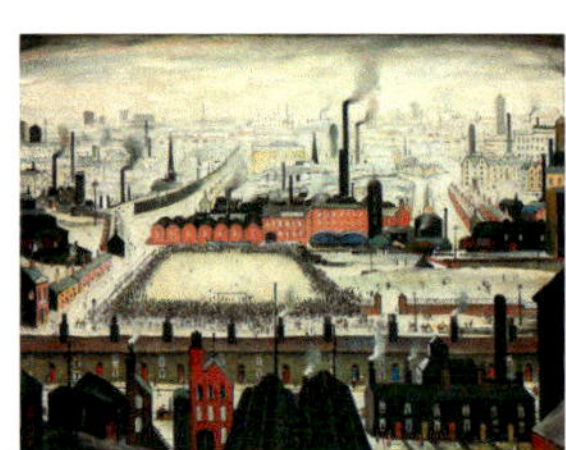

The Football Match
1949
L. S. Lowry
(1887–1976, ENG)

Öl auf Leinwand
71,1 × 91,4 cm

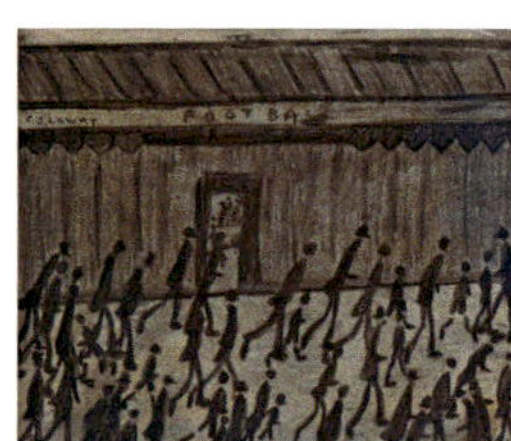

Drawing: »Going to the Match«
1953
L. S. Lowry
(1887–1976, ENG)

Bleistift
15 × 15 cm
National Football Museum, Manchester

M

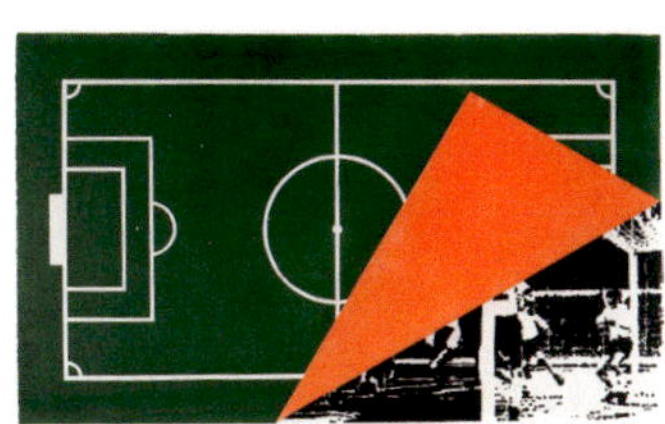

Retrospekcja
Jerzy Mazus
(*1942, POL)

Farblinolschnitt
68 × 99 cm
Museum of Sports and
Tourism, Warschau

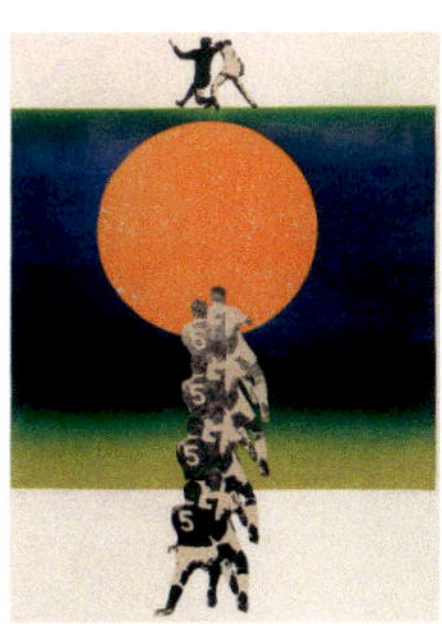

Gra o Medal
1977
Maciej Milewski
(*1939, POL)

Farblithografie
76 × 55 cm
Museum of Sports and
Tourism, Warschau

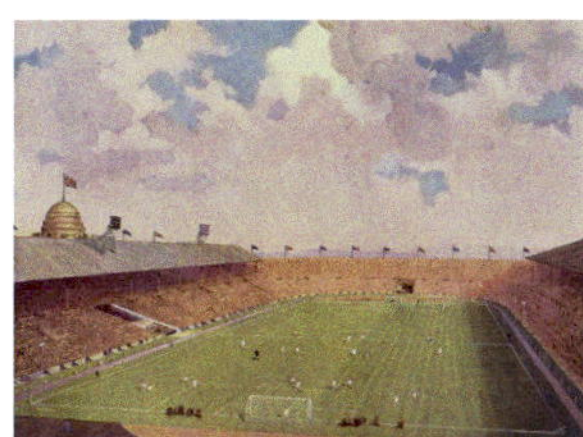

F.A. Cup Final, Manchester United v. Aston Villa
1957
W. G. Morden

Lithografie
Wingfield Sporting Gallery,
London

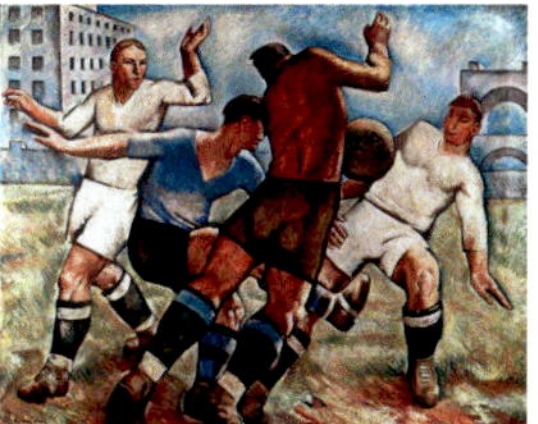

Fußballspieler
1930
Giuseppe Montanari
(1889–1976, ITA)

Öl auf Leinwand
Galleria Nazionale d'Arte Moderna,
Rom

N

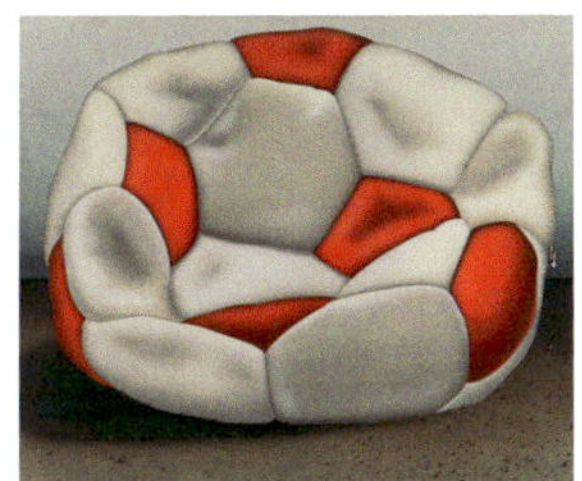

Fußball II oder Denkmalentwurf für einen Besiegten
1972
Peter Nagel
(*1941, DEU)

Eitempera auf Kunstharz
auf Leinwand
175 × 200 cm
Privatbesitz

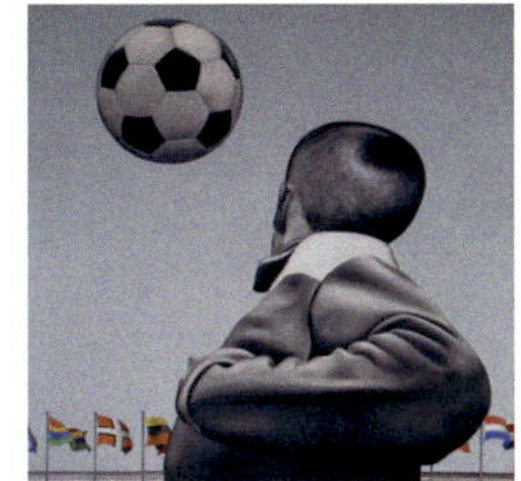

Kopfball 63
1963
Peter Nagel
(*1941, DEU)

Eitempera auf Leinwand
100 × 100 cm
Sammlung zeitgenössischer
Kunst der Bundesrepublik
Deutschland

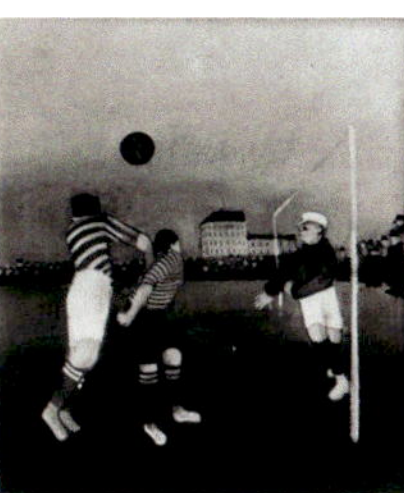

Fußballkampf
1929
Felix Nussbaum
(1904–1944, DEU)

Verbleib unbekannt

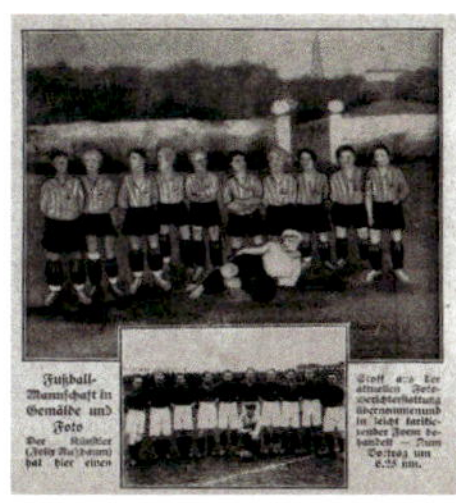

o. T.
um 1929
Felix Nussbaum
(1904–1944, DEU)

Verbleib unbekannt

O

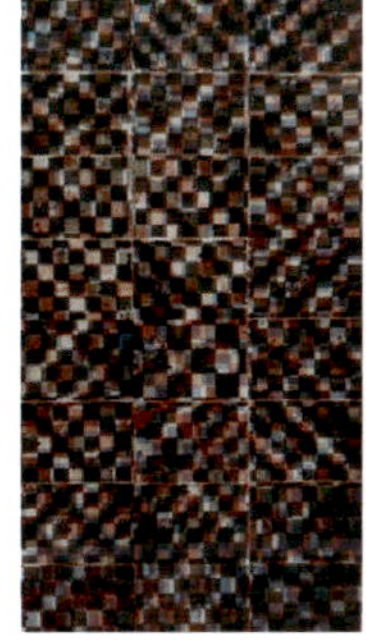

Fußballfeld II
1987
Jürgen O. Olbrich
(*1955, DEU)

Farbfotokopie
170 × 90 cm
Im Besitz des Künstlers

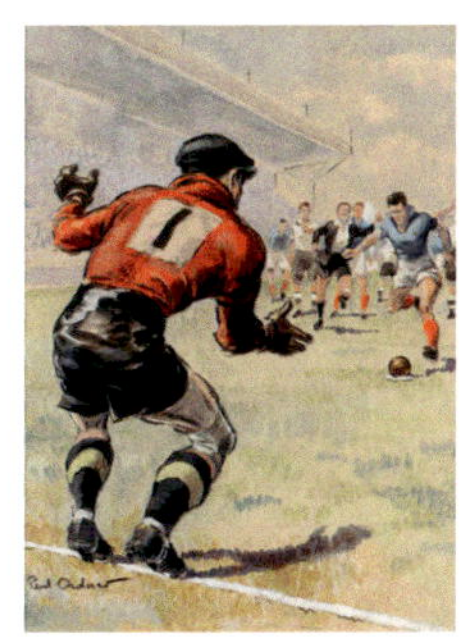

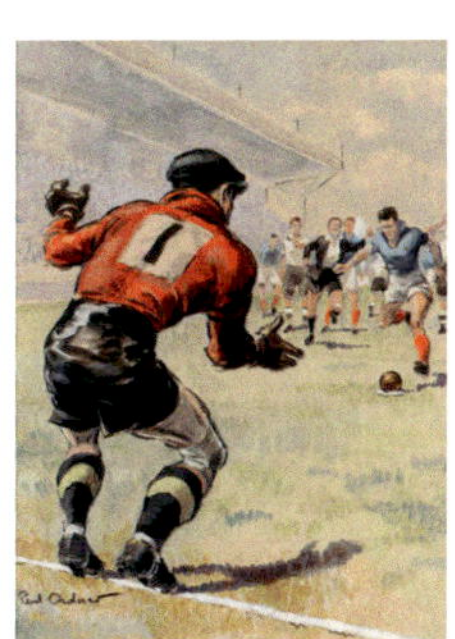

Penalty
20. Jh.
Paul Onduer
(FRA)

Wasserfarbe auf Papier
24 × 17 cm
National Football Museum,
Manchester

P

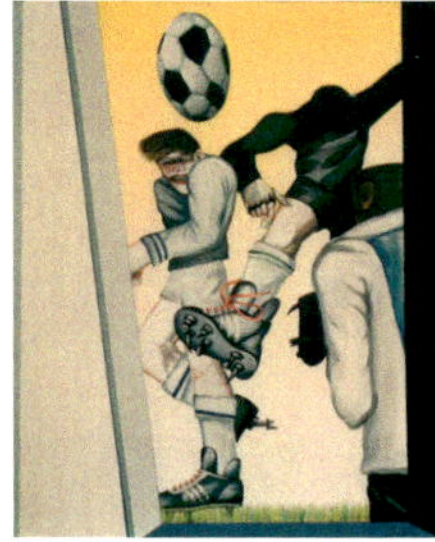

Fußball I
1971
Joachim Palm
(*1936, DEU)

Acryl auf Leinwand
150 × 120cm

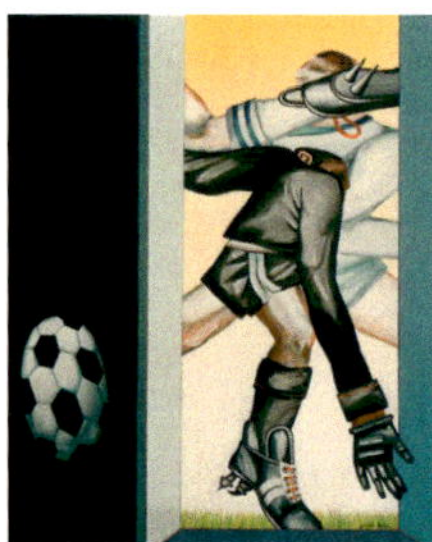

Fußball II
1971
Joachim Palm
(*1936, DEU)

Acryl auf Leinwand
150 × 120cm

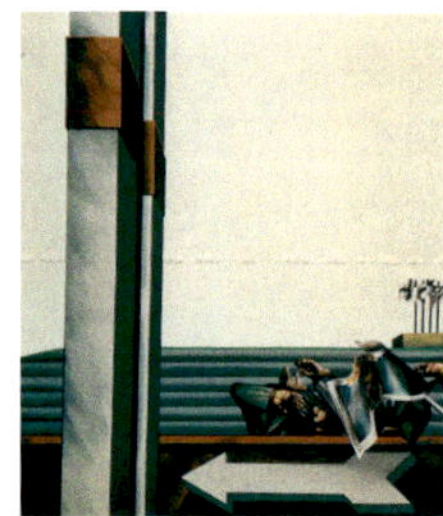

Stadiontribüne I
1971
Joachim Palm
(*1936, DEU)

Acryl auf Leinwand
180 × 150cm

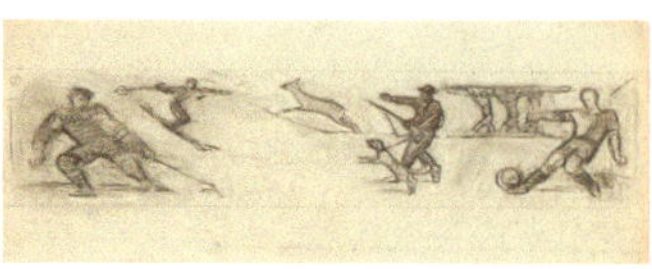

Sportstudie
Alfred Heinrich Pellegrini
(1881–1958, CHE)

Bleistift auf Papier
29,3 × 75 cm
Graphische Sammlung der Schweizer Nationalbibliothek, Bern

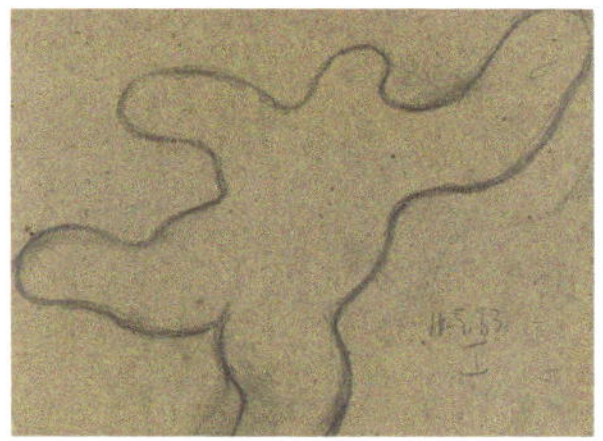

Homme nu courant (footballeur)
1963
Pablo Ruiz Picasso
(1881–1973, ESP)

Graphitstift auf Karton
19,8 × 27 cm
Musée national Picasso, Paris

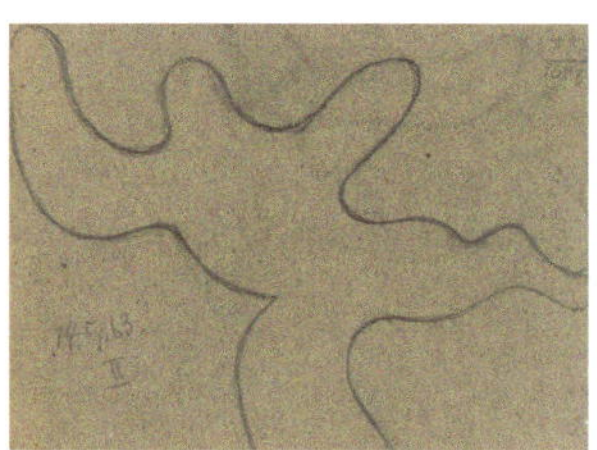

Homme nu courant (footballeur)
1963
Pablo Ruiz Picasso
(1881–1973, ESP)

19,8 × 27 cm
Graphitstift auf Karton
Musée national Picasso, Paris

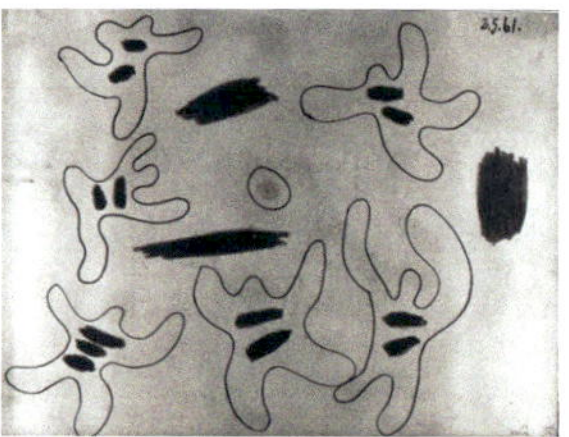

Footballeurs
1961
Pablo Ruiz Picasso
(1881–1973, ESP)

Bleistift und Farbkreide
50,5 × 66 cm
Musée national Picasso, Paris

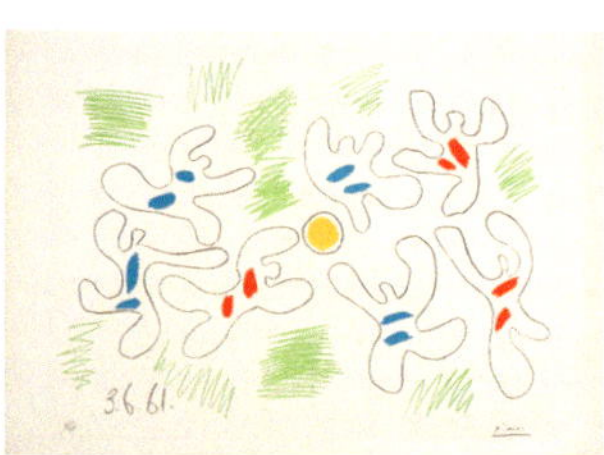

Footballeurs
1961
Pablo Ruiz Picasso
(1881–1973, ESP)

Druckgrafik/Lithografie
45,72 × 63,5 cm
Sprengel Museum, Hannover

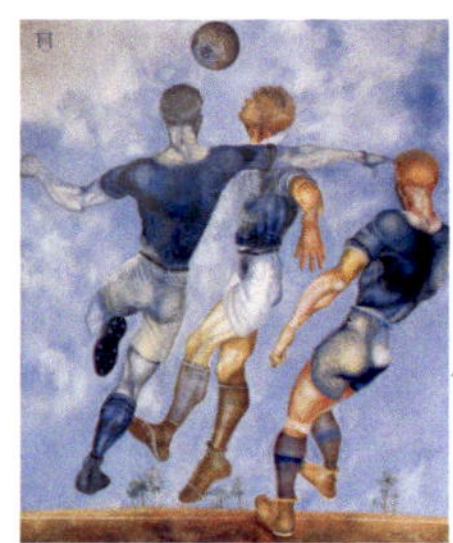

Fußballspieler
1926
Jurij Ivanovič Pimenov
(1903–1977, RUS)

Öl auf Leinwand
178 × 145 cm
Astrakhan State Gallery B.M. Kustodiev, Astrachan

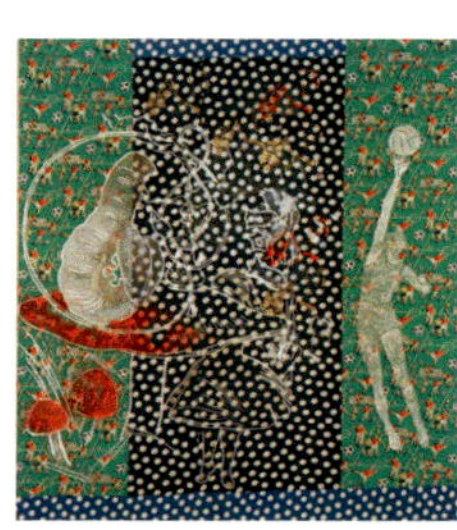

Alice im Wunderland
1971
Sigmar Polke
(1941–2010, DEU)

Mischtechnik auf Dekostoff
300 × 290 cm
Sammlung Raschdorf, Düsseldorf

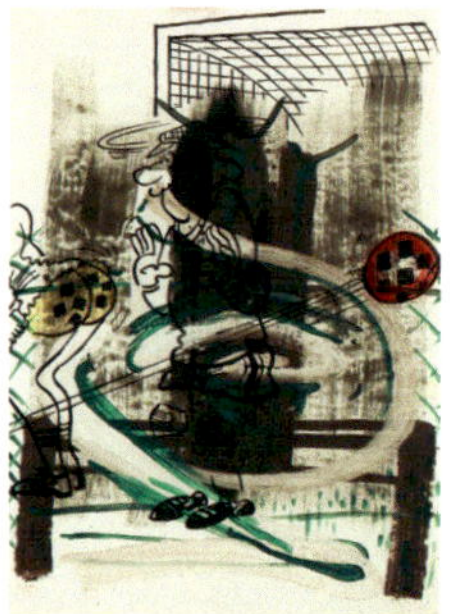

Der Fußballspieler
1983
Sigmar Polke
(1941–2010, DEU)

Aquarellfarbe, Gouache und Tinte auf Papier
99 × 70 cm
Privatbesitz

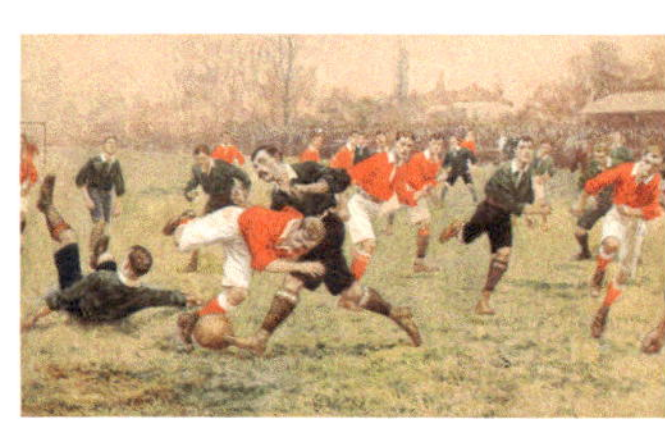

Amateur Gentlemen at Play
1931
Ernest Prater
(1864–1950, ENG)

Aquarellfarbe
42,5 × 60 cm
National Football Museum, Manchester

Q

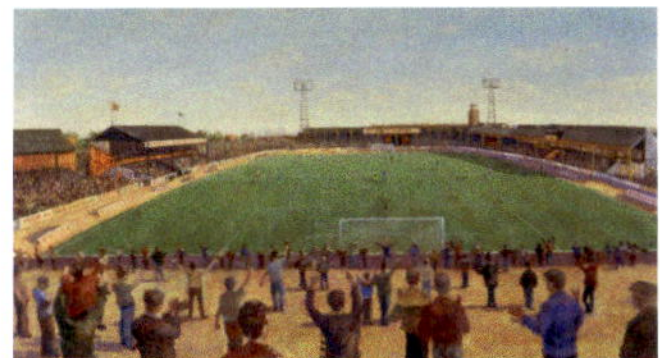

Somerton Park
1996
Andrew Quelch
(*1969, ENG)

Öl auf Leinwand
29 × 52 cm
Newport Museum and Art Gallery, South Wales

R

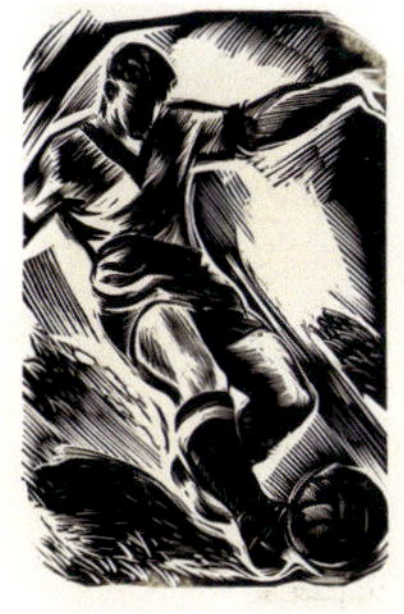

Piłka nożna
um 1936
Stanisław Raczyński
(1903–1982, POL)

Holzschnitt
20,5 × 15 cm
Museum of Sports and Tourism, Warschau

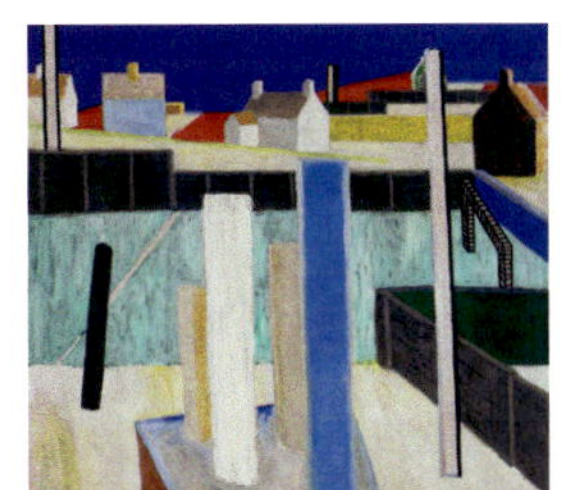

Voetbalveld
1952
Roger Raveel
(1921–2013)

Öl auf Hartfaserplatte
112,5 × 120,5 cm
Musée Roger Raveel, Machelen

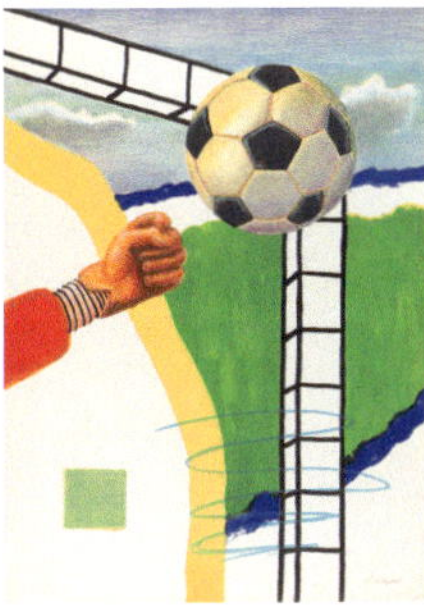

World Cup Football
1982
Roger Raveel
(1921–2013)

Druckgrafik
50,8 × 56,6 cm
Rijksmuseum, Amsterdam

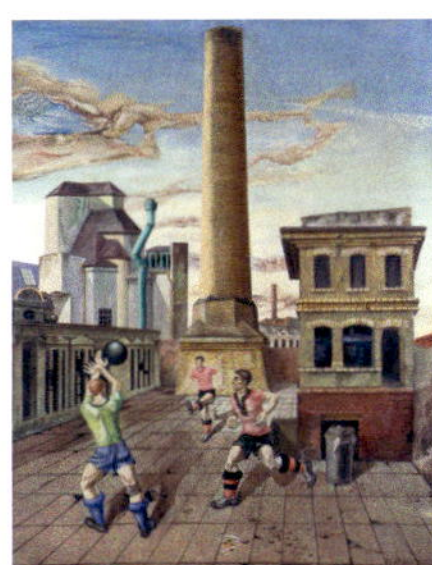

Ballspieler
1971
Günter Richter
(*1933, DEU)

Öl und Tempera auf Holz
75 × 58 cm
Nationalgalerie, Staatliche Museen zu Berlin

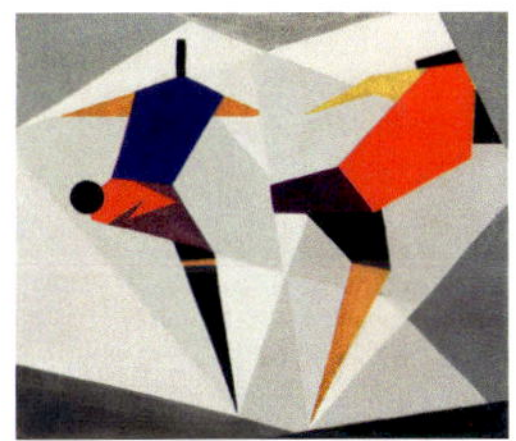

De Voetballers
1925
Thijs Rinsema
(1877–1947, NLD)

Museum Belvédère, Oranjewoud

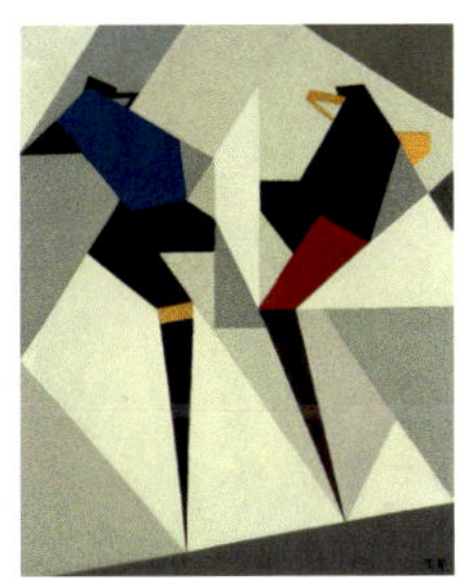

Voetballer
1925
Thijs Rinsema
(1877–1947, NLD)

Öl auf Leinwand
70,8 × 55,8 cm
Centraal Museum, Utrecht

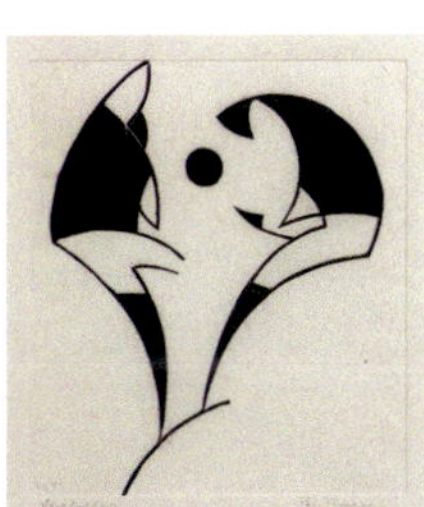

Voetballers
Thijs Rinsema
(1877–1947, NLD)

Linolschnitt, Farbe auf Papier
15 × 13 cm
Museum Dr8888, Drachten

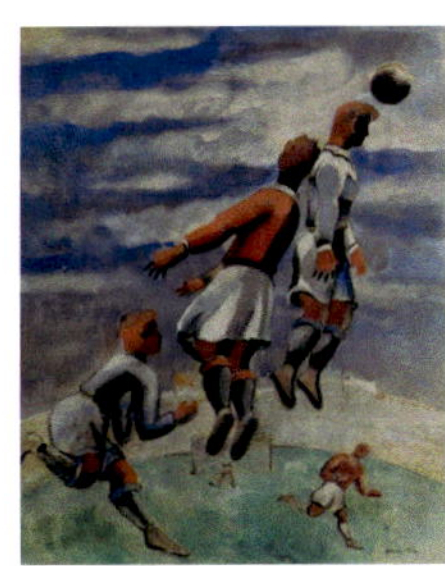

Fußball
1937
Alexander Rodtschenko
(1891–1956, RUS)

Aquarellfarben und Tusche auf Papier
370 × 300 cm
Pushkin State Museum of Fine Arts, Moskau

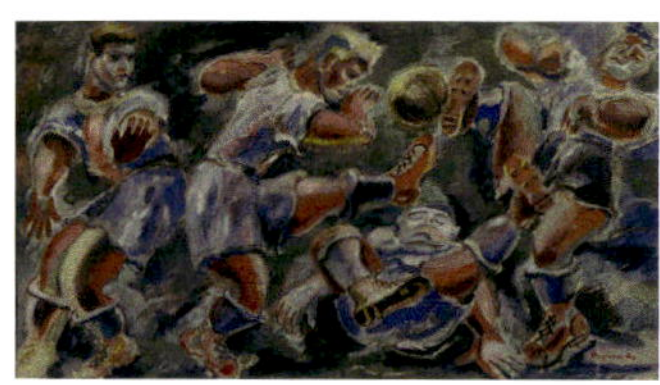

Fußball
1940
Alexander Rodtschenko
(1891–1956, RUS)

Pushkin State Museum
of Fine Arts, Moskau

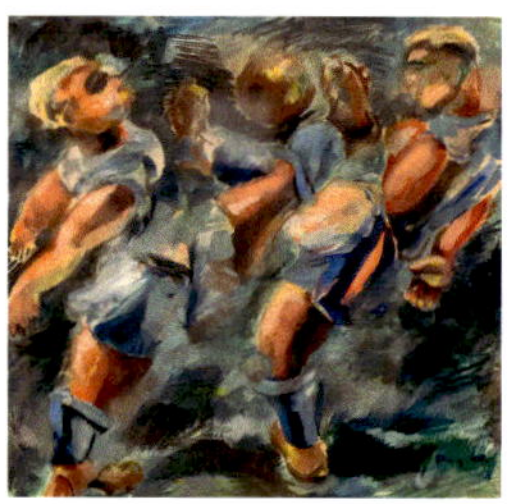

Fußball
1940
Alexander Rodtschenko
(1891–1956, RUS)

The State Tretyakov Gallery,
Moskau

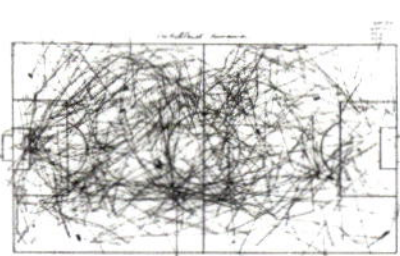

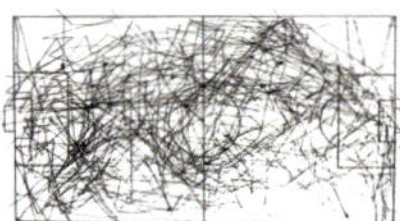

Deutschland - Rumänien
1984
Susken Rosenthal
(*1956, DEU)

Bleistift
60 × 42 cm
Galerie Arndtstadt, Berlin

S

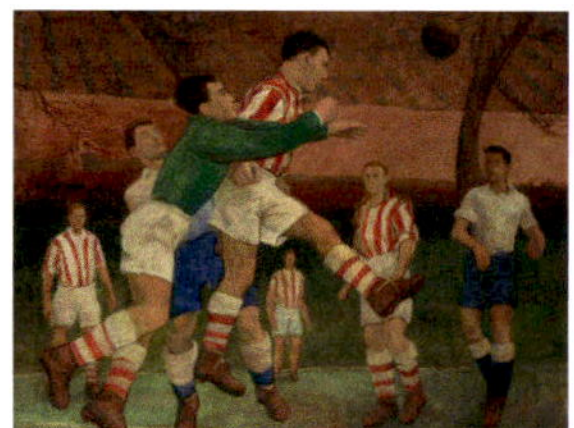

Football match
um 1950
Peter Samuelson
(1912–1996, ENG)

Öl auf Leinwand
109 × 135,5 cm
National Football Museum,
Manchester

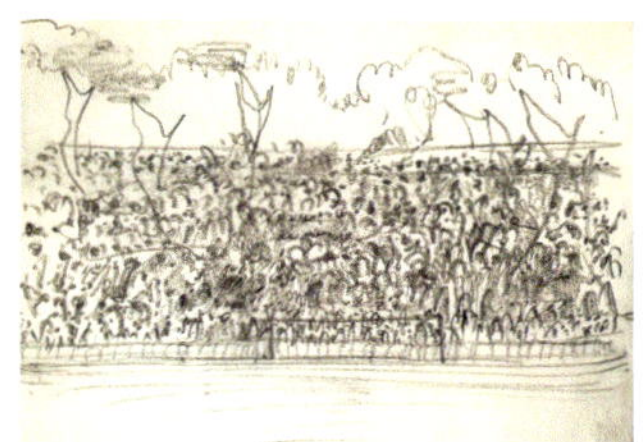

Zuckertor
1998
Torsten Schlüter
(*1959, DEU)

Bleistift
17 × 25 cm
Im Besitz des Künstlers

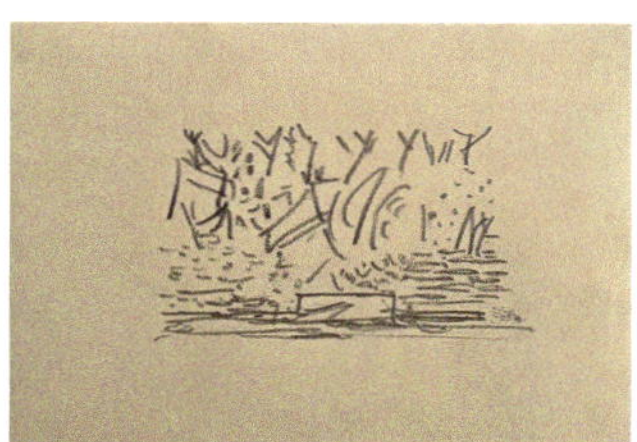

Stadionskizze VIII
2012
Torsten Schlüter
(*1959, DEU)

Bleistift
17 × 25 cm
Im Besitz des Künstlers

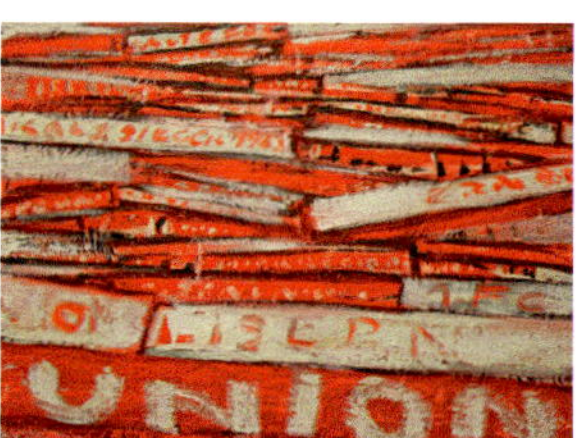

Union
2020
Torsten Schlüter
(*1959, DEU)

Öl auf Leinwand
70 × 100 cm
Im Besitz des Künstlers

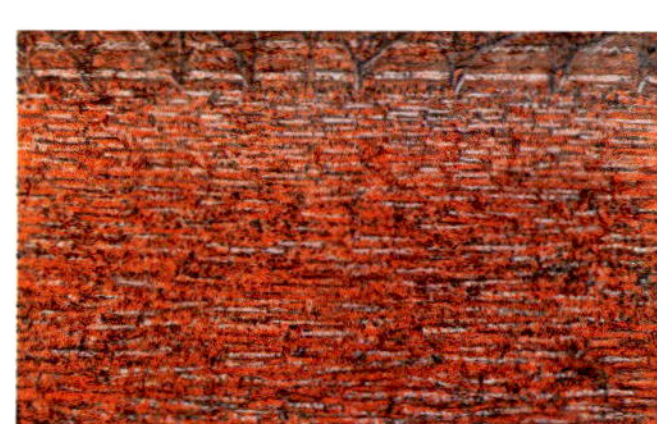

Pointelistische Waldseite (II)
2020
Torsten Schlüter
(*1959, DEU)

Öl auf Holz
50 × 70 cm
Im Besitz des Künstlers

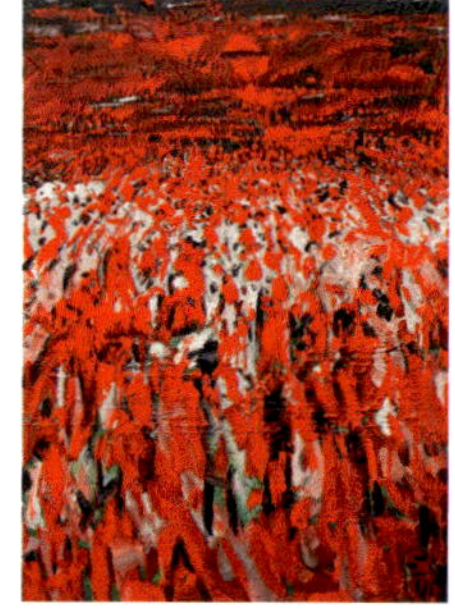

Mai 19 (I)
2021
Torsten Schlüter
(*1959, DEU)

Öl auf Holz
100 × 70 cm
Im Besitz des Künstlers

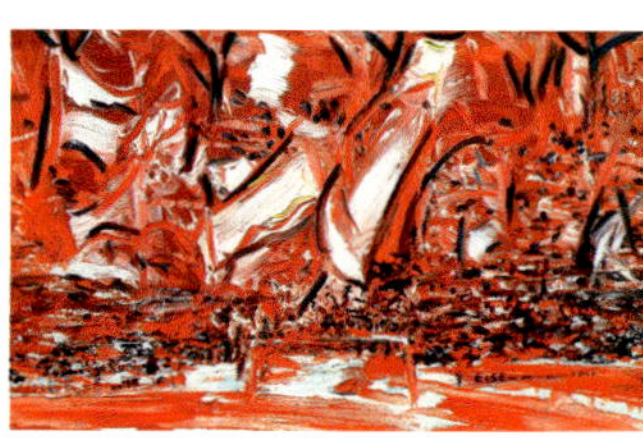

Achtnull
2009
Torsten Schlüter
(*1959, DEU)

Öl auf Leinwand
50 × 70 cm
Sammlung Krüger

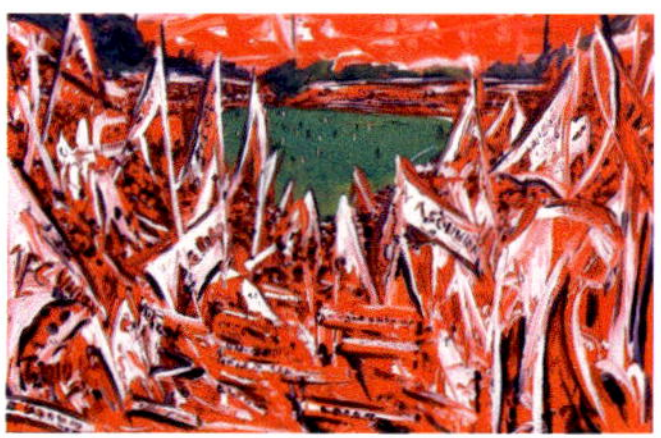

Eisernes Fahnenmeer
2010
Torsten Schlüter
(*1959, DEU)

Öl auf Leinwand
80 × 120 cm
Im Besitz des Künstlers

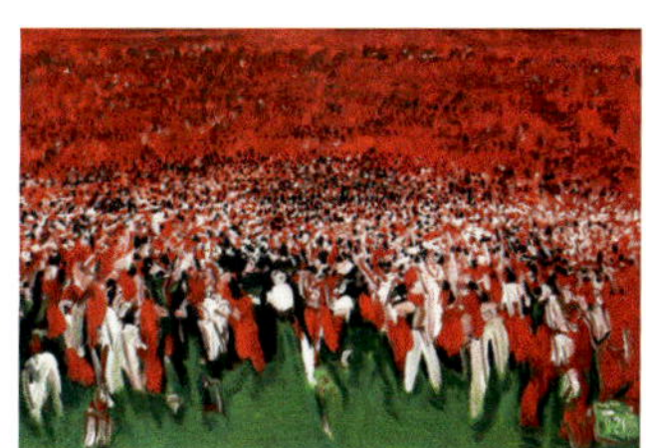

Mai 19 (II)
2021
Torsten Schlüter
(*1959, DEU)

Öl auf Leinwand
70 × 100 cm
Im Besitz des Künstlers

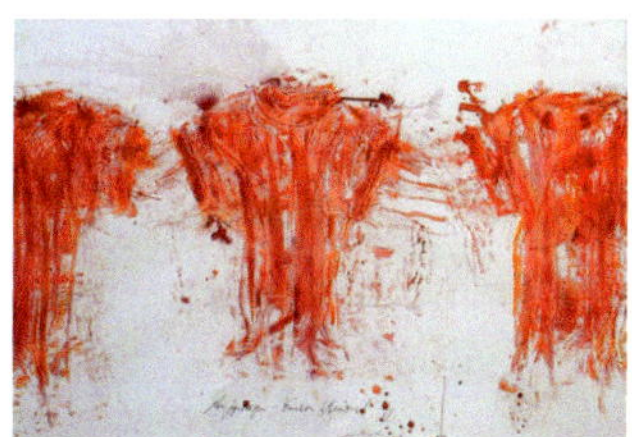

Die Angriffsreihe
2001
Torsten Schlüter
(*1959, DEU)

Acryl auf Karton
100 × 140 cm
Im Besitz des Künstlers

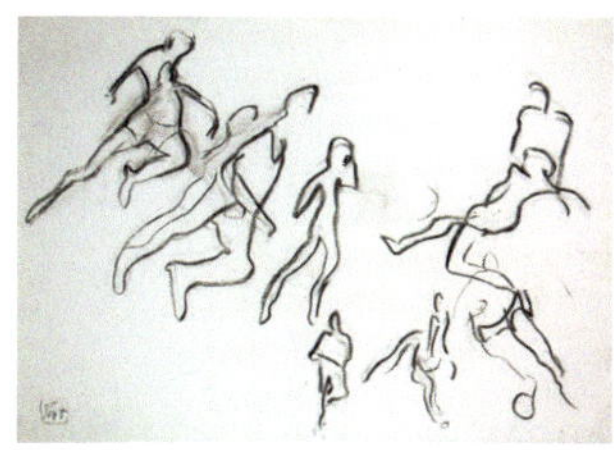

Spielende Gruppe mit Freigeist,
Arbeitsblatt zu *In Motion – Art & Football*, Dance Nr. 1
2024
Torsten Schlüter
(*1959, DEU)

Kohlezeichnung
51 × 72 cm
Im Besitz des Künstlers

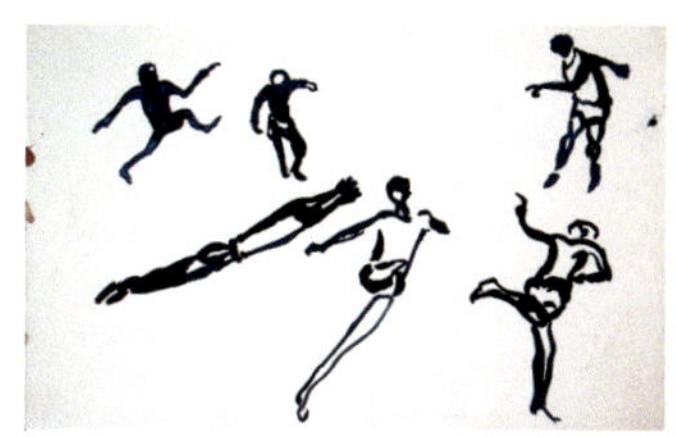

Balltänzer,
Arbeitsblatt zu *In Motion – Art & Football*, Dance Nr. 5
2024
Torsten Schlüter
(*1959, DEU)

Pinselzeichnung, Tusche
32 × 49 cm
Im Besitz des Künstlers

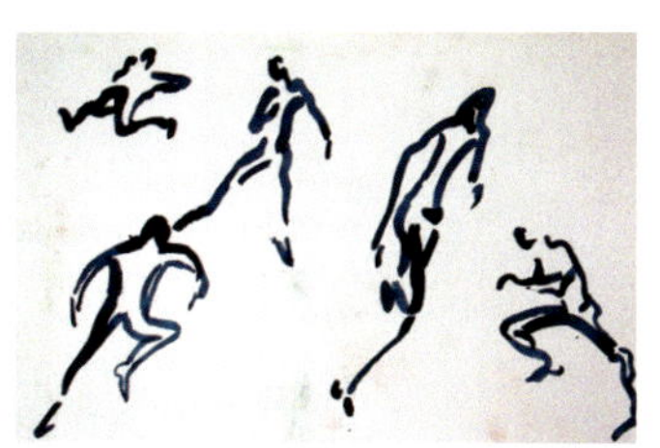

Raumdeuten,
Arbeitsblatt zu *In Motion – Art & Football*, Dance Nr. 6
2024
Torsten Schlüter
(*1959, DEU)

Pinselzeichnung, Tusche
17 × 25 cm
Im Besitz des Künstlers

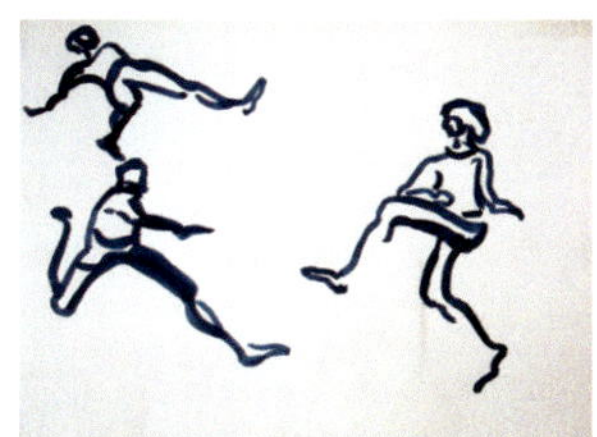

Der Zeremonienmeister,
Arbeitsblatt zu *In Motion – Art & Football*, Dance Nr. 7
2024
Torsten Schlüter
(*1959, DEU)

Pinselzeichnung, Tusche
29 × 42 cm
Im Besitz des Künstlers

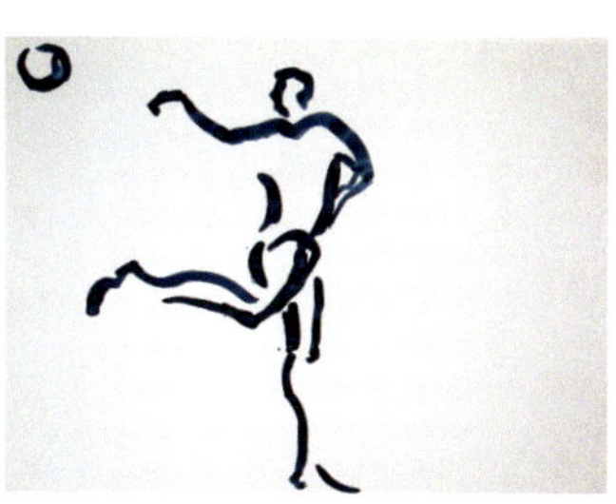

Alter Schwede (Verspielt verzückt),
Arbeitsblatt zu *In Motion – Art & Football*, Dance Nr. 8
2024
Torsten Schlüter
(*1959, DEU)

Pinselzeichnung, Tusche
30 × 40 cm
Im Besitz des Künstlers

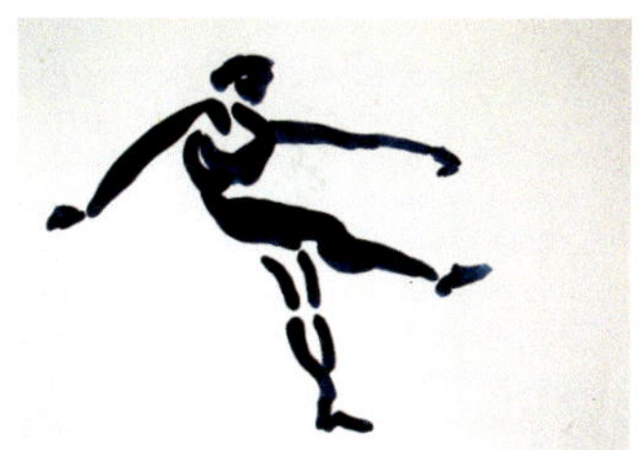

Der Taktgeber,
Arbeitsblatt zu *In Motion – Art & Football*, Dance Nr. 9
2024
Torsten Schlüter
(*1959, DEU)

Pinselzeichnung, Tusche
17 × 24 cm
Im Besitz des Künstlers

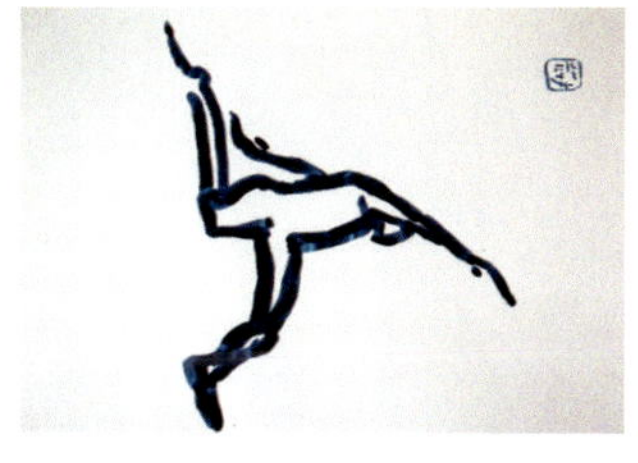

Aus vollem Lauf (Schwebender),
Arbeitsblatt zu *In Motion – Art & Football*, Dance Nr. 10
2024
Torsten Schlüter
(*1959, DEU)

Pinselzeichnung, Tusche
17 × 25,5 cm
Im Besitz des Künstlers

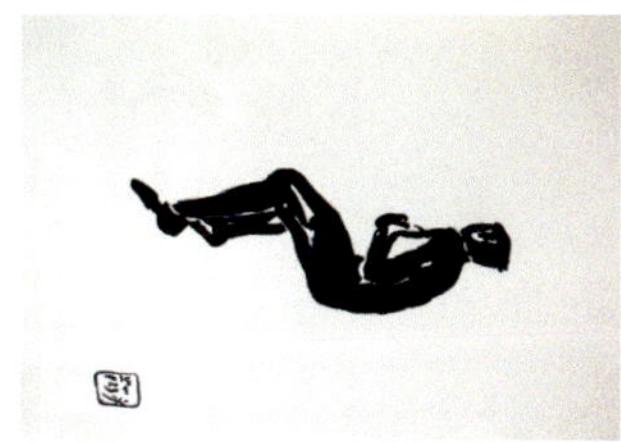

Ein sicherer Rückhalt (Geborgenheit),
Arbeitsblatt zu *In Motion – Art & Football* Dance Nr. 11
2024
Torsten Schlüter
(*1959, DEU)

Pinselzeichnung, Tusche
17 × 25 cm
Im Besitz des Künstlers

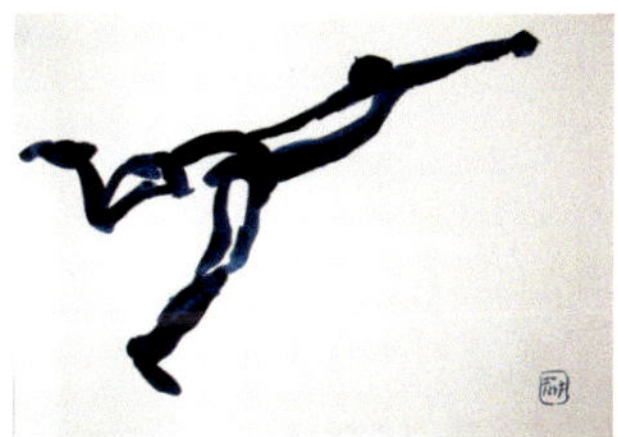

Der Fels in der Brandung,
Arbeitsblatt zu *In Motion – Art & Football*, Dance Nr. 12
2024
Torsten Schlüter
(*1959, DEU)

Pinselzeichnung, Tusche
17 × 24 cm
Im Besitz des Künstlers

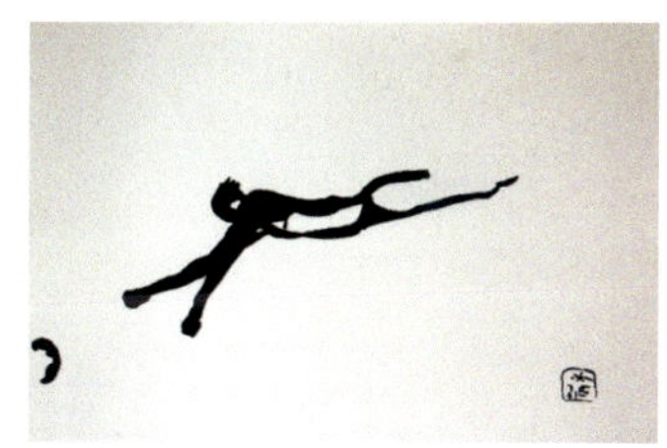

In den Wolken,
Arbeitsblatt zu *In Motion – Art & Football*, Dance Nr. 13
2024
Torsten Schlüter
(*1959, DEU)

Pinselzeichnung, Tusche
17,5 × 24 cm
Im Besitz des Künstlers

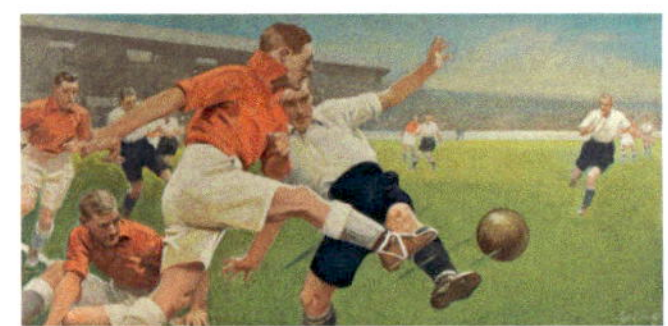

Big Match
um 1950
Septimus Edward Scott
(1879–1962, ENG)

Aquarellfarbe
15,4 × 79 cm
National Football Museum, Manchester

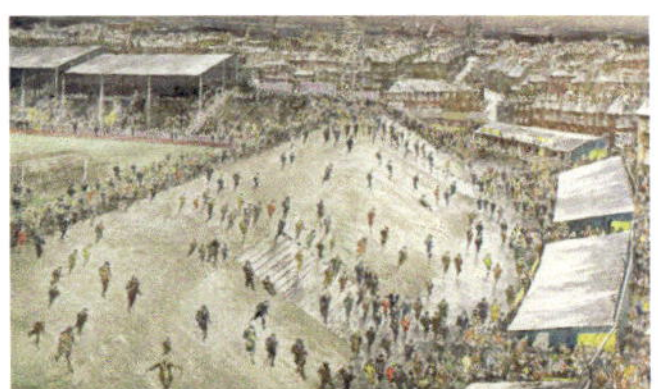

After the Football Game
1975
Neville Shaw
(1915–1989, ENG)

Wasserfarbe auf Papier
Trustees of the Royal Watercolour Society, London

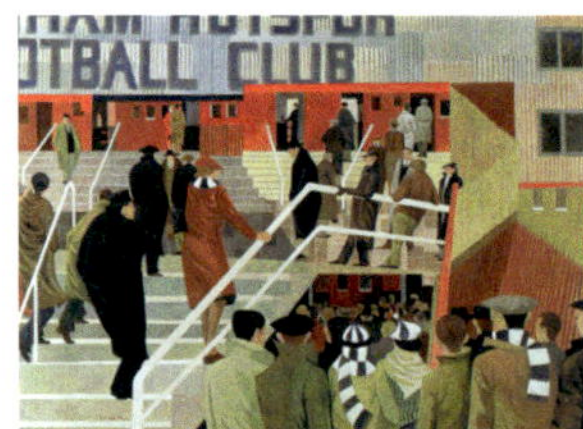

Entering the Stands, White Hart Lane
1953
Richard Slater
(*1927, ENG)

Öl auf Karton
73,7 × 96,5 cm

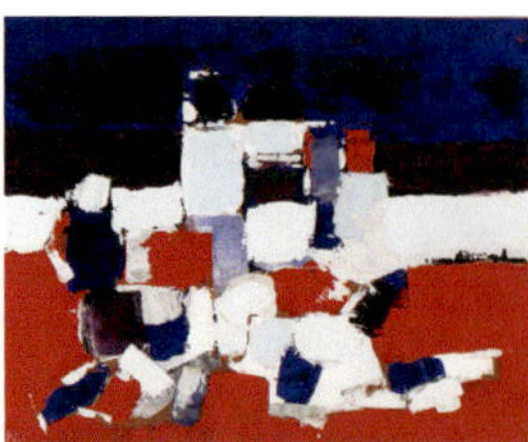

Les Footballeurs
1952
Nicolas de Staël
(1914–1955, FRA)

Öl auf Karton
60 × 72 cm
Museum of Contemporary Art, Los Angeles

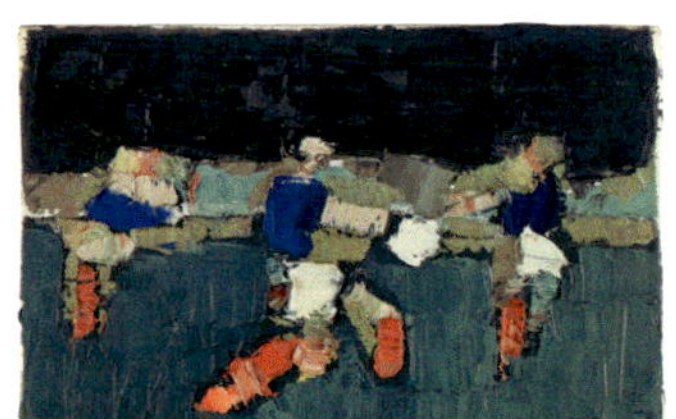

Les Footballeurs
1952
Nicolas de Staël
(1914–1955, FRA)

Öl auf Leinwand
14 × 22 cm
Musée des Beaux-Arts, Dijon

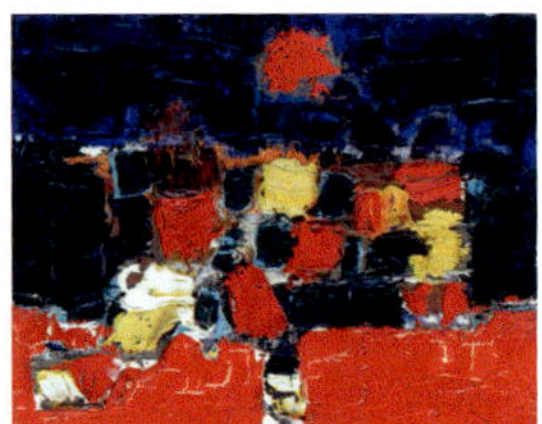

Les Footballeurs
1952
Nicolas de Staël
(1914–1955, FRA)

Öl auf Leinwand
22 × 27 cm
Musée des Beaux-Arts, Dijon

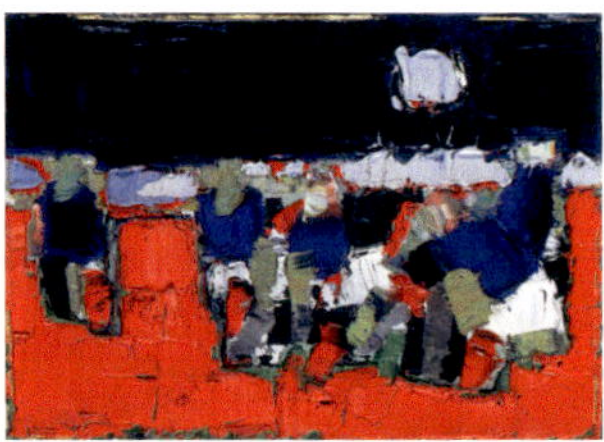

Les Footballeurs
1952
Nicolas de Staël
(1914–1955, FRA)

Öl auf Leinwand
16 × 22 cm
Musée des Beaux-Arts, Dijon

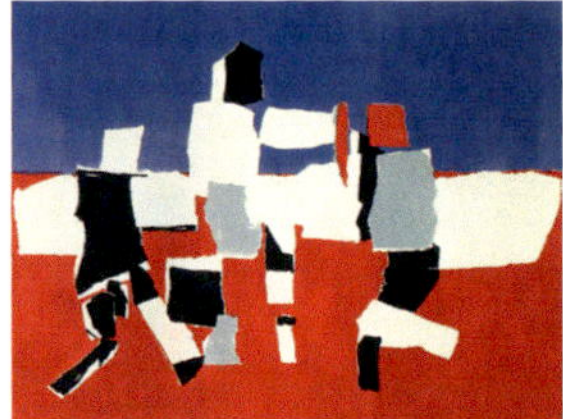

Les Footballeurs
1952
Nicolas de Staël
(1914–1955, FRA)

Farblithografie
56 × 71 cm
Musée des Beaux-Arts, Dijon

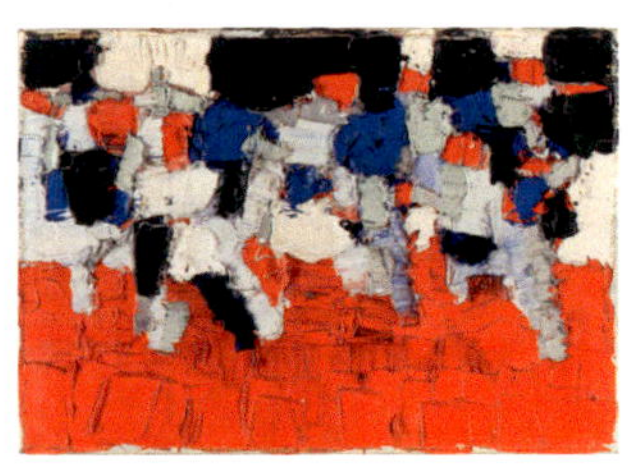

Les Footballeurs
1952
Nicolas de Staël
(1914–1955, FRA)

Öl auf Leinwand
19 × 27 cm
Musée des Beaux-Arts, Dijon

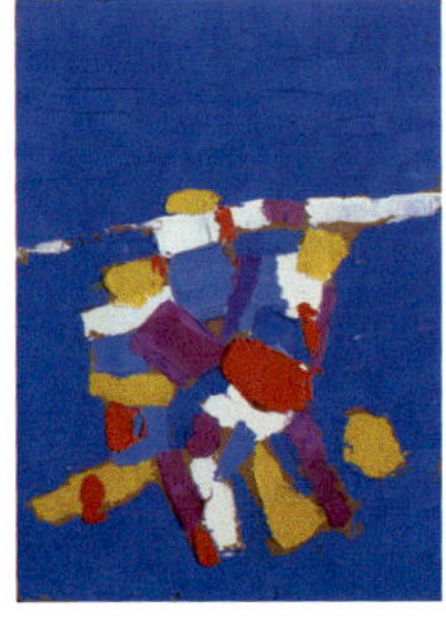

Les Footballeurs
1952
Nicolas de Staël
(1914–1955, FRA)

Sammlung F. de Staël

Les Footballeurs
1952
Nicolas de Staël
(1914–1955, FRA)

Öl auf Pappe
24 × 32 cm
Privatbesitz

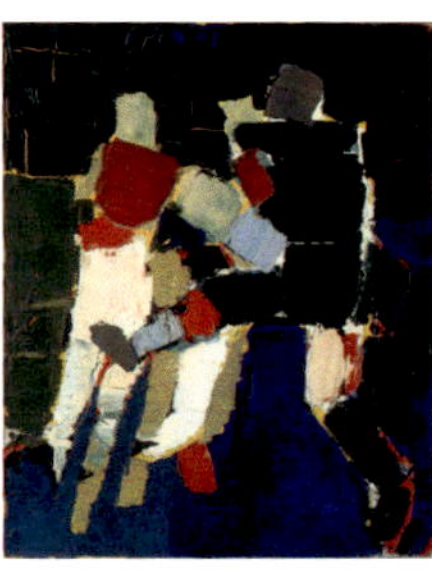

Les Footballeurs
1952
Nicolas de Staël
(1914–1955, FRA)

Öl auf Pappe
80 × 65 cm
Musée Granet, Aix-en-Provence

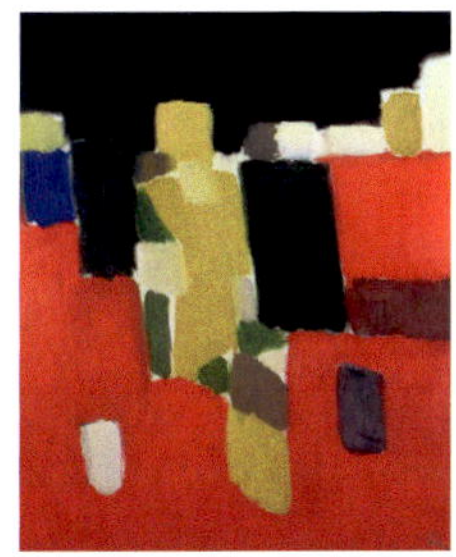

Les Footballeurs
1952
Nicolas de Staël
(1914–1955, FRA)

Öl auf Leinwand
Privatbesitz

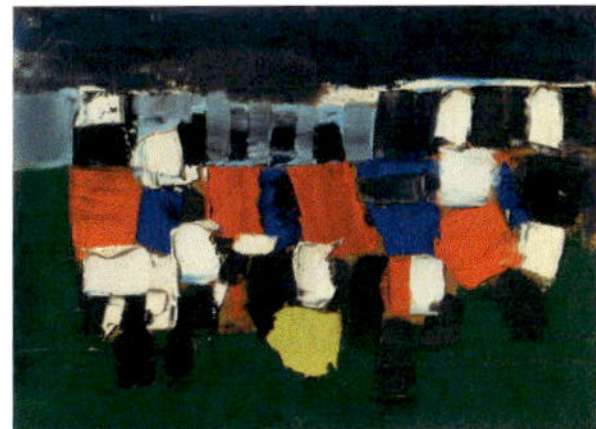

Les Footballeurs
(Parc des Princes)
1952
Nicolas de Staël
(1914–1955, FRA)

Öl auf Masonitplatte
57 × 77,2 cm
Privatbesitz

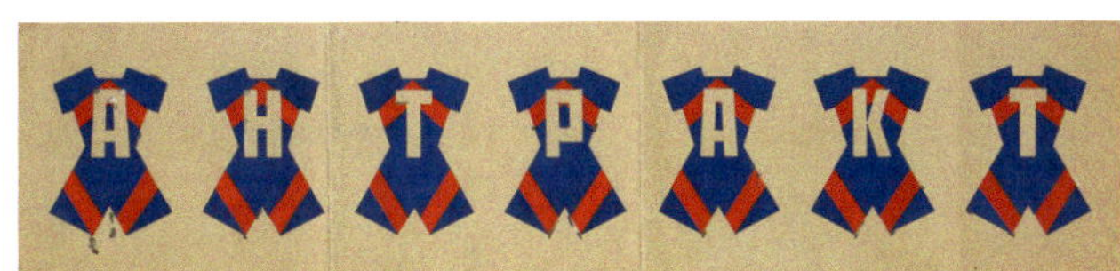

Kostümentwurf für
Sportbekleidung
1921
Warwara Stepanowa
(1894–1958, LTU)

Gouache auf Papier
Privatbesitz

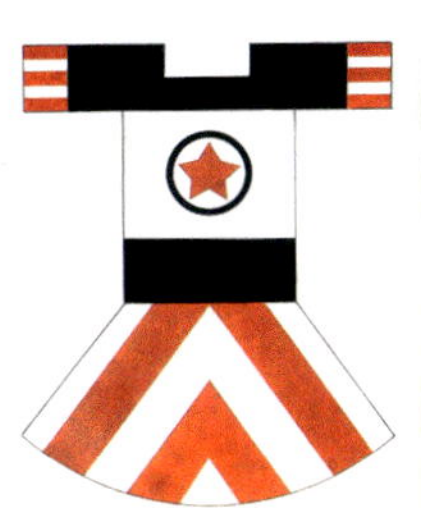

Kostümentwurf für
Sportbekleidung
1923
Warwara Stepanowa
(1894–1958, LTU)

Gouache und Tusche auf Papier
30,2 × 21,7 cm
The State Russian Museum,
St. Petersburg

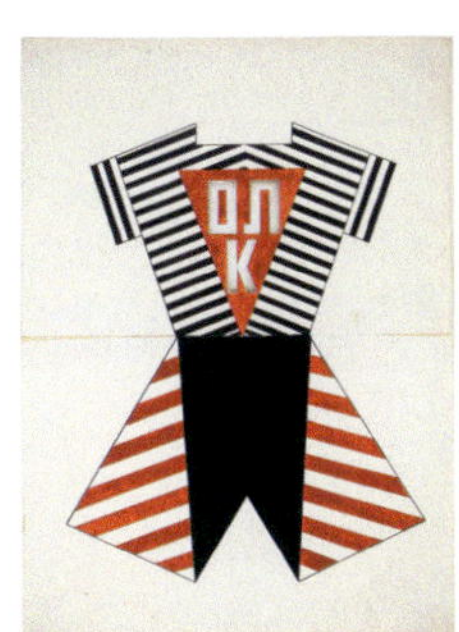

Kostümentwurf für
Sportbekleidung
1923
Warwara Stepanowa
(1894–1958, LTU)

Gouache und Tusche auf Papier
30,2 × 21,7 cm
The State Russian Museum,
St. Petersburg

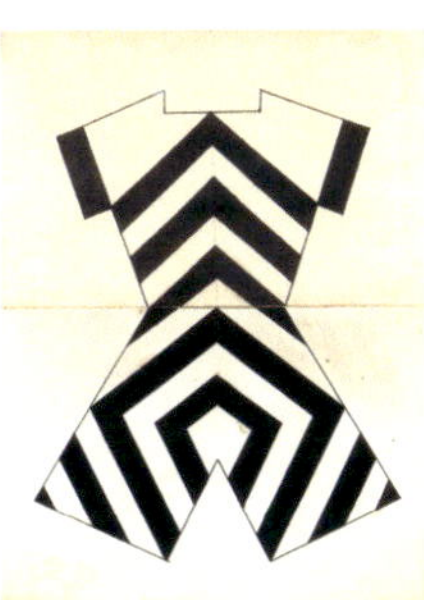

Kostümentwurf für
Sportbekleidung
1923
Warwara Stepanowa
(1894–1958, LTU)

Tusche auf Papier
30,2 × 21,7 cm
Shchusev Museum of
Architecture, Moskau

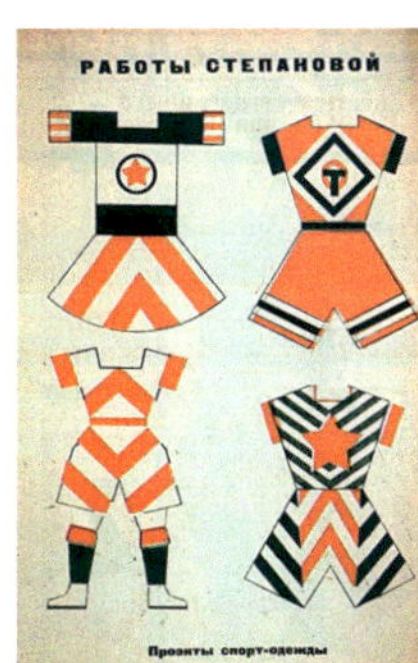

Kostümentwürfe für
Sportbekleidung
1923
(1894–1958, LTU)

Farblithografie
Russian State Library,
Moskau

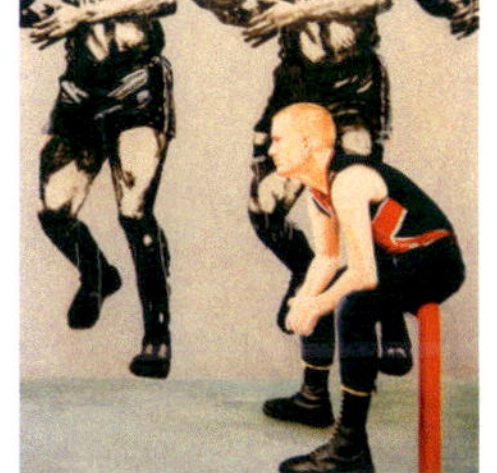

We Arrived at Our Final Game
1984
Chris Stevens
(*1956, FRA)

Öl auf Leinwand
165 × 165 cm
Privatbesitz

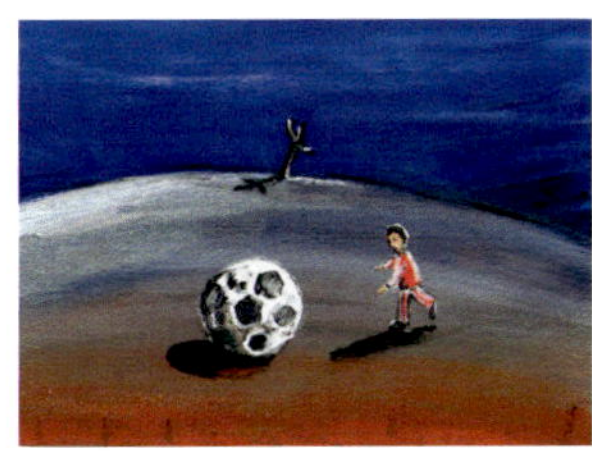

I Found a Great Big Football
2005
Gigi Sudbury
(ENG)

Öl auf Papier
14 × 18 cm
Privatbesitz

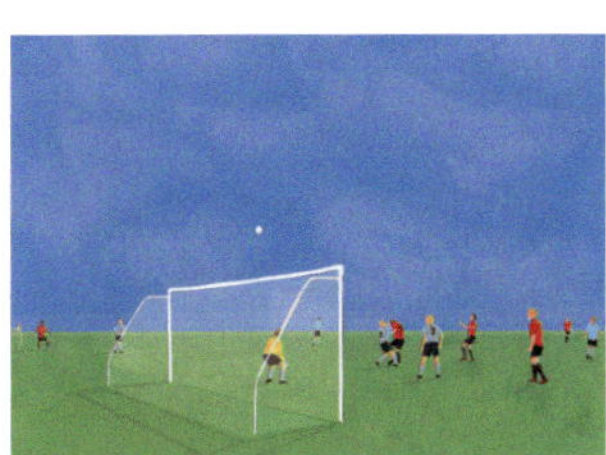

Football (The Sunday Game)
2013
Mario Sughi
(*1961, ITA)

Pigmentdruck
36 × 50 cm
Privatbesitz

T

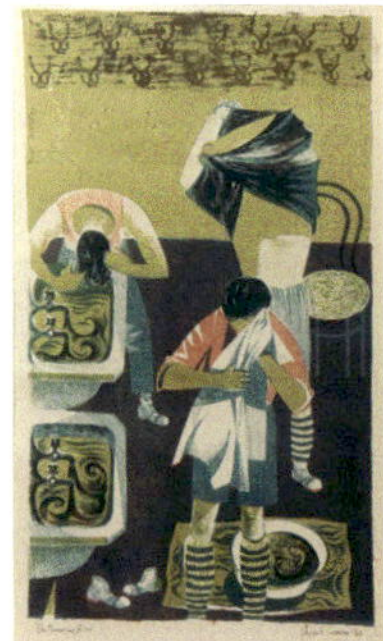

The Changing Room
1953
Robert Tavern
(*1920, ENG)

Lithografie
26,2 × 16,5 cm
National Football Museum, Manchester

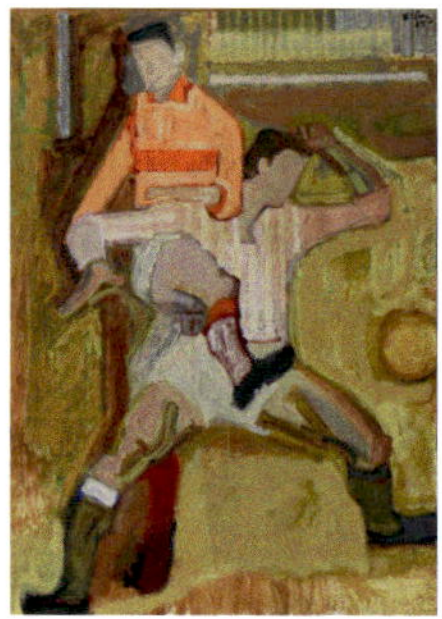

Football II
1961
Panayiotis Tetsis
(1925–2016, GRC)

197 × 139 cm
National Gallery, Alexandros Soutzos Museum, Athen

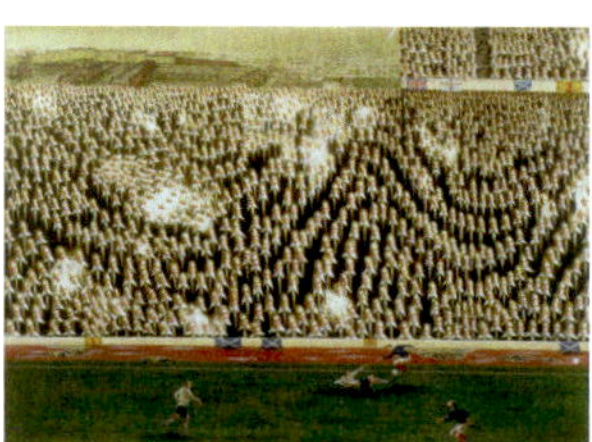

Scotland v England, Hampden Park
2002
Peter Thomson
(*1962, SCT)

Acyrl auf Karton
68,5 × 91,5 cm

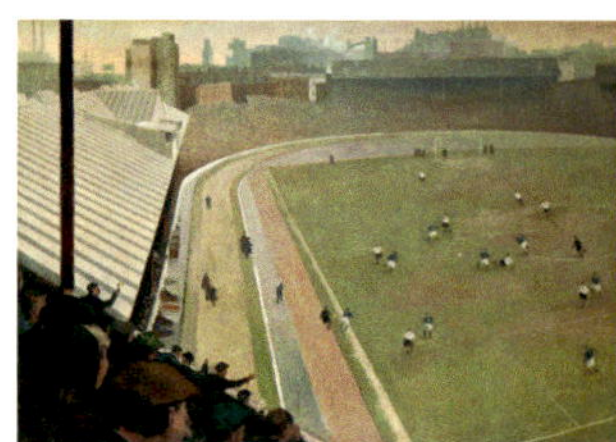

Chelsea vs Spurs at Stamford Bridge
1953
Lawrence Toynbee
(1922–2002, ENG)

Öl auf Leinwand
90 × 130,8 cm
Privatbesitz

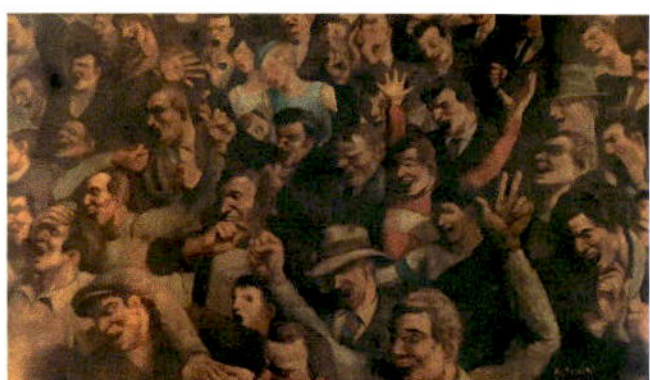
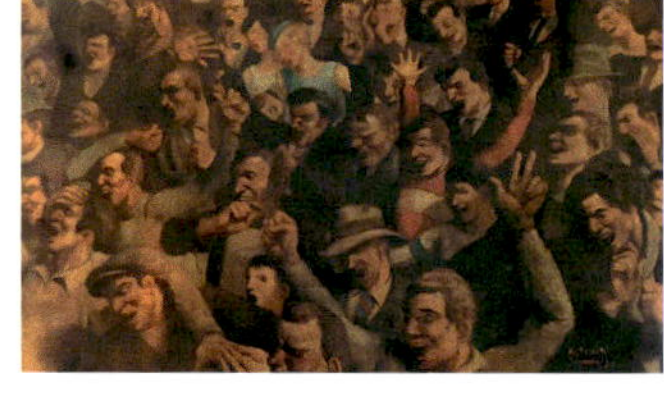

Folla sportiva
1933
Antonio Traverso
(1900–1981, ITA)

Öl auf Leinwand
66 × 108 cm

U

Illustration from ›Let Us Be Reconciled‹ by Marina Boroditskaya
1985
Maria Uspenskaya
(1925–2007, RUS)

Gouache auf Papier
8 × 5 cm
Gamborg Collection

V

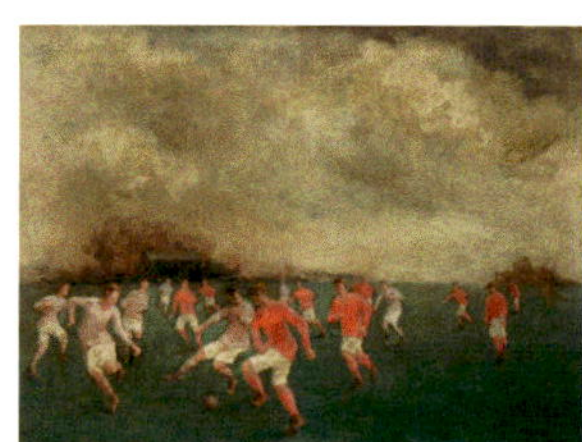

A Soccer Match
1920
Vaudou, Gaston
(1891–1957, FRA)

Öl auf Leinwand
54 × 69 cm
National Football Museum, Manchester

W

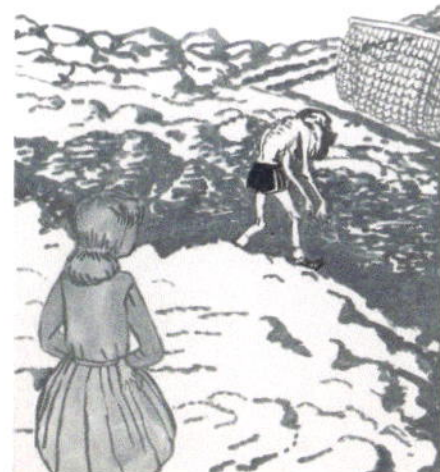

Football
2012
Aleksandra Waliszewska
(*1976, POL)

Gouache
35 × 25 cm
Museum of Modern Art, Warschau

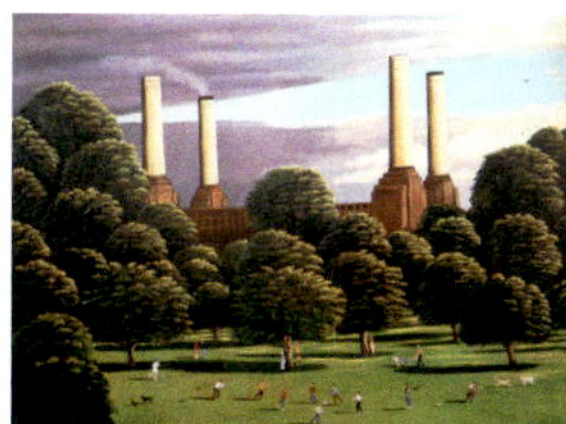

Battersea Power Station
1982
Liz Wright
(*1950, ENG)

Öl auf Leinwand
109,2 × 134 cm
Privatbesitz

Z

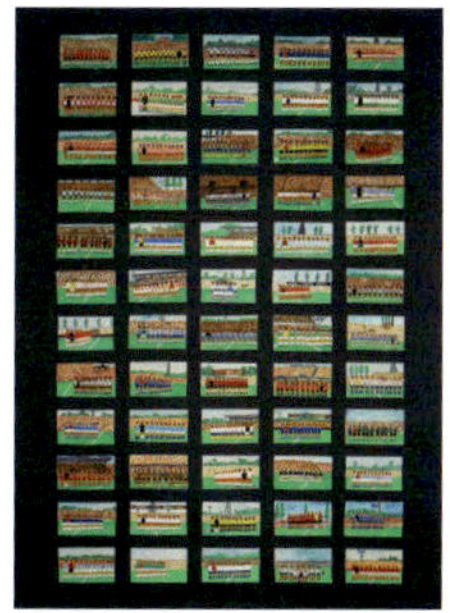

60 Mannschaften
2011
Michael Zabe
(*1950, DEU)

Deckfarben
je 3 × 5 cm
Im Besitz des Künstlers

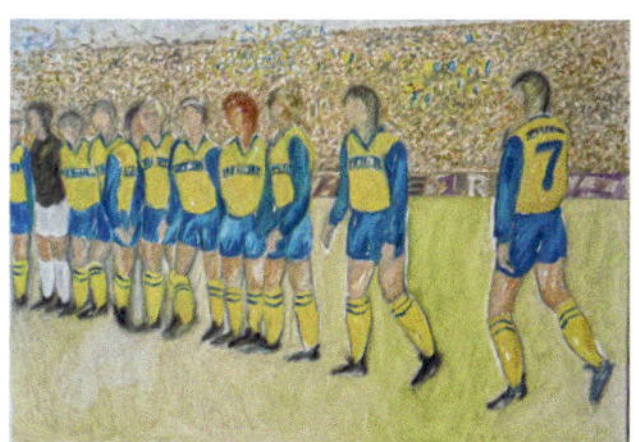

18 Mannschaften (Zyklus)
2011
Michael Zabe
(*1950, DEU)

Öl auf Leinwand
50 × 70 cm
Im Besitz des Künstlers

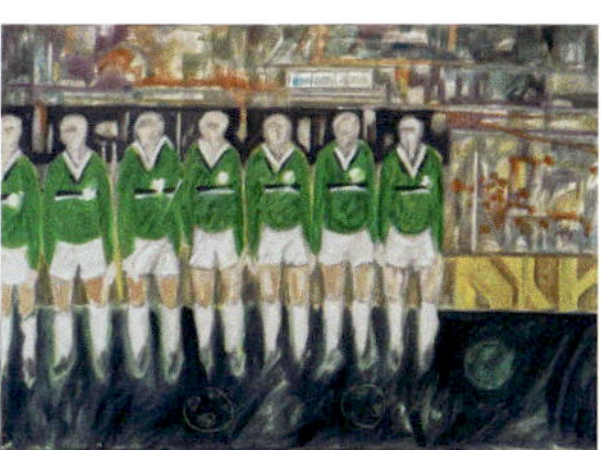

18 Mannschaften (Zyklus)
2011
Michael Zabe
(*1950, DEU)

Öl auf Leinwand
50 × 70 cm
Im Besitz des Künstlers

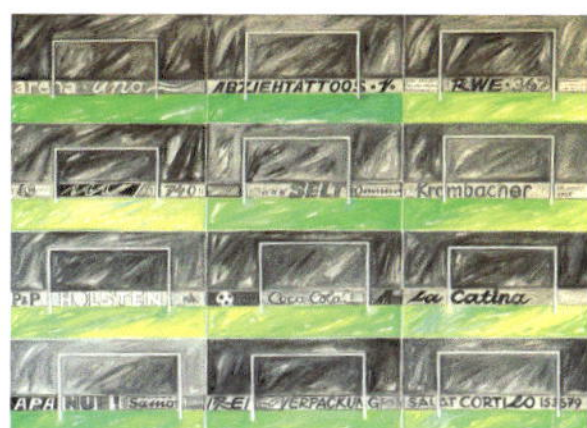

Auslauf für die fußballfanatische Familie
2009
Michael Zabe
(*1950, DEU)

Öl auf Leinwand
100 × 140 cm
Im Besitz des Künstlers

Unbekannte Künstler

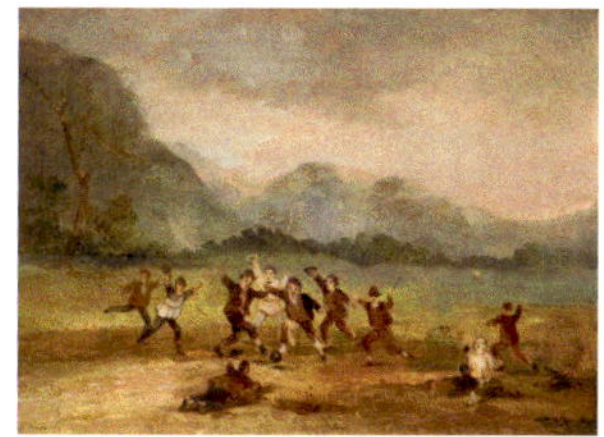

Camp-ball
19. Jh.
(ENG)

Öl auf Holz
31,5 × 42 cm
National Football Museum, Manchester

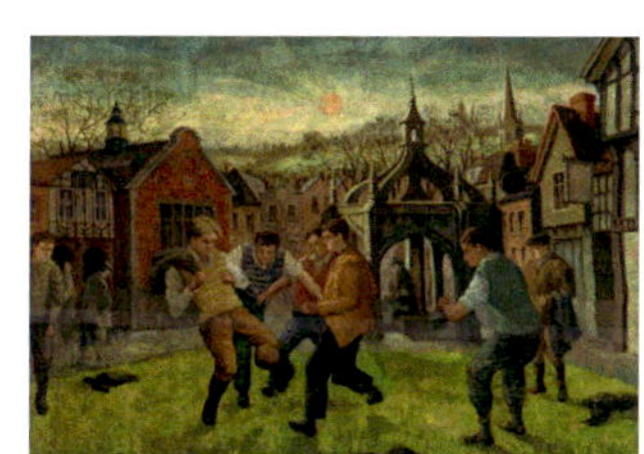

Village Green Soccer
Mitte 20. Jh.
(ENG)

Öl auf Leinwand
71 × 92 cm
National Football Museum, Manchester

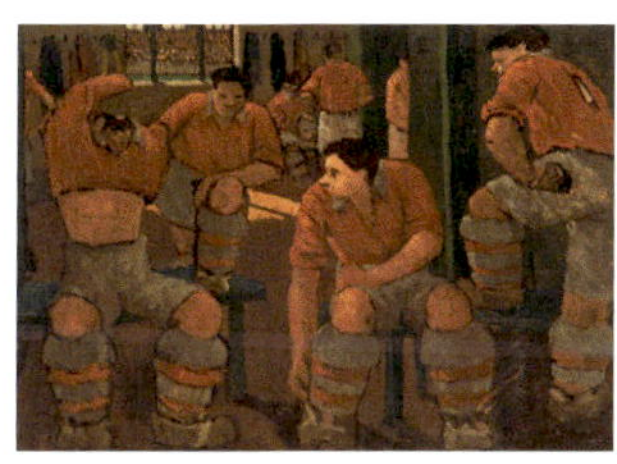

In the Dressing Room
1950
(ENG)

Öl auf Holz
63 × 78 cm
National Football Museum, Manchester

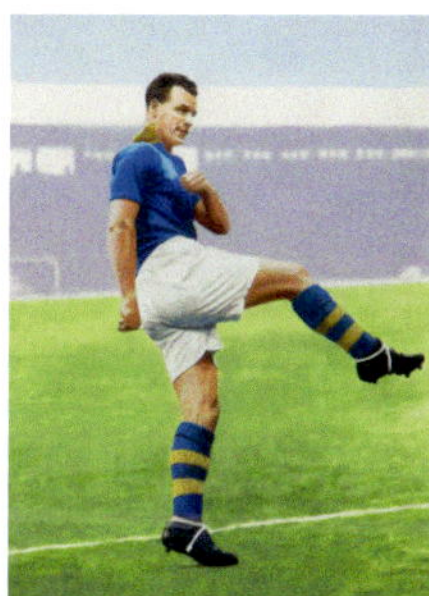

Painting of John Charles
1955
(ENG)

Acryl
59,4 × 49,4 cm
National Football Museum, Manchester

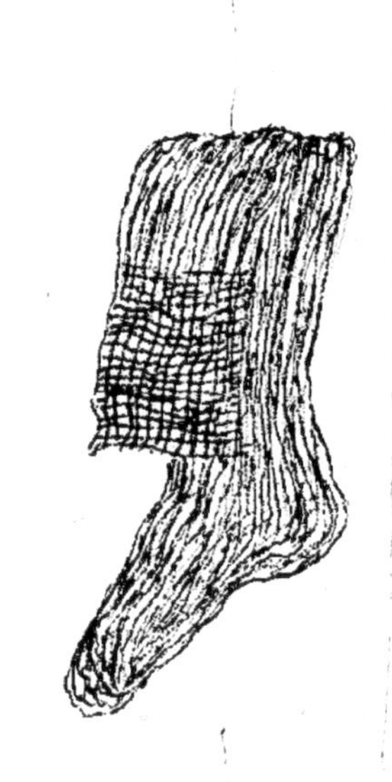

Anhang

Skizze Fußballsocke
1976
Raoul De Keyser (1930–2012, BEL)
Tinte, 19 × 18,8 cm

Auswahlliteratur

Artevent GmbH Wien (Hg.): *Anstoss. Die Zeitschrift des Kunst- und Kulturprogramms zur FIFA WM 2006* in Zusammenarbeit mit dem OK FIFA WM 2006, Nr. 3, Berlin 2005.

Artificio s.r.l., Firenze (Hg.): *Football. I Domini del Calcio: Memoria, Cultura, Comunicazione*, Florenz 1990.

ART IG (Hg.): *Seiten-Wechsel. Kunst und Fußball im öffentlichen Raum Hannover/ Art and soccer in the public space Hanover,* Hannover 2006.

Aurousseau, Philippe: *Paul Ordner. 40 ans de Dessin Sportif, Humoristique et Politique*, 2014.

Beatrice, Luca: *L'Arte del Gol, pittura scultura fotografia e il gioco più bello del mondo*, Ausst.-Kat., Chiostri di San Domenico, Mailand 2019.

Bohrer, Karl Heinz: *Das absolute Präsens. Die Semantik der ästhetischen Zeit*, Frankfurt a. M. 1994.

Boli, Claude: *Gooal! Rendez-vous européen*, Ausst.-Kat., Nizza, Musée National du Sport, Nizza 2016.

Borusseum (Hg.): *Fußball in der Kunst*, Ausst.-Kat., Dortmund 2011.

Bourriaud, Nicolas, Gilles de Bure, Henri-François Debailleux u. a.: *80 artistes autour du Mondial*, Ausst.-Kat., Galerie Enrico Navarra, Paris 1998.

Broby-Johansen, Rudolf: *Sportens Kunst*, Kopenhagen 1991.

Brüggemeier, Franz-Josef, Ulrich Borsdorf und Jürg Steiner (Hg.), *Der Ball ist rund. Die Fußballausstellung*, Essen 2000.

Brusberg, Dieter, *brusberg-berichte* 8, Hannover 1970.

Castiglioni, Luigi: *Le Sport en Affichies*, Paris 1986.

Chauzard, Pierre: *Arte et Football, Football and Art 1860–1960, Impressionism(e), Cubism(e), Pop-Art*, Portes-lès-Valence 1998.

Conzett, Dr. Reto (Hg.): *du, Europäische Kunstzeitschrift*, Zürich 1976.

Desports (Hg.): *Nous Sommes Foot. Pour un football populaire*, Ausst.-Kat., Marseille, Musée des civilisations de l'Europe et de la Méditerranée, Marseille 2017.

Eggers, Erik und Jürgen Müller: »Der künstlerische Gehalt, den die wilde poesie unseres Spiels in sich birgt. Anmerkungen zur frühen Hermeneutik, Ästehtik und Ikonographie des Fußballsports«, in: Herzog, Markwart (Hg.): *Fußball als Kulturphänomen: Kunst – Kult – Kommerz*, Stuttgart 2002, S. 157–177.

Eiland, William U.: *Alfred Heinrich Pellegrini, 1991–1958. A Swiss Modernist and the Art of the Figure*, Basel 1996.

Eilertsen, Mogens: *Fodboldbilleder, Fodboldspillet set med billedkunstnerens øje*, Kopenhagen 2008.

Eintracht Frankfurt Museum (Hg.): *Fußballkünstler*, Ausst.-Kat., Frankfurt o. J. (2010).

Fiedler-Bender, Gisela (Hg.): *Fußball in der Kunst*, Ausst.-Kat., Pfalzgalerie Kaiserslautern, Kaiserslautern 1989.

Futbol Club Barcelona (Hg.): *1a Biennal d'Art*, Ausst.-Kat., Barcelona, Palau de Predalbes, Barcelona 1985.

Galerie Enrico Navarra (Hg.): *World Cup Through Art*, Ausst.-Kat., Turin 2002.

Gebauer, Gunter: *Das Leben in 90 Minuten. Eine Philosophie des Fußballs*, München 2016.

Gentile, Melanie: *Art & Foot*, Paris 2014.

Gill, John (Hg.): *OFFSIDE! Contemporary Artists and Football*, Ausst.-Kat., Manchester City Art Galleries, Manchester 1996.

Hammelmann, André: *Gesamtkunstwerk Fußball – Auf der Spur einer Metapher*, Berliner Ethnografische Studien, Bd. 18, Berlin 2010.

Herzog, Markwart (Hg.): *Fußball als Kulturphänomen: Kunst – Kultur – Kommerz*, Stuttgart 2002.

Huitroel, Jean-Marc: *La Beaute du Geste. L'Art Contemporain et le Sport*, Paris 2005.

Huntington-Whiteley, James: *The Footballers Year*, Begleitkalender zur Ausstellung Dangerous Corners an Exhibition of Football, London 2002.

Huntington-Whiteley, James: *Muddied Oafs. An Exhibition of Football*, London 1998.

Jehle, Werner (Hg.): *Fussball in der Vitrine*, Ausst.-Kat., Galerie Littmann Basel, Basel 1982.

Kühnst, Peter: *Sport. Eine Kulturgeschichte im Spiegel der Kunst*, Amsterdam 1996.

Lascault, Gilbert: »Verstreute Gedankenblitze über die Wechselbeziehung zwischen Kunst und Sport«, in: Musee des Beaux Art de Mons (Hg.): *Art et Sport. De Toulouse-Lautrec, Picasso, Magritte, Hockney aux Nouveaux Fauves*, Ausst.-Kat., Mons 1984, S. 1–24.

Madesta, Andrea und Katharina Herzmansky (Hg.): *Kunst im Spiel / Art in Play*, Ausst.-Kat., Museum Moderne Kunst Kaernten, Klagenfurt 2008.

Margozzi Mariastella: *Appunti allo Stadio. 90 opere sul tema del calcio nell'Arte italiana del XX secolo*, Rom/Seoul/Yokohama 2002.

Martin, Kurt und Jacob Reisner (Hg.): *Sport in der Kunst*, Katalog zur Freilichtausstellung für die Spiele der 20. Olympiade, München 1972.

Nyholm, Esther und Jan Jensen: *Sportens Spejl*, Kopenhagen 1994.

Potter, Nick und Vorname Huntington-Whiteley: *Muddied Oafs. An Exhibition of Football*, London 1998.

Reinhardt, Brigitte: *Kunst und Sport. Malerei, Graphik und Plastik des 20. Jahrhunderts in Baden-Württemberg*, Ausst.-Kat., Galerie der Stadt Stuttgart, Stuttgart 1986.

Rombey, Wolfgang und Christiane Zangs (Hg.): *Heimspiel. Fußball – Kunst und Kult*, Ausst.-Kat., Museum Schloss Rheydt, Mönchengladbach 1998.

Rossenbach, Anne und Klaus Flemming: *KunstFussball FussballKunst. Eine Ausstellung zur schönsten Nebensache der Welt*, Deutsches Sport- und Olympia-Museum Koblenz 2000.

Schlüter, Torsten: *Eisern Union – bis ins Atelier*, Berlin 2022.

Schmidt, Hans-Werner: *Ballkünstler*, Bielefeld 2006.

Sinderen, Wim van (Hg.): *Jeder z'n Voetbal. Het voetbal in de Beeldende Kunst 1900–2000*, Ausst.-Kat., Kunsthalle Rotterdam, Rotterdam 2000.

Strożek, Przemysław: »Footballers in Avante-garde Art and Socialist Realism before World War II«, in: Anke Hillbrenner u. a. (Hg.), *Handbuch der Sportgeschichte Osteuropas*, Bonn 2015. S. 1–25.

Strożek, Przemysław: »Football«, in: Bru, Sascha, Luca Somigli und Bart Van den Bossche (Hg.), *Futurism: A Microhistory*, 2017, S. 130–141.

Strożek, Przemysław: »The Footballer as the Figure of the New Man in Italian and Russian Avant-Garde, 1910s–1930s«, in: Haxall, Daniel: *Picturing the beautiful game: A History of Soccer in Visual Culture and Art*, London 2018, S. 97–114.

Tiedemann, Claus: *»Sport« und »Kunst« – Diskussion der Begriffe und ein Vorschlag*, Hamburg 2020.

Tyradellis, Daniel: *Müde Museen. Oder: Wie Ausstellungen unser Denken verändern könnten*, Hamburg 2014.

VEB E.A. Seemann (Hg.): *Sport in der Kunst*, Leipzig 1969.

Volf, Petr: *Sport is art / je umění*, Prag 2015.

Watson, Eleanor und James Bird: *Football. Designing the Beautiful Game*, London 2022.

Weibel, Peter und Edith Decker (Hg.): *Vom Verschwinden der Ferne. Telekommunikation und Kunst*, Köln 1990.

Wolfgang Welsch: *Im Fluss. Leben in Bewegung*, Berlin 2021.

Wingfield, Mary Ann: *Sport and the Artist*, Bd. 1: *Ball Games*, Woodbridge 1988.

Zabe, Michael: *König Fußball*, Dresden/Husum 2012.

Abbildungsverzeichnis

Seite 125 Derek Boshier, *The Politician and the Football Crowd*, 1979 © VG Bild-Kunst, Bonn 2024
Seite 127 Michael J. Browne, *The Art of the Game*, 1997 © Michael J. Browne, Manchester 2024
Seite 129 Carlo Carrà, *Partita di calcio*, 1934 © VG Bild-Kunst, Bonn 2024, Foto: akg-images / Cameraphoto
Seite 131 Ithell Colquhoun, *The Game of the Year,* 1953 © Samaritans / Noise Abatement Society, Foto: National Football Museum / Bridgeman Images
Seite 133 P J Crook, *Armchair supporters*, 2002 © Pamela June Crook. All rights reserved 2024 / Bridgeman Images
Seite 135 Charles Cundall, *A Chelsea Cup-Tie*, Stamford Bridge, 1923 © Manchester Art Gallery / Estate of Charles Cundall. All rights reserved 2024 / Bridgeman Images
Seite 137 Giulio D'Anna, *Calciatore*, 1933 © Foto: Galleria Carta Bianca fine arts, Catania 2024
Seite 139 Paweł Dadlez, *Walka o Piłke*, 1936 © Museum of Sports and Tourism, Warschau 2024, Foto: A. Michalik
Seite 141 Salvador Dalí, *Portrait of Jaume Miravitlless*, 1921 © Salvador Dalí, Fundació Gala-Salvador Dalí / VG Bild-Kunst, Bonn 2024
Seite 143 Raoul De Keyser, *Voetbalsok*, 1970 © VG Bild-Kunst, Bonn 2024, Foto: Museum voor Schone Kunsten, Gent / Michael Burez
Seite 145 Alexander Deineka, *Fußball*, 1928 © VG Bild-Kunst, Bonn 2024
Seite 147 Alexander Deineka, *Fußballspieler*, 1932 © VG Bild-Kunst, Bonn 2024, Foto: akg-images
Seite 149 Robert Delaunay, *Football*, 1918 © bpk / CNAC-MNAM / Philippe Migeat
Seite 151 Gerardo Dottori, *Partita di calcio*, 1928 © VG Bild-Kunst, Bonn 2024, Foto: fine art images
Seite 153 George Eisler, *Hillsborough*, 1989 © VG Bild-Kunst, Bonn 2024, Foto: Georg and Alice Eisler Foundation/Georg Eisler Archive, Vienna / National Museums Liverpool, Walker Art Gallery / Bridgeman Images
Seite 155 Brenda Ellis, *5050 Ball*, 1980 © Brendan Ellis, Belfast 2024, Foto: National Museums Northern Ireland
Seite 157 Matthew Ensor, *Golden Boy: Bobby Moore*, 1998 © VG Bild-Kunst, Bonn 2024
Seite 159 Erró, *Mondial 1998*, 1998 © VG Bild-Kunst, Bonn 2024
Seite 161 Paul Feiler, *Mousehole v. Paul*, 1953 © Estate of Paul Feiler / Bridgeman Images 2024
Seite 163 Ludvig Frederik Find, *The Football Match*, 1912 © Jonathan Cooper, Park Walk Gallery, London / Bridgeman Images
Seite 165 Hubert Andrew Freeth, *Watford FC Dressing Room*, 1953 © Bridgeman Images
Seite 167 Fritz Genkinger, *Die Angst des Schützen beim Elfmeter*, 1979/80 © VG Bild-Kunst, Bonn 2024, Foto: Freundeskreis Fritz-Genkinger e.V., Marbach / Corinna Holzer
Seite 169 Harald Giersing, *Fodboldspillere*. Sofus header, 1917 © G. Dagli Orti /NPL – DeA Picture Library / Bridgeman Images
Seite 171 Isaac Grünwald, *Fotbollspelare*, 1916 © Foto: O. Vaering / Bridgeman Images
Seite 173 John Heartfield, *Deutscher Sport*, 1929 © The Heartfield Community of Heirs / VG Bild-Kunst, Bonn 2024, Foto: Kunstsammlung der Akademie der Künste, Berlin
Seite 175 Bernhard Heisig, *Neues vom Turmbau*, 1977 © VG Bild-Kunst, Bonn 2024, Foto: akg-images
Seite 177 Robert Henderson Blyth, *Goalkeeper*, 1966 © Foto: City Art Centre, City of Edinburgh Museums & Galleries
Seite 179 Josephine Henning, *Mädchen mit Taube*, 2022 © Josephine Henning, Köln 2024
Seite 181 Irene Hoffmann, *contrastierende fotomontage (Ausschnitt)*, 1933 © Bauhaus-Archiv, Berlin 2024
Seite 183 Wlastimil Hofman, *Druzyna Wisly*, 1927 © VG Bild-Kunst, Bonn 2024, Foto: Museum of Sports and Tourism, Warschau
Seite 185 Karel Holan, *Fotbalové hřiště*, 1920 © Gallery of Fine Arts, Cheb 2023
Seite 187 Peter Howson, *Just Another Bloody Saturday*, 1987 © VG Bild-Kunst, Bonn 2024, Foto: National Galleries of Scotland. Ankauf 1987
Seite 189 Alfred Hrdlicka, *Der Tod spielt Fußball*, 1971 © Alfred Hrdlicka-Archiv, Wien: www.alfred-hrdlicka.com, 2024, Foto: ALBERTINA, Wien
Seite 191 Friedensreich Hundertwasser, *147 Das Match des Jahrhunderts*, 1952 © Die Hundertwasser Gemeinnützige Privatstiftung Wien / NAMIDA AG, Glarus / Schweiz 2024
Seite 193 Jill Iliffe, *Evelyn (With Her Factory Team)*, 2019 © Jill Iliffe, London 2024
Seite 195 Jean Jacoby, *Corner*, 1924 © Musée Olympique, Lausanne 2024
Seite 197 Miloš Jiránek, *Fotbal (Na hřišti S. K. Slavie na Letné)*, 1901/02 © Národní galerie, Prag 2024
Seite 199 Ilja Kabakow, *Soccer Player*, 1964 © Ilya & Emilia Kabakov, New York 2024
Seite 201 Martin Kippenberger, *Die Schönheit der Frau in der europäischen Malerei (Detail eines 3-teiligen Werkes)*, 1981 © Nachlass von Martin Kippenberger, Galerie Gisela Capitain, Köln 2024, Foto: Boris Kirpotin
Seite 203 Ernst Ludwig Kirchner, *Ballspieler*, 1934 © Kirchner Museum, Davos / Ernst Ludwig Kirchner Archiv, Bern 2024
Seite 205 Paul Klee, *Alphabet I*, 1938 © Zentrum Paul Klee, Bern, Bildarchiv 2024
Seite 207 Pyke Koch, *Voetballers*, 1959 © VG Bild-Kunst, Bonn 2024, Foto: Collection Museum MORE, Gorssel, The Netherlands / Peter Cox
Seite 209 Maria Kossak, *Der goldene Fußball*, 2011 © Maria Kossak, Berlin 2024
Seite 211 Iwan Semjonowitsch Kulikow, *Sportlerin*, 1929 © Bridgeman Images
Seite 213 Maria Lassnig, *Competition III*, 2000 © Maria Lassnig Foundation, VG Bild-Kunst, Bonn 2024, Foto: Courtesy Phillips Auctioneers
Seite 215 Bart van der Leck, *Footballers with referee*, 1913 © VG Bild-Kunst, Bonn 2024, Foto: SuperStock / Jan Fritz/ age fotostock
Seite 217 Karel Lek, *Off to the Match*, 1953 © Foto: National Football Museum, Manchester
Seite 219 Eliezer »El« Lissitzky, *Fußballspieler*, 1922 © https://www.kunst-zeiten.de/El_Lissitzky-Werk, 2024
Seite 221 L. S. Lowry, *Going to the Match*, 1953 © The Estate of L.S. Lowry. All rights reserved / VG Bild-Kunst, Bonn 2024, Foto: JHW Fine Art, London
Seite 223 Konrad Lueg, *Fußballspieler*, 1963 © VG Bild-Kunst, Bonn 2024, Foto: akg-images
Seite 225 Guri Madhi, *Watching Football Game*, 1986 © Pandi Guri Madhi, Tirana 2024
Seite 227 Rene Magritte, *Representation II*, 1962 © VG Bild-Kunst, Bonn 2024, Foto: Phototheque R. Magritte / Adagp Images, Paris, / SCALA, Florenz
Seite 229 Jarmo Mäkilä, *hautarauha*, 2010 © Jarmo Mäkilä, Helsinki 2024
Seite 231 Kasimir Malewitsch, *Malerischer Realismus eines Fußballspielers – Farbmassen in der vierten Dimension*, 1915 © akg-images
Seite 233 Wolfgang Mattheuer, *Landschaft mit Fußball*, 1966 © VG Bild-Kunst, Bonn 2024, Foto: bpk / Kupferstichkabinett, SMB / Volker-H. Schneider
Seite 235 Colin Middleton, *The 'Holy Lands'*, 1945 © VG Bild-Kunst, Bonn 2024, Foto: Christie's Images / Bridgeman Images
Seite 237 Omer Mujadžić, *Nogometa utakmica*, 1929 © Museum of Fine Arts, Osijek 2024, Foto: Marin Topić
Seite 239 Peter Nagel, *Parade*, 1970 © VG Bild-Kunst, Bonn 2024, Foto: Kunstpalast/ARTOTHEK
Seite 241 František Xaver Naske, *Fotbalové utkání Angeličanů se Slavií v Praze*, 1905 © Národni muzeum, Prag 2024
Seite 243 Paul Nelson, *Village Football*, 1953 © VG Bild-Kunst, Bonn 2024, Foto: Bridgeman Images
Seite 245 Rainer Neumaier, 2001 © VG Bild-Kunst, Bonn 2024
Seite 247 Christopher Nevinson, *Any Wintry Afternoon in England*, 1930 © Manchaster Art Gallery / Bridgeman Images
Seite 249 Felix Nussbaum, *Stillleben mit Maske, Handschuh und Fußball*, um 1940 © Yad Vashem Art Museum, Jerusalem 2024
Seite 251 Claes Oldenburg, *Knäckebrot-Spielfeld*, 1966 © bpk / Städel Museum, Frankfurt a.M. 2024
Seite 253 Henry Marriott Paget, *Das erste Spiel des British Ladys Football Club*, 1895 © adidas archiv

Seite 255 Alfred Heinrich Pellegrini, *Fußballspieler*, 1903
© Dr. h.c. Daniel B. Thorens, Basel 2024, Foto: Schweizerisches Institut für Kunstwissenschaften, Zürich
Seite 257 Wolfgang Petrick, *0 : 0 (Fußball)*, 1971 © bpk / Sprengel Museum Hannover,
Schenkung aus dem Nachlass von Arnold Leissler, Hannover / Herling/Herling/Werner
Seite 259 Pablo Picasso, *Footballeurs*, 1961 © Succession Picasso / VG Bild-Kunst, Bonn 2024, Foto: bpk / RMN - Grand Palais, Franck Raux
Seite 261 Sigmar Polke, *Fernsehbild (Kicker) I*, 1971
© The Estate of Sigmar Polke, Cologne / VG Bild-Kunst, Bonn 2024, Foto: bpk / Kupferstichkabinett, SMB / Volker-H. Schneider
Seite 263 Júlio Pomar, *O Golo*, 1947 © VG Bild-Kunst, Bonn 2024, Foto: Fundação Júlio Pomar
Seite 265 Heinrich Richter-Berlin, *Der Torsteher*, 1912
© Foto: Los Angeles County Museum of Art – Rifkind Center for German Expressionist Studies
Seite 267 Thijs Rinsema, *Voetballers*, 1925 © Collection Cultural Heritage Agency of the Netherlands 2024
Seite 269 Alexander Rodtschenko, *Political Football*, 1930 © VG Bild-Kunst, Bonn 2024
Seite 271 Peter Rohn, *Fußball im Flutlicht*, 1973 © Potsdam Museum - Forum für Kunst und Geschichte 2023, Foto: Micheal Lüder
Seite 273 Torsten Schlüter, *Pointillistische Waldseite*, 2020 © Torsten Schlüter, Berlin 2024
Seite 275 Jens Søndegaard, *Russisk-Dansk Fodboldkamp*, 1945 © VG Bild-Kunst, Bonn 2024, Foto: Statens Museum for Kunst, Kopenhagen
Seite 277 Peter Sorge, *Kluge Frauen lassen ihre Männer toben*, 1970
© VG Bild-Kunst, Bonn 2024, Foto: Sammlung zeitgenössischer Kunst der Bundesrepublik Deutschland
Seite 279 Nicolas de Staël, *Parc des Princes*, 1952 © VG Bild-Kunst, Bonn 2024, Foto: Christie's Images
Seite 281 Warwara Stepanowa, *Entwurf für ein Fußballtrikot*, 1923 © VG Bild-Kunst, Bonn 2024, Foto: fine art images
Seite 283 Christiane Swane, *Fodboldspillere*, 1937 © VG Bild-Kunst, Bonn 2024, Foto: Statens Museum for Kunst, Kopenhagen
Seite 285 Ivan Tabaković, *The Match*, 1927 © Collection of The Gallery of Matica Srpska, Novi Sad 2024
Seite 287 Panayiotis Tetsis, *Football I*, 1690 © Alexis Tetsis, Athen 2024, Foto: National Gallery – Alexandros Soutsos Museum / Stavros Psiroukis
Seite 289 Lawrence Toynbee, *Mid-week practice at Stamford Bridge*, 1953
© Christie's Images / Estate of Lawrence Toynbee / Bridgeman images
Seite 291 Thomas Webster, *The Football Game*, 1893 © Christie's Images / Bridgeman Images
Seite 293 Alan Welsford, *Televised Floodlit Soccer*, 1965/66 © Herbert Art Gallery & Museum, Coventry / Bridgeman Images
Seite 295 Rik Wouters, *The Goalkeeper*, 1906 © Musees royaux des Beaux-Arts de Belgique, Brüssel 2024, Foto: J. Geleyns
Seite 297 Maria Zgraggen, *Népstadion*, 2005–2008 © Maria Zgraggen, Basel 2024
Seite 299 Kiril Zonew, *Junge mit Fußball*, 1935 © National Gallery of Bulgaria, Sofia 2024
Seite 300/301 Alfred Heinrich Pellegrini, *Skizzenblatt mit Fußballer*
© Dr. h.c. Daniel B. Thorens, Basel 2024, Foto: Graphische Sammlung der Schweizer Nationalbibliothek, Bern
Seite 302 Sean Adamson, *Ball Game*, 1961 © VG Bild-Kunst, Bonn 2024, Foto: National Football Museum, Manchester
Fabbri Agenore, *Calciatori nei giardini pubblici*, 1984 © VG Bild-Kunst, Bonn 2024
Hermann Albert, *Sportbild I*, 1970 © VG Bild-Kunst, Bonn 2024, Foto: bpk / Berlinische Galerie
Hermann Albert, *Sportbild II*, 1970 © VG Bild-Kunst, Bonn 2024, Foto: bpk / Berlinische Galerie
Jorid Alumà, *Barça ›Segunda Suite Olímpica‹*, 1984 © Super Stock / Album / Ramon Manent / Album Archivo
Andrews Power, *Football*, 1933 © Estate of Sybil Andrew, Glenbow, Calgary, *Alberta*, 2024,
Foto: Bridgeman Images / Peter Nahum at The Leicester Galleries, London
Stanley Roy Badmin, *Here They Come! Charlton v Arsenal at The Valley*, 1953 © Chris Beetles Ltd, London / Bridgeman Images
Armando Barabino, *In finale*, 1935 © Luisa Ricciarini / Bridgeman Images
Willi Baumeister, *Fußball*, 1926 © VG Bild-Kunst, Bonn 2024, Foto: Archiv Baumeister im Kunstmuseum Stuttgart
Willi Baumeister, *Fußballspieler*, 1927/28 © VG Bild-Kunst, Bonn 2024, Foto: Yale University Art Gallery, New Haven
Seite 303 Willi Baumeister, *o. T. (Fußballspieler)*, 1928 © VG Bild-Kunst, Bonn 2024, Foto: akg-images
Willi Baumeister, *Fußballspieler*, 1931/32 © VG Bild-Kunst, Bonn 2024, Foto: Archiv Baumeister im Kunstmuseum Stuttgart
Willi Baumeister, *Fußballspieler mit Kreis*, 1934 © VG Bild-Kunst, Bonn 2024, Foto: Archiv Baumeister im Kunstmuseum Stuttgart
Willi Baumeister, *Fußballspieler*, 1934 © VG Bild-Kunst, Bonn 2024, Foto: Archiv Baumeister im Kunstmuseum Stuttgart
Willi Baumeister, *Fußballplatz*, 1934 © VG Bild-Kunst, Bonn 2024, Foto: akg-images
Willi Baumeister, *Fußballspieler*, 1935 © VG Bild-Kunst, Bonn 2024, Foto: Archiv Baumeister im Kunstmuseum Stuttgart
Gianni Bertini, *The Game*, 1977 © VG Bild-Kunst, Bonn 2024, Foto: NPL - DeA Picture Library / Bridgema Images
Peter Blake, *Tottenham Hotspur*, 1962 © VG Bild-Kunst, Bonn 2024, Foto: JHW Fine Art, London
Seite 304 Hagen Bonifer, *Raumaufteilung: Die Lesbarkeit des Spielfeldes*, 2020 © Hagen Bonifer, Mühlheim am Main, 2024
Seite 305 Gerald Albert Cains, *Saturday Taxpayers*, 1953 © Foto: National Football Museum, Manchester
Daphne Chart, *Clapham Common*, 1953 © Foto: National Football Museum, Manchester
Andrea Chiesi, *La casa 42*, 2004 © Andrea Chiesi, San Pancrazio 2024
Mario Pasquale Comensoli, *FCZ-Spieler* © Gabriel Heim, Comensoli Stiftung, Zürich 2024 / https://comensoli.ch/stiftung/,
Foto: Schweizerisches Institut für Kunstwissenschaften, Zürich
P J Crook, *The Big Match,* 2000 © Pamela June Crook. All rights reserved 2024 / Bridgeman Images
P J Crook, *Saved !!*, 2019 © Pamela June Crook. All rights reserved 2024 / Bridgeman Images
Terence Cuneo, *Tottenham v. Burnley*, F.A. Challenge Cup, 1962
© Wingfield Sporting Gallery, London, UK / Estate of Terence Cuneo. All rights reserved 2024 / Bridgeman Images
Salvador Dalí, *Porträt von Jaume Miravitlles*, 1921 © Salvador Dalí, Fundació Gala-Salvador Dalí / VG Bild-Kunst, Bonn 2024
Salvador Dalí, *Football Player*, 1980 © Salvador Dalí, Fundació Gala-Salvador Dalí / VG Bild-Kunst, Bonn 2024, Foto: akg-images
Matthew Davis, *Floodlight Stadium* © Matthew Davis, Berlin 2024, Foto: JHW Fine Art, London
Matthew Davis, *Foodball Ground*, 2001 © Matthew Davis, Berlin 2024, Foto: Bridgeman Images
Seite 306 Byron Eric Dawson, *St James' Park Football Ground*, Newcastle upon Tyne, 1930 © Tyne & Wear Archives & Museums /Bridgeman Images
Raoul De Keyser, *1974* © VG Bild-Kunst, Bonn 2024, Foto: Museum voor Schone Kunsten, Gent / Michael Burez
Raoul De Keyser, *Maaigem Februari Series*, 1976 © VG Bild-Kunst, Bonn 2024, Foto: Museum voor Schone Kunsten, Gent / Michael Burez
Raoul De Keyser, *Krijtlijnen hoek*, 1977 © VG Bild-Kunst, Bonn 2024, Foto: Museum voor Schone Kunsten, Gent / Michael Burez
Raoul De Keyser, *Krijtlijn*, 1969 © VG Bild-Kunst, Bonn 2024, Foto: Museum voor Schone Kunsten, Gent / Michael Burez
Raoul De Keyser, *Krijtlijn*, 1970 © VG Bild-Kunst, Bonn 2024, Foto: Museum voor Schone Kunsten, Gent / Michael Burez
Raoul De Keyser, *Doel met krijtlijn*, 1971 © VG Bild-Kunst, Bonn 2024, Foto: Museum voor Schone Kunsten, Gent / Michael Burez
Raoul De Keyser, *Voetbalveld*, 1971 © VG Bild-Kunst, Bonn 2024, Foto: Museum voor Schone Kunsten, Gent / Michael Burez

Raoul De Keyser, *More is Less III*, 1972 © VG Bild-Kunst, Bonn 2024, Foto: Museum voor Schone Kunsten, Gent / Michael Burez
Raoul De Keyser, *Krijtlijnen hoek*, 1979 © VG Bild-Kunst, Bonn 2024, Foto: Museum voor Schone Kunsten, Gent / Michael Burez
Raoul De Keyser, *De eerste adieus*, 1979 © VG Bild-Kunst, Bonn 2024, Foto: Museum voor Schone Kunsten, Gent / Michael Burez
Seite 307 Raoul De Keyser, *De eerste adieus*, 1979 © VG Bild-Kunst, Bonn 2024, Foto: Museum voor Schone Kunsten, Gent / Michael Burez
Raoul De Keyser, *1979*, 1984/1985 © VG Bild-Kunst, Bonn 2024 , Foto: Museum voor Schone Kunsten, Gent / Michael Burez
Raoul De Keyser, *Voetbalsok*, 1966 © VG Bild-Kunst, Bonn 2024, Foto: Museum voor Schone Kunsten, Gent / Michael Burez
Raoul De Keyser, *Voetbalsokken*, 1967 © VG Bild-Kunst, Bonn 2024, Foto: Museum voor Schone Kunsten, Gent / Michael Burez
Raoul De Keyser, *Voetbalsok*, 1970 © VG Bild-Kunst, Bonn 2024, Foto: Museum voor Schone Kunsten, Gent / Michael Burez
Raoul De Keyser, *Voetbalsok*, 1971 © VG Bild-Kunst, Bonn 2024, Foto: Museum voor Schone Kunsten, Gent / Michael Burez
Alexander Deineka, *At the Stadium*, 1920 © VG Bild-Kunst, Bonn 2024, Foto: Fine Art Images / Bridgeman Images
Alexander Deineka, *Fußballspieler*, 1924 © VG Bild-Kunst, Bonn 2024, Foto: akg-images
Alexander Deineka, *Torwart (Entwurf)*, 1934 © VG Bild-Kunst, Bonn 2024, Foto: fine art images
Alexander Deineka, *Der Torwart*, 1934 © VG Bild-Kunst, Bonn 2024, Foto: akg-images
Seite 308 Robert Delaunay, *Joueur de football*, 1924 © bpk / CNAC-MNAM / Jacques Faujour
Robert Delaunay, *Astra, or Study for »The Football Players of Cardiff«*, 1912/13 © bpk / Philadelphia Museum of Art / Art Resource, NY
Robert Delaunay, *L'Equipe de Cardiff*, 1912/13 © Heritage Images / Fine Art Images / akg-images
Robert Delaunay, *The Cardiff Team*, 1912/13 © bpk / De Agostini / New Picture Library / M. E. Smith
Robert Delaunay, *L'Équipe de Cardiff*, 1913 © Christie's Images / Bridgeman Images
Robert Delaunay, *Football. Cardiff Team*, 1916 © Fine Art Images / Bridgeman Images
Robert Delaunay, *Football. L'Équipe de Cardiff*, 1916 © Bridgeman Images
Robert Delaunay, *Die Mannschaft von Cardiff*, 1913 © bpk / RMN - Grand Palais / Bulloz
Robert Delaunay, *L'Equipe de Cardiff*, 1913 © bpk / Bayerische Staatsgemäldesammlungen
Olga Ludwigowna Della-Vos-Kardowskaja, *Footballer*, 1925 © Heritage Images / Fine Art Images / akg-images
Seite 309 Gertrude Degenhart, *So ein Tag so wunderschön wie heute*, 1974 © Gertrude Degenhart, Mainz 2024
Seite 310 Gertrude Degenhart, *So ein Tag so wunderschön wie heute*, 1974 © Gertrude Degenhart, Mainz 2024
Henry Deykin, *Aston Villa v Sunderland*, 1950 © Chris Beetles Ltd, London / Bridgeman Images
Henry Deykin, *Wembley Cup Final*, 1951 © National Football Museum, Manchester / Bridgeman Images
Hans-Jürgen Diehl, *Empfehlung*, 1970 © VG Bild-Kunst, Bonn 2024
Hans-Jürgen Diehl, *Spielraum*, 1970 © VG Bild-Kunst, Bonn 2024
Edward Joseph Dutkiewicz, *Piłkarze*, 1938 © Foto: Museum of Sports and Tourism, Warschau
Derek Eastoe, *Small Stand Incidet*, 1953 © Foto: JHW Fine Art, London
Thomas Eckersley, *Cropped Version of For London Football Travel by Southern Electric*, 1962
© SSPL/National Railway Museum/UIG / Bridgeman Images
Jeppe Eisner, *Vi er røde, vi er hvide* © Jeppe Eisner, Klampenborg 2024
Jeppe Eisner, *Mor Dankmark* © Jeppe Eisner, Klampenborg 2024
Seite 311 N. Elford, *Portsmouth 1, Manchester United 1, Fratton Park*, 1924 © Foto: National Football Museum, Manchester
English School, *Crowd Scene*, 20. Jh. © National Football Museum, Manchester / Bridgeman Images
English School, *Football Match at Chelsea*, 20. Jh. © National Football Museum, Manchester / Bridgeman Images
English School, *The Goalkeeper*, 20. Jh. © National Football Museum, Manchester / Bridgeman Images
English School, *Boots (They were Christopher's)*, 20. Jh. © National Football Museum, Manchester / Bridgeman Images
English School, *Study of Textures*, 20. Jh. © National Football Museum, Manchester / Bridgeman Images
English School, *Wembley Stadium on Big Match Day*, 20. Jh. © National Football Museum, Manchester / Bridgeman Images
English School, *Wembley Stadium*, 20. Jh. © National Football Museum, Manchester / Bridgeman Images
Neşe Erdog, *Portrait von Hüsnü Koldaş*, 2004 © Neşe Erdog, Istanbul 2024
Seite 312 Hubert Andrew Freeth, *Footballers in the Snow*, 1953 © Foto: JHW Fine Art, London
Fritz Genkinger, *Skizze*, um 1966 © VG Bild-Kunst, Bonn 2024, Foto: Freundeskreis Fritz-Genkinger e.V., Marbach / Corinna Holzer
Fritz Genkinger, *Skizze*, um 1966 © VG Bild-Kunst, Bonn 2024, Foto: Freundeskreis Fritz-Genkinger e.V., Marbach / Corinna Holzer
Fritz Genkinger, *Spieler im Kreis*, 1960 © VG Bild-Kunst, Bonn 2024, Foto: Freundeskreis Fritz-Genkinger e.V., Marbach / Corinna Holzer
Fritz Genkinger, *Kopfball I (mit Insekten)*, 1968/69 © VG Bild-Kunst, Bonn 2024, Foto: Freundeskreis Fritz-Genkinger e.V., Marbach / Corinna Holzer
Fritz Genkinger, *Kopfball II*, 1969 © VG Bild-Kunst, Bonn 2024, Foto: Freundeskreis Fritz-Genkinger e.V., Marbach / Corinna Holzer
Fritz Genkinger, *Begegnung am Tor II*, 1969 © VG Bild-Kunst, Bonn 2024, Foto: Freundeskreis Fritz-Genkinger e.V., Marbach / Corinna Holzer
Fritz Genkinger, *In einem großen Spieler*, 1970 © VG Bild-Kunst, Bonn 2024, Foto: Freundeskreis Fritz-Genkinger e.V., Marbach / Corinna Holzer
Fritz Genkinger, *Ruhiger Torhüter*, 1970 © VG Bild-Kunst, Bonn 2024, Foto: Freundeskreis Fritz-Genkinger e.V., Marbach / Corinna Holzer
Seite 313 Fritz Genkinger, *Rotkäppchen (Der schöne Torhüter)*, 1970
© VG Bild-Kunst, Bonn 2024, Foto: Freundeskreis Fritz-Genkinger e.V., Marbach / Corinna Holzer
Fritz Genkinger, *Torhüterkopf*, 1971 © VG Bild-Kunst, Bonn 2024, Foto: Freundeskreis Fritz-Genkinger e.V., Marbach / Corinna Holzer
Fritz Genkinger, *Der Zuschauer*, 1979 © VG Bild-Kunst, Bonn 2024, Foto: Freundeskreis Fritz-Genkinger e.V., Marbach / Corinna Holzer
Fritz Genkinger, *Raus! (rote Karte)*, 1979 © VG Bild-Kunst, Bonn 2024, Foto: Freundeskreis Fritz-Genkinger e.V., Marbach / Corinna Holzer
Fritz Genkinger, *Raus! (schwarze Karte)*, 1979 © VG Bild-Kunst, Bonn 2024, Foto: Freundeskreis Fritz-Genkinger e.V., Marbach / Corinna Holzer
Fritz Genkinger, *1893 Mauer*, 1979 © VG Bild-Kunst, Bonn 2024, Foto: Freundeskreis Fritz-Genkinger e.V., Marbach / Corinna Holzer
Fritz Genkinger, *Die Angst des Tormanns beim Elfmeter*, 1979
© VG Bild-Kunst, Bonn 2024, Foto: Freundeskreis Fritz-Genkinger e.V., Marbach / Corinna Holzer
Fritz Genkinger, *Der Solist*, 1980 © VG Bild-Kunst, Bonn 2024, Foto: Freundeskreis Fritz-Genkinger e.V., Marbach / Corinna Holzer
Harald Giersing, *Fodboldspillere i kamp*, 1911 © Kunsten Museum of Modern Art, Aalborg
Harald Giersing, *Fodboldspillere*, 1918 © Vejle Art Museum, Vejle
Albert Gleizes, *Rugby Player*, 1912/13 © Bridgeman Images
Alistair Grant, *Snow at Stamford Bridge*, 1953 © Foto: National Football Museum, Manchester
Seite 314 Laura Green, *Craven Cottage*, Fulham, 2002 © Imperial Health Charity Art Collection / Bridgeman Images
Marcel Gromaire, *Football*, 1930 © VG Bild-Kunst, Bonn 2024, Foto: bpk / RMN - Grand Palais / Agence Bulloz
Janina Habdas, *Training IV*, 1974 © Foto: Museum of Sports and Tourism, Warschau
Arthur Hackney, *Spectators Returning Home after Port Vale v Accrington Stanley*, 1953 © Foto: National Football Museum, Manchester
Wlastimil Hofman, *Henryk und Jan Reyman*, 1925 © VG Bild-Kunst, Bonn 2024, Foto: Museum of Sports and Tourism, Warschau

Wlastimil Hofman, *Henryk Reyman*, 1925 © VG Bild-Kunst, Bonn 2024, Foto: bpk / RMN - Grand Palais / Agence Bulloz
Peter Howson, *The Glorious Game*, 1997 © VG Bild-Kunst, Bonn 2024, Foto: Glasgow Museums Resource Centre
Jean-Olivier Hucleux, *Les Footballeurs*, 1973 © VG Bild-Kunst, Bonn 2024, Foto: National Football Museum, Manchester

Seite 315 Ole Jakob Ihlebaek, *Arena I*, 2014 © VG Bild-Kunst, Bonn 2024
Ole Jakob Ihlebaek, *Arena II*, 2014 © VG Bild-Kunst, Bonn 2024
Jill Iliffe, *Banned*, 2007 © Jill Iliffe, London 2024
James Lawrence Isherwood, *Wigan v. Hull*, 1962 © Herbert Art Gallery & Museum, Coventry / Bridgeman Images
Jean Jacoby, *Fußball*, 1920/24 © Service du patrimoine sportif, Luxemburg 2024
Chris Jennings, *Via Goldoni, Milano 1908*, 1989 © Foto: National Football Museum, Manchester
Miloš Jiránek, *Football*, 1901 © Národní galerie, Prag 2024
Gustav Klutsis, *Soviet Photomomnatge Postcard, Celebrating the Spariakiade*, 1928 © Tobie Mathew Collection / Bridgeman Images
Pyke Koch, *Voetballers*, 1958 © VG Bild-Kunst, Bonn 2024, Foto: Collection Valkhof Museum, Nijmegen
Fritz Köthe, *Bundeliga*, 1967 © Gregor Zawadzki | www.ingenium-design.de

Seite 316 Edwin La Dell, *Stamford Bridge 2.45 pm*, 1953 © Foto: National Football Museum, Manchester
Edward Lancaster, *Old English Scene/Village Football*, 1950 © National Football Museum, Manchester
Maria Lassnig, um 2001 © Maria Lassnig Foundation / VG Bild-Kunst, Bonn 2024, Foto: Roland Krauss
Maria Lassnig, um 2000 © Maria Lassnig Foundation / VG Bild-Kunst, Bonn 2024, Foto: Roland Krauss
Maria Lassnig, *Competition II*, 2000 © Maria Lassnig Foundation / VG Bild-Kunst, Bonn 2024, Foto: Courtesy Phillips Auctioneers
Anja Längst, *Germania East*, 1975 © Artificio s.r.l., Firenze (Hg.): *Football. I Domini del Calcio: Memoria, Cultura, Comunicazione*, Florenz 1990.
Nicolas de Lekuona, *Fußballer*, 1935 © Tolo Balaguer / age fotostock
L. S. Lowry, *Saturday Afternoon*, 1941
© The Estate of L.S. Lowry. All rights reserved / VG Bild-Kunst, Bonn 2024, Foto: Christie's Images, London/Scala, Florenz
L. S. Lowry, *Going to a Football Match*, 1946
© The Estate of L.S. Lowry. All rights reserved / VG Bild-Kunst, Bonn 2024, Foto: Christie's Images, London/Scala, Florenz
L. S. Lowry, *The Football Match*, 1949
© The Estate of L.S. Lowry. All rights reserved / VG Bild-Kunst, Bonn 2024, Foto: Christie's Images, London/Scala, Florenz
L. S. Lowry, *Drawing: ›Going to the Match‹*, 1953
© The Estate of L.S. Lowry. All rights reserved / VG Bild-Kunst, Bonn 2024, Foto: National Football Museum, Manchester

Seite 317 Jerzy Mazus, *Retrospekcja* © Foto: Museum of Sports and Tourism, Warschau
Maciej Milewski, *Gra o Medal*, 1977 © Foto: Museum of Sports and Tourism, Warschau
W. G. Morden, *F.A. Cup Final*, Manchester United v. Aston Villa, 1957 © Bridgeman Images
Guiseppe Montanari, *Soccer Players*, 1930 © bpk / Alinari Archives / Alinari
Peter Nagel, *Fußball II oder Denkmalentwurf für einen Besiegten*, 1972 © VG Bild-Kunst, Bonn 2024
Peter Nagel, *Kopfball 63*, 1963
© VG Bild-Kunst, Bonn 2024, Foto: Sammlung zeitgenössischer Kunst der Bundesrepublik Deutschland / Peter Oszvald
Felix Nussbaum, *Fußballkampf*, 1929 © Foto: Archiv Felix Nussbaum im Museumsquartier Osnabrück / Abb. aus: Ausst.-Kat. *Felix Nussbaum, Ausstellung neuer Arbeiten, Gemälde / Zeichnungen*, Moderne Galerie Wertheim Berlin, März–April 1930, Kat.-Nr. 5
Felix Nussbaum, um 1929 © Foto: Archiv Felix Nussbaum im Museumsquartier Osnabrück / Abb. aus: Zeitungsausschnitt (ohne Titel und Datum) Archiv Felix Nussbaum im Museumsquartier Osnabrück
Jürgen O. Olbrich, *Fußballfeld II*, 1987 © VG Bild-Kunst, Bonn 2024
Paul Onduer, Penalty, 20. Jh. © National Football Museum / Bridgeman Images

Seite 318 Joachim Palm, *Fußball I*, 1971 © VG Bild-Kunst, Bonn 2024
Joachim Palm, *Fußball II*, 1971 © VG Bild-Kunst, Bonn 2024
Joachim Palm, *Stadiontribüne I*, 1971 © VG Bild-Kunst, Bonn 2024
Alfred Heinrich Pellegrini, *Sportstudie*
© Dr. h.c. Daniel B. Thorens, Basel 2024, Foto: Graphische Sammlung der Schweizer Nationalbibliothek, Bern
Pablo Picasso, *Homme nu courant (footballeur?)*, 1963
© Succession Picasso / VG Bild-Kunst, Bonn 2024, Foto: bpk / RMN - Grand Palais / Thierry Le Mage
Pablo Picasso, Homme courant (footballeur?), 1963
© Succession Picasso / VG Bild-Kunst, Bonn 2024, Foto: bpk / RMN - Grand Palais / Thierry Le Mage
Pablo Picasso, *Fußballer*, 1961 © Succession Picasso / VG Bild-Kunst, Bonn 2024, Foto: bpk / RMN - Grand Palais
Pablo Picasso, *Football*, 1961
© Succession Picasso / VG Bild-Kunst, Bonn 2024, Foto: bpk / Sprengel Museum Hannover / Michael Herling / Aline Gwose
Jurij Ivanovič Pimenov, *Footballers*, 1926 © VG Bild-Kunst, Bonn 2024, Foto: Bridgeman Images
Sigmar Polke, *Alice im Wunderland*, 1971 © The Estate of Sigmar Polke, Cologne / VG Bild-Kunst, Bonn 2024, Foto: akg-images
Sigmar Polke, *The Goalkeeper; Der Fußballspieler*, 1983
© The Estate of Sigmar Polke, Cologne / VG Bild-Kunst, Bonn 2024, Foto: Christie's Images / Bridgeman Images
Ernest Prater, *Amateur Gentleman at Play*, 1931 © National Football Museum, Manchester

Seite 319 Andrew Quelch, *Somerton Park*, 1996 © Newport Museum and Art Gallery / Bridgeman Images
Stanisław Raczyński, *Piłka nożna*, um 1936 © Foto: Museum of Sports and Tourism, Warschau
Roger Raveel, *Voetbalveld*, 1952 © VG Bild-Kunst, Bonn 2024, Foto: Musée Roger Raveel, Machelen
Roger Raveel, *World Cup Football*, 1982 © VG Bild-Kunst, Bonn 2024, Foto: Pictoright
Günter Richter, *Ballspieler*, 1971 © VG Bild-Kunst, Bonn 2024, Foto: bpk / Nationalgalerie, SMB / Andres Kilger
Thijs Rinsema, *De Voetballers*, 1925 © Museum Belvédère, Oranjewoud 2024
Thijs Rinsema, *Voetballer*, 1925 © Centraal Museum, Utrecht 2024
Thijs Rinsema, *Voetballers* © Museum Dr8888, Drachten 2024
Alexander Rodtschenko, *Fußball*, 1937 © VG Bild-Kunst, Bonn 2024

Seite 320 Alexander Rodtschenko, *Fußball*, 1940 © VG Bild-Kunst, Bonn 2024
Susken Rosenthal, *Deutschland - Rumänien*, 1984 © VG Bild-Kunst, Bonn 2024
Peter Samuelson, *Football Match*, um 1950 © Bridget Dickie, Banbury 2024, Foto: National Football Museum, Manchester
Torsten Schlüter, *Zuckertor*, 1998 © Torsten Schlüter, Berlin 2024
Torsten Schlüter, *Stadionskizze VIII*, 2012 © Torsten Schlüter, Berlin 2024

Torsten Schlüter, *Union*, 2020 © Torsten Schlüter, Berlin 2024
Torsten Schlüter, *Pointillistische Waldseite (II)*, 2020 © Torsten Schlüter, Berlin 2024
Torsten Schlüter, *Mai 19 (I)*, 2021 © Torsten Schlüter, Berlin 2024
Torsten Schlüter, *Achtnull*, 2009 © Torsten Schlüter, Berlin 2024
Torsten Schlüter, *Eisernes Flammenmeer*, 2010 © Torsten Schlüter, Berlin 2024

Seite 321 Torsten Schlüter, *Mai 19 (II)*, 2021 © Torsten Schlüter, Berlin 2024
Torsten Schlüter, *Die Angriffsreihe*, 2001 © Torsten Schlüter, Berlin 2024
Torsten Schlüter, *Spielende Gruppe mit Freigeist, Arbeitsblatt zu In Motion - Art & Football, Dance Nr. 1*, 2024 © Torsten Schlüter, Berlin 2024
Torsten Schlüter, *Balltänzer, Arbeitsblatt zu In Motion - Art & Football, Dance Nr. 5*, 2024 © Torsten Schlüter, Berlin 2024
Torsten Schlüter, *Raumdeuten, Arbeitsblatt zu In Motion - Art & Football, Dance Nr. 6*, 2024 © Torsten Schlüter, Berlin 2024
Torsten Schlüter, *Der Zeremonienmeister, Arbeitsblatt zu In Motion - Art & Football, Dance Nr. 7*, 2024 © Torsten Schlüter, Berlin 2024
Torsten Schlüter, *Alter Schwede (Verspielt verzückt), Arbeitsblatt zu In Motion - Art & Football, Dance Nr. 8*, 2024 © Torsten Schlüter, Berlin 2024
Torsten Schlüter, *Der Taktgeber, Arbeitsblatt zu In Motion – Art & Football, Dance Nr. 9*, 2024 © Torsten Schlüter, Berlin 2024
Torsten Schlüter, *Aus vollem Lauf (Schwebender), Arbeitsblatt zu In Motion – Art & Football, Dance Nr. 10*, 2024 © Torsten Schlüter, Berlin 2024
Torsten Schlüter, *Ein sicherer Rückhalt (Geborgenheit), Arbeitsblatt zu In Motion – Art & Football, Dance Nr. 11*, 2024 © Torsten Schlüter, Berlin 2024
Torsten Schlüter, *Der Fels in der Brandung, Arbeitsblatt zu In Motion – Art & Football, Dance Nr. 12*, 2024 © Torsten Schlüter, Berlin 2024
Torsten Schlüter, *In den Wolken, Arbeitsblatt zu In Motion – Art & Football, Dance Nr. 13*, 2024 © Torsten Schlüter, Berlin 2024

Seite 322 Septimus Edwin Scott, Big Match, um 1950 © Foto: National Football Museum, Manchester
Neville Shaw, *After the Football Game*, 1975 © Royal Watercolour Society / Bridgeman Image
Richard Slater, *Entering the Stands*, White Hart Lane, 1953 © Foto: JHW Fine Art, London
Nicolas de Staël, *The Football Players*, 1952 © VG Bild-Kunst, Bonn 2024, Foto: The Museum of Contemporary Art, Los Angeles
Nicolas de Staël, *Les Footballeurs*, 1952
© VG Bild-Kunst, Bonn 2024, Foto: Musée des Beaux-Arts de Dijon, Donation Pierre et Kathleen Granville, 1969 / François Jay
Nicolas de Staël, *Les Footballeurs*, 1952 © VG Bild-Kunst, Bonn 2024, Foto: akg-images / CDA / Guillot
Nicolas de Staël, *Footballeurs*, 1952 © VG Bild-Kunst, Bonn 2024, Foto: Christie's Images / Bridgeman Images
Nicolas de Staël, *Footballeurs*, 1952 © VG Bild-Kunst, Bonn 2024, Foto: bpk / RMN - Grand Palais / Michèle Bellot

Seite 323 Nicolas de Staël, *Footballers*, 1952 © VG Bild-Kunst, Bonn 2024, Foto: Bridgeman Images
Nicolas de Staël, *Les Footballeurs* (Parc des Princes), 1952 © VG Bild-Kunst, Bonn 2024, Foto: Christie's Images / Bridgeman Images
Warwara Stepanowa, *Kostümentwurf für Sportbekleidung*, 1921 © VG Bild-Kunst, Bonn 2024, Foto: fine art images
Warwara Stepanowa, *Kostümentwurf für Sportbekleidung*, 1923 © VG Bild-Kunst, Bonn 2024, Foto: fine art images
Chris Stevens, *We Arrived at Our Final Game*, 1984 © Chris Stevens, London 2024
Gigi Sudbury, *I Found a Great Big Football*, 2005 © Gigi Sudbury. All Rights Reserved 2024 / Bridgeman Images
Mario Sughi, *Football (The Sunday Game)*, 2013 © Mario Sughi. All rights reserved 2024 / Bridgeman Images

Seite 324 Robert Tavern, *The Changing Room*, 1953 © Foto: National Football Museum, Manchester
Panayiotis Tetsis, *Football II*, 1690 © Alexis Tetsis, Athen 2024, Foto: National Gallery - Alexandros Soutsos Museum / Stavros Psiroukis
Peter Thomson, *Scotland v England*, Hampden Park, 2002 © Foto: JHW Fine Art, London
Lawrence Toynbee, *Chelsea vs Spurs at Stamford Bridge,* 1953
© Christie's Images / Estate of Lawrence Toynbee. All rights reserved 2024 / Bridgeman Images
Antonia Traverso, *Folla sportiva*, 1933
© Margozzi Mariastella: *Appunti allo Stadio. 90 opere sul tema del calcio nell'Arte italiana del XX secolo*, Rom / Seoul / Yokohama 2002.
Marina Uspenskaya, *Illustration from ›Let Us Be Reconciled‹ by Marina Boroditskaya*, 1985 © The Gamborg Collection / Bridgeman Images
Gaston Vaudou, *A Soccer Match*, 1920 © VG Bild-Kunst, Bonn 2024, Foto: National Football Museum, Manchester

Seite 325 Alexandra Waliszewska, *Football*, 2012 © Museum of Modern Art, Warschau 2024
Liz Wright, *Battersea Power Station*, 1982 © Liz Wright / Bridgeman Images 2024
Michael Zabe, *60 Mannschaften (Detail)*, 2011 © Michael Zabe, Malente-Benz 2024
Michael Zabe, *18 Mannschaften (Zyklus)*, 2011 © Michael Zabe, Malente-Benz 2024
Michael Zabe, *Auslauf für die fußballfanatische Familie*, 2009 © Michael Zabe, Malente-Benz 2024
Camp-ball, 19. Jh. © National Football Museum, Manchester
Village Green Soccer, Mitte 20. Jh. © National Football Museum, Manchester
In the Dressing Room, 1950 © National Football Museum, Manchester
Painting of John Charles, 1955 © National Football Museum, Manchester

Seite 326/327 Raoul De Keyser, *Maaigem February Series*, 1976
© VG Bild-Kunst, Bonn 2024, Foto: Museum voor Schone Kunsten, Gent / Michael Burez

Herausgeber und Redaktion waren bemüht, alle Bildrechte einzuholen. Sollten versehentlich Inhaber von Rechten nicht berücksichtigt worden sein, werden deren Ansprüche selbstverständlich im Rahmen der üblichen Vereinbarungen abgegolten.

Autorenbiografien

Marion Ackermann

Marion Ackermann, geboren 1965 in Göttingen, ist seit November 2016 Generaldirektorin der Staatlichen Kunstsammlungen Dresden. Sie wurde 1995 über die autobiografischen und theoretischen Texte Wassily Kandinskys promoviert. Von 1995 bis 2003 war sie im Lenbachhaus in München kuratorisch und als Sammlungsleiterin tätig. Als Direktorin leitete sie das Kunstmuseum Stuttgart von 2003 bis 2009. Von September 2009 bis Oktober 2016 war sie Direktorin der Kunstsammlung Nordrhein-Westfalen in Düsseldorf. Marion Ackermann hat zahlreiche Kunstausstellungen der Moderne und Gegenwart kuratiert, u. a. *Drei. Das Triptychon in der Moderne* (2009), *Uecker* (2015), sowie die *Kinderbiennale* (2018/2021) und die Retrospektive *Move little hands... Move!* (2019) zu Jan und Eva Švankmajer und zahlreiche weitere Projekte im internationalen Kontext initiiert, darunter die Ausstellung *Orhan Pamuk. Der Trost der Dinge* (2023).

Horst Bredekamp

Horst Bredekamp, geboren 1947 in Kiel, studierte Kunstgeschichte, Archäologie, Philosphie und Soziologie in Kiel, München, Berlin und Marburg, wo er 1974 in Kunstgeschichte promovierte. Nach einer Museumstätigkeit am Liebieghaus in Frankfurt a. M. lehrte er ab 1976 als Assistent, ab 1982 als Professor für Kunstgeschichte an der Universität Hamburg. Seit 1993 ist er Professor für Kunst- und Bildgeschichte an der Humboldt-Universität zu Berlin und seit 2019 Seniorsprecher des Exzellenzcluster »Matters of Activity«. Von 2015 bis 2018 war er einer der drei Gründungsintendanten des Humboldt Forums in Berlin. Er ist Mitglied von insgesamt fünf Akademien der Wissenschaften und des Ordens Pour le Mérite. Er ist Autor von mehr als 30 Büchern und über 700 Artikeln und hat zahlreiche Auszeichnungen erhalten, darunter zuletzt die Ehrenpromotion in Philosophie seitens der Universität Turin (2023).

Lutz Engelke

Lutz Engelke studierte Literatur, Psychologie, Film und Publizistik an der FU-Berlin und der Cornell University in Ithaca, New York. Er ist Honorarprofessor für Transformationsdesign an der FH-Potsdam. In den letzten 30 Jahren entwickelte er mit einem interdisziplinären Team preisgekrönte Projekte auf internationalen Schauplätzen, gestaltete Ausstellungen und Museen für ein Millionenpublikum. Seine Arbeiten verlaufen an den Schnittstellen von Politik, Wirtschaft, Wissenschaft und Kunst, so etwa in seinen diversen Beiträgen für Weltausstellungen, u. a. für die Expo 2010 in Shanghai. Es entstanden unzählige kulturelle Projekte, innovative Formate und kommunikative Strategien. Dazu gehörte u. a. die Entwicklung und Begleitung der Strategie und Dramaturgie zum Reformationsjubliläum (500 Jahre Luther), das Konzept und die Szenografie des Weltfußballmuseums der FIFA in Zürich sowie die Szenografie und Gestaltung des Deutschen Fußballmuseums in Dortmund. Zusammen mit dem Zukunftsforscher Prof. Dr. Eckardt Minx gründetet er zudem die Strategieberatung DIE DENKBANK.

Josephine Henning

Josephine Henning, 1989 in Mainz geboren, lebt und arbeitet als Künstlerin in Köln. Während ihrer Karriere als Profifußballerin (Olympiagold 2016, Europameisterin 2013, viermalige Champions-League-Siegerin) absolvierte sie ein Studium des Managements im Gesundheitswesen sowie des Grafik- und Interior-Designs. Ihre künstlerischen Arbeiten umfassen ein breites Spektrum von Genres und Techniken, von Acryl auf Leinwand über die Gestaltung von Medaillen bis zu Live Paintings in Sportarenen.

Jürgen Müller

Jürgen Müller ist Professor für Mittlere und Neuere Kunstgeschichte an der TU Dresden. Studium der Kunstgeschichte in Bochum, Münster, Pisa, Amsterdam und Paris. Er war Gastprofessor in Paris, Marburg und Berlin sowie Fellow an zahlreichen Forschungsinstituten. Seine Arbeitsschwerpunkte betreffen die Kunst der frühen Neuzeit, die Fotografie und den Film. Für den Taschen-Verlag hat er eine populäre Reihe zur Filmgeschichte herausgegeben, die in zahlreiche Sprachen übersetzt wurde. Darüber hinaus war er als Autor für zahlreiche überregionale deutsche Zeitungen tätig und hat Ausstellungen zu Rembrandt und Pieter Bruegel d. Ä. organisiert. Er ist Mitglied der Sächsischen Akademie der Künste. Zuletzt hat er gemeinsam mit Kyllikki Zacharias und Frank Schmidt die Ausstellung *Phantome der Nacht. 100 Jahre Nosferatu* in der Nationalgalerie, Berlin, Sammlung Scharf-Gerstenberg, kuratiert.

Manuel Neukirchner

Manuel Neukirchner, geboren 1967 in Essen, leitet als Gründungsdirektor das Deutsche Fußballmuseum in Dortmund. Mit der Dauerausstellung zur Geschichte des deutschen Fußballs und zahlreichen Sonderausstellungen schuf der Literaturwissenschaftler und Historiker eines der beliebtesten und meistbesuchten Erlebnismuseen in Deutschland. Er ist Autor und Herausgeber zahlreicher Buchveröffentlichungen. Sein dokumentarischer Theatertext *Die Nacht von Sevilla. Fußballdrama in fünft Akten* wurde als multimediale Leseinszenierung mit Schauspieler Peter Lohmeyer und Zeitzeuge Toni Schumacher bei den Ruhrfestspielen Recklinghausen 2024 uraufgeführt.

Malte von Pidoll

Jahrgang 1985, geboren in Hagen, Studium der Geschichte und Sportwissenschaften in Bochum und Stockholm (Master of Education). Von 2011 bis 2013 war von Pidoll studentischer Mitarbeiter in der DASA Arbeitswelt Ausstellung in Dortmund (Bereiche Vermittlung und Sammlung), von 2014 bis 2016 Volontär im Deutschen Fußballmuseum (Bereiche Ausstellung und Vermittlung); anschließend war er dort als Kurator tätig, bevor er ab 2018 die dortige Abteilung »Ausstellung & Formate« leitete (bis 2023). Seit 2023 arbeitet er im Schuldienst.

Frank Schmidt

Frank Schmidt hat in Dresden Kunstgeschichte und Germanistik mit dem Schwerpunkt Literaturwissenschaft studiert. Seit 2016 ist er wissenschaftlicher Mitarbeiter am Institut für Kunst- und Musikwissenschaft der Technischen Universität Dresden. Seine 2023 abgeschlossene Dissertation befasst sich mit der visuellen Genese von Bordelldarstellungen am Übergang vom Mittelalter zur frühen Neuzeit. Im Deutschen Kunstverlag sind zuletzt die von ihm mitherausgegebenen Bände *Gegenbilder. Bildparodistische Verfahren in der frühen Neuzeit* und *Das subversive Bild. Festschrift für Jürgen Müller* erschienen. Darüber hinaus hat er Texte zur Genrekunst sowie zur Filmgeschichte publiziert und gehörte 2022 zu den Kuratoren der Ausstellung *Phantome der Nacht. 100 Jahre Nosferatu* in der Nationalgalerie, Berlin, Sammlung Scharf-Gerstenberg.

Register

Personen

Sachregister

Impressum

Diese Publikation erscheint anlässlich der Ausstellung

In Motion – Art & Football

Deutsches Fußballmuseum, Dortmund,
27. Mai 2024 bis 6. Januar 2025.

Eine Ausstellung des Deutschen Fußballmuseums unter der Schirmherrschaft von Claudia Roth, Beauftragte der Bundesregierung für Kultur und Medien, und Ina Brandes, Ministerin für Kultur und Wissenschaft des Landes Nordrhein-Westfalen

Ausstellung

Gesamtverantwortung
Manuel Neukirchner

Wissenschaftliche Beratung
Marion Ackermann, Horst Bredekamp, Jürgen Müller, Adolf Winkelmann

Projektberatung
Dirk Burghardt

Konzeption
Lutz Engelke, Manuel Neukirchner, Malte von Pidoll

Künstlerischer Leiter
Lutz Engelke

Kuratorinnen/Kurator und Lizenzen
Carina Bammesberger, Janine Horstmann, Malte von Pidoll

Kaufmännische Geschäftsführung
Klaus Berding

Projektsteuerung
Eva Agus

Projektcontrolling
Michael Duus

Technische Leitung
Roman Schellenberg

Technischer Aufbau
Sebastian Anuth, Sebastian Richau, Timo Albersmeier, Sebastian Hensel, Malte Korherr

Bildung und Vermittlung
Lars Philipp, Lea Gloth

Kommunikation
Nils Hotze, Knut Hartwig, Sven Hausmann, Gisela Hockenjos, Tim Schimanski

Ausstellungstexte
Carina Bammesberger, Janine Horstmann, Jürgen Müller, Frank Schmidt

Inhaltliche Mitarbeit
Knut Hartwig, Tim Schelenz, Lewis Wellbrock, Martin Wörner, Lena Zirkel

Übersetzungen
Steven Lindberg

Lektorat, Englisch
Aaron Bogart

Marketing und Fundraising
Dunja Achy, Merret Langenberg, Andreas Ernst, Anna Wartala

Programm
Henry Wahlig, Ann Kathrin Weber, Jannik Aperdannier

Merchandising
Jana Schiffmann

Artist in Residence
Josephine Henning

Gefördert durch

Ministerium für
Kultur und Wissenschaft
des Landes Nordrhein-Westfalen

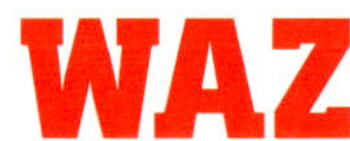

Medienpartner

WAZ

Kommunikationsdesign
K-werk Kommunikationsdesign, Dortmund
Uwe W. Landskron

Ausstellungsplanung und Szenografie
NeoNext Berlin GmbH:
Kreativdirektion: Lutz Engelke
Projektleitung: Karl Karau
Ausstellungsarchitektur: Karl Karau, Heike Wolter
Ausstellungsgrafik: Heike Czygan
Produktion: Gabriele Karau, Ludwig Jahnke

Ausstellungsbau
B+B Veranstaltungstechnik GmbH
Harmoge SRL, Projektleitung: Alessandro Pascolo
Procedes Chenel Beilken Digital Printing Werbeges. mbH,
Projektleitung: Thomas Michaelsen
Stage Kinetik Gesellschaft für Bühnenproduktionen mbH,
Projektleitung: Kai Adelt
projekt//partner - storeR GmbH, Projektleitung: Olaf Bremer

Medienkonzeption und -produktion
PxB Studios GmbH, Berlin:
Kreativdirektion und technische Leitung: Alexander Bartneck
Projektleitung: Jana Pausinger
Regie und Konzeption: Andreas Gräfenstein
Recherche: Ben Thöming
Art Direktion und Motion Design: Marta Bala
Motion Design: Georg Frömelt, Rafael Calleja Orallo,
Susann Stötzner
Grafik: Maren Krüger
Programmierung: Bastian Orthmann
Musikkomposition: Kai Dann
Sound Design: Boris Jöns
Beschallungskonzept & Raumklangmischung: Markus Hossack
und Sebastian Purfürst

Medientechnik
H²Technik GmbH:
Projektleitung: Hajo Gawins
Jens Henning Foest
SIGMA System Audio-Visuell GmbH:
Projektleitung: Christian Backes
Projektsteuerung: Matthias Reich

Lichttechnik
Belzer & Holmes Licht-Design:
Projektleitung: Andrew Holmes
Projektsteuerung: Florian Wild

Umsetzung Licht
livebau solutions GmbH
Projektleitung: Michael Boy

Brandschutzkonzept
HALFKANN + KIRCHNER PartGmbB
Kay Marko Hübscher

Impressum

Katalog

Herausgeber
Manuel Neukirchner

Redaktionsleitung
Carina Bammesberger

Autoren
Marion Ackermann, Horst Bredekamp, Lutz Engelke, Josephine Henning, Jürgen Müller (JM), Manuel Neukirchner, Malte von Pidoll, Frank Schmidt (FS)

Mitarbeit
Knut Hartwig, Janine Horstmann

Lektorat
Michael Konze

Editorial Design
K-werk Kommunikationsdesign, Dortmund
Eva Lotta Landskron

Druck und Bindung
Grafisches Centrum Cuno GmbH & Co. KG

Verlag und Vertrieb
Deutscher Kunstverlag
Ein Verlag der Walter de Gruyter GmbH
Berlin Boston
www.deutscherkunstverlag.de
www.degruyter.com

1. Auflage 2024

Titelmotiv/Umschlag
Peter Nagel, *Parade*, 1970

Die Deutsche Nationalbibliothek verzeichnet diese Publikation in der Deutschen Nationalbibliografie; detaillierte bibliografische Daten sind im Internet über http://dnb.dnb.de abrufbar.

ISBN: dt.: 978-3-422-80134-9 / engl.: 978-3-422-80178-3